RECUEIL
DES
LETTRES MISSIVES
DE HENRI IV

PUBLIÉ

PAR M. BERGER DE XIVREY

MEMBRE DE L'INSTITUT DE FRANCE
(ACADÉMIE DES INSCRIPTIONS ET BELLES-LETTRES)

TOME VI
1603 — 1606

PARIS
IMPRIMERIE IMPÉRIALE
—
M DCCC LIII

SOMMAIRE HISTORIQUE

DES ANNÉES COMPRISES DANS LE VIe VOLUME.

1603.

Dès les premiers jours de l'année, Henri IV se plaint vivement de l'attentat sur Genève, fait faire au duc de Savoie des remontrances comminatoires, et en même temps cherche à calmer les Suisses. Le 21 janvier, la marquise de Verneuil accouche d'une fille. Le 26, trois soldats des gardes sont emprisonnés comme accusés d'avoir voulu attenter à la vie du Roi. L'électeur palatin s'entremet avec zèle auprès de Sa Majesté en faveur du duc de Bouillon; mais le Roi met pour condition essentielle au pardon le repentir exprimé par le duc et son entière soumission. Pour s'assurer si ses menées n'avaient pas de ramifications dans les provinces allemandes limitrophes de la Lorraine, et en même temps (seul motif apparent) pour terminer tout à fait les troubles de Metz et y neutraliser l'autorité du duc d'Épernon, gouverneur en titre, le Roi se rend en personne à Metz. Il part le 28 février, traverse la Brie et la Champagne, et arrive dans la seconde semaine de mars à Verdun, où il est traité magnifiquement par l'évêque, Henri de Lorraine. Les Jésuites du collége de cette ville lui sont présentés et reçoivent un accueil très-encourageant. Arrivé à Metz, Henri IV y passe toute la seconde quinzaine de mars. Le père Armand, provincial des Jésuites, admis à son audience le 27, obtient la promesse du rappel de la compagnie et reçoit l'ordre de se rendre à la cour, avec le père Cotton, au retour du Roi. La citadelle est remise, le 16, entre les mains de Sa Majesté par les frères Sobole, qui y sont aussitôt remplacés par M. d'Arquien, frère de M. de Montigny, nommé lieutenant général à Metz. Les princes d'Allemagne envoient complimenter le Roi ou viennent en personne le saluer dans cette ville, entre autres le margrave de Brandebourg, qu'il cherche à accommoder avec le cardinal de Lorraine sur l'évêché de Strasbourg, objet de grande contestation entre eux. Henri IV obtient des deux concurrents une suspension d'armes, et décide, comme arbitre, que les fruits de l'évêché de Strasbourg seront mis en séquestre jusqu'à la fin du différend. A Paris, le travail de terrassement destiné à préparer les constructions de la grande galerie du Louvre est commencé en mars. Il se fait aussi des travaux considérables au quai de l'Arsenal, à la Grève et à Saint-Germain.

En revenant, au commencement d'avril, le Roi passe par Nancy, où il va rendre visite à sa sœur, qui était venue au-devant de lui jusqu'à Metz. Le duc de Lorraine lui fait une réception splendide; mais les nouvelles de la santé de la reine d'Angleterre l'obligent à hâter son retour en France. Il charge en même temps son ambassadeur de favoriser le roi d'Écosse, au cas où il y aurait plusieurs prétendants lors de la mort d'Élisabeth. Elle meurt le 4 avril, à Londres. Jacques VI, roi d'Écosse, est immédiatement proclamé roi d'Angleterre, sous le nom de Jacques Ier. Henri IV en apprend la nouvelle le 14 avril, sur les frontières de Lorraine; il rappelle de l'ambassade en Écosse le baron du Tour et maintient dans celle de Londres M. de Harlay-Beaumont, malgré les préventions que le roi Jacques avait manifestées contre lui.

Le 17 mai, Henri IV tombe si gravement malade d'une rétention d'urine, suivie d'une colique néphrétique, que, dans la crainte d'y succomber, il s'inquiète du sort de ses enfants et fait venir en hâte Rosny; mais il se trouve hors de danger dès le troisième jour.

Au commencement de juin, Rosny est envoyé en ambassade extraordinaire à Londres; il y renouvelle les anciens traités et arrête, le 25, le projet d'une ligue défensive par laquelle les deux rois s'engageraient à secourir réciproquement leurs alliés, et nommément les Provinces-Unies des Pays-Bas. Dans ce mois, Henri IV accueille la proposition de servir de médiateur entre Sigismond, roi de Suède et de Pologne, et son oncle Charles, duc de Sudermanie, qui, ne voulant pas renoncer au gouvernement de la Suède, soutenait cette usurpation par les armes. Le père Cotton prêche avec succès à la cour. Le Roi traverse la Seine sur les échafauds du Pont-Neuf, encore en construction. Un envoyé secret de la France, nommé Panissant, essaye de soulever les Morisques d'Aragon contre le roi d'Espagne.

Le 8 juillet, arrivée d'Ange Baduero comme ambassadeur de la seigneurie de Venise, en remplacement de Mario Canali. L'intervention de Henri IV finit par amener, entre le duc de Savoie et les Genevois, une paix qui est conclue à Saint-Julien, près Genève, le 21 juillet, et ratifiée par le duc le 25. Le même jour, couronnement du roi et de la reine d'Angleterre à Londres. Le marquis de Rosny, revenu de son ambassade dès le 12, a un grand démêlé avec le comte de Soissons, qu'on parvient très-difficilement à apaiser. Depuis la fin de juillet jusqu'à la fin de l'année, la peste sévit à Paris.

La duchesse de Bar y arrive, le 5 août, pour rendre visite au Roi son frère. Au milieu du mois, ils partent pour la Normandie, où ils restent jusqu'à la mi-septembre. Le duc de Savoie fait livrer au Roi un nommé Richard, sieur de la Voulte, qui lui avait offert d'assassiner Sa Majesté. Le premier veneur, M. de Vitry, est envoyé au roi d'Angleterre pour lui montrer la manière de chasser usitée en France; il reçoit en même temps des instructions secrètes pour faire servir à l'entretien des bonnes relations entre la France et l'Angleterre l'intimité que cette mission lui procurera avec le roi Jacques. Le père Cotton fait de vains efforts pour convertir la duchesse de Bar, mais il continue avec éclat ses prédications et réclame instamment le rappel de sa compagnie. L'édit qui rétablit les Jésuites est rendu au mois de septembre. Le 17 de ce mois, du Perron est nommé cardinal. Dans un synode tenu à Gap, au mois d'octobre, par les huguenots, on déclare que le Pape est l'Antechrist. Henri IV essaye inutilement de leur faire désavouer le décret qui range cette proposition parmi les articles de foi; il assoupit la chose de son mieux. Au mois de novembre, le marquis de Rosny est nommé gouverneur de Poitou. Le connétable de Castille, envoyé par le roi d'Espagne pour traiter de la paix avec l'Angleterre, arrive à Bayonne le 16 novembre, et le 14 du mois suivant à Paris, où il ne fait point de séjour et n'entame aucune négociation; il est admis à l'audience du Roi et de la Reine, au Louvre, puis va saluer le Dauphin à Saint-Germain. Avant de passer en Angleterre, il se rend d'abord dans les Pays-Bas.

Le Roi avait annoncé, le 19 novembre, au général des Jésuites le rétablissement de sa compagnie en France. Le parlement, qui, depuis la rentrée, n'avait cessé de s'opposer à cet édit, adresse solennellement au Roi ses remontrances, le 24 décembre, par l'organe du premier président de Harlay. Henri IV répond avec détail à cette harangue, et donne l'ordre le plus impératif d'enregistrer l'édit sans plus de délai. Il envoie au prince de Galles un écuyer, un maître d'armes et un maître de danse. Le roi Jacques promet que, en négociant de la paix avec l'Espagne, il ne conclura rien que de concert avec la France, et qu'il n'abandonnera pas les Provinces-Unies des Pays-Bas. Le 22 décembre, mort du sultan Mahomet III. Son fils lui succède.

En cette année, le sieur du Pont-Gravé, de Saint-Malo, pénètre assez avant dans l'intérieur du Canada.

1604.

Le 2 janvier, le parlement enregistre l'édit de rétablissement des Jésuites. Ils sont réinstallés dans leurs anciens colléges. Le 13, un assassin blesse le père Cotton, dont la faveur occupait beaucoup le public. Don Balthasar de Cuniga remplace comme ambassadeur d'Espagne Jean-Baptiste de Taxis, chargé d'aller préparer à Londres le traité de paix entre l'Espagne et l'Angleterre. La duchesse de Bar, sœur du Roi, meurt à Nancy, le 12 février. M. de la Boderie est rappelé de l'ambassade de Flandre. Henri IV, en apprenant la mesure par laquelle le roi d'Espagne frappait d'un impôt de trente pour cent toutes les marchandises françaises, interdit à ses sujets le commerce avec l'Espagne. Au commencement de mars, par le conseil de Rosny, les titres des rentiers de l'hôtel de ville sont soumis à une vérification sévère. La duchesse de Mercœur établit les Capucines, pour accomplir un vœu de la feue Reine sa belle-sœur. M. de la Force est chargé d'accommoder, de la part du Roi, une grande querelle survenue, à Bordeaux, entre le duc d'Épernon et le maréchal d'Ornano. Mort du cardinal d'Ossat, à Rome, le 13 mars. Les états de Suède, assemblés à Nicoping, reconnaissent pour roi de Suède, le 29, Charles, duc de Sudermanie, au préjudice de Sigismond, son neveu, roi de Pologne. En avril, le Pape est pris pour arbitre entre la France et l'Espagne, au sujet du différend relatif au commerce. Troubles domestiques causés à Henri IV par sa faiblesse pour la marquise de Verneuil, dont l'insolence ne gardait aucunes bornes, et par le mécontentement de la Reine, qu'excitent la Galigaï et Concini, mari de cette femme. Le 11 mai, naissance d'un fils du comte de Soissons; ce fut le dernier prince de cette branche de la maison royale.

Le jeune L'Hoste, principal commis de M. de Villeroy, pratique des intelligences avec l'Espagne et livre pendant quelque temps la clef des chiffres de ce premier secrétaire d'état. Un avis envoyé par M. de Barraut, ambassadeur à Madrid, le fait découvrir; mais, au moment d'être arrêté, le 23 avril, il s'enfuit, et, en voulant traverser un gué de la Marne, près de la Ferté, il se noie. Par jugement posthume, son corps est écartelé, le 15 mai.

SOMMAIRE HISTORIQUE.

Au mois de juin, l'alliance avec la Porte fait refuser à Henri IV d'accueillir un marchand envoyé en Europe par le roi de Perse pour recruter des ennemis au Grand Seigneur, et qui était débarqué à Marseille avec l'intention de venir trouver le Roi. On lui donne, en Provence, l'ordre de s'en retourner. Au milieu de ce mois, un Anglais nommé Thomas Morgan est arrêté et mis à la Bastille, comme agent des menées des Espagnols. On constate sa complicité avec les d'Entragues et le comte d'Auvergne. Ce dernier s'éloigne de la cour sous un prétexte. Quant à M. d'Entragues, il est obligé de rendre, le 2 juillet, la promesse de mariage que sa fille, la marquise de Verneuil, avait obtenue du Roi cinq ans auparavant. Sa Majesté reçoit de M. de la Force l'avis des mauvais desseins d'un Espagnol, que signale, de son côté, le père Cotton, auquel cet homme avait adressé des propositions régicides.

Le baron de Salignac est envoyé ambassadeur à Rome, en remplacement de M. de Brèves.

Les Hollandais s'emparent du fort de l'Écluse, le 18 août. Pourparlers de paix entre l'Empereur et le Sultan. La paix se conclut entre l'Espagne et l'Angleterre. Le comte d'Auvergne, ne pouvant plus nier ses intrigues et ses trahisons, entièrement découvertes à la suite de l'affaire de L'Hoste et par l'arrestation de Morgan, a l'impudence de faire offrir au Roi de continuer à entretenir des relations secrètes avec l'Espagne, pour servir d'espion à Sa Majesté. Henri IV juge qu'il veut ainsi tirer de l'argent des deux rois, en les trahissant l'un et l'autre. Une réponse évasive est faite à ces propositions, pendant que le trésorier de Murat et le mestre de camp Nérestan, chargés, avec l'exempt des gardes d'Escures, de la difficile mission d'enlever le comte d'Auvergne, préparent secrètement ce coup de main.

M. de Montigny n'ayant pu se résoudre à quitter le gouvernement de Paris pour la lieutenance générale à Metz, est remplacé dans cette charge par M. du Plessis-Liancourt, qui ne s'y rendit qu'à l'automne de l'année suivante.

L'industrie de la soie, introduite en Normandie, y est fortement protégée par Henri IV. Il fait construire à Paris, entre l'ancien parc des Tournelles et les jardins de l'hôtel Saint-Paul, un bâtiment pour les manufactures d'étoffes de soie; il fait commencer aussi la construction de la *Samaritaine*, sur le Pont-Neuf. On travaille activement au canal de Briare.

Après un siége de plus de trois ans, la ville d'Ostende se rend, le 20 septembre, aux Espagnols, commandés par le marquis Spinola. Le connétable de Castille, durant son séjour à Londres, fait échouer les négociations que M. de Beaumont avait entamées, avec l'intervention du roi d'Angleterre, pour un traité de commerce entre la France et l'Espagne. Henri IV nomme le duc d'Albanie, second fils de Jacques Ier (et qui lui succéda sous le nom de Charles Ier), capitaine d'une compagnie de cent hommes d'armes des ordonnances, avec le duc de Lenox pour lieutenant.

Une comète brillante est observée, au mois d'octobre. Les nouvelles du grand affaiblissement de Clément VIII réunissent à Rome tous les cardinaux français, excepté le cardinal de Gondi, et ils reçoivent des instructions dans la prévision d'un conclave. Le 4, M. de Berny, frère de M. de Sillery, est nommé ambassadeur en Flandre, à la place de M. de la Boderie. Le 25, mort du duc de la Trémouille, chef du parti protestant en France. Continuation de la guerre entre les impériaux et les Turcs. Le connétable de Castille, retournant d'Angleterre en Espagne, repasse par la France et va, le 6 novembre, saluer le Roi à Fontainebleau, où il est traité durant trois jours. Henri IV prévoit les embarras où la future succession aux duchés de Clèves et de Juliers pourrait entraîner l'Europe, et il cherche à les prévenir en engageant les princes d'Allemagne à s'entendre là-dessus.

Le comte d'Auvergne, malgré les grandes précautions dont il s'entourait au fond de l'Auvergne, finit pourtant par tomber dans un piége. Attiré à passer une revue, comme colonel général de la cavalerie légère de France, il est renversé de cheval par des gens apostés. On l'amène aussitôt à Paris, où il est mis à la Bastille, le 19 novembre. A la fin de ce mois, le libre commerce est rétabli entre la France et l'Espagne, en vertu d'un traité conclu, le mois précédent, par Rosny, le cardinal Bufalo, l'ambassadeur d'Espagne et le sénateur de Milan.

Étienne Botskai, qui avait soulevé la Hongrie contre l'Empereur, bat, le 5 décembre, le comte de Beaujeu, général des troupes impériales. Les Turcs profitent de cette diversion en se déclarant pour Botskai. Ce même jour, arrêt du parlement qui ordonne l'incarcération du comte d'Entragues et de sa fille. Le 11, d'Entragues est amené prisonnier à la Conciergerie; la marquise de Verneuil est gardée à vue, dans son hôtel, par les archers du chevalier du guet. On essaye vainement de lui faire demander pardon au Roi, qui ne peut surmonter son faible pour elle. Il prend cependant pour maîtresse Jacqueline de Bueil, qu'il crée comtesse de Moret.

Un office particulier de garde des sceaux est créé en faveur de M. de Sillery, M. de Bellièvre demeurant toujours chancelier de France et chef du conseil.

1605.

Au mois de janvier, le comte d'Auvergne et la marquise de Verneuil comparaissent devant le parlement. Le 1er février, arrêt qui condamne le comte d'Auvergne, M. d'Entragues et Thomas Morgan à avoir la tête tranchée, et la marquise à être renfermée dans l'abbaye de Beaumont-lez-Tours jusqu'à plus ample informé. Mais le Roi ordonne de surseoir à l'exécution du jugement. Les Jésuites s'établissent avec peine à Rouen et à Poitiers. Au sujet du collége de cette dernière ville, le père Cotton, au mois de mars, se plaint de Rosny, gouverneur de Poitou, et lui suscite beaucoup de tracasseries, dont Rosny se tire fort dignement. Le pape Clément VIII meurt le 3 mars. Le conclave, où l'accord et l'activité des représentants de la France, secondés par les grandes dépenses du Roi, avaient fait dominer le parti français, élit, le 1er avril, le cardinal de Florence, qui prend le nom de Léon XI. On en fait de grandes réjouissances en France, où ce cardinal était fort aimé depuis la paix de 1598. Henri IV fait commencer la place Royale. Les lettres patentes qui confèrent l'office de garde des sceaux à M. de Sillery sont vérifiées le 14 mars; cependant les sceaux restent encore entre les mains de M. de Bellièvre jusqu'au commencement d'octobre. Le roi Jacques, qui avait changé son titre de roi d'Angleterre et d'Écosse contre celui de roi de la Grande-Bretagne, fait demander à Henri IV de lui donner désormais ce dernier titre. Le Roi commue la peine de mort à laquelle avaient été condamnés le comte d'Auvergne et M. d'Entragues en une prison perpétuelle, et bientôt même il se borne à exiler ce dernier dans ses terres, à la prière de la marquise de Verneuil, laquelle est entièrement absoute. Le père Cotton obtient, malgré le parlement, la destruction de la pyramide élevée sur la place du Palais, en mémoire de l'attentat de Jean Châtel, et où se trouvait gravé l'arrêt qui expulsait la compagnie de Jésus.

Léon XI meurt le 27 avril, après moins d'un mois de pontificat. Le cardinal Borghèse lui est donné pour successeur, le 15 mai, et prend le nom de Paul V. Le brave Crillon se démet de sa charge de mestre de camp du régiment des gardes, que le Roi donne à M. de Créqui, gendre de Lesdiguières, pour diminuer l'autorité du duc d'Épernon, qui, en qualité de colonel de l'infanterie française, prétendait nommer à cet emploi. Un malentendu de Crillon à ce sujet irrite le Roi contre Rosny, au point de faire croire à une disgrâce. Le ministre se justifie par une longue explication qu'il a avec le Roi, à Fontainebleau. C'est à la suite de ce célèbre entretien que Henri IV l'empêche de se jeter à ses pieds, « pour ne pas laisser croire qu'il lui pardonnait. »

Au commencement de juin, M. d'Alincourt, fils de Villeroy, remplace comme ambassadeur à Rome M. de Béthune, frère de Rosny. Au milieu du même mois, don Juan de Médicis, oncle de la Reine, arrive en cour. La reine Marguerite met elle-même fin à son exil de vingt années en revenant inopinément avec des révélations importantes sur les intelligences du duc de Bouillon parmi la noblesse d'Auvergne; elle vient s'installer, à la mi-juillet, dans son château de Madrid, au bois de Boulogne. Le Dauphin va l'y saluer. Le Roi et la Reine lui font un très-bon accueil. On reconnaît bientôt que la conspiration dont elle avait donné le premier avis s'étend non-seulement dans l'Auvergne, mais dans le Quercy, le Périgord, le Limousin. M. de la Force, le duc d'Épernon et le maréchal d'Ornano sont chargés de mesures énergiques pour en arrêter la propagation.

Les protestants, qui avaient obtenu, au mois de mai, l'autorisation de faire une assemblée générale de leurs églises à Châtelleraut, s'y assemblent au mois de juillet. Les intrigues du duc de Bouillon font craindre au Roi que cette réunion ne prenne un caractère séditieux. Rosny s'y rend de la part de Sa Majesté, en surveille sévèrement tous les actes, s'oppose à toute atteinte à l'autorité royale, empêche qu'il y soit question du Pape et du duc de Bouillon, et dirige le choix des six députés chargés de résider en cour de la part de l'assemblée. Deux frères, gentilshommes du Midi, nommés Lucquisses, qui travaillaient à surprendre Narbonne pour la livrer aux Espagnols, étant arrêtés par le chevalier de Montmorency, bâtard du connétable, sont exécutés à Toulon, au mois d'août. Les conspirations signalées par la reine Marguerite prenant des proportions de plus en plus redoutables, le Roi part lui-même, le 21 septembre, pour aller châtier les rebelles. La Reine l'accompagne jusqu'au Plessis-lez-Tours. A cette nouvelle, le duc de Bouillon mande aux officiers qu'il avait chargés de la garde de ses places d'en ouvrir les portes à Sa Majesté. Charles, roi de Suède depuis la déposition de son neveu Sigismond, est battu par les Polonais devant Riga, le 27 septembre. Le marquis Spinola continue le cours de ses succès dans les Pays-Bas. M. de Beaumont, ambassadeur en Angleterre, est rappelé. On commence à s'occuper des chances d'élection d'un roi des Romains. Les Turcs, le 3 octobre, prennent la ville de Gran sur les impériaux. A Paris, la curiosité publique est excitée par une prétendue démoniaque, Adrienne du Fresne. Théodore de Bèze meurt à Genève, le 23 octobre.

Henri IV, arrivé à Limoges le 18, y fait son entrée solennelle le 20. Sa présence fait tout rentrer dans l'ordre. Après être resté quelques jours à Limoges, il revient à Paris, à petites journées, laissant une commission souveraine pour juger ceux des rebelles qui avaient été pris les armes à la main. Cinq sont décapités. Ceux dont la rébellion armée fut constatée aussi, mais qui ne purent être arrêtés, sont condamnés par contumace et exécutés en effigie. Malherbe présente au Roi son poëme sur ce voyage en Limousin. Henri IV confie le soin de ce poëte au duc de Bellegarde, qui le prend dans sa maison, pourvoit largement à tous ses besoins et lui fait une pension.

On découvre à Londres, le 5 novembre, la fameuse conspiration des poudres, qui allait faire périr à la fois le roi d'Angleterre et tout le parlement, au moment de l'ouverture des chambres, à Westminster. Les députés de l'assemblée générale du clergé, réunie à Paris, présentent au Roi, le 5 décembre, sur l'état de la religion dans le royaume, des remontrances auxquelles Sa Majesté répond aussitôt. Le baron de Mairargues, député des états de Provence, comme il conférait avec le secrétaire de l'ambassadeur d'Espagne pour livrer Marseille aux Espagnols, est arrêté par la Varenne et livré à la justice. Convaincu de cette trahison, il est condamné à mort et a la tête tranchée, le 19. Un fou, nommé Jacques des Isles, ancien procureur à Senlis, tente de poignarder le Roi à son passage sur le Pont-Neuf, au retour de la chasse; attentat au sujet duquel Malherbe compose les stances :

> Que direz-vous, races futures,
> Si quelquefois un vrai discours
> Vous recite les avantures
> De nos abominables jours?

Le jour de Noël, Paul V excommunie solennellement les Vénitiens, avec lesquels il était entré, peu de temps après son exaltation, dans un grave différend, qui faillit bouleverser l'Europe entière.

En cette année, le financier Paulet introduisit l'impôt du droit annuel, qu'on appela *la Paulette*, et qui portait sur les offices de judicature et de finance, pour assurer le droit de les résigner.

C'est aussi en 1605 que le sieur de Montz colonise l'Acadie et établit le commerce du Canada.

1606.

Le 10 février, Marie de Médicis met au monde une seconde princesse, madame Chrétienne de France, qui devint duchesse de Savoie. Elle fait ses couches à Paris, « ce qu'on n'avoit vu depuis fort longtems, » dit l'Estoile. En ce même mois, la terre de Sully est érigée en duché-pairie en faveur du marquis de Rosny, qui porte dès lors le titre de duc de Sully. En mars, le Roi pardonne à ceux des révoltés du Midi qui n'avaient été condamnés que par contumace, et il remet aux familles de ceux qui avaient été exécutés les conséquences de la condamnation. Le 15 mars, se refusant à toutes les soumissions du duc de Bouillon qui n'auraient pas pour condition préalable la remise de Sedan, le Roi part pour cette ville avec des troupes, afin de faire rentrer ce duc dans le devoir. La Reine le suit de près. Le 30, dès l'arrivée de Leurs Majestés à Donchery, le duc fait demander au Roi de ne point passer outre sans lui accorder une conférence avec quelqu'un de ses ministres. M. de Villeroy, qui s'abouche, en conséquence, avec lui, conclut le traité le lendemain 1er avril. Le duc de Bouillon vient aussitôt se jeter aux pieds du Roi, qui lui accorde son pardon et des lettres d'abolition pour tout le passé; moyennant quoi les troupes royales sont introduites dans Sedan, où Henri IV fait son entrée le 7 avril. Il y reste trois jours et revient à Paris, où il rentre le 28, ayant dans son cortége le duc de Bouillon, qui l'avait rejoint en route.

M. de la Boderie est nommé ambassadeur à Londres, le 15 avril. La peste qui sévit à Paris fait partir la cour pour Fontainebleau, au commencement du mois suivant. Le Roi s'oppose au synode national que les protestants demandaient à tenir à la Rochelle. La ville de Metz refuse les Jésuites. La seigneurie de Venise les expulse tous de son territoire. Une fontaine est élevée sur la place du Palais, au lieu de la pyramide démolie l'année précédente. Achèvement de la porte de la Tournelle, dite *la porte Saint-Bernard*. Henri IV prie le roi d'Angleterre de tenir sa fille aînée sur les fonts, avec l'infante archiduchesse; mais Jacques n'accepte pas, à cause de la préférence accordée au Pape, choisi pour être parrain du Dauphin. La querelle entre Paul V et les Vénitiens s'envenime au point de menacer la paix générale. Le roi d'Espagne offre au Saint Père le secours de ses armes; mais Henri IV fait agréer sa médiation officieuse, que le cardinal de Joyeuse conduit avec beaucoup d'habileté. Le 30, le comté d'Auvergne est adjugé, par arrêt du parlement, à la reine Marguerite, qui en disputait la possession au comte d'Auvergne, comme en ayant hérité de la reine sa mère.

Le 9 juin, le Roi et la Reine, au retour de Fontainebleau, passant le bac de Neuilly sans descendre de voiture, tombent dans la Seine et courent grand risque d'être noyés. L'établissement particulier fondé pour une manufacture de tapisseries, manquant des fonds suffisants, est soutenu par le Roi. L'intensité de la peste, non-seulement oblige la cour à regagner Fontainebleau, mais fait abandonner le projet de baptiser le Dauphin à Paris, où déjà l'on commençait à décorer l'église Notre-Dame pour la cérémonie, et la place Royale (qui ne portait pas encore ce nom), pour les fêtes qui devaient suivre. Mais le Roi vient encore, au mois d'août, à Paris, afin de faire voir cette capitale à la duchesse de Mantoue, sœur de la Reine, qui était arrivée à Fontainebleau, le 20 juillet, pour le baptême du Dauphin.

Ce jeune prince y est baptisé, avec ses deux sœurs, le 14 septembre; il a pour parrain le Pape, représenté par le cardinal de Joyeuse, et pour marraine la duchesse de Mantoue en personne. L'aînée des princesses n'eut pas de parrain et fut tenue sur les fonts par Diane de Valois, duchesse d'Angoulême, au nom de l'infante Isabelle-Claire-Eugénie, marraine. Le duc de Lorraine en personne et la grande-duchesse de Toscane, représentée par don Juan de Médicis, oncle de la Reine, furent parrain et marraine de la seconde des princesses.

Les pestiférés de Paris, relégués au faubourg Saint-Marceau, où on les laissait dans le dénuement, en sortent, se répandent dans la campagne, où ils se dressent des cabanes depuis la Bièvre jusqu'aux Chartreux, ce qui étend l'épidémie. Elle se propage jusqu'au pré aux Clercs et pénètre dans l'hôtel de la reine Marguerite. Plusieurs de ses gentilshommes y ayant succombé, cette reine se retire quelque temps à Issy-lez-Vaugirard.

RECUEIL

DES

LETTRES MISSIVES DE HENRI IV.

SECONDE PÉRIODE.

APRÈS L'AVÉNEMENT AU TRÔNE DE FRANCE.

1589 – 1610.

CORRESPONDANCE DE HENRI IV.

ANNÉE 1603.

1603. — 1er JANVIER.

Orig. — Arch. du grand-duché de Hesse-Cassel.
Imprimé. — *Correspondance inédite de Henri IV avec Maurice le Savant,* publiée par M. DE ROMMEL; Paris, 1840, in-8°, p. 95.

A MON COUSIN LE LANDGRAVE DE HESSE.

Mon Cousin, Ceste lettre ne traitera que des affaires publicques. J'attends vostre reponse aux deux lettres que je vous ay escriptes depuis vostre partement, l'une le xxiie de novembre, et l'autre le viie de decembre, par la voie du s^r de Bongars ; car il est necessaire que je saiche la volonté de nos amys sur les occasions qui se presentent, et mesmes sur la surseance accordée par le cardinal de Lorraine, pour laquelle le sr de Chamvalon m'a apporté et donné sa parole, avec celle du duc de Lorraine son pere, ainsy que je vous ay mandé. Par tant, je vous prie estre cause que j'en sois esclaircy au plus tost, affin de respondre au dict cardinal et donner acheminement à l'affaire dont il s'agit. Pareillement je desire sçavoir quelle opinion vous avés du progrés et succés de la diette imperiale, en laquelle on dict que comparoistra l'archiduc Mathias au deffault de l'Empereur. Par tant, faictes-moy sçavoir de vos nouvelles; je vous asseure qu'elles me seront tres agreables pour l'affection que je vous porte, et la confiance que j'ay prise de vous.

Au reste, vous sçaurés que, ne pouvant me lasser de bien faire à ceux mesmes qui se deffient de ma bonté, comme faict à present le duc de Bouillon, j'ay voulu renvoyer vers luy un de mes conseillers, exprés pour luy remonstrer derechef la faulte qu'il a faicte de me desobeir en refusant de me venir trouver, luy ordonner de ce faire, et luy declarer et signifier, à faulte de ce faire, que je feray proceder contre luy par la voie ordinaire de la justice accoustumée en tel cas, suivant toutefois mon edict en faveur de mes subjects faisans profession de la religion pretendue reformée. A quoy je desire qu'il obeïsse, affin de n'estre contrainct de luy faire esprouver ma juste indignation pour sa desobeïssance et la rigueur des lois et de la justice en pareil cas. Car il faut, pour le bien de mon service et pour mon contentement, que la verité de son accusation soit cogneue en justice (la chose estant de telle importance qu'elle est et ayant passé si avant qu'elle a faict), pour les raisons que je suis asseuré que vous jugerés tres bien; et si telle verification eust peu estre faicte par devant les juges de Castres, avec la conservation de mon auctorité et dignité, peut-estre que je m'y feusse accommodé, si le duc de Bouillon se feust conduict avec plus de respect à mon commandement, et de confiance en ma bienveillance que il n'a faict. Or je desire qu'il recognoisse sa faulte et qu'il s'amande, sans se tromper en son sien jugement, comme il fera s'il continue à suivre le chemin qu'il a esleu, car au lieu de prouver son innocence il agravera son crime et se condamnera luy-mesme. Il est sorty de la ville de Castres, la dicte chambre de justice à laquelle il s'estoit adressé luy ayant declaré ne pouvoir prendre court et jurisdiction de son faict sans mon exprés commandement, et a pris le chemin du bas pays de Languedoc. Cependant vous sçaurés que mes subjects de la religion pretendue reformée de toutes les provinces de mon Royaume m'ont asseuré et protesté, sur ceste occasion, de leur obeissance et fidelité, soubs la protection de mes dicts edicts, dont j'ay grand contentement. J'auray tel soin aussy de les maintenir et confirmer en la possession et jouissance du benefice de mes dicts edicts, qu'ils auront toute occasion de perseverer en leur devoir, et louer Dieu de ma paternelle faveur et bonté. Je prie sa divine misericorde, mon Cousin, qu'il vous conserve en pleine santé, et vous favorise avec sa saincte grace durant le cours de ceste nouvelle année, selon mon souhait. Escript à Paris, le premier jour de janvier 1603.

HENRY.

1603. — 6 JANVIER. — Ire.

Cop. — Biblioth. de M. Monmerqué, Ms. intitulé *Lettres à l'ambassadeur du Levant.*

[A M. DE BRÉVES.]

Monsr de Breves, Je suis marry des desordres et infortunes qui augmentent en l'empire de ce Seigneur, tant du costé d'Ongrie que d'Asie; à quoy neantmoins il semble qu'il soit difficile de remedier, par les raisons que vous m'avés escriptes et le Capi-Aga a recognues veritables. Continués à m'advertir de ce qui surviendra, et je feray toute la diligence qu'il me sera possible, de me preparer à mettre mes affaires en estat, pour pouvoir profiter des mutations qui arrivent, comme les autres; mais vous avés bien fait de ne m'avoir engagé en la negociation et mediation de la paix de laquelle vous a parlé le dict Capi-Aga, car je sçais que l'Empereur en est si loin, que plus il en sera recherché, moins il y entendra, pour l'esperance qu'il a de profiter en la guerre, en la continuation de laquelle il se prepare pour l'année prochaine avec plus de soin et diligence que jamais.

Quant aux affaires de mon Royaume, les brouilleries que l'on y avoit dressées s'esvanouissent et dissipent tous les jours, combattues et convaincues de la force de mon auctorité et de ma justice. Celle du prince de Genville est entierement assoupie, et le duc de Bouillon est retiré en Allemagne, tellement qu'on est paisible en mon Royaume. Le duc de Savoye a voulu surprendre la ville de Geneve le mois passé, mais ses gens y ont esté mal traictez, car ils ont esté repoulsez avec honte et perte des meilleurs hommes qu'ils eussent. Pour fin, vous sçaurés que je suis en bonne santé, avec la Royne ma femme, le Dauphin mon fils et la derniere fille que Dieu m'a donnée. Je prie Dieu, Monsr de Breves, qu'il vous ayt en sa saincte et digne garde. Escript à Paris, le vj^e jour de janvier 1603.

HENRY.

1603. — 6 JANVIER. — IIme.

Orig. — Arch. de M. de Coühé-Lusignan. Copie transmise par la société des Antiquaires de l'Ouest.

A MONS^r DE FRESNES CANAYE,
CONSEILLER EN MON CONSEIL D'ESTAT ET MON AMBASSADEUR À VENISE.

Monsr de Fresnes, Les advis que [1] *nous donne le comte Martinengue du duc de Savoye* tesmoignent assez sa bonne volonté; toutesfois ils sont imparfaits, et y a tousjours quelque chose à desirer, tellement qu'il est difficile que nous en tirions profit. Toutesfois il ne faut laisser de luy en sçavoir gré, croyant, s'il pouvoit les nous donner meilleurs, qu'il le feroit volontiers, quand ce ne seroit que pour *nuire à Albigny et à ceux qui gouvernent à present le dict duc*. J'ay opinion que *le François qu'il vous escrit avoir esté si bien receu à Turin est Guionnelle, qui s'estoit retiré au comté de Bourgogne*; car l'on m'a adverty que *il s'en est allé en Piedmont. C'est un estourdy et necessiteux. Il conduisoit la menée du prince de Ginville*, et seroit bon de sçavoir si *il a renoué quelque*

---

[1] Nous rappelons que tout ce qui est imprimé en italiques dans les lettres aux ambassadeurs est écrit en chiffre dans les originaux.

pratique nouvelle[2]. Priés le dict *comte* de s'y employer. Sçachés aussy quel est le s^r *de Chasteauneuf*, qui luy a adressé et recommandé *ce cappitaine Joannes*, et pourquoy le dict *cappitaine* dit qu'il ne veut *demeurer en Italie*[3] ; et cependant qu'il prenne garde qu'il ne *commette quelque trahison où il l'a logé*, puisqu'il a passé par l'etamine *du duc de Fuentés. Si tost que le duc de Mayenne sera arrivé (les gouttes l'ayant retenu à Soissons)*, je luy parleray *du mariage du comte de Sommerive*, pour sçavoir s'il voudra y entendre; mais il faudroit sçavoir ce que *le duc de Savoye entend faire pour sa sœur*. Informés-vous-en et m'escrivés ce que vous en apprendrés. J'ay differé d'envoyer et *tenir auprés du dict duc un ambassadeur, parce qu'il n'en a point auprés de moy*; et crois qu'il en use ainsy exprés, affin que je sois privé du service que je recevrois de *celuy qui resideroit* auprés de luy.

Vous aurés sceu à present le succés de l'entreprise que le duc de Savoye avoit dressée sur la ville de Geneve. Il la tenta et faillit le xxiie du mois passé, et peu s'en est fallu qu'il ne l'ayt emportée. Vous sçaurés le faict, tel qu'il m'a esté escript, par le memoire qui vous sera envoyé. La dicte ville a esté comprise de ma part dans les traictez de Vervins et de Lyon sous le nom general des alliez et confederez des Ligues et Cantons de Suisse, du sceu et consentement des depputez

---

[2] M. de Fresne Canaye, par une lettre du 10 décembre, transmettait l'avis que lui avait donné le conte Martinengue, de la présence mystérieuse à Turin d'un Français avec qui le duc de Savoie avait des entretiens nocturnes.

[3] D'après la lettre de l'ambassadeur, il faudrait lire ici *France*, au lieu d'*Italie*; car M. de Fresne Canaye écrivait : « Le comte Martinengue me mande aussy qu'un certain nommé le capitaine Joannes l'est venu trouver avec lettres de recommandation du sieur de Chàsteauneuf (il m'escrit en italien *Castelnovo*, sans autrement s'expliquer), le suppliant de luy faire trouver quelque condition. Et, luy ayant remonstré qu'il ne seroit pas aisé de la trouver en Italie, et qu'il feroit mieux de retourner en France, il luy auroit repliqué qu'il ne pouvoit ny ne vouloit demeurer en France et aimoit mieux partir en pays estranger. » *Lettres et ambassades de messire Philippe Canaye, seigneur de Fresne*, t. I, livre I, p. 522.

Quant à ce sieur de Chasteauneuf, sur lequel le Roi demande de plus amples renseignements, M. de Fresne apprit et écrivit à S. M., le 29 janvier, que c'était le marquis d'Urfé.

qui firent les dicts traictez; car pour le respect du Pape et de ses legats, qui en furent les premiers auteurs, elle n'y fut nommée et specifiée, sur l'instance que les dicts legats en firent. Toutesfois il fut convenu qu'elle passeroit et seroit entendue et comprise sous les dicts termes generaux ; et de faict il en fut dés lors despesché et delivré par moy aux habitans d'icelle de bonnes lettres de declaration, expediées en bonne forme, qui ont esté notifiées au dict duc de Savoye, auquel j'en ay parlé fort ouvertement quand je l'ay veu, et faict parler aussy conformement à cela par tous ceux que j'ay envoyez vers luy depuis les dicts traictez, tellement qu'il faut croire qu'il n'a violé les dicts traictez par ignorance et insciemment. Il s'y est trouvé en personne, et y a esté assisté des forces hespagnoles qui sont en Savoye. Je vous ay asseuré que je ressens cest attentat comme je doibs et merite l'importance d'iceluy; toutesfois abstenés-vous d'en parler de ma part à ces Seigneurs; jusqu'à ce que je le vous mande, car je veux voir, devant, ce que dira et fera le dict duc et ce que m'en fera dire aussy le roy d'Espagne, et pareillement comment ceste action sera prise à Rome. Le principal est que le dict duc y a esté bien battu et y a perdu les meilleurs hommes françois qu'il avoit retirez, et s'en est retourné chargé de honte et de confusion. Ce sont des *fruicts espagnols de sa perfidie et de la deloyauté de son Albigny,* que le temps rendra tous les jours plus *amers; et si le dict comte Martinengue se fust retrouvé auprés de luy* au retour de ce voyage, il eust eu beau champ pour *luy remonstrer les malheurs auxquels le dict Albigny* va tous les jours l'enfournant, soubs pretexte *de le servir. Confortés-le* tousjours à retourner *prés du dict duc;* car j'ay si bonne opinion de la fermeté et constance d'iceluy, que je crois, s'il s'y opiniastre, qu'il pourra, à la fin, *esbranler son esprit. Je sçay qu'il n'a du costé d'Hespagne toute satisfaction* qu'il estime meriter, et peut-estre, *s'il ouvroit les yeux,* qu'il cognoistroit pouvoir mieux *faire et remettre ses affaires aux despens du roy d'Espagne que aux miens.* S'il estoit maintenant *chatouillé sur cela,* en verité, je pense qu'*il y pourroit prester l'oreille.* L'on m'escrit d'Hespagne qu'ils retirent de Milan le comte de Fuentés, et que le duc de Sesse doibt entrer en sa place. Cestuy-cy est aussy *fin et brouillon que l'autre, mais non si audacieux.* Je m'attends qu'ils voudront *me faire valoir ce changement comme s'ils le faisoient pour* la jalousie *que j'ay monstré avoir du dict comte.* Vous sçaurés ce qu'ils m'en feront dire, comme je desire que vous me faciés sçavoir ce qui s'en dira par delà.

Le duc de Bouillon a enfin pris le chemin du Dauphiné, pour se retirer en Allemagne et Sedan, aprés avoir tiré de la chambre de Castres l'acte et arrest duquel j'ay commandé vous estre envoyé un double, par lequel vous verrés les raisons sur lesquelles il fonde le recours qu'il a eu à la dicte chambre. Mais deux choses l'ont hasté de partir : l'une, qu'il a trouvé tous mes sujets faisant profession de la religion pretendue reformée fort alienez des conseils qu'il a pris de desobeir à mes commandemens et edicts, et l'autre pour n'attendre le s^r de Caumartin, qu'il a sceu que je voulois envoyer vers luy, pour derechef luy commander de me venir trouver, affin d'eviter ceste contumace. J'adviseray maintenant ce que j'auray à faire pour averer ce dont il est accusé, affin que chascun en soit esclaircy et que l'on ne puisse calomnier la poursuicte qui en a esté faite.

J'ay faict dire à la duchesse de Nemours qu'elle me fera plaisir de s'accommoder avec le cardinal Aldobrandin, pour ce qu'il pretend qu'elle luy doibt; mais ce seroit chose extraordinaire et nouvelle, que je me chargeasse de l'acquitter, estant dette particuliere, de laquelle aussy il luy sera tousjours faict raison et justice; vous asseurant que je desire tant conserver la bonne volonté du dict cardinal, que tout ce que je pourray faire pour son contentement sera tousjours embrassé de moy tres volontiers. Je prie Dieu qu'il vous ayt, Monsr de Fresnes, en sa saincte garde. Escript à Paris, le vj^e jour de janvier 1603.

HENRY.

DE NEUFVILLE.

1603. — 8 JANVIER. — Ire.

Orig. — Arch. du canton de Genève. Copie transmise par M. Rigaud, premier syndic, et par M. L. Sordet, archiviste.
Cop. — B. N. Fonds Brienne, Ms. 78, fol. 350.
Imprimé. — LUNIG, *Codex Italiæ diplomaticus*, t. I, col. 801; et *Hist. de Genève*, par Jean PICOT, t. II, p. 321.

A NOS TRES CHERS ET BONS AMYS LES SYNDICQS ET CONSEIL
DE LA VILLE DE GENEVE.

Tres chers et bons amys, J'ay entendu avec un tres grand deplaisir l'entreprise faicte sur vostre ville par les gens du duc de Savoye; et ayant sceu comme vous les avés courageusement repoulsez et chastiez [1], je vous diray que c'est l'un des plus grands contentemens qui me pouvoient arriver. Je vous ay promis mon assistance pour vostre conservation; je m'en suis declaré par les traictez; je l'ay dict, escript et faict dire partout où besoing a esté; je m'en suis declaré de bouche lorsque j'ay veu le dict duc, et pour le semblable à tous ceux qui m'ont esté envoyez de sa part. Se presentant l'occasion, comme il semble qu'elle ne soit plus esloignée, je suis bien resolu de vous en faire encore plus de declaration par les effects; dont je vous prie vous tenir asseurez, esperant que Dieu me fera la grace que je feray valoir les sermens et promesses qui sur ce m'ont esté faictes par les traictez de Vervins et de Lyon. Je ne vois pas encore assez clair à ce que le dict duc projecte pour l'avenir, ny aussy au besoing que pouvés avoir de mon secours, qui ne vous sera poinct desnié ny differé. Aussy n'ayant encore entendu la resolution qu'avés prise en ce faict avec vos aultres amys et confederez, nos bons amys des Ligues, je differeray à vous declarer plus avant quel est en ce faict mon opinion, jusqu'à ce qu'ayant entendu les vostres, je puisse mieux juger du remede qu'il convient apporter à chose qui est de telle et si grande importance. Vous me ferés plaisir tres agreable de me donner sou-

[1] Les Genevois avaient fait pendre sur leurs murailles ceux des officiers du duc de Savoie dont ils s'emparèrent en repoussant ce coup de main contre leur ville.

vent advis et bien particulierement de tout ce qui s'offre et à quoy vous vous resolvés concernant ce dernier remuement. Ce que attendant, je vous diray que si le dict duc vous assiege, à force ouverte ou aultrement, je vous promets d'employer toute ma puissance, et, si besoing est, je n'espargneray ma propre personne pour vous deffendre et secourir contre luy et contre tous ceulx qui l'assisteront. Par quoy advertissés-moy diligemment de ce qu'il fera. J'escris et commande dés à present aux gouverneurs et lieuctenans generaux de mes provinces qui sont proche de vous, qu'ils veillent soigneusement avec vous à vostre conservation, et qu'ils vous assistent, si vous estes pressez, de tout ce qui sera en leur pouvoir, comme si c'estoit pour la conservation des plus importantes places que j'aye en leurs gouvernemens. Je prie Dieu, Tres chers et bons amys, qu'il vous ayt en sa saincte et digne garde. Escript à Paris, le viij[e] jour de janvier 1603.

HENRY.

DE NEUFVILLE.

[1603. — 8 JANVIER. — IIme.]

Cop. — B. N. Fonds Brienne, Ms. 38, fol. 359 verso.

[A M. DE BEAUMONT.]

Monsr de Beaumont, L'ambassadeur de la Royne ma bonne sœur m'a parlé du faict du duc de Bouillon, en sa derniere audience, mais modestement, me priant, au nom de sa maistresse, d'user en son endroict de ma bonté et clemence accoustumée, autant qu'il y auroit lieu de ce faire. Je luy ay representé sur cela mon indignation et les justes causes qui m'ont meu à la prendre contre luy, les mauvais offices qu'il m'a faicts à la dicte dame du temps du comte d'Essex, auquel je sçavois qu'il avoit donné de tres mauvais conseils, et, comme les Jesuistes d'Espagne avoient dict au roy du dict pays qu'il pouvoit en saine conscience pratiquer le dict duc de Bouillon, jà soit qu'il fust heretique, pour fortifier le duc de Biron en sa conjuration contre moy. Je ne doubte point que le dict ambassadeur ne mande toutes ces choses à la dicte dame ; mais, si c'est par le secretaire Ouinondy, il les commentera et amplifiera largement, car il abonde en malice, comme fait en simplicité ou stupidité le dict ambassadeur. Il me parla aussy de l'argent que je doibs à ma dicte sœur et de la guerre contre le roy d'Espagne. Il veut, à toute force, que je luy die dés à present quelle sera la somme je feray payer à la dicte dame en la presente année, et il vouloit que le secretaire Winondy fust porteur de la dicte asseurance. Mais c'est chose que je ne puis encore affirmer, à cause de l'incertitude du payement de mes deniers, qui dure encore, tant est pauvre le peuple; mais quand je le pourray dire asseurement, je voudray que la dicte dame le seust par vous et non par le dict Winondy, auquel je ne puis vouloir bien, quand je me represente qu'il a escript par delà quand j'ay mandé le dict duc de Bouillon, que je voulois faire un second massacre. Est-il par trop mechant d'avoir seulement osé penser cela de moy, ayant tousjours vescu et continuant à vivre comme je fais ?

Quant à la dicte guerre d'Espagne, le dict ambassadeur m'en a parlé de façon que quand j'y serois fort eschauffé, je m'en refroidirois, combien qu'il m'ayt dict, comme je pense, pour me piquer au jeu, que si je voulois m'y resoudre à bon escient, que la dicte dame consentiroit que les Estats se jettassent en ma protection : parole que je crois luy estre eschappée de la bouche et avoir prononcée sans l'avoir consideree; aussy ne m'y suis-je arresté aucunement, et me suis contenté de luy faire cognoistre, par ma response, que la partie seroit bien tost resolue si j'estois asseuré de l'obeissance et fidelité de mes subjects; que aucun d'eux ne me donnoit occasion de l'estre. Car ce dernier attentat commis par le duc de Savoye sur la ville de Geneve, comprise en nos traitez de paix, dont le s^r de Villeroy vous a donné advis, et serés plus à plain informé par le discours que j'ay commandé vous estre envoyé, m'a grandement alteré, et vous dis, si l'on ne m'en faict raison, que je la prendray si à propos qu'il en cuira à ceux qui me l'auront desniée. Le dict duc de Savoye, qui avoit passé les monts, pour recueillir en personne la gloire de ceste execution, s'en est jà retourné chargé de honte et de blasme, tellement que ceux de la dicte ville seront quittes pour ce coup de la bourrasque qu'ils ont essuyée; mais tant que le dict duc vivra, il ne cessera de les tourmenter, molester et conspirer contre eux. Cecy sera cause que je m'achemineray du costé de Lyon à l'entrée du caresme.

Ce pendant je dis qu'il faut que nous aidions aux Estats de se mettre en campagne au plus tard dedans le mois de mars, affin qu'ils délivrent Ostende de sa langueur, devant que les archiducs soyent renforcez des gens de guerre que l'on leur doibt envoyer d'Espagne et d'Italie. C'est chose qu'il leur sera facile, s'ils gagnent le dict temps, car les autres n'auront leurs forces si tost, si ce n'estoit celles qui sont en Savoye, qui ne font à present que deux mille hommes. Ce ne sera que pour remplir la bresche que les mutins ont faicte à leur arrivée, lesquels sont encore plus esloignez d'accord avec le dict archiduc qu'ils n'estoient le premier jour de leur amutinement.

Il passa icy un courrier, il y a quatre ou cinq jours, qui publia que la royne d'Espagne estoit accouchée d'un fils, mais il n'a esté suivy de personne; de sorte que je commence d'en doubter. Mais il est bien vray que la flotte qu'ils attendoient leur est arrivée entiere assez riche, mais, pour le regard de la part du dict roy d'Espagne, jà bien engagée, de façon qu'il n'en sera beaucoup accommodé; elle a servy à faciliter et faire conclure le party des onze millions d'or, duquel il vous a esté donné advis. Les conditions en sont sy advantageuses pour le partisan: aussy dit-on qu'il a bon parrain, qu'il incommodera avec le temps plus qu'il n'accommodera les affaires du dict roy d'Espagne. J'ay faict parler au dict ambassadeur de la Royne, des pirateries; mais il veut que nous croyions que leur justice, en Angleterre, est si bonne et la mienne si mauvaise, que les Anglois ont plus grande occasion de se plaindre que n'ont mes subjects; et n'y a moyen de luy oster de l'esprit ceste impression, laquelle il a apportée du pays, de quoy je me trouve tres empesché: tellement que si vous ne trouvés par delà quelque expedient à ces desordres, ils acheveront de ruiner le commerce de mes dicts subjects. Quelqu'un avoit proposé d'obtenir que, de part et d'autre, il fust deputé une personne qui pust assister aux deliberations et jugement des procés des dictes pirateries, affin d'estre tesmoin du debvoir que chascun y feroit, et s'opposer aussy aux longueurs et injustices dont on se plaint. Pensés-y et m'en escrivés vostre advis. J'ay commandé que l'on vous envoye la lettre qui a esté escripte par deçà : elle contient encore un autre chef tres utile, si on le pouvoit obtenir; tant y a qu'il faut trouver un remede à ce mal, autrement il en engendrera de pires et bien tost, car il devient insuportable. Je prie Dieu, Monsr de Beaumont, qu'il vous ayt en sa saincte et digne garde.

HENRY.

1603. — 12 JANVIER.

Orig. — Arch. du grand-duché de Hesse-Cassel.
Imprimé. — *Correspondance inédite de Henri IV avec Maurice le Savant*, publiée par M. DE ROMMEL; Paris, 1840, in-8°, p. 97.

A MON COUSIN LE LANDGRAVE DE HESSE.

Mon Cousin, J'ay eu à plaisir d'estre faict certain de vostre bonne santé et disposition par vostre lettre du ve du mois de decembre, que j'ay receue le vi^e du present, et prie Dieu qu'il vous y maintienne longuement. Vous aurés sceu aussy tost que moy l'entreprise que le duc de Savoye a tentée et faillye sur la ville de Geneve, assisté des forces espagnoles qui sont en son pays. Il s'y est trouvé en personne[1], et a par ceste action violé les traictez de paix, estant la dicte ville comprise de ma part en iceux, sous le nom general des alliez et confederez des seigneurs des Ligues et Cantons de Suisse, mes bons amys. Depuis la dicte execution le dict duc ne m'a rien mandé, et est retourné en

---

[1] On a imprimé à tort, dans l'édition de M. de Rommel, *en prisonnier*. Quoique l'entreprise contre Genève fût conduite ostensiblement par Charles de Simiane, seigneur d'Albigny, Henri IV fut informé que le duc de Savoie s'était joint lui-même à cette expédition, sans doute pour se montrer aussitôt, si elle eût réussi.

Piedmont. Il convient sçavoir ce qu'il dira et fera sur cela, pour mieux se resouldre. Cependant je n'obmettray à faire ce à quoy ma dignité et ma parole m'obligent en faveur des habitans de la dicte ville, de laquelle j'attends les depputez, et je vous tiendray adverty de ce qui s'en ensuivra.

J'attends la response de mon cousin l'administrateur de Strasbourg et de son chapitre sur la cessation de toutes voies de faict, accordée à mon instance par le cardinal de Lorraine, comme je vous ay escript le viie de decembre; et aurés avec la presente encores le double d'une lettre que m'a escripte depuis sur mesme subject ledict cardinal, par laquelle vous jugerés combien il est necessaire de l'esclaircir promptement de la dicte response. Pour mon regard, je continue à desirer, suivant ce que nous advisasmes ensemble, que ce faict soit conduict et terminé amiablement[2].... sur quoy je seray doncques, attendant en bonne devotion vostre bon advis.

Puisque l'Empereur ne comparoistra en la diette, j'estime qu'il ne s'y traictera chose d'importance.... dont je m'attends que vous m'advertirés, comme de ce qui se passera en l'assemblée des estats de Polongne.

Mon cousin le marquis de Brandebourg, electeur, m'ayant prié d'escrire, en recommandation de son affaire du duché de Prusse, au roy et aux Estats du dict pays, je l'ay fait incontinent, et envoye presentement mes lettres au s^r de Bongars pour les luy faire tenir, estant marry n'avoir esté plus tost adverty qu'il desiroit un tel office de moy; car j'eusse envoyé les dictes lettres en la dicte assemblée par un de mes serviteurs exprés, tant je desire tesmoigner au dict electeur combien je l'affectionne et le bien de sa maison..... Je vous prie me faire sçavoir ce que vous en aurés appris.

Au demeurant, j'ay sceu que le duc de Bouillon a pris le chemin

---

[1] Les interruptions, marquées par des points, viennent des parties écrites en chiffres et qui n'ont pu être déchiffrées. M. de Rommel a fait imprimer dans son édition la configuration de ces chiffres, de manière à représenter exactement l'original.

d'Allemagne; je ne sçay s'il s'y arrestera, ou s'il passera droict à Sedan. Il a tiré de la chambre de Castres, devant que de partir de la dicte ville, l'arrest duquel fe vous envoye un double. S'il veut se servir d'iceluy pour prouver et faire croire s'estre mis en bon debvoir de se justifier, et qu'il ne luy a esté permis de le faire, il agravera sa faulte et son offense, car il n'a deu s'adresser à la dicte chambre sans ma permission, ny fuir ma presence, et desobeir à mes commandemens, estant mon subject, et officier de ma Couronne, mesmement s'il se sent innocent. J'avois envoyé vers luy, comme je vous ay escript, un de mes conseillers, pour luy remonstrer sa faulte et luy commander derechef de me venir trouver; mais il ne l'a trouvé. Je verray maintenant comment il se comportera où il s'est retiré. Cependant je vous prie de croire que je ne permettray qu'il soit faict chose en ceste affaire desrogeante à ma justice et clemence ordinaire, esprouvée par tous ceux qui ont eu besoing de l'une et de l'autre. Je prie Dieu, mon Cousin, qu'il vous ayt en sa tres saincte et digne garde. Escript à Paris, le xij[e] jour de janvier 1603.

HENRY.

[1603. — 16 JANVIER.]

Cop. — B. N. Fonds Béthune, Ms. 8959, fol. 11; et Suppl. fr. Ms. 1009-4.

[AU PAPE.]

Tres Sainct Pere, Je respondray de present en peu de paroles, mais tousjours par tres vrays et sinceres effects, à la lettre de Vostre Saincteté du xie du moys de decembre, escripte avec son accoustumée prudence et bienveillance paternelle, luy disant comme, nonobstant les choses que Vostre Saincteté sçait qui se passent, j'ay renvoyé en Espagne un ambassadeur, pour contenter Vostre Saincteté et tesmoigner à tout le monde mon affection au repos publicq. Je continueray aussy à faire cy-aprés tout ce que je pourray dignement effectuer à mesme fin et pour mesme consideration, quand Vostre Saincteté jugera que j'en auray autant d'occasion que l'on me la donne journellement d'en user autrement, ainsy que j'ay dict et faict dire plus particulierement au nonce de Vostre Saincteté, et luy sera confirmé par mon ambassadeur, auquel à ceste cause je supplie Vostre Saincteté adjouster foy comme elle le feroit à son

Tres devost fils,

HENRY.

[1603. — 18 JANVIER.]

Cop. — B. N. Fonds Brienne, Ms. 38, fol. 368 verso.

[A M. DE BEAUMONT.]

Monsr de Beaumont, J'ay veu, par vostre lettre du premier de ce mois, que j'ay receue le xie, les propos que la Royne ma bonne sœur vous avoit tenus touchant le faict du duc de Bouillon, dont j'ay occasion de me louer. Asseurés-la qu'elle ne desire pas tant que le dict duc soit justifié du crime duquel il est deferé, que je fais, pour les raisons qui m'y doivent mouvoir; mais il semble qu'il fuye ou mesprise luy-mesme les moyens d'y parvenir, car ayant sceu que j'avois depesché vers luy le s^r de Caumartin, president au grand conseil et conseiller en mon conseil d'Estat, pour luy remonstrer ses faultes et le prejudice qu'il se faisoit de s'absenter et se conduire comme il faict, et, sur ce, luy enjoindre derechef, de ma part, de me venir trouver, il s'est deguisé et est sorty de mon Royaume, ayant pris le chemin de Geneve, où il estoit encore le 11e de ce mois, pour se rendre par l'Allemagne à Sedan, sans ma permission et m'en avoir donné advis, estimant d'avoir assez fait d'avoir obtenu et retiré de la chambre de Castres l'arrest duquel je vous ay envoyé un double, lequel toutesfois agrave tousjours sa faulte. Ses amys, qui le supportent et excusent, publient la dite dame avoir escript à son ambassadeur une lettre en sa faveur trop plus expresse que n'a esté la recommandation qu'il m'en a faicte de sa part, ainsy que je vous ay escript. Aussy je ne m'arreste pas à cela, car j'ay trop bonne opinion du jugement, et pareillement suis trop asseuré de l'amitié de la dicte dame. Si aussy elle sçavoit quel a esté l'estat et disposition de mon Royaume depuis deux ans, et est encore de present, je suis asseuré qu'elle ne me blameroit d'avoir evité une guerre estrangere, comme je suis contrainct de faire encore du present à mon grand regrest; estant certain, si je m'y feusse engagé quand je feis le voyage de Calais (comme, en verité, j'en avois tres grand desir, et l'eusse faict si j'eusse cogneu que la ville d'Ostende n'eust pas peu estre conservée sans cela), que j'eusse allumé un feu aux quatre coins et au milieu de mon Royaume, qui l'eust consumé, à cause de l'infidelité, malice et puissance du mareschal de Biron et de ses adherens, les desseins desquels la dicte guerre eust facilitez et non changez, comme il appert de celle de Savoye, en laquelle vous sçavés que le dict mareschal ne me servit qu'à regret. Et si lors sa partie eust esté aussy asseurée et bien faicte qu'elle estoit au temps que je fus au dict Calais, il m'eust bien empesché de prosperer en la dicte guerre de Savoye, comme Dieu me feit la grace de faire.

Dites ces choses à ma dite bonne sœur, car elles sont veritables, et l'asseurés que je ne differe d'entrer en guerre par faulte de bonne volonté ou de courage de me ressentir du mal que l'on me faict, ny d'assister et seconder mes bons amys, voisins et alliez, et me prevaloir des occasions qui se presenteront, mais pour mieux dresser ma partie et affoiblir celle de ceux que je dois tenir pour ennemys et malveillans. Cependant j'assisteray lesdicts Estats le mieux que je pourray. Le roy d'Espagne a bien arresté son party des onze millions d'or, auquel on m'a escript avoir adjousté encore un million, mais il n'en doibt estre payé en Flandres que deux cens mil livres par mois durant trente-six mois, et cent mil pour la nourriture de sa maison par chacun mois, durant le dict temps, et les douze cens mil restans sont reservées pour la despense extraordinaire que le dict roy doibt faire au voyage qu'il a deliberé de faire en Portugal aprés les couches de la royne sa femme : voilà ce que l'on m'en mande. Je ne vois pas que ceste provision, si elle n'est bien tost suivye de quelque autre, doibve mettre en grande allarme les ennemys du dict roy; aussy dit-on que l'archiduc parle de se tenir ceste année sur la deffensive.

Toutesfois il me semble que ce seroit un tres mauvais conseil. En tout cas, je suis tousjours d'advis, ainsy que je vous ay escript par ma derniere, que les Estats assemblent de bonne heure leurs forces, et qu'ils secourent Ostende par terre le plus tost qu'ils pourront.

Au reste, j'ay fait estat de payer ceste année à la dicte dame la somme de deux cens mil livres sur ce que je luy doibs. Si les charges que je supporte et la necessité et pauvreté de mon peuple, qui augmente plustost qu'elle ne diminue, m'eussent permis de faire mieux, je l'aurois faict tres volontiers et de bon cœur, tant je desire contenter la dicte dame et m'acquitter de ce que je luy doibs. Mais j'espere que j'auray moyen, les années suivantes, de luy donner plus de contentement, ainsy que vous luy dirés, mettant peine de faire qu'elle se contente de recevoir en la presente la susdicte partie de deux cens mil livres; car c'est en verité tout ce que je puis faire, encore ne vous puis-je asseurer des termes du payement d'icelle; mais j'ay commandé qu'ils soyent advancez tant qu'il sera possible. Je prie Dieu, Monsr de Beaumont, qu'il vous ayt en sa saincte et digne garde.

HENRY.

1603. — 20 JANVIER.

Orig. — Arch. de M. Couhé-Lusignan. Copie transmise par la société des Antiquaires de l'Ouest.

A MONS^R DE FRESNES CANAYE,
CONSEILLER EN MON CONSEIL D'ESTAT ET MON AMBASSADEUR À VENISE.

Monsr de Fresne, *Le duc de Mayenne* estant arrivé en ceste ville, j'ay appris de luy que le comte de Visque avoit parlé ou faict parler à *sa femme*, estant par deçà, *du mariage de la signora Matilda pour son second fils,* et que l'ayant sceu il avoit respondu n'y vouloir entendre sans ma permission, mesmement *à cause du mescontentement que j'ay du duc de Savoye, adjoustant que je puis disposer de ses enfans à ma volonté. Quoy estant, vous pouvés faire sçavoir au comte Martinengue qu'il peut proposer le dict mariage, pourveu que ce soit comme de luy-mesme, et sans que mon nom y soit aucunement meslé; et s'il trouve le dict duc de Savoye disposé de l'agreer, il faut qu'il sçache quelle dot il veut donner, sur quoy l'asseurer, et si son intention est de se reconcilier et rapatrier avec moy, et se rendre digne de mon amitié. Car s'il ne veut faire ce dernier point, je ne veux qu'il marie la dicte Matilda en mon Royaume et nommeement au fils du duc du Mayne. Car je serois mal conseillé de luy donner plus d'accés et d'a-mys qu'il en a, les employant à me faire mal, comme il faict.* C'est ce que vous pouvés faire sçavoir *au dict comte sur ce subject, affin qu'il prenne sur cela tel party qu'il jugera estre meilleur. Mais gardés-vous bien de en bailler et laisser rien faire par escript, où il puisse monstrer au dict duc de Savoye ny à aultres, que j'aye eu aucune cognoissance du dict mariage, et moins que je l'aye approuvé,* affin que *le dict duc de Savoye n'en triomphe et s'en advantage;* joint que je n'ay pas opinion *que ce moyen profite et succede, comme le dict comte le desire et l'espere,* si d'adventure il ne rencontroit l'esprit du dict duc de Savoye aussy las d'Espagnols et de son Albigny qu'il s'est montré jusqu'à present aliené de mon amitié. Au reste j'approuve la deduction que vous *avés faite au dict comte sur la succession des Pays-Bas et particulierement du duché de Brabant, les lois et coustumes duquel excluent les enfans du second lit; ceux du premier, ou leurs representans suivant :* tellement que *s'il mesadvenoit de l'infante archiduchesse, sans enfans, l'on tient que le dict duché appartiendroit à ceux de sa sœur,* avec lesquels il est certain *que les habitans s'accomoderoient trop plus volontiers que avec le roy d'Espagne, pour la haine irreconciliable qu'ils portent aux Espagnols.* Enfin je serois tres aise que *le dict comte voye le dict duc de Savoye.* Peut-estre aussy que le *desplaisir qu'il a receu à Geneve l'aura humilié et maté;* et en tous cas les bons et fidelles conseils *du dict comte* sur la *rencontre de ce bel exploict,* s'ils ne profitent, ne prejudicient à personne.

Je suis bien aise de quoy nostre Beauceron a rencontré la Farge. J'entends qu'ils le detiennent par de là, à demy par force, tant ils craignent qu'il tombe en mes mains, pour la cognoissance qu'il a eue de leurs menées. Quand je sçauray le moyen de l'enlever que l'on vous doibt proposer, je vous esclairciray de ma volonté. Le dict Beauceron avoit sceu l'entreprise de

Geneve, mais il n'avoit *penetré au fonds*, tellement que je ne puis adjouster foy à l'advis *qu'il vous a donné de la deliberation qu'il dict que ont le duc de Savoye et comte de Fuentés d'attaquer la dicte ville à force* ouverte, *la surprise leur manquant*. Car le roy d'Espagne a trop à faire de ses gens ailleurs sans les engager là, joint que ce seroit une besogne longue et hasardeuse, *laquelle je ne permettrois estre achevée sans moy*. Brunault *m'a escript d'Espagne le contraire de l'advis que vous a donné le dict Beauceron, de l'allée du dict comte de Fuentés en Espagne; car il m'a mandé que le congé qu'il a demandé d'y retourner luy a esté* accordé, et que *le duc de Sesse doibt entrer en sa place*; de quoy le temps nous fera certains.

J'ay consideré l'advis du patron Marseillois[1]; je ne le mespriseray. Par tant, si vous en apprenés davantage, escrivés-le-moy.

Jusques à present ceux de la religion pretendue reformée ne se sont esmeus pour le duc de Bouillon. S'ils font davantage à l'advenir, ce sera plustost par forme de recommandation que par contradiction ny opposition à mes volontez, quelque effort que puissent faire en sa faveur certains ministres et autres qui l'affectionnent. Il a passé par Geneve, et doibt se retirer à Sedan, aprés avoir visité l'electeur Palatin et quelques autres princes allemands. *Vous devez vous abstenir de parler plus avant à ces Seigneurs Veniliens de tous ces affaires*. J'approuve toutesfois ce que vous leur en avés dict, suivant le compte que vous m'en avés rendu par vostre lettre du premier de ce mois, que j'ay receue le xvi[2].

---

[1] Ce patron marseillais, qui arrivait de Carthagène, avait donné des nouvelles détaillées de la flotte espagnole à M. de Fresne Canaye. « Il asseure, écrivait l'ambassadeur, que la division estoit telle entre Jean de Cordova et don Pietro di Toledo, que quand l'un vouloit faire voile, l'autre ne vouloit pas; que ledit don Pietro di Toledo, qui le cognoist de longue main, luy a dit librement que leur dessein estoit sur le Languedoc et non sur Bugie, ayant faict diligemment sonder toute la plage de Languedoc par un Marseillois marié et retiré à Gennes... pour sçavoir où l'armée pourroit descendre, sitost que leurs malheureuses conspirations eussent reussy. »

[2] Cette lettre, d'où nous venons d'extraire le passage précédent, est imprimée à la page 2 du livre II, tome Ier des *Ambassades de M. de Fresnes Canaye*; Paris, 1605, in-fol. Nous renverrons ainsi dorénavant à cet ouvrage pour les lettres du même ambassadeur auxquelles répondent celles de Henri IV. Quant à celles que

Suivés et executés le commandement que je vous ay faict touchant le depost des bagues du duc de Savoye, auquel mon cousin le comte de Soissons a interest, si les gens du dict duc y veulent entendre; et quant à ce que vous aurés à consentir en mon nom pour cest effet, je vous en feray bailler la decharge necessaire; au moyen de quoy ne laissés cependant de passer oultre, si l'occasion s'en presente. J'en ay faict parler à l'ambassadeur de ces Seigneurs, lequel m'a asseuré leur en avoir escript selon mon intention. Je prie Dieu, Monsr de Fresnes, qu'il vous conserve longuement en sa saincte garde. Escript à Paris, le xxe jour de janvier 1603.

HENRY.

DE NEUFVILLE.

1603. — 26 JANVIER. — Ire.

Orig. — Archives du grand-duché de Hesse-Cassel.
Imprimé. — *Corresp. inédite de Henri IV avec Maurice le Savant*, publiée par M. DE ROMMEL; p. 101.

[AU LANDGRAVE DE HESSE.]

Mon Cousin, J'attends vostre response à mes precedentes et la resolution des princes correspondans sur les affaires de l'evesché de Strasbourg. Ce pendant j'ay bien voulu, continuant à user en vostre endroict de la confiance que j'ay en vostre affection au bien des affaires publicques et aux miennes particulierement, vous advertir de la deliberation que j'ay faicte de partir d'icy au plus tard le xive ou xve du mois de febvrier prochain, pour aller à Metz pourvoir aux differens qui troublent la dicte ville, lesquels ont passé si avant que je recognois estre à propos que j'y mette la main moy-mesme. Ce ne sera sans vous faire sçavoir de mes nouvelles, et envoyer visiter mes amys, estant sur les lieux et si prés d'eux; tellement que je ne vous escriray pour ceste fois plus longue lettre, que pour vous asseurer de

nous avons publiées dans le 5e volume, elles répondent à des lettres de M. de Fresne, imprimées au livre Ier de ses Ambassades, de la page 166 à la page 452.

la continuation de ma bonne volonté, et prier Dieu qu'il vous ayt, mon Cousin, en sa saincte et digne garde. Escript à Paris, le xxvj^e jour de janvier 1603.

HENRY.

[1603[1].] — 26 JANVIER. — IIme.

Cop. — B. N. Suppl. fr. Ms. 1009-4. (D'après l'autographe qui était dans le cabinet du dernier duc de Sully.)

[AU DUC D'EPERNON.]

Mon amy, Vous aviés sceu par le Plessis comme je n'approuvois pas la precipitation dont vous aviés usé en vos barrieres; jugés par là combien je trouve mal à propos les tranchées que me mandés qu'allés commencer par le dehors. C'estoit ce que je vous avois le plus recommandé, que la passion ne vous fist rien haster. Les advis que m'envoyés du dehors, quand ils eussent esté veritables (ce qu'ils ne sont pas, car je vous en asseure), ne requerroient pas prendre l'alarme si chaude. A ceste heure on verra que tout ce que je feray ne sera que executer vos vengeances, qui est l'impression du monde que je crains le plus qui entre dans le cœur de mes subjects : que je me gouverne par aultre chose que la raison. Je vous en escris comme à un fils, s'il estoit en vostre place. Si donc vous avés commencé rien par dehors, que l'on quitte l'ouvrage et remette toutes les choses comme elles étoient auparavant, et conduisés les affaires par toute douceur, attendant mon arrivée. La Varenne vous dira toutes mes volontez; croyés-le, et que je vous aime fort. Ce xxvj^e janvier, à Paris.

HENRY.

---

[1] L'abbé de l'Écluse place avec raison cette lettre à l'année 1603; puisqu'il y est fait mention des dissensions relatives au gouvernement de Metz; mais nous ne pouvons admettre, avec lui, qu'elle soit adressée à Rosny, non plus que celle du 6 février et la première du 20 février. Sur ce point, voyez ci-après la note de la lettre du 31 mai 1605.

[1603. — JANVIER.]

Cop. — B. N. Fonds Brienne, Ms. 38, fol. 378 verso.

A LA REINE D'ANGLETERRE[1].

Madame ma bonne Sœur, Vos souhaits me portent bonheur, et vos conseils sont accompagnez de tant de prudence, que je me suis toujours tres bien trouvé de les suivre. Je vous remercie doncq de tout mon cœur de la continuation des uns et des aultres, portez par la lettre que Dauval m'a rendue de vostre part. Et comme vous avés voulu par iceulx me tesmoigner de plus en plus vostre bonne volonté, vous cognoistrés aussy, par le compte que j'en feray, que le respect que je vous porte va augmentant avec les obligations que je vous ay. Quoy que ce soit, je vous asseure que je perdray plustost la vie que de tomber en mespris à l'endroict de mes ennemys et de mes subjects; c'est le conseil que vous me donnés, que je sçauray, avec l'aide de Dieu, aussy bien pratiquer en paix qu'il m'a reussy les armes à la main : de façon que j'espere que vous en demonstrerés aussy contente que vous serés tousjours bien et fidellement aimée et servie par vostre

Bon frere et serviteur,

HENRY.

---

[1] Cette lettre est la réponse à la suivante, transcrite au fol. 378 du même manuscrit:

« Monsieur et bon frere, Entendant que le s' Dauval s'en retourne en France, je n'ay peu refrener ma plume qu'elle ne vous face souvenir de la sincerité de mon affection en vostre endroict, qui redouble de jour en jour mes bons souhaits, desirant le bon Dieu de vous conseiller pour le mieulx en toutes vos actions, et que tels qui n'estimeront vostre honneur plus que leurs honneurs, ou ne soyent ouys, ou au moins ne soyent suivys; et d'une chose devant toute aultre : nous aultres Roys devons soigneusement nous garder de n'estre mesprisez de nos ennemys et de nos subjects. Car estant la principale colonne qui soutient toute la fabrique de nostre regne, peu à peu tout tombera, si cela n'estoit deuement gardé. Vous voyés, mon bon frere, comme je me eslargis en pensant à vostre bien, esperant que le prendrés en bonne part, considerant la racine dont il sort comme de vostre tres affectionnée sœur.

« ELIZABETH. »

1603. — 2 FÉVRIER.

Orig. — Arch. de M. de Bourdeille.

A MONS^R DE BOURDEILLES,
CAPPITAINE DE CINQUANTE HOMMES D'ARMES DE MES ORDONNANCES, SENESCHAL ET GOUVERNEUR DE PERIGORD.

Monsr de Bourdeilles, J'ay retenu icy quelques jours le s^r de Lambert, pour veoir si par le retour du s^r president Caumartin, que j'avois envoyé en Languedoc et que je sçavois estre en chemin, j'aurois rien à vous faire sçavoir; mais il ne m'a rien rapporté du faict de mon cousin le duc de Bouillon, que ce que l'on en sçavoit icy quand vous y estiés, sinon qu'il a veu en passant à Brives le s^r de Rignac, du voyage duquel je vous avois cy-devant adverty, et il m'a par luy faict dire que si tost qu'il aura donné ordre à quelques siennes affaires particulieres, qu'il me viendra incontinent trouver. Toutesfois il sera tousjours bon d'observer ses actions et de ceulx de delà que vous sçavés qui despendent du dict s^r de Bouillon, duquel je n'ay pas jusques icy meilleures nouvelles que de coustume. Je vous prie de continuer de prendre soigneusement garde de ce qui est en vostre charge, qu'il ne s'y passe rien au prejudice de mon service, et croire que vous estes de ceulx que je tiens pour mes affectionnez et fidelles serviteurs; ce que vous cognoistrés par effect quand l'occasion s'en offrira, laquelle vous pouvés un peu attendre avec patience, y ayant encores du temps assez pour recueillir le fruict de vostre labeur, duquel vous ne pouvés que bien esperer, puisque vous sçavés que j'en ay tout contentement, comme j'ay chargé le dict s^r Lambert de vous faire entendre de ma part, avec les nouvelles que nous avons icy, mesmes celles de mon voyage de Metz, lequel je fais estat de commencer lundy prochain. Sur ce je prie Dieu, Monsr de Bourdeilles, vous avoir en sa saincte garde. Escript à Paris, ce ij^e febvrier 1603.

HENRY.

FORGET.

1603. — 4 FÉVRIER.

Orig. — Arch. de M. de Couhé-Lusignan. Copie transmise par la société des Antiquaires de l'Ouest.

A MONS^R DE FRESNES CANAYE,
CONSEILLER EN MON CONSEIL D'ESTAT ET MON AMBASSADEUR À VENISE.

Monsr de Fresnes, Si le duc de Savoye eust pris la ville de Geneve aussy bien qu'il l'a failly, je luy eusse declaré et faict la guerre ouvertement et à tous ceux qui l'eussent assisté, sans marchander ny consulter davantage, pour estre ma foy obligée à la protection et deffense de ladicte ville, et estre comprise aux traitez faicts à Vervins et à Lyon, ainsy que je vous ay escript. Mais puisqu'il n'y a acquis que de la honte et du dommage, je m'y conduiray avec plus de flegme et de circonspection, et prendray conseil avec le temps *et les occasions de m'en ressentir qui s'offriront;* de quoy *vous ne ferés toutesfois aucune demonstration par delà, disant à ceux qui vous parleront de ce qui s'est passé, et qui vous interrogeront de ma deliberation et volonté sur cela,* que chacun doibt croire *que je n'obmettray rien à faire en ceste occasion, comme en toutes aultres, de ce que doibt faire un prince genereux qui a son honneur et ses amys en singuliere recommandation.*

J'ay sceu par vostre lettre du xve du mois passé, que j'ay receue le dernier d'iceluy, l'offre du comte Martinengue. Elle m'a esté tres agreable, *comme a esté la sage response que vous luy avés faicte, et que, suivant icelle, il ayt pris la resolution de continuer encore à servir ces Seigneurs.* Aussy bien *ne pourrois-je me servir aux occasions qui se presenteront, d'une personne qui voudroit excepter le duc de Savoye, car c'est celuy duquel je suis principalement offensé.* Neantmoins vous ne *laisserés à luy escrire combien son offre m'a esté agreable et* [le cas] *que je fais de son affection et de son merite.* Vous avés bien faict, au reste, *de l'avoir amené au voyage de Piedmont. Je vous ay escript mon intention sur la proposition qu'il vous a faicte du mariage de la signora Mathilda, à laquelle je ne veux rien changer.* Donnés ordre, *par le moyen du Beauceron, que je sois fidelement et diligemment adverty des levées de gens de guerre qu'ils feront* en *Lombardie et ailleurs en Italie, et des desseins du comte de Fuentés; mais* il n'est point passé d'infanterie avec le comte de Benevent.

Le secrétaire que ces Seigneurs ont envoyé en Angleterre a passé, lequel vous avés bien faict d'avoir accompagné des lettres de recommandation qu'il vous a demandées.

Je suis de votre advis, qu'il faut *s'abstenir de communiquer avec ces Seigneurs des choses qui se passent, sinon sobrement et en termes generaux; car il est certain que rien ne peut leur faire changer de conseil que leur propre interest, s'emouvant fort peu de ceulx d'autruy.* Toutefois il est bon pour mon service et pour le leur *que l'on croye que nous avons une tres bonne intelligence ensemble.* Au moyen de quoy *mesnagerés la reputation d'icelle mieux que vous pourrés,* en attendant que *les occasions les disposent d'en faire esclore les effects de leur costé,* comme je seray tousjours prest à faire du mien, quand ce ne seroit que pour entretenir le martel qu'en a l'ambassadeur d'Espagne.

Le duc de Bouillon est retiré au Palatinat; il m'a escript, partant de Geneve, la lettre de laquelle j'ay commandé vous estre envoyé un double. Il est content de se justifier, pourveu que je luy donne des juges tels qu'il desire, et que ce soit en lieu qui luy soit agreable, contre toutes les formes ordinaires de la justice et du reglement porté par mes edicts : chose que je ne peux approuver ny consentir, pour la consequence et pour ma dignité. S'il est innocent, pourquoy craint-il de comparoistre devant moy, qui ne fis jamais injustice à personne? Si au contraire, que n'a-t-il recours à ma clemence, de laquelle se sont bien trouvez tous ceux qui s'y sont fiez? Mais mes amis ne doivent estre en peine de ce qui se passe en ce faict, car mes affaires n'en recevront aucune alteration, avec l'aide de Dieu. Et si mes ennemys n'ont autre esperance de me mal faire, qu'au desespoir du dict duc de Bouillon, je ne les doibs guere craindre, car quand il auroit volonté de les croire et servir, j'espere qu'il n'en aura le moyen.

Je vous envoye la lettre que vous m'avés demandée pour le s^r Farnése Vincentin, de laquelle aussy userés avec discretion, à vostre accoustumée, affin de n'employer mon nom infructueusement. Vous aurés aussy le privilege du s^r Avancy, reformé comme il l'a demandé. Je prie Dieu, Monsr de Fresnes, qu'il vous ayt en sa saincte garde. Escript à Paris, le iiij^e jour de febvrier 1603.

HENRY.

DE NEUFVILLE.

[1603.] — 6 FÉVRIER.

Cop. — B. N. Suppl. fr. Ms. 1009-4.

AU DUC D'EPERNON.

Mon amy, Vous aurés cognu par ma lettre de la Varenne[1] la liberté dont je veux user avec vous, qui est celle qu'un serviteur doibt desirer et que je vous ay promise. A ceste heure vous sçaurés par celle-cy que je suis fort content de vous, que je partiray le lendemain des Cendres pour aller executer ce que nous avons resolu ensemble. Gouvernés ce pendant les affaires sans alteration. Le froid ne me permet plus long discours. Aymés-moy bien, et croyés que vous estes bien aimé de vostre bon maistre. Ce vj^e febvrier, à Paris.

HENRY.

1603. — 7 FÉVRIER. — Ire.

Orig. — B. N. Fonds Béthune, Ms. 8891, fol. 58 recto.

A MONS^R VYART,

CONSEILLER EN MON CONSEIL D'ESTAT ET PRESIDENT EN LA JUSTICE DE METZ.

Monsr Vyart, J'ay entendu par le s^r de la Varanne tout ce que luy avés représenté concernant mon service sur les affaires qui se passent de delà et le bien et advantaige que peut apporter ma présence à l'advancement de mon service, tant pour le regard de Metz que pour

---

[1] Voyez ci-dessus la seconde lettre du 26 janvier.

Thoul et Verdun, en quoy je seray tousjours bien content de me servir de vos bons advis: et m'estant resous de partir aux premiers jours de Caresme pour y aller, vous adviserés ce pendant de disposer les affaires auxquelles par ma presence et mon auctorité je donneray l'ordre et la forme qui sera requise pour le bien de mon service. Tenés cependant la main à maintenir les affaires de la ville de Metz en tel estat qu'il ne s'altere rien entre les s^{rs} de Sobole et les habitans, me promettant de donner contentement aux uns et aux aultres quand je seray par delà. Ce pendant je prie Dieu, Monsr Vyart, qu'il vous ayt en sa saincte garde. De Paris, le vij^e jour de febvrier 1603.

HENRY.

POTIER.

[1603. — 7 FÉVRIER.] — IIme.

Cop. — B. N. Fonds Béthune, Ms. 10344, fol. 12 verso; et Suppl. fr. Ms. 1009-4.

RÉPONSE DE HENRI IV A LA HARANGUE DU PRÉSIDENT FORGET, SUR LES LETTRES D'ABOLITION DE M. DE S^T-GERAN.

J'ay receu en bonne part tout ce que vous m'avés dict, et de tous les poincts que vous avés touchez je ne contrediray à un seul, parce que je recognois que tout cela est veritable. Le faict ne se peut excuser, mais je vous diray que j'ay esté le premier qui a faict la punition de la faulte commise par m^r de Sainct-Geran; car je l'ay banny de ma presence l'espace de plus de deux ans, et vous diray en passant que j'ay esté plus severe que ma court, car on l'a veu se promener par ceste ville et par le palais mesme, et parler à aulcuns de vostre compagnie, depuis qu'il a esté accusé, et neantmoins personne n'a parlé de le faire prendre. Vous dirés à ma court que j'ay trouvé fort bon qu'elle se soit monstrée roide lors de la presentation des lettres d'abolition et que je trouve bon qu'elle ayt pris la voie de remonstrances; mais aussy vous luy dirés qu'ayant sceu comme Sainct-Geran a recogneu sa faulte et qu'il a satisfaict à tous ceulx qui estoient interessez, me ressouvenant aussy des services de son pere et le cognoissant gentilhomme de valeur, qui pourra servir, je luy ay accordé les lettres d'abolition, que je veulx estre verifiées purement et simplement, sans condamnation ny aultre restitution. Je sçay bien que les services n'excusent pas du tout une faulte; sy est-ce qu'ils doibvent tirer en consideration en ces occurrences. Je vous ay dict que je ne contrediray rien de ce que vous m'avés dict; j'en excepte une chose : c'est que vous craignés la consequence. Vous dirés à ma court que je luy leve ceste crainte, et que je luy promets que je ne bailleray plus telles abolitions; ils s'en peuvent asseurer, puisque je le promets, car je tiens tout ce que je promets. Je n'eusse accordé ceste-cy sans quelques particulieres considerations, et que l'on sortoit encore des troubles; mais je veux qu'elle soit verifiée purement et simplement, et leur dirés que j'auray tousjours soing de conserver l'auctorité de la justice [1].

1603. — 17 FÉVRIER.

Orig. — Arch. de M. Couhé-Lusignan. Copie transmise par la société des Antiquaires de l'Ouest.

A MONS^R DE FRESNES CANAYE,

CONSEILLER EN MON CONSEIL D'ESTAT ET MON AMBASSADEUR À VENISE.

Monsr de Fresnes, vous avés bien fait d'avoir *diverty le comte Martinengue de quitter le service de la republique,* pour les raisons que vous m'avés escriptes par vostre lettre du xxixe du mois passé [1], que j'ay

---

[1] Nous avons déjà parlé de l'abus de ces lettres d'abolition, où les plus grands crimes étaient quelquefois énumérés d'une manière effrayante, à la demande des coupables, intéressés à n'y rien omettre, pour se trouver dès lors à l'abri de toute poursuite. Ici les remontrances du Parlement et la réponse du Roi, qui reconnaît l'opportunité de ces remontrances, indiquent que Jean-François de la Guiche avait dû obtenir cette abolition pour quelque crime énorme, dont l'énoncé aurait pu paraître une sorte de scandaleux défi à la justice.

---

[1] Cette lettre se trouve dans les *Ambassades de M. de Fresne-Canaye*, t. Ier, livre II, p. 38.

receue le xmᵉ du present. Aussy bien, estant *affectionné au duc de Savoye comme il est,* je ne pourrois *me servir de luy, vivant le dict duc de Savoye* en mon endroit comme il faict. Par tant continués à luy donner le conseil que vous avés commencé, ne voulant rien adjouster à ce que je vous ay mandé par mes precedentes touchant le mariage qu'il a proposé, duquel aussy j'espere peu de fruicts.

Advertissés donques nostre Beauceron qu'il *chevalle ce la Farge,* affin que nous sçachions au vray où il ira quand il partira de Milan; car il a plus sceu que Picotté ny aultre des nouvelles menées du [duc de] Biron, encore qu'il soit difficile m'en apprendre plus que j'en sçay.

L'on m'avoit escript d'Espagne, comme vous avés faict, que *le duc de Sesse debvoit venir à Milan, et que le comte de Fuentés estoit rappellé;* et vouloit-on que je creusse que *ce changement se faisoit pour me contenter.* Mais je n'ay pas creu que l'effect s'en ensuivist, principalement pour ceste consideration. *Or, puisqu'ils le continuent encore en sa charge, il faut croire qu'ils ont envie ou crainte de la guerre.* Toutesfois *le dict comte sera doresnavant si vieux et caduque qu'il fera plus de bruit que de mal.*

Mettés peine *de sçavoir ce qui aura esté traicté en l'assemblée de Tortona, si elle a eu lieu. Si tant de testes s'y sont trouvées, il ne sera difficile de l'apprendre et de sçavoir quelque chose.*

J'ay eu à plaisir de sçavoir l'histoire de la maison de Piombino, que vous m'avés representée par vostre dicte lettre. L'on m'a escript de la cour de l'Empereur, qu'il a envoyé des commissaires au dict lieu pour en prendre possession, comme fief despendant de l'Empire, qu'il pretend luy estre devolu par faulte d'hoirs masles. Toutesfois il faut croire, puisque les Espagnols sont maistres de la place, qu'ils la conserveront, et le dict Empereur ne s'y opposera *que de mine,* non plus qu'il a faict pour Final. *Mais les aultres princes et potentats d'Italie y ont le principal interest.* Toutesfois, *puisqu'ils l'endurent, personne ne s'en formalisera.* Mais nous jugerons *avec le temps si leur longanimité et irresolution meritera le nom de prudence ou de lascheté. Je regrette cependant* la mort du procureur Foscarini, et desire, pour l'affection que je porte à sa patrie, qu'il ne soit trouvé si bon prophete aprés sa mort, qu'il a esté recogneu bon et prudent senateur en sa vie.

Je n'ay sceu que par vous le departement de la charge generale des galeres du roy d'Espagne, duquel vostre dicte lettre fait mention; tellement que je doubte qu'il soit veritable, et auray agreable que vous me faciés sçavoir ce qui vous en sera confirmé.

Vous [ne] vous abstiendrés du tout de parler à ces Seigneurs du faict de Geneve, puisque vous avés commencé à leur rendre quelque compte de ce qui se passe. Cela leur feroit croire que j'en suis plus offensé et que j'ay plus d'envie de m'en ressentir, que je ne desire à present qu'ils en ayent opinion, pour plusieurs considerations. Au moyen de quoy parlés-leur, *mais sobrement, leur faisant entendre que la paix a esté violée par iceluy* et que j'en ay esté tres deplaisant, *et qu'il est à craindre que tels actes [ne bouleversent] à la fin la Chrestienté.*

J'approuve ce que vous leur avés dict du duc de Bouillon. Il est arrivé au Palatinat, où une partie des princes protestans estoient assemblez pour leurs affaires particulieres, et mesmes pour le differend de l'evesché de Strasbourg, que vous sçavés estre entre la maison de Brandebourg et celle de Lorraine; celle-cy estant à present froissée par l'Empereur, pour ce que le cardinal de Lorraine a appellé à la coadjutorerie du dict evesché l'archiduc Leopold, frere de Ferdinand et beau-frere du roy d'Espagne, duquel les autres craignent l'establissement au dict Strasbourg; joinct que le dict cardinal et ceux de son chapitre estably à Saverne veulent du tout chasser et exclure de celuy de Strasbourg les chanoines protestans avec l'administrateur; ayant à ceste fin obtenu divers mandemens tres rigoureux du dict Empereur, que les autres pretendent estre contraires aux lois et constitutions imperiales, et specialement à la paix faite pour la religion. De sorte qu'ils en sont en grande contestation, de laquelle il semble qu'il est pour naistre un feu qui, estant allumé, ne s'esteindra facilement.

Quand je seray à Metz, où je m'achemine dedans deux jours, j'y verrai plus clair et contribueray ce que je verray estre necessaire pour la cause publique; *car je n'ay moindre occasion d'avoir jalousie de l'es-*

tablissement au dict evesché du dict Leopold que les dicts princes, mes alliez et voisins, à cause de l'importance du passage et du voisinage de la maison d'Austriche, n'estant jà que trop puissante en ces quartiers-là. La dicte coadjutorerie a esté faicte par le dict cardinal de Lorraine et approuvée du Pape, à mon desceu : tellement que j'ay toute occasion de sçavoir mauvais gré au dict cardinal et à ses dicts conseillers; car ils devoient me porter un autre respect, pour les obligations qu'ils m'avoient, et mesmes en ce faict, auquel il a esté rapporté et favorisé de moy quand il en a eu besoin, comme vous sçavés qu'il eut en l'an 1595, que je le mis d'accord avec le sautres, des armées desquels luy et les siens estoient grandement incommodez et travaillez. Il monstre à present estre marry de ce qu'il a fait; mais comme c'est chose difficile à reparer, c'est en quoy consiste à present le grief de ceulx qui y ont interest.

J'estime que le dict duc de Bouillon passera du dict Palatinat en Hollande pour implorer l'assistance de tout le monde, non pour obtenir de moy grace, mais pour soustenir et magnifier son innocence par autre voye que par celle à laquelle son debvoir et la justice l'obligent; à quoy je sçauray bien donner ordre par les voyes ordinaires et les reglemens portez par mes edicts. Je prie Dieu, Monsr de Fresnes, qu'il vous ayt en sa saincte garde. Escript à Paris, le xvij^e jour de febvrier 1603.

HENRY.

DE NEUFVILLE.

1603. — 18 FÉVRIER.

Orig. — B. N. Fonds Béthune, Ms. 9021, fol. 60.
Cop. — Biblioth. de M. Monmerqué, Ms. intitulé *Lettres à l'ambassadeur en Levant*.

A MONS. DE BREVES,

GENTILHOMME ORDINAIRE DE MA CHAMBRE ET MON AMBASSADEUR EN LEVANT.

Monsr de Breves, Depuis ma derniere escripte le iiiie de ce mois, j'ay receu les vostres du iiie, xve et xviie de celuy de decembre, par lesquelles j'ay sceu *que les desordres de l'empire de ce Seigneur vont con-*

tinuant et augmentant, à sa honte et au grand prejudice d'iceluy, et ay bien consideré et pris le conseil que vous me donnés sur cela, duquel je me serviray le mieux qu'il me sera possible; mais la juste jalousie que j'ay de mes voisins ne me permet de faire pour ce regard tout ce que je desirerois et seroit necessaire. Je ne me puis persuader que cest empire soit pour tomber ou faire naufrage si tost que vous l'apprehendés, joinct que j'ay l'opinion, s'il y avoit du changement, que ce sera sur la personne du prince plustost qu'en autre chose; car les ennemys du dict empire ne sont mieux conseillez et servys que luy, et ont des incommoditez qui les combattent, qui ne sont de petite importance; mais ils doivent plustost craindre les armes du revolteur d'Asie que celles des autres. Partant j'auray à plaisir de sçavoir quel en sera le progrés, et vous sçaurés que mon Royaume est à présent tres paisible.

Le duc de Bouillon a esté contrainct de se retirer en Allemagne, pour n'avoir trouvé mes subjects de la Religion disposez à suivre ses conseils et s'esmouvoir pour luy. Je partiray dans deux jours pour aller à Metz pour donner ordre à certaine dispute qui travaille le repos de la dicte ville et pour estre prest à ceste frontière, en laquelle il semble que l'on soit en terme de commencer une guerre entre les protestants et catholiques de la Germanie, fondée sur le differend de l'evesque de Strasbourg qui est debattu entre les maisons de Brandebourg et de Lorraine; celle-cy estant favorisée de l'empereur et l'autre des dicts protestans, les armes estans jà prestes d'une part et d'aultre. Vous serés adverty de ce qui en succedera, comme je desire aussy de l'estre de ce qui se passera par delà. Je prie Dieu qu'il vous ayt, Monsr de Breves, en sa saincte et digne garde. Escript à Paris, le xviij^e jour de febvrier 1603.

HENRY.
DE NEUFVILLE.

[1603.] — 20 FÉVRIER. — Ire.

Cop. — B. N. Suppl. fr. Ms. 1009-4.

AU DUC D'EPERNON.

Mon amy, Je partiray d'aujourd'huy en huict jours sans faulte, Dieu aydant, comme je vous l'ay mandé par ma derniere par Chanvallon, qui partira dans deux jours pour s'en aller en Lorraine. Je ne vous escriray plus amplement, pour ce que pour le present je me trouve tout mal, et je crains d'avoir encore un accés de fievre. Je vous prie, attendant mon arrivée, vous gouverner doucement. Asseurés-vous tousjours de la continuation de mon amitié. A Dieu, mon amy. Ce xx⁰ febvrier, à Paris.

HENRY.

[1603.] — 20 FÉVRIER. — IIme.

Orig. autographe. — Musée britannique, Mss. Egerton, vol. 5, fol. 79. Transcription de M. Delpit.
Cop. — Arch. du duc de la Force.
Imprimé. — *Mémoires de la Force,* publiés par M. le marquis DE LA GRANGE, t. I, p. 348.

A MONS^R DE LA FORCE.

J'ay receu vostre lettre par le s^r de Puy-Charnaut, que j'ay veu de tres bon œil, et entendu de luy ce dont vous l'avés chargé de me dire. Puisque ma province de Guyenne se trouve maintenant en l'estat que vous me mandés, je vous prie, suivant ce que je vous ay cy-devant escript, de vous en aller faire un tour en mon pays de Bearn, où j'estime que vostre presence est tres necessaire pour mon service, et sy je m'asseure que aussytost elle dissipera tous les bruits qui ont couru de vous, lesquels vous devés mespriser, puisque non seulement en vostre ame vous sçavés qu'ils sont faulx, mais aussy que je ne vous ay jamais cru aultre que mon fidelle serviteur; et comme tel vos actions et deportemens vous ont faict recognoistre. Aussy je seray tres aise que quand celuy que vous avés envoyé dehors sera de retour, qu'il vous y trouve, affin que aussytost vous me l'ameniés où je seray, pour me rendre compte de ce qu'il aura faict en son voyage, et de ce que l'on en devra esperer; comme vous[1], que tout ce que je pourray pour vostre contentement, vous me trouverés tout disposé à vous tesmoigner

---

[1] Il faut sous-entendre ici les mots *devés esperer.* Cette ellipse rend la phrase obscure.

comme je vous aime. A Dieu, Monsr de la Force. Ce xxe febvrier, à Paris.

HENRY.

[1603.] — 25 FÉVRIER.

Imprimé. — *OEconomies royales*, édit. orig. t. II, chap. 13.

[A M. DE ROSNY.]

[1] Mon amy, J'ay donné charge au s^r Zamet de poursuivre le faict du marc d'or et commander à m^r le chancellier de luy bailler toutes les expeditions necessaires, affin que, sans avoir esgard à plusieurs brevets qui ont esté cy-devant depeschez, chascun paye, si ce n'est quelques personnes de qualité et merite; à quoy je vous prie de tenir la main, affin qu'à mon retour de Metz je puisse recevoir le contentement que j'espere de mes bastimens de Fontainebleau et empescher que l'on ne donne cy-après aulcune expedition qui puisse en quelque façon retarder l'execution de ma volonté pour ce regard, car, comme vous sçavés, c'est chose que j'ay à cœur et que j'affectionne. Je vous prie aussy faire donner au dict Zamet toutes les expeditions necessaires pour les deux sols et dix deniers pour minots de sel qui se levent pour l'augmentation des gages des presidens, ainsy que je vous ay dict, à mon parlement, faisant bailler par le tresorier de mon espargne les expeditions necessaires à ce que l'argent soit delivré au dict s^r Zamet à mesure qu'il se recevra. Je luy avois aussy commandé de vous parler de la resignation de l'office de conseiller en mon parlement qu'entend faire le s^r de Boinville, et ce, sans payer aulcune finance, comme de prendre celuy de maistre des requestes que l'on luy resigne de mesme, comme chose que je desire que cela se face, et que je luy ay promise et accordée, à quoy je vous prie aussy de tenir la main. Sur ce, Dieu vous ayt, mon amy, en sa saincte et digne garde. Ce xxve febvrier, à Monceaux.

HENRY.

---

[1] Cette lettre était de la main du Roi.

1603. — 28 FÉVRIER.

Imprimé. — *OEconomies royales*, édit. orig. t. II, chap. 13.

[A M. DE ROSNY.]

Mon Cousin, Sur la supplication que m'a faict mon grand escuyer[1], à la requeste des habitans de ma ville de Beaune, de laisser en la dicte ville l'artillerie qui estoit au chasteau devant qu'il fust desmantelé, laquelle vous sçavés avoir ordonné estre portée en ma ville de Dijon, j'ay advisé la laisser en ma dicte ville jusques à mon retour de Metz, que je resouldray lors avec vous ce que je vouldray en estre faict; mais je veux que celle de Saulx-le-Duc soit dés à present portée en ma dicte ville de Dijon, suivant mon premier commandement, ainsy que j'escris presentement au dict grand escuyer : au moyen de quoy donnés ordre que ma volonté, en l'un et en l'autre poinct, soit executée. Vous sçavés le commandement que j'ay faict au dict grand escuyer de faire parachever les hocquetons de mes gardes, pour lesquels vous avés verifié que le receveur de l'escurie a touché, il y a long-temps, jusques à quatre mil escus de l'assignation que vous luy aviés donnée à cest effect par mon commandement. Je luy escris maintenant qu'il en ayt souvenance, et s'il est necessaire de fournir pour cela quelque argent plus qu'il n'a esté receu, qu'il vous en advertisse, l'asseurant que vous y pourvoirés, comme je vous prie faire; car je desire fort que mes dicts gardes soyent remarquez par les dicts hocquetons; et suis marry qu'ils ne les peuvent avoir en ce voyage par la faulte de ceulx auxquels la charge de les faire faire a esté donnée. Au reste, le s^r de St-Germain m'est venu trouver, qui m'a parlé de l'argent qui souloit estre departy au duc de Bouillon pour garder ses places, avec tant d'affection en l'endroit du dict duc

---

[1] On a vu qu'après la condamnation du duc de Biron, le gouvernement de Bourgogne avait été confié au duc de Belle- garde, avec titre de lieutenant général, sous le Dauphin, gouverneur.

que j'en suis tres mal edifié, et prevois, si nous n'y prenons garde, qu'il fera ce qu'il pourra à ce que le dict duc n'en soit frustré, contre ma volonté. Par tant, je vous prie d'en parler au dict s^r de St-Germain, de façon qu'il recognoisse, s'il a ce but, qu'il m'est desagreable, et de vostre costé, d'y donner si bon ordre que ma volonté soit suivie; et me faictes sçavoir de vos nouvelles le plus souvent que vous pourrés sur toutes nos affaires, et maintenant par ce porteur, que j'envoye vers mon dict grand escuyer, pour luy faire sçavoir qu'il m'envoye en diligence mes pages de la chambre qui sont sous sa charge, avec leur gouverneur, pour me servir en ce voyage, puisque ceux qui estoient sous celle du dict duc de Bouillon[2] estans congediez n'y peuvent estre. Je prie Dieu, mon Cousin, qu'il vous ayt en sa saincte garde. Escript à la Ferté sous Jouarre, le xxvııj^e febvrier 1603.

HENRY.

DE NEUFVILLE.

[1603.] — 1er MARS. — Ire.

Orig. autographe. — Biblioth. impér. de Saint-Pétersbourg, Ms. 886, n° 30. (Copie transmise par M. Houat.)

A MONS^R DE BELLIEVRE,

CHANCELLIER DE FRANCE.

Monsr le chancellier, Je me souviens fort bien que lorsque je donnay au s^r de St-Blancard[1] les biens du feu duc de Biron son frere,

[2] Le duc de Bouillon était premier gentilhomme de la chambre.

---

[1] Jean de Gontaut, baron de St-Blancard, continua à porter ce nom, quoiqu'il fût devenu baron de Biron, à la mort de son frère, dont le Roi lui accorda les biens confisqués. Il devint ainsi seigneur de Montaux, Brisambourg, Chefboutonne, etc. Il fut mestre de camp, conseiller d'État, maréchal de camp, et mourut en 1636. Il n'était que le troisième fils d'Armand de Gontaut et de Jeanne d'Ornezan ; mais un second frère, puîné du maréchal, avait été tué en 1583, en sorte que c'est le baron de St-Blancard qui continua la branche aînée de la maison de Gontaut.

il me promit de me rendre la quittance des cent mil escuz pour les chevaux de relays, comme m'a faict en son nom mon cousin le marquis de Rosny son oncle[2], car c'estoit assés de luy donner le bien de feu son frere sans luy donner le mien. C'est pourquoy, me fiant sur sa promesse, je ne fis pas restreindre sur le dict don le faict des chevaux de relays et la dicte quittance. J'en ay faict expedier une declaration, que la Varanne vous portera, pour ce qui luy touche et au bien de mon service, à cause de sa charge[3]; car, à la verité, oultre que cela ruine toutes les postes, il faudroit que ma femme et moy, qui avons desjà touché plus de dix-huit mille escuz, les luy rendissions, ce que je vous prie de faire entendre au dict s^r de Rosny de ma part, et cependant ne faire aucune difficulté de sceller la dicte declaration, estant chose que je desire. Ceste-cy n'estant à autre fin, Dieu vous ayt, Monsr le chancellier, en sa saincte et digne garde. Ce premier mars, à Dormans.

HENRY.

1603. — 1er MARS. — IIme.

Imprimé. — *OEconomies royales*, édit. orig. t. II, chap. 13.

[A M. DE ROSNY.]

Mon Cousin, Je vous envoye un memoire qui m'a esté presenté par le s^r du Bourg, par lequel vous verrés que je suis supplié de quatre choses : la premiere, de vouloir nommer celuy qui succedera à la commission de Palot en l'année prochaine, et en commander les lettres necessaires; la seconde, de faire delivrer au dict s^r du Bourg les assignations de l'année courante pour tous ceulx de la haute Guyenne et haut Languedoc, sans que le dict Palot prenne aucun droit sur eux, ensemble celles qui luy sont deues d'arrerages du passé; la troisiesme, que, pour les taxations pretendues par le dict Palot,

[2] Le baron de St-Blancard avait épousé Jacqueline de Gontaut de St-Geniès, dont la mère, Jacqueline de Béthune, était sœur de Sully.

[3] La charge de contrôleur général des postes, qu'avait la Varenne.

les apostilles que vous avés mises aux marges des plaintes du dict s^r du Bourg sortent à effect; et la quatriesme, de commander aux s^rs de Maupeou et de Beaumarchais, commissaires deputez pour voir les comptes du dict Palot, d'y vacquer en diligence et y en adjouster un troisiesme non suspect. Sur le premier article duquel memoire je vous diray que j'ay bien voulu remettre la dicte nomination jusques à ce que j'en aye conferé avec vous, et, pour ce, n'ay-je trouvé bon que la dicte commission fust presentement expediée; et pour le regard des assignations qu'il demande de l'année courante et de la pension particuliere que je luy ay accordée, je veux qu'elles luy soient delivrées sans que le dict Palot puisse rien prendre pour ses taxations; et pour celles des années passées qui restent à recevoir, j'entends que departement en soit faict au dict s^r du Bourg, pour ce qui touche ceulx de la haulte Guyenne et hault Languedoc. Pour le troisiesme article, vous adviserés à pourveoir sur les taxations du dict Palot, ainsy que vous jugerés expedient et raisonnable; et, sur ce qui est porté par le quatriesme, je trouve bon que vous faciés rendre compte au dict Palot par devant les dicts s^rs de Maupeou et Beaumarchais ou aultres que vous adviserés, et mesme y adjoustiés un troisiesme, si vous trouvés qu'il soit à propos; luy faisant vuider les mains des restes des dictes assignations, pour ce qui concerne les dicts pays de haulte Guyenne et hault Languedoc : de quoy je vous ay bien voulu advertir par ceste lettre, affin qu'estant informé de mon intention sur ce faict, vous teniés la main qu'elle soit suivie et effectuée, et que le dict du Bourg et aultres qui y ont interest en tirent le contentement qu'ils se sont promis. Je prie Dieu, mon Cousin, qu'il vous ayt en sa saincte et digne garde. Escript à Dormans sur Marne, le 1er jour de mars 1603.

HENRY.

DE NEUFVILLE.

1603. — 2 MARS.

Imprimé. — *OEconomies royales*, édit. orig. t. II, chap. 13.

[A M. DE ROSNY.]

Mon Cousin, J'escris à m^r. le chancellier qu'il face expedier l'edict de la suppression de la chambre des requestes à Thoulouse, encores qu'il n'a esté passé en mon conseil, car c'est chose que je veux estre faicte, et qui servira de planche pour en faire autant aux autres parlemens, de quoy j'entends que mes subjects recevront soulagement; partant donnés ordre que mon intention soit suivie et qu'il n'y soit plus fait de difficulté. Cherelles m'a faict dire que vous ne luy avés faict offrir que douze cens escuz pour son voyage, au lieu de trois mille qu'il a verifié avoir touchez pour celuy qu'il fit du temps du feu Roy, et qu'il luy est impossible de se defrayer pour la dicte somme de douze cens escuz; au moyen de quoy je veux que vous luy en donniés jusques à deux mille et que vous les luy faciés delivrer incontinent, affin qu'il ne retarde davantage son partement, car c'est chose que j'ay fort à cœur. Je suis bien aise que vous ayés pourveu aux dix mil escuz de Geneve et à la monstre de tous nos gens de guerre, ainsy que vous m'avés escript par vostre lettre du xxviij^e du mois passé, vous priant de vous souvenir de me mander des nouvelles des bastimens de St-Germain, au retour du voyage que vous me mandés y devoir bien tost faire, et continuer à faire advancer, tant qu'il vous sera possible, les transports des terres de la galerie du Louvre, affin que les maçons puissent besogner; estimant qu'ils donneront ordre ce pendant à leurs materiaux, de façon qu'ils advanceront bien la besogne quand la place sera nette des dictes terres. J'ay encore receu et veu la lettre que vous m'avés escripte le mesme jour pour responce à la mienne portée par le courrier Fenot. J'escris à mon grand escuyer qu'il vous envoye le receveur de l'escurie avec Blondeau, pour vous rendre compte de l'assignation donnée pour faire les hocquetons des archers de ma garde, afin que, s'il y manque quelque chose, vous y pourvoyés, comme je vous en ay desjà escript. Le tresorier des menus n'est point icy (quoyque vous luy ayés desjà commandé par deux fois, comme je l'ay bien sceu), ny personne pour luy, qui paye les debris des logis où je loge, de façon que nous passons sans payer, qui est une grande honte. Envoyés-le querir, et donnés ordre qu'il s'acquitte mieux de son devoir : priant Dieu, mon Cousin, qu'il vous ayt en sa saincte garde. Escript à Espernay, le ij^e jour de mars 1603.

HENRY.

DE NEUFVILLE.

1603. — 4 MARS. — Ire.

Imprimé. — *OEconomies royales*, édit. orig. t. II, chap. 13.

[A M. DE ROSNY.]

Mon Cousin, Je vous escris la presente à part, à cause du subject d'icelle que je desire n'estre sceu que de vous. Les Estats des provinces unies des Pays-Bas m'ont prié par lettres, que m'a envoyées Arsens, leur permettre de faire en mon Royaume la recreue des compagnies françoises qui sont à leur service, sans quoy il semble, par ce qu'eux et le dict Arsens escrivent, qu'ils ne puissent se mettre en campagne et executer leurs desseings; en quoy je veux bien les contenter, car vous sçavés combien il m'importe de le faire. Toutesfois, je desire que cela soit faict le plus couvertement et promptement qu'il sera possible, pour les raisons, que vous sçavés aussy bien que moy, qui m'y doivent mouvoir d'en user ainsy. A ceste fin, envoyés querir le dict Arsens incontinent que vous aurés receu la presente; sçachés de luy comment et par quelles formes ses maistres et luy entendent faire les dictes recreues, et luy dictes que je ne trouve pas bon qu'elles soyent faites par les cappitaines ny par les officiers, car nous avons trop recogneu et esprouvé leur indiscretion en celles qu'ils ont faictes cy-devant, dont j'ay eu infinies plainctes et reproches; mais il me semble que le dict Arsens peut facilement retenir et asseurer sous main et secretement les soldats qu'il leur faut, dont encore je veux devant sçavoir le nombre, et les faire couler à la file aux lieux où il fauldra qu'ils s'embarquent, en leur distribuant quelque argent, pour se desfrayer par les chemins et passer la mer. La difficulté sera de trouver des soldats affidez, qui ne le trompent poinct et n'emportent son argent, à quoy le pourrés bien aider, et auray agreable que vous le faciés. Davantage, j'estime qu'il sera plus à propos qu'ils s'embarquent à Dieppe qu'à Calais, d'autant qu'ils seront moins remarquez et esclairez au premier lieu qu'en l'autre, à cause du voisinage du dict Calais. Toutesfois, comme le passage du dict Dieppe ne sera si commode, frequent et facile que l'aultre, faictes avec le dict Arsens, si l'on s'aide de celuy de Calais, au moins que les soldats ne s'y acheminent et rencontrent en plus grand nombre ensemble que de six ou de dix au plus, et avec leurs espées seulement. En ce cas, il faudra que vous advertissiés le s^r de Vic auparavant, affin qu'il aide à couvrir le dict embarquement. Il faudra aussy que vous donniés pareil advis au commandeur de Chastes pour Dieppe; et affin qu'ils adjoustent plus de foy à ce que vous leur manderés, soit par escript, ou de bouche par homme exprés, j'escris à chascun d'eux une lettre en creance sur vous, que vous recevrés avec la presente, fermée à cachet volant, affin que vous voyés ce qu'elles contiennent. Doncques, menagés ce faict avec le dict Arsens et les dicts gouverneurs, selon mon intention, et si dextrement que je sois servy utilement et à mon contentement. A quoy j'adjousteray que j'ay pensé que si nous faisions faire encore une monstre aux compagnies du regiment de mes gardes du nombre qu'a esté la derniere, qu'en tirant d'icelle les soldats que je veux mettre dedans la citadelle de Metz, suivant ma deliberation, je pourrois conserver ceux qui en sortiront, les faisant entrer aux dictes compagnies en la place des aultres, sans leur parler d'aucun retranchement, sinon quand nous serons de retour à Paris, où je les licencieray, et pourray lors les faire bailler à vostre cousin de Bethune ou à quelqu'un de sa part qui les luy conduiront en Hollande. Par ce moyen, ils rempliront sa recreue facilement et de vieux soldats, lesquels n'estant ainsy retenus, quand ils seront mis hors la dicte citadelle, indubitablement iront servir les archiducs desquels ils seront bien receus. Or, il me semble qu'il sera plus à propos pour mon service qu'ils prennent l'aultre chemin; c'est pourquoy je me suis advisé vous faire ceste proposition, sur laquelle vous me manderez vostre advis. Mais si vous l'approuvés, donnés ordre à la dicte monstre de si bonne heure que la dicte proposition puisse estre effectuée à mon arrivée à Metz ou devant que j'en parte, car j'y veux arrester le moins que je pourray, et suis marry de ne pouvoir faire plus grandes journées pour m'y rendre plus tost, mais les mauvais chemins m'en empeschent. Je prie Dieu, mon Cousin, qu'il vous ayt en sa saincte garde. Escript à Chaalons sur Marne, le iiij^e jour de mars 1603.

HENRY.

DE NEUFVILLE.

1603. — 4 MARS. — IIme.

Orig. — Arch. de M. de Couhé-Lusignan. Copie transmise par la société des Antiquaires de l'Ouest.

A MONS^R DE FRESNES,

CONSEILLER EN MON CONSEIL D'ESTAT ET MON AMBASSADEUR À VENISE.

Monsr de Fresnes, *Les conseils du comte Martinengue* sont bons et crois, en verité, qu'ils procedent d'une affection tres louable, qui ne vise moins *au bien du duc de Savoye* que au mien, *et qui est encore meslée de quelque sien interest particulier*. C'est bien ma deliberation *d'esviter la guerre tant que je pourray, mais de ne laisser pas pour cela de me preparer*, tant qu'il me sera possible, affin de n'estre *dict aucteur de celle-cy, ny tomber en surprise;* mais je ne crois pas que *le conseil d'Espagne* ayt envie d'y entrer, ainsy que l'estime *le dict comte*. Car nous pouvons juger *par la cognoissance que nous avons de l'estat present de leurs affaires*, qu'ils doivent apprehender *l'ordre que j'ay donné aux miennes, et estre offensez* des incommoditez qu'ils se *figurent recevoir par mon moyen du costé de Flandres;* qu'ils doivent encore plus craindre *mes armées joinctes à celles des ennemys* qu'ils ont jà sur les bras, *auxquels seuls à peine peuvent-ils resister. Les dicts Espagnols* font aussy tout ce qu'ils peuvent par *l'entremise du Pape et par leurs propres ministres, pour me faire croire qu'ils veulent demeurer en paix avec moy*, encores qu'ils ne laissent pour cela de rechercher de *s'agrandir et advantager à mon prejudice par tous moyens qu'ils peuvent inventer.* Mais il n'y a point de consideration assez forte pour me faire faire, *à l'endroit du dict duc de Savoye ny aultre, aucun office indigne de moy*, comme seroit si je permettois à present *au duc de Mayenne d'envoyer le comte de Sommerive son fils auprés du dict duc,* soubs quelque pretexte que ce soit, et aprés *rechercher en mariage sa sœur la Matilda, le dict duc* se conduisant en mon endroict comme il faict. Je veux encore moins favoriser *le dessein contre Albigny que a proposé le dict comte.* Il me sera plus agreable, voire facile, de obvier aux inconveniens qui me peuvent arriver *de l'inimitié du dict duc, quelque advantage que les Hespagnols y ayent, que de dissimuler indignement avec les uns et les autres, soubs esperance d'en tirer des advantages qui ne sont que imaginaires.* Au moyen de quoy j'approuve le conseil que vous avés donné *au dict comte de voir le dict duc pour sonder ses intentions* et m'en donner plus particuliere information, devant que ce *pourparler de mariage commence*. Mais je ne suis pas d'advis que le dict *comte entreprenne le disposer à me faire excuse du faict de Geneve,* ny qu'il luy en parle, s'il ne le trouve du tout disposé et resolu de le faire; car, sans doute, il croiroit que cela *viendroit de moy ou de mes ministres : il en deviendroit plus orgueilleux et insolent.* J'ay aussy plus d'acquest *de demourer avec luy aux termes auxquels nous sommes, que de m'engager à* user de courtoisie envers luy *ou de mauvaise foy, comme il faict; qui est un mestier* que je ne sçay pas faire. Faisons-le doncques parler et le voyons venir, suivant vostre advis, *car nous resoudrons mieux aprés ce qu'il conviendra faire.*

J'ay consideré *la proposition du Beausseron touchant la Fargue* ; j'estime que l'occasion en sera passée, devant que vous receviés la presente. Toutesfois, à l'adventure pourra-elle renaistre. C'est pourquoy, si ceste chose que vous cognoissiés pouvoit estre faite, je tiendray à

6.

service tres agreable et utile qu'elle soit tentée, *et suis content d'y employer jusques à cinq* ou six escuz[1]; mais je voudrois que *la marchandise nous fust adjugée en lieu seur.* Dressés doncques *la partie,* et je vous promets que vous serés remboursé à point nommé de l'argent que vous advancerés pour un si bon effect jusques à la susdicte somme, laquelle y sera bastante. Cependant il faut continuer de observer tous les pas que fera le comte de Fuentés en gardant le lit (j'entends tous ses preparatifs et mouvemens d'armes), affin de m'en advertir.

Il est vray que la seureté pour le payement de la debte de mon cousin le comte de Soissons, fondée sur le depost des bagues du duc de Savoye, estant conditionné comme il estoit par l'accord fait avec luy, n'estoit pas grande; toutesfois c'estoit quelque chose de plus que ce qui a esté fait jusqu'à present pour ce regard : tellement que mon dict cousin s'en estant contenté, a esté tres marry de quoy il ne succede, et a eu opinion que vous pouviés, y employant vifvement mon credit envers la Republique, surmonter les difficultez faictes par icelle. Toutesfois il se payera tousjours de raisons, et crois, s'il avoit son argent, qu'il ne se souviendroit plus du passé; mais les remises et deffaictes dont on entretient tousjours son homme font cognoistre que l'on n'a pas grande volonté de le contenter et payer, et par tant qu'il en sera mauvais marchand, s'il n'use d'autre moyen que celuy duquel il s'est servy jusqu'à present.

J'attendois de ces Seigneurs une justice plus briefve et favorable pour mes subjects, que n'a esté celle du vaisseau provençal dont j'ay faict parler à leur ambassadeur par le s^r de Villeroy, devant la reception de vostre lettre du xiij^e du mois passé[2], par laquelle j'ay sceu la belle deputation qu'ils ont faicte, aprés une si longue poursuicte que a esté la vostre. Embrassés ceste cause et la favorisés et fortifiés de mon nom, comme vous jugerés estre necessaire pour en avoir bonne isseue; et si vous cognoissés que l'on veuille encore tirer la chose à la longue, ou nous desnier justice, mandés-moy ce qui vous semble que

---

[1] Il est probable qu'il faut lire *cinq ou six cens escuz.*

[2] Cette lettre de M. de Fresne est imprimée t. I, l. II, p. 62 de ses *Ambassades.*

je doibs et puis faire pour en avoir la raison de moy-mesme ou autrement; car nous endurons plus mal volontiers une injure de ceux que nous estimons nos amys que de nos ennemys, comme je diray à leur ambassadeur quand je le reverray; mais ce ne peut estre que au retour de mon voyage à Metz, où je m'achemine à petites journées, à cause des mauvais chemins. Mais je m'attends d'y trouver toutes choses si disposées à me rendre obeissance entiere, que j'espere que le dict voyage sera plus fascheux que long, si je n'y suis visité par mes voisins du costé de la Germanie, comme on m'a escript que aucuns d'eux s'y preparent. Je prie Dieu, Monsr de Fresnes, qu'il vous ayt en sa saincte et digne garde. Escript à Chaalons, le iiij^e jour de mars 1603.

HENRY.

DE NEUFVILLE.

1603. — 11 MARS. — Ire.

Orig. — Arch. de M. de Couhé Lusignan. Copie transmise par la société des Antiquaires de l'Ouest.

A MONS^R DE FRESNE CANAYE,

CONSEILLER EN MON CONSEIL D'ESTAT ET MON AMBASSADEUR À VENISE.

Monsr de Fresne Canaye, Mon nepveu le prince de Ginville s'estant resolu de sortir, avec mon congé, de ce Royaume, en intention de passer à Malthe ou ailleurs, pour faire la guerre aux infideles, et de se rendre capable de servir un jour à ce dict Royaume, je luy ay bien volontiers permis de faire ce voyage; et parce que son chemin se pourra addonner à Venise, ne faillés de l'avoir en toute bonne recommandation, et luy donner accés à saluer ces Seigneurs, s'il vous en requiert, l'assistant en toutes aultres occasions qui se presenteront pour la facilité et bon succés de son voyage; et vous me ferés service tres agreable: priant Dieu, Monsr de Fresne Canaye, qu'il vous ayt en sa saincte et digne garde. Escript à Verdun, le xj^e jour de mars 1603.

HENRY.

DE NEUFVILLE.

1603. — 11 MARS. — IIme.

Imprimé. — *OEconomies royales*, édit. orig. t. II, chap. 13.

[A M. DE ROSNY.]

Mon Cousin, Je respondray par la presente à vos lettres des iiij^e et vij^e de ce mois. J'ay esté bien aise de sçavoir que vous ayés faict resouldre la suppression des requestes de Thoulouze pour le regard du marc d'or. Je trouve bon que vous ayés esgard aux brevets que j'ay accordez aux officiers qui sont dignes de consideration, ou pour leurs qualitez ou pour leurs services, mais non aux aultres; de quoy je me remettray tousjours volontiers à vostre jugement. Le tresorier des menus a donné ordre au faict de sa charge, suivant le commandement que vous luy en avés faict[1], et croy que m^r le Grand aura maintenant envoyé vers vous les officiers de l'escurie, pour vous rendre compte du retardement des hoquetons, qui procede, ainsy qu'il m'a mandé, du manquement des assignations données pour cest effect, tellement qu'il n'a pu m'en envoyer que vingt et trois. Quand vous aurés ouy les dicts officiers, vous y verrés plus clair pour y donner ordre. J'ay faict escrire à Cherelles qu'il se contente de quinze cens escuz que vous luy avés faict offrir pour son voyage, comme je m'asseure qu'il fera; et ne doubte pas que vous ne vous trouviés bien empesché à faire fournir tant d'argent comptant comme il vous est ordonné, pour les raisons que vous m'avés escriptes: aussy j'en prise davantage le bon devoir que vous y faictes. Mais je veux que la grace que j'ai faicte au s^r de Boinville[2] ayt lieu sans qu'il en soit rien retranché, puisque je luy en ay donné ma parole; et me promets que ma

---

[1] Voyez ci-dessus la lettre du 2 mars.

[2] Oudard Hennequin, seigneur de Boinville, maître des requestes ordinaire de l'hôtel du Roi, se trouvait proche parent des deux secrétaires d'État de Gesvres et de Sillery; car il était fils de Pierre Hennequin, président à mortier au parlement de Paris, et de Marie Brulart, et il avait épousé Renée Potier, fille du président de Blancmesnil.

maison et celle de la Royne ma femme et de mes enfans ne demeureront pour cela, par le bon ordre que vous y donnés.

J'ay consideré ce que vous m'avés remonstré par vostre derniere sur l'execution du commandement que je vous avois faict touchant les recreues poursuivies par Arsens. Puisque vous estimés ne pouvoir ny devoir vous en mesler, pour les raisons deduictes par vostre dicte lettre, donnés ordre doncques que les cappitaines s'en acquittent le plus secretement et diligemment que faire se pourra, et m'advertissés de l'advancement qu'ils y donneront; mais en verité il est necessaire d'esloigner de ceste frontiere le regiment de ma garde, devant que de reduire les compagnies. Par tant, vous m'avés faict tres grand plaisir d'avoir pourveu aux fonds necessaires pour une monstre entiere, aprés laquelle j'ay resolu les retrancher. Quant à l'instance que faict le dict Arsens, qu'il luy soit declaré quelle somme d'argent j'entends fournir ceste année à ses maistres, et à quels termes, vous luy dirés que j'y adviseray à mon retour par delà; et pour le regard de mes bastimens j'attendray la depesche particuliere que vous m'en devés faire, devant que vous faire aultre commandement sur iceux. Je prie Dieu, mon Cousin, qu'il vous ayt en sa saincte garde. Escript à Fresnes en Verdunois, le xj⁰ mars 1603.

HENRY.

DE NEUFVILLE.

[1603.] — 15 MARS. — Ire.

Imprimé. — *OEconomies royales*, édit. orig. t. II, chap. 13.

[A M. DE ROSNY.]

[1] Mon Cousin, Ma presence estoit icy tres necessaire. Vous ne sçauriés croire comme le s^r de Sobolles est generalement hay en ceste ville, tant des habitans que des estrangers. Il a cru le conseil de ses amys et des sages qui luy ont parlé, de sorte qu'il est resolu de me remettre demain la citadelle entre les mains, sans capituler avec moy. J'estime

---

[1] Cette lettre et la suivante étaient de la main du Roi.

que dans six jours j'auray faict les affaires qui m'ont amené icy, pour m'en retourner incontinent. J'y ay esté bien veu et receu de ce peuple, qui desiroit fort de m'y voir. Ceste ville est des plus belles et des mieux assises et trois fois plus grande que celle d'Orleans; la citadelle ne vaut rien. Je voudrois que vous eussiés faict icy un tour, et que vous eussiés veu ceste frontiere, pour juger de l'importance qu'elle m'est, et qu'il m'en eust cousté quelque chose de bon. Ma sœur arrive demain, et j'iray au devant d'elle. Je me suis trouvé fort mal aujourd'huy et ay pris medecine, qui m'aura bien profité, car elle m'a fort purgé, et me trouve fort soulagé. A Dieu, mon Cousin. Ce xve mars, à Metz.

HENRY.

[1603.] — 15 mars. — IIme.

Imprimé. — *OEconomies royales*, édit. orig. t. II, chap. 13.

[A M. DE ROSNY.]

Mon amy, Je vous ay escript ce matin comme j'esperois en bref avoir mis fin aux affaires pour lesquelles j'estois venu icy; maintenant je vous diray qu'elles sont en tel estat que la place est asseurée pour mon service, et qu'il n'en peut plus arriver de faulte, aussy que tout presentement je viens d'avoir nouvelles de Heildelberg, comme un nommé Plessis Bellay, frere du gouverneur de m^r de Chastillon, avoit esté depesché à m^r de Bouillon par m^r de la Trimouille, de Longjumeau en hors, avec force memoires, qu'il lui avoit donné charge de passer à Sedan et deffendu de voir le Maurier ny se faire cognoistre à personne; il est maintenant sur son retour; mais je crois, avant qu'il repasse par Paris, pour de là s'en aller trouver le dict s^r de la Trimouille, que ceste-cy sera parvenue en vos mains, car il doit repasser au dict Sedan. C'est pourquoy je vous prie adviser avec Rapin, le moyen qu'il y auroit de le prendre et s'en saisir entre Paris et Touars, car je ne vouldrois que ce fust au dict Paris, d'autant que c'est luy qui reporte, comme je crois, la response à Comblat; et le prenant hors de Paris, je m'asseure que l'on le trouvera chargé de force lettres et depesches. Faictes que personne ne saiche rien de tout cecy que vous et le dict Rapin s'il se peut, et si d'adventure il est pris, donnés-m'en advis aussy tost et ordre qu'il soit mis en lieu où personne ne puisse parler à luy, ensemble de la reception de ceste-cy. Bonsoir, mon amy. Ce xv^{e1} mars au soir, à Metz.

HENRY.

1603. — 16 MARS.

Orig. — B. N. Fonds Béthune, Ms. 9047, fol. 23.
Cop. — Suppl. fr. Ms. 1000-2.

[AU CONNÉTABLE.]

Mon Cousin, Ayant apprins que vous continués vostre voyage pour me venir trouver nonobstant vostre indisposition, qui est plus grande, à ce que l'on m'a rapporté, que lorsque vous estes party de chez vous, desirant que vous conserviés vostre santé, et que pour cest effect le repos en quelque lieu de sejour vous sera plus propre que d'estre par les champs, mesmes en ceste saison, et par chemins si incommodes, j'ay advisé de vous mander de ne passer outre le lieu où la presente vous sera rendue, pour me venir trouver, et que vous m'y attendiés, si mieulx vous n'aimés aller en vostre maison de Fere attendre mon passaige, duquel je vous advertiray. Aussy suis-je resolu de partir bien tost de ceste ville, ayant pourveu à la seureté de la citadelle, laquelle le s^r de Sobole a ce jourd'huy remise en mes mains. En peu de jours j'auray donné ordre au reste de mes affaires, et ayant veu ma sœur la duchesse de Bar, et mon frere le duc de Lorraine, qui doivent arriver ce jour d'huy en ce lieu, je partiray incontinent aprés pour m'en retourner à Paris, et vous donneray advis du chemin que je tien-

---

[1] Les *Économies royales* datent cette lettre du 16; mais en la comparant avec la précédente et la suivante, on voit qu'elle doit être du 15. L'autre lettre rappelée comme adressée le matin à Sully est évidemment celle du 15. Le 16 au soir la reddition de la citadelle était un fait accompli, ainsi que le prouve la lettre au connétable.

dray. Ce pendant je prieray Dieu, mon Cousin, vous avoir en sa saincte garde. Escript à Metz, le xvj° mars 1603.

HENRY.

POTIER.

1603. — 17 MARS.

Orig. — Arch. du grand-duché de Hesse-Cassel.
Imprimé. — *Correspondance inédite de Henri IV avec Maurice le Savant*, publiée par M. DE ROMMEL; Paris, 1840, in-8°, p. 105.

A MON COUSIN LE LANDGRAVE DE HESSE.

Mon Cousin, J'eusse esté tres aise de vous voir en ceste ville, tant pour vous confirmer l'asseurance que je vous ay donnée de ma bonne volonté, que pour discourir avec vous à cœur ouvert des affaires publiques et particulieres qui sont sur le bureau. Toutesfois, j'ay pris en bonne part les raisons qui vous ont empesché me donner ce contentement, lesquelles m'ont esté fidelement representées par le s^r Scheffer, vostre serviteur. Aussy bien je ne puis faire long sejour en ceste ville, ayant desjà donné ordre, à mon contentement, à ce qui m'y avoit amené, car mes affaires m'appellent ailleurs. J'ay receu la lettre que vous m'avés escripte par le s^r de Bongars, le xiv° du mois passé, par laquelle j'ay sceu, et par le recit qu'il m'en a faict, ce qui s'est passé à l'assemblée de Heidelberg, de quoy j'ay aussy esté informé par le memoire du dict Scheffer. Mon Cousin, ce que je vous puis dire sur cela est que je suis tres marry de quoy l'union des princes correspondans n'a pas esté faicte comme elle estoit desirée, et me semble qu'elle estoit necessaire pour leur propre bien, qui m'est aussy cher et recommandé que le mien propre. Mais j'espere qu'ils y sçauront par leur prudence bien pourveoir à l'advenir. A quoy je contribueray et apporteray tousjours ce qu'ils doivent attendre et esperer d'un prince et bon voisin qui leur est tres affectionné, et recognoist avoir notable interest à tout ce qui les concerne; dont j'auray bien agreable que vous continuiés à leur donner toute asseurance.

C'est bien ma deliberation aussy de payer toutes mes debtes aux susdicts princes le plus tost qu'il me sera possible, et de suivre en cela vostre bon et prudent conseil. Car, comme ils m'ont volontairement secouru en ma necessité, je suis obligé de le recognoistre en les remboursant de leurs advances; à quoy j'eusse donné desjà meilleure provision sans les grandes sommes de deniers que j'ay esté contrainct de debourser et fournir en divers lieux, depuis que mon Royaume est en paix; aulcuns desquels n'ont esté moins utilement employez pour mes amys et alliez que pour moy-mesme, comme je vous ay faict entendre lorsque vous estiés auprés de moy. Mais j'approuve grandement l'expedient contenu en vostre dict memoire, qui est de faire payer et rendre tous les ans une certaine somme d'argent, à la charge portée par iceluy; de sorte que estant arrivé à Paris, où je m'en retourne au partir d'icy, je commanderay à ceux de mon conseil qu'ils y advisent et pourveoyent le plus promptement qu'ils pourront.

Mon cousin l'electeur Palatin m'a escript une lettre[1] par le dict Bongars en faveur du duc de Bouillon, de laquelle j'ay commandé vous estre envoyé un double. J'ay bien consideré aussy ce que vous m'aviés faict representer sur son faict par le dict memoire apporté par le dict Scheffer, et vous verrés par ma response à mon dict cousin l'electeur (de laquelle j'ay aussy ordonné vous estre envoyé un double), la resolution que j'ay prise de donner encore au dict duc de Bouillon un certain delay et temps competant de recognoistre et amander sa desobeissance et procedure passée, et pour venir à sa justification : qui est tout ce que ma dignité et mon service m'ont peu permettre de faire pour luy, à la priere de mon dict cousin l'electeur, et sur la remonstrance que vous en avés faicte par vostre dict memoire. Mais ceux qui se persuadent que c'est à cause de la Religion que le dict duc de Bouillon est en peine, me cognoissent tres mal, comme ils font la façon de laquelle sont traictez en mon Royaume ceux de la dicte Religion; et comme je me persuade que l'impression susdicte sera cause qu'ils s'in-

---

[1] Cette lettre est imprimée dans les *Économies royales*, t. II, chap. 14. Voyez ci-après la réponse de Henri IV, p. 54.

formeront mieux de la verité, j'espere aussy qu'ils changeront bien tost d'opinion, et croiront que j'ay l'ame plus droicte et integre que ne leur feignent ceux qui controuvent tels mensonges et les entretiennent.

Pour le regard des differens de l'evesché de Strasbourg, je m'attendois que y seroit prins une si bonne et solide resolution en l'assemblée de Heidelberg, que nous seroit plus facile de accorder les parties comme j'ay tousjours desiré. Mais l'on y a prins un autre conseil; quoy estant, nous avons plus de peine d'en venir à bout. Neantmoins je desployeray tout mon credit et pouvoir pour la dicte pacification; et quand les choses ne succederont selon mon desir, il faudra s'en prendre à ceux qui en seront cause, et non à moy qui auray faict pour ce regard ce que j'auray deu.

Je vois aussy que l'on abandonne ceux de la ville de Geneve au besoin auquel ils se trouvent, dont je suis tres marry, et me semble que les ennemys de la cause commune n'ont peu faict d'avoir mis une si mauvaise intelligence entre ceulx qui sont interessez. Toutesfois, pour cela, je n'abandonneray la dicte ville, et pourveu qu'elle se garde d'estre surprinse, j'espere, avec l'aide de Dieu, la garentir du reste. Mais je vous prie me faire part de ce qui se fera en la dicte diette, comme de tout ce que vous jugerés digne d'estre sceu.

Vous aurés entendu comme mon nepveu le duc de Nevers, allant visiter les pays estrangers l'année dernière, passa jusques au royaume de Poloigne, où il fut tres bien receu du roy et des principaux seigneurs et senateurs du pays. De quoy me rendant compte à son retour, il m'a dict que les dicts seigneurs, discourans avec luy de la guerre qui est entre le dict roy et le duc Charles de Suede, luy avoient confessé que leurs parties estoient fort lassées de la continuation de la dicte guerre, et souhaitoient qu'un prince respecté des deux s'entremist de les accorder; que le Pape n'estoit propre pour ce faire à cause du different de religion; ny l'Empereur, pour ne leur estre la maison d'Austriche agreable, et par tant desiroient que je voulusse entreprendre le dict accord, et en estre l'arbitre, l'asseurant que le dict roy portoit tel respect à ma reputation et integrité, qu'il se soubmettroit tres volontiers, pour la mesme consideration, ayant prié le dict duc de Nevers de me le faire entendre : ce que j'ay estimé vous devoir mander, sur l'advis que vous m'avés donné par vostre dicte lettre de celuy que vous avés receu de la part du dict Charles : que quelques seigneurs polacques luy ont offert, de la part du chancelier du dict royaume, une amiable composition, affin que vous advertissiés le dict duc Charles, en luy faisant tenir la lettre que je vous envoye, de l'ouverture qui a esté faicte au dict duc de Nevers, à ce qu'il la considere, et advise si mon intervention luy peut estre utile en ceste occasion; car en ce cas je la y employeray volontiers, pour m'avoir faict paroistre avoir grande confiance en mon amitié, en me faisant part de ses affaires et de sa conduite, comme il a faict souvent. Par tant j'auray plaisir de luy tesmoigner en ceste occasion ma bonne volonté tant que me sera possible; et selon la response qu'il vous fera et vostre bon conseil sur icelle, j'embrasseray la dicte proposition : priant Dieu, mon Cousin, qu'il vous ayt en sa saincte et digne garde. Escript à Metz, le xvij^e de mars 1603.

HENRY.

1603. — 18 MARS.

Cop. — Mss. de la biblioth. Sainte-Geneviève. Communication de M. J. Tastu, bibliothécaire. Et B. N. Fonds du Puy, ms. 140.

[A L'ÉLECTEUR PALATIN.]

Mon Cousin, J'ay receu la lettre que vous m'avés escripte le viij^e du mois de febvrier en faveur du duc de Bouillon, laquelle j'ay prise en bonne part, tant pour vostre consideration et pour estre un office digne de l'alliance et proximité qu'il a avec ma cousine l'electrice vostre femme, que pour la bonne opinion que vous m'avés mandé par la dicte lettre qu'il vous a donnée par ses propos de la justice de sa cause. Sur quoy je vous diray que j'ay à present plus de peine que tous aultres, de doubter de sa fidelité, me representant les grands biens et honneurs que je luy ay faicts, les services que j'en ay receus, et par combien de sortes de sermens il m'a obligé sa foy, oultre et par dessus celuy auquel la nature l'astreint. C'est pourquoy quand il fut defferé, sans le mettre en justice en la forme accoustumée, je voulus l'en advertir et luy commander de me venir trouver, luy promettant de l'assister en sa justification comme son bon maistre, tres desireux d'icelle, à quoy s'il eust dés lors satisfaict, comme son debvoir et son honneur vouloient qu'il fist, mesmes se sentant si innocent qu'il publie, je luy eusse donné autant d'occasion de se louer de ma protection et clemence, que l'ont eue tous ceulx qui s'y sont adressez et confiez. Mais il ne peut s'excuser de ne l'avoir faict sur les qualitez de ses accusateurs, ainsy qu'il vous a dict, sans m'accuser d'injustice et de manquement de bonne volonté envers mes serviteurs. Toutesfois je desire tant qu'il se purge, et face cognoistre à tout le monde que ma bonté envers mes anciens serviteurs surpasse encore les preuves que les aultres en ont faictes, que je suis content oublier sa desobeissance et procedure passée, pour grande et extraordinaire qu'elle soit, pourveu qu'il me vienne trouver et se rende auprés de moy la part que je seray, dedans deux mois, pour se justifier, comme il est tenu de faire ; ce que je vous prie luy dire, l'asseurant de ma part qu'il me trouvera aussy desireux de luy faire bonne et sincere justice et de le proteger en son innocence, qu'il se mette en debvoir de rechercher l'une et meriter l'aultre. Mais aussy s'il s'oublie tant que de continuer à mespriser la grace que je luy offre encores par la presente, en vostre consideration, jugés par telle contumace quel est le respect qu'il dict porter à la justice et à mes commandemens, et si aprés cela il sera digne que vous lui continuiés vostre recommandation et assistance, et moy l'indulgence de laquelle j'ay usé jusques à present en son endroict. A tant je prie Dieu, mon Cousin, qu'il vous ayt en sa saincte garde et protection. Escript à Metz, le xviij^e jour de mars 1603.

HENRY.

[1603.] — 19 MARS.

Orig. autographe. — Biblioth. impér. de Saint-Pétersbourg, Ms. 886, lettre n° 46. (Copie transmise par M. Houat.)

A MONS^R DE BELLIEVRE,

CHANCELLIER DE FRANCE.

Monsr le chancellier, Je me plains à vous de ce que, veu les commandemens que je vous ay si souvent faicts, mesmes à mon partement de Paris, touchant le faict du marc d'or, l'on me mande que cest affaire est au mesme estat qu'il estoit. C'est pourquoy je vous fais ce mot (que vous ferés voir à ceulx de mon conseil s'il en est besoin) pour vous dire que vous donniés tellement ordre à cest affaire, que à mon retour, que j'espere dans le xxme du prochain au plus tard, j'en reçoive le contentement que je m'en suis promis, et que à faulte de ce, mes bastimens de Fontainebleau, qui sont assignez sur cela et que vous sçavés que j'aime, ne demeurent; car j'aurois occasion de me fascher de voir tant de longueurs en une chose que j'affectionne et que je vous ay si souvent recommandée. J'en escris à Meaupou, qui a esté commis pour cest affaire, affin qu'il y use de plus de diligence qu'il n'a faict; aultrement je m'en prendray à luy. Ceste-cy n'estant à aultre fin, je prieray Dieu qu'il vous ayt, Monsr le chancellier, en sa saincte et digne garde. Ce xixe mars, à Metz.

HENRY.

[1603.] — 22 MARS. — Ire.

Orig. autographe. — B. N. Fonds Béthune, Ms. 9138, fol. 20.
Cop. — Suppl. fr. Ms. 1009-4.

A MADAME DE MONGLAT.

Madame de Monglat, J'ay receu toutes vos lettres et ay esté tres aise d'apprendre par icelle la bonne disposition de mon fils, de ma fille et de mes autres enfans. Continués à m'en escrire et d'en avoir soin. Je laisse à ma femme à faire response à toutes les vostres. J'espere partir d'icy pour m'en retourner vers Paris le mardy d'aprés Pasques, et m'en aller droict à St-Germain pour y voir mon fils et mes enfans. A Dieu, madame de Monglat. Ce xxij^e mars, à Metz.

HENRY.

[1603.] — 22 MARS. — IIme.

Imprimé. — OEconomies royales, édit. orig. t. II, chap. 13.

[A M. DE ROSNY.]

[1] Mon Cousin, Vous apprendrés de mes nouvelles par le s^r de Montigny qui vous rendra ceste-cy, et comme tout va pour mon service, comme ma presence y estoit necessaire pour la conservation de ceste ville en mon obeissance, de quelle importance elle est, et que je ne voudrois pour chose du monde n'y avoir esté. Mesmes je voudrois qu'il m'eust cousté quelque chose de bon et que vous y eussiés faict un tour. J'en partiray le mardy aprés Pasques, Dieu aidant, pour m'en retourner vers Paris. Je prendrai mon chemin à Nancy, où je pourray sejourner deux ou trois jours; de là j'iray à Thoul, et par Vitry, Reims et Villiers-Coterest, et de là à St-Germain en Laye voir mon fils, de quoy j'ay une extresme envie. Mandés-moy, je vous prie, ce que l'on fait à mes bastimens delà et à Paris, et aussy à l'Arsenac, et à vostre astelier depuis mon partement, et à quoy l'on travaille à present : et remettant le surplus à la suffisance du porteur, je ne vous en diray davantage, pour prier Dieu vous avoir, mon Cousin, en sa saincte garde. Ce xxij^e mars, à Metz.

HENRY.

[1] Cette lettre et les trois suivantes étaient de la main du Roi.

[1603.] — 22 MARS. — IIIe.

Imprimé. — *Œconomies royales,* édit. orig. t. II, chap. 13.

[A M. DE ROSNY.]

Mon Cousin, Depuis mon aultre lettre escripte, laquelle vous recepvrés avec ceste-cy par le s[r] de Montigny, j'ay receu trois des vostres, l'une touchant mes bastimens, et les deux aultres pour affaires desquels je vous ay cy-devant escript; sur quoy je vous diray en attendant que plus amplement je vous face response, que je suis de vostre advis, que la presence du s[r] de Vic n'est aucunement necessaire pour la verification des edicts ny pour les assignations données aux Suisses, et que son voyage ne doibt estre retardé pour tout cela. Mais pour le faict du sel qui a esté accordé à ceulx de Berne, il faut qu'il leur remporte la resolution; d'autant que comme vous sçavés qu'il a principalement à traicter avec eux pour ce qui est des affaires de Geneve et puisqu'il y reste si peu à faire, comme vous dictes, je vous prie de faire en sorte que cest affaire soit achevé, en sorte que son voyage ne puisse estre retardé ny ce qui est de mon service et de mes intentions envers ceulx de Berne. Au reste, j'ay accordé au dict s[r] de Montigny qu'il jouira pour cette année de l'appointement que je luy ay donné pour gouverneur de Paris, encore qu'il commande icy[1]; de quoy je vous ay bien voulu advertir, affin que l'on ne revoque l'assignation qui luy en a esté baillée, ce que je feray entendre à celuy que je pourvoieray du gouvernement de Paris, à ce qu'il ne s'y attende. A Dieu, mon Cousin. Ce samedy à midy, xxij[e] mars, à Metz.

HENRY.

[1] M. de Montigny venait d'être nommé lieutenant général au gouvernement de Metz, en remplacement de M. de Sobole; le duc d'Épernon conservant le titre de gouverneur, mais sans y joindre désormais aucune influence réelle.

[1603.] — 24 mars.

Imprimé. — *OEconomies royales*, édit. orig. t. II, chap. 13.

[A M. DE ROSNY.]

Mon amy, Il y a fort long-temps qu'il fut ordonné en mon conseil qu'il seroit levé sur les vaisseaux estrangers qui entreroient és ports et havres de mon Royaume un certain droict d'ancrage, à l'imitation des rois et princes mes voisins qui le prennent sur mes subjects, et que dés lors il en fut expedié des lettres adressantes à mes courts de parlement de Rouen et de Rennes; sur lequel mon cousin le mareschal d'Ornano a esté assigné des sommes qui luy sont deues; qui a, jusqu'ici, faict et faict faire beaucoup de despenses pour la verification desdictes lettres és dicts parlemens, sans que pour cela il y ayt pu rien advancer, quelques lettres et jussions que je leur ay faict expedier. Pour à quoy remedier et faire cesser telles longueurs pour un si maigre subject, je vous prie que vous leur faciés expedier telles jussions que vous adviserés, et icelles accompagner de vos lettres aux dicts parlemens, premiers presidens, et procureurs generaux d'iceux, leur mandant que cela est mon intention, et chose que je veux. Ceste-cy n'estant à aultre fin, je ne vous en diray davantage, pour prier Dieu vous avoir, mon amy, en sa saincte et digne garde. Ce xxiiij^e mars, à Metz.

HENRY.

[1603.] — 25 mars.

Orig. autographe. — Biblioth. impér. de Saint-Pétersbourg, Ms. n° 887, lettre 19.
Copie transmise par M. Allier.

A MONS^R DE BELLIEVRE,
CHANCELLIER DE FRANCE.

Monsr le chancellier, J'ay entendu qu'un chanoine de Lectoure nommé Perés est arrivé à Paris, pour remettre sus ce qui a puis nagueres esté ordonné sur l'election consulaire de la dicte ville, et contre ce que je leur ay mandé par une de mes lettres escripte de Dormans, par laquelle je leur ay faict entendre que mon intention estoit que ce que j'avois ordonné despuis peu de jours pour la dicte election fust inviolablement observé. De quoy je vous ay bien voulu advertir, affin que vous le faciés entendre au dict Perés, et que je veulx qu'ils vivent en paix au dict Lectoure, et que ce que j'ay ordonné pour ce regard touchant la dicte election consulaire soit inviolablement gardé, sans que j'en oye plus parler, leur ordonnant tres expressement de s'y conformer et comme il est contenu aux provisions expediées à Tyssier mon advocat : et ceste-cy n'estant à aultre fin, je prieray Dieu qu'il vous ayt, Monsr le chancellier, en sa saincte et digne garde. Ce xxve mars, à Metz.

HENRY.

[1603.] — 26 MARS.

Imprimé. — *OEconomies royales*, édit. orig. t. II, chap. 13.

[A M. DE ROSNY.]

[1] Mon amy, Je vous ay bien voulu advertir comme hier j'eus un accés de fiebvre, que je veux croire qu'il n'estoit que de rhume, pour ce que maintenant je m'en trouve mieux, Dieu mercy, et que j'espere que ce ne sera rien, et que vous m'avés faict plaisir de me mander des nouvelles de mes bastimens par celles que vous m'avés escriptes. Mais j'eusse bien desiré que vous m'eussiés mandé si vous faictes travailler à la galerie de l'Arsenac pour mettre les armes, et celles qu'on y a faictes depuis mon partement; car je ne suis pas moins soigneux de cela que de mes bastimens. A Dieu, mon amy, lequel je prie vous avoir en sa saincte et digne garde. Ce xxvj^e mars, à Metz.

HENRY.

[1] Cette lettre et la suivante étaient de la main du Roi.

[1603.] — 27 MARS. — Ire.

Imprimé. — *OEconomies royales*, édit. orig. t. II, chap. 13.

[A M. DE ROSNY.]

Mon amy, J'ay receu la vostre par le nepveu de Lomenie, où j'ay esté tres aise d'apprendre le bon mesnage que vous avés faict en mes bastimens de Sainct-Germain en Laye. Je partiray d'icy mardy prochain, Dieu aidant, pour m'en retourner vers Paris, prenant mon chemin par Nancy, où je sejourneray fort peu, ny par les chemins, si d'adventure la nouvelle que mr de Beaumont, mon ambassadeur en Angleterre, m'a envoyée par un courrier exprés, de l'extresme maladie de la royne d'Angleterre continue, affin que s'il advenoit faulte d'elle, je sois tout porté par delà pour pourveoir à mes affaires, selon le conseil que vous et mes serviteurs me donnerés sur cela; qui vous prie cependant tenir toutes choses en estat et les edicts prests, affin qu'à mon arrivée je voye cé qu'il faudra faire pour mon service, à quoy je ne m'espargneray nullement. Mandés-moy, comme je le vous ay escript, ce que vous faictes faire à l'Arsenac; car je ne suis moins desireux d'en sçavoir des nouvelles que de mes bastimens. A Dieu, mon amy, lequel je prie vous avoir en sa saincte et digne garde. Ce xxvije mars, à Metz.

HENRY.

[1603. — 27 MARS. — IIme.]

Cop. — B. N. Fonds Brienne, Ms. 39, fol. 1 verso.

[A M. DE BEAUMONT.]

Monsr de Beaumont, Ce courrier arriva hier au soir avec vostre lettre du xixe de ce mois, par laquelle vous m'avés donné advis de l'indisposition de la Royne ma bonne sœur, ce qui m'a contristé et mis en la peine que merite l'affection et fraternité que je luy porte, l'interest que j'ay à sa conservation et la consideration des evenemens qu'engendreroit la perte d'icelle, mesadvenant à sa personne. C'est pourquoy vous avés bien faict de m'avoir depesché ce porteur exprés pour m'advertir de sa maladie, et m'attends que vous aurés continué à me faire sçavoir le progrés et succés d'icelle avec mesme diligence, ainsy que vous m'avés promis par vostre lettre. Je m'attends aussy que vous m'advertirés diligemment et ponctuellement de tous les mouvemens qui se prepareront et manifesteront en ceste occasion, tant en Angleterre, en Escosse qu'ailleurs, car il est tres necessaire que j'en sois informé par le menu, soit que la dicte Royne guerisse ou qu'il arrive pis; surtout que fera le roy d'Escosse, quels seront ceux qui favoriseront sa cause; ce que deviendra Arbelle, si le comte de Harford s'attachera à elle; comment se gouverneront les catholiques et les protestans; s'ils convoqueront le parlement; ce que feront mess[rs] du conseil et en faveur de qui ils employeront leur auctorité : avec toutes les particularitez et circonstances qu'il convient remarquer en cas semblable. Combien que je sois de vostre advis, qu'il ne se peut former party qui soit assez puissant pour s'opposer à celuy du dict roy d'Escosse, et d'autant que je ne vois rien de preparé et prest en la Chrestienté pour assister et favoriser quiconque leveroit la baniere contre luy, et comme ç'a toujours esté mon intention et inclinaison de le favoriser, tant pour estre sa cause plus juste que celle des autres et avoir faict profession d'amitié avec luy, je veux encore, s'il arrive changement, que vous donniés toute honeste occasion au dict roy d'Escosse de bien esperer de mon assistance et amitié s'il en a besoin; ce que vous ferés neantmoins avec toute discretion et prudence jusqu'à ce que nous voyons quels partys s'eleveront et formeront, et de quel costé pencheront les affaires. Je n'ay pas opinion que les catholiques soyent assez forts pour faire un coup digne d'estre mis en compte, à cause de leurs divisions et qu'ils sont desarmez et sans chefs d'auctorité. C'est pourquoy je crains fort qu'ennuyez de leur condition et craignant qu'elle empire, ils se jettent aux champs, sollicitez de leur archiprebstre et appuyez de l'auctorité du Pape, et que sur cela ils succombent, aprés avoir offensé et irrité le dict roy; qui seroit pour eulx une erreur pire que la premiere, car elle m'osteroit le moyen de les favoriser à l'endroict du dict roy, aprés son establissement. A quoy, si par vostre prudence et bon conseil vous pouviés apporter quelque remede, faites-le; je l'auray bien agreable, car je doibs avoir soing et compassion d'eux, et ne veux imiter en cela les dicts Espagnols, lesquels ne font conscience de prostituer et hasarder tout le monde pour, soubs pretexte de pieté, servir à leur ambition.

Mais si la Royne recouvre sa santé, comme j'espere qu'elle fera et en prie Dieu de tout mon cœur, visités-la et vous en rejouissés avec elle quand elle vous permettra de le faire; m'asseurant que vous vous serés bien gardé durant son indisposition de dire ny de faire chose dont elle ou les siens ayent eu subject de se plaindre; de quoy vous vous abstiendrés encore plus que devant, car j'ay appris que les Espagnols d'un costé et certains huguenots de l'autre taschent de donner ombrage de moy, comme si j'esperois à sa succession au prejudice de ceux auxquels de droit elle appartient, et voulois m'entendre avec le Pape pour faire un roy d'Angleterre à ma devotion. Je sçay, dis-je, que les partisans d'Espagne l'ont publié et escript par delà, pour la jalousie qu'ils ont conceue de mon intelligence avec les dicts catholiques; et quelques-uns de ceux de la religion pretendue reformée ont faict le semblable, pour ce qu'en effect ils craignent que je preste l'oreille à telles ouvertures, comme aulcuns d'eux ont aussy escript par delà pour descrier la sinceritè de mes intentions et irriter contre moy le cœur de la Royne et de ses serviteurs et subjects. Au moyen de quoy prenés garde à vous plus exactement que jamais, et soyés plus circonspect en tout ce que vous aurés à traicter avec la dicte dame et ses ministres, car ils observeront vos pas et actions plus curieusement et avec plus de deffiance qu'ils ne demonstrent par leur façon de proceder avec vous. Je suis si pres de la feste qu'il faut par necessité que je la celebre en ceste ville; toutesfois si j'apprends par vos premieres que les affaires pressent, et requierent que j'advance mon retour et m'approche, je m'y resoudray bientost, car j'ay parachevé les affaires pour lesquels je m'estois acheminé en ceste ville, où j'ay changé le gouvernement, à mon contentement et au soulagement des habitans. Je prie Dieu, Monsr de Beaumont, qu'il vous ayt en sa saincte garde.

HENRY.

[1603.] — 29 MARS.

Cop. — B. N. Suppl. fr. Ms. 1009-1.

[A M. DE ROSNY.]

Mon amy, Je vous prie de faire haster la charpente et couverture de mon orangerie des Tuilleries, affin que ceste année je m'en puisse servir à y faire elever la graine des vers à soye que j'ai faict venir de Valence en Espagne, laquelle il faudra faire eclore aussy tost que les meuriers auront jetté de quoy les pouvoir nourrir. Vous sçavés comme j'affectionne cela : c'est pourquoy je vous prie encore un coup d'y pourveoir et les faire haster. A Dieu, mon amy, lequel je prie vous avoir en sa saincte et digne garde. Ce xxixe mars, à Metz.

HENRY.

1603. — 31 MARS.

Orig. — B. N. Fonds Béthune, Ms. 9021, fol. 63 recto.
Cop. — Biblioth. de M. Monmerqué, Ms. intitulé *Lettres à l'ambassadeur du Levant.*

A M. DE BREVES,
GENTILHOMME ORDINAIRE DE MA CHAMBRE ET MON AMBASSADEUR EN LEVANT.

Monsr de Breves, Je desire fort sçavoir quelle aura esté l'isseue du remuement commencé à la Porte de ce Seigneur, duquel vous m'avés donné advis par vostre lettre du IIIe janvier, que j'ay receue avec celle du xxix decembre le xixe de ce mois, car il en succedera un grand bien ou un grand mal à la personne de ce Seigneur et à son empire ; lequel estant assailly et mal mené de toutes parts, s'il a du mal et que ses principaux officiers se troublent et opinent, il faudra qu'il succombe. L'Empereur se prepare pour l'assaillir plus puissamment que jamais, jusqu'à pratiquer mes subjects mesmes pour cest effect. L'année passée le duc de Nevers fut en son armée, et fut blessé à l'assault de Budes d'une grande arquebusade qu'il receut dedans le corps, de laquelle il cuida mourir. Il dit maintenant avoir faict vœu à Dieu durant sa blessure d'y retourner, garissant du dict coup, de sorte qu'estant encore sollicité du dict Empereur, je prevois qu'il me sera difficile d'empescher qu'il n'y retourne. Toutesfois j'ay deliberé faire pour ce regard tout ce qu'il me sera possible. Il a esté la premiere fois accompagné de cinq ou six gentilhommes seulement, comme aventuriers, mais j'ay sceu que le dict Empereur luy veult donner charge, affin de l'obliger d'y aller ceste fois mieux suivy; ce qui luy sera retranché de ma part tant qu'il se pourra. Je suis marry de la disgrace du muphty et de son frere, pour la confiance que vous avés en eux, et veux esperer que ce changement en engendrera bientost d'autres qui seront peut-estre cause de leur restablissement; mais saichés que je ne desire pas estre engagé en la negociation de la paix avec le dict Empereur, comme ils vous avoient fait l'ouverture, car je n'en pourrois venir à bout, et sy je ferois deplaisir au Pape et à d'autres de l'entreprendre. Je sçay aussy que le dict Empereur n'aura aucune envie d'y entendre, de sorte qu'il y seroit honteux pour moy et pour ce dict Seigneur d'en parler.

Je feray parler au grand duc du prisonnier, portier de ce Seigneur, qu'il m'a recommandé, et manderay sa response. Cependant ne leur promettés sa delivrance, car le dit grand duc en pourroit faire difficulté. Je ne veux promettre, que je ne garde. J'ay commandé à mes subjects en ces ports du Levant d'y naviguer armez pour la garantie des pirates anglois, mais il faudra se resouldre, affin de sommer ce Seigneur de m'en faire raison, à cause de la retraite qu'ils font en ce pays; et s'il ne le veult ou peut faire, mes dits subjects s'abstiendront d'y negocier. Au reste, j'ay achevé en ceste ville ce pourquoy j'y estois venu, car j'ay changé les gouverneurs d'icelle selon mon desir, tant pour le bien de mon service que pour le soulagement des citoyens, tellement que je partiray dedans deux jours pour retourner dans Paris. J'ay eu advis que la royne d'Angleterre est tombée grief-vement malade; toutesfois j'espere qu'elle ne mourra encore pour ce coup. Je prie Dieu, Monsr de Breves, qu'il vous ayt en sa saincte garde. Escript à Metz, le dernier jour de mars 1603.

HENRY.

DE NEUFVILLE.

[1603.] — 31 MARS. — IIme.

Cop. — B. N. Suppl. fr. Ms. 1009-3. (D'après l'original autographe qui était parmi les manuscrits de le Tellier-Louvois.)

[A M. DE ROSNY.]

Mon Cousin, J'ay receu la vostre du xxvie de cestuy-cy, par laquelle vous me priés d'accorder à l'un de vos cousins d'Espinoy, destiné par sa mere à estre d'eglise, l'abbaye de Menat; sur quoy, je vous diray que si dés il y a longtemps je n'estois engagé de promesse à la Guesle, qui est à moy, nepveu du deffunt, de la luy conserver lorsqu'elle viendroit à vacquer, quand il m'en demanda la reserve, je l'eusse fort volontiers accordé à vostre cousin; car je serois tres aise de gratifier non-seulement ceulx qui vous appartiennent comme celuy-là, mais ceulx qui, estant de bonne maison comme luy, veulent embrasser ceste profession. De quoy vous vous pouvés asseurer, et que l'occasion de faire pour luy ne se passera que je ne le face. Aux aultres lesquelles j'ay receu de vous, j'ay commandé les responses; c'est pourquoy je finiray, pour prier Dieu vous avoir, mon Cousin, en sa saincte et digne garde. Ce xxxj^e mars, à Metz.

HENRY.

1603. — 4 AVRIL.

Orig. — Arch. du grand-duché de Hesse-Cassel.
Imprimé. — *Correspondance inédite de Henri IV avec Maurice le Savant*, publiée par M. DE ROMMEL; Paris, 1840, in-8°, p. 114.

A MON COUSIN LE LANDGRAVE DE HESSE.

Mon Cousin, Je vous escrivis dernierement bien amplement de mes nouvelles, et depuis ayant esté requis par mon nepveu le cardinal de Lorraine et mon cousin l'administrateur de Strasbourg, d'aider à composer le differend qu'ils ont ensemble pour raison de l'evesché de Strasbourg, je vous ay bien voulu faire sçavoir, par ceste lettre, que j'ay moyenné entre eux une cessation d'armes jusques au premier jour de may de l'année prochaine, ainsy que vous verrés par la copie des articles qui ont esté signez, que je vous envoye, esperant que cela facilitera le chemin de parvenir à un bon accord, estant le temps de la dicte cessation employé par ceux qui y ont interest, comme il doibt estre, et donnera loisir aux princes, amys et alliez de la maison de Brandebourg, d'accommoder les affaires pour le regard du dict evesché, et sortir plus doucement de la guerre qu'ils avoient commencée. J'ay escript aussy à mon cousin l'electeur palatin, pour le prier d'accepter le sequestre qui a esté convenu par les dicts articles; à quoy je me promets qu'il se disposera d'autant plus volontiers, que ce sera chose qui luy apportera de l'honneur, et de l'utilité à ses voisins. S'il y survient aultre nouveauté, je vous en advertyray, comme je le desire estre de l'estat de vos affaires et de la continuation de vostre bonne volonté en mon endroit, comme je vous prie que vous vous asseurés de la mienne: priant Dieu, mon Cousin, qu'il vous ayt en sa saincte garde. Escript à Nancy, le iiij^e jour d'avril 1603.

HENRY.

Je pars dedans deux jours pour m'en retourner en France, d'où je vous manderay de mes nouvelles.

[1603. — 5 AVRIL.]

Cop. — B. N. Fonds Béthune, Ms. 39, fol. 12 verso.

[A M. DE BEAUMONT.]

Monsr de Beaumont, Je vous ay escript par Dubois mon ennuy de l'indisposition et maladie de la Royne ma bonne sœur. Il partit d'auprés de moy le xxviie du passé, et ay demeuré jusqu'au iij^e du present sans recevoir aucune lettre de vous, dont j'ay esté en grande peine; et si je ne me fusse trouvé obligé à mon frere le duc de Lorraine et à ma sœur de passer par ceste ville pour les visiter, je m'en fusse allé en diligence droict à Paris, pour estre plus prés à recevoir de ses nouvelles. Car celles que vous nous avés escriptes par vos lettres du xxiie et du xxive du dict mois, que j'ay receues toutes deux le iiie du present par diverses voyes, ne m'ont, à mon grand regret, delivré entierement de la peine et crainte que j'ay du succés de la dicte maladie, à cause de la continuation d'icelle et du peu de compte que vous m'avés escript que faict la dicte dame d'user des remedes que luy proposent les medecins. Toutesfois, comme je veux croire qu'elle aura depuis changé d'opinion, pour contenter ses bons et loyaux serviteurs et n'estre dicte homicide d'elle-mesme, je veux esperer aussy que Dieu aura fortifié sa foiblesse et son courage de son assistance, de maniere qu'elle aura, devant que vous receviés la presente, sinon recouvert entierement sa premiere santé, au moins consolé ses amys et ses subjects de quelque amelioration. En ce cas, vous ne fauldrés de vous en rejouir avec elle de ma part, en attendant que je face faire cest office par homme exprés, comme je feray et seray tres aise d'avoir occasion de faire, au premier advis que vous me donnerés de sa convalescence, pour l'advancement de laquelle je prie Dieu d'aussy bon cœur que pour la mienne propre.

Mais si Dieu en a disposé autrement, souvenés-vous de vous conduire entierement, en ceste mutation, en faveur du roy d'Escosse, toutesfois avec les considerations que je vous ay escriptes par le dict Dubois, sans employer mon nom ny l'autorité de vostre charge en action aucune qui puisse luy donner la moindre deffiance du monde de mon amitié, obviant et remediant par vostre sagesse et conduicte aux artifices et inventions de ceux qui vouldroient luy en donner aultre impression, comme celuy qui est tres bien instruict de mes intentions en cela, et qui sçait que je n'ay affectionné la deffense des catholiques, ennemys des Jesuistes, que pour affoiblir le party de ceux-cy, que je sçavois leur estre contraires entierement; et si les dicts Jesuistes ont escript et publié le contraire, ou si quelques-uns ont supposé avoir surpris les lettres d'iceux qui en faisoient mention, asseurés le dict roy d'Escosse par tous les moyens et sermens que vous jugerés propres et convenables, que c'est une pure menterie, et qu'il esprouvera le contraire par actions et vrais effects, à la honte de tels imposteurs et à son contentement. Toutesfois advisés, faisant tel office, que ce soit de façon que le dict roy n'aye occasion de croire que j'ay plus de crainte de perdre son amitié, qu'il la doit avoir d'estre privé de la mienne; mais seulement pour (luy disant la verité) prevenir les inconveniens qui peuvent naistre d'une telle supposition. Je vous escris faire cest office, pour ce que j'estime, si Dieu a disposé de la dicte royne, que le dict roy n'aura guere tardé de se rendre par delà, principalement s'il a esté appellé et favorisé de ceux du conseil de la dicte royne, comme j'ay colligé de vos dictes lettres qu'ils y estoient disposez et estime en verité qu'ils doivent faire pour le salut et bien public du pays.

Je ne vois rien en Angleterre ny ailleurs qui soit à present preparé en cest estat pour pouvoir troubler la dicte succession; toutesfois, j'ay escript aux gouverneurs des villes maritimes de mon Royaume qu'ils ayent à prendre garde soigneusement à ce qui se passera, et qu'ils advisent de quels vaisseaux je pourrois me servir, si j'en avois besoin pour secourir le pays contre les Espagnols et leurs adherens, s'ils y employoient quelque chose; mais je vous repeteray que je n'estime pas qu'eulx ny les autres le puissent faire. En tout cas, si vous oyés parler que j'ay faict faire l'arrest des dicts navires, vous les asseurerés que je l'ay ordonné à ceste seule fin et intention et non à aultre, et continuerés à m'advertir diligemment de ce qui surviendra; et je partyray lundy prochain pour m'en retourner droict à Paris, affin d'estre plus prés pour recevoir de vos lettres et vous faire aussy sçavoir mes volontez. Je prie Dieu, Monsr de Beaumont, qu'il vous ayt en sa saincte garde.

HENRY.

[1603.] — 8 AVRIL.

Imprimé. — *OEconomies royales*, édit. orig. t. II, chap. 13.

[A M. DE ROSNY.]

[1] Mon Cousin, J'ay esté bien aise d'apprendre par la vostre du xiie de ce mois, qui me fut rendue à Nancy le vi^e au soir, vostre retour de Rosny à Paris, et que l'on continue en la plus grande diligence qu'il se peut mes bastimens du Louvre et de Sainct-Germain, comme ce que vous faites faire pour ceste année à l'Arsenal. Je trouve fort bon vostre advis touchant Francine, pour raison de la grotte de Sainct-Germain; qu'il face le desseing et que l'on face prix avec les ouvriers qu'il mettra en besogne, ordonnant au contrerolleur Donon d'y avoir l'œil. Je vous prie de faire un tour jusqu'à Sainct-Denis, pour voir ce qu'il reste à faire à la sepulture du feu roy Henry, affin d'y faire travailler comme nous avons aultresfois advisé, et seray tres aise que vous y ayés esté avant que j'arrive à Fontainebleau, où j'espere me rendre dans le xviiie de cestuy-cy, Dieu aidant. Pour les aultres poincts contenus dans la vostre, j'ay commandé la response. A Dieu, mon Cousin, lequel je prie vous avoir en sa saincte garde. Ce viij^e avril, à Thoul.

HENRY.

[1] Cette lettre était de la main du Roi.

1603. — 10 AVRIL.

Imprimé. — *OEconomies royales*, t. II, chap. 15.

[A M. DE ROSNY.]

Mon amy, J'ay eu advis de la mort de ma bonne sœur la royne d'Angleterre, qui m'aimoit si cordialement, à laquelle j'avois tant d'obligation. Or comme ses vertus estoient grandes et admirables, aussy est inestimable la perte que moy et tous les bons François y avons faicte, car elle estoit ennemie irreconciliable de nos irreconciliables ennemys, et tant genereuse et judicieuse qu'elle m'estoit un second moy-mesme en ce qui regardoit la diminution de leur excessive puissance, contre laquelle nous faisions elle et moy de grands desseins, ce que vous sçavés aussy bien que moy, vous y ayant employé. J'ay donc fait ceste perte irreparable, au moins, selon mon advis, au temps que je me pensois davantage prevaloir de sa magnanimité et constante resolution, et que mes affaires s'en alloient les mieux disposez pour me conjoindre efficacement avec elle; ce qui me comble d'un ennuy et desplaisir extresmes; n'osant me promettre de trouver autant de generosité, de cordiale affection envers moy, et de ferme resolution à diminuer nos ennemys communs, en son successeur; vers lequel me resolvant d'envoyer, pour sentir ses inclinations, et essayer de le disposer à imiter sa devanciere, j'ay aussitost jetté les yeux sur vous, comme celuy de mes bons serviteurs par lequel je puis le plus confidemment traicter avec luy de choses si importantes, tant à cause de l'amitié que chascun sçait que je vous porte, de la religion que vous professés, que pour vous estre acquis envers luy la reputation d'avoir de la franchise et d'estre homme de foy et de parole. Preparés-vous donc à faire ce voyage, et disposés en sorte mes affaires, qu'elles puissent avoir leur cours ordinaire pendant vostre absence sans aucun mien prejudice. Soyés-moy toujours loyal, car je vous aime bien et suis fort content de vos services. A Dieu, mon amy. De Nancy, ce x^e avril 1603.

HENRY.

[1603.] — 11 AVRIL. — Ire.

Cop. — Collection de M. Doublet de Bois-Thibault.

A MAD^E DE SAINCTE-PERINE.

Madame de Saincte-Perine, Ne desirant point, pour certaines considerations tres importantes au bien de mon service, que le procès que vous avés intenté en mon conseil contre les habitans de ma ville de Compiegne, pour faire rebastir vostre abbaye, ruinée durant les troubles pour la conservation de la dicte ville en mon obeissance, soit terminé, je vous en ay bien voulu advertir par ce mot, à ce que vous vous desistiés de la dicte poursuicte, et que, lorsque la commodité de mes affaires le permettront, je vous donneray de quoy aider à faire rebastir votre abbaye : et celle-ci n'estant à autre fin, Dieu vous ayt en sa garde. Ce xj^e avril, à Saint-Dizier.

HENRY.

[1603.] — 11 AVRIL. — IIme.

Orig. autographe. — Biblioth. impér. de Saint-Pétersbourg, Mss. 887, vol. 1, n° 8.
Copie transmise par M. Houat.

A MONS^R DE BELLIEVRE,
CHANCELLIER DE FRANCE.

Monsr le chancellier, Sur l'advis que j'ay eu que l'abbesse de Ste Perine de Compiegne poursuict en mon conseil les habitans de ma dicte ville, pour rebastir son abbaye, laquelle, durant ces derniers troubles, a esté ruinée pour la conservation de la dicte ville en mon obeissance, je vous ay bien voulu faire ce mot pour vous dire que ma volonté est (pour certaines considerations, mesmement pour la consequence de ce faict, qui est tres grande) que le dict procés ne soit promptement terminé; ce que vous ferés entendre à mes aultres conseillers, comme je l'escris à la dicte abbesse, et que, lorsque la commodité de mes affaires me le permettra, je luy donneray de quoy luy ayder à faire rebastir sa dicte abbaye : et sur ce, Dieu vous ayt, Monsr le chancellier, en sa garde. Le xj^e avril, à Sainct-Dizier.

HENRY.

[1603. — 12 AVRIL.]

Cop. — B. N. Fonds Brienne, Ms. 39, fol. 20 verso.

[A M. DE BEAUMONT.]

Monsr de Beaumont, J'ay sceu par vostre lettre du iiie de ce mois, que je receus hier, la mort de la royne d'Angleterre ma bonne sœur et cousine, de laquelle en verité j'ay esté tres desplaisant, pour avoir perdu en elle la meilleure et plus asseurée sœur et voisine que j'eusse en ce monde, et à laquelle je portois plus de respect et d'affection. Mais puisque Dieu en a voulu disposer ainsy, il faut le louer de ce qu'il luy a pleu rendre sa fin aussy douce et heureuse qu'a esté son regne, et pareillement d'avoir disposé et faict resouldre ceulx du pays à recognoistre et appeller le roy d'Escosse mon bon frere à la succession et couronne du dict pays d'Angleterre, d'un commun consentement et unanime advis, ainsy que vous m'avés representé par votre dicte lettre. Car ils ont pris le conseil le plus juste, honorable et utile qu'ils pouvoient choisir, ayant en ceste action rendu un tel tesmoignage de leur fidelité et prudence, que je les en priseray et aimeray toute ma vie davantage, ainsy que vous dirés aux principaux. Et parce que je fais estat vous depescher dans demain Dauval, je ne vous en feray aultre commandement par la presente, de laquelle sera porteur le vicomte de Sagar, que pour vous faire sçavoir que vous le presentiés et recommandiés de ma part au dict roy, si à son arrivée par delà il vous trouve prés de luy; luy disant que je luy ay volontiers permis de l'aller trouver pour le servir en ceste occasion, sur la supplication qu'il m'en a faicte, et que je veux que vous et tous ceux qui despendront de moy le servent et assistent comme moy-mesme, comme j'ay escript aussy au baron du Tour, auquel, comme à vous, je manderay par le dict Dauval plus particulierement ce que vous aurés à faire. Je ne receus que hier vostre lettre du xviiie de mars et du iie du present, une heure devant l'arrivée du porteur de vostre derniere. Je prie Dieu, Monsr de Beaumont, qu'il vous ayt en sa saincte garde.

HENRY.

1603. — 13 AVRIL.

Cop. — B. N. Fonds Brienne, Ms. 39, fol. 89.

[AU ROI D'ANGLETERRE.]

Tres hault, tres excellent et tres puissant prince, nostre tres cher et tres amé bon frere, cousin et ancien allié, En attendant que nous envoyons exprés vers vous, comme nous esperons faire bien tost, quelque personne de qualité pour vous visiter et nous conjouir avec vous de vostre heureux advenement à la couronne d'Angleterre, nous avons commandé au s[r] de Beaumont, conseiller en nostre conseil d'Estat et ambassadeur par delà, de demeurer pres de vous, vous asseurer de la continuation de nostre parfaicte amitié et faire tous offices convenables pour l'entretenement d'icelle, affin de tesmoigner à tout le monde l'inclination que nous y avons, vous priant en ceste occasion, et en ce qu'il aura doresnavant à negocier avec vous, luy adjouster pareille foy qu'à nous-mesmes, et croire que, comme nous vous souhaitons toute prosperité, l'advis que nous avons eu que vous avés esté justement appellé à la dicte couronne d'Angleterre par les vœux et le consentement universel de tous les ordres et estats du pays nous a esté tres agreable, et que si quelque chose a pu soulager l'affliction que nous avons receue par la mort de deffuncte la royne d'Angleterre, nostre tres chere et bien amée bonne sœur et cousine, ç'a esté la nouvelle du droict qui vous a esté conservé en ceste juste et legitime succession, en laquelle nous prions Dieu vous faire jouir longuement et heureusement, et qu'il vous tienne, Tres hault, tres excellent et tres puissant prince, notre tres cher et tres amé bon frere, cousin et ancien allié, en sa tres saincte et digne garde.

De Sezanne, le xiij^e avril 1603.

Vostre bon frere et cousin,

HENRY.

1603. — 14 AVRIL.

Orig. — B. N. Fonds Béthune, Ms. 9088, fol. 19.
Cop. — Suppl. fr. Ms. 1009-2.

AU CONNÉTABLE.

Mon Cousin, En retournant de Nancy, où j'ay passé pour visiter mon frere le duc de Lorraine et ma sœur la duchesse de Bar, aprés avoir pourveu à ce qui estoit necessaire à la frontiere de Metz, j'ay sceu par les chemins la mort de la royne d'Angleterre, ma bonne sœur et cousine, et comme incontinent aprés son decès le roy d'Escosse a esté proclamé roy d'Angleterre et recogneu legitime successeur de la dicte royne, du commun consentement de tous les ordres et estats du pays, sans qu'il s'y soit rencontré aucune opposition ou difficulté. De quoy je vous ay bien voulu donner advis, comme je fais de la continuation de mon voyage à grandes journées du costé de Fontainebleau, où j'espère me rendre mercredy ou jeudy au plus tard; auquel lieu, par l'advis de mes medecins, je suis resolu d'employer quelques jours pour faire une petite diette qui m'empeschera d'aller à la chasse. Cependant, suivant ce qui m'a esté dict de vostre part, je trouve bon que vous demeuriés en ma ville de Paris pour donner ordre à vos affaires; mais faictes-le, je vous prie, le plus tost que vous pourrés, affin que vous me puissiés venir trouver au plus tard quand je sortiray de la dicte diette, dont je vous manderay souvent des nouvelles, comme j'auray à plaisir que vous me faciés sçavoir des vostres. Je prie Dieu, mon Cousin, qu'il vous ayt en sa saincte et digne garde. Escript à Monglat, le xiij^e jour d'avril 1603.

HENRY.

DE NEUFVILLE.

1603. — 17 AVRIL. — Ire.

Orig. — B. N. Fonds Béthune, Ms. 9088, fol. 25.
Cop. — Suppl. fr. Ms. 1009-2.

AU CONNÉTABLE.

Mon Cousin, Quand je vous escrivis ces jours passez, je ne faisois pas estat d'appeller si tost auprés de moy ceulx de mon conseil et traicter de mes affaires. Mais ayant despuis consideré combien il m'importe de deliberer et prendre une prompte resolution sur quelquesunes d'icelles, j'ay mandé à ceulx de mon dict conseil qu'ils me viennent trouver et soyent icy dimanche ou lundy. Et combien que j'aye donné charge à mon cousin le marquis de Rosny de vous dire que j'auray bien agreable que vous soyés de la partie et vous voir, toutesfois, je le vous repeteray et confirmeray encores par la presente, vous priant me donner ce contentement si vostre santé et vos affaires particulieres le vous permettent. Mais je vous prie, devant que de partir, envoyer querir les s^{rs} de Lorray et de la Fayolle, qui ont esté mis en arrest en ma ville de Paris, entendre quelle est leur dispute et querelle, et, s'il est possible, l'accorder amiablement, et en tout cas leur deffendre tres expressement de s'appeller, à peine de la vie. M. le chancellier vous informera plus particulierement de ce faict, et je remettray le reste à vostre prudence : priant Dieu, mon Cousin, qu'il vous ayt en sa saincte et digne garde. Escript à Fontainebleau, le xvij^e avril 1603.

HENRY.

DE NEUFVILLE.

1603. — 17 avril. — IIme.

Cop. — Archives de M. de Couhé-Lusignan. Envoi de la société des Antiquaires de l'Ouest.

[A LA SEIGNEURIE DE VENISE.]

Tres chers et grands amys, alliez et confederez, Nous avons telle creance de vostre equanimité et prudence, que nous estimons superflue toute sorte de recommandation qui vous est faicte d'administrer justice et faire raison à ceulx qui vous la demandent. Neantmoins, ayant esté priez, par nos tres chers et bons amys les recteur et conseils de la republique de Raguze, de les assister de nostre faveur et recommandation en la poursuicte qu'ils font envers vous pour la restitution de l'isle de Lagoust, de laquelle ils nous ont faict entendre avoir jouy trois cens ans et plus, nous escrivons presentement au s^r de Fresnes, nostre conseiller d'Estat et ambassadeur residant auprés de vous, d'intercedder de nostre part envers vous pour cest effect; ce que vous prions prendre en bonne part, et croire que vous faisons ceste recommandation et priere à tres bonne intention, autant pour la consideration de vostre propre bien et repos, que pour satisfaire à la requeste qui nous en a esté faicte par la dicte republicque de Raguze, ainsy que vous dira nostre dict ambassadeur : sur lequel nous remettant, nous prions Dieu, Tres chers et grands amys, alliez et confederez, qu'il vous ayt en sa saincte et digne garde. Escript à Fontainebleau, le xvij^e jour d'avril 1603.

HENRY.

1603. — 17 avril. — IIIme.

Orig. — B. N. Fonds Béthune, Ms. 9091, fol. 66.
Cop. — Biblioth. de M. Monmerqué, Ms. intitulé *Lettres à l'ambassadeur du Levant.*

A MONS^R DE BREVES,
GENTILHOMME ORDINAIRE DE MA CHAMBRE ET MON AMBASSADEUR EN LEVANT.

Monsr de Breves, J'ay sceu, par vostre lettre du xxij^e du mois de janvier et par celles du ij^e et x^e fevrier, le commencement, le progrés et la fin de l'emotion et conspiration faite par Mamoucte Bassa et d'aucuns Spaïs contre ce Seigneur, son premier visir et ses principaux officiers et serviteurs; louant Dieu que le succés en ayt esté tel comme vous avés escript par vostre derniere, et mesmes pour le regard de Mouphty et de son frere, pour les raisons portées par vostre dicte lettre; et j'auray à plaisir de sçavoir par vos premieres, comme je m'y attends, que toute ceste rumeur soit entierement appaisée et les auteurs chastiez au contentement de sa Haultesse, et ne doubte point, cela estant ainsy advenu, que vous ne vous en soyés resjouy de ma part, tant avec ce Seigneur qu'avec son dict premier Bascha et autres que vous jugerés à propos. Mais si, à la reception de la presente, vous n'en avés encore faict l'office, faictes-le si tost que vous l'aurés receue, et luy faictes entendre que je vous l'ay commandé, comme celuy qui desire que ce prince conserve en son empire son autorité et puissance, comme ont faict ses predecesseurs, de glorieuse memoire. Mais, puisqu'on ne doibt faire aucun fondement certain sur leur assistance et promesses, ainsy que vous m'avés escript par vos lettres, abstenés-vous de solliciter et poursuivre d'armer par mer, ny de leur faire paroistre que j'aye besoin de leur assistance, ny que je m'y attende aucunement, affin que cela ne m'oblige de m'engager avec eux; car je recognois bien qu'il n'y a point d'acquest ny d'honneur. Ne m'obligés aussy à la negociation de la paix avec l'Empereur; car je sçais asseurement que le dict Empereur n'y veut aucunement entendre, tant pour les advantages qu'il a gagnez et espere que Dieu luy continuera encore cy-aprés contre ce Seigneur, que parce que le roy d'Espagne l'en dissuade, affin de faciliter l'entreprise qu'il a toujours eue sur Alger, à laquelle il convie les roys de Conion et ses semblables. Au moyen de quoy deschargés-vous doucement de ceste pratique, ainsy que je vous ay escript par mes dernieres, et continués à m'advertir de toutes occurences.

Vous sçaurés qu'estant decedée la royne d'Angleterre, le IIIe de ce mois, le roy d'Escosse a esté proclamé et declaré son legitime successeur et roy du dict royaume et de celuy d'Irlande, du commun consentement de tous les Anglois, sans aucune opposition jusqu'à ceste heure, et estoit attendu à Londres avec beaucoup de devotion pour estre couronné roy, de quoy j'ay esté tres aise; car j'ay tousjours eu avec le dict roy une particuliere et *fraternelle amitié, l'ayant favorisé et assisté en ceste occasion tant qu'il m'a esté possible. Au reste, je suis de retour en ce lieu d'hier au soir, ayant accomply mon voyage de Metz tres heureusement et utilement pour mon service, de quoy je loue Dieu : le priant,* Monsr de Breves, qu'il vous ayt en sa saincte garde. De Fontainebleau, le xvij^e jour d'avril 1603.

HENRY.

DE NEUFVILLE.

1603. — 17 AVRIL. — IVme.

Orig. — Arch. de M. de Bourdeille.

A MONS^R LE VICOMTE DE BOURDEILLES,
SENESCHAL ET GOUVERNEUR DE PERIGORD.

Monsr le vicomte de Bourdeilles, J'ay receu vos lettres du xxiiie mars dernier, par lesquelles j'ay esté bien aise d'entendre que toutes choses soyent bien paisibles en vostre gouvernement, et que chacun s'y contienne aux bornes de son debvoir et de l'obeissance qui m'y est deüe. J'ay aussy veu ce que vous m'avés mandé vous avoir esté escript par le s^r de Rignac[1] du desir qu'il a de continuer en son affection et fidelité, et de m'en rendre toutes sortes de tesmoignages : en quoy il sera bien à propos que vous le fortiffiés et confortiés comme vous avés commencé, l'asseurant que je n'ay aucune deffiance de ses deportemens; et toutesfois j'auray à plaisir que vous gardiés les lettres qu'il vous a escriptes sur ce subject. Au surplus, je suis de retour en bonne santé, Dieu mercy, du voyage que j'ay faict à Metz, où, après avoir pourveu à ce qui estoit necessaire pour mon service, j'ay visité, en passant à

[1] Pierre de Rignac, gentilhomme périgourdin, avait embrassé très-chaudement le parti du duc de Bouillon. Pour bien conserver Turenne, il se jeta même dans cette place avec le sieur de Bassignac, et tous deux, en 1605, furent jugés par contumace et exécutés en effigie. Une lettre de la marquise de la Force, écrite en 1628 et publiée par M. le marquis de la Grange, rapporte que cette année-là M. de Rignac, qui avait continué à prendre une part active dans les troubles de la province, fut obligé de recevoir garnison dans son château de Limeuil.

Nancy, mon frere le duc de Lorraine et ma seur la duchesse de Bar; et par les chemins j'ay sceu la mort de la royne d'Angleterre, ma bonne sœur et cousine, et comme, avec les vœux et du consentement de tout le pays, le roy d'Escosse a esté recogneu son legitime successeur, sans aucune opposition ou difficulté. Je sejourneray quelques jours en ce lieu pour faire provision de santé, par le moyen d'une petite diette, à laquelle je me suis resolu suivant l'advis de mes medecins. Je prie Dieu, Monsr le vicomte de Bourdeilles, qu'il vous ayt en sa saincte et digne garde. Escript à Fontainebleau, le xvij^e jour d'avril 1603.

HENRY.

DE NEUFVILLE.

[1603. — 26 AVRIL.]

Cop. — B. N. Fonds Brienne, Ms. 39, f° 39 verso.

[A M. DE BEAUMONT.]

Monsr de Beaumont, Vous me faictes tres grand plaisir de m'advertir si souvent et soigneusement que vous faictes des choses qui se passent par delà, comme vous avés faict par vos lettres du viij^e et xiij^e de ce mois, que j'ay receues le xiij^e et xxe d'iceluy, car il importe grandement à mon service que je saiche et considere exactement tout ce que fera et dira ce nouveau roy à son advenement, pour mieux recognoistre quelles sont ses fins et intentions, et ce que je doibs esperer de son amitié et voisinance, qu'il y en a jà qui font ce qu'ils peuvent pour le mettre en deffiance de la mienne; et encore qu'ils le facent par des moyens si grossiers et peu vraisemblables, qu'ils devroient se detruire d'eux-mesmes et estre condamnez et rejettez entierement et d'abordée du dict roy, se representant et ressouvenant des bons offices qu'il a receus de moy en toute occasion et combien mon amitié luy peut estre utile, toutesfois, je remarque qu'il n'y a que trop peu d'esgard, soit que cela procedde de son naturel, que l'on descouvre estre moins deffiant et timide que dissimulé, ou de la creance et confiance qu'il a en ceux qui luy donnent tels advis, ou bien de faulte de cognoissance et jugement. Il a faict dire au baron du Tour que le fils du comte de Harfort s'estoit retiré en mon Royaume, et l'a prié de s'en eclaircir : chose qui est aussy fausse qu'elle a esté malicieusement controuvée.

Autant en diray-je de l'alarme que j'ay sceu qu'ont prise ou qu'ont faict semblant de prendre ceux du conseil de la royne et les seigneurs du pays qui les assistent, que j'avois faict une levée de dix-huit ou vingt mille hommes de pied depuis avoir sceu la mort de la dicte royne, pour employer en Angleterre et y favoriser un party contre le dict roy, ayant sceu qu'ils ont escript à leur ambassadeur resident icy qu'il y prist garde, et qu'ils s'estonnoient de quoy il ne les en avoit advertys, et neantmoins il est tres certain et cogneu de tout le monde que je n'ay faict levée d'un seul homme de guerre depuis ce temps-là. Or si ceste invention procedde de ceux du dict conseil ou d'aucuns de mes subjects qui desirent me mettre en mauvais mesnage avec ledict roy, c'est chose qu'il faut mettre peine d'approfondir et verifier, affin d'y remedier et obvier d'heure à leurs artifices; car ils n'en demeureront pas là, et en inventeront tous les jours quelques nouveaux pour troubler et alterer l'esprit de ce prince, comme vous sçavés qu'ils ont voulu faire de la faveur que j'avois faicte aux prestres seculiers, comme si j'avois eu le dessein de m'en servir contre le dict roy et la deffunte; jaçoit que mon but ayt esté de faire tout le contraire, estant certain que si le dict roy n'ouvre les yeux en telles matieres pour discerner le vray d'avec le faulx, en jugeant de mes intentions par les effects et la preuve qu'il en fera tous les jours, comme je feray des siennes, qu'ils travailleront perpetuellement son esprit et troubleront à la fin nostre union et intelligence, au grand prejudice de l'un et de l'autre et au seul advantage de nos communs ennemys et mauvais subjects et serviteurs : ce qu'il sera necessaire que vous luy remonstriés et faciés bien entendre à son arrivée, affin qu'il ne se laisse emporter au vent de tels artifices, et qu'il prenne la peine de les verifier devant que de s'en esmouvoir. Doncques vous aurés soin de battre ce fer avec luy souvent et diligemment, affin de descouvrir son intention et inclination, et ce que je doibs esperer de son amitié.

Il faut traicter de mesme celuy de la deffense et conservation d'Ostende, et de la reputation des armes et affaires des Estats, ainsy que je vous ay escript par Dauval, luy remonstrant, soit qu'il veuille faire la guerre au roy d'Espagne et aux archiducs, ou embrasser la paix, combien il luy importe de ne laisser deperir, à son advenement, l'une ny l'autre; car comme son amitié sera par ce moyen plus necessaire à un chascun, elle en sera aussy plus estimée et mieux acheptée. Et si pour le porter à ce dessein il ne tient qu'à luy donner quelques esperances d'une plus grande et estroicte liaison entre nous, faictes-luy sentir comme de vous-mesme, que si j'estois disposé de m'y engager avec la dicte dame, il doit croire que j'y entrerois trop plus volontiers avec luy, si je sçay qu'il veuille y entendre; d'autant que je ne pouvois bonnement m'asseurer de la resolution et constance de la dicte dame en la poursuicte et execution d'un tel dessein, tant à cause de la fragilité et inconstance de son sexe et de son aage, que parce qu'elle faisoit assez paroistre par ses actions, qu'elle vouloit plus tost m'embarquer en une guerre, pour se descharger du tout de la despense et incommodité d'icelle, que pour la poursuivre courageusement comme il convenoit faire et en tirer les advantages que nous pouvions nous en promettre : de quoy vous pouvés luy rendre meilleur compte que personne, comme celuy qui a traicté ce point avec elle et ses conseillers plus avant que nul autre, et a souvent sondé leurs intentions sur iceluy. Et si vous recognoissés que le dict roy veuille mordre à la grappe, vous pouvés demander permission de m'en advertir, luy disant qu'ayant deliberé de l'envoyer visiter par le s^r de Rosny, qui est celuy de mes serviteurs auquel je me confie le plus et que je sçay aussy luy porter de l'affection, je pourray selon cela augmenter ou retrancher le pouvoir que je luy en donnerois d'en traicter avec luy. Mais comme il faut que vous passiés cette negociation avec luy, selon qu'il vous donnera subject de le faire, et jugerés par la cognoissance que vous avés de sa conduicte, je le remettray à vostre jugement et prudence. Je vous diray seulement comme d'un costé je ne veux perdre l'occasion d'engager et lier ce prince avec moy en un tel dessein, qui nous peut estre egalement honorable et utile, pour la commune jalousie que nous devons avoir de la grandeur et puissance de toute la maison d'Austriche, qui est entierement gouvernée par le conseil d'Espagne (je dis autant celle d'Allemagne et de Flandres que celle d'Espagne), comme il est notoire à tout le monde, je ne veux pas aussy luy donner cest avantage de dire que j'ay recherché d'entendre à un tel dessein et que ce soit inutilement ou indignement, comme vous sçavés que les Anglois sont grands maistres de se prevaloir de semblables ouvertures. Nous ne remarquons jà que trop aussy qu'ils inclinent tous plus à la paix avec les dicts Espagnols que à continuer la dicte guerre, et neantmoins je juge que le dict roy prendra un tres mauvais et perilleux conseil s'il abandonne ses anciens amys pour achepter la dicte paix; et toutesfois il sera difficile, voire impossible, qu'il en face une bonne et durable avec les dicts Espagnols et leurs dicts adherans, sans faire l'autre, mesmes avec les dicts Estats.

Ce sera tout ce que je vous diray sur les ouvertures discourues par vostre derniere lettre, que j'ay prises en bonne part, desirant que vous conferiés avec le baron du Tour de toutes choses fort particulierement, affin qu'il m'apporte vostre advis avec le sien sur icelles quand il me viendra trouver, comme je desire qu'il face au plus tost, ainsy que je luy escrivis hier par un des siens.

Mandés-nous si le dict roy prendra le deuil, et combien de temps il le portera, et pareillement quand il arrivera à Londres, vous conduisant au reste en son endroict, sur sa venue et vostre introduction avec luy, ainsy que je vous ay escript par Dauval. Je prie Dieu, Monsr de Beaumont, qu'il vous ayt en sa saincte et digne garde.

HENRY.

1603. — 4 MAI.

Orig. — Archives de la ville de Berne. Envoi de M. l'ambassadeur en Suisse.

A NOS TRES CHERS ET GRANDS AMYS, ALLIEZ ET CONFEDEREZ, LES ADVOYERS, CONSEILS ET COMMUNAULTEZ DE LA VILLE ET CANTON DE BERNE.

Tres chers et grands amys, alliez et confederez, S'en allant par delà le comte de Brandis, vostre bourgeois et voisin, pour demeurer en ses maisons, nous l'avons bien voulu accompagner de ceste lettre, le tenant, comme nous faisons, pour l'un de nos chers et affectionnez serviteurs, et vous prier de l'avoir, pour ses vertus et merites, en toute bonne et favorable recommandation, l'assistant aux occasions qui se presenteront, comme personne que nous aimons; et nous nous revancherons bien volontiers en aultre endroict de la faveur qu'il recevra de vous à nostre requeste : priant Dieu, Tres chers et grands amys, alliez et confederez, qu'il vous ayt en sa saincte et digne garde. Escript à Fontainebleau, le iiij^e jour de may 1603.

HENRY.

DE NEUFVILLE.

1603. — 12 MAI.

Orig. — Archives de M. Eugène Renaud d'Avêne des Méloizes. Copie transmise par M. de la Villegille.

A MONS^r DU TOUR,

CONSEILLER EN MON CONSEIL D'ESTAT ET MON AMBASSADEUR EN ESCOSSE.

Monsr du Tour, J'ay receu le xe de ce mois vostre lettre du xxviiie d'avril, et le xie celle du ve, et par icelles grand contentement des bons propos que vous a tenus mon bon frere le roy d'Angleterre de la continuation de son amitié en mon endroit et de la franchise et confiance avec laquelle il a traicté avec vous depuis son partement d'Escosse et son assomption à la couronne d'Angleterre; en quoy je recongnois que vous vous estes conduict tres judicieusement et prudemment, ayant eu à combattre les divers rapports et artifices des envieux de notre ancienne amitié, que vous avés heureusement surmontez; dont j'espere que mon dict frere et moy recueillerons pour vous, nos enfans et subjects, un tres grand advantage, perseverant, de part et d'aultre, constamment et fidellement en la deliberation qu'il vous a declarée, comme vous l'asseurerés que je feray de la mienne très-sincerement, ainsy que luy exposera bien tost plus amplement mon cousin le marquis de Rosny, lequel je depescheray vers luy et feray partir pour l'aller visiter en mon nom sitost que vous serés arrivé pres de moy. Au moyen de quoy vous ne fauldrés, incontinent la presente receue, de luy demander permission, suivant la lettre que je vous ay cy devant envoyée, de me venir trouver, bien instruit de toutes choses, et prendre la poste pour vous y rendre le plus promptement. Et parce que j'ay recogneu, par une lettre que le roy mon frere m'a escripte le xixe du mois d'avril (stile vieil), qui me fut presentée le ve du present par le s^r de Belenden, qu'il n'a agreable que je me serve du s^r de Beaumont en la charge d'ambassadeur ordinaire auprés de luy, vous luy dirés que je commanderay au dict s^r de Rosny de traicter ce poinct avec luy quand il sera par delà, et que j'auray à plaisir de luy tesmoigner en toutes occasions combien m'est cher son contentement; mais je le prie ce pendant de voir de bon œil le dict s^r de Beaumont, luy donner favorable audience pour l'amour de moy, comme à mon ambassadeur ordinaire, estably et servant en Angleterre, des actions et deportemens duquel j'espere qu'il sera plus satisfaict que ne desirent ceux qui luy en ont donné mauvaise odeur, en attendant l'arrivée auprés de luy du dict s^r de Rosny; et je desire que vous faciés pour ce regard, envers le dict roy mon bon frere, tous les bons offices que vous pourrés au dict s^r de Beaumont. Car l'impression que l'on luy a donnée de sa curiosité procede des envieux du dict s^r de Beaumont, et peut-estre des ennemys de mon service, qui veulent le mettre en ombrage de la sincerité de mon amitié, voulant que il croie, si aucun de mes ministres servans auprés de luy s'oublioit tant de son devoir que de luy desplaire, que je luy en sçaurois aussy mauvais gré que s'il m'avoit grandement offensé; faulte que je luy responds que le dict s^r de Beaumont se gardera tres bien de commettre. Au moyen de quoy, je le prie le recevoir benignement et traicter avec luy confidemment jusqu'à l'arrivée du dict s^r de Rosny, avec lequel je fais estat vous renvoyer encores par delà.

Par tant, puisque la grossesse de vostre femme ne luy permet de repasser si tost la mer, faictes la demeurer et accoucher à Londres, car vous aurés moyen et commodité de la y voir, retournant avec le dict s^r de Rosny. J'auray aussy tel esgard aux advances et dépenses que vous avés esté contrainct de faire pour me mieux servir, que vous en demeurerés content; mais ne differés aulcunement vostre partement et venue par-deçà, car je desire fort de vous voir et entretenir avant que de depescher le dict s^r de Rosny; et, si j'eusse estimé que mon dict bon frere eust tardé, comme il a faict, de se rendre à Londres et aux environs, je vous eusse deschargé de la conduicte d'iceluy jusques là. Venés donc au plus tost, et vous serés le tres bien venu, asseurant le dict roy mon bon frere, à vostre partement, qu'il n'a ny aura jamais un meilleur frere et plus asseuré amy et voisin que je le veux estre eternellement; et si nous voulons nous bien entendre, nous rendrons nos regnes, subjects, et, aprés nous, nos enfans, tres heureux. Je ne vous feray aucun commandement sur les autres poincts portez par vos dictes lettres, tant pour l'esperance que j'ay de vous voir bientost que parce que j'en chargeray le dict s^r de Rosny, quand il sera par delà : priant Dieu, Monsr du Tour, qu'il vous ayt en sa saincte garde. Escript à Fontainebleau, le xij^e jour de may 1603.

HENRY.

DE NEUFVILLE.

1603. — 15 MAI.

Orig. — Collection de M. F. Feuillet de Conches.

A MONS^R DE MATIGNON,
MON LIEUCTENANT AU GOUVERNEMENT DES BAILLIAGES D'EVREUX ET D'ALENÇON.

Monsr de Matignon, J'ay veu par vostre lettre du neufviesme de ce mois la difficulté qui est survenue en ma ville d'Alençon, pour le regard du lieu auquel ceulx de la religion pretendue reformée veulent faire leur presche dans l'enclos de ma dicte ville, encores que par les commissaires qui ont executé l'edict, le lieu du dict presche leur ayt esté baillé hors ma dicte ville. Vous avés bien faict de leur faire deffenses de faire le dict presche ailleurs que où ils ont accoustumé, et de les renvoyer en mon conseil, sur l'instance qu'ils font au contraire. Quand ils auront esté ouys en mon dict conseil, il leur sera pourveu suivant mon edict, au benefice duquel je veulx qu'ils soyent conservez, sans qu'il leur soit permis d'entreprendre davantage. A quoy m'asseurant que tiendrés la main, je prie Dieu, Monsr de Matignon, qu'il vous ayt en sa saincte garde. De Fontainebleau, le xve jour de may 1603.

HENRY.

POTIER.

[1603]. — 17 MAI.

Cop. — B. N. Suppl. fr. Ms. 1009-4. (D'après l'original qui était dans les Mss. de le Tellier-Louvois.)

[A M. DE ROSNY.]

Mon Cousin, Depuis vous avoir escript ce matin, il m'est survenu une retention d'urine, et encores que les medecins m'asseurent que ce ne sera rien, comme aussy je l'espere, je vous prie, incontinent la presente receue, de me venir trouver sans donner l'alarme à personne, feignant de venir à Ablon pour faire la cene ; et arrivant à Juvisy, vous prendrés la poste, car je veulx parler à vous. Je vous prie que personne ne sçache rien de ce que je vous escris. Bon soir, mon amy. Ce samedy, à sept heures du soir, xvıjᵉ may, à Fontainebleau.

HENRY.

[1603. — 17 MAI.]

Imprimé. — *Œconomies royales*, édit. orig. t. II, chap. 15, et *Vie militaire et privée de Henri IV*, p. 276.

[A M. DE ROSNY.]

[1] Mon Amy, Je me sens si mal qu'il y a bonne apparence que le bon Dieu veut disposer de moy. Or estant obligé, aprés le soin de mon salut, de penser aux ordres necessaires pour asseurer la succession à mes enfans, les faire regner heureusement à l'advantage de ma femme, de mon Estat, de mes bons serviteurs et de mes pauvres peuples que j'aime comme mes chers enfans, je desire conferer avec vous de toutes ces choses avant que d'en rien resouldre. Par tant venés me trouver en diligence sans en rien dire à personne ny donner aulcune alarme. Faictes seulement semblant de vouloir venir au presche à Ablon, et y ayant faict secretement trouver des chevaux de poste, rendés-vous ce jour mesme en ce lieu.

HENRY.

1603. — 18 MAI.

Orig. — B. N. Fonds Béthune, Ms. 9088, fol. 38 recto.
Cop. — Suppl. fr. Ms. 1009-2.

AU CONNÉTABLE.

Mon Cousin, Je commençay hier à sept heures du matin d'estre saisy d'une colicque qui m'a continué tout le jour et jusques à ce matin, avec des douleurs les plus grandes que j'aye jamais endurées. Ceste colicque estoit accompagnée d'une fiebvre qui me faisoit avoir

---

[1] Cette lettre était écrite par M. de Loménie, sous la dictée du Roi.

plus mauvaise oppinion de mon mal. Toutesfois Dieu, par sa bonté et grace, m'en a garanty, mes douleurs ayant cessé et ma fiebvre s'estant terminée par une grande sueur, en sorte que je suis maintenant en plaine santé, dont je rends graces à Dieu, comme je m'asseure que feront tous mes bons serviteurs. C'est pourquoy je vous en ay voulu donner advis, mon Cousin, priant sa divine bonté vous avoir en sa saincte et digne garde. Escript à Fontainebleau, le xviij® jour de may 1603.

HENRY.

POTIER.

1603. — 20 MAI.

Orig. — Arch. du grand-duché de Hesse-Cassel.
Imprimé. — *Correspondance inédite de Henri IV avec Maurice le Savant*, publiée par M. DE ROMMEL; Paris, 1840, in-8°, p. 120.

[A MON COUSIN LE LANDGRAVE DE HESSE.]

Mon Cousin, J'estois en peine de n'avoir de vos lettres, quand le xviij® de ce mois j'ay receu ensemble par les mains de Badouere, revenant d'Alemagne, et par l'adresse du sʳ de Bongars, les vostres du xiij® de mars et du xij® d'avril, par lesquelles j'ay eu à plaisir de sçavoir vostre bonne disposition et santé, et pareillement que Dieu vous ayt donné pour compagne ma cousine Juliane de Nassau, fille de mon cousin le comte Jean de Nassau le jeune; car je ne doubte point que vous n'en recepviés tout contentement, estant ornée et accompagnée des graces et vertus corporelles et spirituelles que luy a despartyes sa bonté divine, laquelle je supplie que elle vous face vivre ensemble aussy longuement et avec autant de felicité et de contentement que j'en souhaite pour moy-mesme, vous asseurant et la saluant aussy de mon amitié.

Je ne vous ay escript depuis mon partement de Nancy, pour ne sçavoir comment vous faire tenir mes lettres, à cause du retour par deçà du dict de Bongars, que je fais estat de renvoyer par delà au plus tost, avec la resolution que j'auray prise sur le remboursement des deniers que je doibs aux princes et aultres qui m'ont secouru et assisté durant la guerre, auxquels j'ay deliberé de donner tout le contentement qu'il me sera possible, et que l'estat present de mes affaires me permettra; de quoy je rendray porteur le dict Bongars, avec commandement de vous communiquer le tout.

Cependant je vous envoye un double de tout ce que le comte Otto de Solms et le s^r de Plessen, conseillers et depputez de mon cousin l'electeur Palatin, m'ont proposé de sa part en faveur du duc de Bouillon, et leur ay respondu, affin que vous soyés informé au vray de tout ce qui s'est passé en ce faict; me promettant que vous jugerés que si le dict de Bouillon estoit si innocent de ce dont il est chargé, et si jaloux de son honneur et desireux d'entrer en ma bonne grace, qu'il donne à entendre à un chascun, il ne marchanderoit et differeroit tant qu'il faict à se repentir et mettre en estat de meriter et obtenir ce qui luy est necessaire pour cest effect; estant asseuré qu'en ce faisant il me trouvera aussy disposé de luy faire sentir les effects de mon equanimité et bonté, que je l'ay esté envers les aultres qui s'y sont confiez.

Je suis tres marry de voir les affaires de l'evesché de Strasbourg en l'estat et confusion que elles sont. Mon dict cousin l'Electeur a refusé le sequestre auquel je l'avois convié, et mon nepveu le cardinal de Lorraine s'oppose à la subrogation de mon cousin le marquis d'Anspach, pour l'interest qu'il dict qu'il a au dict evesché, duquel il soutient avoir voulu traicter et composer avec mon cousin l'administrateur. Mon cousin le duc de Baviere n'a pareillement accepté le dict sequestré que à condition que l'Empereur l'ayt agreable. Sur cela, j'entends que les choses s'alterent entre les parties par entreprises qui se font contre la teneur des articles de la suspension d'armes, dont ils estoient tombez d'accord entre mes mains et par mon entremise; de quoy j'ay escript à mon dict nepveu et à mon cousin l'administrateur du dict evesché, afin qu'ils advisent à convenir d'aultres sequestres et faire reparer et remettre toutes choses en l'estat accordé par les dicts articles. Mais je ne sçay si la commission emanée de l'Empereur, par laquelle il a depputé et commis certains electeurs et princes de l'Empire pour composer ou decider ce differend, n'empeschera point l'effect de la dicte cessation, dont je m'attends que les parties m'eclairciront, affin que j'advise, sur l'advis qu'ils m'en donneront, ce que j'auray à faire pour leur tesmoigner de plus en plus ma bonne volonté. Sur quoy j'auray à plaisir aussy que vous me faciés sçavoir ce qui vous en semble, vous asseurant que je n'ay aulcune intention et dessein en ce faict, que de voir mes bons amys, alliez et voisins vivre en bonne amitié et intelligence, pour leur propre bien, de quoy je vous prie de respondre pour moy à tous ceux que besoing sera.

La guerre de Geneve continue, mais foiblement, à cause de la foiblesse et impuissance des parties. Le duc de Savoye a recherché d'accord les habitans de la ville, mais en vain, à cause de la deffiance que ceux-cy ont conceue depuis l'entreprise faicte sur eux contre la foy publique, de celle du dict duc, lequel sur cela menace d'assieger à force ouverte la dicte ville, assisté des forces et moyens qu'il publie que luy donnera le roy d'Espagne si tost que ses enfans seront arrivez en Espagne. J'ay dict au comte de Visque, que le dict duc de Savoye a nagueres envoyé vers moy, qu'il fera mieux de composer et pacifier la dicte guerre, car estant obligé et interessé comme je suis à la deffense de la dicte ville, je n'espargneray chose qui soit en ma puissance pour la conserver; à quoy je veux croire qu'il aura quelque esgard, et pareillement le dict roy d'Espagne, à qui j'ay faict dire le semblable, comme j'ay faict au Pape.

Les affaires d'Angleterre continuent à cheminer tres heureusement pour le roy du dict pays, mon tres cher frere et ancien allié, de quoy je suis tres joyeux, car je ne desire moins sa prosperité que la mienne propre. Je feray partir ceste sepmaine prochaine le s^r de Rosny pour l'aller visiter de ma part, et congratuler de son adsumption au dict royaume, et vous feray part de ce qu'il en rapportera. J'ay advis que le roy d'Espagne et les archiducs de Flandres envoyent aussy vers luy pour le mesme effect.

Depuis que les Espagnols ont pris par surprise certains forts que gardoient les assiegez d'Ostende hors la ville, ils ont peu advancé leurs approches, ayant les dicts assiegez esté rafraichis par la porte de la mer, qui leur est tousjours ouverte, d'hommes, de canons et de toutes aultres munitions et provisions necessaires pour leur deffense et conservation; tellement que je n'ay pas opinion que la dicte ville sera prise si tost que ont publié les dicts Espagnols aprés la surprise des dicts forts. Toutesfois il sera difficile qu'elle resiste à la longue, les dicts Espagnols s'y opiniastrans, et les assiegez n'estant secourus plus puissamment qu'ils ont esté jusques à present.

J'ay sceu que le comte Isolano, qui fut pris par les Turcs dans la ville d'Albe-Regale où il commandoit, a escript à l'empereur de Constantinople pour la paix avec le dict Turc, luy donnant advis qu'il la peut faire à present, à conditions advantageuses et agreables pour la Chrestienté et pour luy, s'il veut y entendre; mais je ne sçay si le dict empereur y sera disposé, comme mon ambassadeur resident maintenant me mande que le dict Turc et ses ministres s'y monstrent de leur part. Je vous prie me mander ce que vous en apprendrés, comme ce qui aura esté arresté en la diette, et les aultres choses que vous jugerés estre à propos que je saiche.

Je vous prie aussy me faire sçavoir la response que le duc Charles de Suede aura faicte au conseil que vous m'avés escript luy avoir donné par son chancelier, sur la lettre que je vous ay adressée pour luy faire tenir, ayant entendu que les Polonnois doivent faire ceste année un grand effort contre luy.

Au reste, vous sçaurés que j'ay esté conseillé par mes medecins, pour asseurer ma santé, de faire en ce lieu, à mon retour de Metz, une petite diette de laquelle je me suis bien trouvé, sinon sur la fin, que j'ay esté assailly d'une espece de colicque nefreticque, qui a esté si douloureuse et accompagnée d'accidens si facheux, qu'elle m'a donné la fiebvre la veille de la Pentecoste; mais comme les dictes douleurs furent tost passées, la dicte fiebvre m'a aussy quitté inçontinent, de façon que je me porte à present tres bien, graces à Dieu, et tres desireux de vous tesmoigner en toutes occasions la continuation de ma bonne volonté, comme vous cognoistrés par les effects, à mesure que elles se presenteront. A tant, je prie Dieu, mon Cousin, qu'il vous ayt en sa tres saincte et digne garde. Escript à Fontainebleau, le xxe jour de may 1603.

HENRY.

1603. — 21 MAI.

Orig. — B. N. Fonds Béthune, Ms. 9088, fol. 4o recto.
Cop. — Suppl. fr. Ms. 1009-2.

[AU CONNÉTABLE.]

Mon Cousin, Je vous ay donné advis, par ma lettre du xvij^e, de l'indisposition que j'ay eue et de la guerison d'icelle. Ceste-cy est pour vous asseurer que ma bonne santé et disposition s'augmente de jour à aultre, et que j'espere estre dans deux ou trois jours du tout remis en mon naturel. Ce qui eust esté plus tost, si l'accident qui m'est arrivé ne m'eust prins à la fin de ma diette. Vous ferés entendre à mes serviteurs ce que je vous en escris, affin qu'estant asseurez de ma bonne santé, ils en reçoivent contentement, comme je m'asseure que vous ferés de vostre part: et sur ce je prie Dieu qu'il vous ayt, mon Cousin, en sa saincte garde. Escript à Fontainebleau, le xxj^e jour de may 1603.

HENRY.
POTIER.

1603. — 23 MAI.

Orig. — Arch. de M. de Couhé-Lusignan. Copie transmise par la société des Antiquaires de l'Ouest.

[A M. DE FRESNES CANAYE.]

Monsr de Fresnes Canaye, Un nommé Georges le Febvre, de ma ville de Paris, s'estant mis, il y a quelque temps, au service de la seigneurie de Venise pour porter les armes, il y auroit employé un an entier, et ignorant les lois du pays, qui sont d'en servir cinq, il auroit tenté de s'en revenir en France sans le congé de la dicte seigneurie, tellement qu'ayant esté trouvé en ceste faulte l'on l'a arresté et mis aux galleres de l'isle de Corfou. Et parce que le dict le Febvre est fils d'une honneste famille de ma dicte ville de Paris, et que j'ay esté supplié par aucuns de mes plus speciaux serviteurs de faire instance à la dicte seigneurie pour le faire sortir des dictes galleres, je desire que vous la faciés de ma part, et moyenniés envers ces Seigneurs à ce qu'il soit mis en liberté, estant chose que j'ay à cœur pour la recommandation qui m'en a esté faicte, et en quoy vous me ferés service tres agreable: priant Dieu, Monsr de Fresne Canaye, qu'il vous ayt en sa saincte garde. Escript à Fontainebleau, le xxiij^e jour de may 1603.

HENRY.

DE NEUFVILLE.

1603. — 24 MAI. — Ire.

Imprimé. — *OEconomies royales*, édit. orig. t. II, chap. 15.

[A M. DE ROSNY.]

[1] Mon Cousin, Je vous remercie des deux pourtraicts que vous m'avés envoyez du roy et de la royne d'Angleterre, comme aussy de vos conseils pour ma santé, lesquels je suivray desormais. Je vous diray que hier matin m^r de la Riviere me fit saigner du bras gauche, et si à propos, que maintenant je me porte mieux, Dieu mercy; ayant assez bien reposé toute la nuict et sans fiebvre, de façon que je pense qu'il ne faut plus faire autre chose que de me reconforter, car pour le reste tout va de mieux en mieux, Dieu mercy. Bon jour, mon Cousin. Ce samedy matin, xxiij^e may 1603.

HENRY.

[1] Cette lettre était de la main du Roi.

[1603.] — 24 MAI. — IIme.

Imprimé. — *OEconomies royales*, édit. orig. t. II, chap. 13.

[A M. DE ROSNY.]

Mon amy, Je vous ay ce matin escript par vostre laquais des nouvelles de ma santé qui s'en va augmentant, car maintenant je me trouve beaucoup mieux, ayant bien reposé, et me sentant sans fiebvre. Je vous despesche ce courrier exprés pour vous prier de m'envoyer par luy deux cens escus pour faire distribuer aux pauvres malades, lesquels je ne puis encore toucher de quelques jours; et j'aime mieux leur faire donner quelque chose pour attendre que je me porte mieux, que de les renvoyer sans les toucher. A Dieu, mon amy, lequel je prie vous avoir en sa saincte et digne garde. Ce samedy à 10 heures du matin, xxiiij^e may, à Fontainebleau.

HENRY.

[1603.] — 24 MAI. — IIIme.

Orig. autographe. — Cabinet de M. le général de la Loyère.

A MON COUSIN LE MARQUIS DE ROSNY.

Mon Cousin, J'envoye le s^r Zamet à Paris pour donner ordre à mes bastimens de ce lieu, et luy ay commandé de voir ceulx de delà, pour m'en rapporter des nouvelles, suivant ce que je vous escrivis auparavant mon partement pour aller à Metz. Faictes-luy delibvrer les quittances des deux offices de receveurs des rentes en Normandie jusques à cinq mil escuz, et les employés au premier comptant que vous ferés depescher, comme aussy vous luy ferés delibvrer les expeditions necessaires pour estre payé des quarante neuf mil neuf cens tant de libvres que je luy doibs et qu'il m'a prestées dés l'année derniere, ainsy que je le vous ay aussy escript, et ce sur les deniers revenans bons des deux sols et six deniers pour minot de sel affectez à l'augmentation des gages des lieutenans generaulx, le faisant depescher promptement, à ce qu'il soit icy mecredy prochain, comme je le luy ay commandé. Il vous dira des nouvelles de ma santé, laquelle est tres bonne et va augmentant, Dieu mercy, lequel je prie vous avoir, mon Cousin, en sa saincte et digne garde. Ce xxiiij[e] may, à Fontainebleau, au soir.

HENRY.

[1603.] — 26 MAI.

Orig. autographe. — Musée britannique, Mss. Egerton, vol. 5, fol. 99. Transcription de M. Delpit. Cop. — B. N. Fonds Leydet, liasse II. — Et Arch. de M. de la Force.

A MONS[R] DE LA FORCE.

Monsr de la Force, Je vous fais ce mot en faveur de Licerasse, à qui j'ay accordé la commanderie d'Aubertin, affin que teniés la main qu'il en jouisse. Il en a toutes les depesches, mais encores veux-je que vous en parlés de ma part à ceulx de la chambre des comptes et aux autres qu'il sera besoin, pour ne les tenir en longueur. Je me suis trouvé mal au partir de ma diette, et assailly d'une fiebvre qui Dieu grace m'a du tout quitté. Je seray ici quelques jours pour parachever les depesches d'Angleterre, et aprés iray à St-Germain voir mon fils, qui croist et se fortifie fort, comme Licerasse vous pourra dire : et à Dieu. A Fontainebleau, ce xxvj[e] mai.

HENRY.

[1603.] — 27 MAI.

Imprimé. — Œconomies royales, édit. orig. t. II, chap. 15.

[A M. DE ROSNY.]

[1] Mon Cousin, Je vous depesche ce courrier exprés et vous fais ce mot, pour vous dire que j'ay fort entretenu le baron du Tour d'où il vient pour mon service, où il faut que vous vous acheminiés. C'est

---

[1] Cette lettre était de la main du Roi.

pourquoy je vous prie d'estre icy demain au soir, affin que nous puissions resouldre vostre depesche et le jour de vostre partement. Pour les nouvelles de ma santé, je vous diray qu'elle va en augmentant, et que je me porte tres bien, Dieu mercy, lequel je prie vous avoir en sa saincte et digne garde. Ce mardy, à dix heures du soir, xxvıȷ^e may, à Fontainebleau.

HENRY.

[1603.] — 29 MAI.

Orig. autographe. — Biblioth. impériale de Saint-Pétersbourg, Mss. n° 886, lettre 58.
Copie transmise par M. Allier.

A MONS^r DE BELLYEVRE,
CHANCELLIER DE FRANCE.

Monsr le chancellier, Je vous fais ce mot par Renassé[1], qui le vous rendra, pour vous dire que ayant commandé au s^r de la Fin de me venir trouver en ce lieu pour mon service où il est à present, et me suivre à Paris et ailleurs, vous luy faciés expedier des lettres de surseance pour ses debtes et pour le tems que vous-mesmes le jugerés à propos, affin que durant qu'il sera pres de moy il ne puisse estre en peine pour icelles. Je vous recommande aussy un aultre affaire qui le touche, duquel m^r de Villeroy vous a cy-devant escript par mon commandement, pour un affront qui luy fut faict à Moulins en me venant trouver icy. A Dieu, Monsr le chancellier. Ce xxıx^e may, à Fontainebleau.

HENRY.

[1] Ce Renassé ou Renazé était secrétaire de M. de la Fin, délateur de Biron, et il avait joué un rôle très-important dans le procès du maréchal, qui le croyait mort, lorsque tout à coup on l'avait confronté avec lui.

1603. — 2 JUIN. — Ire.

Orig. — Musée Britannique, biblioth. Harléienne, Ms. 1760, fol. 26. Transcription de M. Delpit.
Cop. — B. N. Fonds Bréquigny, Ms. 100. — Fonds Brienne, Ms. 39, fol. 98; et Suppl. fr. Ms. 1009-4.
Imprimé. — *OEconomies royales*, édit. orig. t. II, chap. 15.

[AU ROI D'ANGLETERRE.]

Tres hault, tres excellent et tres puissant prince, nostre tres cher et tres amé bon frere, cousin et ancien allié, Si tost que nous avons esté advertys de vostre part, tant par vostre lettre escripte le xve du mois d'avril, que par le s^r Parry, vostre ambassadeur, du trepas de la feu Royne, nostre tres chere sœur et cousine, et de vostre assomption à la couronne d'Angleterre, nous avons faict partir nostre cousin le marquis de Rosny, grand maistre de l'artillerie et grand voyer de France, cappitaine de cent hommes d'armes de nos ordonnances, conseiller en nostre conseil d'Estat, et superintendant general des finances de nostre Royaume, par nous à cest effect destiné et nommé il y a long-temps pour vous aller saluer en nostre nom, vous renouveller les offres et asseurances de nostre fraternelle et parfaicte amitié, nous conjoir avec vous de la felicité qui accompagne vostre entrée au dict royaume; et comme vous nous avés mandé par vostre dicte lettre, et nous a esté confirmé par vostre dict ambassadeur, vostre intention estre d'entretenir et continuer les traictez que nous avons avec vous comme roy d'Escosse, et pareillement ceux que nous avions avec la dicte deffuncte Royne, à cause du royaume d'Angleterre, nou avons aussy donné charge au dict marquis de Rosny de vous declarer que nous voulons faire le semblable de nostre costé, et que nous avons desir d'embrasser toutes sortes d'occasions qui se presenteront de les rendre aussy utiles à nos communs subjects que nostre ancienne et parfaicte amitié nous convie de les estreindre. Pareillement nous avons eu bien agreable que vous ayés continué le dict Parry pour vostre ambassadeur auprés de nous; car comme il s'est monstré jusques à present tres affectionné à l'entretenement et augmentation de nostre bonne amitié et intelligence, nous esperons aussy qu'il perseverera en ce devoir aussy fidelement et sincerement que nous avons ordonné à nos ministres d'en user envers vous; vous priant d'adjouster pareille foy à tout ce que nostre dict cousin le marquis de Rosny traictera en nostre nom avec vous, comme à nostre propre personne: ayant voulu l'employer en ceste legation par preference à tout aultre, pour la tres grande confiance que nous avons en luy, et la cognoissance que nous avons de son affection à l'entretenement et augmentation de nostre bonne amitié: et sur ce, Tres hault et tres puissant prince, nostre tres cher et tres amé bon frere, cousin et ancien allié, nous prions Dieu qu'il vous ayt en sa tres saincte et digne garde. De Fontainebleau, ce ij^e jour de juin 1603.

HENRY.

1603. — 2 JUIN. — IIme.

Cop. — B. N. Fonds Brienne, Ms. 39, fol. 99; — et Suppl. fr. Ms. 1009-4.
Imprimé. — *Œconomies royales*, édit. orig. t. II, p. 166.

[A LA REINE D'ANGLETERRE[1].]

Tres haulte, tres excellente et tres puissante princesse, nostre tres chere et tres amée bonne sœur, cousine et ancienne alliée, L'une des choses que nous avons autant desiré depuis vostre assomption à la couronne d'Angleterre a esté de vous faire visiter par personne de qui les bonnes qualitez rendissent plus celebres et remarquables les tesmoignages de nostre bonne volonté et inclination à vostre endroict; et ayant choisy pour cest effect nostre tres cher et bien amé cousin le marquis de Rosny, grand maistre de l'artillerie et grand voyer de

[1] Anne de Danemarck, fille du roi Frédéric II et de Louise de Mecklembourg, avait épousé, en 1589, Jacques VI, roi d'Écosse, qui, par la mort de la reine Élisabeth, devenait roi d'Angleterre sous le nom de Jacques Ier. Cette reine d'Angleterre mourut en 1619.

France, cappitaine de cent hommes d'armes de nos ordonnances, et superintendant de nos finances, nous vous prions avoir agreable cest office qu'il vous rendra de nostre part, et vous asseurer que comme par le moyen de la couronne d'Angleterre, l'ancien lien d'amitié entre celles de France et d'Escosse se trouve davantage estreinct, nous aurons à plaisir de vous tesmoigner, en toutes occasions, des fruicts dignes de nostre affection et bienveillance, ainsy que le dict marquis de Rosny vous fera plus amplement entendre : et à tant, nous prions Dieu, Tres-haulte, tres excellente et tres puissante princesse, nostre tres chere et bien amée bonne sœur, cousine et ancienne alliée, qu'il vous ayt en sa tres saincte et digne garde. Escript à Fontainebleau, le ij^e jour de juin 1603.

HENRY.

[1603.] — 2 JUIN. — IIIme.

Orig. autographe. — A Londres, State paper office, antient royal letters, t. 22, lettre 242. Copie transmise par M. l'ambassadeur.

Cop. — B. N. Fonds Brienne, Ms. 391, fol. 99; — et Suppl. français, Ms. 1009-4.

Imprimé. — *Œconomies royales*, édition orig. t. II, chap. 15; et *Histoire de la maison de Béthunes* par du Chesne, l. VI, p. 453.

A MONSIEUR MON FRERE LE ROY D'ANGLETERRE ET D'ESCOSSE.

Monsieur mon frere, Je me resjouis de vous voir jouissant à present du bonheur et legitime accroissement que je vous ay souhaité il y a longtemps; j'en loue et remercie Dieu avec vous de pareille affection que vous-mesme. De quoy voulant vous rendre certain, comme de la continuation de mon amitié, je vous envoye celuy entre tous mes serviteurs qui a plus de cognoissance de l'interieur de mon cœur: c'est mon cousin le marquis de Rosny, qui a tousjours affectionné vostre contentement et prosperité, et, comme mon serviteur tres fidelle, desiré ardemment l'entretenement de nostre union et bonne amitié. Recevés-le doncques en telle qualité aussy benignement que le merite la bonne volonté de laquelle il vous est envoyé et qu'il s'y presentera, et luy adjoustés pareille foy que vous feriés à la propre personne de

Vostre tres affectionné bon frere,
HENRY.

Le ij^e juin, à Fontainebleau.

[1603. — 2 JUIN.] — IVme.

Cop. — B. N. Fonds Brienne, Ms. 39, fol. 100.
Cop. — Suppl. fr. Ms. 1009-4.
Imprimé. — *Œconomies royales*, édit. orig. t. II, chap. 15.

[A LA REINE D'ANGLETERRE.]

Madame ma sœur, Ceste lettre que je vous escris de ma propre main vous sera presentée par mon cousin le marquis de Rosny, mon fidelle serviteur, que j'envoye au roy d'Angleterre mon bon frere et à vous, pour vous asseurer comme luy de la continuation de mon amitié, et de la volonté que j'ay de la vous tesmoigner par toutes sortes d'effects dignes d'icelle. Il vous dira aussy le contentement que j'ay de vostre felicité, et combien je desire que vous en jouissiés longuement. Je vous prie donc de le croire, tant sur ce subject que tout aultre qu'il traictera avec vous, tout ainsy que vous feriés ma personne mesme; me faisant sçavoir par luy l'estat de vostre santé, pour laquelle je prie Dieu, Madame ma sœur, qu'il vous continue sa divine grace et assistance, comme à

Vostre tres affectionné frere,
HENRY.

[1603. — 2 JUIN.] — Vme.

Orig. — B. N. Fonds Brienne, Ms. 39, f° 96 verso.

[A M. DE BEAUMONT.]

Monsr de Beaumont, Mon cousin le marquis de Rosny a pris congé de moy ce jour d'huy pour s'acheminer par delà, tellement que j'espere qu'il s'y rendra bien tost; duquel vous entendrés mes intentions sur toutes les affaires qui se presenteront; au moyen de quoy je m'en remettray entierement sur luy, et me contenteray vous faire sçavoir par la presente son partement et acheminement, affin que vous donniés ordre à tout ce qui sera necessaire à ce qu'il soit receu le plus honorablement et favorablement qui se pourra, et que sa personne et suite soyent secourus et servis à leur descente, voyage et sejour, de toutes commoditez necessaires, avec soin, diligence et tel ordre qu'il convient, pour eviter la confusion qui se rencontre souvent en semblables voyages et compagnies, composées de tant de personnes et de si diverses humeurs. Faictes-y donques vostre devoir, car il importe à mon service et contentement que toutes choses [se] passent avec dignité et honneur.

Au reste, quand j'ay favorisé et protegé vostre innocence contre ceux qui vous avoient calomnié à l'endroict du roy d'Angleterre mon bon frere, je l'ay fait premierement parce qu'il y alloit de ma dignité et de mon service, secondement que j'ay cru deffendre la verité, et tiercement que j'auray tousjours à plaisir de vous tesmoigner en toutes occasions ma bonne volonté. A present que j'ai sceu par vostre lettre du xxviiie, que le dict roy vous a receu gracieusement, j'en demeure tres content, comme je fais des bons propos que vous luy avés tenus et de la façon de laquelle vous vous estes conduict en ceste premiere audience qu'il vous avoit donnée, et vous diray que j'ay si bonne opinion de vostre dexterité et industrie et des autres bonnes parties qui vous accompagnent, que je me promets que vous gouvernerés le roy et acquerrés telle creance avec luy, que vos actions ne luy seront moins agreables qu'elles seront utiles à mon service. Continués donques à bien faire, et vous confiés et asseurés que vous servés un maistre qui sçait discerner et recognoistre le talent et le merite de ses serviteurs. La presente servira aussy de response à la vostre du xxive de may, receue le xxixe : et je prie Dieu, Monsr de Beaumont, qu'il vous ayt en sa saincte et digne garde.

HENRY.

[1603.] — 3 juin. — Ire.

Orig. autographe. — Biblioth. impér. de Saint-Pétersbourg, Mss. 886, lettre 67. Copie transmise par M. Houat.

A MONS^R DE BELLIEVRE,

CHANCELLIER DE FRANCE.

Monsr le chancellier, Vous sçavés les services que m'a tousjours faicts le s^r de la Riviere, mon premier medecin, mesmes en la derniere maladie que j'ay eue ces jours passez, dont j'ay toute occasion de contentement. Et m'ayant faict entendre que vous refusés de luy sceller les lettres-patentes que je luy ay cy-devant fait expedier pour nommer à un ou deux chirurgiens de chascune ville de mon Royaulme, pour faire les rapports des malades, comme chose tres necessaire et qui n'est à la foule de mes subjects ny de mes finances, ains seulement joindre une prerogative d'honneur à sa qualité; je vous ay bien voulu vous dire par ceste-cy, que je desire et veux que vous scelliés les dictes lettres sans plus de remises, ny icelles renvoyer à mon procureur general pour en donner son advis; car ce sera lorsque le dict s^r de la Riviere les presentera à ma court de parlement pour proceder à la verification d'icelles : et ceste-cy n'estant à aultre fin, Dieu vous ayt, Monsr le chancellier, en sa saincte et digne garde. Ce iij^e juin, à Fontainebleau.

HENRY.

[1603.] — 3 juin. — IIme.

Orig. autographe. — Musée britannique, Mss. Egerton, vol. V, fol. 106. Transcription de M. Delpit.

Cop. — Arch. de M. de la Force.

Imprimé. — *Mémoires de la Force,* publiés par M. le marquis DE LA GRANGE, t. I, p. 349.

A MONS^R DE LA FORCE.

Monsr de la Force, J'ay receu puis six jours en çà, par le s^r du Lau, la vostre du iij^e du passé, et attends par luy ce dont vous l'avés chargé de me dire, qui ne puis croire que Meritein ayt eu l'advis que vous me mandés par celuy que m'a nommé le dict du Lau. C'est pourquoy persistant en ce que je vous ay commandé de le prendre et vous en saisir, je vous prie de le faire, comme aussy de mettre peine à faire attraper Piedefort; car j'estime que par luy vous apprendrés quelque chose. Je suis tres aise de ce que vous avés tenu les estats de mon pays de Bearn, et que les affaires s'y soyent passez ainsy que vous me le mandés; mais je desire et vous commande, suivant l'aultre lettre que Fresnes vous escrit de ma part, laquelle vous recevrés avec ceste-cy, que incontinent aprés vous alliés trouver mon cousin le mareschal d'Ornano, et avec le s^r du Massez accommodiés promptement l'affaire qu'il a avec le s^r de Montespan, car il y va de mon service que cela soit; et aprés vous aurés tout loisir d'aller tenir les estats de la basse Navarre et de faire les reveues que vous m'escrivés par les Persans du Bearn [1], chose que je trouve fort bonne et de quoy je vous prie; mais avant, je desire que cest affaire de m^r le mareschal d'Ornano soit parachevé. Quant à ce que le cappitaine la Guionye a recogneu, il le faut remettre jusqu'à une aultre saison, comme aussy de ce où le s^r Baus a cognoissance. Je vous prie aussy de tenir la main de tout vostre pouvoir à ce que Licerasse soit mis en possession et jouissance de la commanderie d'Aubertin, que je luy ay cy-devant accordée, et dont je luy ay faict expedier toutes les depesches necessaires, attendu que c'est ma volonté. Je vous ay cy-devant escript par le s^r de Pannissault sur le voyage qu'il avoit faict pour mon ser-

---

[1] Les Persans étaient les milices du Béarn, réparties dans sept divisions territoriales du même nom. Le marquis de Castelnaut, fils du duc de la Force, et dont M. de la Grange a publié les mémoires à la suite de ceux du maréchal, explique l'organisation de cette milice : « Vous avez à savoir, dit-il, que tout le pays de Béarn étoit séparé en divers quartiers, qu'ils appellent *Persans*, et qu'en chacun d'iceux il y avoit des capitaines, des lieutenants et autres officiers, qu'encore chacun d'iceux avoit son département, et savoit le nombre d'hommes qu'il renfermoit. Ainsi leur étoit-il aussi facile, et en aussi peu de temps, de pouvoir lever mille hommes que cent; parce que, selon le nombre qu'il leur étoit commandé, chaque officier ou sergent savoit combien il en devoit prendre de chaque lieu; car toutes les an-

vice². J'ay eu puis quelques jours trois ou quatre accés de fiebvres tierces et doubles tierces, et maintenant je n'en ay plus aulcun ressentiment, et me porte fort bien, Dieu mercy; de quoy vous pouvés asseurer tous mes serviteurs et ceulx qui vous demanderont des nouvelles de ma santé, et vous que je vous aime bien, comme je le tesmoigneray en toutes les occasions qui s'en offriront pour vostre contentement. A Dieu, Monsr de la Force. Ce iij^e juin, à Fontainebleau.

HENRY.

1603. — 9 JUIN.

Orig. — B. N. Fonds Béthune, Ms. 8891, fol. 47 recto.

A MONSⁿ VYART,

CONSEILLER EN MON CONSEIL D'ESTAT, PRESIDENT EN LA JUSTICE À METZ.

Monsr le president, Estant de retour prés de ceulx de mon conseil, et y faisant deliberer les memoires qui ont esté rapportez de Verdun et Thoul, sur lesquels j'avois remis à prendre resolution du reglement general que je desire estre estably en la justice des dicts lieux, estimant que ce que vous aviés de charge d'en mettre par escript fust assez ample pour tirer quelque lumiere de la forme de vostre establissement et de ce qui est de vostre pouvoir et jurisdiction à Metz, il ne s'y est recogneu neantmoins si exactement au long comme il est besoing, ce que l'on pensoit de l'establissement de ma dicte justice à Metz. Sur quoy il sera necessaire qu'au plus-tost vous envoyés les coppies des pouvoirs, declarations, reglemens et ordonnances données par mes predecesseurs, dés le commencement qu'ils ont introduict et estably un president en la dicte justice, pour sçavoir asseurement ce qui est du pouvoir et de la fonction d'iceluy, la forme qu'il a à tenir avec les maistre-eschevin, treize et aultres de la justice de la ville de Metz, pour sçavoir ce qui se pourra pratiquer de

nées on faisoit la revue dans tous les *Persans*, et ils étoient tous bien armés. » T. IV, p. 101.

² Ce voyage se rattachait au projet de soulèvement des *Morisques*. Voyez ci-dessus la lettre du 2 mai.

conforme es dictes villes et justices de Verdun et Thoul, au soulagement et contentement des justiciables d'icelles. Ce pendant je prieray Dieu qu'il vous ayt, Monsr le president, en sa saincte garde. Escript à Paris, le xj^e jour de juin 1603.

HENRY.

POTIER.

1603. — 12 JUIN. — Ire.

Imprimé. — *OEconomies royales*, édit. orig. t. II, chap. 18.

[A M. DE ROSNY.]

Mon Cousin, Depuis vostre partement, je n'ay rien apprins digne de vous estre escript, qu'un advis que Arsens m'a dict luy avoir esté donné par le s^r de Bernaveld, qui est de present en Angleterre pour le service des estats de Flandres, lequel, encores qu'il m'a dict vous l'avoir communiqué à vostre dict partement, j'ay toutesfois estimé vous le devoir faire sçavoir, non que je le trouve veritable, mais affin que vous sçachiés que j'auray à plaisir que vous preniés garde, estant sur les lieux, à ce qu'il m'a dict que le dict s^r de Bernaveld luy a mandé que le roy d'Espagne et les archiducs ont faict dire au roy d'Angleterre et offrir que, s'il veut se lier avec eux et renouveller les anciennes alliances et confederations de la maison de Bourgogne, et conquerir en mon Royaume les provinces qui luy appartiennent et dont les roys d'Angleterre ses predecesseurs ont esté spoliez par les miens, jusques à luy faire offre de fournir les gens de guerre et les deniers necessaires pour un tel effect, à la charge qu'il ne fera jamais avec moy paix ny accord sans eux, et qu'il se separera entierement et ouvertement de l'amitié des dicts estats de Flandres, auxquels, s'il ne veut faire la guerre à descouvert, il ne prestera aucune sorte d'assistance par mer ny par terre, sous quelque pretexte que ce soit. Le dict s^r de Bernaveld a adjousté à tout cela une remonstrance de l'interest que j'ay non seulement d'empescher la dicte reunion, mais aussy de preparer et dresser au plus tost une partie qui soit assez forte pour resister aux dicts roys unys contre moy. J'ay remercié le dict s^r de Bernaveld, en la personne du dict Arsens, du dict advertissement, de l'effect duquel je luy ay dict avoir peu d'apprehension, pour l'estimer difficile à resouldre et encore plus à executer, pour plusieurs raisons que je luy ay dictes et que vous sçaurés bien comprendre; et neantmoins, je luy ay dict qu'il escrive au dict s^r de Bernaveld et confere librement et confidemment avec vous, et qu'il vous nomme les auteurs du dict advis, affin de pouvoir mieux juger ensemble s'il merite que l'on s'y arreste ou non. Je recognois bien que les estats de Flandres, craignant d'estre abandonnez du dict roy d'Angleterre, ne seroient pas marrys d'advancer une rupture entre moy et le dict roy d'Espagne, car cela serviroit à divertir les forces qu'ils prevoient devoir leur tomber sur les bras, et à consoler leur peuple en le deschargeant d'une partie de la despense qu'il supporte. C'est pourquoy j'ay soupçon ce propos avoir esté advancé par le dict Bernaveld autant par art que par science, affin de commencer me donner martel de l'union des dicts roys; et neantmoins il me semble qu'il ne fault s'esmouvoir legerement au bruit du dict advis. Aussy ne devons-nous le rejecter et mespriser entierement; car il faut tout attendre de l'inimitié que me portent les Espagnols, et tout craindre de l'inexperience du roy d'Angleterre. C'est pourquoy je vous prie d'observer les practiques de tous, sans toutesfois faire paroistre au dict Bernaveld que j'ay opinion que ses advis soyent accompagnez d'artifice.

J'ay veu une fois l'ambassadeur d'Angleterre depuis vostre partement; il m'a de nouveau asseuré de l'amitié de son maistre, et parlé de quelques affaires touchant quelques particuliers, qui ne meritent estre escripts. Pareillement le courrier major d'Espagne est arrivé icy pour aller en Flandres; il doit passer en Angleterre de la part du dict roy d'Espagne. Qui sera tout ce que je vous escriray presentement avec l'occasion du partement du s^r de St-Luc, qui va vous trouver pour vous accompagner en ce voyage, lequel vous asseurera de la continuation de ma bonne santé. Je prie Dieu qu'il vous ayt, mon Cousin, en sa saincte garde. De St-Germain en Laye, le xij^e juin 1603.

HENRY.

DE NEUFVILLE.

1603. — 12 JUIN. — IIme.

Imprimé. — *OEconomies royales*, édit. orig. t. II, chap. 13.

[A M. DE ROSNY.]

[1] Mon amy, Oultre la lettre que je vous escris par la voye de m^r de Villeroy, je vous fais ces deux mots de ma main pour vous dire que vous preniés garde à deux choses, et usiés de toute industrie pour descouvrir ce qui en est, à sçavoir : si le roy d'Angleterre et ses ministres avoient quelques desseins de s'unir avec le roy d'Espagne contre moy, ainsy que je vous l'escris plus amplement, et s'il y a quelques-uns en Angleterre qui, au nom de mess^rs de Bouillon, la Trimouille, du Plessis et aultres, facent des menées pour disposer le roy d'Angleterre à se dire protecteur des huguenots de France, et nommer le comte Palatin pour son lieutenant, comme l'on m'en a donné advis, et que ces trois hommes font pis que jamais. Prenés donc garde à tout cela, et en empeschés les effects; de quoy je ne doubte poinct, si vous y employés le soin, la diligence et dexterité avec lesquelles vous avés accoustumé de manier mes aultres affaires. A Dieu, mon amy que j'aime bien. De St-Germain, le xij^e juin 1603.

HENRY.

[1603.] — 14 JUIN.

Orig. autographe. — Musée britannique, Mss. Egerton, vol. V, fol. 108. Transcription de M. Delpit.

Cop. — Arch. du duc de la Force.

Imprimé. — *Mémoires de la Force*, publiés par M. le marquis DE LA GRANGE, t. I, p. 360.

A MONS^R DE LA FORCE.

Monsr de la Force, La suffisance du s^r de Puycharnault m'empeschera de vous faire une longue lettre, car pour mes nouvelles je

---

[1] Cette lettre était de la main du Roi.

l'en ay fort particulierement instruict pour les vous faire entendre; je me plaindray seulement à vous du mauvais office que m^r de Bouillon me faict en Allemagne parmy les princes où il se trouve, comme j'en ay des advis trés certains, et d'autant plus qu'il ne tient que à luy qu'il ne sorte de peine; car j'ay donné ma parole à m^r l'electeur, pour la luy donner, que s'il se veult justifier comme il desire que tous ses amys le croyent, que je favoriseray sa justification de tout mon pouvoir; aussy s'il veult confesser sa faulte et l'advouer et m'en demander pardon, me donnant moyen de le pouvoir croire, que je le luy accorderay librement. Vous cognoissés son humeur; cependant il a des amys parmi ceulx de la Religion de mon Royaume, lesquels il voudroit bien embarquer avec luy pour faire de son faict particulier une offense generale; mais jusques icy ils ont esté plus sages; quoyque parmy eux il y en ayt eu quelques-uns qui ont conclu à me presenter requeste pour luy; car, comme ils disent : *Il faut deffendre les mastins qui gardent le troupeau.* De quoy je vous ay bien voulu advertir, à ce que si quelque chose de cela advient à vostre cognoissance, vous faciés cognoistre à un chascun qu'il ne tient qu'à luy qu'il ne soit hors de peine, si c'est chose qu'il desire. Je veux croire, suivant ce que je vous ay mandé par Licerasse et depuis par le s^r de Sansac, que vous serés allé trouver mon cousin le mareschal d'Ornano, pour mettre fin à la dispute d'entre luy et le s^r de Montespan[1], qui est chose que j'affectionne, à cause de la consequence qu'il y va de mon service : et remettant le surplus à la suffisance du dict s^r de Puycharnault, je ne vous en diray davantage que pour vous prier de le croire comme moy-mesme, et Dieu vous avoir, Monsr de la Force, en sa saincte et digne garde. Ce xiiij^e juin, à Saint-Germain en Laye.

HENRY.

---

[1] L'*appointement* de cette querelle, comme on disait alors, est exposé en détail dans les *Mémoires de la Force*, et dans la correspondance aussi intéressante que variée qu'y a jointe le savant éditeur.

1603. — 24 JUIN.

Orig. — Arch. de M. de Couhé-Lusignan. Copie transmise par la société des Antiquaires de l'Ouest.

A MONS^r DE FRESNES CANAYE,
CONSEILLER EN MON CONSEIL D'ESTAT ET MON AMBASSADEUR À VENISE.

Monsr de Fresnes, J'ay esté prié par la Royne ma femme de interceder envers ces Seigneurs en faveur du s^r Antonio Dotti, gentilhomme padouan exilé de sa patrie, pour luy faire obtenir un passeport et sauf-conduict pour trois ans, pour pouvoir venir en sa maison donner ordre à ses affaires domestiques. Il est chargé de plusieurs enfans et specialement de filles, entre lesquelles il y en a quelques-unes prestes à marier, ce qui rend ce faict tant plus recommandable, oultre ce que j'entends qu'il est gentilhomme de beaucoup de merite, et qui a tousjours esté particulierement affectionné à l'endroict de ma dicte femme et ceulx de sa maison. C'est pourquoy j'auray bien agreable que vous vous employés à l'endroict de ces dicts Seigneurs pour obtenir le dict passeport et sauf-conduict, et que vous y interposiés mon nom et ma recommandation, autant que vous jugerés qu'il sera à propos pour obtenir ceste grace : et sur ce, je prie Dieu, Monsr de Fresnes, qu'il vous ayt en sa saincte garde. Escript à Paris, ce xxiiij^e jour de juin 1603.

HENRY.

DE NEUFVILLE.

1603. — 25 JUIN.

Cop. — Archives royales de Wurtemberg, à Stuttgard. Transcription de M. Kausler.

[AU DUC DE WURTEMBERG.]

Mon Cousin, C'a esté avec grand plaisir et contentement que j'ay veu mon cousin le prince de Vurtemberg, vostre fils, porteur de la presente, tant pour l'affection que je vous porte et à toute vostre maison, que pour l'avoir recogneu si vertueux et bien instruict qu'il est. C'est pourquoy j'eusse esté tres aise le retenir et voir plus longtemps auprés de moy, pour luy tesmoigner avec plus de loisir ma bonne volonté et l'estime que je fais de vostre amitié et de sa bonne education. Mais puisque vous avés desiré, pour vostre contentement et pour vos affaires, le rappeller à present auprés de vous, je vous prie, quand l'un et l'aultre vous permettront de trouver bon qu'il se promene encore par le monde, me le renvoyer; asseuré qu'il n'ira jamais en lieu où il soit veu de meilleur œil, aimé et caressé avec plus d'affection qu'il sera de moy.

Vous sçaurés aussy que j'ay receu la lettre que vous m'avés escripte par le s[r] de Bidinchausen[1], lequel j'ay esté tres aise de revoir, et d'avoir sceu par luy vostre bonne santé et pareillement vostre bonne disposition à l'advancement des affaires publiques, et mesmes à l'accommodement du differend de l'evesché de Strasbourg, lequel je vous prie continuer de favoriser tant qu'il vous sera possible, encores que la convention traictée à Nancy n'ayt esté effectuée comme il avoit esté arresté, pour les difficultez faictes par les princes de se charger du sequestre, qui avoit esté accordé affin d'obvier aux inconveniens que la continuation d'une telle dispute pourroit produire à la longue. Je vous prie aussy de croire que je favoriseray et auctoriseray la poursuicte pour laquelle vous avés renvoyé par deçà le s[r] Bidinchausen, de façon que vous cognoistrés que je n'affectionne moins vostre contentement, que je desire m'acquitter de ce que je vous doibs et recognoistre les plaisirs que vous m'avés faicts quand j'ay eu besoing de vous. Je prie Dieu, mon Cousin, qu'il vous ayt en sa saincte garde. Escript à Monceaux, le xxvme jour de juin 1603.

HENRY.

---

[1] Ce nom allemand, défiguré de diverses manières dans cette correspondance, est *Bouwinghausen*.

1603. — 26 JUIN.

Orig. — Archives du grand-duché de Hesse-Cassel.
Imprimé. — *Correspondance inédite de Henri IV avec Maurice le Savant*, publiée par M. DE ROMMEL; Paris, 1840, in-8°, p. 126.

A MON COUSIN LE LANDGRAVE DE HESSE.

Mon Cousin, J'ay esté bien aise de sçavoir de vos nouvelles par vos lettres du XXIe et XXVIe du mois de may, que j'ay receues par Badouere. Je vous souhaite autant de contentement en vostre dernier mariage et de felicité que j'en desire pour moy-mesme, chose qui ne peut faillir qui ne vous arrive, ayant faict une si bonne et sage election, de laquelle derechef je me conjouis avec vous et avec ma cousine vostre femme.

La cause commune a grandement perdu, comme j'ay faict de mon costé, en la mort du marquis d'Anspach. Car c'estoit un prince genereux, prudent, et tres affectionné au bien public, et que ceux de sa maison trouveront à dire, et principalement l'administrateur de l'evesché de Strasbourg, lequel aura peine à sortir, avec son contentement, du differend qu'il a avec mon nepveu le cardinal de Lorraine, si ceux de sa maison et les princes qui ont interest en la cause ne l'assistent mieux qu'ils ont faict jusques à present. Mon cousin l'electeur Palatin ayant refusé le sequestre auquel nous l'avions prié d'entrer, et le dict marquis d'Anspach qui devoit estre substitué en sa place estant decedé, mon cousin le duc de Baviere s'en est aussy excusé sur l'Empereur, tellement que si les parties ne s'accordent d'aultres personnes pour recueillir et conserver les biens qui doivent estre sequestrez (à quoy je les admoneste et convie tous les jours d'entendre), l'accord faict à Nancy demeurera imparfaict; de quoy je serois tres marry, car s'ils commencent de se battre et quereller sur la recolte, les choses s'altereront plus que jamais. J'escris presentement à mon cousin le duc de Deux-Ponts, le priant de s'employer et faire que les parties conviennent doncques d'autres sequestres, de quoy j'ay pareillement faict escrire à mon dict nepveu le cardinal de Lorraine et au dict administrateur de Strasbourg, vous priant tenir la main que les choses s'accommodent, comme vous avés faict jusques à present, et m'advertir si la commission expediée par l'Empereur pour la decision du possessoire va avant, et quel effect vous estimés qu'elle produise.

Le duc de Bouillon refuse me venir trouver pour se justifier, craignant, dit-il, mon couroux, et toutesfois il ne veut avoir recours à ma bonté et clemence, disant qu'il seroit deshonoré s'il demandoit pardon de crimes si atroces que sont ceux dont il est chargé. Il a tort d'avoir si mauvaise opinion de ma justice et equanimité, mesmes luy ayant promis toute faveur et assistance par toutes mes lettres, en l'esclaircissement et justification de son innocence. Je suis tres marry qu'il soit entré en ces ombrages, mais je n'en suis cause, et sçay bien que je ne donneray jamais occasion à luy ny à aulcun aultre de se douloir et plaindre de ma justice, non plus que j'ay faict jusques à present; mon couroux n'ayant encore faict mal à personne, mesmes à ceux qui l'avoient plus justement excité. Quant à me demander pardon de ses faultes, c'est chose de laquelle ne sera pressé par moy, cela despend de sa volonté; mais je ne recognois d'aultre moyen par lequel je me puisse contenter que de celuy de ma justice ou de ma clemence, comme j'ay tousjours escript et dict.

Je n'ay point encores de nouvelles de la negociation du marquis de Rosny avec mon frere le roy d'Angleterre, ny de celle du comte d'Aremberg que les archiducs ont envoyé vers luy; mais on dict qu'il a accueilly assez froidement les depputez des provinces unies des Pays-Bas, comme s'il n'estoit content d'eux ny de la justice de leurs armes. Pour cela, ceux-cy ne perdent point le courage, ils munissent et deffendent Ostende aussy diligemment que jamais, y faisant souvent entrer des forces pour rafraischir et renouveller les precedentes, tellement que l'on a opinion que ceste année se passera sans que les archiducs viennent à bout de ce siege.

La guerre de Geneve va aussy tres froidement par faulte de forces et de moyens, de part et d'aultre, de mieux faire. Certains cantons des Ligues de Suisse ont entrepris de les accorder, à quoy je tiendray volontiers la main; mais il est à craindre que le duc de Savoye, comme plus cault, circonvienne les aultres; à, dict-on, soubs pretexté d'accord, qu'il espere estre assisté des forces du roy d'Espagne, qui doivent passer d'Italie en Flandres, pour executer une autre entreprise sur la dicte ville. Mais je n'estime pas que les dictes forces s'arrestent pour luy, les archiducs en ayant tant à faire en Flandres, les mutinés d'Ostrate n'ayant encore esté satisfaicts par luy et estant à ceste occasion plus alterez et animez contre luy que jamais.

Le roy d'Espagne dresse une grande armée de mer en Espagne et Portugal, de l'employ de laquelle l'on parle si incertainement et diversement que chacun en est en doubte. La commune opinion est que c'est pour Alger; toutesfois il ne s'y faut arrester, estimant, s'il ne peut acquerir le roy d'Angleterre pour amy selon son desir, qu'il pourroit bien employer la dicte armée contre luy, appellée et favorisée par la faction des Jesuistes, qui est en grand nombre dans ce pays-là.

Quant à l'Empereur, j'entends qu'il ne veult entendre aucunement à la paix avec le Turc, estant maintenant asseuré des contributions de l'Empire; toutesfois les affaires de Transilvanie ne vont pas si bien qu'elles souloient, Moïse Siculle[1] ayant, à la faveur des troupes turquesques, regaigné dans le pays un grand advantage.

Je seray bien aise de sçavoir la response du duc Charles de Suede à la proposition que vous sçavés que je luy ay faict faire pour composer ses affaires avec le roy de Pologne, affin d'en esclaircir ceux qui m'en ont parlé. Par tant je vous prie me la faire sçavoir si tost que vous l'aurés receue, et continuer faire le semblable des aultres choses

---

[1] Moïse Lzekely de Zekle, prince des Sicules, qui avait été poussé à prendre les armes par les cruautés du général autrichien Busta. Il s'était fait déclarer ensuite prince de Transilvanie, et fut confirmé dans ce titre par le Sultan. Mais il fut battu et périt cette même année (1603), au mois de septembre, dans une bataille qu'il livra aux impériaux. » (*Note de M. de Rommel.*)

qui se passent par delà, que vous jugerés dignes de ma cognoissance, vous asseurant plus que jamais de la continuation de mon amitié : priant Dieu, mon Cousin, qu'il vous ayt en sa saincte et digne garde. Escript à Monceaux, le xxvjᵉ jour de juin 1603.

HENRY.

1603. — 27 JUIN.

Cop. — B. N. Fonds Brienne, Ms. 39, fol. 147 verso.
Cop. — Musée britannique, Biblioth. du roi Georges III, Ms. 123, fol. 378.
Imprimé. — *OEconomies royales*, édit. orig. t. II, chap. 19.

[A M. DE ROSNY.]

Mon Cousin, Le sʳ de Saint-Luc a esté porteur de mes dernieres, et j'ay receu le xvijᵉ du dict mois les vostres escriptes le xiiiᵉ. Vous avés bien faict de vous servir des roberges du roy d'Angleterre, pour les raisons que vous m'avés escriptes, comme de n'avoir changé la resolution que nous avions prinse de comparoistre vestu en deüil à vostre premiere audience, de laquelle je suis maintenant attendant des nouvelles à toute heure, pour sçavoir comment ce prince vous aura receu, et ce que vous aurés appris et faict par delà pour le bien de mon service depuis que vous y estes arrivé. Car encores que j'ay eu occasion par les advis que m'a donnez le sʳ de Beaumont, par sa derniere depesche, de bien esperer de vostre voyage, neantmoins je ne seray certain ny content, que vous ne m'ayés mandé ce qui s'en sera ensuivy, et je me promets que ceste sepmaine ne se passera pas que je n'en aye advis de vous. Quoy attendant, vous en recevrés deux par la presente (oultre celuy de ma bonne disposition qui se va fortifiant et augmentant journellement, par la grace de Dieu): l'un est de la grande armée de mer que me prepare le roy d'Espagne, à Lisbonne; et l'aultre d'une negociation que j'entends se faire par delà, de la part du sʳ d'Entragues, à laquelle je desire que vous preniés garde.

Quant au dict armement d'Espagne, l'on m'a escript d'Italie, de Bretagne, et mesmes de la cour du dict roy d'Espagne, qu'il doibt estre composé de vingt mille hommes, que l'on prepare avec toute la diligence possible, sans mesmes y espargner les jours de feste, ny que l'on sçache ny die encore où il doibt estre employé. Quelques-uns de mes amys d'Italie m'ont adverty par courrier exprés, qu'il faut prendre garde au chasteau d'If et aux isles de Marseille, tenant pour asseuré que la dicte armée y doibt fondre. Toutesfois le Pape continue à m'asseurer aussy expressement qu'il a point faict cy-devant, que le roy d'Espagne veult vivre en paix avec moy, et qu'il n'a aulcun vouloir ny dessein de me commencer la guerre. Mais les speculatifs discourent, et ont opinion que le dict roy se gouvernera en cela selon ce qu'il traictera avec le dict roy d'Angleterre, duquel on dict vouloir acquerir l'amitié à quelque prix que ce soit, ayant deliberé de consentir que les villes de Zelande demeureront en sa garde, et luy bailler oultre cela une bonne somme comptant, ou par années, pour la reception des frais faicts par l'Angleterre depuis le commencement de la guerre, pourveu qu'en effect il abandonne les provinces unies des Pays-Bas, s'abstienne d'envoyer aux Indes et de courre sus aux vaisseaux d'Espagne allant et venant des dictes Indes.

Pour moy, je ne puis croire que le dict roy d'Espagne m'attaque ceste année, car il me semble que ses affaires ne sont à present en estat de ce faire. Le duc de Savoye fait bien ce qu'il peut pour l'y embarquer, mais comme le conseil d'Espagne recognoist qu'il est meu en cela plus de son interest particulier que de vive raison et de la consideration des affaires du dict roy d'Espagne, il semble qu'il n'ayt pas assez de pouvoir pour leur faire prendre une telle resolution. Luy et ses enfans ont plus sejourné à Nice (d'où je n'ay point sceu encores qu'ils soyent partys) qu'ils n'avoient projetté; ce que l'on attribue au tour que luy a faict dom Carles Doria, general des galeres que le roy d'Espagne entretient à Genes, lequel estant arrivé à Villefranche, accompagné des dictes galeres, avec charge de prendre et enlever les dicts princes de Savoye, a passé oultre inopinement sans les attendre ou charger, les uns disant, par despit pour le peu de compte que les dicts princes avoient faict de luy, et les autres, par l'intelligence mesmes du dict duc, affin d'avoir couleur de sejourner davantage au dict Nice, pour avoir le temps d'executer certaine entreprise que l'on veut que je croye qu'il a dressée et preparée en Provence. Mais d'autres me mandent que ç'a esté par commandement exprés du dict roy d'Espagne, qu'il s'est ainsy hasté de s'acheminer au dict pays sans attendre l'embarquement des princes de Savoye, pour s'en servir en la dicte armée de mer qu'il prepare et la renforcer des dictes galeres. Or nous verrons bien tost où les affaires tomberont du costé du dict roy d'Espagne, lequel tient en echec tous ses voisins par le moyen des dicts armemens, dont nous n'aurons occasion de nous plaindre si les succés de cette année sont semblables à ceux des precedentes.

Quant à la negociation susdicte que faict par delà le s^r d'Antragues, j'estime qu'elle est plus accompagnée de vanité que d'autre fondement; et toutefois j'ay entendu que le dict s^r d'Antragues se sert en cela d'un nommé de Pany, qui hante quelquefois au logis du s^r de Beaumont, et que sa principale entente et correspondance est avec le duc de Lenos et son frere : ce qui vous sera facile, à mon advis, d'approfondir. Mais si le roy d'Angleterre s'amuse aux discours du dict s^r d'Antragues, il trouvera grandement à dire entre ses faicts et ses promesses.

Je sejourneray encore icy huit ou dix jours, pour continuer à prendre des eaux de Pougues, dont j'ay commencé à user seulement aujourd'huy; puis, selon les advis que j'auray de vous, je resoudray ce que je deviendray et feray. J'ay commandé vous estre envoyé le double d'une lettre que Hebert, qui servoit de secretaire au feu duc de Biron, a escripte à son frere, qui est thresorier de France en Languedoc, depuis avoir vu le comte de Fuentés à Milan et conferé avec luy; par laquelle vous cognoistrés la continuation de sa méchanceté, et la dureté et obstination d'un tres malin esprit, du tout indigne de la grace qui luy a esté faicte. Sa lettre est datée de Florence, où je sçay bien qu'il n'a pas esté, et qu'il estoit lors à Milan; tellement qu'il est à presumer qu'il l'a faite et composée par l'adveu et sceu du connestable de Fuentés, lequel l'a envoyé depuis en Espagne, où je sçay qu'il est le bien venu et caressé des ministres de ce roy : qui est un signe de sa bonne volonté en mon endroit qui ne doit estre mis à nonchaloir. Vous sçaurés aussy amplement le reste quand vous serés par deçà. Cependant ne laissés voir à personne la susdicte lettre, car encores qu'elle soit pleine de mensonges et d'impostures, toutes fois il est meilleur de la supprimer que de la divulguer. Au reste, je persiste à vouloir que vous me serviés par delà, suivant la resolution que j'ay prise avec vous en particulier quand vous estes party; vous laissant neantmoins la liberté de vous y conduire ainsy que vous jugerés estre pour le mieux : priant Dieu, mon Cousin, qu'il vous ayt en sa saincte et digne garde. Escript à Monceaux, le xxvij^e jour de juin 1603.

HENRY.

DE NEUFVILLE.

1603. — 1er JUILLET.

Orig. — Arch. du royaume de Sardaigne. Envoi de M. l'ambassadeur de France à Turin.

A MON FRERE LE DUC DE SAVOYE.

Mon Frere, Ayant faict bail à aucuns de mes subjects de la traicte de quatre ou cinq cens gros muids de sel par chascun an, provenans de mes salins de Pecquais, que j'ay promise aux cantons des Ligues de Suisse, les dicts fermiers, pour satisfaire aux conditions de leur bail et porter la dicte quantité de sels en la ville de Geneve, ainsy qu'il est porté par le dict bail, auront à passer sur les terres et pays de vostre obeissance; et parce que la dicte traicte regarde grandement mon service, je vous en ay bien voulu advertir par ceste lettre et vous prier, comme je fais, de commander qu'ils puissent passer sur vos dictes terres en faisant la dicte traicte, sans aulcun empeschement, et pour ce leur faire deblivrer les passeports necessaires, nonobstant l'ouverture de la guerre nagueres arrivée entre vous et ceulx de la dicte ville de Geneve; et s'il se presente occasion d'user de revanche, je le feray d'entiere affection : priant Dieu, mon Frere, qu'il vous ayt en sa saincte et digne garde. Escript à Monceaux, le 1er jour de juillet 1603.

Vostre bon frere,

HENRY.

1603. — 3 JUILLET.

Imprimé. — *Œconomies royales*, édit. orig. t. II, chap. 19.

[A M. DE ROSNY.]

Mon Cousin, La Fontaine arriva icy dimanche au soir avec vostre depesche du xxiiiie du mois passé. Elle fait mention d'une du xxe, que je n'ay encore receue; par tant vous adviserés à qui vous l'avés baillée, affin de sçavoir ce qu'elle est devenue. J'ay faict response à celle du xiiiie, le xxviiie du dict mois passé, par la voye ordinaire de Calais. J'ay bien considéré les propos qui se sont passez entre vous et le s^r de Bernaveld, representez au commencement de vostre dicte lettre, et me semble que vous n'avés peu faict de tirer de luy sa conception pour la conservation de leur estat, en cas que le roy d'Angleterre les abandonne, et recognoissant ne pouvoir, avec l'assistance de leurs amys, se deffendre et conserver par la force. J'avois bien ouy parler du traicté proposé par le duc de Brunsvic; mais aussy j'avois entendu que les difficultez qui en avoient empesché la suite estoient procédées autant des archiducs et du roy d'Espagne que des Estats des Provinces Unies; ceux-là ne voulant quicter à l'Empire la souveraineté des provinces et villes possedées par les aultres. Quoy estant, ce remede proposé serviroit plus à abuser les estats de Flandre qu'à les delivrer de peine et leur donner moyen de respirer. Au moyen de quoy il seroit besoin qu'ils eussent recours à un autre remede, duquel la necessité où ils se trouveroient lors pourroit leur faire ouverture : qui sera tout ce que je vous diray sur le discours du dict s^r de Bernaveld.

Je n'ay rien à vous faire sçavoir sur ceux du secretaire de la seigneurie de Venise, sinon que j'ay eu à plaisir de les entendre, et principalement la response qu'il vous a dict avoir entendu que le dict roy d'Angleterre a faicte aux ambassadeurs de l'electeur Palatin, quand ils l'ont requis et prié pour le duc de Bouillon, car elle est telle que je la pouvois desirer et attendre de son amitié; mais pour ce que vous ne me l'avés confirmée par la suite de vostre dicte lettre, je demeure en doubte de la verité d'icelle, et d'autant plus que j'ay sceu que les dicts ambassadeurs, qui sont arrivez à Paris dés samedy dernier, ont jà declaré à quelques-uns avoir rapporté toute satisfaction du dict roy d'Angleterre, de quoy je pourray peut-estre apprendre quelque chose d'eux, les voyant, comme je doibs faire devant qu'ils retournent trouver leur maistre. Mais le dict duc de Bouillon me donne tous les jours quelque nouvelle occasion d'estre plus mal content de luy; car il faict tout ce qu'il peut, dedans et dehors mon Royaume, pour mettre mes subjects et mes voisins faisant profession de la dicte religion pretendue reformée, en jalousie de moy. Il a conseillé au dict electeur Palatin de bastir une nouvelle forteresse en son pays, pour la conservation, ainsy qu'il dict, de la pure religion; ayant sur cela osé escrire à Erard, mon ingenieur principal, sans ma permission, de l'aller trouver pour servir le dict electeur en ceste occasion; ainsy que vous verrés par la copie de la lettre qu'il luy a escripte, laquelle j'ay commandé vous estre envoyée avec un double de certains articles de confederation entre ceux de la dicte religion, que l'on a publiez et repandus en mon Royaume, pour alterer mes dicts subjects, et les mettre en deffiance de ma protection et volonté. J'ay sceu les dicts articles avoir esté forgez et publiez par ceulx qui favorisent le dict duc de Bouillon, au temps qu'ils ont cru que mon indisposition estoit plus grande qu'elle n'a esté; et ne doubte pas qu'il n'en ayt envoyé des doubles en Angleterre et ailleurs, pour esmouvoir aussy nos voisins, et les engager en leurs mauvais desseins. Mais, comme ce sont inventions pleines d'impostures et d'impertinences, je me promets aussy qu'elles se destruiront d'elles-mesmes, à la confusion des auteurs d'icelles. Toutesfois, il ne sera que bon que vous vous en eclaircissiés avec le dict roy d'Angleterre, luy descouvrant la malice des dictes inventions, et ce à quoy elles tendent. Il m'a esté mandé s'estre tenu plusieurs assemblées et conseils en Poictou et à Saumur, sur le subject de ma derniere maladie, et que le s^r du Plessis se monstre de jour en jour, par ses propos et actions, plus affectionné à la deffense de la cause du dict duc de Bouillon, s'efforçant d'interesser et rallier en cela avec luy tous ceux envers lesquels il a quelque creance; blasmant ma conduicte en ce faict, comme si le tort estoit de mon costé, et traictois trop severement le dict duc de Bouillon, duquel il exalte les services et merites plus que de coustume : et tout cela ne me donnera pas grande peine, si le dict roy d'Angleterre veut vivre avec moy comme il vous a faict entendre; car joincts ensemble, il nous sera facile de donner la loy et ranger à leur debvoir nos mauvais voisins et subjects.

Or je suis tres satisfait et content des bons propos qu'il vous a tenus en vostre premiere audience; aussy ne pouviés-vous vous comporter en son endroict en toutes aultres choses plus prudemment et à mon contentement que vous avés faict, tant en la reception et en la reddition des visites et courtoisies qu'il vous a desparties, qu'en tous les discours qui se sont passez entre vous. Tellement que si les effects correspondent à ses bonnes paroles, nous vivrons et regnerons ensemble tres heureux, à quoy participeront nos enfans : qui est le but auquel vous sçavés que j'aspire.

Je suis à present attendant ce que vous avés traicté de plus particulier avec le dict roy, suivant la resolution que j'ay prise avec vous devant vostre partement, en laquelle je persiste, car il n'est rien survenu depuis qui m'ayt deu faire changer d'opinion. Il est certain, ainsy que je vous ay escript par mes dernieres, que le dict roy d'Espagne dresse et assemble ceste année des forces, et par terre et par mer, plus puissantes que les precedentes. Celles qui doivent passer d'Italie en Flandres ont jà commencé à passer les monts, et les premieres troupes arriveront dedans quatre jours au pont de Gresin; mais il n'y a point d'apparence qu'elles s'arrestent à Geneve, ny qu'elles soyent employées ailleurs qu'aux Pays-Bas. Quant à la dicte armée de mer, l'on m'a escript d'Espagne qu'elle doibt estre preste à Lisbonne à faire voile, au xx ou xxve du mois present; et veut-on que je croye qu'elle va en Barbarie et non ailleurs. Toutesfois je ne puis m'y fier, sçachant qu'ils se sont cy-devant aydez de ce pretexte pour couvrir et mieux deguiser leurs desseings contre ma personne et mon Estat. C'est pourquoy j'ay adverty mes serviteurs aux provinces de Languedoc, Provence et Dauphiné de se tenir sur leurs gardes, et estre prests de s'entre-secourir au besoing qui se presentera. J'ay aussy envoyé m{^{r}} le Grand en sa charge pour mesme effect, et luy ay commandé, comme j'ay faict au s{^{r}} d'Esdiguieres, de se jetter dans la ville de Geneve, si on l'assiege. Je ne veux pas vous presser d'advancer vostre negociation, cognoissant le naturel de ceulx auxquels vous avés à faire; neantmoins, comme j'ay besoing de vostre presence, et qu'il est necessaire aussy de consoler et assister, le plus tost que faire se pourra, les Estats de Flandres, je vous prie ne laisser perdre aucune occasion de serrer et faire resouldre les affaires que je vous ay commandées, et continuer de me donner advis de ce que vous y advancerés.

Vous avés bien faict de vous estre accommodé au desir du dict roy pour le regard du deuil avec lequel je vous avois commandé de comparoistre en vostre premiere audience, pour les raisons que vous m'avés escriptes[1]. J'ay aussy telle confiance et fiance en vostre prudence et affection, que j'approuveray tousjours tout ce que vous ferés en executant mes commandemens, ayant pris un singulier plaisir aux contestations et disputes qui se sont passées entre le dict roy et vous sur le faict de la chasse[2], de laquelle vous luy dirés que les medecins

---

[1] Conformément à ses instructions, Sully était en grand deuil, ainsi que les gentilshommes de son ambassade, au moment de se rendre à sa première audience, lorsqu'il fut officiellement averti que ce costume déplairait au roi d'Angleterre. Il prit donc aussitôt sur lui de changer d'habit et d'en faire changer à toute sa suite.

[2] Sully, racontant à Henri IV ce qui s'était passé à son arrivée en Angleterre, avant sa première audience, lui mandait : « Un gentilhomme du roy d'Angleterre me vint trouver de sa part et me dit qu'il envoyoit sçavoir de mes nouvelles et comme j'estois logé et accommodé; qu'il me prioit de ne m'ennuyer point, et que, sans faillir, j'aurois le dimanche ensuivant, xxii{^{e}} de ce mois, audience; que ce pendant il m'envoyoit la moitié du cerf qu'il avoit couru le mesme jour, que c'estoit le premier qu'il avoit jamais pris, n'y en ayant presque point en Escosse, et estant le seul qu'il avoit chassé en Angleterre; qu'il attribuoit à mon heureuse arrivée en son royaume ceste bonne fortune; qu'il jugeoit bien que Vostre Majesté estoit le roy des veneurs, puisque la seule personne de ce-

ne m'ont deffendu l'usage; mais ils me conseillent d'en user un peu plus moderement que je n'ay fait cy-devant; ce que je commence à observer depuis vostre partement, de façon que je me suis trouvé à la mort de cinq ou six cerfs sans aucune incommodité. Je me trouve aussy fort bien de l'usage des eaux de Pougues, que j'ay commencé à prendre depuis cinq ou six jours, et continueray encore autant; puis je m'approcheray de Normandie pour avoir plus souvent et promptement de vos nouvelles, et vous rencontrer aussy plus tost si vous revenés; vous asseurant que je ne me ressens à present de façon quelconque de la maladie que j'ay eue à Fontainebleau, ainsy que vous pourrés dire au roy d'Angleterre, affin de le tirer du doubte qu'on pourroit luy avoir donné de la seureté de ma vie.

Il faut que je vous die que l'on m'a depeint ce roy pour prince si irresolu, timide et dissimulé, que je crains fort que les effects ne suivent les bonnes paroles et esperances qu'il vous a données, et que sur cela nous demeurions incertains de sa volonté, et de ce que nous en aurons pour maintenir et deffendre la cause publique; à quoy les brouilleries domestiques et mescontentemens publics et privez que vous

luy qui le representoit en son royaume lui avoit causé ceste heureuse prise. »

Puis dans la lettre où il rend compte de sa première audience, après avoir parlé des sujets dont le roi d'Angleterre l'entretint d'abord. « De ce discours, ajoute-t-il, nous passasmes à celuy de la chasse, où il me tesmoigna porter une très grande passion, et reprenant ce que je lui avois mandé lorsqu'il m'envoya sa venaison, il me dit qu'on luy avoit bien dit que je n'estois pas grand chasseur; mais que j'estois bon à tant d'autres choses, qu'un prince devoit tousjours faire cas d'un tel serviteur; que ce qu'il m'avoit mandé touchant la prise du cerf qu'il attribuoit à mon arrivée dans son royaume, il ne l'avoit pas attribué à moy comme à M. de Rosny, mauvais chasseur, mais comme à l'ambassadeur du plus grand roy et du plus grand veneur du monde; qu'il vous pardonnoit si vous ne me desiriés pas souvent à la chasse, pour ce que je vous estois plus utile ailleurs, et que si j'estois grand chasseur, Vostre Majesté ne le pourroit pas estre si souvent, pour ce que vos affaires vous occuperoient davantage, desquelles vous estes soulagé par mon assiduité et fidélité. Sur quoy je luy respondis que vous aimiés bien toutes sortes de passe-temps et d'exercices honnestes, mais que ceste affection ne vous divertissoit point de la plus necessaire en un prince, qui est du soin et de la cognoissance generale et particuliere de toutes les affaires d'importance, etc. »

m'avés representez par vostre dicte lettre, nous seront fort contraires. Pour ceste cause, je serois tres aise que la royne d'Angleterre d'à present arrive par delà pendant que vous y serés, pour recognoistre de plus prés son humeur et quels effects elle produira. Je desire aussy que vous mettiés peine de descouvrir la verité de la deposition du jesuiste qui a esté pris travesty, car il nous importe de sçavoir si l'advis qui vous en a esté donné est veritable; les deux qui sont icy auprés de moy voulans que je croye que cela n'est point. Je ne vous commanderay rien sur les propos qui vous ont esté tenus par le comte de Northumberland, le chevalier Asquins et Stafford, asseuré que vous sçaurés assez bien mesnager et accroistre leur bonne volonté, et faire le semblable envers les aultres qui s'en ouvriront à vous. Il est necessaire aussy que nous ayons des serviteurs auprés de ce prince, d'autant plus soigneusement que nous recognoissons son naturel estre disposé à se laisser gouverner et manier par ceux qui l'approchent, que les Espagnols ne manqueront d'user de pareils moyens, et que ce prince nous peut faire plus de bien ou de mal que nul aultre de nos voisins. Je loue aussy la courtoisie de laquelle vous avés usé envers le comte d'Arembergue, luy faisant part si à propos que vous avés faict de la venaison que vous avoit envoyé le roy d'Angleterre, vers lequel la Boderie m'a escript que don Joan de Taxis devoit bientost passer. Toutesfois, j'ay opinion qu'il attendra des nouvelles du dict comte d'Arembergue, affin de ne hazarder legerement la dignité et grandeur de son maistre.

Quant à la ville d'Ostende, je n'ay pas opinion, quoy que vous ayt dict le s^r de Bernaveld, que les archiducs la forcent ceste année, si les Estats continuent à la secourir comme ils ont faict jusques à present; car les assiegez se fortifient tous les jours à la vue des aultres, lesquels aussy font paroistre, par leur conduite, avoir plus d'esperance au temps qu'en leurs bras et industrie. J'estime aussy que les forces qui leur viennent d'Italie diminueront tellement par les chemins, devant qu'elles arrivent au pays, que la despense en excedera grandement le profict qu'ils en tireront. Jà les meilleurs chevaux levez sous la charge du duc d'Aumale se sont à demy debandez, et ceux qui restent font tant de mal qu'ils sont insupportables; et seront contraincts de les licencier pour en descharger le pays. Mon Cousin, je prie Dieu qu'il vous ayt en sa saincte et digne garde. Escript à Monceaux, le iij^e jour de juillet 1603.

HENRY.

DE NEUFVILLE.

1603. — 4 JUILLET.

Orig. — B. N. Fonds Béthune, Ms. 8891, fol. 45.

A MONS^R VYART,
CONSEILLER EN MON CONSEIL D'ESTAT ET PRESIDENT EN LA JUSTICE DE METZ.

Monsr Vyart, Ayant esté adverty par mon cousin le cardinal d'Ossat de l'erection d'une eglise collegiale en la ville de Nancy, accordée par Nostre Sainct Pere le Pape à l'instante poursuicte de mon frere le duc de Lorraine, et retenu, par son adresse, copie des bulles expediées pour cest effect et des memoires qui ont esté presentez par mon dict frere pour obtenir la dicte erection, je vous envoye le tout, affin que vous faciés voir à ceulx du chapitre de Metz, Thoul et Verdun, et qu'ils considerent si la dicte erection et jonction de benefices leur est prejudiciable ou non; ce que je desire que faciés promptement, leur faisant cognoistre le soing particulier que je veulx avoir de les maintenir et conserver en leurs droits et privileges, et empescher qu'il soit entreprins sur eulx, au prejudice de ma protection. Vous sçaurés donc sur ce leurs intentions et opinion, dont vous me donnerés incontinent advis : et je prieray Dieu, Monsr Vyart, qu'il vous ayt en sa saincte garde. De Monceaulx, le iiij^e jour de juillet 1603.

HENRY.

POTIER.

1603. — 5 JUILLET.

Imprimé. — *Œconomies royales*, édit. orig. t. II, chap. 20.

[A M. DE ROSNY.]

Mon Cousin, Si vostre depesche du xxiiij^e du mois passé, à laquelle j'ay faict response par le courrier la Fontaine le iiie du present, m'a contenté, pour m'avoir rendu bon et particulier compte par icelle de vostre premiere audience et de tout ce que vous avés apprins par delà important à mon service et digne d'estre sceu, je ne l'ay pas esté moins du contenu de celle du xxviij^e du dict mois passé, que j'ay receue par ce porteur le iiie du present, par laquelle j'ay entendu ce que vous avés traicté avec le roy d'Angleterre en vostre seconde audience, et depuis avec ses conseillers. En quoy vous ne pouviés veritablement me servir plus dignement et à mon contentement que vous avés faict, et comme je n'ay rien à vous commander sur les poincts deduicts par vostre dicte lettre, et aussy que je me promets de vous revoir bientost, la presente ne servira que pour vous advertir que je vous attends en bonne devotion pour vous declarer en personne la bonne satisfaction que j'ay de toute vostre procedure, comme des lettres que vous m'avés escriptes, vous asseurer que vous serés le tres bien venu; et, quelque fruict que vous me rapportiés de vostre legation, je vous en sçauray pareil gré que si la moisson en estoit entiere et parfaicte, selon mon desir et le vostre, pour le bon debvoir que vous avés faict de m'y servir. Et affin que vous sçachiés où me trouver, je vous diray que j'acheveray demain de prendre les eaux de Pougues, desquelles je vous asseure derechef que je me trouve merveilleusement bien, que je partiray d'icy mardy ou mercredy pour aller coucher à Tresmes et le lendemain à Villiers-Coterest, où je demeureray quatre ou cinq jours, puis retourneray de là par Marlou et Chantilly à St-Germain en Laye : et si vous estes licencié et separé de ce prince au temps que j'ay remarqué par vostre dicte lettre que vous estimés le pouvoir faire, je m'attends vous voir au dict Villiers-Coterest, où, sans passer par Paris, vous pouvés vous rendre commodement sur vos chevaux ou en poste, comme vous jugerés estre pour le mieux. Mais sçachés que le plus tost que je vous pourray voir en bonne santé me sera le plus agreable. A tant, je prie Dieu, mon Cousin, qu'il vous ayt en sa saincte et digne garde. Escript à Monceaux, le ve juillet 1603.

HENRY.

DE NEUFVILLE.

1603. — 6 JUILLET.

Orig. — Archives royales de Sardaigne. Envoi de M. l'ambassadeur de France à Turin.

A MON FRERE LE DUC DE SAVOYE.

Mon Frere, Les consuls et communaulté de ma ville de Marseille m'ont icy faict plaincte que les marchands de ma dicte ville et aultres mes subjects, allant en Italie avec marchandises, sont contraints par les vostres, rencontrez en plaine et haulte mer, retourner et passer à Villefranche, et y payer l'imposition que vous y avés establie pour les marchandises qui y abordent. En quoy ils reçoivent double interest, en ce qu'ils sont par ce moyen autant retardez de leur voyage, et en danger pour le dict retardement de perir, et aultre de payer un droict à quoy ils ne sont tenus, n'abordant poinct au dict lieu de Villefranche : et m'ont aussy faict entendre que c'est contre les traictez de paix faicts entre nous. Je m'asseure que ce qui se faict en cela par vos dicts subjects est contre vostre intention, vous en ayant bien voulu faire ceste-cy, pour vous prier, mon Frere, de vous en voulloir faire informer par vos officiers, et leur ordonner de ne souffrir que mes dicts subjects soyent doresnavant contraincts de se destourner pour venir passer au dict Villefranche, m'asseurant que vous ne les vouldriés pas aultrement traicter que je vouldrois faire les vostres, qui trouveront tousjours en moy toute la grace et faveur qu'ils auront besoing, comme je suis bien certain que vous ne la desnierés pas aussy aux miens : et n'estant ceste-cy sur aultre subject, je prie Dieu, mon

Frere, vous avoir en sa saincte garde. Escript à Monceaux, ce vj° jour de juillet 1603.

Vostre bien bon frere,

HENRY.

1603. — 9 JUILLET.

Orig. — Arch. de M. Couhé-Lusignan. Copie transmise par la société des Antiquaires de l'Ouest.

A MONS^R DE FRESNES-CANAYE,

CONSEILLER EN MON CONSEIL D'ESTAT ET MON AMBASSADEUR À VENISE.

Monsr de Fresnes, J'ay esté bien aise de voir le duplicata de vostre lettre du viiie de may[1] (dont l'original a esté perdu sans qu'il ayt esté possible de le retrouver ny en avoir nouvelle aucune), pour mieux juger le cours du marché. Or nous verrons, maintenant *que le duc de Savoye* [a] *ses trois aisnez en Espagne, et qu'il a ouy le comte Martinengue, s'il suivra ses conseils, et l'envoyera vers moy,* comme j'ay appris, par vostre derniere du xviiie du mois passé, que *le dict comte vous a laissé l'esperance.* S'il vient, je le verray volontiers, quand ce ne seroit que pour sa consideration particuliere, le tenant pour gentilhomme d'honneur et de vertu, *plus serviteur du dict duc que affectionné aux Hespagnols, et, s'il m'apporte asseurance de l'amitié du dict duc, je luy feray une response qui le contentera; car* il ne tiendra point à moy que *le dict duc n'espouse la neutralité que le dict comte luy conseille,* encores que j'aye peine de croire que *l'esprit du dict duc en soit jamais capable,* tant qu'il *suivra les conseils d'Albigny et de ses semblables. Les commoditez qu'il tire d'Hespagne, pour luy et pour ses enfans,* seront tousjours cause aussy *qu'il avalera doucement les amertumes et deboires que* souvent il en reçoit, ce qu'il sera à present *contrainct de dissimuler plus que jamais, estans ses dicts enfans au pouvoir des dicts Hespagnols,* principalement jusqu'à ce *qu'ils luy renvoyent l'aisné,* lequel peut-estre, *pour ceste cause, ils retiendront* le plus longtemps qu'ils pourront.

[1] Cette lettre est imprimée dans les *Lettres et ambassades de messire Philippe Canaye*, à la page 176 du livre II, tome Ier.

Le duc de Savoye a publié partout les offres qu'il a faictes aux habitans de Geneve pour sortir de la guerre qu'il a avec eux, *mais l'a fait plus pour alterer et irriter chacun contre eux et justifier sa procedure que pour advancer le dict traité,* car l'on m'a escript de Suisse qu'il semble que ses gens ayent volonté et commandement de retrancher les dictes offres et y apporter des difficultez nouvelles, ayant sceu que j'ay conscillé aux dicts Genevoins de s'accommoder et d'entendre plustost à la paix que de s'opiniastrer à continuer la guerre plus longuement. De quoy l'on me mande le dict Albigny estre principalement cause, comme celuy seul qui triomphe et profite de la dicte guerre et qui y a embarqué le dict duc. Or nous verrons bien tost ce qui en reussira; mais, soit qu'il s'effectue ou non, *je veux aller visiter mes provinces voisines du dict duc, pour donner ordre à la seureté d'icelles, au besoin* que je sçay qu'elles en ont : chose que je pourray faire plus commodement à present qu'en une autre saison, *puisque le roy d'Angleterre m'a donné telle asseurance de son amitié, traictant avec le marquis de Rosny, que j'ay* toute occasion d'en demourer content; *car il proteste vouloir preferer mon alliance et amitié à toutes les autres, soit qu'il demeure en paix ou non;* mais il semble qu'il soit encore *irresolu de ce qu'il doibt faire; à quoy j'espere voir plus clair* au retour du dict s^r de Rosny, qui doit avoir maintenant repassé la mer, s'il a pris congé du dict roy le penultiesme ou dernier jour du mois passé, comme il s'y attendoit, ainsy qu'il m'a escript par sa lettre du xxviiie, et je vous feray lors telle part qu'il vous sera necessaire de ce qu'il rapportera.

Je receus hier à Monceaux le s^r Angelo Baduere, que ces Seigneurs ont envoyé vers moy pour leur ambassadeur, en la place du s^r Marin Canali, qui se licencia aussy de moy. J'ay bonne esperance que le dict Baduere s'acquittera tres bien de la dicte charge, monstrant estre tres sage et accort gentilhomme; et auray à plaisir que vous remerciés ses dicts Seigneurs de l'election qu'ils ont faicte de sa personne pour remplir la dicte place, laquelle vous leur dirés aussy que le dict Marin Canali a exercée tres dignement et à mon contentement; de quoy ayant voulu luy rendre quelque tesmoignage, j'ay desiré luy faire porter le titre de chevalier, de ma main, ne pouvant à mon gré assez caresser les ministres de cesté republique, pour l'affection que je luy porte, fondée sur l'estime que je fais de sa prudence et sur la consideration de nos interests communs. Le dict Canali m'a promis de favoriser, quand il sera par delà, la justice de la cause du Provençal, de l'isseue de laquelle luy et son successeur veulent que je croye que je recevray à la fin tout contentement, suivant l'acheminement que vous nous avés escript et m'ont dict y avoir esté donné. De quoy vous continuerés à faire poursuicte.

Je vous envoye un petit paquet adressé au s¹ Polidoro d'Urbino, *lequel vous garderés jusqu'à ce que vous ayés advis du cavalier Vespasiano Falopia, demeurant à Padoue, de luy renvoyer; ce que vous ferés* incontinent, baillant le dict paquet à vostre secretaire ou à quelque autre personne fidelle; le chargeant de le porter *au dict Falopia,* lequel conduira le porteur du dict pacquet où sera le dict s¹ Polidoro, à qui vostre homme le baillera *en la presence du dict Falopia,* et, après qu'il aura leu la dicte lettre, qui est en iceluy, et mesmes la traduction de la dicte lettre en italien, qu'il y trouvera, vostre dict homme *retirera du dict Polidoro ma dicte lettre, qui est signée de ma main et contresignée par le s¹ de Villeroy, et luy laissera seulement la dicte traduction,* luy disant qu'il a charge expresse de retirer la dicte lettre et me la renvoyer, *le priant de ne le trouver mauvais,* cela se faisant pour quelque particulier respect; et, s'il faut que vostre dict homme aille plus loin que *Padoue* pour trouver le dict Polidoro, il suivra *le dict Falopia* où il le voudra mener; et quand vostre dict homme sera de retour auprés de vous, vous me donnerés advis du succés de cest affaire par nos ordinaires, en donnant quelque avantage au courrier qui en sera le porteur, affin qu'il face diligence, et *me renvoyés la susdicte lettre signée de ma main,* que vostre homme *aura retirée,* ensemble celles que le dict *Falopia* et *Polidoro* pourront avoir baillées à vostre dict homme pour envoyer par deçà; et vous serés remboursé des frais que vous advancerés pour cest effect, que vous executerés secretement et accortement, affin que personne n'en ayt cognoissance : priant Dieu, Mons¹ de Fresnes, qu'il vous ayt en sa saincte et digne garde. Escript à Tresmes, le ixe jour de juillet 1603.

                                            HENRY.

                                      DE NEUFVILLE.

[1603.] — 10 JUILLET. — Ire.

Orig. autographe. — Biblioth. impér. de Saint-Pétersbourg, Mss. 887, lettre 54.
Copie transmise par M. Allier.

A MONS^R DE BELLIEVRE,

CHANCELLIER DE FRANCE.

Monsr le chancellier, Je vous fais ce mot en faveur du s^r des Bleins, auquel j'ay faict expedier mes lettres de declaration de noblesse, laquelle je luy ay accordée, tant en faveur de mon cousin le duc de Nemours que en consideration des services que le dict s^r des Bleins m'a cy-devant rendus et à mes predecesseurs en plusieurs occasions : à ce que vous ne faciés aulcune difficulté de les sceller, veu mesmement le long tems qu'il y a qu'il jouit de la dicte noblesse, qui est despuis plus de vingt années; ayant despuis ce temps-là pourveu à l'indemnité des communautez interessées, aussy que je n'entends pas qu'il soit pirement traicté que les aultres auxquels j'ay cy-devant accordé la mesme chose; et, en ce faisant, vous ferés chose qui me sera fort agreable. Sur ce, Dieu vous ayt, Monsr le chancellier, en sa saincte et digne garde. Ce x^e juillet, à Villers-Coterets.

                                            HENRY.

1603. — 10 JUILLET. — IIe.

Imprimé. — *Œconomies royales*, édit. orig. t. II, chap. 21; et *Hist. de la maison de Béthune*, par Duchesne, t. VI, p. 453.

[A M. DE ROSNY.]

Mon Cousin, Je vous attends en ce lieu, tres desireux de vous revoir et tres content de tout ce que vous avés dict et negotié de ma part en vostre voyage; duquel si vous me rapportés quelque resolution conforme à mon desir et digne du subject que vous avés traicté, je l'attribueray à vostre industrie et à vostre bonne conduicte. Qui sera tout ce que je vous escriray par ce porteur, que j'ay commandé vous estre envoyé pour vous advertir que vous me trouverés en ce lieu, que le plus tost que vous pourrés vous y rendre sans incommoder vostre santé me sera le plus agreable, et que vous serés le tres bien venu. Je prie Dieu, mon Cousin, qu'il vous ayt en sa saincte garde. Escript à Viliers-Coterests, le xe juillet 1603.

HENRY.

DE NEUFVILLE.

[1603. — 10 OU 11 JUILLET.]

Imprimé. — *Œconomies royales*, édit. orig. t. II, chap. 21.

[A M. DE ROSNY.]

[1]Mon amy, J'ay sceu vostre embarquement, et par ainsy croyant que ceste lettre vous trouvera deçà la mer, je vous fais ces trois lignes, par lesquelles je vous dis derechef : Venés, venés, venés; et le plus tost que faire se pourra me sera le plus agreable; car je vous attends avec impatience, pour estre esclaircy de tout ce que vous m'escrivés par vos deux dernieres lettres.

HENRY.

[1603.] — 13 JUILLET.

Orig. autographe. — Biblioth. impér. de Saint-Pétersbourg, Ms. 887, vol. I, n° 58: Copie transmise par M. Houat.

A MONS^R DE BELLIEVRE,

CHANCELLIER DE FRANCE.

Monsr le chancellier, D'autant que je desire que l'edict que j'ay accordé à mes subjects de la religion pretendue reformée soit observé

---

[1] Ce billet était de la main du Roi.

en tous ses poincts, et mesmement en ce où ils pourroient se sentir grevez en l'administration de la justice, et que je sçay qu'il vous sera parlé d'une evocation que Palot demande en la chambre de l'edict, en mon parlement de Paris, j'ay voulu vous faire ceste-cy pour vous dire que j'auray à plaisir que la justice luy soit rendue et que vous faciés meurement deliberer sur cest affaire, affin qu'il ne soit apporté aucun prejudice à mon edict, et aussy que je veux gratifier le s^r de Montataire, maintenant son beau-pere, que je sçay y avoir interest, en faveur duquel vous vous souviendrés que je vous en escris et parle comme l'affectionnant. Vous me ferés en cela service tres agreable. Sur ce, Dieu vous ayt, Monsr le chancellier, en sa saincte et digne garde. Ce xiij^e juillet, à Villiers-Cotterets.

HENRY.

1603. — 15 JUILLET.

Orig. — B. N. Fonds Béthune, Ms. 9088, fol. 60.

[AU CONNÉTABLE.]

Mon Cousin, Mon cousin le marquis de Rosny est de retour du voyage que je luy avois commandé vers mon frere le roy d'Angleterre, lequel luy a succedé fort heureusement, ayant trouvé mon dict frere disposé à me donner contentement en tout ce qui luy a esté proposé par le dit s^r marquis de Rosny, lequel y a esté receu avec autant d'honneur et de faveur que je pouvois desirer, pour tesmoingnage de l'affection que mon dict frere me porte et pour le regard des affaires dont le dict marquis de Rosny avoit charge. Il s'y est conduict avec tant de debvoir et de dexterité qu'il n'a trouvé aulcune difficulté en ce qu'il avoit à traicter, mon dict frere luy ayant faict cognoistre qu'il desiroit et avoit agreable tout ce qui estoit de mon contentement, tant pour la confirmation du precedent traicté, que pour en accorder de nouveaulx sur les occurrences qui se presentent. Sur quoy mon dict cousin m'a rapporté toute asseurance d'une amitié et correspondance mutuelle et fraternelle; ce que je desire que tous mes serviteurs entendent pour participer au contentement que je reçois de les voir jouir d'un bon et asseuré repos. Sur ce, je prie Dieu, mon Cousin, qu'il vous ayt en sa saincte garde. De Villiers-Cotterets, le xv⁰ jour de juillet 1603.

HENRY.

POTIER.

[1603.] — 16 JUILLET.

Orig. autographe. — Musée britannique, Mss. addit. n° 5473, in-4°, lettre 34. Copie transmise par M. l'ambassadeur de France à Londres.

A MONS^R DE BELLIEVRE,
CHANCELLIER DE FRANCE.

Monsr le chancellier, J'ay accordé aux s^{rs} le Blanc freres, conseillers en mon parlement de Bordeaux, qu'ils puissent aller en mesme chambre à leur tour, les ayant pour ce dispensez de l'ordonnance, en consideration des bons services qu'ils m'ont faicts, mesmes de celuy qui me fut rendu par l'aisné des dicts le Blanc, qui me fut depesché de Blois par le feu Roy mon frere. Je vous prie leur en sceller la lettre qui vous sera presentée, à la charge que leurs deux voix ne seront comptées que pour une. Vous me ferés bien plaisir de les contenter de cela. Sur ce, Dieu vous ayt, Monsr le chancellier, en sa saincte et digne garde. Ce xvj^e juillet, à Villiers-Costerets.

HENRY.

[1603.] — 18 JUILLET. — Ire.

Orig. autographe. — Musée britannique, Mss. addit. n° 5473, in-4°, lettre 65. Copie transmise par M. l'ambassadeur de France à Londres.

A MONS^R DE BELLIEVRE,
CHANCELIER DE FRANCE.

Monsr le chancellier, J'ay entendu que vous n'avés point encore depesché la commission de laquelle je vous escrivis, il y a quelques jours, par celle que Beryngen vous rendit de ma part; et pour ce que c'est chose que je desire et que j'affectionne, je vous ay bien voulu derechef faire ce mot pour vous dire que vous me ferés service tres agreable de sceller la dicte commission. Sur ce, Dieu vous ayt, Monsr le chancelier, en sa saincte et digne garde. Ce xviije juillet, à Villiers-Coterets.

HENRY.

[1603.] — 18 JUILLET. — IIe.

Orig. — Archives de M. de la Force.
Imprimé. — *Mémoires de la Force,* etc. publiés par le marquis DE LA GRANGE, Paris, 1843, in-8°, t. Ier, p. 364.

[AU MARÉCHAL D'ORNANO.]

Mon Cousin, Je ne vous avois point escript depuis celle du xxiiie du passé, parce que j'estois tousjours attendant de vos nouvelles ou de ceux que j'avois ordonnez pour l'accommodement de la satisfaction qui vous devoit estre faicte par le sr de Montespan; mais je n'avois point eu de vos lettres depuis celles du xiie passé, ny des leurs, que celles que j'ay eues depuis deux jours par le sr de Source, lesquelles m'ont esté fort agreables, ayant veu par icelles que le dict affaire estoit accomodé à vostre contentement; dont je vous sçay fort bon gré, m'asseurant que sur ce que vous avés cogneu que c'estoit chose que j'affectionnois et desirois, vous vous y estes d'autant plus rendu facile et traictable. En quoy vous n'avés faict que suivre vostre naturelle inclination, qui a tousjours esté de vous rendre complaisant à toutes mes volontez, que vous vous pouviés aussy bien asseurer qu'elles ne seroient pour vostre regard que les plus conformes à vostre desir et advantage que je pourrois; et vous prie et conjure, par l'affection que je vous porte, que quelque chose que l'on vous die ou que vous puissiés vous-mesme apprehender, de n'en avoir jamais aultre opinion, et croire que je vous aime et vous tiens tousjours pour mien et particulier serviteur, et en qui j'ay entiere et parfaicte confiance; et au reste qu'il ne se presentera jamais bonne occasion où je puisse verifier par effect ma bonne volonté en vostre endroict, que je ne le face. Comme mes affaires sont par delà en bonne tranquillité et repos, elles le sont, Dieu mercy, partout ailleurs. Vous ferés tenir les lettres que j'envoye aux s^{rs} de la Force et de Lussan, et pour celle du s^r du Massez, je la luy enverray en Angoumois, où l'on m'a dict qu'il est retourné. C'est ce que j'ay à vous dire pour ceste fois : priant Dieu, mon Cousin, vous avoir en sa saincte garde. Escript à Villers-Cotterets, le xviij^e jour de juillet.

HENRY.

FORGET.

[1603.] — 18 JUILLET. — IIIme.

Orig. autographe. — B. N. Fonds Béthune, Ms. 9188, fol. 11.
Cop. — Suppl. fr. Ms. 1009-4.

A MADAME DE MONGLAT.

Madame de Montglat, J'ay de tous costez [tels] advis de la contagion[1] qui augmente à Paris et aux environs, que doresnavant je ne veux plus que personne, venant de dehors, loge dans le bourg, ny que qui que ce soit voye mes enfans ; et envoyés les enfans des nourrices et autres loger dans le bourg ou ailleurs, où bon leur semblera, vous tenant avec le moins de train que pourrés, pendant que ceste maladie durera, et jusques à ce que vous ayés autre commandement

[1] Le supplément du Journal de Lestoile fait mention de l'insalubrité de ce mois ; et en août 1603, on lit : « Sur la fin de ce mois, en la rue des Prescheurs, à Paris, à l'enseigne du Coq, se descouvrit la peste, de laquelle on n'avoit ouy parler à Paris il y avoit longtemps. On disoit qu'elle y avoit esté apportée par quelque marchandise venue de Londres, où on faisoit estat de deux mille personnes, toutes les sepmaines, qui y mouroient. » Elle dura à Paris jusque dans les commencements de l'année suivante, époque à laquelle le même journal constate qu'elle causa enfin plus de peur que de mal. Le lieutenant civil avait proposé au parlement, pour y remédier, « une levée de deniers ; mais il luy fut respondu assez aigrement qu'on n'avoit jamais ouy parler de lever argent pour une police de ville, et que ceste proposition estoit nouvelle et du tout impertinente. »

de moy, me donnant souvent advis de ce qui se passe. A Dieu, Madame de Monglat. Ce xviij° juillet au soir, à Villers-Costerets.

HENRY.

1603. — 18 JUILLET. — IVme.

Orig. — Arch. de M. de la Force.
Imprimé. — *Mémoires du duc de la Force, etc.* publiés par le marquis DE LA GRANGE, t. Ier, p. 363.

A MONS^R DE LA FORCE.

Monsr de la Force, J'ay receu, par le s^r de Sources, la lettre que vous m'avés escripte en commun avec les s^{rs} du Massez et de Lussan, et ay esté tres ayse que vous ayés ainsy bien accommodé l'affaire pour lequel je vous avois appellé par delà. Je sçay bien que ce vous a esté beaucoup de peine et de divertissement, et vous en avés aussy d'autant plus merité envers moy, comme ce vous doibt estre plus de plaisir de m'avoir servy en cest affaire tant à mon gré et contentement. J'eusse bien desiré, pour mettre ce faict en sa perfection, que vous eussiés faict trouver bon à mon cousin le mareschal d'Ornano que le dict s^r de Montespan l'eust veu; mais ce qui ne s'est pas faict en une fois se pourra recouvrer en une autre. Je crois qu'ayant composé cest affaire, que vous avés laissé la province de Guyenne en grande tranquillité et repos, comme sont, Dieu mercy, toutes les aultres, et n'avons aultre subject de nous entretenir que des affaires d'aultruy. Mon cousin le marquis de Rosny est de retour, depuis quelques jours, de son voyage en Angleterre, qui a fort heureusement succedé, tant pour l'inclination qu'il a recogneue au roy d'Angleterre de se joindre de forte amitié avec moy, que pour la dexterité et prudence qu'il y a apportée de sa part, qui a esté grande, s'y estant si bien conduict, qu'il desire non seulement de confirmer tous nos anciens traictez, mais d'en faire de nouveaux tels que nous le desirerons. J'ay aussy advis certain que la paix est resolue entre le duc de Savoye et ceux de Geneve, à quoy j'ay veritablement aidé, car ce trouble en eût pu exciter d'aultres. Il est passé en ce mois quelques troupes d'Espagnols et d'Italiens qui vont en Flandres; mais ils cheminent un peu lentement pour le besoing qu'en auroit l'Archiduc, les affaires duquel n'y prosperent pas plus que de coustume. Pour moy, je suys venu icy recognoistre ceste maison, que je n'avois pas encore vue, l'ayant trouvée fort agreable, mesme en ceste saison. Je n'y feray pas pour ceste fois plus long sejour; je m'en retourneray à St-Germain achever de passer là ou aux environs le mois prochain, en l'intention de commencer au mois de septembre le voyage que je delibere faire en Provence. C'est ce que j'ay à vous dire pour ceste fois : priant Dieu, Monsr de la Force, qu'il vous ayt en sa saincte et digne garde. Escript à Villers-Cottrets, ce xviij^e juillet 1603.

HENRY.

FORGET.

1603. — 18 JUILLET. — Vme.

Orig. — Arch. du grand-duché de Hesse-Cassel.
Imprimé. — *Coresp. inédite de Henri IV avec Maurice le Savant*, publiée par M. DE ROMMEL, p. 133.

[AU LANDGRAVE DE HESSE.]

Mon Cousin, Desirant que vous sçachiés la suite de ce qu'ont traicté avec moy le comte de Solms et le s^r de Plessen, ambassadeurs de mon cousin l'electeur Palatin, touchant le faict du duc de Bouillon, j'ay commandé vous estre envoyé, avec la presente, un double d'un memoire en forme de requeste, qu'ils me presenterent au retour du voyage qu'ils ont faict en Angleterre, et de la lettre que j'ay voulu escrire sur cela à mon cousin, en licenciant les dicts ambassadeurs, vous ayant informé par la mienne du xxvie du mois de juin, de laquelle a esté porteur le messager David, de ce qui s'estoit passé auparavant. Je seray tousjours tres content de faire cognoistre à mon dict cousin l'electeur et à mes aultres amys et alliez l'estime que je fais de leur amitié et recommandation en toutes choses; mais il convient aussy que leurs desirs soyent, en pareil cas, mesurez et proportionnez à la raison, affin que chacun ayt son compte et que les parties ayent juste occasion d'estre contentes et se louer l'une de l'aultre. En verité, j'ay pris en tres bonne part l'office que mon dict cousin l'electeur a voulu faire envers moy pour le dict duc de Bouillon, tant pour estre allié de ma cousine l'electrice, sa femme, que parce qu'il croit qu'il est innocent de ce dont il est accusé. C'est pourquoy j'ay voulu, du commencement, oublier, pour l'amour de luy, la faulte que le dict duc avoit faicte d'avoir desobei à mes commandemens, ne m'estant venu trouver quand je l'avois mandé, luy ouvrant ensemble la porte de ma justice et celle de ma clemence : l'une pour se purger par la voie ordinaire d'icelle, suivant mon edict de pacification et les lois de mon Royaume, et l'aultre pour luy donner moyen de recognoistre sa faulte et se rendre digne de grace, comme ont faict ceulx de l'exemple desquels il veut bien se prevaloir pour favoriser l'instance que faict pres de luy mon dict cousin l'electeur, mais qu'il refuse d'imiter pour s'en rendre digne.

S'il est innocent, comme il publie, qu'il se justifie. Je promets encore à mon dict cousin, par ma dicte lettre, luy faire bonne et favorable justice par mon edict de pacification et les lois de mon Royaume; mais s'il a failly et se ressent coupable, pourquoy a-t-il honte de confesser son peché, comme ont faict tous les aultres, pour inciter les effects de ma clemence, qui luy est asseurée? Il allegue qu'il craint mon couroux et sa vie, et qu'il aime mieux perdre celle-cy que de advouer chose qui prejudicie à son honneur. J'approuve et loue sa response et consideration au dernier chef, car s'il est innocent, je serois tres marry qu'il dist ny fist chose qui le peust faire estimer coupable et blesser sa reputation, mais il ne peut apprehender mon couroux et fonder sur cela la vanité de sa vie (mesmement ayant offert et promis à mon dict cousin l'electeur de le proteger et favoriser en justice) sans m'accuser d'injustice et mauvaise foy, de quoy je n'ay donné occasion jusques à present à personne vivante seulement de me soupçonner. Et vous diray que je l'eusse appellé pour tesmoin de mon equanimité et bonté de preference à tous mes aultres subjects et serviteurs, si me fusse trouvé en peine de la prouver, pour l'avoir recogneue et prouvée en sa personne propre, en plusieurs rencontres qui se sont presentées, dont il ne peut à present se montrer oublieux et mescognoissant, qu'il ne me donne occasion de le tenir pour tres ingrat des graces qu'il a souvent receues.

Or, comme il ne peut persister en ces propos sans m'offenser et adjouster ce nouveau crime à ceulx dont il est defferé, il ne peut estre aussy favorisé en cela de mes amys, qu'ils ne me donnent occasion de me plaindre qu'ils embrassent la deffense d'une cause à l'encontre de la profession qu'ils font de m'aimer, comme de l'affection que je leur porte, et dont l'exemple est tres prejudiciable à tous princes souverains; chose que mon tres cher frere le roy d'Angleterre, comme prince tres juste et prudent, a bien recogneue, luy estant parlé de la procedure du dict duc de Bouillon, lequel a osé publier que la feue royne d'Angleterre, ma bonne sœur, avoit entrepris la deffense de sa cause envers moy; et toutesfois il est certain que son ambassadeur ne m'en parla jamais que comme d'une chose qui ne luy estoit affectionnée qu'autant que je l'avois agreable, ainsy que j'en avois usé à son endroict, luy recommandant le feu comte d'Essex. Mais ce sont inventions dont s'aident ordinairement ceux qui ne se confient en leur innocence.

Mon Cousin, j'adjousteray encores à la presente, que j'ay entiere occasion de me louer et contenter des asseurances que mon dict frere le roy d'Angleterre m'a données par mon cousin le marquis de Rosny, par lequel je l'ay envoyé visiter, de la continuation et confirmation de nostre ancienne et fraternelle amitié : tellement que j'espere que nos royaumes et pays et tous nos amys et alliez en recevront beaucoup de bien et contentement, dont je me promets que vous serés tres aise, comme celuy qui y aura bonne part, et qui affectionne le public, et en particulier la prosperité de mes affaires. Je vous tiendray adverty de ce qui en succedera, comme je le desire estre par vous de vostre bonne disposition et de celle de ma cousine vostre femme, et de toutes aultres choses que vous jugerés dignes d'estre sceues, vous asseurant de ma bonne santé et de celle de la Royne ma femme, de mon fils le Dauphin et de sa sœur : priant Dieu, mon Cousin, qu'il vous y maintienne tous ensemble tres longuement et tres heureusement. Escript à Villers-Cotterez, le xviij^e de juillet 1603.

HENRY.

1603. — 19 JUILLET. — Ire.

Imprimé. — OEconomies royales, édit. orig. t. II, chap. 23.

[A M. DE ROSNY.]

Mon Cousin, Le s^r de Sillery vous fera voir la depesche que j'ay commandée pour Angleterre sur celle que vous en avés apportée, et vous dira mon intention sur icelle ; et vous sçaurés par la presente que j'ay veu la lettre que vous avés faicte pour le roy d'Angleterre, laquelle je trouve bon que vous luy envoyés en ceste forme ; car vous sçavés mieux que personne comme il veut et doibt estre traicté ; et me semble que le plus tost que nous pourrons l'obliger par escript d'executer et accomplir ce que vous avés accordé avec luy sera le meilleur et le plus seur, pour toutes considerations. C'est pourquoy j'ay voulu que le jeune Guersan, fils du maistre de la poste de Calais, fust porteur du paquet du s^r de Beaumont, et desire que vous le faciés partir promptement. Nous n'avons peu avoir aultres nouvelles de la perquisition de vostre paquet perdu, sinon que la faulte procede du maistre de la poste d'Escouan, duquel à ceste cause j'ay commandé au grand prevost faire la punition qui convient. Au reste, je vous envoye avec la presente l'original de vostre dicte lettre pour le roy d'Angleterre, et remets les aultres choses au dict s^r de Sillery : priant Dieu, mon Cousin, qu'il vous ayt en sa saincte garde. Escript à Villers-Coterets, le xixe juillet 1603.

HENRY.

[1603.] 19 JUILLET. — IIme.

Orig. autographe. — Londres, State paper office, antient royal letters, t. XXII, lettre 225.
Envoi de M. l'ambassadeur de France à Londres.
Cop. — B. N. Fonds Brienne, Ms. 39, fol. 191.

A MONSIEUR MON TRES CHER FRERE LE ROY D'ANGLETERRE
ET D'ESCOSSE.

Monsieur mon Frere, Je vous remercie des faveurs que vous avés faictes à mon cousin le marquis de Rosny, de la confiance que vous luy avés monstrée, et de l'asseurance que vous m'avés donnée par luy de la continuation de vostre intime et fraternelle amitié. Je promets de me revancher de celles-là envers ceux que vous m'envoyerés, et correspondre sincerement et cordialement en celle-cy en toutes choses, comme je vous ay tousjours promis, et cognoistrés par mes œuvres, ayant jà agreé et approuvé tout ce que vous avés resolu et arresté avec mon dict cousin, pour le bien commun de nos affaires, sur les occasions qui se presentent, ainsy que vous representera plus particulierement mon ambassadeur vous delivrant la presente et vous saluant de la part de

Vostre tres affectionné frere, cousin et ancien allié,

Le xixe juillet, à Villers-Coterets.

HENRY.

1603. — 22 JUILLET.

Orig. — Arch. de M. Couhé de Lusignan. Copie transmise par la société des Antiquaires de l'Ouest.

A MONS^R DE FRESNE CANAYE,

CONSEILLER EN MON CONSEIL D'ESTAT ET MON AMBASSADEUR À VENISE.

Monsr de Fresnes, Je ne crois pas que vostre paquet du viiie de may (duquel nous n'avons jamais pu avoir nouvelles, quelque diligente et exacte perquisition qui en ayt esté faite) ayt couru la fortune que j'ay appris par vostre lettre du IIme de ce mois, receue le XVII, que vous apprehendés, car je n'ay aucune rencontre suffisante pour me le faire croire ny mesmes soupçonner, les ministres de la Republique n'ayant, à mon advis, la volonté et moins encore le moyen de commettre un tel acte en mon Royaume. J'ay opinion plustost que le dict paquet aura esté trouvé par quelqu'un qui, l'ayant ouvert, pensant en profiter, aura eu honte et crainte aprés de s'en descouvrir. Toutesfois j'ay commandé que nos chiffres fussent changez, ainsy que vous verrés par celuy que je vous envoye, duquel doncques vous userés doresnavant comme je feray quand je sçauray que vous l'avés receu.

Il y a plus d'un mois *que le duc de Savoye est à Turin, où il aura trouvé le comte Martinengue,* et neantmoins je n'ay eu aucun advis de luy depuis ; mais je ne le trouve pas estrange, *cognoissant l'humeur et la façon de proceder du dict duc, laquelle est plus inconstante et variable que prudente ny bien considerée. Tant il y a* que l'accord de Geneve a esté conclud et arresté le IIIIe ou V^e de ce mois par le bon ordre que j'y avois donné, ainsy que je vous ay escript par mes precedentes. *Nous verrons maintenant comment en usera le dict duc de Savoye, s'il enverra vers moy le dict comte, vers lequel vous avés bien faict de vous estre excusé de m'escrire,* pour les raisons contenues en vostre dicte lettre. *S'il vient, je luy donneray toute occasion de s'en retourner content de moy; mais ne croyés pas, si le dict duc luy donne ceste commission, que ce soit au desceu et moins encore contre la volonté du roy d'Hespagne, car je sçay tres bien qu'il se gardera de le faire autrement, tant il se promet d'advantage pour luy et les siens du dict roy : aussy m'escrit-on d'Hespagne qu'ils font viceroy de Portugal son second fils, luy donnant*[1] . . . . . *du pays le marquis de St Germain, qui est proche parent du duc de Lerme. Davantage* on m'a escript de Flandres, si l'on retiroit du dict pays les archiducs, qu'ils y employeront le dict duc de Savoye. *Ces choses estant ou se disant, il ne faut pas s'attendre que le dict duc de Savoye deplaise au dict roy : aussy ne le presseray-je jamais de cela.*

---

[1] Les mots qui ne peuvent se lire ici doivent être *un lieutenant*, ou *comme lieutenant*.

Je vous ay faict part, par mes precedentes, des advis que m'avoit donnez le marquis de Rosny de la bonne volonté et disposition en laquelle il avoit trouvé le roy d'Angleterre en mon endroict, et que j'avois toute occasion d'en demeurer content. A son arrivée, il m'en a rapporté des preuves et asseurances telles que je pouvois desirer, le dict roy ayant voulu non-seulement confirmer les traictez d'alliance que la couronne de France a avec celle d'Angleterre et d'Escosse, mais aussy les augmenter et estreindre pour la deffensive ou l'offensive, à mon contentement, *mais pour cela il ne mesprisera ny rejettera la negociation d'une paix avec les Hespagnols et les archiducs, si elle est poursuivie par eux et y recognoist de la sincerité et de l'utilité pour le public, du bien et repos duquel il se monstre estre tres desireux et jaloux. Tant s'en fault aussy que je l'aye dissuadé de ce propos, que j'ay voulu l'y conforter, de façon que nous sommes tombez d'accord en ce point comme aux autres; tellement que si les dits Hespagnols et archiducs font de leur costé ce qu'ils doibvent, il y a grande esperance que nous jouirons d'une paix universelle en nos jours.* Je ne vous en escriray pour le present aucunes particularitez, desirant sçavoir auparavant comment y procederont les dicts Hespagnols et archiducs et quel sera le but auquel ils aspireront. Quand le dict sʳ de Rosny est party d'Angleterre, le comte d'Aremberg, envoyé vers le dict roy par les dicts archiducs, n'avoit encore exposé sa creance que par procureur, à cause de son indisposition *feinte ou vraie*. Aucuns estiment qu'il attendoit *l'arrivée de la royne d'Angleterre, laquelle monstre affectionner le party du dict roy d'Hespagne et des dicts archiducs.* De faict, j'entends qu'il s'est presenté au dict roy *depuis la venue de la dicte royne,* mais que sa charge consiste toute en complimens et en offices de congratulation et asseurances d'amitié, la negociation des affaires principales estant remise à la venue de don Juan de Tassis, ambassadeur d'Espagne, lequel se retrouve encores en Flandres, preparant de riches livrées et ameublement pour passer au dict pays plus magnifiquement.

Le secretaire Hebert n'est plus à Milan; il a passé en Hespagne, où il se retrouve à present, et n'a pris le chemin de Rome ny de Naples, comme le Beausseron vous a mandé, mais celuy de Gennes, par l'adresse du comte de Fuentés et du prince Doria.

J'ay appris par vostre lettre l'assistance que vous avés donnée au prince de Joinville et le bon accueil que luy ont faict ces Seigneurs, et pareillement les visites qui luy ont esté faictes; sur quoy je n'ay rien à vous escrire, sinon que j'ay eu à plaisir que vous en ayés usé comme vous l'avés faict, et semblablement de m'avoir adverty des propos que vous a tenus le commandeur du Pesché, *encores que j'en face peu de compte.*

Il est certain *que ces Seigneurs font encore rechercher soubs main l'alliance des Grisons, pour estre mieux asseurez du passage par leur pays. J'ay advisé, pour diverses considerations, favoriser la dicte recherche. Toutesfois vous ne leur en declarerés rien, ny ferés demonstration d'en estre adverty, ny que je vous l'aye mandé.*

J'ay esté adverty que l'armée de mer que le roy d'Espagne faisoit preparer en Portugal et en Espagne devoit estre employée en Arger : toutesfois il est arrivé un accident au dict pays d'Arger, qui sera cause, à mon advis, qu'elle ne passera oultre : c'est que le roy de Congue, qui tenoit un fort le long de la marine, appellé Tamagoux, par lequel il recevoit le secours qui luy estoit envoyé d'Espagne, ayant perdu le dict fort, ceux d'Arger s'en estant emparez, seroit advenu que, trois jours aprés, le vice-roy de Mayorque arriva à la veue du dict fort avec quatre fregates chargées de munitions de guerre, d'argent et autres rafraischissemens. Le dict vice-roy feit descendre en terre le cordelier pere Mathieu, qui s'est autrefois meslé des affaires de France, avec soixante hommes de guerre et la charge de deux des dictes fregates, le dict vice-roy n'ayant voulu aborder avec les deux autres. Quoy voyant, les Turcs ont tué les hommes avec le dict cordelier et ont pris les munitions qui avoient esté dechargées, ce qui a estonné et tellement degousté les Espagnols de la poursuicte de la dicte entreprise que l'on a opinion qu'elle ne s'executera. De quoy, si vous apprenés quelque chose, vous m'en donnerés advis, comme vous continuerés à faire de toutes aultres occurences : priant Dieu, Monsr

de Fresnes, qu'il vous ayt en sa saincte garde. Escript à Nanteuil, le xxij[e] juillet 1603.

HENRY.
DE NEUFVILLE.

[1603.] — 27 JUILLET.

Orig. autographe. — Arch. de M. de la Force.
Imprimé. — *Mémoires de la Force, etc.* publiés par le marquis DE LA GRANGE, t. I, p. 365.

A MONS[R] DE LA FORCE.

Monsr de la Force, J'ay eu advis certain d'Espagne que le roy d'Espagne a sceu l'occasion du voyage de Panissault, et de la soulevation que l'on me promettoit des Morisques d'Aragon, de quoy je vous ay voulu donner advis à l'instant; comme aussy que l'on me mande que l'on luy a dict une entreprise que vous menés sur Perpignan, affin que vous taschiés de descouvrir par qui cela pourroit estre advenu, et que vous vous en preniés garde, usant de cela avec prudence. Je vous diray que je n'ay aucun ressentiment de mes maux passez, et me porte mieux que je ne fis jamais, Dieu mercy; que je monte à cheval tous les jours, que j'ay esté à Villiers-Cotterest dix jours, où j'ay eu beaucoup de plaisir, et où m[r] de Rosny m'est venu trouver, de retour de son voyage d'Angleterre, où il a faict, pour mon service, tout ce que j'eusse sceu desirer. Je m'en vais faire un voyage en Normandie, qui sera pour un mois ou six semaines; de retour je commenceray celuy de Provence. Mon fils et ma fille se portent tres bien, et comme vous le sçauriés desirer. Si vous apprenés quelque chose qui importe par delà, vous m'en donnerés advis. A Dieu, Monsr de la Force. Ce xxvij[e] juillet, à Paris.

HENRY.

[1603. — 28 juillet.]

Cop. — B. N. Fonds Béthune, Ms. 8957, fol. 13.

AU PAPE.

Tres Sainct Pere, Je rends graces tres affectionnées à Vostre Saincteté du sainct et paternel conseil qu'elle a pris la peine de me donner par sa lettre, escripte le iij^e de ce moys. J'ay esprouvé la bienveillance de Vostre Saincteté et sa singuliere prudence en toutes choses; j'en recognois à present la continuation par ceste action digne veritablement de sa bonté, avec d'autant plus de ressentiment d'obligation envers Vostre dicte Saincteté, qu'elle a pour objet, oultre la conservation de ma personne toute devouée à reverer Vostre dicte Saincteté, la felicité et prosperité de mon fils et de mon Royaume, et surtout le salut de mon ame. Tres Sainct Pere, je ne puis mieulx tesmoigner à Vostre dicte Saincteté l'estime que je fais de la faveur qu'elle m'a voulu faire en cest endroit, que de m'efforcer d'en suivre et effectuer ce que Vostre dicte Saincteté me conseille. C'est pourquoy je la supplie croire que j'en feray tout le devoir qu'il me sera possible, et quand ce ne sera avec la perfection que Vostre Saincteté desire, elle en accusera, s'il luy plaist, nostre commune infirmité, plustost que la volonté que aura eternellement de recognoistre les graces et bienfaicts de Dieu et les faveurs de Vostre dicte Saincteté, son

Tres devost fils,

HENRY.

[1603.] — 31 juillet.

Orig. autographe. — Cabinet de M. le général comte de la Loyère.

A MON COUSIN LE MARQUIS DE ROSNY.

Mon Cousin, Je vous prie de faire payer au s^r comte de Gramont la somme de deux cens vingt et cinq escuz que je luy doibs. A Dieu, mon Cousin, lequel je prie vous avoir en sa saincte et digne garde. Ce dernier de juillet, à Paris.

HENRY.

1603. — 2 AOÛT.

Orig. — Collection de M. Dusevel, d'Amiens, membre du comité des chartes.

A MONS^r DE BERENGLEVILLE,
GOUVERNEUR DE MA VILLE D'ARDRES.

Monsr de Berengleville, Ayant licentié la compaignie du cappitaine Mons, qui estoit en garnison à Corbie, j'ay advisé d'y envoyer en sa place celle du capitaine Troyon, qui est à Ardres, laquelle, à ceste occasion, vous laisserés aller, affin qu'elle se puisse rendre au plus tost en la dicte ville de Corbie, pour m'y servir selon mon intention; à laquelle m'asseurant aussy que vous satisferés pour vostre regard, je ne feray ce mot plus long que pour vous dire que dans peu de jours je pourvoiray à vous envoyer une aultre compagnie, s'il en est besoing. Ce pendant, je prie Dieu, Monsr de Berengleville, qu'il vous ayt en sa saincte garde. De Paris, le ij^e jour d'aoust 1603.

HENRY.

DE NEUFVILLE.

[1603.] — 6 AOÛT.

Orig. autographe. — B. N. Fonds Béthune, Ms. 9088, fol. 6.
Copie. — Suppl. franç. Ms. 1009-2.

A MON COMPERE LE CONNESTABLE DE FRANCE.

Mon Compere, Puisque les affaires que ma cousine de Candalle[1], vostre niece et ma cousine, avoit avec mon cousin le duc d'Espernon

---

[1] Françoise de Foix, dite Madame de Candalle, seconde fille de Henri de Foix, comte de Candalle et d'Astarac, captal de Buch, et de Marie de Montmorency, fille du connétable Anne, était ainsi la nièce du connétable Henri de Montmo- rency. Sa sœur aînée, Marguerite de Foix, avait épousé le duc d'Épernon, qui ne cessa d'opprimer madame de Candalle pour réunir ses biens à ceux de sa sœur. Il la contraignit, malgré ses protestations, à prendre le voile à Saintes en 1590, et à

et pour lesquelles j'avois trouvé bon qu'elle vinst en ce pays, s'en vont terminées, je vous prie de l'amener avec vous en ce lieu, affin qu'en vostre presence je luy face une bonne reprimande qui luy serve tellement à l'avenir que je n'en aye plus de plaincte ; qui est ce que vous et elle devés autant desirer de moy, qui ne vous en diray davantage, pour prier Dieu vous avoir, mon Compere, en sa saincte et digne garde. Ce vj^e aoust, à St-Germain-en-Laye.

HENRY.

1603. — 10 AOÛT.

Orig. — Archives de la ville de Berne. Envoi de M. le ministre de France en Suisse.

A NOS TRES CHERS ET GRANDS AMYS, ALLIEZ ET CONFEDEREZ LES ADVOYERS, CONSEILS ET COMMUNAULTEZ DE LA VILLE ET CANTON DE BERNE.

Tres chers et grands amys, alliez et confederez, Ayant esté advertys que ceulx de la ville de Neufchastel ont suscité plusieurs differends et poursuictes contre les droicts et auctorité de leur prince, et que soubs couleur de la combourgeoisie qu'ils ont avec vous, ils se rendent fascheux et difficiles et ne portent l'obeissance qu'ils doibvent aux ordonnances de leur dict prince souverain, encores qu'ils en ayent esté souvent par vous repris et admonestez, dont nous vous sçavons tres bon gré, nous vous en avons bien voulu escrire ceste lettre, par la-

faire une donation de ses biens à sa sœur en ne se réservant qu'une modeste pension. Elle renouvela ses protestations lorsqu'en 1600, sept ans après la mort de la duchesse d'Épernon, on la fit, malgré elle, abbesse de Ste Glossine à Metz, où elle fut obligée de rester jusqu'en cette année 1603, qu'elle adressa directement ses plaintes au Roi. Il la fit venir alors près de lui avec le connétable son oncle, comme on le voit par cette lettre, et joignit aux réprimandes qu'il y annonce, la permission de quitter son abbaye de Metz. Elle se retira à Verdun, puis au bout de deux ans, par ordre du Roi, au monastère de Moncel. Elle y resta jusqu'en 1610, et obtint enfin du Pape sa sécularisation. Mais cette suite de persécutions, qui l'avait aigrie, la porta à embrasser le protestantisme, en 1611. Elle intenta inutilement un procès à son beau-frère, fut obligée de s'en tenir à un état de fortune peu digne de son rang, et mourut à Paris, en 1649.

quelle nous vous prions de continuer, aux occasions qui se pourront presenter, à favoriser les affaires de nostre cousin le duc de Longueville, seigneur souverain de la dicte ville de Neufchastel, lequel nous affectionons grandement, tant parce qu'il est nostre parent, qu'à cause de son bas aage, qui nous oblige davantage d'en prendre le soing et protection comme nous avons faict, ayant à ceste fin commandé au s^r de Vic, conseiller en nostre conseil d'Estat et nostre ambassadeur en Suisse, de s'employer pour les affaires de nostre dict cousin comme pour les nostres propres, auquel par tant vous adjousterés foy en ce qu'il vous dira de nostre part : priant Dieu, Tres chers et grands amys, alliez et confederez, qu'il vous ayt en sa tres saincte et digne garde. Escript à St-Germain-en-Laye, le xe jour d'aoust 1603.

HENRY.

DE NEUFVILLE.

[1603.]—19 AOÛT.

Cop. — B. N. Suppl. fr. Ms. 1009-3. (D'après l'autographe qui était dans l'ancien cabinet Joly de Fleury.)

[AU COMTE DE Sr PAUL.]

Mon Cousin, J'ay veu les lettres que mess^{rs} de Brissac et de la Rochepot m'ont apportées de vous; je les ay ouys sur l'affaire qu'ils avoient en charge; en quoy je ne vois qu'une continuation de desobeissance au comte de Soissons, avec des plaintes de moy plus pleines d'animosité que de verité. Je ne sçay quel plaisir il prend de m'offenser chez moy. Conseillés-luy de s'en aller chez luy passer sa colere[1], car

---

[1] Cette colère du comte de Soissons était contre Rosny, pour avoir empêché l'établissement d'un impôt que ce prince avait obtenu du Roi à son profit. Quelque temps après, Sully eut avec la marquise de Verneuil, pour un sujet semblable, une altercation, dont le récit est un des endroits les plus connus des Œconomies royales; nous n'en citerons que ce qui est nécessaire pour expliquer l'affaire du comte de Soissons.

« Madame de Verneuil, disent les secrétaires de Sully, vous vint voir pour ses affaires, n'estant pas neantmoins trop contente de vous. Elle vous trouva comme vous sortiez de vostre petit cabinet, pour

je ne le puis plus endurer; et si à mon retour il est revenu à soy, je seray tres aise de le voir. Gros Cousin, je vous aime de tout mon cœur et vous donne le bon soir. Ce xixe aoust, à Gaillon.

HENRY.

1603. — 21 AOÛT.

Cop. — B. N. Suppl. fr. Ms. 1009-3. (D'après la copie qui était dans l'ancien cabinet Joly de Fleury.)

[AU COMTE DE S^T PAUL.]

Mon Cousin, Je suis malcontent de la lettre que vous m'avés escripte, comme vous diront mess^{rs} de Brissac et de la Rochepot, avec mon intention sur icelle : et par tant, je m'en remettray sur eux pour vous prier de les croire et Dieu vous avoir, mon Cousin, en sa saincte et digne garde. Ce xxj^e aoust 1603, à Gaillon.

HENRY.

aller au Louvre, ayant un petit agenda roulé autour du doigt, qu'elle vous demanda ce que c'estoit. A quoy vous luy respondites comme en colere: « Ce sont de « belles affaires, Madame, esquelles vous « n'estes pas des dernieres. » Et en le desployant, vous luy leustes une liste de vingt ou vingt-cinq edicts, que l'on poursuivoit, à la foule et oppression du peuple, avec les noms de ceux qui estoient interessez en iceux, dont elle estoit la sixiesme en ordre. « Eh bien, ce dit-elle, que pensez- « vous faire de tout cela? — Je pense, luy « dites-vous, à faire des remonstrances au « Roy en faveur du pauvre peuple, qui s'en « va ruiné si telles vexations sont approu- « vées; et peut bien le Roy dire adieu à ses « tailles, car il n'en recevra plus. — Vray- « ment, ce dit-elle, il sera bien de loisir de « vous croire et de malcontenter tant de « gens de qualité pour satisfaire à vos fan- « taisies! Et pour qui voudriés-vous donc « que le Roy fist, si ce n'estoit pour ceux

« qui sont dans ce billet, lesquels sont tous « ses cousins et parens, ou ses maistresses? « — Tout ce que vous dictes seroit bon, « Madame, luy repartistes-vous, si Sa « Majesté prenoit l'argent en sa bourse. « Mais de lever cela de nouveau sur les « marchands, artisans, laboureurs et pas- « teurs, il n'y a nulle apparence, estant « eux qui nourrissent le Roy et nous tous; « et se contentent bien d'un seul maistre, « sans avoir tant de cousins, de parens, « de maistresses à entretenir. » Et voyant par tous vos discours que vous ne manqueriez à essayer de faire trouver mauvais au Roy telles vexations, elle se retira toute mutinée, et s'en alla de ce pas chez monsieur le comte de Soissons. »

Ce prince alla faire là-dessus de grandes plaintes au Roi, demandant une éclatante réparation des propos de Rosny; et, malgré tout ce que Henri IV put lui dire, son irritation était au comble lorsque le Roi partit pour la Normandie.

1603. — 22 AOÛT.

Cop. — B. N. Suppl. fr. Ms. 1009-3. (D'après l'autographe qui était dans l'ancien cabinet Joly de Fleury.)

[AU MARÉCHAL DE BRISSAC.]

Mon Cousin, Je vous depesche la Varenne exprés pour vous dire que je n'ay peu partir ce jour d'huy d'icy, pour les raisons qu'il vous dira, mais j'espere que ce sera pour demain matin, Dieu aydant, et m'en aller disner à Mantes, où je seray tres aise d'avoir de vos nouvelles par le dict la Varenne pour, suivant ce qu'il me rapportera de vostre part, voir comme j'auray à me conduire. Je vous prie donc de me le redepescher incontinent, et le croire de ce que je l'ay chargé de vous dire de ma part; qui ne vous en diray davantage, sinon que celle-cy sera commune à m^r de la Rochepot et à vous. A Dieu, mon Cousin. Ce vendredy xxij^e aoust 1603, à Gaillon.

HENRY.

1603. — 24 AOÛT. — Ire.

Cop. — B. N. Suppl. fr. Ms. 1009-3. (D'après l'ancien cabinet Joly de Fleury.)

[A M^{rs} DE BRISSAC ET DE LA ROCHEPOT.]

Mon Cousin, et vous Monsr de la Rochepot, J'ay receu la lettre que vous m'avés escripte par la Varenne, et entendu par luy ce qui s'est passé par delà. Puisque le comte de Soissons n'a faict compte de suivre vos conseils, vostre plus longue demeure par delà seroit inutile. Au moyen de quoy vous me reviendrés trouver en ceste ville, où j'arrivay hier, et fais estat d'y sejourner cinq ou six jours, et aprés aller visiter mes villes de Dieppe, Havre et Caen, suivant ma premiere deliberation; qui sera tout ce que je vous diray par la presente: priant Dieu qu'il vous ayt en sa saincte et digne garde. Ce xxiiij^e aoust 1603, à Rouen.

HENRY.

[1603. — 24 AOÛT. — IIme.]

Cop. — Biblioth. de l'école de médecine de Montpellier. Collection Guichenon, vol. 17, pièce 36. Copie transmise par M. A. Jubinal.

[AU DUC DE SAVOIE.]

Mon Frere, Je vous remercie de l'advis que vous m'avés donné par vostre lettre apportée par ce courrier : c'est un tesmoignage de vostre bonne volonté, non moins que de la generosité et candeur de vostre courage, qui m'a esté tres agreable et que je prise grandement. Ce siecle abonde en perversité, estant remply de meschans, qui font mestier et marchandise de s'offrir à trahir leurs princes et d'attenter à leurs personnes par toutes voyes illicites, pour gagner quelques pieces d'argent, et souvent piper et affronter ceulx auxquels ils s'adressent. Dieu, vray protecteur des siens qui posent leur principale fiance en luy, m'a preservé jusques à present, par sa saincte et divine grace, de telles embusches, comme j'espere qu'il fera à l'advenir. Toutesfois c'est grand advantage d'en estre adverty. Vous n'avés pas voulu seulement me rendre ce bon office, digne en verité de nostre proximité et de vostre qualité, mais vous avés voulu encore faire retenir et mettre prisonnier ce malheureux duquel vostre dicte lettre faict mention, lequel a esté si impudent et temeraire que d'oser tenter vostre volonté et vostre courage en un cas si execrable, et contre un prince qui n'a merité de vous, ny d'aultre qui vive, chose semblable. Mon Frere, je vous en remercie derechef de tout mon cœur, et vous prie, suivant l'offre que vous m'en faictes par vostre lettre, de commander que ce miserable soit seurement conduict jusques à Vessel et là livré entre les mains de celuy qu'y fera trouver mon grand escuyer, gouverneur de Bourgogne, suivant mon commandement, vous promettant que je ne perdray jamais la memoire du plaisir que vous m'avés faict en ceste rencontre, et que j'embrasseray toutes occasions de m'en revancher, comme vous cognoistrés par effect quand elles se presenteront.....[1]

HENRY.

---

[1] La copie s'arrête ici.
La lettre du duc de Savoie, conservée dans la même collection, à Montpellier, est ainsi conçue :

« Monseigneur,

« M. d'Aubigny me vient de depescher un courrier, me donnant advis qu'il s'est adressé à luy un homme qui dit qu'il est gentilhomme, pour l'adresser à moy, affin de me proposer un moyen tres facile qu'il avoit pour faire mourir Vostre Majesté et la Royne, moyennant une certaine somme d'argent, qu'il pretendoit aprés avoir faict le coup; et disoit qu'il croyoit que j'y devois accorder, pour la haine que Vostre Majesté me portoit, laquelle ceulx qui le mandoient sçavoient tres bien et tres asseurement. Et se figuroit executer si execrable meschanceté par la voie du poison et ayant gagné un maistre cuisinier et un escuyer tranchant, qui doibt sortir de quartier à ce 1ᵉʳ septembre. Il dict aussy qu'il est domestique de M. de Montbazon. Voilà les mesmes mots de la lettre de M. d'Aubigny, lequel après l'avoir ouy, l'a faict mettre dans la chartre de Miolans, avec bonnes gardes, luy semblant que j'agreerois ce qu'il a faict, comme en verité j'ay faict; et luy recharge de nouveau qu'il soit soigneusement gardé. Et au mesme instant j'ay depesché ce courrier à Vostre Majesté en toute diligence, affin qu'Elle soit advertye de tout ce faict, et commande ce qu'on debvra faire de cest homme, et à qui on le debvra remettre ; la suppliant de croire que, comme je desire, sur toutes les choses du monde, de servir Vostre Majesté, et mesmes en chose tant importante comme ceste-cy touchant la conservation de sa personne et de celle de la Royne, qu'aussy je n'ay l'ame tant meschante, ny tant abaissé le courage, que non pas à Vostre Majesté, à qui je souhaite mille ans de vie et tres heureuse, mais au moindre homme du monde je ne vouldrois user de ces termes-là, ny souiller par semblables actes abominables le sang dont je suis sorty, ny la profession de vie que j'ay faicte jusques à ce jour. Je la supplie encores de nouveau et d'agreer ma volonté, et s'asseurer de ceste verité, comme marques du desir que j'ay de luy rendre service tres humble, et de la candeur avec laquelle j'ay tousjours guidé toutes mes actions, lesquelles Vostre Majesté recognoistra tousjours plus conformes à mes paroles : et luy baisant sur ce tres humblement les mains, je supplie le Createur qu'il luy doint tres longue et heureuse vie. De Rivolay, ce xvij° aoust 1603.

« Votre tres humble et tres obeissant serviteur,

« EMANUEL. »

1603. — 25 AOÛT. — Ire.

Cop. — Biblioth. de l'école de médecine de Montpellier. Collection Guichenon, vol. 17, pièce 36. Copie transmise par M. A. Jubinal.

[AU DUC DE BELLEGARDE.]

Mon Cousin, Il arriva hyer en ceste ville un courrier depesché exprés par le duc de Savoye, qui m'apporta la lettre de laquelle je vous envoye un double et de la response que je luy ay faicte par le mesme courrier, qui s'en est retourné en diligence. Vous verrés l'advertissement qu'il me donne et l'offre qu'il me faict par la sienne, et par la mienne la resolution que j'ay sur ce prise, suivant laquelle je desire que le s^r Jeannin s'achemine incontinent à Vessel, accompagné de tel des prevosts des mareschaux du pays que vous ordonnerés, pour recevoir des gens du dict duc de Savoye celluy duquel les dictes lettres font mention, que je desire estre interrogé sur le champ en leur presence par le dict s^r Jeannin, affin qu'ils soyent tesmoings de sa premiere deposition pour la rapporter au dict duc; quoy faict, j'entends que le dict prisonnier soit amené et conduict seurement, par le dict prevost que vous aurés commis, en ma ville de Paris, pour en estre faict ce qui sera de la justice et de mon service. Et d'autant que les gens du dict duc qui conduiront le dict prisonnier au dict Vessel pourroient faire difficulté d'assister à la deposition quand ils en seront requis par le dict s^r Jeannin, sans la permission du dict duc, il sera besoing que le dict s^r Jeannin, en ce cas, les prie d'envoyer vers le dict duc pour avoir la dicte permission, affin d'obtenir, s'il est possible, qu'ils soyent presens quand le prisonnier sera interrogé la premiere fois; et si par la response que fera le dict duc à ses gens il n'approuve la dicte assistance, le s^r Jeannin ne laissera pour cela de l'interroger

---

[1] La copie de cette lettre, dans les papiers de Guichenon, ne porte pas de suscription; mais on voit, par la réponse au duc de Savoie, qu'elle était adressée au duc de Bellegarde, grand écuyer de France et lieutenant général au gouvernement de Bourgogne.

si tost qu'il luy sera consigné, en la presence de tels officiers du pays ou aultres qu'il jugera estre plus propres pour tesmoigner et auctoriser ceste audition. J'eusse dés à present prié le dict duc de Savoye, par ma susdicte response, de faire ce commandement à ses dictes gens, mais j'ai eu crainte de luy donner ombrage qui le divertisse de nous livrer le dict prisonnier. C'est pourquoy j'ay estimé de surseoir ceste instance jusques à ce qu'il soit arrivé au dict Vessel et en lieu dont nous puissions disposer. Dressés donc ceste partie par le dict s^r Jeannin, de façon que je sois servy en ceste occasion à mon contentement et comme il est necessaire pour le bien de mon service, comme je l'ay esté en toute aultre qui vous ont esté commises[1]. Je prie Dieu, mon Cousin, qu'il vous ayt en sa saincte garde. Escript à Rouen, ce xxve jour d'aoust 1603.

HENRY.

FORGET.

1603. — 25 AOÛT. — IIme.

Cop. — B. N. Suppl. fr. Ms. 1009-3. (D'après l'ancien cabinet Joly de Fleury.)

[A M^{rs} DE BRISSAC ET DE LA ROCHEPOT.]

Mon Cousin et vous Monsr de la Rochepot, Depuis ma derniere lettre, j'en ay veu une que le comte de St-Pol a escripte à la Varenne, par laquelle il luy mande s'estre acquitté envers le comte de Soissons

---

[1] Le supplément de Lestoile nous fait connaître ainsi l'issue de cette affaire, au mois d'octobre 1603 :

« Le vendredy 10, fut pendu et puis brûlé en la place de Saint-Jean en Greve, à Paris, un nommé François Richard, seigneur de la Voulte, du regiment de Saint-Estienne en Dauphiné, accusé d'avoir voulu empoisonner le Roy, decelé par le duc de Savoie, auquel il s'estoit adressé pour cet effet. Lequel voyant que cestuycy n'estoit pas homme pour venir à bout d'une telle entreprise, l'avoit envoyé à S. M., pour en faire faire la justice et le gratifier d'autant : qui est un trait commun et ordinaire entre les princes. Ce pauvre homme, estant au supplice, dit que jamais il n'avoit eu intention de faire mal au Roy, et que ce qu'il en avoit faict et communiqué au duc de Savoye (en quoy il recognoissoit avoir merité la mort) n'avoit esté projetté par luy à aultre dessein que pour tirer argent de son altesse, dont il avoit bien à faire.

du commandement que je luy avois faict par ma lettre, laquelle par sa response il me mandoit ne luy avoir monstrée; mais qu'il a recognu que le dict comte de Soissons vouloit attendre un commandement de moy pour s'en aller en sa maison, pour en faire son proffit. Je vous laisse à penser que veult dire cela, et aux despens de qui il pensoit proffitter de ce commandement et la façon de laquelle il procede en ce faict. Cela ne me fera changer le commandement que je vous ay faict de me revenir trouver, ainsy que je vous escrivois hier : priant Dieu qu'il vous ayt en sa saincte et digne garde. Ce xxve aoust 1603.

HENRY.

1603. — 26 AOÛT. — Ire.

Orig. — Arch. de M. de la Force.
Imprimé. — *Mémoires de la Force*, publiés par M. le marquis DE LA GRANGE, t. Ier, p. 367.

[A M. DE LA FORCE.]

Monsr de la Force, J'ay receu vostre lettre par le capitaine la Mothe, qui vous rendra celle-cy, et entendu par luy comme par mon commandement vous vous estiés saisy de la personne du s^r de Meritein, et iceluy amené prisonnier dans la tour de mon chasteau de Pau. Vous m'avés faict en cela service tres agreable, car je seray tres aise, maintenant qu'il est en lieu asseuré, de sçavoir la verité de l'entreprise que l'on m'asseure qu'il avoit sur ma ville de Navarrenx, et aultre chose qu'on pourra descouvrir sur sa prinse. J'escris à ceulx de mon conseil ordinaire d'informer sur ce faict et de faire faire l'information par le s^r de la Coste, conseiller en iceluy, assisté de tel aultre d'entre eux qu'ils jugeront, et la dicte information faicte, ils ayent, avant que de passer oultre, à me l'envoyer close et scellée, pour, icelle vue, en estre par moy ordonné ce que je verray à faire; ce que vous leur ferés entendre. Et pour ce que l'evesque d'Oleron a esté celuy qui m'a cy-devant donné advis de l'entreprise que le dict de Meritein avoit sur ma ville de Navarrenx, vous luy manderés de vous venir trouver, affin d'estre ouy sur ce faict, et faire administrer les preuves qu'il a contre le dict de Meritein; et ce pendant vous me donnerés 'advis si depuis sa prise vous n'avés appris aucune chose de ce faict et aultres que vous sçauriés importer à mon service : et ceste-cy n'estant à autre fin, Dieu vous ayt, Monsr de la Force, en sa saincte et digne garde. Escript à Rouen, le xxvj^e jour d'aoust 1603.

HENRY.

DE LOMENIE.

[1603.] — 26 AOÛT. — IIme.

Orig. autographe. — Arch. de M. de la Force.
Imprimé. — *Mémoires de la Force*, publiés par le marquis DE LA GRANGE, t. Ier, p. 368.

A MONS^R DE LA FORCE.

Monsr de la Force, Par mon aultre vous verrés ce que je desire sur le subject du voyage du cappitaine la Mothe, et par ceste-cy vous serés asseuré de la continuation de mon amitié et de ma bonne santé, ensemble du desir que j'ay de vous voir. C'est pourquoy je vous prie de vous rendre prés de moy au commencement de vostre quartier. Je suis venu en ceste ville pour la faire voir à ma femme et la mer de deçà, ensemble les villes de Dieppe et du Havre. Cela faict, je m'en retourne à Paris, pour me preparer pour mon voyage de Provence. Mon fils est des plus jolys et se porte des mieux, Dieu mercy, comme font ma femme et ma fille. A Dieu, Monsr de la Force. Ce xxvj^e aoust, à Rouen.

HENRY.

[1603. — VERS LE 26 AOÛT.]

Cop. — B. N. Suppl. fr. Ms. 1009-3. (D'après l'autographe qui était dans l'ancien cabinet Joly de Fleury.)
Imprimé. — *Supplément au Journal de Lestoile*, au 5 août 1603.

[AU COMTE DE SOISSONS.]

Mon Cousin, J'ay veu par l'escript que vous m'avés envoyé par les comte de St-Paul, mareschal de Brissac et comte de la Rochepot, les langages qu'on vous a rapportez avoir esté tenus de vous par M. de Rosny, desquels vous vous plaignés, et l'offre que vous faictes de prouver qu'ils ont esté dicts par luy. Je ne doubte point, puisque vous l'asseurés, qu'ils n'ayent esté dicts, mais je n'ay jugé à propos d'entrer en telles preuves, tant pour ce que je ne revocque en doubte que ce rapport ne vous ayt esté faict, que pour avoir esté aussy bien asseuré, par m^r de Rosny, que son intention ne fut jamais de dire chose que vous pust offenser, estant vostre serviteur comme il est. Et desirant que les choses s'adoucissent et se terminent avec la satisfaction qui vous est deue, je vous prie recevoir de m^r de Rosny celle qu'il offre de vous faire et en demeurer satisfaict [1].

HENRY.

1603. — 27 AOÛT.

Archives royales de Sardaigne. Envoi de M. l'ambassadeur de France à Turin.

A MON FRERE LE DUC DE SAVOYE.

Mon Frere, Suivant la faveur qu'en ma recommandation vous feistes au s^r d'Escrox de le restablir en tous ses biens, je m'estois promis qu'il jouiroit de l'effect des lettres-patentes que vous luy en feistes expedier lorsque vous estiés en ma ville de Paris; mais j'ay despuis en-

---

[1] A la suite de la copie de cette lettre, qu'avait conservée Joly de Fleury, se trouvaient les termes dont se serait servi Sully dans ses excuses faites au comte de Soissons en présence du Roi, du comte de Montpensier, du comte de Saint-Paul, du chancelier, du duc d'Épernon, de M. de Souvré, du comte de la Rochepot, des secrétaires d'état de Villeroy, de Beaulieu et de Sillery.

Suivant le supplément de Lestoile, Sully aurait écrit au comte une lettre, qui est rapportée dans cet ouvrage. On y lit aussi une espèce de mémoire des démarches relatives à cette affaire sous ce titre : *Discours au vray du differend advenu entre monseigneur le comte de Soissons et le sieur de Rosny, és mois d'aoust et d'autres precedens de la presente année 1603*. Mais ce qui pourrait faire suspecter cette pièce est le titre de chancelier qu'on y donne à M. de Sillery, qui fut revêtu, seulement deux ans plus tard de cette dignité. Cela semble indiquer une rédaction faite après coup.

tendu que les dictes lettres luy sont demeurées inutiles, pour n'en avoir jusqu'icy peu obtenir la veriffication, à cause des empeschemens qui y ont esté apportez par aulcuns de ses malveuillans : ce qui m'a donné subject d'en parler au comte de Visque, que vous avés envoyé devers moy, et de vous depescher exprés le s^r de Chandieu, gentilhomme de ma chambre, pour vous prier de faire jouir le dict d'Escrox de l'effect de vostre grace et de le faire mettre en possession actuelle de ses dicts biens, ayant chargé le dict s^r de Chandieu de vous faire plus particulierement entendre ce qui est necessaire pour cest affaire ; et s'il se presente occasion de me revancher de la faveur que le dict d'Escrox recevra de vous en cest endroit, je m'y employeray d'entiere affection : priant Dieu, mon Frere, qu'il vous ayt en sa saincte garde. Escript à Rouen, ce xxvij^e jour d'aoust 1603.

Vostre bon frere,

HENRY.

1603. — 31 AOÛT.

Orig. — Arch. de M. de la Force.
Imprimé. — *Mémoires de la Force*, publiés par le marquis DE LA GRANGE, t. Ier, p. 368.

[A M. DE LA FORCE.]

Monsr de la Force, Sur l'advis que j'ay eu que ceux de la religion pretendue reformée de mon pays de Bearn, au dernier synode tenu en iceluy, avoient resolu de deputer quelques ministres d'entre eulx pour me faire des remonstrances sur aucuns articles du dernier cahier à moy presenté par l'evesque d'Oleron, tant en son nom que de celuy de l'evesque de Lescar et autres du dict pays, mesmes que la levée des deniers pour le dict voyage estoit desjà resolue; comme aussy que les dicts s^{rs} evesques l'estoient pour venir par deçà, pour contester de leur part sur le merite des dicts articles, ne pouvant supporter de se voir facilement frustrez de ce qui leur a esté par moy accordé pour l'exercice de leur religion; et pour ce que je serois tres aise que ces choses fussent plustost assoupies, comme ç'a tousjours esté mon intention, que rebatues si souvent devant moy; d'autant qu'enfin cela seroit pour alterer le repos des uns et des aultres, que j'ay procuré autant qu'il m'a esté possible : je vous prie, Monsr de la Force, d'apporter tout ce que vous pourrés pour les empescher de me venir trouver, leur remonstrant ce que vous jugerés à propos sur cela, que je suis sur mon partement pour mon voyage de Provence, et que s'ils ont quelque chose à me remonstrer sur cela, vous leur dirés (comme je leur mande par celles que je leur escris, que vous leur ferés rendre de ma part) qu'ils ayent à mettre entre vos mains toutes les remonstrances qu'ils pretendent me faire, tant d'une part que d'aultre, lesquelles vous apporterés en venant pour servir vostre quartier, et par vostre advis je pourveoiray sur le tout ainsy que je jugeray à propos pour le bien de mon service ; ce que vous leur ferés entendre, venant bien informé des raisons des uns et des aultres, comme aussy vous leur ferés deffendre à l'advenir de faire aucunes levées de deniers sans ma permission ou la vostre : et ceste-cy n'estant à aultre fin, je ne vous en diray davantage pour prier Dieu, Monsr de la Force, qu'il vous ayt en sa saincte garde. Escript à Rouen, ce dernier jour d'aoust 1603.

HENRY.

DE LOMENIE.

[1603. — VERS LA FIN D'AOÛT.] — Ire.

Cop. — B. N. Fonds Brienne, Ms. 39, f° 236.

[AU ROY D'ANGLETERRE.]

Monsieur mon bon Frere, Aprés vous avoir envoyé l'un des officiers de ma Couronne et de mes principaux conseillers d'Estat, il faut que je vous envoye maintenant un de mes meilleurs veneurs et plus speciaux serviteurs : c'est le s^r de Vitry, capitaine de mes gardes, qui vous a, par ma permission et par son inclination, tousjours grandement honoré, et affectionné vostre service. La charge que je luy ay donnée consiste en deux points : l'un, de vous saluer et congratuler de la grâce que Dieu vous a faicte d'avoir si heureusement descouvert et renversé les premieres conspirations et entreprises contre vostre service, depuis vostre advenement à la couronne d'Angleterre, que j'ay ressentie comme m'y convie nostre amitié, et l'autre, pour vous monstrer nostre maniere de chasser, voir la vostre et m'en informer à son retour. Et tout ainsy que par la negociation du premier nous avons formé et basty une union inseparable, je desire encore par l'entremise de ce dernier, en communiquant et conferant ensemble de l'art de la chasse, [que] nous dressions un exercice parfaict de l'art d'iceluy, pour en jouir egalement en plaisir, contentement et prosperité le reste de nos jours, et en laisser l'usage aprés nous à nos communs enfans, comme nous ferons l'exemple et le bonheur de nostre parfaicte amitié, affin qu'ils heritent de l'un et de l'autre avec autant de felicité que nous-mesmes. Au moyen de quoy je vous prie, mon tres cher Frere, de voir de bon œil et ouyr benignement le s^r de Vitry, et luy adjouster pareille foy qu'à la personne mesmes de

Vostre bon frere,
HENRY.

[1603. — VERS LA FIN D'AOÛT.] — IIme.

Cop. — B. N. Fonds Brienne, Ms. 39, f° 254.

[A LA REINE D'ANGLETERRE.]

Madame ma bonne Sœur, S'il m'estoit aussy loisible de disposer de moy-mesme que j'ay de volonté de vous tesmoigner par vrays et sinceres effects combien je vous affectionne et ay receu de contentement de l'asseurance que vous m'avés donnée de vostre amitié par vostre lettre, ce gentilhomme n'auroit l'honneur de vous presenter maintenant celle-cy, car j'en serois moy-mesme le porteur, avec la commodité de ma venue en ces quartiers, tant je desire vous representer au vif mon affection, et acquerir et conserver vostre bonne grace. Mais puisque ma condition me prive de ce bonheur et contentement, ayés agreable, je vous prie, Madame ma tres chere et bonne

Sœur, que l'expression que je vous fais icy de mon desir comme de mon dessein supplée aucunement à ce devoir, que je ne puis à mon grand regret vous rendre, et croire que vous ne pouvés despartir vostre bienveillance à prince ny aultre qui la desire ny cherisse plus precieusement que moy, comme j'ay commandé au s^r de Vitry, capitaine de mes gardes, mon fidelle serviteur, vous faire entendre plus au long de la part de

Vostre bon frere et serviteur,

HENRY.

1603. — 2 SEPTEMBRE.

Orig. — B. N. Fonds Béthune, Ms. 9088, fol. 70.

[AU CONNÉTABLE.]

Mon Cousin, J'avois nagueres trouvé bon, à vostre priere et requeste, que l'un des lieutenans ou exempts des gardes de mon corps fust envoyé et mis dans le prioré du Port-Dieu, pour le garder et conserver, attendant la decision du differend qui est entre mon nepveu le comte d'Auvergne et mon cousin le duc de Ventadour[1], pour ce subject. Mon dict nepveu m'a presentement faict grande instance de la restitution de ceste place, et de sortir d'icelle quelques gens de guerre qui y sont establys de la part de mon dict cousin le duc de Ventadour : en quoy je ne desire donner aulcun advantage à l'un au prejudice de l'aultre. Bien veux-je que la resolution susdicte s'effectue selon que vous m'avés faict cognoistre que vous la recherchiés, et que l'on envoye au plus tost l'un des dicts lieutenans et exempts se saisir de la dicte place et la conserver au proffict de celluy que la justice ordonnera. A quoy vous pourvoirés promptement, mon Cousin, et adviserés qui vous penserés capable de ceste charge, auquel je feray volontiers expedier le pouvoir et commission que vous me ferés entendre luy estre necessaire. Me reposant de cest affaire sur le

---

[1] Ils étaient tous deux gendres du connétable.

soing que je sçay que vous en avés, je prieray Dieu qu'il vous ayt, mon Cousin, en sa saincte garde. Escript à Rouen, le ij° jour de septembre 1603.

HENRY.

POTIER.

[1603.] — 3 SEPTEMBRE.

Orig. autographe. — Cabinet de M. le général de la Loyère.

A MON COUSIN LE MARQUIS DE ROSNY.

Mon Cousin, Je vous ay commandé aujourd'huy de faire taxer quatre offices de commissaires au Chastelet pour la somme de huict mille escuz, qui est à raison de deux mille escuz chacun office. Je vous prie en faire delivrer les quictances à la Varane, et faictes employer la dicte somme de huict mille escuz au premier comptant. M'asseurant que le ferés, je ne vous en diray davantage. Bonsoir, mon Cousin. Le iij° septembre, à Rouen [1].

HENRY.

1603. — 15 SEPTEMBRE. — Ire.

Orig. — B. N. Fonds Béthune, Ms. 9088, fol. 74.

[AU CONNÉTABLE.]

Mon Cousin, Desirant que le differend qui est entre mon nepveu le comte d'Auvergne et mon cousin le duc de Ventadour, pour la maison du Port-Dieu, se termine par vostre prudence et par l'advis qui leur sera donné par ceulx de mon conseil que j'ay nommez à cest effect, et que cependant il n'arrive rien entre eulx qui leur puisse donner occasion d'avoir mescontentement l'un de l'aultre, je vous envoye la commission en blanc, pour donner la charge de la dicte maison à quelque gentilhomme voisin d'icelle, ou autre que jugerés

---

[1] Au dos est écrit de la main de Sully : « Le Roy, pour faire taxer 4 offices de commissaire au Chastelet. Un comptant. 3 septembre 1603. »

capable pour la garder à celuy d'eulx auquel elle sera adjugée. Ce que je remects entierement à vostre prudente conduicte, me promettant que vous leur remonstrerés à l'un et à l'aultre ce qui est de leur debvoir, et la voye qu'ils doibvent tenir pour sortir de ceste affaire. Vous verrés, par l'advis que je vous envoye, ce qui s'est passé devant Bosleduc[1]. Je partiray de ceste ville dans quatre ou cinq jours pour m'en aller vers Paris, où me promettant de vous voir bien tost, je finiray la presente : priant Dieu qu'il vous ayt, mon Cousin, en sa saincte et digne garde. Escript à Caen, le xve jour de septembre 1603.

HENRY.

POTIER.

[1603.] — 15 SEPTEMBRE. — IIme.

Orig. autographe. — Biblioth. impér. de Saint-Pétersbourg, Ms. 886, lettre 48.
Copie transmise par M. Allier.

A MADAME DE MONTGLAT.

Madame de Montglat, J'ay esté bien ayse d'entendre par les vostres, et despuis par l'arrivée du s[r] de Parabere, des nouvelles de mon fils, de ma fille et de mes aultres enfans, et me faictes plaisir de m'en mander souvent. J'espere le voir bien tost, Dieu aydant, car je fais estat d'estre à Sainct-Germain vers la fin de ce mois, où je seray fort joyeux de le trouver aussy joly comme tous ceulx qui le voyent le rapportent qu'il est. Je me suis un peu trouvé mal tous ces jours passez[1]; maintenant je me porte mieulx. Je ne vous le recommande point ny ma fille, pour ce que je m'asseure qu'ils le vous sont assez,

---

[1] Le prince Maurice avait échoué dans son entreprise contre cette ville.

---

[1] « Le Roy fut malade en ce temps à Rouen, d'un grand devoiement jusques au sang, que les medecins disoient provenir de trop d'huistres à l'escaille qu'il avoit mangées. » (*Supplém. au Journal de Lestoile*, au mois de septembre 1603.)

mais bien je vous prieray de leur faire mes recommandations, et Dieu vous avoir, madame de Montglat, en sa saincte et digne garde. Ce xve septembre, à Caen.

HENRY.

1603. — 17 SEPTEMBRE.

Orig. — Arch. municipales de Saint-Quentin. Copie transmise par M. Eugène Janin.

A MONS[R] LE VICOMTE D'AUCHY,
GOUVERNEUR DE MA VILLE DE SAINT-QUENTIN.

Monsr le vicomte, J'ay veu par les lettres qui vous ont esté escriptes par les mayeur et eschevins de ma ville de Sainct-Quentin, la plaincte qu'ils font de ce que le s[r] du Terail[1], commandant à la compagnie de mon fils le Dauphin, a voulu donner, et de faict a donné le mot du guet en la dicte ville, depuis qu'il est entré en icelle avec la dicte compagnie, en vostre absence et de vostre lieutenant, et le prejudice qu'ils pretendent estre faict à leurs privileges et reglemens par ce moyen. Ceste contention ne seroit arrivée si vous ou vostre lieutenant y eussiés esté, comme à la verité vous deviés l'un ou l'autre, affin qu'en ces changemens de garnisons toute occasion de desordre cessast, comme elle pouvoit par vostre presence et auctorité ou celle de vostre lieutenant. C'est pourquoy sera à propos que vous y en alliés l'un ou l'autre, notamment pour faire entendre aux dicts mayeur et eschevins, ma volonté estre que le dict s[r] du Terail donne le mot, vous ou vostre lieutenant absent, sans que cela tire à consequence pour quelques autres que ce soyent, ne pouvant estre leurs privileges en cela diminuez ou alterez, attendu la qualité du dict s[r] du Terail, ayant charge de la conduite de la compagnie de mon dict fils le Dauphin, le lieutenant de laquelle a cest honneur de commander à toutes autres compagnies de gendarmes, avec d'autres prerogatives qui ne

---

[1] C'est probablement Jean de Combourcier, seigneur du Terraïl en Dauphiné et de Moissac en Auvergne, vicomte de Ravel, qui devint lieutenant général des armées du Roi, au gouvernement de la basse Auvergne, et fut tué au siége de Mardick.

peuvent faire consequence pour d'autres cappitaines de gens de cheval ou de pied.

Quant aux fournitures qui leur ont esté demandées, je ne veulx et n'entends qu'ils soyent tenus à aulcunes, qu'en payant raisonablement de gré à gré, selon le commandement et ordre que j'en donne presentement au dict s^r du Terail, lequel, je m'asseure, n'y fera faulte d'y obeir et se conformer. Pour le regard des logis, le departement s'en doibt faire à l'accoustumée par le mareschal des logis de la dicte compagnie, avec l'advis, presence et assistance des mayeur et eschevins ou de leur fourier, ou autres ayant ceste charge de leur part. Les logis demeureront neantmoins pour ceste heure en l'estat qu'ils sont, si ce n'est pour exempter les officiers de la justice et de la ville; en quoy j'auray fort agreable que l'on donne ce que leur fidelle affection à mon service merite de contentement. M'asseurant du soing que vous en aurés, je prieray Dieu qu'il vous ayt, Monsr le vicomte, en sa saincte garde. Escript à Caen, le xvij^e jour de septembre 1603.

HENRY.

POTIER.

1603. — 27 SEPTEMBRE.

Orig. — Arch. du grand-duché de Hesse-Cassel.
Imprimé. — *Corresp. inédite de Henri IV avec Maurice le Savant,* publiée par M. DE ROMMEL, p. 139.

[AU LANDGRAVE DE HESSE.]

Mon Cousin, J'ay esté tres aise d'entendre de vos nouvelles par le cappitaine Widemarker, qui m'en a rendu tres bon et fidel compte, comme je me promets qu'il fera en vostre endroict de tout ce dont je l'ay chargé. Par tant je me contenteray vous asseurer, par la presente, de la continuation de ma bonne volonté et desir que j'ay qu'il se presente occasion de la vous tesmoigner par toutes sortes de bons effects. Je vous prie aussy de continuer à m'aimer et respondre pour moy partout où besoin sera, que je ne manqueray jamais d'affection envers mes amys, ny de souvenance et recognoissance des plaisirs que j'en ay receus au besoin que j'en ay eu, quoy que donnent à entendre aucuns qui s'efforcent à descrier mes actions pour couvrir leurs faultes. Le dict Widemarker vous dira le surplus, et je vous prie me faire sçavoir vostre advis et response sur les poincts qu'il vous representera de ma part, le plus tost qu'il vous sera possible; et je vous advertiray, finissant la presente, de la reception de la vostre du xxive du mois de juillet, receue par le messager qui vous porta la mienne du xve du dict mois. Je prie Dieu, mon Cousin, qu'il vous ayt en sa saincte garde et protection. Escript à St Germain en Laye, le xxvij^e jour de septembre 1603.

HENRY.

[1603. — 28 SEPTEMBRE.]

Cop. — B. N. Fonds Brienne, Ms. 39, fol. 250 verso.

[A M. DE BEAUMONT.]

Monsr de Beaumont, Je vous escris la presente plus pour vous asseurer de mon arrivée en ce lieu en bonne santé, graces à Dieu, et de la reception de vostre lettre du xiie de ce mois, apportée par la Pierre, qui arriva icy le xxve, que pour autre subject que j'aye de vous faire aucun commandement; car je n'ay rien à vous ordonner sur vostre dicte lettre, qui m'a delivré de la peine où j'estois pour le long temps qui s'estoit passé sans en recevoir, craignant qu'il fust arrivé quelque accident en vostre maison durant ceste contagion, qui vous retinst d'escrire, de quoy j'ay esté tres aise d'estre esclaircy, comme de la bonne reception faicte par le roy d'Angleterre, mon bon frere, au s^r de Vitry, et qu'il l'ayt bien contenté par ses discours et actions au faict de la chasse; car je l'avois envoyé vers luy pour cela, comme pour luy tesmoigner de plus en plus la continuation de mon amitié par ceste amiable et familiere communication de l'exercice qui nous est le plus agreable et affectionné. J'attendray doncques le retour du dict s^r de Vitry en bonne devotion, pour sçavoir par son rapport comme ils en vont par delà, mais principalement encore comment se porte mon dict frere, auquel je souhaite toujours autant de contentement et felicité qu'à moy-mesmes. C'est pourquoy je suis marry quand je sçay qu'il s'adonne tant au plaisir de la chasse, qu'il en oublie ses affaires; car il est à craindre que ceulx auxquels il s'y confie et remet du tout, preferent leurs passions et interets particuliers au bien et advantage de la cause commune, et que sur cela il tombe en mespris envers les siens et face quelque faute, par simplicité ou autrement, prejudiciable pour luy et pour ses voisins, sur l'arrivée par delà de l'ambassadeur d'Espagne, ainsy que vous remarqués tres sagement par vostre dicte lettre.

Or j'espere sçavoir par vos premieres comment aura esté receu le dict ambassadeur, quelle aura esté sa proposition et ce qui en sera succedé, approuvant que vous vous soyés abstenu de faire parler au s^r Foy, par le s^r de Vitry, de la signature de nos articles comme de la levée des troupes par luy promises aux Estats, et des vaisseaux conduicts à Gravelines et à Calais, par les raisons portées par vostre dicte lettre, me confiant tant de vostre jugement, affection et fidelité, que je vous permets de vous conduire en l'execution de mes commandemens ainsy que vous adviserés estre pour le mieux. Et puisqu'il vous a asseuré qu'il ne traictera rien avec le dict ambassadeur sans mon advis et mon sceu, nous verrons comment il en usera, estimant qu'il est meilleur de luy laisser la liberté entiere de le faire, que de l'en solliciter davantage; car s'il peut tomber d'accord avec le roy d'Espagne et les archiducs à conditions qui le contentent, il n'attendra mon advys pour s'en resoudre, et quand j'entreprendrois de l'en divertir, il y auroit peu d'esgard. Si au contraire il ne peut obtenir d'eux ce qu'il desire, il est meilleur qu'il rompe avec eux sans moy que par mon conseil; et neantmoins je ne manqueray, non plus en ceste occasion qu'en toute autre, au devoir de l'amitié que je luy ay promise; car je luy diray et conseilleray tousjours franchement et sincerement ce que j'estime luy estre honorable et utile.

Ce chevalier Anthoni Standen, que je vous ay escript avoir passé par icy il y a quelque temps pour aller en Lorraine et en Italie, a publié partout que son maistre n'estoit non plus François qu'Espagnol; qu'il a desclaré à l'ambassadeur des Estats qu'il les tient pour rebelles, s'est vanté qu'il avoit en charge me demander un million d'or, qu'il dict que je doibs au dict roy d'Angleterre, que vous avés faict par mon commandement de mauvais offres contre luy, incontinent aprés le deceds de la feue royne d'Angleterre, dont il est fort piqué, encore qu'il feist semblant de l'avoir oublié. Mais ce que j'ay trouvé plus estrange est qu'il a dict à plusieurs que le marquis de Rosny avoit faict tous ses efforts pour porter le dict roy à la guerre contre l'Espagnol, offrant luy entretenir six mille hommes de pied et deux mille chevaux, qui est une indiscretion et malice indigne d'un serviteur et ministre d'un prince qui faict telle profession d'amitié et de bonne intelligence avec moy que faict le dict roy d'Angleterre, et auquel il n'importe moins qu'à moy que chacun croye et sçache estre telle que nous la professons, mesmement devant que d'estre d'accord avec le dict roy d'Espagne. Toutesfois je n'estime pas que vous deviés en faire plaincte de ma part au dict roy, car telles choses meritent d'estre plus mesprisées que relevées; et d'autant plus que la demonstration que je ferois d'en estre indigné, n'effaceroit ny l'opinion ny les effects de tels propos, et donneroit peut-estre subject d'en discourir diversement. Mais vous pouvés de vous-mesmes representer au dict roy les beaux comptes du dict Standen, comme s'ils vous avoient esté escripts d'Italie; surtout il s'est fort estudié de faire croire que les archiducs ny aucuns de leurs serviteurs n'ont eu intelligence avec les prisonniers accusez d'avoir conspiré contre le dict roy, ainsy qu'il faict croire de descharger de blasme et d'imprudence la resolution que le conseil d'Angleterre a pris de faire la paix avec eux à quelque prix que ce soit.

J'ay commandé aussy vous estre envoyé un extrait de la derniere lettre que m'a escripte mon ambassadeur à Rome, faisant mention des propos qu'il avoit eus avec le Pape concernant le dict roy d'Angleterre, affin que vous sçachiés les bons offices que je continue à faire au dict roy envers luy, et la moderation et droicte intention que y apporte Sa Saincteté, pour luy representer l'un et l'autre, ainsy que jugerés estre à propos pour valoir et servir à ce que vous sçaurés estre de mes intentions: priant Dieu, Monsr de Beaumont, qu'il vous ayt en sa saincte et digne garde.

HENRY.

1603. — 7 OCTOBRE.

Orig. — Archives royales de Sardaigne. Envoi de M. l'ambassadeur de France à Turin.

A MON FRERE LE DUC DE SAVOYE.

Mon Frere, Ceste lettre vous sera rendue par mon cousin le comte de Laval, lequel s'en allant en Italie pour estre un jour plus capable de me faire service, a desiré passer par la Savoye pour avoir l'honneur de vous saluer; l'ayant bien voulu accompagner de ceste-cy pour luy donner accés auprés de vous et vous prier, comme je fais, de le voir de bon œil, et l'avoir au surplus en toute bonne et favorable recommandation. Et quand il se presentera occasion de m'en revancher à l'endroict de ceux qui me seront recommandez de vostre part, je le feray bien volontiers, ainsy que vous cognoistrés par effect: priant Dieu, mon frere, qu'il vous ayt en sa saincte garde. Escript à Paris, le vij^e jour d'octobre 1603. Vostre bon frere,

HENRY.

1603. — 6 NOVEMBRE.

Orig. — Archives du grand-duché de Hesse-Cassel.
Imprimé.—*Corresp. inédite de Henri IV avec Maurice le Savant,* publiée par M. DE ROMMEL, page 142.

[AU LANDGRAVE DE HESSE.]

Mon Cousin, L'on discourt si diversement de ce qui se passe et faict en Allemagne, qu'il faut que j'aye recours à vous pour en estre esclaircy, en attendant que je renvoye par delà un de mes serviteurs, comme delibere faire au plus tost. Car les uns disent qu'on doibt envoyer bien tost des ambassadeurs, au nom de l'Empereur et de l'Empire, vers les Estats des Pays-Bas, pour les exhorter de s'accorder avec l'archiduc Albert, et, à faute de ce faire, les menacer du ban et des armes de l'empire. Les autres, au contraire, asseurent que le duc de Bouillon a tant faict envers les princes protestans, qu'ils ont resolu de secourir l'année prochaine les dicts Estats des Pays-Bas de certaines forces de cheval et de pied, et d'en donner la charge et conduicte au dict duc de Bouillon; et quelques-uns veulent que je croye que la dicte levée de gens de guerre se fera plus contre moy et mon Royaume, en faveur du dict duc de Bouillon, que pour secourir les dicts Estats des Pays-Bas, tant pour l'assister en la pretendue justice de sa cause, que pour demander et poursuivre par les dictes armes le payement des deniers que je doibs en Allemagne. En quoy ils adjoustent que aulcuns factieux de mon Royaume doibvent pour cest effect leur donner assistance et prester la main. Or, encores que d'un costé je ne puisse croire que les dicts princes voulussent assister le dict duc de Bouillon en une cause si injuste qu'est la sienne, ny entreprendre de venir en mon Royaume avec armes, soubs pretexte de demander leurs debtes, et d'aultre part que je redoubte fort peu ces menaces et entreprises, esperant que Dieu me donnera tousjours le moyen de faire repentir ceux qui en seront les auteurs ou fauteurs et executeurs, quels qu'ils puissent estre, toutesfois, faictes-moy ce plaisir de me mander ce que vous en sçaurés. C'est un office que je me promets de vostre affection au bien de ma Couronne, et pareillement de l'interest que vous avés à tout ce qui me touche, pour l'amitié que je vous porte, pour laquelle je sçay que aulcuns s'estrangent de vous et ne vous voyent de si bon œil qu'ils souloient. Mais j'espere que le temps et vostre vertu vous en feront la raison; et ceux-là recognoistront et discerneront quelque jour la verité d'avec le mensonge, et la difference qu'il y a de l'amitié du roy de France, leur ancien et loyal amy, à celle de un particulier accusé du crime de leze-majesté, qui refuse de se justifier par la voye de la justice, et qui mesprise la clemence de son souverain. Mais quiconque entreprendra de me demander ce que je luy doibs par la voye des armes, me trouvera plus prest de le combattre que de le payer, et de l'aller chercher en sa maison que de l'attendre en la mienne. Au contraire je ne seray content et n'auray repos en mon esprit, que je n'aye contenté en une sorte ou autre ceux de mes dicts creanciers qui s'accommoderont à la necessité de mes affaires, et se confieront pour ce regard en moy, et s'attendront de recevoir de ma gratitude et bonne foy les effects d'un prince qui a son honneur et sa parole en singuliere recommandation.

Mon Cousin, tout ainsy que je vous ay ouvert mon cœur en toutes matieres et affaires quand vous avés esté auprés de moy, il faut que je continue encore à vous discourir librement, par mes lettres et escripts, de semblables occurrences, vous priant de croire que j'useray de vostre response avec telle discretion, que vous cognoistrés combien je prise vostre amitié et ce qui vient de vostre part.

Le roy d'Espagne envoye en Flandres le connestable de Castille, pour estre chef de la negociation de la paix qu'il pretend faire avec le roy d'Angleterre en faveur, dit-on, d'un des archiducs, et particulièrement de l'archiduc Albert, que les Espagnols retireroient volontiers, soubs couleur de ceste dignité, des Pays-Bas[1]; mais quelques-uns ont opinion que la negociation se fera pour la personne mesme du roy d'Espagne, comme s'il desiroit adjouster ce titre à ceux qu'il possede, pour gagner la precedence sur ceux qui marchent à present devant luy. Mais j'adjouste peu de foy à ceste opinion. Or ce qui me contente le plus est que le roy d'Angleterre m'a fait asseurer de nouveau par son ambassadeur qu'il ne fera aucun contrat avec l'Espagnol, prejudiciable à l'alliance que nous avons ensemble ny aux Estats des Pays-Bas; car cela estant, les dicts Espagnols ne feront pas de mal. Je vous en donneray advis à mesure que je sçauray ce qui s'y advancera. J'attends aussy vostre response sur ce que je vous ay faict sçavoir par Widemarkre sur le faict de Suede, que j'ay commandé au dict Widemarkre vous rememorer. Je ne veux obmettre encore à vous

---

[1] Voyez ci-dessus la lettre du 28 septembre à M. de Beaumont.

faire sçavoir que aucuns publient que l'electrice Palatine me veut venir trouver pour me parler des affaires du dict duc de Bouillon, quoique je vous prie aussy me mander ce que vous sçaurés : priant Dieu, mon Cousin, qu'il vous ayt en sa saincte et digne garde. Escript à Fontainebleau, le vi^e jour de novembre 1603.

HENRY.

1603. — 10 NOVEMBRE.

Orig. — Arch. de M. de Couhé-Lusignan. Copie transmise par la société des Antiquaires de l'Ouest.

A MONS^R DE FRESNES CANAYE,
CONSEILLER EN MON CONSEIL D'ESTAT ET MON AMBASSADEUR À VENISE.

Monsr de Fresnes Canaye, J'ay esté supplié de vous escrire ceste lettre en faveur du s^r Ortoya Tandini, gentilhomme de Creme, qui a esté banni pour vingt ans de son pays et du territoire de Creme par les recteurs de Bresse, comme juges deleguez par le conseil des Dix de Venise, pour avoir fait evader des mains de la justice un sien frere que l'on menoit en prison pour avoir porté les armes; et parce que le dict Tandini a bien merité de ma recognoissance, pour m'avoir, pendant toutes ces guerres, bien et utilement servy, et encore dernierement au siege d'Amiens, je serois bien aise que vous faciés office de ma part à l'endroict de ces Seigneurs, pour moyenner qu'il puisse estre appellé du bannissement; mais j'entends que ce soit en cas que vous jugiés que ceste poursuite soit bien receue par delà, et que les dicts Seigneurs se disposent à me donner ce contentement, et vous me ferés service bien agreable : priant Dieu, Monsr de Fresnes Canaye, qu'il vous ayt en sa saincte et digne garde. Escript à Fontainebleau, le xe jour de novembre 1603.

HENRY.

DE NEUFVILLE.

1603. — 12 NOVEMBRE.

Orig. — Arch. de la ville de Gênes. Envoi de M. l'ambassadeur de France à Turin.

A NOS TRES CHERS ET BONS AMYS LES GOUVERNEUR ET CONSEIL DE LA CITÉ ET REPUBLIQUE DE GENNES.

Tres chers et bons amys, Le s^r d'Auvergne, lieutenant de la compagnie de cent hommes d'armes de nos ordonnances, qui est soubs la charge de nostre cousin le s^r d'Ornano, mareschal de France, nous ayant faict entendre que pour quelqu'accident à luy survenu, il auroit par vostre jugement esté banny des terres de vostre souveraineté et ses biens confisquez, et despuis vous luy auriés accordé son rappel, ne restant plus qu'à le relever de la dicte confiscation et le remettre en ses biens; et nous ayant demandé congé de faire un voyage par devers vous pour vous en supplier et requerir, nous avons bien voulu, en luy accordant le dict congé, l'accompagner de celle-cy pour vous informer des bons et grands services que nous avons de long temps receus de luy, tant en la dicte charge qu'il a de present qu'en beaucoup d'aultres qui luy ont esté commises, qui nous donnent occasion de le gratiffier de tout ce qui despendra de nous et luy procurer de nos bons amys la grace qu'ils luy peuvent faire. C'est pourquoy, vous tenans et reputans pour tels, nous vous prions de toute nostre affection que vous veuillés, en nostre recommandation, favoriser le dict d'Auvergne de la grace qu'il a à desirer de vous, vous pouvant asseurer que vous ferés en cela chose qui nous sera fort agreable et dont nous prendrons volontiers revanche quand il y aura lieu de faire pour vous ou en vostre recommandation. Sur ce, nous prions Dieu, Tres chers et grands amys, vous avoir en sa saincte garde. Escript à Fontainebleau, le xij^e novembre 1603.

HENRY.

FORGET.

[1603. — 15 NOVEMBRE.]

Cop. — B. N. Fonds Brienne, Ms. 39, fol. 310 verso.

[A M. DE BEAUMONT.]

Monsr de Beaumont, Le connestable de Castille ne doit arriver que demain à Bayonne; sa suite est grande et pesante, estant portée sur mules de louage, tellement que ce sera tout ce qu'il pourra faire d'arriver à Paris le xve du mois prochain, où il s'arrestera quelques jours, s'il est vray, comme il m'a esté escript, qu'il ayt charge de negotier avec moy. De là il faudra qu'il passe vers les archiducs, pour leur faire entendre les volontez de son roy et informer des leurs, tant sur ce qu'il leur proposera que sur la negociation d'Angleterre, où pour ceste occasion il sera difficile qu'il comparoisse, s'il veut y aller en personne, plus tost qu'à la fin du mois de janvier. Mais il suffit premierement qu'il ayt publié sa venue, qu'il soit depuis party, et que le monde soit remply de l'esperance de sa negociation et des signalez et glorieux effects qu'elle doibt esclorre. L'on continue à dire qu'ils renvoyent les archiducs en Espagne, où ils seront faits roys de Valence, qu'il fera un roy des Romains, et qu'il concluera la paix d'Angleterre, en laquelle il s'attend que les Estats n'oseront faillir d'entrer. Il doibt aussy me donner toute sorte de satisfaction de l'amitié de son maistre, et en somme faire changer de face aux affaires de toute la Chrestienté. J'ay appris par une lettre du xxviie du mois passé, que j'ay receue le xe du present, avec quelle impatience le roy d'Angleterre reçoit les longueurs et artifices des autres, mais estant dedans leurs filets engagé comme il est, il faudra bien qu'il en avale et endure d'autres, comme vous lui avés predict, et qui pis est, je prevois que la necessité de ses affaires, qui croistra, et son gouvernement fortifié de l'inclination de ceux qui le conseillent, le reduira à la fin à recevoir des dicts Espagnols telles conditions qu'ils voudront, jusques à abandonner, pour les contenter, ses anciens et plus asseurez amys, soubs pretexte de contracter avec luy une alliance parfaicte et utile.

Le nonce qui est icy a entrepris de luy escrire et traiter avec luy les affaires des catholiques, à leur instance et priere, pour monstrer la cognoissance de ceste practique et en faire avoir le gré et la gloire aux dicts Espagnols, lesquels publient jà partout que le dict roy leur a promis de mieux traicter les dicts catholiques, et qu'ils ont commencé par ce point leur negociation avec luy, comme ceux qui preferent la propagation de la religion à toute autre consideration. Car le Pape avoit asseuré mon ambassadeur vouloir s'y conduire entierement par mon conseil et seule entremise; et neantmoins le dict nonce m'a celé la lettre qu'il a escripte au dict roy d'Angleterre et la proposition que vous me mandés qu'il luy a faicte. Je desire fort estre informé au vray de la teneur de la dicte lettre et de la dicte proposition, estimant que le dict nonce, qui s'entend avec les dicts Espagnols, s'efforcera de faire rencontrer la resolution du dict roy d'Angleterre en faveur des dicts catholiques avec celle de la paix qu'ils poursuivent, pour pouvoir s'en dire aucteurs, et en ce faisant, acquerir la bienveillance des dicts catholiques et s'accrediter tousjours davantage à Rome : ce que vous ferés entendre au dict roy, affin qu'il y prenne garde et y remedie comme il convient pour la seureté de son Estat, car il est certain que les dicts Espagnols buttent non seulement à faire la paix avec luy et mesme le separer d'avec moy et les Estats, mais aussy de dresser et bastir une telle practique pour tous ces prestres, par le moyen des dicts catholiques et de leur argent, qu'il ne soit puis aprés au pouvoir du dict roy d'Angleterre de leur mal faire et renoncer à leur alliance, quelque incommodité et prejudice qu'il en reçoive. Et comme ils ont, pour ce faire, plus de confiance et creance aux catholiques et Jesuistes, qui sont repandus en grand nombre au dict pays, pour estre quasy tous sortis des seminaires qu'ils ont establis et entretenus curieusement en Espagne et en Flandres exprés depuis xxx ou xl ans, ils se garderont bien, quelques offres qu'ils facent faire par le dict nonce au dict roy, de retirer ceux-là des dicts pays; au contraire, ils mettront peine d'en accroistre le nombre secretement, faisant semblant de faire le contraire, mais qu'ils feront tomber sur les prestres apparans et seculiers qui ne sont à leur devotion, le ban qui sera requis et promis contre les autres, si le dict roy d'Angleterre les laisse faire, et adjouste foy à leurs paroles et promesses. Vous luy dirés que j'affectionne tant son bien et recognois aussy estre si interessé à le procurer, et veiller avec luy pour l'advancement d'iceluy, que j'ay estimé luy devoir faire representer par vous les dicts inconveniens, affin qu'il ne s'y laisse surprendre. Neantmoins advisés à faire cest office de façon que cela ne le degouste et refroidisse de bien faire aux catholiques, s'il y a autant d'inclination comme aucuns le publient; mais tant s'en faut que j'augure du denombrement general qu'il a commandé estre faict des dicts catholiques, qu'il veuille faire pour eux, que j'en crains tout le contraire : enfin je veux que vous continuiés à favoriser les dicts catholiques tant qu'il vous sera possible, sans offenser le dict roy d'Angleterre ny prejudicier à mes affaires. Et combien que j'aye assés obligé l'ordre des dicts Jesuistes, les reintegrant en mon Royaume[1], et que je ne doubte point que mes subjects de ceste societé ne le recognoissent comme ils doibvent, en affectionnant mon contentement autant que la profession qu'ils font leur permettra, toutesfois despendant entierement de leurs superieurs comme ils font tous, lesquels sont estrangiers, plus affectionnez aux Espagnols qu'à moy, il ne faut pas s'attendre que je puisse par le moyen des Anglois disposer ceux qui sont en Angleterre de s'accorder avec les apparans, sinon à l'advantage de ceux-là. Je sçay qu'ils sont si animez, à cause de leur appellation, qu'il sera difficile qu'ils s'accommodent jamais, s'ils ne s'assubjectissent entierement à leurs volontez. Que je sçache doncques ce qui reussira de la practique et negociation du dict nonce, et par qui il la fera conduire; si ce sera tousjours par les mains de l'ambassadeur Parrey qu'elle passera ou par aultre.

Vostre response à la royne, quand elle vous a parlé du mariage du prince de Galles et des propos tenus sur cela par l'ambassadeur d'Espagne, m'a esté fort agreable, car il faut conduire dignement ceste action, en leur faisant apparoir que j'y procede avec plus d'affec-

---

[1] Voyez ci-après la lettre au général des Jésuites, du 19 novembre, et au 24 décembre la réponse du Roi aux remontrances du parlement.

tion et de franchise que d'artifice, comme font les dicts Espagnols, m'advertissant diligemment de tout ce qui viendra à vostre cognoissance de ce faict-là comme de tous les autres. Je prie Dieu, Monsr de Beaumont, qu'il vous ayt en sa saincte garde.

HENRY.

1603. — 19 NOVEMBRE.

Imprimé. — *Histoire religieuse, politique et littéraire de la compagnie de Jésus*, par M. CHRÉTINEAU-JOLY. Paris, 1844, in-8°, t. III, p. 42.

[AU GÉNÉRAL DES JÉSUITES [1].]

Monsr le general, J'ay embrassé avec affection le restablissement en mon Royaume de vostre religion [2], meu de consideration d'un prince tres chrestien qui desire l'advancement de la gloire de Dieu et de la prosperité de son Estat. J'ay en suite de cela pris en tres bonne part ce que vous avés representé à mon cousin le cardinal d'Ossat et à mon ambassadeur sur aucuns articles des conditions opposées à la dicte restitution, ensemble la lettre que vous m'avés escripte sur ce subject le xxie du mois passé; et d'autant que l'un et l'autre vous feront entendre mon intention sur cela, je m'en remettray à eux, vous priant

---

[1] Claude d'Aquaviva d'Aragon, quatrième fils de Jean-Antoine d'Aquaviva d'Aragon, duc d'Atri, comte de Gioia, et d'Isabelle Spinelli, fut d'abord camérier du pape Pie V. Il entra chez les Jésuites en 1567, devint successivement provincial de Naples, puis de Rome, et, en 1581, succéda au P. Éverard Mercurien comme général de l'ordre, qu'il gouverna trente-quatre ans. Il mourut en 1615, à l'âge de soixante et douze ans.

[2] Pendant son séjour à Metz, Henri IV accueillit très-gracieusement le P. Armand, provincial des Jésuites, et, à sa prière, lui permit d'aller l'attendre à Paris avec le célèbre P. Cotton. L'influence que ce dernier acquit bientôt sur l'esprit du Roi et le crédit de la Varenne, grand partisan de cette puissante compagnie, achevèrent de décider Henri IV, déjà bien disposé depuis quelque temps pour les Jésuites, à les rappeler en France. Il rendit un édit en conséquence au mois de septembre, à Rouen. Le parlement, après avoir résisté pendant trois mois, pressé impérativement d'enregistrer, adressa des remontrances au Roi, par la bouche du premier président, le 24 décembre; mais, sur l'ordre plusieurs fois réitéré de S. M., il enregistra l'édit le 2 janvier 1604.

leur adjouster foy comme à moy-mesme et croire que j'ay si à cœur leur restablissement, que je ne seray content que je ne l'aye conduict à sa perfection. Par tant je desire que vous vous en reposiés sur moy, qui ay, avec la bonne volonté, meilleure cognoissance que personne de ce qui convient faire pour cest effect. Je prie Dieu, Monsr le general, qu'il vous ayt en sa saincte et digne garde. Escript à Fontainebleau, le xixe novembre 1603.

HENRY.

1603. — 7 DÉCEMBRE.

Orig. autographe. — B. N. Fonds Béthune, Ms. 9088, fol. 3.
Cop. — Suppl. fr. Ms. 1009-2.

A MON COMPERE LE CONNESTABLE DE FRANCE.

Mon Compere, J'ay receu la vostre par la Croix. Je vous sçay bon gré de l'offre que vous m'avés envoyé faire par luy; ce qui m'a empesché de vous rien escrire du bruit qui court de m^r de Bouillon, est que je ne puis croire qu'il ayt prins le conseil et la resolution que l'on me mande, pour ce que c'est la pire qu'il eust sceu prendre, et que j'attendois, avant que de vous en escrire, avoir de ses nouvelles. Cependant, affin que son allée en Languedoc n'apportast aucune alteration au bien de mes affaires et service, j'ay depesché m^r de la Force en Guyenne, vers m^r le mareschal d'Ornano, et Pycheron en Languedoc, vers m^r de Vantadour, et Materet en Foix, pour donner advis à tous mes serviteurs de ce qui s'est passé jusques icy, et les advertir de se tenir sur leurs gardes et empescher que sa presence en ce pays-là, si tant est qu'il y aille, n'altere le repos de mes subjects, et de s'opposer à luy s'il le vouloit troubler. Vous me ferés service tres agreable d'escrire le mesme au dict s^r de Ventadour et aux villes de vostre gouvernement. Aussy tost que j'auray de ses nouvelles, je vous en manderay. J'acheve aujourd'hui une diette que j'ay faicte parce que je me trouvois tout mal; j'en sens desjà du soulagement et espere de m'en porter mieulx, Dieu aydant : lequel je prie vous avoir en sa saincte et digne garde. Le vij^me decembre, à Fontainebleau, 1603.

HENRY.

[1603. — 20 DÉCEMBRE.] — Ire.

Cop. — Musée britannique, biblioth. Harléienne, Ms. 1760, art. 13. Transcription de M. Delpit, autre copie envoyée par M. l'ambassadeur. — Cop. B. N. Fonds Bréquigny, Ms. 100.
Imprimé. — *Lettres de Henri IV,* publiées par L. N. P. 1814, in-12, p. 137.

A MONSIEUR MON FRERE LE ROY D'ANGLETERRE ET D'ESCOSSE.

Monsieur mon Frere, Le s^r de Vitry m'ayant dict, à son retour d'Angleterre, que vous desiriés avoir des chevaux dressez et un escuyer choisy de ma main, pour aider à monter à cheval mon cher nepveu, vostre fils, j'ay fait election de celuy que vous presentera mon ambassadeur avec ma lettre, pour l'avoir recogneu expert au mestier, de bonnes mœurs et loyal, et tel en verité que je le vouldrois donner à mon propre fils. Aussy tiens-je le vostre en ce rang-là, et n'affectionne moins sa bonne education et sa prosperité que celle du mien. Je luy ay commandé le servir comme cela et de vous obeir entierement : de quoy je me promets qu'il s'acquittera fidelement. Je vous prie doncques de recevoir son service et les chevaulx qu'il vous presentera de ma part, à l'egal de ma bonne volonté, qui n'a aultre but que de vous tesmoigner, en ceste occasion comme en toutes autres, la perfection de l'amitié fraternelle que continue à vous porter et desire rendre perdurable

Vostre tres affectionné bon frere, cousin
et ancien allié,
HENRY.

[1603. — 20 DÉCEMBRE.] — II\ :sup:`e`.

Cop. — B. N. Fonds Brienne, Ms. 39, fol. 257 recto.

[A M. DE BEAUMONT.]

Monsʳ de Beaumont, L'escuyer Sᵗ-Anthoine sera porteur de la presente et de celle que je vous envoye pour le roy d'Angleterre mon bon frere, par laquelle vous verrés ce que je luy mande de la bonne opinion que j'ay du dict Sᵗ-Anthoine, le tesmoignage que je luy en rends, et les asseurances que je luy donne de sa fidelité et du bon devoir qu'il fera de l'obeir, et servir mon nepveu son fils. Vous le presenterés à l'un et à l'autre, et leur confirmerés de ma part tout ce que j'en escris à mon dict frere, luy disant que si j'eusse cogneu en mon Royaume un homme faisant ceste profession, plus propre pour l'effect auquel on le veut employer, je luy eusse envoyé, tant je desire favoriser la bonne education de son fils, que j'aime et cheris comme celuy que Dieu m'a donné, et veux luy tesmoigner en toutes occasions combien j'affectionne son contentement, accroistre et perpetuer nostre amitié et bonne intelligence. Le dict Sainct-Anthoine luy presentera les chevaux que je luy envoye, et luy fera voir ce qu'ils sçavent faire. Si j'en eusse pu recouvrer de plus propres pour le mestier auquel il les veut mettre, je les luy eusse envoyez encores plus volontiers. Au reste, j'ay commandé au dict Sᵗ-Anthoine de se conduire en la presentation des dicts chevaux et en tout ce qu'il aura à faire par delà ainsy que vous luy dirés de ma part. Je le vous recommande aussy, et me ferés service tres agreable d'avoir soing de luy et l'assister au besoin qu'il en aura. Il menne avec luy un tireur d'armes et un baladin[1], de la capacité et fidelité desquels il respondra, et auray plaisir que vous me mandiés le devoir qu'un chacun d'eux fera; et d'autant que je vous escrivis fort au long par vostre voye ordi-

---

[1] C'est-à-dire un maître de danse. Le mot restait usité en ce sens sous Louis XIV. Molière, donnant à un de ses fâcheux la manie de la danse, lui fait dire : Je me moque, pour moi, des maîtres baladins.

naire, et que je fais compte de vous renvoyer bien tost Dauval avec le pourtraict de la Royne ma femme, par lequel j'escriray à ma bonne sœur la royne d'Angleterre, je ne vous donneray autre charge par celle-cy que de presenter à ma dicte sœur, avec mes tres affectionnées recommandations et mon service, celuy du dict s* Sainct-Anthoine, et faire le compliment convenable envers le dict prince son fils et où besoin sera : priant Dieu, Mons* de Beaumont, qu'il vous ayt en sa saincte garde.

HENRY.

1603. — 24 DÉCEMBRE.

Imprimé. — *Histoire de Henri IV*, liv. III, par PIERRE MATHIEU, 1631, in-fol. p. 621;
Et *Histoire de France*, par le P. DANIEL, édit. de 1729, t. X, p. 355.

RÉPONSE DE HENRI IV AUX REMONTRANCES DU PARLEMENT SUR LE RÉTABLISSEMENT DES JÉSUITES [1].

Je vous sçay bon gré du soing que vous avés de ma personne et de mon Estat. J'ay toutes vos conceptions en la mienne, mais vous

---

[1] La harangue d'Achille de Harlay, à laquelle Henri IV fit cette réponse, est ainsi analysée par Pierre Mathieu :

« Quoique la cour fust advertie que ces remonstrances ne seroient agreables, elle ne voulut pourtant changer l'arrest de les faire..... Le premier president, accompagné, selon la coustume, des principaux du Parlement, vint trouver le Roy la veille de Noël sur les deux heures aprés midy, et parla trois quarts d'heure avec tant de grace et de gravité, que ceux qui aimoient et favorisoient la cause des Jesuistes trembloient que ces raisons ne fussent plus fortes que celles du Roy. C'estoit un recueil de tout ce qui avoit esté dit et escript contre eux, et en substance : « Qu'au colloque de Poissy l'ambition des Jesuistes fut cogneue et leur arrogance condamnée lorsqu'ils ne faisoient que naistre; que les ecclésiastiques se plaignoient d'eux, la Sorbonne ne pouvoit les souffrir, l'Université les tenoit prejudiciables à la jeunesse, et tous les trouvoient pleins d'artifice pour attirer les personnes et les biens des meilleures familles à leurs maisons et les peupler des plus beaux esprits; qu'ils estoient obligez d'un vœu particulier au Pape, observoient ric à ric leur institution, estoient instrument des conseils d'Espagne, avoient enfanté et nourry la Ligue jusques à la mort, enseignoient qu'il estoit loisible de tuer les roys, qu'ils appeloient tyrans, et qu'en suicte de ce on avoit attenté sur la personne de S. M. »

« Aprés une grande enumeration des

n'avés pas la mienne aux vostres. Vous m'avés proposé des difficultez qui vous semblent grandes et considerables, et n'avés sceu que tout ce que vous avés dict a esté pensé et consideré par moy il y a huict ou neuf ans, et que les meilleures resolutions pour l'advenir se tirent de la consideration des choses passées, desquelles j'ay plus de cognoissance qu'autre qui soit. On recognut à Poissy, non l'ambition des Jesuistes, mais leur suffisance, et je ne sçay comme vous trouvés ambitieux ceux-là qui refusent les dignitez et prelatures, et qui font vœu de n'y point aspirer. Pour les ecclesiastiques qui se formalisent d'eulx, c'est de tout temps que l'ignorance en a voulu à la science, et j'ay remarqué que, quand j'ay commencé à parler de les establir, deux sortes de personnes s'y opposerent particulierement : ceulx de la Religion et les ecclesiastiques mal vivans; et c'est ce qui les a faict estimer davantage. Si la Sorbonne les a condamnez, ç'a esté sans les cognoistre. L'Université a occasion de les regretter, puisque, par leur absence, elle a esté comme deserte, et les escholiers, nonobstant tous vos arrests, les ont esté chercher dedans et dehors mon Royaume. Ils attirent à eulx les beaux esprits et choisissent les meilleurs, et c'est de quoy je les estime. Je desirerois que l'on choisist les meilleurs soldats, et que nul n'entrast en vos compagnies qui n'en fust bien digne; que partout la vertu fust la marque et fist la distinction des hommes. Ils entrent comme ils peuvent : aussy font bien les autres; et suis moy-mesmes entré comme j'ay peu. Il faut advouer qu'avec leur patience et bonne vie ils viennent à bout de tout, et que

maux que la France avoit recogneus par le passé, et qu'elle apprehendoit pour l'advenir en la personne du Roy et au bien de son Estat par le moyen des Jesuistes, il finit par ces paroles : « Nous, qui sommes « vos tres humbles subjects, officiers et ser- « viteurs, n'avons peu vous taire le grand « danger où vous vous exposés, et vostre « Estat et vostre personne, en les rappel- « lant. Nostre conscience en eust esté char- « gée, et la posterité, qui sentira les effets « de leurs ruses et des artifices dont ils « sont pleins, en eust blasmé nostre me- « moire. C'est donc le bien de vostre Estat « et l'affection que nous devons tous avoir « à la conservation de vostre personne, « qui nous ont portez, sous vostre auctorité, « à les chasser loin de vous ; et les mesmes « raisons nous forcent maintenant à vous « supplier de ne trouver mauvais si nous « ne pouvons consentir à leur restablis- « sement. »

le grand soing qu'ils ont de ne rien changer ny alterer de leur premiere institution les fera durer longtemps.

Quant à ce qu'on reprend à leur doctrine, je ne l'ay peu croire, parce que je n'ay trouvé un seul d'un si grand nombre de ceux qui ont changé leur religion, qui ayt soustenu leur avoir ouy dire ou enseigner qu'il estoit permis de tuer les tyrans ny d'attenter sur les roys. Barriere ne fut pas confessé par un jesuiste en son entreprise, et un jesuiste luy dit qu'il seroit damné s'il osoit l'entreprendre. Quand Chastel les auroit accusez, comme il n'a faict, et qu'un jesuiste mesmes eust faict ce coup (duquel je ne me veux plus souvenir, et confesse que Dieu voulut alors m'humilier et sauver, dont je luy en rends graces), faudroit-il que tous les Jesuistes en pastissent, et que tous les apostres fussent chassez pour un Judas? S'ils sont obligez plus estroictement que les autres au commandement du Pape, c'est pour ce qui regarde la conversion des infidelles, et je n'estime pas que les vœux d'obeissance qu'ils font les obligent plus que le serment de fidelité qu'ils me feront. Mais vous ne dictes pas que l'on a trouvé mauvais à Rome que le cardinal Bellarmin n'a donné en ses escripts autant de jurisdiction et d'auctorité au Pape sur les choses temporelles que les autres luy en donnent ordinairement.

Il ne leur faut plus reprocher la Ligue; c'estoit l'injure du temps; ils croyoient de bien faire, et ont esté trompez comme plusieurs autres; je veux croire que ç'a esté avec moins de malice que les autres, et m'asseure que la mesme conscience, joincte à la grace que je leur fais, les rendra autant, voire plus affectionnez à mon service qu'à la Ligue. L'on dit que le roy d'Espagne s'en sert; je dis aussy que je veux m'en servir, et que la France ne doibt estre de pire condition que l'Espagne, puisque tout le monde les juge utiles. Je les tiens necessaires à mon Estat, et s'ils y ont esté par tolerance, je veux qu'ils y soyent par arrest. Dieu m'a reservé la gloire de les y restablir par edict. Ils sont nez en mon Royaume et sous mon obeissance; je ne veux entrer en ombrage de mes naturels subjects, et si l'on craint qu'ils communiquent mes secrets à mes ennemys, je ne leur communiqueray que ce que je voudray. Laissés-moy conduire cest affaire; j'en ay manié d'autres bien plus difficiles, et ne pensés plus qu'à faire ce que je vous dis.

[1603. — 28 DÉCEMBRE.] — Ire.

Cop. — B. N. Fonds Brienne, Ms. 39, fol. 369 recto.

[A M. DE BEAUMONT.]

Monsr de Beaumont, Chazeuïl, porteur de vostre depesche du xe de ce mois, est arrivé deux jours plus tost que celle du vi^e, laquelle ne m'a esté representée que le xxvie d'icelluy. Je n'ay rien à vous dire sur icelles, sinon que j'ay eu à plaisir d'estre informé particulierement de la procedure faicte contre les prisonniers chargez et convaincus d'avoir conspiré contre la personne du roy d'Angleterre mon bon frere et ses royaumes, du jugement qui s'en est ensuivy et des autres poincts deduicts de vos dictes lettres. Le dict Chazeuil m'a dict avoir depuis appris par les chemins que le dict roy a donné la vie aux mylords Cobain et Grey, aprés avoir permis qu'ils ayent esté amenez sur l'eschafaut, prests à recevoir le coup de la mort, et que Georges Brouc et Marken ont esté executez aussy bien que les deux prestres Watson et Clark; mais il ne m'a sceu dire ce que l'on a faict de Ralley, de quoy vos premieres nous esclairciront, comme je seray tres aise de l'estre des raisons qui ont meu le roy mon frere d'user de clemence envers les dicts mylords, la garde desquels en prison perpetuelle sera plus pernicieuse qu'utile. Toutesfois, comme ce sera chose resolue devant que vous receviés la presente, abstenés-vous de luy descouvrir ce que je vous en mande, luy disant seulement, s'il s'enquiert de vous ce qu'il m'en semble, que je vous ay escript que j'estime qu'il a voulu obliger les parens des dicts prisonniers et avoir plus d'esgard au present de ses affaires que au crime des dicts mylords, et que j'ay si bonne opinion de sa prudence et magnanimité, que je crois fermement qu'il n'aura pris ce conseil qu'avec grande et meure deliberation; tellement que je me promets qu'il ne luy en arrivera que tout bien. Il est vray que si l'ambassadeur d'Espagne les a recommandez et favorisez, comme l'on dit qu'il a faict, il faut croire qu'il a recogneu, auparavant faire plaisir au dict roy, de s'en entremettre et d'obliger à luy ceux qui ont poursuivy et desiré la dicte grace. A quoy j'adjousteray que c'est bien signe qu'il a grande creance par delà, ou que le dict roy et les siens craignent trop de le malcontenter, ayant un extresme desir et besoin de la paix. Quoy estant, je ne me puis persuader que le dict roy soit si entier et ferme qu'il vous promet sur les conditions d'icelle, ny qu'il attende mon advis devant que de la resouldre, ou ayt tel esgard à la conservation des Provinces-Unies qu'il le laisse entendre. Par tant prenés garde diligemment, car en verité telle procedure m'est suspecte. Neantmoins que le dict roy ne s'aperçoive que vous entriés en doubte des declarations qu'il continue à vous faire de la confiance qu'il veut avoir en moy et du fondement qu'il faict de mon amitié. Au contraire, donnés-luy plus grande occasion que jamais de croire qu'il doibt estre asseuré de ma sincerité en cest endroit comme je le suis de la sienne; et le confortés doucement à ne s'abandonner luy-mesme, non plus que ses bons amys et alliez, en ce traicté, luy remonstrant doucement les inconveniens qui en seront inevitables, si soubs quelque pretexte ou esperance que ce soit, il se laisse separer d'eux, comme y aspirent les Espagnols et leurs fauteurs.

Je vous ay adverty par mes dernieres que le nonce m'avoit descouvert et confié sa negociation avec le roy, et qu'il estoit en peine de n'avoir response à la lettre qu'il luy avoit escripte; mais j'ay sceu qu'il s'attend que ce Lindsay la luy apportera, car c'est par son entremise qu'il conduict le dict traité, chose de laquelle je m'aperçois aussy que le dict roy ne vous parle si ouvertement et si confidemment qu'il veut vous faire paroistre en faire profession, soit que cela procede d'irresolution ou d'inexperience, ou bien de la dissimulation en laquelle vous sçavés qu'il a esté nourry et accoustumé, estant en Escosse. Enfin la connivence de luy et des siens envers le dict ambassadeur d'Espagne et le comte d'Aremberg sur ceste conspiration, demonstre qu'ils sont fort stupides ou tres irresolus d'achepter la paix à quelque prix que ce soit. Toutesfois vous ne changerés pour cela de style en son endroict ny des siens, car peut-estre recognoistront-ils tant de sortes de perils aux premieres approches du dict traité, qu'ils s'en desdiront d'eux-mesmes. Je prie Dieu, Monsr de Beaumont, qu'il vous ayt en sa saincte garde.

HENRY.

1603. — 28 décembre. — IIme.

Orig. — Arch. du grand-duché de Hesse-Cassel.
Imprimé. — *Corresp. inédite de Henri IV avec Maurice le Savant*, publiée par M. DE ROMMEL, p. 148.

[AU LANDGRAVE DE HESSE.]

Mon Cousin, Je vous remercie des asseurances que vous m'avés données par vostre lettre du xxie du mois de novembre, que j'ay receue le xxve du present, de la continuation de vostre affection au bien de mon Royaume. J'ay aussy toute confiance en vous, et desire entretenir avec vous une entiere correspondance sur les occurences de ce temps, vous priant croire que j'ay les mesmes intentions tant envers les anciens amys et alliez de ceste Couronne que à l'entretenement et conservation de la paix publique de mon Royaume, que je vous ay declarées et protestées lorsque vous estiés par deçà, estant bien marry que quelques uns n'en usent de mesme à mon endroict, et qu'il y ayt des ames si perverses, de s'efforcer de semer et imprimer d'autres opinions de l'integrité de ma foy et parole envers mes subjects de la religion pretendue reformée, soubs pretexte que j'ay restably en aulcuns lieux de mon Royaume les Jesuistes.

Mon Cousin, vous m'avés veu; je me persuade que vous ne m'avés trouvé Austriaque, ny si hors de sens et jugement. Je vous prie de croire que tant s'en faut que j'aye volonté, rappellant les Jesuistes, de m'unir avec ceux qui se sont servis d'eux, qui à present troublent la Chrestienté, comme publient........¹ que je pretends m'en prevaloir

---

¹ Là quelques mots en chiffres, non déchiffrés.

et aider à des effects tous contraires, et mesmes à traverser les desseins des Espagnols, desquels la convoitise est insatiable. Pourtant je vous prie n'adjouster foi à ceux qui vous diront le contraire, et mesmes persuader à vos amys de faire de mesme, jugeant de mes intentions par mes actions, c'est à dire par le bien ou mal que je feray à mes dicts anciens alliez et à mes dicts subjects de la religion pretendue reformée, non à l'appetit du duc de Bouillon et de ses semblables, lesquels transportez de haine et d'animosité contre ma personne et mon Estat, publient et repandent partout artificieusement des calomnies et mauvais bruicts de moy, pour aliener de moy mes dicts amys et leur donner mauvaise odeur de mes intentions, sans considerer qu'en ce faisant ils font peut-estre plus de prejudice aux princes auxquels ils adressent leurs mensonges qu'à moy-mesme, comme j'espere que les dicts princes cognoistront avec le temps.

Cependant je vous diray que j'ay veu le connestable de Castille en son passage par icy. Il m'a dict que son maistre l'envoyoit pour le servir auprés des archiducs, tant à faire la paix qu'à continuer la guerre, sans estre entré plus avant en discours avec moy des moyens qu'il pretend employer pour l'un et pour l'aultre, m'ayant parlé de toutes choses fort generalement, sans avoir recherché mon aide et entremise au faict de la dicte paix, ny avoir faict demonstration de desirer de moy aulcun office d'amitié en ce qu'il a charge d'executer. Et luy ayant demandé s'il passeroit bien tost en Angleterre, il m'a respondu qu'il ne s'y embarqueroit sans grandes considerations. Or nous sçaurons bien tost comment il s'y conduira; mais j'ay bien opinion que son arrivée et residence auprés de l'archiduc Albert n'amendera pas leurs affaires, à cause de la discorde que y apportera. J'ay adverty de tout mon bon frere le roy d'Angleterre, lequel continue à m'asseurer qu'il ne traictera rien avec les dicts Espagnols et l'archiduc Albert au prejudice de ses bons amys, et mesme des Estats des Pays-Bas, ny sans me le communiquer et en avoir mon advis; quoy faisant, j'espere qu'il s'en trouvera bien et la cause publique. Ainsy l'on parle que le dict connestable doit poursuivre l'election d'un roy des Romains, et y porter s'il peut l'archiduc Albert, lequel recherchera pour cela les electeurs ecclesiastiques, estant asseuré des vœux du duc de Saxe. Mais j'ay opinion qu'ils auront peine d'y disposer et faire consentir l'Empereur, sans lequel vous sçavés qu'il sera difficile qu'il obtienne et face reussir la dicte election comme ils le desirent. Faites-moy sçavoir ce que vous en apprendrés et les aultres choses que vous jugerés meriter que je les sçache, comme aussy la response du duc Charles de Suede à la proposition qui m'a esté faicte de la part du roy de Pologne, dont j'avois chargé Widemarkre vous rafraichir la memoire. Ce n'est pas que je veuille presser le dict duc de faire sur cela autre chose que ce qu'il jugera estre pour son mieux; je desire seulement savoir sa deliberation, affin de fonder sur icelle ma response au dict roy de Pologne, de la part duquel il m'en est faict souvent instance, vous priant de croire que je mesnageray avec telle discretion ce que vous en manderés, que ny vous ny le dict duc Charles n'en serés en peine.

Vous sçaurés au reste que j'ay eu un peu de ressentiment de goutte depuis trois ou quatre mois; elle n'est toutesfois des plus fascheuses, car j'en suis quitte pour garder le lict ou la chambre un jour ou deux, et ne laisse pas aprés ce repos de continuer à courre le cerf comme auparavant. Mes medecins veulent aussy que je reçoive ceste douleur pour un signe de longue vie, de quoy je me console et resjouis avec vous, comme avec l'un de mes meilleurs amys, qui aura tousjours bonne part aux prosperitez que Dieu me departira : lequel je prie, mon Cousin, qu'il vous ayt en sa saincte et digne garde. Escript à Paris, le xxviij^e de decembre 1603.

HENRY.

ANNÉE 1604.

[1604.] — 4 JANVIER.

Orig. autographe. — B. N. Fonds Béthune, Ms. 9089, fol. 4.

A MON COMPERE LE CONNESTABLE DE FRANCE.

Mon Compere, Je vous remercie du soing que vous avés eu de m'envoyer visiter par Lacroix, et vous diray que j'ay eu la goutte au gros orteil, qui m'a faict garder le lit et la chambre huict jours. De là elle m'a saisy au genouil, mais peu, sy que maintenant je m'en vois guery, car il ne me reste qu'un peu de foiblesse; du reste, je me porte bien. J'ay esté bien ayse d'entendre par Lacroix que vous faictes estat d'estre icy mercredy ou jeudy prochain. Asseurés-vous aussy que vous serés le bien venu et veu de moy, qui vous aime, et prie Dieu vous avoir, mon Compere, en sa saincte garde. Ce iiij^e janvier, à Paris.

HENRY.

[1604.] — 6 JANVIER.

Orig. autographe. — Collection de M. de Marguerit.

A MON COUSIN LE MARQUIS DE ROSNY.

Mon Cousin, Je vous prie de faire mettre incontinent entre les mains de Beringhen, qui vous rendra ceste-cy, mille livres des deniers de Bretagne: et lorsque je vous verray, je vous diray à quoy je les ay destinées. Bonjour, mon Cousin. Ce vj^{me} janvier, à Paris[1].

HENRY.

---

[1] Au-dessous est écrit, de la main de Rosny :

« M^r., retenés ceste lettre et baillés la « somme.

« ROSNY. »

Et en bas, de la main du premier valet de chambre du Roi :

« J'ay receu les six mille livres cy-dessus « mentionnées.

« Fait à Paris, le 6 janvier 1604.

« BERINGHEN. »

1604. — 17 JANVIER.

Cop. — B. N. Fonds Brienne, Ms. 39, fol. 396 verso.

[A M. DE BEAUMONT.]

Monsr de Beaumont, Je desire que le roy mon bon frere se trouve bien de la grace qu'il a faicte à ceux qui avoient entrepris contre luy : ce qu'il faut esperer, s'il est vray qu'elle soit procedée de sa seule bonté et clemence, et non de la persuasion et faveur d'autruy, pour les raisons que vous avés bien comprises, les m'ayant representées par vostre lettre du xxvie du mois de decembre que j'ay receue le viie du present. Mais quand le dict roy seroit encore plus couvert, artificieux et cault qu'il n'est pour entredeguiser et cacher la verité, si cela luy reussit pour un temps, elle sera aprés manifeste et suivie de son effect tost ou tard en une sorte ou aultre. En tout cas, vous avés sagement faict d'avoir loué ceste action en la forme portée par vostre dicte lettre ; mais il importe de sçavoir si l'argent d'Espagne y a eu part, si le roy l'a favorisée à la sollicitation de Taxis, et la force que le sr Cecil y a aussy contribué, car le bruit court que ces trois personnes, avec l'argent que Rasle y a employé, ont frappé le coup, aprés lequel ils pourroient bien s'accorder à en frapper d'autres, abusant de la facilité et bonté de ce prince et de son bon naturel. Mettés peine donc d'y voir clair.

Je vous ay permis par mes dernieres de parler au dict roy plus ouvertement que de coustume du mariage de son fils avec ma fille, ce que je me promets que vous aurés faict si à propos, que l'ouverture que vous en aurés faicte aura esté receue comme le merite ma bonne volonté, et que vous aurés eu soin de conserver en cela ma dignité et la bienseance requise en cas semblable. Mais si le dict roy ne faict difficulté d'entendre au party de Savoye que sur les asseurances du dot, le roy d'Espagne la surmontera volontiers. C'est pourquoy, encore qu'il vous ayt dit que son inclination n'y est tournée, il est besoin d'y prendre garde. Il est vray que j'estime que cela despendra du succés du traicté principal qu'ils doivent faire ; pour lequel faire reussir au gré et contentement des Espagnols je sçay qu'ils ont deliberé n'espargner or ny argent ny autre chose qui soit en leur pouvoir ; de quoy vous devés preadvertir les Escossois nos amys, affin qu'ils prennent garde que leur maistre ne s'y laisse surprendre. Nous avons à craindre en cela l'esprit de la royne et celuy du s^r Cecil plus que tous autres, et semble qu'il seroit à propos de dresser et former de bonne heure une partie composée des dicts Escossois, pour opposer et faire teste aux aultres.

Dauval vous portera de quoy faire des presens à ces seigneurs que vous m'avés recommandez, oultre ceux que la royne ma femme envoye à la royne d'Angleterre. Vous les mesnagerés et ferés valoir le mieux que vous pourrés. Je ne doubte point que ceux d'Espagne ne les devancent en valeur, mais je les recompenseray aussy en vraye fidelité et cordialité d'amitié et bonne voisinance. Il a tant esté parlé des dicts presens, qu'il sera impossible qu'il soyent distribuez et acceptez sans qu'il soit sceu du dict roy. Pour ceste cause, je suis d'advis que vous luy demandiés permission pour vous de les distribuer à ceux auxquels ils s'adressent, et pour eulx de les recevoir, luy disant que j'ay voulu luy tesmoigner par ceste action l'estime que je fais de son amitié, en desirant que ses serviteurs reçoivent quelque gage et marque de celle que je fais de l'affection et loyauté avec laquelle ils le servent, et qu'ils saichent et se ressouviennent que leur maistre n'a point en ce monde un meilleur ny plus asseuré amy que moy, qui n'attend d'eulx autre recognoissance de ma volonté à les gratifier, sinon qu'ils continuent à fidelement conseiller et servir le dict roy, le conforter à vivre avec moy en bonne union et intelligence, comme j'ay deliberé de luy en donner toute occasion par mes actions, et à s'opposer à ceulx qui, par mauvais desseings et rapports prejudiciables egalement au dict roy et à moy, voudroient le jetter en deffiance de moy, et nous mettre en mauvais mesnage ; que tout ainsy que nostre ancienne amitié et celle que nagueres nous avons renouvellée, jurée et fortifiée de nos communs interests nous obligent d'affectionner reciproquement tout ce qui nous concerne, aussy devons-nous non seulement recognoistre, aimer et gratifier de mesme nos bons et loyaux conseillers et serviteurs, mais aussy trouver bon qu'ils reçoivent quelquefois de nous une espece de gratification pour tesmoignage de leurs merites comme de nostre fraternité et inviolable amitié et parfaite union et intelligence. Ceux qui recherchent des amys par voye indirecte font des presens immenses et en cachette; ils ont aussy des pensionnaires à fins particulieres et secrettes, qui sont ordinairement prejudiciables aux princes desquels ils subornent ainsy les serviteurs. Le bien du dict roy mon frere est le mien, j'affectionne sa prosperité comme la mienne, et ne peut avoir mal que je ne m'en ressente, car son affoiblissement est le mien; et cela sera reciproque entre nous, et durera tant que nous aurons un voisin duquel la grandeur et puissance, non moins que sa convoitise irreguliere, nous sera suspecte, comme nous doibt estre celle de la maison d'Austriche, laquelle est aussy formidable à cause des inventions et moyens qu'elle employe pour corrompre les hommes, que à cause de l'estendue des estats et richesses qu'elle possede. Priés-le donc qu'il ayt agreable que les siens reçoivent de moy ces arrhes de ma bonne volonté, qui leur sera confirmée par effects plus favorables et relevez, quand je cognoistray que mon dict frere y prendra plaisir. Enfin vous ferés tant que mon dict frere approuve la distribution et acception des dictes gratifications.

Et pour le regard du present que la Royne ma femme envoye à la sienne, vous luy dirés que la jalousie que celle-là a eue de l'affection qu'elle cognoist que je porte à la dicte royne l'a meu de faire passer la mer au pourtraict qu'elle luy envoye, accompagné du vœu inviolable de son amitié, affin que, s'il advient que je face quelque jour le mesme chemin, comme elle sçait que j'en ay le desir, je les rencontre ensemble; si bien qu'en faisant l'office de chevalier, tel que je me devoue à l'une, je n'oublie du tout celuy de mary que je doibs à l'autre. Par ainsy, s'il plaist au dict roy de favoriser le dessein de ma femme, il l'obligera doublement, tant elle desire d'un costé que la sienne reçoive en bonne part ce gage et souvenance de son amitié, et de l'autre que je ne voye jamais l'une sans l'autre. Vous en dirés autant à la dicte royne, mais vous adjousterés que comme je ne suis apprentif au service des dames, les inventions aussy ne me manqueront de charmer les yeux et la jalousie de ma femme, quand j'auray le bonheur de voir la dicte royne, et d'autant plus que je m'asseure que sa presence me fournira d'industrie comme de volonté et de courage, autant qu'il sera necessaire pour surmonter tous les obstacles qui traverseront le dessein que j'ay d'acquerir et meriter le tiltre de son chevalier et serviteur. Enfin vous luy dirés les belles paroles sur ceste occasion, la priant de n'avoir tant esgard au prix du present comme au secret qu'il contient et à la bonne volonté de laquelle il luy est offert, ayant esté adverty luy en devoir estre presenté d'aultres qui seront peutestre plus riches en valeur, mais non plus ornez d'affection et de cordialité, comme elle cognoistra par les effects que le temps luy en fournira.

Je ne vous prescriray ce que vous aurés à dire aux autres auxquels vous aurés à distribuer les dicts presens, asseuré que vous sçaurés bien traicter chascun d'eux comme il merite, pour faire qu'ils soyent receus avec l'honneur et le bien de mon service. Vous aurés aussy vos lettres de pouvoirs necessaires pour donner l'ordre de chevalerie aux s^{rs} Hasquin et Ramese, affin de la leur donner en mon nom, en la forme que vous verrés par le dict pouvoir et les lettres qui l'accompagnent, si le roy mon dict frere l'a agreable.

Il est impossible de se conduire plus impertinemment et malicieusement que fait ici l'ambassadeur d'Angleterre, car il faict paroistre en toutes choses qu'il cherche querelle. L'impertinence procede de sa foiblesse, et la malice de ceux qui le possedent, qui le menent et l'esmeuvent comme ils veulent, et je recognois que ceux-cy sont gagnez par les mutins et factieux de la religion pretendue reformée, lesquels s'efforcent par tous moyens de rallumer la guerre en mon Royaume, et me desunir d'avec le roy d'Angleterre. Vous avés veu le dernier memoire que m'a presenté le dict embassadeur, et combien que je l'eusse depuis faict esclaircir de la verité d'iceluy, de façon qu'il eust faict demonstration d'en estre satisfaict, toutesfois j'ay sceu qu'il a repris mesmes resveries et imaginations. Il se laisse ainsy persuader au dernier qui parle à luy, tant il est imbecile, comme celuy qui s'applique plus à ses livres qu'à la cognoissance des affaires. J'ay esté adverty qu'il croit avoir en main une lettre que le pere Coton a escripte à certains jesuistes ou catholiques d'Angleterre contre le service et auctorité du roy d'Angleterre. Il en a adverty le dict roy pour sçavoir s'il m'en doibt parler et ce qu'il en doibt faire. De quoy j'ay voulu m'esclairer du dict pere Coton, lequel m'a juré et protesté n'avoir jamais escript en Angleterre en façon quelconque, tant s'en fault qu'il se soit tant oublié de le faire depuis qu'il a cest heur d'estre pres de moy, se soubmettant à toutes sortes de punitions s'il est trouvé qu'il l'ayt faict; chose que je feray verifier pour respondre au dict ambassadeur s'il s'en descouvre à moy. Mais je ne veux luy en parler le premier, de peur qu'il ne descouvre celuy qui m'en a donné l'advis. Mais vous mettrés peine de sçavoir s'il l'aura escript par delà; et asseurés le dict roy mon dict frere que c'est une imposture et calomnie tres facile à prouver, luy disant que si le dict Coton ou aultre avoit commis une telle faulte, je les chastierois d'autant plus severement qu'ils auroient, en ce faisant, abusé de l'honneur que je leur fais de les tenir prés de moy.

Ces factieux ont telle envie de brouiller, qu'ils n'obmettent rien à faire pour alterer le repos de mon Royaume. Ils ont esté si malheureux qu'ils ont voulu faire assassiner le dict pere Coton en ma presence, c'est à dire en ceste ville où je suis[1], ainsy que vous dira Dauval, es-

---

[1] L'historien Dupleix raconte ainsi le fait :

« Les ennemis de la Société [de Jésus]... employèrent un assassin pour le mettre à mort, un soir ainsi qu'il se retiroit en son logis dans un carrosse. Le meurtrier, soit qu'il l'eust suivi ou guettast en ce lieu, fit arrester le cocher pres de la Monnoye, et aprés avoir envisagé le Pere, luy donna un coup d'espée par le derriere du carrosse, et le blessa à la nuque du col, à deux doigts prés de l'espine du dos..... Le Roy fut fort offensé de cest attentat, et fit faire une tres exacte recherche de l'assassin, sans en trouver aucune preuve. La Royne promit deux mil escus à celuy qui le descou-

perant peut-estre que le peuple à ceste occasion s'esleveroit et feroit quelque coup de revanche, qui rempliroit, aprés, mon Royaume d'allarmes et de confusion; mais Dieu y a remedié par le bon ordre que j'y ay donné, car chascun s'est contenté de detester l'acte, et s'en remettre à la justice que j'en feray faire. L'on n'a pas encore descouvert celuy qui a fait le coup, de sorte que nous ne sçavons s'il a esté premedité ou faict par rencontre. Je desire que ce soit plustost le dernier que le premier; mais il est certain que le dict Coton n'a offensé personne en faict ny en parole, qui ayt deu le mouvoir d'en prendre une si lasche vengeance. Il n'en aura aussy que le mal. En tous cas, je pourvoiray tellement à toutes choses que cest accident, qui est particulier en toutes ses parties, n'apportera aucun prejudice au public, en quelque sorte qu'il soit advenu.

Je vous envoye un memoire baillé de nouveau par le dict ambassadeur d'Angleterre à ceux de mon conseil, par lequel vous verrés ce qu'il dit avoir esté faict par delà en faveur de mes subjects depredez, et sur quoy il fonde les poursuictes qu'il fait par deçà, lesquelles sont si violentes et accompagnées de paroles si aigres et de menaces de represailles et autres semblables, que si je n'estois retenu du desir que j'ay d'esviter toutes occasions de debat, je luy ferois faire des responses semblables. Mais je differeray jusqu'à ce que j'aye receu quelque esclaircissement de vous sur ces affaires et autres, desquelles je vous ay escript par mes dernieres depesches, affin de pouvoir aprés respondre au dict ambassadeur avec plus de fondement. A tant, je prie Dieu, Monsr de Beaumont, qu'il vous ayt en sa saincte garde.

HENRY.

---

vriroit, et le Roy sa grace à l'assassin mesme, pourveu qu'il declarast celui qui l'avoit induit à ce crime. Mais la conjuration estoit si secrette..... que toutes les diligences de leurs Majestez furent inutiles. »

1604. — 22 JANVIER.

Orig. — Archives nationales, section historique. Papiers de Simancas, série B, liasse 88, pièce 230.
Cop. — Musée britannique.

[AU ROI D'ESPAGNE.]

Tres hault, tres excellent et tres puissant prince, nostre tres cher et tres amé bon frere et cousin, Nous avons receu trois lettres de Vostre Majesté, la premiere en response de celle que vous avions escripte par le s^r de Barraut nostre ambassadeur; la seconde par le marquis de la Laguna, qui s'est acquitté en passant de l'office qui luy avoit esté commandé; et la troisiesme par don Balthazar de Cuniga, son ambassadeur, pour resider prés de nous, au lieu de Juan Baptiste Tassis, qui retourne trouver Vostre Majesté, aprés s'estre comporté en sa legation avec tant de prudence et de discretion, que comme il nous en demeure tout contentement, il est bien raisonnable aussy que Vostre Majesté luy en saiche gré : l'asseurant que nous traicterons avec le dict Balthazar de Cuniga aussy confidemment que le requiert nostre bonne et fraternelle amitié. A tant, nous prions Dieu, Tres haut, tres excellent et tres puissant prince, qu'il vous ayt en sa saincte garde. Escript à Paris, le xxij^e jour de janvier 1604.

Vostre bon frere et cousin,
HENRY.

1604. — 18 FÉVRIER.

Imprimé. — Œconomies royales, édit. orig. t. II, chap. 30.

[A M. DE ROSNY.]

Mon Cousin, Je vous prie d'achever l'affaire du s^r du Massés au plus tost (car je desire qu'il s'en retourne en sa charge, où vous sçavés qu'il est necessaire pour mon service, c'est pourquoy je desire qu'il soit content), et de vous assembler aujourd'huy en mon conseil pour y traicter et resouldre, avec l'advis de m^{rs} le chancelier, de Villeroy et Sillery, les affaires tant de m^r de Bouillon que de la Trimouille;

quoique je crois que jusqu'à ce que vous ayés des nouvelles de Russy-la Place [1] et de du Maurier, comme aussy de Parabelle et Constans, vous n'y puissiés prendre une bonne resolution. Traictés avec les ministres de l'Electeur Palatin de luy faire payer sur ses debtes le plus qu'il sera possible, à la charge de retirer son fils de Sedan. Traictés avec l'ambassadeur du duc de Virtimberg, et tesmoignés-luy que je le desire gratifier en tout ce qui me sera possible, car je veux conserver ce grand nombre d'amys que je me suis acquis en Allemagne. Faictes que Bongars soit depesché promptement, quoy qu'il faille, car son voyage importe, comme vous le sçavés.

Enquerrés-vous où sont les bagues que feue ma sœur la duchesse de Bar[2] avoit envoyé engager en ceste ville, pour payer ce qu'elle devoit de sa maison, et qui les a et pour combien elles sont engagées; car l'on m'a asseuré qu'elles ne le sont que pour vingt mil escuz. Faictes faire un inventaire des meubles qu'elle a laissez en sa maison, comme aussy des tableaux qui y restent, tant en la galerie, cambre, et cabinet; et verifiés sur l'inventaire qu'en a le consierge si l'on en a osté, et qui; car ils me pourront servir pour mes galeries. Je veux que la maison soit vendue et separée en trois, tant pour achever de payer ce qui en restoit deub que pour payer ses debtes, ayant appris aujourd'huy qu'elles ne sont si grandes que l'on m'avoit asseuré. De deux maisons que j'avois cy-devant données à feu ma sœur, l'une estant à Fontainebleau et l'autre à S‍t Germain en Laye, j'ay donné à ma femme celle de S‍t Germain, et à madame de Verneuil celle de Fontainebleau. J'ay advisé depuis pour le deuil qu'il me faut porter, qu'il faut que le premier gentilhomme de ma chambre, de ma garde-robe, et ceux qui me servent ordinairement à la chambre et à la garde-robe, en soyent vestus, comme aussy les pages de ma chambre et les laquais estant en quartier; car il ne seroit honeste que moy vestu de deuil, et mon cheval, ils courussent devant moy vestus de livrée; et avec ma femme ses dames d'honneur, d'atour, ses

---

[1] Élie de la Place, seigneur de Russy, conseiller d'État.

[2] Cette princesse venait de mourir à Nancy, le 13 de ce mois.

filles, femmes de chambre et laquais estant en quartier. Je serois bien aise que dans trois jours vous me vinssiés trouver à St Germain, où je m'en vais, et m'apportiés la resolution que vous avés prise sur les affaires que je vous escris, et ce que vous y avés faict; aussy que vous veniés voir mon fils, que vous n'avés veu il y a longtemps, et que vous luy faciés apporter sa chapelle. A Dieu, mon amy. Le xviij^e jour de febvrier 1604.

HENRY.

[1604.] — 19 FÉVRIER. — Ire.

Orig. autographe. — Biblioth. impér. de Saint-Pétersbourg, Ms. 887, lettre 4. Copie transmise par M. Allier.

A MONS^R DE BELLIEVRE,
CHANCELLIER DE FRANCE.

Monsr le chancellier, Je vous fais ce mot pour vous prier d'entendre le s^r de Chanvallon sur ce qu'il vous propose de la part de mes freres les ducs de Lorraine et de Bar sur les affaires de feue ma sœur, et y pourveoir avec l'advis de mon conseil, y appellant pour cest effect m^r de Rosny, de Chasteauneuf, de Maisse, de Villeroy, Sillery, Calignon et aultres que vous jugerés à propos, car je me remets de ces choses-là à ce que vous en adviserés, ayant assez de peine à supporter la perte que j'ay faicte, sans qu'il y faille adjouxter le soin de ces affaires-là. A Dieu, Monsr le chancellier. Ce xixe febvrier, à St Germain en Laye.

HENRY.

[1604.] — 19 FÉVRIER. — IIme.

Imprimé. — *Œconomies royales*, édit. orig. t. II, chap. 50.

[A M. DE ROSNY.]

Mon amy, J'escris à m^r le chancellier, pour assembler ceulx de mon conseil, affin d'entendre les propositions que le s^r de Chanvalon a charge de faire de la part de mes freres les ducs de Lorraine et de Bar, à cause de la mort de feu ma sœur, où je vous prie d'assister, affin de tenir la main à ce que toutes choses s'y passent comme elles doivent, et ce pendant de faire prendre garde, suivant ce que je vous manday hier par Lomenie, que rien qui fut à elle et qui est en sa maison de Paris ne se deperisse. A Dieu, mon amy. Ce xixe febvrier, à St Germain en Laye [1].

HENRY.

[1604. — 20 FÉVRIER.]

Cop. — B. N. Fonds Brienne, Mss. 40, fol. 3o verso ; — et Béthune, Ms. 8994, fol. 126.

[A M. DE BEAUMONT.]

Monsr de Beaumont, J'ay eu certitude, le xixe de ce mois, de la part de mon frere le duc de Lorrainne, de l'advis qui m'avoit esté donné deux jours devant du deceds de ma sœur la duchesse de Bar, advenu le xiiie de ce moys, dont j'ay receu un extresme desplaisir et ennuy, car, comme j'aimay ma dicte sœur cherement, je ne pouvois aussy faire perte plus grande ny plus sensible (aprés celle de la Royne ma femme et de mes enfans, que Dieu veuille conserver), que par la separation de cette mesme sœur unique, qui avoit esté compagne de toutes mes advantures bonnes et mauvaises, ayant plus constamment supporté celles-cy qu'elle n'a eu loisir de participer aux autres, à mon tres grand regret, lequel me durera aussy long-temps que le souvenir, qui me sera eternel, des signalées preuves que j'ay faictes en tout temps de son affection tres entiere et cordiale; et puisque je me vois privé de pouvoir continuer à tesmoigner à sa personne les effects de mon amitié, qui n'a jamais varié tant qu'elle a vescu, je desire, aprés sa mort, que mes meilleurs et plus asseurez amys entendent quelle a esté nostre fraternité, la douleur que je ressens de nostre separation et les grandes occasions que j'en ay. Au moyen de quoy vous mettrés peine d'accomplir cest office envers le roy et la royne d'Angleterre, nos bons frere et sœur, le plus dignement qu'il vous sera

---

[1] Cette lettre est placée à tort dans les *OEconomies royales* parmi celles de l'année 1605.

possible, vous habillant en deuil avec toute vostre famille, pour le porter jusques à ce que je vous mande de le laisser, et vous me ferez service tres agreable. A tant, je prie Dieu, mons. de Beaumont, qu'il vous ayt en sa sainte garde.

HENRY.

[1604.] — VERS LE 20 FÉVRIER.

Cop. — B. N. Fonds Béthune, Ms. 8980, fol. 9 verso; — et Suppl. fr. Ms. 1009-4.

[AU PAPE.]

Tres Sainct Pere, Mon ambassadeur representera à Vostre Saincteté la joie et consolation que j'ay receue de la digne election qu'elle a faicte, en ceste derniere occasion, de cardinaulx pour remplir les places vacantes au Sacré College, et remerciera Vostre Saincteté en particulier des deux qu'elle a données en ma contemplation aux cardinaulx Seraphin et du Perron, lesquels, comme tous ceulx qui despendent de moy, respireront et affectionneront perpetuellement l'honneur et l'obeïssance des commandemens de Vostre Saincteté, avec l'advancement de la gloire de Dieu et du Sainct Siege, par preference à toutes aultres choses. Je ne veulx aussy obmettre rendre graces à Vostre Saincteté du soing que mon dict ambassadeur m'a escript qu'il luy plaist avoir de la conservation de ma personne, et la supplier, me continuant sa bienveillance paternelle, d'attendre de mon observance et gratitude toute sorte d'effects dignes d'un prince tres chrestien et tres obligé à Vostre Saincteté, laquelle pareillement je supplie de vouloir, pour l'amour de moy, consoler ma tante l'abbesse de Fontevrault, en sa vieillesse et caducité, de l'assistance qu'elle desire, au regime de la dicte abbaye, de sœur Antoinette d'Orleans [1], feuillan-

---

[1] Antoinette d'Orléans, dame de Châteaugontier, seconde fille de Léonor d'Orléans, duc de Longueville, et de Marie de Bourbon, avait été mariée à Charles de Gondi, marquis de Belle-Isle. Devenue veuve en 1596, elle prit le voile en 1599 chez les Feuillantines de Toulouse. Ce fut malgré elle que Henri IV la fit nommer coadjutrice de l'abbesse de Fontevrault. Aussi, après la mort de cette princesse,

tine, ma cousine, comme grace que j'affectionne grandement, autant pour le service de Dieu et pour maintenir ce monastere en bonne regularité, que pour le soulagement de ma dicte tante, que j'honore et cheris grandement; et d'autant que j'escris presentement à mon dict ambassadeur traicter plus amplement avec vostre dicte Saincteté des trois poincts contenus en la presente, comme de plusieurs aultres occurrences qui se presenteront, je la supplieray luy continuer la creance favorable de laquelle Elle l'a honoré jusques à present, et à moy sa saincte benediction, comme à

Vostre tres devot fils,

HENRY.

[1604. — 21 FÉVRIER.]

Cop. — B. N. Fonds Béthune, Ms. 8988, fol. 10.

[AU CARDINAL ALDOBRANDIN.]

Mon Cousin, Le public et moy en particulier vous debvons, aprés Nostre Sainct Pere, le gré et la recognoissance principale de la digne election que Sa Saincteté a faicte en ceste derniere promotion de cardinaulx et la resolution qu'Elle a prise d'en consoler la republique chrestienne et le Sacré College. C'est pourquoy j'ay commandé à mon ambassadeur qu'il s'en conjouisse de ma part avec vous, et vous remercie en special de la faveur que vous avés faicte, à ma priere, aux cardinaulx Seraphin et du Perron, desquels je vous responds que Sa Saincteté et vous serés honorez et servis, tant pour l'advancement et bien de l'eglise de Dieu et du Sainct Siege, que pour le particulier contentement et service de Sa Saincteté et le vostre, comme de per-

en 1611, elle refusa le titre d'abbesse, fit une renonciation solennelle, et s'enferma dans l'Encloître, maison de son ordre au diocèse de Poitiers, où elle avait établi la réforme. Elle y institua, pour pratiquer la règle de Saint-Benoît dans toute sa rigueur, une nouvelle congrégation, dite *du Calvaire*. Paul V, qui l'avait renommée coadjutrice de Fontevrault, en 1614, lui permit de prendre possession du nouveau monastère du Calvaire à Poitiers, en 1617. Elle y mourut le 25 avril 1628.

sonnes qui ne vous sont moins acquises qu'elles me sont obligées, ainsy que vous dira plus au long mon dict ambassadeur. Il vous representera aussy, avec ma liberté et confiance accoustumée, la resolution que j'ay prinse avecques le cardinal de Joyeuse, tant pour son retour par delà que pour mes affaires de la court de Rome, auxquels je desire toujours me conduire par vostre bon advis. Pareillement il vous priera de vouloir favoriser une consolation que je desire donner à ma bonne et devote tante l'abbesse de Fontevrault, par le moyen et avec l'auctorité de Sa Saincteté, et enfin vous rendra fidelle compte de toutes aultres occurrences, tellement qu'il ne me reste qu'à vous prier de me continuer vostre affection et de vous asseurer de ma bonne volonté, qui ne vous manquera jamais, ainsy que vous exposera mon dict ambassadeur, sur lequel donc me remettant, je prie Dieu vous avoir, mon Cousin, en sa tres saincte et digne garde.

HENRY.

[1604.] — 23 FÉVRIER.

Orig. autographe. — Archives des Médicis, légation française, liasse 3. Copie transmise par M. le ministre de France à Florence.

Cop. — B. N. Fonds Béthune, Ms. 8980, fol. 25 ; et Suppl. fr. Ms. 1009-3.

A MON ONCLE LE GRAND DUC DE TOSCANE.

Mon oncle, C'est pour me condouloir avec vous, et avec ma bonne tante et niepce, de la perte que j'ay faicte de ma chere sœur la duchesse de Bar, que je vous escris la presente, asseuré que vous participérés au regret que j'en ay, comme le merite nostre affinité et la singuliere affection que vous me portés, comme la correspondance que je y apporte, de laquelle vous esprouverés en toutes occasions les effets à vostre contentement. Ceste lettre vous sera envoyée par mon ambassadeur residant à Rome, qui vous fera entendre le surplus : et je prie Dieu, mon oncle, qu'il vous ayt en sa saincte et digne garde. Le xxiij^e fevrier, à St Germain en Laye.

HENRY.

1604. — 28 FÉVRIER. — Ire.

Orig. — Arch. du royaume de Belgique. Communication de M. Gachard, archiviste général.

A MON FRERE L'ARCHIDUC ALBERT D'AUSTRICHE.

Mon frere, Le s^r de la Boderie, conseiller en mon conseil d'Estat et residant pour mon service prés de vous, ayant accomply le temps de sa residence, je desire le faire revenir par deçà pour l'employer en mes affaires. Au moyen de quoy je vous prie luy permettre de retourner, et aprés qu'il sera arrivé, je vous enverray quelque autre en son lieu, qui aura pareil soin d'entretenir nostre commune amitié qu'a eu le dict s^r de la Boderie : et sur ce je prie Dieu, Mon frere, qu'il vous ayt en sa tres saincte et digne garde. Escript à Paris, le xxviij^e jour de febvrier 1604.

Vostre bon frere,

HENRY.

1604. — 28 FÉVRIER. — IIme.

Cop. — B. N. Fonds du Puy, Ms. 89, fol. 174.

HARANGUE DU ROY, PRONONCÉE A PARIS.

Messieurs, J'estime que chascun de vous se souvient encore de l'estat miserable où estoient reduictes les affaires de France, lorsqu'il pleut à Dieu m'appeller à ceste Couronne: et que, le comparant à la condition presente, il loue et remercie en son cœur la bonté divine d'un si heureux changement, pour la perfection duquel vous sçavés combien librement j'ay exposé ma vie aux perils et supporté toutes sortes de travaux, lesquels je tiens bien et dignement employez, pourveu seulement que la memoire vous en demeure. Mais mon affection paternelle envers mes subjects ne me permet point de m'arrester en si beau chemin, ains me convie à employer derechef ma personne, et chercher tous moyens pour rendre telles felicitez plus durables, et faire en sorte que, malgré tout accident, chascun puisse joyr à l'advenir, comme il faict à present, des commoditez publiques et privées ; chose que je tiens tres difficile, s'il n'y est remedié par un bon ordre et tres grande prevoyance, à cause de l'extresme pauvreté que je recognois au peuple de la campaigne, lequel est celluy qui nous faict tous vivre. Car arrivant un changement de regne, ou quelque mouvement de guerre en ce Royaume, comment estimés-vous qu'il soit possible de subvenir à telles despenses extraordinaires, puisque tout le revenu d'icelluy, quelque excessives qu'en soyent les impositions, peut à grande peine porter les charges et despenses du courant ? Lorsque les Roys mes predecesseurs sont tombez en pareilles adversitez, ils ont eu recours aux alienations de leurs domaines, constitutions de rentes, creations d'offices, augmentations de tailles, gabelles et impositions ; mais maintenant toutes ces choses sont parvenues à tel excés, qu'il ne s'en peut tirer ny esperer aucune assistance. Quoi donc ? faudra-t-il laisser dissiper l'Estat, ou l'assubjectir aux estrangers ? Je m'asseure que nul de vous n'a le cœur si lasche que de l'endurer. Pour mon regard, je souffrirois plustost mille morts, et espere vous laisser des enfans pour Roys, qui n'auront pas moindre courage. Par quoy, ne saichant où prendre des moyens, tenés pour certain que l'on s'adressera au fonds des rentes, comme le plus facile, et crains qu'enfin telles affaires continuans ou tirans à la longue, eux ou moy soyons contraincts par la necessité, qui est la loy de toutes les loys, de faire banqueroutte à ceste nature de debtes ; chose que je veux eviter de toute ma puissance, et l'eviteray infailliblement, si vous y contribués ce que l'ancienne fidelité des François me faict esperer de vous.

C'est pourquoy, voyant que la paix et le repos universel que mes labeurs ont acquis à la France nous permet ou plustost nous appelle à des consultations ou occupations si louables et si justes, je me suis resolu, pour prevenir tels inconveniens, d'entrer au rachapt et amortissement des rentes, du sort principal[1] des proprietaires qui les ont acquises

---

[1] Cette expression est employée plusieurs fois dans le mémoire de Sully, d'après lequel Henri IV dut faire ces propositions au corps de ville. On y lit notamment :

« ...Toutes rentes constituées d'arrerages

loyalement et de bonne foy[2]. Mais avant que d'ouvrir aucun expedient, je desire prendre vostre conseil et recepvoir vos advis communs. Et pour vous donner moyen de les mieux former, je veux que sans vacquer à aucun aultre affaire, soit public ou privé, vous vous assembliés deux fois le jour, affin de trouver les expediens plus propres et advantageux pour faciliter ceste mienne intention, lesquels j'escouteray volontiers et les approuveray, si l'execution peut suivre la proposition. Sinon, j'espere moy-mesme vous faire des ouvertures qui ne seront à rejecter, ne desirant establir aultre justice en ceste affaire que celle qui de droit se peut pratiquer entre deux particuliers. Mais quoy qu'il y ayt, tenés pour arresté en vos esprits que je ne me departiray jamais d'une telle resolution, quelques difficultez et empeschemens que vous y puissiés apposer; d'autant que je la tiens non seulement juste et utile, mais tellement necessaire, que la conservation de cest Estat y est conjoincte et attachée. Travaillés donc de cœur et de courage en un si bon affaire, qui est pour vous-mesmes et pour le bien de tous; et que tous en general, et chascun en particulier, me facent cognoistre combien il m'aime et desire [me] faire service agreable, vous souvenant que je n'oublieray jamais ceux qui auront bien ou mal proceddé en ceste occasion; mais les recognoistray chascun selon son merite, et que je veux estre esclaircy de vos deliberations dans huict jours.

de rentes, interets, dons, pensions, gages, recompenses et autres semblables natures demeureront esteintes, et s'en payera seulement le sort principal, deduit sur iceluy tous les arrerages qui en auront esté perceus...

« Plus toutes rentes constituées en blanc et dont les arrerages se sont payez et payent encore, en vertu de mandemens ou lettres particulieres, closes ou patentez, seront esteintes et payées seulement du sort principal, deduit sur iceluy les arrerages perceus. »

[2] C'est à ce genre de rentiers que s'applique le premier article du mémoire de Sully, qui, après avoir énuméré les principaux revenus de la France, dit :

« Toutes rentes créées sur les dicts revenus au denier dix ou douze, en vertu des edicts verifiez avant l'an mil trois cent soixante quinze, sans fraude ny deguisement, mais par argent entierement et actuellement debourssé, seront payées des quatre quartiers au denier seize, sur les fonds de leur affectation. » *Œconom. roy.* tom. II, chap. XXXVII.

1604. — 3 MARS.

Cop. — Biblioth. de M. Monmerqué, Ms. intitulé *Lettres à l'ambassadeur du Levant.*

[A M. DE BRÈVES.]

Monsr de Breves, J'ay sceu la prise de la ville de Tauris, faicte par le roy de Perse, la mort du sultan Mehemet et recognoissance pour empereur de son fils Ahmed[1], faicte paisiblement par les principaux ministres et officiers de l'empire, par vos lettres du xx^e et xxiie de decembre, que j'ay receues le xxve de febvrier. Je ne doubte point que ces deux accidens, advenus en mesme temps, n'augmentent mesmement la confusion et le desordre qui sont au dict pays, et qu'il n'en arrive de grands et perilleux inconveniens, principalement si l'Empereur continue, d'un costé, la guerre en Hongrie, et si le roy d'Espagne, de l'autre, entreprend aussy chaudement la conqueste d'Algier, comme on dit qu'il s'y prepare. J'ay appris par la premiere de vos dictes lettres la resolution qu'a pris le vice-roy d'Armenie[2], pour resister aux premiers efforts du dict roy de Perse et arrester le cours de sa fortune et de ses armées, comme il a esté esprouvé par le nouveau prince, lequel ne pouvant obtenir de l'Empereur la paix ou la trefve, seroit bien conseillé de faire l'une ou l'autre avec le dict roy, plus tost que plus tard, car il luy sera difficile de resister à tant d'ennemys et d'accidens; et semble qu'estant jeune et peu experimenté comme il est, assisté de serviteurs et ministres discordans et mal unis, plus bandez à leur profit particulier qu'à pourvoir à l'honneur et service de leur prince[3], davantage il ne faut point doubter que les premiers maux n'en accu-

---

[1] Sultan Ahmed Ier, fils aîné de Mahomet III, avait succédé à son père le 22 décembre précédent. Il était âgé de quinze ans. Il mourut à trente ans, le 15 novembre.

[2] Le texte de ce manuscrit, dont nous avons eu fréquemment occasion de signaler l'incorrection, porte ici *d'Aragon.* Quant à d'autres corrections, comme *Mehemet* au lieu de *Mehemis, Ahmed* ou *Achmet* au lieu de *Amat,* il est superflu de les signaler.

[3] Malgré sa jeunesse et la difficulté des circonstances, le sultan Achmet se montra digne de régner.

sent d'autres qui empirent tousjours sa condition; d'autant que chacun court au bris de ce navire pour y avoir part à l'envy l'un de l'autre. La mort du roy de Fez et la discorde qui est entre ses enfans favorisera encore le dict dessein d'Algier.

Quant à moy, j'iray ceste année en Provence[4], pour donner ordre de plus prés à mes affaires sur ces occurences, bien marry de n'estre aussy puissant par mer que par terre, pour tenir mon rang et faire tenir mon party ce qu'il merite. Je remedieray à ce deffault par les meilleurs et plus prompts moyens dont je pourray chevir et disposer. Je ne sçay quel sera le conseil que prendront les Venitiens sur ces occurences et occasions. Comme je ne pense pas qu'ils s'esmancipent et debandent legerement contre cest empire, j'estime bien aussy qu'ils s'armeront et mettront en estat, pour profiter de sa cheute ne plus ne moins que les autres. Et sy, la prevoient et jugent inevitable. En tout cas, rendés à ce Seigneur les honneurs accoustumez, et asseurés ses ministres de la foy et constance de mon amitié et alliance autant que vous jugerés qu'il sera necessaire de faire; et si pour le faire comme il convient, vous estes contrainct de faire quelque advance du vostre, vous en serés remboursé quand vous serez par deçà, où vostre successeur vous donnera moyen de revenir ceste année, puisqu'il sera prest à partir à la fin de ce mois; et si par les premieres lettres que je recevray de vous, j'apprends qu'il soit besoin d'advancer ou retarder davantage son voyage, j'y donneray ordre. Il aura charge de saluer ce Seigneur et ses ministres des presens accoustumez. Quoy estant, pourrésvous peut-estre, sous pretexte de l'attendre, vous dispenser d'en faire d'autres. Toutesfois usés-en ainsy que vous jugerés estre pour le meilleur. Je vous envoye par prevention une lettre pour ce Seigneur, accompagnée de trois autres, l'une pour le bassa d'Egypte, l'autre pour ce Cassou Bassa qui a favorisé la recognoissance de ce nouveau Seigneur, et la derniere pour le general de la mer, affin de vous en servir en ceste occasion ainsy que vous cognoistrés estre à faire; desirant que

---

[4] Ce projet n'eut pas de suite.

vous m'escriviés le plus souvent et particulierement qu'il vous sera possible ce qui surviendra de ces changemens et nouveautez, et que vous me donniés advis de ce que vous jugerés à propos que je face pour le bien et advancement de ma Couronne sur ce rencontre. A tant je prie Dieu, Mons.r de Breves, qu'il vous ayt en sa saincte garde. Escript à Paris, le iij.e jour de mars 1604.

HENRY.

1604. — 4 MARS.

Orig. — Papiers provenants des anciennes archives de Lyon et conservés dans cette ville. Copie transmise par M. Dupasquier.

A NOS CHERS ET BIEN AMEZ LES DOYEN ET COMTES DE L'EGLISE DE LYON.

Chers et bien amez, Ayant recogneu la bonne intention qu'a le s.r de S.t Germain d'Apchon [1] de vouer et reserver à Dieu et à son sainct service Pierre Louis d'Apchon, l'un de ses fils, et le soing qu'il a eu tres grand jusqu'à present de le rendre digne de ceste devote et pieuse profession, nous avons estimé, avec ce que nous y avons veu de l'inclination de son pere, qu'estant de la qualité de ceux qui sont admis aux comtez et dignitez de vostre eglise [2], vous auriés tousjours bien agreable de le recevoir en vostre compagnie. Mais le dict s.r d'Apchon se promet beaucoup plus de facilité à ceste promotion de son dict fils, si nostre intercession en cest endroit intervient avec ses prieres et merites; pour lesquels, et ce que nous sçavons des bonnes

[1] Jean d'Apchon, baron de Saint-Germain des Fossés sur Allier. Il avait épousé Catherine Séguier, fille de Pierre Séguier, président au Châtelet.

[2] Le premier des différents corps de l'illustre chapitre métropolitain de Lyon était composé de trente-deux chanoines comtes, tenus de produire des preuves de noblesse fort rigoureuses. Le Roi en était premier chanoine d'honneur, et les maisons les plus considérables recherchaient avec empressement ces canonicats pour leurs cadets. On y trouve tous les plus grands noms de France.

Quant aux *dignités*, dont il est aussi fait mention dans cette lettre, il y en avait neuf dans ce premier corps du chapitre : le doyen, l'archidiacre, le précentre, le chantre, le camérier, le sacristain, le grand custode, le prévôt et le maître du chœur. Les vingt-trois autres comtes étaient divisés en hôteliers et bacheliers.

parties et vertueux deportemens de son dict fils, nous vous prions de toute affection que vous qualifiés le dict Pierre Louis d'Apchon de la premiere dignité de comte qui vaquera, et nous tesmoignés en ceste occasion, par tout ce que vous pourrés de favorable traitement envers le dict d'Apchon, combien vous estimés ceux qui vous sont recommandez de nostre part, et ont si bien merité de nostre bienveillance, comme a le dict s^r de St Germain son pere, auquel esperant que vous accorderés fort volontiers ceste grace, comme nous la luy souhaitons favorable, nous ne vous en ferons autre plus grande instance par la presente, que nous finirons, priant Dieu vous avoir, Chers et bien amez, en sa saincte garde. Escript à Paris, le iiij^e jour de mars 1604.

HENRY.

POTIER.

1604. — 8 MARS.

Orig. — Archives royales de Sardaigne. Envoi de M. l'ambassadeur de France à Turin.

A MON FRERE LE DUC DE SAVOYE.

Mon frere, Ayant sceu que la comtesse de St Trivier et les s^{rs} de Montremoy et de Monthinon ont procés ensemble, lequel est de present evoqué en mon conseil, à cause d'une hypotheque créée et constituée, tant par feu mon oncle le duc de Savoye, vostre pere, que par vous, sur le comté de St Trivier; et ayant appris par ceulx de mon conseil qui ont veu nostre dernier traicté pour l'eschange de nos pays de Bresse, Bugey et baillage de Gex, avec le marquisat de Saluces, que vous estes tenu descharger toutes les hypotheques qui ont esté constituées par vous et vos predecesseurs sur les terres et seigneuries despendantes, et qui sont du domaine des pays qui m'ont esté donnez en eschange, comme je suis aussy tenu d'acquitter les hypotheques, s'il y en a aucunes, sur le dict marquisat de Saluces, je vous prie vouloir acquitter celle qui se trouve sur le dict comté de Sainct-Trivier, affin que mes subjects, auxquels je doibs protection et justice, ne soyent plus en peine ny en procés à ceste occasion, puisque cela doibt venir de vous et non de la dicte comtesse de Sainct-Trivier ny des dicts s^rs de Montremoy et Montinon ; vous voulant bien dire que tout ainsy que je ne vouldrois manquer en chose qui despende de l'execution et accomplissement desdicts traitez, j'estime que vous y apporterés aussy pareil soing et affection de vostre part, ainsy que le s^r de la Varane, auquel j'ay commandé de vous en faire une particuliere instance, vous exposera plus amplement : sur lequel me remettant, je prie Dieu, mon frere, qu'il vous ayt en sa saincte et digne garde. Escript à Paris, le viij^e jour de mars 1604.

Vostre bon frere,

HENRY.

1604. — 9 MARS. — Ire.

Orig. — Archives royales de Sardaigne. Envoi de M. l'ambassadeur de France à Turin.

A MON FRERE LE DUC DE SAVOYE.

Mon frere, Encores que vous m'ayés informé par vos lettres de ce qui s'est passé au faict du maistre Roux et des occasions sur lesquelles sont fondées les longueurs qu'il trouve par delà en la restitution de ses biens, j'ay encore commandé au s^r de la Varane vous en faire instance de ma part et vous prier, en conformité de nos traictez, luy faire si bonne raison en ses justes pretentions, qu'il ayt occasion de se louer de vostre justice, et moy du plaisir que vous m'aurés faict de deferer à ma recommandation en chose si equitable : et me remettant à ce que le dict la Varane vous en fera plus amplement entendre, je prie Dieu qu'il vous ayt en sa saincte et digne garde. Escript à Paris, le ixe jour de mars 1604.

Vostre bon frere,

HENRY.

1604. — 9 MARS. — IIme.

Orig. — B. N. Fonds Brienne, Ms. 40, fol. 46 verso; — et Béthune, Ms. 8994, fol. 153.

[A M. DE BEAUMONT.]

Monsr de Beaumont, Je vous envoye par Cambray les bagues que vous m'avés demandées par la depesche que vous m'avés faicte par du Bois, que je n'ay voulu rendre porteur d'icelles. Vous les delivrerés à ceux auxquels nous les avons destinées, et ferés encore plus valloir ma bonne volonté que le prix d'icelles. J'ay receu votre lettre du xxie du mois passé le ve du present, par Platteville, qui m'a rendu bon compte des commandemens que luy a faicts le roy d'Angleterre, quand il a pris congé de luy. J'ay toute occasion de me contenter de la franchise et sincerité dont procede le dict Roy en tout ce qui concerne nostre amitié et bonne intelligence. Je reçoy et prise aussy comme je dois les ordinaires et particuliers tesmoignages que vous m'en donnés par toutes vos lettres, m'estant facile, oultre cela, d'adjouster foy et creance aux advis que vous m'en donnés et au jugement que vous en faictes, mesurant la bonne foy et droicte intention du dit Roy à la mienne. Je vous asseure aussy que je ne m'en deffie aucunement; mais, comme je ne puis pas aussy m'asseurer de celle des Anglois, je crains qu'il se laisse aller à leurs conseils, et qu'il prenne à la fin des resolutions contraires à ses propres volontez. C'est pourquoy vous dictes sagement qu'il fault se tenir prés de luy et observer soigneusement ses actions. Je fais grand compte de la façon de laquelle vous m'escrivés qu'il se comporte à present envers Messieurs des Estats, car, tant qu'il leur continuera son assistance, je n'auray occasion d'entrer en soupsçon de sa volonté : aussi est-ce la plus signalée et plus forte preuve que je puisse avoir à present de son inclination à nostre commun bien ; car je fais peu de cas du mescontentement et desgoutement qu'il monstre avoir de l'ambassadeur d'Espagne et des Espagnols. Ce sera chose qui changera selon la satisfaction que ceux-cy luy donneront en traictant avec luy. Mais je continue encores à desirer que le dict roy differe d'envoyer vers moy pour renouveller et confirmer nos traictez jusques à ce que nous voyions la fin de celuy d'Espagne. Par tant, vous ne solliciterés ny presserés, que je ne le vous mande.

J'approuve que vous continuiés à conserver aussy soigneusement et courageusement que vous avés faict jusques à present le rang qui m'est deub. Faictes-le toutesfois avec la moderation et discretion qu'il vous sera possible. Mais si vous verifiez que les ambassadeurs ayent esté cy-devant appellez aux ceremonies et entrées des villes, insistés en mon nom ouvertement, que vous soyés semond à celles de Londres; car ce seroit faire bresche à la preseance qui m'appartient, si en ce cas on obmettoit de vous y convier et vous y donner le lieu et rang qui m'est deub. Mais aussy si vous verifiés que ce ne soit chose accoustumée, contentés-vous de faire soubs main et comme de vous-mesme tout ce que vous pourrés pour gaigner cest advantage, sans y employer mon nom ny vous y opiniastrer, si vous ne cognoissés en pouvoir venir à bout : et que je saiche ce que vous en ferés.

L'ambassadeur du dict Roy m'a remercié de sa part et de celle de la Royne sa femme, comme au nom de leurs serviteurs, des presens que je leur ay envoyez, lesquels je seray bien aise produire les effects que vous esperés, et ne ferés peu pour mon service de maintenir Cecil en la disposition en laquelle il monstre estre de present d'affectionner plus que jamais nostre union et bonne intelligence, car il peut plus servir que personne. Je recognois qu'ils ne veulent demeurer seuls chargez de la guerre d'Espagne, de quoy, s'ils vous parlent, vous pourrés leur dire qu'il y a esté pourveu par mes articles traictez avec le marquis de Rosny, suivant lesquels je fais estat aussy que nous devons continuer à donner aux dicts Estats ceste année le mesme secours d'hommes et d'argent et en la mesme forme que nous avons faict en la derniere, pour n'estre encores leur traicté avec Espagne non-seulement terminé, mais estre quasy aussy incertain. Je trouve bon que vous vous eclaircissiés d'heure à la meilleure forme qu'il leur sera possible, pour leur faire consentir que cela soit ; et, en cas de refus, que j'en sois adverty à temps pour ne m'engaiger à promettre aux dicts Estats de payer pour eulx, ce que j'ay faict l'année derniere. C'est chose qui se peut faire si secretement, si le dict roy mon frere le treuve bon, qu'elle ne portera prejudice à leur negociation espagnole ; car elle ne sera descouverte ny sceue des dicts Espagnols, combien que je croye, quand ils en auroient cognoissance, que cela les hasteroit plustost de traicter qu'il ne les en divertiroit; car ce sont gens qui ne font le bien que par necessité et contraincte, comme l'esprouvera mon dict frere avec le temps.

J'aurois à plaisir que le Roy mon dict frere suivist le conseil que vous luy avés donné d'escrire en son nom contre les articles du synode de Gap, ainsy qu'il vous a proposé ; mais j'ay opinion, comme vous, que ses conseillers l'en divertiront. Partant vous debvés vous contenter de ce que vous luy en avés remonstré, affin qu'il n'estime pas de là que je veuille les picquer contre les autres. Ce m'est assez qu'ils rejectent les recherches des factieux de mon Royaume, lorsqu'ils deffendent à leur ambassadeur de les frequenter et favoriser, car ce sont gens qui n'ont religion qu'au lever, et qui sont plus curieux d'assouvir leurs passions que de procurer la reformation de l'eglise.

J'ay commandé que la provision de la compagnie de gens d'armes escossoise soit expediée au nom du second fils du dict roy, Charles, duc d'Albanie[1], ainsy qu'il vous a dict. Elle vous sera envoyée par ma premiere depesche pour en disposer ainsy qu'il luy plaira. Par mesme moyen, je vous escriray comme il me semble qu'il en faudra user; je suis content aussy que le duc de Lenox soit lieutenant du dict duc, et le sieur Douyns sous-lieutenant, ainsy que vous a proposé le dict roy, asseuré que l'un et l'autre s'en acquitteront dignement. Au reste, j'ay bien pris vos raisons, representées par vostre dicte lettre, sur mon esloignement ; mais j'espere le mesurer si à propos quand je m'y resoudray, que mes affaires n'en patiront aucunement.

Quand le dict ambassadeur d'Angleterre m'a remercié, au nom de la royne, du pourtraict que ma femme luy a envoyé, il m'a usé des

---

[1] Ce fut l'infortuné Charles Ier.

propos de gallanterie portez par votre dicte lettre. Il n'en croist point aussy de semblables en son jardin, tant il est rude et sec; toutesfois je ne laisse pas d'estre content de ce qu'il m'en a dict, et le dirés ainsy au dict roy et à la dicte royne d'Angleterre, asseurant le premier que j'auray souvenance de luy envoyer le s^r de Vitry aux herbaiges, ainsy qu'il desire, car j'affectionne tant son contentement et plaisir, que je le prefereray tousjours au mien, et veux que vous le remerciés des chiens courans nouveaux qu'il m'a envoyez par Campot, lesquels j'espere esprouver quand les gelées seront passées. Je recognoistray aussy tres volontiers, envers le dict Platteville, les services que vous m'avés tesmoigné qu'il m'a faict durant son sejour par delà, affin qu'il ayt courage et moyen à l'advenir de mieux faire. Je prie Dieu, Monsr de Beaumont, qu'il vous ayt en sa saincte garde. Escript à Paris, le ixe jour de mars 1604.

HENRY.

1604. — 11 MARS.

Orig. — Archives royales de Sardaigne. Envoi de M. l'ambassadeur de France à Turin.

A MON FRERE LE DUC DE SAVOYE.

Mon frere, Vous aurés encore ceste lettre de moy pour donner accés et adresse au s^r de la Varane, controlleur general de mes postes, à vous parler de l'abbaye de la Staffarde, et vous prier de ma part, comme je fais, de donner vostre consentement à l'expedition des bulles de la dicte abbaye, que le s^r d'Abain poursuict, par la resignation de son frere, ou bien vous accommoder à ce qu'il vous proposera sur ce subject; de quoy me remettant à luy, je vous diray seulement que vous disposant à l'un ou à l'autre, je le tiendray à plaisir tres agreable : priant Dieu, Mon frere, qu'il vous ayt en sa tres saincte et digne garde. Escript à Paris, le xj^e jour de mars 1604.

Vostre bon frere,
HENRY.

1604. — 15 MARS.

Cop. — Bibliothèque de M. Monmerqué, Ms. intitulé *Lettres à l'ambassadeur du Levant.*

[A M. DE BRÈVES.]

Monsr de Breves, Ayant appris par vostre lettre du IIIe de janvier, que j'ay receue le XIIIe de ce mois, l'ordre que ce nouveau sultan, assisté de Allil Bassa, qu'il a creé premier visir, commence à donner aux affaires de son empire, j'ay pris resolution d'advancer le partement du baron de Salignac, qui vous doibt succeder en la place que vous remplissés par delà, tant pour visiter le dict prince et faire envers luy les offices, presens et complimens sur son assomption, en tels cas requis et accoustumez, et à l'endroit du dict visir, que pour faire mieux paroistre, au besoin auquel se retrouve le dict sultan et son empire, la fermeté et constance de mon amitié et alliance; de quoy vous advertirés les dicts Seigneur et visir; mais vous ne laisserés pour cela de leur presenter les lettres que je leur ay envoyées avec ma derniere depesche. Toutesfois il ne sera besoin de les accompagner de presens, puisque le dict Salignac doit comparoistre bien tost par delà, avec charge de s'en acquitter. Vous prepareres seulement les memoires qui seront necessaires pour renouveller, confirmer et mesme amplifier nos capitulations, affin d'instruire et assister le dict de Salignac, auquel je donneray amples lettres et pouvoir de ce faire. Quoy attendant, retirés du dict seigneur les mandemens et lettres qui sont necessaires pour asseurer le commerce, tant pour mes subjects que pour les autres nations trafiquant en son empire sous la protection de mon nom et banniere, affin qu'ils jouissent du benefice de nos dictes capitulations en toute liberté et securité, asseurant le dict Seigneur et son visir de la continuation de mon amitié.

Que je saiche cependant quel ordre ils donneront du costé de Perse, où l'on dit qu'ils ont envoyé le Sigal, comme vous m'avés escript par vostre dicte lettre qu'ils en estoient en deliberation. Mandés-moy si, en ce faisant, ils ont donné à un autre le general[1] de la mer, et quelles sont les provisions qu'ils font pour se deffendre contre l'armée que le roy d'Espagne a preparée pour assaillir ceste année Algier, appellé du roy de Congue. Que je saiche pareillement s'ils feront tresve ou paix avec l'Empereur, à quelles conditions et pour quel temps, et en cas qu'ils ne s'accordent, quelles forces ils font estat d'employer ceste année, et pour quel temps et à qui ils en commettront le gouvernement. Le dict Empereur use de toute la diligence qui luy est possible à se preparer puissamment pour continuer la guerre et la commencer de meilleure heure qu'il n'a faict cy-devant, se promettant, comme il est vraisemblable, d'en tirer un grand advantage. Au reste les Espagnols ne sont pas encore d'accord avec les Anglois, combien que les parties y soyent tres disposées. Vous serés adverty de ce qui en succedera. J'auray à plaisir que vous continuiés à assister le bail de Venise en mon nom et recommandation, aux occasions qui s'offriront, pour l'affection que je porte à sa republique, le bien de laquelle me sera tousjours tres recommandable. La guerre continue aux Pays-Bas aussy furieusement que jamais : de sorte qu'il n'y a pas apparence qu'elle cesse ceste année, quand bien la paix entre l'Espagne et l'Angleterre reussisse. Je prie Dieu, Monsr de Breves, qu'il vous ayt en sa saincte garde. Escript à Paris, le xve jour de mars 1604.

HENRY.

1604. — 23 MARS.

Orig. — A Londres, *State paper office, antient royal letters*, vol. XXII, pièce n° 230. Transcription de M. Delpit.

[AU ROI D'ANGLETERRE]

Tres hault, tres excellent et tres puissant prince, nostre tres cher et tres amé bon frere, cousin et antien allié, Nous avons receu la lettre que vous nous avés escripte par le baron Panguer, et entendu

---

[1] C'est-à-dire la charge de général de la mer, que les Turcs appellent le capitan-pacha.

de luy ce qu'il nous a representé par vostre commandement et de la royne nostre bonne sœur ; de quoy nous avons eu grand contentement, nous ayant asseurez de la continuation, premierement de la bonne santé de vos personnes et de celle de nostre cher nepveu le prince de Wales (vous souhaitant à tous autant de felicité qu'à nous-mesmes), et aprés de celle de vostre bonne et fraternelle amitié, qui nous a esté et nous sera tousjours aussy chere que nous estimons l'entretenement d'icelle utile à nos royaulmes, pays et subjects. Au moyen de quoy, nous ne nous lasserons jamais d'embrasser et employer toutes sortes d'occasions qui se presenteront de vous tesmoigner par vrais et sinceres effects la constance et fermeté de la nostre; nous promettans le semblable de la vostre, comme nous avons donné charge au dict baron vous declarer plus amplement, retournant vous trouver pour vous obeyr et servir comme il est tenu de faire et sçavons avoir la volonté de s'en acquitter fidellement; vous asseurant que c'est en bonne consideration que nous l'aimons, que nous aurons toujours à plaisir de le gratiffier, et que nous vous le recommandons par la presente : en priant Dieu, Tres haut, tres excellent et tres puissant prince, nostre tres cher et tres amé bon frere, cousin et ancien allié, qu'il vous maintienne à parfaicte santé et prosperité. Escript en nostre chasteau de St Germain en Laye, le xxiij^e jour de mars 1604.

HENRY.

1604. — 24 MARS.

Orig. — Arch. de la ville d'Avignon, boîte 95, n° 12. Copie transmise par M. le préfet.

A NOS TRES CHERS ET BIEN AMEZ LES CONSULS ET HABITANS
DE LA VILLE D'AVIGNON.

Tres chers et bien amez, Nous avons sceu par le procureur syndic general de nostre pays de Daulphiné comme vous avés, contre les anciennes franchises du sel de nostre ferme du dict pays, pris sans aucun droict, dés le temps qu'elle luy a esté baillée, douze minots de sel sur chacun voyage qui s'en descharge au grenier de la ville d'Avignon.

Ceste nouveauté apporte tant de diminution au prix de nostre dicte ferme et de prejudice à nostre auctorité, que nous ne la sçaurions souffrir. C'est pourquoy nous vous avons faict celle-cy pour vous prier de cesser la dicte levée, et faire rendre aux officiers de nostre dicte ferme ce qui leur en a esté pris; ne permettant plus qu'il soit en aucune chose innové aux dictes franchises, ains favoriser le tirage et debitement de nostre sel en ce qui sera de vous. Vous ferés en cela le bien de vostre ville, qui reçoit beaucoup de commodité par le commerce du dict sel, et nous ferés plaisir bien agreable : priant Dieu, Tres chers et bien amez, qu'il vous ayt en sa saincte et digne garde. Escript à Paris, le xxiiij^e jour de mars 1604.

HENRY.

FORGET.

1604. — 26 MARS.

Orig. — Arch. de M. de la Force.
Imprimé. — *Mémoires de la Force,* publiés par le marquis DE LA GRANGE, t. I, p. 371.

[A M. DE LA FORCE.]

Monsr de la Force, J'avois bien eu advis, dés que vous estiés encore icy, qu'il y avoit eu à Bordeaux quelque apparence de mauvaise intelligence entre mes cousins le duc d'Espernon et le mareschal d'Ornano, pour les festes que l'on preparoit pour le carnaval; mais j'avois cru aussy que leur ayant mandé de faire tout cesser, sur la nouvelle de la mort de feu ma sœur, et cela s'estant fait, par ce moyen en cessant la cause, les effects et apparences de ce petit trouble cesseroient aussy; toutesfois, j'ay esté adverty qu'ils font cognoistre par leurs demonstrations exterieures qu'il leur en soit demeuré quelque chose sur le cœur, dont j'ay desplaisir, tant pour leur particulier, les aimant et estimant tous deux comme je fais, que pour mon service et repos de la province, qui en pourroit recevoir alteration à leur occasion. Je leur fais presentement response aux lettres qu'ils m'en ont escriptes, et leur mande precisement que cela se raccommode le plus promptement et avec le moins de ceremonie qui se pourra; comme à la verité la cause qu'ils presument avoir du mescontentement l'un de l'autre estant plustost sur des conjectures et impressions que l'on leur donne que sur chose d'aucune substance, elle ne meriteroit pas qu'autres que eux-mesmes s'en entremissent. Toutesfois, pour ce qu'il pourroit estre que, combien que chascun y apportast bonne disposition, que la conclusion de leur reconciliation languiroit sur les formes que chacun voudroit prendre à son advantage, j'ay estimé, pendant que vous estiés par delà, que nul ne pourroit estre plus propre à s'y entremettre que vous. C'est pourquoy je vous prie de vous retourner à Bordeaux au mesme temps que mon cousin le duc d'Espernon y doibt retourner, et de considerer en quelle opinion ils seront et l'un et l'autre, si tant est que vous cognoissiés que d'eux-mesmes ils ne se voulussent resoudre à s'entrevoir, et qu'ils en demeurassent sur les poinctilles et formalitez; en ce cas vous y interveniés de ma part pour leur dire que c'est chose que je veux et leur ordonne de faire, et en conveniés avec eux de la forme le plus doucement et simplement que faire se pourra. Je vous envoye la copie des lettres que je leur en ay particulierement escriptes, et qui vous serviront d'instruction plus ample que celle que vous pourriés sur ce desirer. Si cela recevoit quelques plus grandes difficultez, vous vous aideriés de l'assistance du premier president, qui s'y employera volontiers; mais le moins de bruit qui s'en pourra faire sera le meilleur; et espere que vous y aurés aussy bonne main que vous en viendrés aisement à bout. Je n'ay d'icy aultres nouvelles à vous dire, sinon la continuation de ma santé et bonne disposition, estant sur le point de partir pour aller à Fontainebleau, où je demeureray pour le moins tout le mois prochain. Sur ce, je prie Dieu, Monsr de la Force, qu'il vous ayt en sa saincte et digne garde. Escript à Paris, le xxvj^e jour de mars 1604.

HENRY.

FORGET.

1604. — 28 MARS.

Cop. — Archives de M. de Couhé-Lusignan. Copie transmise par la société des Antiquaires de l'Ouest.

[A LA SEIGNEURIE DE VENISE.]

Tres chers et grands amys, alliez et confederez, L'office de condoleance que vous avés faict avec nous par vos lettres du ixe de ce mois sur la mort de nostre chere et bien amée sœur la duchesse de Bar, nous a esté un tesmoignage bien agreable de la part que vous voulés prendre aux bons et mauvais succés qui nous arrivent : de quoy nous avons estimé à propos vous remercier par ceste-cy, en vous asseurant que nostre douleur se rend plus allegée par le ressentiment que nos amys en font paroistre, et vous particulierement, de qui la bonne volonté et inclination en nostre endroit et au bien de cest Estat nous a tousjours esté et sera chere et recommandée, ainsy que vous cognoistrés par effects, et que nous avons commandé au s^r de Fresne-Canaye, conseiller en nostre conseil d'Estat et nostre ambassadeur par delà, de vous faire plus amplement entendre : priant Dieu, Tres chers et grands amys, alliez et confederez, qu'il vous ayt en sa tres saincte et digne garde. Escript à Paris, le xxviij^e jour de mars 1604.

HENRY.

[1604. — 6 AVRIL.]

Cop. — B. N. Fonds Brienne, Ms. 40, fol. 86; — et Béthune, Ms. 8995, fol. 46 verso.

[AU ROI D'ANGLETERRE.]

Monsieur mon tres cher frere, Ce chevallier s'est tres bien acquitté de sa charge et est digne de vostre bienveillance et de la confiance que vous avés en luy[1], m'ayant sy naïfvement representé la sincerité

[1] M. de Beaumont l'avait ainsi annoncé, par sa lettre du 10 mars, où il disait de la part que le roi d'Angleterre avait prise au deuil de la duchesse de Bar : « Il est

et constance de vostre amitié, qu'encores que je n'en aye jamais doubté, jugeant de la foy d'ycelle par la cordialité de la mienne, oultre plusieurs bons tesmoignages que j'en ay receus, neantmoins je vous advoue y avoir pris grand plaisir. Je n'ay pas esté moins consolé de l'office de condoleance sur le trespas de feu ma bien aimée sœur, qu'il a accomply en toutes ses partyes ; duquel je ne puis assez vous remercier, vous priant croire, Mon tres cher frere, que comme vous avés voulu participer à mon affliction, je ressentiray tousjours les accidens qui vous arriveront à l'esgal du contentement que vous en aurés. Seulement j'ay une plainte à vous faire de ce porteur : elle est fondée sur le peu de sejour qu'il a voulu faire par deçà, sollicité de la jalousie de vostre service[2], que j'ay remarqué avoir plus d'authorité et puissance sur luy que toute autre consideration. Sans cela il ne s'en fust pas retourné sans voir ma maison de Fontainebleau et courre encores une couple de cerfs. Et d'autant que je me promets qu'il vous rapportera aussy fidellement les gaiges que je luy ay confiez de la con-

---

deliberé d'envoyer dans peu de jours un gentilhomme escossois nommé de Hayes trouver Vostre Majesté, affin de se condouloir avec Elle et en son nom. C'est un jeune homme fort simple et fort modeste, qui couche dans sa chambre, et dont il se fie grandement. Il a tousjours eu beaucoup d'affection au service de Vostre Majesté, et en cette consideration Elle l'a gratifié depuis n'a gueres d'un present duquel il se sent tres obligé. C'est pourquoy Elle pourra parler avec luy en toute seureté et liberté ; car outre qu'il rapportera fidellement et soigneusement à son maistre ce que Vostre Majesté luy dira et commandera, je sçay, selon son humeur, qu'il le prendra, à son retour, de meilleure part de luy et y fera plus de fondement que si c'estoit d'un des principaux conseillers de son Royaume. »

En répondant à cette lettre, le 31 du même mois, Henri IV dit de cet envoyé anglais, qu'il appelle le chevalier Hez : « Je l'ay trouvé tel que vous me l'aviés depeint par vostre lettre, et en verité digne d'estre aimé et favorisé comme il est du roy mon dict frere ; et espere qu'il s'en retournera content. »

[2] Dans la lettre que Henri IV écrivait à son ambassadeur le même jour que celle-ci, et en la lui envoyant pour le roi d'Angleterre, il dit encore : « Le s[r] de Hayes s'en retourne, n'ayant voulu sejourner avec nous plus longuement, pressé du desir qu'il a de se revoir auprés du Roy son maistre, aux occasions qui se presentent par delà. Il s'est comporté tres sagement et avec grande civilité en l'execution de la charge qui luy a esté commise. »

tinuation perdurable de mon amityé tres parfaicte qu'il m'a confirmé la vostre, je remettray le tout à sa suffisance, et demeureray à jamais

Vostre tres affectionné frere, cousin
et ancien allié,

HENRY.

1604. — 7 AVRIL.

Orig. — Archives de M. de Beaumont de Huillié (Maine-et-Loire). Copie transmise par M. Grille.

A MONS^R DE BONNEVEAU,

GENTILHOMME DE MA CHAMBRE, CAPITAINE ET GOUVERNEUR DE MA VILLE ET CHASTEAU DU PONT DE CÉE.

Monsr de Bonneveau, Pour vos vertus et merites vous avés esté eslu et choisy par l'assemblée des chevaliers, freres et compagnons de l'ordre de Saint-Michel, pour estre associé en leur compagnie; et pour vous donner le collier du dict ordre, et recevoir iceluy de ma part, j'envoye presentement memoire et pouvoir à mon cousin le duc de Montbazon. Vous vous rendrés donc vers luy pour cest effect, et accepterés l'honneur duquel la dicte compagnie vous a estimé digne; qui sera pour augmenter de plus en plus l'affection et bonne volonté que je vous porte, et vous donner occasion de perseverer en la devotion qu'avés de me faire service, ainsy que vous fera plus au long entendre de ma part mon dict cousin, auquel vous adjousterés sur ce autant de foy que vous feriés à moy-mesme : priant le Createur qu'il vous ayt, Monsr de Bonneveau, en sa saincte et digne garde. Escript à Paris, le vij^e jour d'avril 1604.

HENRY.

RUZÉ.

[1604.] — 10 AVRIL.

Imprimé. — *OEconomies royales*, édit. orig. t. II, chap. 40.

[A M. DE ROSNY.]

Mon amy, Je vous depesche ce courrier exprés pour vous dire que l'homme auquel Lomenie escrivit par mon commandement il y a quelques jours, et dont il vous bailla sa lettre pour luy faire tenir par celuy que vous envoyés à vostre sœur madame de Badefou[1], est arrivé hier au soir en ce lieu, qui nous a bien fait voir des menées de gens de consistoire. C'est pourquoy je vous prie de vous rendre icy lundy au soir et m^r de Villeroy, affin de prendre quelque resolution sur ce qu'il m'a rapporté, comme chose qui importe à mon service. Je ne vous retiendray icy qu'un jour ou deux, et ne lerrés pas de vous en retourner faire la feste à Rosny, comme Lomenie m'a dict que vous aviés dessein. A Dieu, mon amy. Ce samedy x^e avril, à Fontainebleau.

HENRY.

[1604.] — 11 AVRIL. — Ire.

Orig. autographe. — B. N. Fonds Béthune, Ms. 9077, fol. 11.

A MON COMPERE LE CONNESTABLE DE FRANCE.

Mon Compere, Ayant appris par les lettres de m^r de Villeroy que despuis mon partement de Paris vous avés tousjours travaillé à voir les estats du taillon des trois années dernieres, ensemble de la presente, et que vous n'avés encores paracheve, je vous fais ce mot exprés par ce courrier, pour vous dire que je trouve fort bon que vous demeuriés à Paris jusques aprés ces festes, pour entre cy et là achever

---

[1] Jacqueline de Béthune avait épousé, en 1584, Hélie de Gontaut, seigneur de Badefol et de Saint-Geniès, gouverneur de Béarn et vice-roi de Navarre. Elle était veuve depuis 1598. Sa fille avait épousé le frère du duc de Biron, qui devint le chef de la famille en 1602.

de voix et resouldre les dicts estats tant des dictes trois années que de la presente, et que vous me ferés en cela service aussy agreable que de venir icy, où il fait beau, mais froid; car par ce moyen vous me sortirés ceste fois pour toutes de la dicte confusion. A Dieu, mon Compere. Ce dimanche, à quatre heures du soir, xj^e avril, à Fontainebleau.

HENRY.

1604. — 11 AVRIL. — IIme.

Copie. — Envoi de M. Clercx de Belletanche, bibliothécaire de la ville de Metz.

AU CARDINAL DE GIVRY.

Mon Cousin, Encores que, suivant l'asseurance que vous m'avés faict donner, je ne doubte pas que vous ne partiés incontinent aprés ceste feste pour vous acheminer à Rome, toutesfois estant nagueres survenue la mort du cardinal d'Ossat, et celuy de Joyeuse estant en termes de s'en revenir bien tost, il importe infiniment à mon service que le Sacré College ne demeure destitué de cardinaulx françois qui ayent soin de la conduicte et protection de mes affaires, et par tant que vous advanciés vostre voyage le plus tost qu'il vous sera possible, vous voulant bien dire que, si c'estoit selon mon desir et le besoin de mes affaires, vous le commenceriés dés demain. Au moyen de quoy je vous prie et conjure, sur tant que vous aimés le bien de mes dicts affaires et de mon service, de ne tarder davantage à entreprendre le dict voyage, qui ne vous peut apporter que beaucoup d'honneur et de contentement que vous y recevrés, d'avoir part en la direction de mes plus importans affaires et servir à leur advantage. C'est tout le subject de ceste lettre, pour fin de laquelle je vous asseureray que, quand il se presentera occasion de recognoistre ce bon debvoir à l'endroict de vous et de ceulx de vostre maison, je le feray d'entiere affection, ainsy que vous cognoistrés par effect, vous priant aussy de m'advertir du temps de vostre partement, affin que j'en face estat et que je saiche quand vous pourrés arriver par delà : priant Dieu, mon Cousin, qu'il vous ayt en sa saincte garde. Escript à Paris, le xj^e d'avril 1604 [1].

HENRY.

DE NEUFVILLE.

1604. — 12 AVRIL.

Orig. — Musée britannique, Mss. additionnels n° 6873, fol. 84. Transcription de M. Delpit.

A MON COUSIN LE CARDINAL CESARERE [1].

Mon Cousin, Entre les cardinaux du Sacré College, ceulx qui ont cest honneur d'appartenir à Nostre Sainct Pere le Pape me seront tousjours singulierement recommandez. C'est pourquoy ayant donné charge à mon cousin le cardinal de Givry de vous aller voir et visiter de ma part lorsqu'il sera arrivé à Rome, je luy ay faict bailler ceste lettre pour avoir plus d'accés à vous asseurer de la bonne volonté que je vous porte, et vous prier me continuer la vostre; de quoy je desire que vous le croyés comme moy-mesme : priant Dieu, mon Cousin, qu'il vous ayt en sa saincte garde. Escript à Fontainebleau, le xij^e jour d'avril 1604.

HENRY.

DE NEUFVILLE.

[1] Il est difficile de concilier cette lettre, datée de Paris, avec les deux précédentes, écrites le dimanche des Rameaux 1604 et le samedi précédent, toutes deux à Fontainebleau, ainsi que les suivantes. Ou bien il y a quelque erreur dans la copie de la lettre au cardinal de Givry, ou bien la lettre avait été préparée à Paris avant le départ du Roi, qui, la signant et remplissant le quantième à Fontainebleau, n'aurait point changé le nom du lieu.

[1] Silvestre Aldobrandin, cardinal du titre de Saint-Césaire, avait reçu le chapeau le 17 septembre de l'année précédente, n'étant âgé que de quatorze ans. Il était le fils aîné de Jean-Francisque Aldobrandin, mort au siége de Canise, et de la signora Olimpia Aldobrandin, nièce de Clément VIII, par conséquent petit-neveu de ce pape. Le cardinal d'Ossat, en annonçant cette promotion à M. de Villeroy, ajoute : « Ce que je vous escris pour estre chose de consistoire et faite, moy present » (lettre du 22 septembre 1603); et il ne dissimule pas le mauvais effet produit par cet acte de népotisme de Clément VIII. Le cardinal San-Cesario mourut en 1612.

1604. — 14° AVRIL. — Ire.

Imprimé. — *Œconomies royales*, édit. orig. t. II; chap. 35.

[A M. DE ROSNY.]

[1] Mon Amy, Sigognes vous dira mon intention pour ce que je desire que vous disiés à madame de Verneuil, outre ce que je vous dis dernierement estant en ce lieu, mieux que je ne la vous sçaurois escrire, car le discours en seroit trop long; mais en un mot, *aut Cæsar, aut nihil*. Je desirois faire un voyage à Paris, mais je vouldrois que le faict des bagues de feue ma sœur fust depesché devant. A Dieu, mon amy que j'aime bien; je me porte bien. De Fontainebleau, ce xiiij[e] jour d'avril 1604.

HENRY.

[1604.] — 14 AVRIL. — IIme.

Orig. autographe. — Musée britannique, Mss. Egerton, vol. V, fol. 93. Transcription de M. Delpit.

Cop. — Arch. de M. de la Force.

A MONS[R] DE LA FORCE.

Monsr de la Force, J'ay ce jour d'huy seulement receu les vostres du iiiie de ce mois, sy que ce mot sera que pour en accuser la reception et vous dire que, ayant sondé le Barrail, il ne m'a rien voulu dire. A ses responses toutesfois j'ay remarqué qu'il en sçait davantage. Je luy ay donné congé pour s'en retourner à Nerac pour suivre le jugement du procés qu'il y a. Il part d'icy aujourd'huy pour cest effect. En bref, je vous escriray plus amplement par l'homme qui m'est venu trouver à la campagne, que je fais estat de renvoyer dans deux ou trois jours. Cependant je vous prie m'advertir de ce que vous apprendrés et avoir l'œil bien ouvert à tout. A Dieu, Monsr de la Force, lequel je prie vous avoir en sa saincte et digne garde. Ce xiiij[e] avril, à Fontainebleau, où il fait beau.

HENRY.

[1] Cette lettre était de la main du Roi.

[1604.] — 15 AVRIL. — Ire.

Imprimé. — *OEconomies royales*, édit. orig. t. II, chap. 32.

[A M. DE ROSNY.]

Mon Cousin, Ayant cy-devant contracté avec Montauban des six offices de receveurs des rentes de ma ville de Paris, un nommé Drouart se seroit presenté, qui auroit faict partie des aides despendans de ces charges, à condition de le rembourser et indemniser des deux offices des dictes aides dont je l'ay pourveu. Depuis, le dict Montauban en ayant esté adverty, auroit jugé que cela luy estoit fort prejudiciable, en ce que la somme à luy ordonnée pour son remboursement n'estoit à beaucoup pres suffisante pour le dedommager; qui est cause qu'il me supplie d'avoir agreable de le faire jouir de son contract et le mettre en lieu et place du dict Drouart, affin qu'il soit entierement jouissant de ce que je luy ay accordé, se soubmettant aux mesmes clauses, charges et conditions portées par le contract du dict Drouart. C'est pourquoy voulant gratifier le dict Montauban, qui est mon domestique, plustost qu'un aultre, en consideration de ses services et de ce qu'il m'a donné l'advis de la suppression des dicts six offices de receveurs, chose tres utile à mon peuple, et faict tous les frais pour parvenir au faict d'un si bon dessein, je vous ay bien voulu faire ce mot pour vous dire que je veux que vous rompiés le contract du dict Drouart, comme ayant esté faict depuis celuy de Montauban, si vous jugés qu'ainsy se doibve faire pour le bien de mon service, lequel vous est assez recommandé, et à ceste fin que vous le mettrés en son lieu et place. Mes subjects en seront par ce moyen beaucoup plus soulagez, n'ayant affaire pour le payement de leurs rentes qu'à une seule personne; aussy qu'il me semble bien raisonnable que puisque son contract est faict le premier, qu'il y soit maintenu, mesmement s'il faict ma condition aussy advantageuse que le dict Drouart ou autre; ce que vous ferés entendre à ceux de mon conseil, et que telle est ma volonté. Sur ce, Dieu vous ayt, mon Cousin, en sa saincte et digne garde. Ce xv.e avril, à Fontainebleau.

HENRY.

[1604.] — 15 AVRIL. — II.me

Imprimé. — *Œconomies royales*, édit. orig. t. II, p. 33.

[A M. DE ROSNY.]

Mon amy, J'ay desjà de long-temps quelque chose en la fantaisie, qui m'a travaillé l'esprit depuis trois jours plus qu'il n'avoit encore faict, c'est touchant une desloyauté qui se commet en mes principales affaires[1], à laquelle je vouldrois bien essayer d'apporter quelque remede; mais ne le voulant entreprendre sans vous en avoir communiqué, pour ce que vous avés esté le premier qui en avés soupçonné quelque chose lors de vostre voyage en Angleterre, je vous prie ne manquer pas de me venir trouver dés le jour de Pasques, si tost que vous aurés fait la cene à Ablon, où je donneray ordre qu'il se trouvera des chevaux de poste tout prests, car estant quasy tout seul en ce lieu, j'auray plus de moyen de discourir avec vous sans estre importuné de personne. A Dieu, mon amy que j'aime bien. De Fontainebleau, ce jeudy absolu[2].

HENRY.

[1604. — VERS LA MI-AVRIL.] — I.re

Orig. autographe. — Collection de la reine Marie-Amélie.

[*A LA MARQUISE DE VERNEUIL.*]

Si vos effects suivoient vos paroles, je ne serois pas mal satisfait de vous comme je suis. Vos lettres ne parlent qu'affection; vostre pro-

---

[1] Voyez ci-après les lettres du 24 et du 25 avril.

[2] C'est-à-dire le jeudi saint. Pâques tombait; cette année-là, le 18 avril.

ceder envers moy, qu'ingratitude. Il y a cinq ans et plus[1] que vous continués cette façon de vivre, treuvée estrange de tout le monde. Jugés de moy, à qui elle touche tant, ce qu'elle doit estre. Il vous est utile que l'on pense que je vous ayme, et à moy honteux que l'on voye que je souffre que vous ne m'aymiés pas. C'est pourquoy vous m'escrivés, et pourquoy je vous paye de silence. Si vous me voulés traicter comme vous devés, je seray plus à vous que jamais : si non, guardés cette lettre pour la derniere que vous recevrés jamais de moy, qui vous baise un million de fois les mains.

[1604. — VERS LA MI-AVRIL.] — IIme.

Imprimé. — *OEconomies royales*, édit. orig. t. II, chap. 45.

[A M. DE ROSNY.]

Mon amy, Je vous escris ceste lettre par laquelle je vous prie, voire ordonne, de prendre le temps et l'occasion si à propos pour voir madame de Verneuil de ma part, que vous luy puissiés tout au long faire entendre mes intentions et resolutions absolues sur les choses qui se sont passées entre nous depuis sept ou huit mois en çà, et d'autant que le discours et les causes et raisons d'iceluy seroient trop longs pour une lettre de ma main, et pour quelque autre subject que je vous diray à nostre premiere veue, j'ay rendu la Varenne porteur de ceste lettre, avec lequel j'ay discouru de toutes les choses desquelles je veux que vous parliés avec madame de Verneuil, vous priant de le croire comme moy-mesme, et en parlant à elle avec les dexteritez et belles paroles desquelles vous vous servés lorsque vous me donnés des conseils que vous estimés ne m'estre pas trop agreables : et sur ce je prieray Dieu, mon amy, qu'il vous conserve. De Fontainebleau, ce mardy à six heures du matin.

HENRY.

---

[1] Ceci, rapproché des renseignements fournis par les *OEconomies royales*, indique assez bien la date approximative de cette lettre.

[1604. — VERS LA MI-AVRIL.] — IIIme.

Imprimé. — *OEconomies royales,* édit. orig. t. II, chap. 45.

[A M. DE ROSNY.]

Mon amy, Je vous ay escript ce matin une lettre par la Varenne, affin que vous vissiés madame de Verneuil de ma part pour luy dire mes intentions, d'autant que quand je le fais moy-mesme, nous ne faisons que nous picoter sans rien conclure. Mais Sigongnes venant tout maintenant d'arriver de sa part vers moy, je le renvoye vers vous et vers elle, pour vous dire les mesmes choses dont j'avois chargé la Varenne, d'autant que se confiant du tout en luy elle croit que vous n'advancés rien du vostre, comme elle me l'a quelquefois voulu persuader. Vous les escouterés donc tous deux et prendrés le temps à propos pour me rendre les services que vous avés tesmoigné de tant desirer : qui est de terminer les continuelles brouilleries que j'ay à cause d'elle et de ses irresolutions, vous sçavés bien avec qui[1], car je vous y ay souvent employé. J'affectionne ceste affaire, et vous prie d'y mettre une fin. A Dieu, mon amy. De Fontainebleau, ce mardy à six heures du soir.

HENRY.

1604. — 16 AVRIL.

Imprimé. — *OEconomies royales,* édit. orig. t. II, chap. 35.

[A M. DE ROSNY.][1]

Mon amy, Puisque madame de Verneuil est resolue à ce que vous me mandés, je le suis aussy à ce que je vous ay dict lundy. Je luy

---

[1] Il est facile de s'apercevoir qu'il s'agit ici de la Reine.

---

[1] La lettre de Sully au Roi en contenait une de la marquise de Verneuil à Sully, que nous allons citer d'après les *OEconomies royales,* pour expliquer toute cette né-

manderay mon intention, et feray voir que j'ay plus de puissance sur moy que l'on ne dit; et ne pense pas que ceste nouvelle ne trouble ses pensées, ce que je ne veux faire ces bons jours[2]. A Dieu; je vous aime bien et me porte bien, Dieu mercy. De Fontainebleau, ce xvj[e] avril 1604.

HENRY.

[1604.] — 17 AVRIL.

Imprimé. — *OEconomies royales*, édit. orig. t. II, chap. 32.

[A M. DE ROSNY.]

Mon amy, La dame de Panjas[1] m'a asseuré qu'elle se rendroit à Paris le lendemain des festes sans faulte, et apporteroit avec elle les inventaires qu'elle avoit des bagues et pierreries de feu ma sœur la duchesse de Bar, lors de son decés, et ceux qui avoient esté faicts gociation. C'est une réponse à la communication que Rosny avait faite à la marquise, d'une lettre où il rendait compte au Roi de sa conversation avec elle, afin qu'elle pût en vérifier l'exactitude et y rectifier ce qu'elle jugerait à propos.

« Monsieur, J'ay veu la lettre qu'il vous a pleu m'envoyer, laquelle je trouve telle que je l'eusse sceu desirer; dont je me sens extresmement vostre obligée, et vous supplie de croire que je seray eternellement vostre servante. Il me semble qu'il n'y a qu'une chose qu'il peut trouver rude : qui est ce que vous luy dites, que je le supplie de trouver bon de me voir quelquefois, mais sans aucune privauté ny familiarité particuliere. Je vous conjure de mettre que je le supplie qu'il ne m'en demande point qui me puisse nuire; cela se peut raccommoder en effaçant un mot ou nommant celle que vous sçavés, comme vous sçaurés bien faire s'il vous plaist, vous baisant tres humblement les mains, et vous supplie de me pardonner si j'en use si librement; mais je cognois son humeur telle que ce seul mot le feroit monter aux nuës ; car tout ce qui se peut de familiaritez il les aura de moy, lorsque je seray hors de crainte d'offenser et d'estre offensée. Je ne vous puis dire autre chose sinon que je me sens si obligée à vostre bonté, qu'il ne se peut davantage, que vous jurer que je suis vostre servante de cœur et d'affection, vous donnant le bonsoir. »

[2] Cette lettre est précisément du vendredi saint.

---

[1] Jeanne du Monceau de Tignonville, fille de Lancelot du Monceau, seigneur de Tignonville, et de Marguerite de Selve, avait épousé François-Jean-Charles, baron

depuis en Lorraine, ensemble ceux de ses meubles et autres choses qu'elle avoit en sa puissance alors. De quoy je vous ay bien voulu advertir par ce mot, et vous prier de prendre avec vous deux ou trois de mon conseil, tels que vous adviserés, pour verifier les dicts inventaires, et ce en la presence de ceux que mon frere le duc de Lorraine, qui est par delà, deputera, pour aprés prendre ce qui m'appartient par la mort de ma dicte sœur, et rendre à mon dict frere ou aux siens ce qui est à luy : et parce que vous sçavés en cela ce qui est de mon intention, je ne vous en diray davantage, pour prier Dieu vous avoir, mon amy, en sa saincte et digne garde. Ce xvıj^e avril, à Fontainebleau.

HENRY.

[1604.] — 19 AVRIL.

Imprimé. — *OEconomies royales*, édit. orig. t. II, chap. 32.

[A M. DE ROSNY.]

Mon amy, Je vous fais ce mot par ce porteur, affin que vous luy faciés bailler incontinent ce qu'il luy faut pour son voyage, et que personne n'en saiche rien ; et pour cest effect qu'il n'aille point querir son argent à l'espargne, et le luy faites bailler d'ailleurs. Aussy-tost qu'il sera de retour icy, je fais estat de le redepescher devers ceux qui me l'ont envoyé, et n'attends que m^r de Villeroy, qui doibt estre icy demain au soir. Bon jour, mon amy. Ce xixe avril, à Fontainebleau.

HENRY.

de Pardaillan, comte de Panjas, conseiller d'État, chambellan ordinaire du Roi, chevalier de son ordre, capitaine de cinquante hommes d'armes de ses ordonnances, mestre de camp du régiment de Guienne, gouverneur de l'Armagnac. Le mariage s'était fait en 1581 à l'hôtel Rambouillet, à Paris, chez Madame Catherine, qui avait eu pour gouvernante la mère de Mme de Panjas. Celle-ci devint dame d'honneur de la même princesse, dont elle eut toute la confiance.

[1604.] 23 AVRIL.

Orig. autographe. — Musée britannique, Mss. Egerton, vol. 5, fol. 91. Transcription de M. Delpit. Cop. — Arch. de M. de la Force.
Imprimé. — *Mémoires de la Force*, publiés par M. le marquis DE LA GRANGE, t. I, p. 373.

A MONS^R DE LA FORCE.

Monsr de la Force, Le xiiij^e de ce mois je vous ay escript comme la vostre du iiij^e m'avoit esté rendue, et que j'esperois en bref vous y faire response, sy que la mienne n'estoit que pour en accuser la reception. Par ceste-cy je vous diray comme elle est un peu trop generale, veu que, me mandant comme toutes choses sont en assez bon estat en Guyenne, vous ne me parlés point des assemblées et ports d'armes qui s'y font soubs ombre de querelle, dont l'on me donne advis. C'est pourquoy je vous prie de vous y informer de la verité, vous employant pour empescher le mal en ce que vous pourrés, et m'advertissant bien particulierement de tout ce que vous aurés appris qui concerne le bien de mon service. Je crois qu'estant allé trouver m^r le mareschal d'Ornano jusques à Bourdeaulx, vous pourrés avoir veu quelqu'un qui vous aura conté quelque chose des discours que vous a tenus celluy que vous avés veu à la campagne, auquel je renvoye presentement l'homme qu'il m'avoit depesché pour, s'il en apprend davantage, me le renvoyer en diligence. Cependant je vous prie d'avoir bien l'œil ouvert à tout, et me tenir adverty de toutes choses, mesmement de celles que vous cognoistrés importer à mon service, comme je feray de ce que vous aurés à faire; asseuré que je vous aime, ainsy que je le vous tesmoigneray aux occasions qui s'en offriront pour vostre contentement. Ma femme, moy et mon fils nous portons tres bien, Dieu mercy, qui sont là les meilleures nouvelles que je vous puisse mander. A Dieu, Monsr de la Force, lequel je prie vous avoir en sa garde. Ce xxiij^e avril, à Fontainebleau.

HENRY.

[1604.] — 24 AVRIL.

Imprimé. — *Œconomies royales*, édit. orig. t. II, chap. 33.

[A M. DE ROSNY.]

Mon Cousin, Descartes, secretaire du s[r] de Barrault, mon ambassadeur residant en Espagne, va vous trouver par mon commandement, accompagné de Rafis, par le moyen duquel nous avons sceu l'intelligence que le jeune Hoste, clerc du s[r] de Villeroy, avoit avec les ministres du roy d'Espagne, pour vous en faire le discours entier, comme de plusieurs autres particularitez qu'ils m'ont fait entendre, lesquelles importent à mon service[1]. Le dict Descartes vous dira aussy comme ce traistre nous est trop malheureusement eschappé des mains, le desplaisir extresme que j'en ressens, pour les esclaircissemens que nous eussions tirez de luy, si nous eussions pu disposer de sa personne. Il vous dira aussy la diligence que nous avons faicte d'envoyer aprés luy pour l'attraper, avec les advis que nous en avons eus jusques à present, lesquels me donnent bien peu d'esperance que nous le

---

[1] Cette affaire est exposée en détail dans les *Œconomies royales*, mais avec les symptômes d'une jalousie de Sully contre Villeroy, de laquelle il faut se méfier. Nicolas Lhoste, fils d'un domestique de M. de Villeroy et filleul de ce ministre, avait été attaché comme secrétaire à M. de la Rochepot, durant son ambassade en Espagne, et avait noué des intrigues coupables avec le gouvernement espagnol. Au retour de M. de la Rochepot, étant devenu l'un des secrétaires de M. de Villeroy et spécialement chargé du déchiffrement, il faisait passer aux Espagnols la clef de tous les chiffres du premier secrétaire d'État. Beaucoup de secrets étaient ainsi découverts sans qu'on sût par quels moyens, lorsqu'un Bordelais nommé Jean de Leyré, dit Rafis, réfugié en Espagne par suite de sa conduite durant la Ligue, découvrit les intelligences de Lhoste avec les ministres espagnols, et se décida à les faire connaître à Henri IV, pour obtenir de rentrer en France. Il prévint donc M. de Barrault, ambassadeur du Roi en Espagne, qu'il avait découvert une trahison très-grave, qu'il expliquerait au Roi lui-même, si l'ambassadeur lui donnait un sauf-conduit. M. de Barrault le fit accompagner par son secrétaire Descartes; et après avoir échappé à plusieurs dangers, Rafis put arriver au Roi, mais pas assez tôt pour que Lhoste n'eût eu l'éveil. Ayant pris aussitôt la fuite, il se noya près de la Faye en voulant traverser la Marne.

recouvrirons, qui est un extresme malheur pour mes affaires. Neantmoins le service que je reçois maintenant du dict Rafis, en me descouvrant ceste desloyauté, est tres signalé, et merite une grande recognoissance. Car comme ce malheureux avoit cognoissance d'une bonne partie des depesches que le s^r de Villeroy recevoit et envoyoit, et de tous les alphabets en chiffre dont nous nous servons, il faut croire qu'il en donnoit advis aux dicts Espagnols à toutes occasions, jusques à leur avoir baillé des doubles des dicts chiffres, avec quoy ils ont peu sçavoir autant de mes intentions et affaires quasy que nous-mesmes; ce qui auroit duré, si le dict Rafis, comme mon subject, las de voir ceste perfidie continuer si long-temps au prejudice de mon service, n'en eust adverty le dict s^r de Barrault, ainsy qu'il vous dira, avec les preuves que nous en avons, qui ne sont que trop confirmées par la fuite de l'auteur d'icelle. Et estimant ne pouvoir trop dignement recognoistre ce service, tant pour l'importance d'iceluy que pour profiter de l'exemple d'une gratification si bien colloquée, j'ay fait don au dict Rafis de la somme de trois mille livres, laquelle je vous prie luy faire payer en deniers comptans, et, oultre cela, faire rembourser le dict s^r de Barrault de quinze cens soixante livres, qu'il a advancées pour donner moyen au dict Rafis de se degager et sortir d'Espagne, et pour le conduire jusques en ce lieu. Il faut pareillement faire payer au dict s^r de Barrault le dernier quartier de son entretenement de l'année passée, dont son secretaire vous dira qu'il n'a pu tirer aucune chose, quelque lettre que vous ayés escripte; car il luy est impossible de servir s'il n'est payé entierement de son estat, vivant aujourd'huy plus cherement en Espagne qu'il ne souloit, ainsy que vous dira le dict Descartes. Je vous prie donc d'y faire pourveoir, de façon que le dict s^r de Barrault aye moyen de s'entretenir et continuer de nous servir par delà, où il nous est tres utile et necessaire; et quand, en tout le temps de sa legation, il ne me feroit aultre service que de m'avoir fait cognoistre ce traistre et sa malice, il auroit bien gagné ses despens et mieux encore.

Davantage j'ay commandé vous estre envoyé un extrait des articles des dernieres depesches qu'il a faictes, qui font mention de nostre ordonnance et de leur placart de trente pour cent, affin que vous sçachiés les termes auxquels ils en sont par delà et le tort que font à ma reputation et à mon auctorité ceux qui violent mes deffenses, et que vous advisiés avec ceux de mon conseil à y remedier. Sur quoy je vous diray qu'il me semble estre necessaire de faire faire exacte perquisition et rigoureuse punition des aucteurs des dictes contraventions, la plus grande partie desquels il nous mande sortir d'Olone et des environs; et comme c'est vostre gouvernement, il faut que vous embrassiés ce faict, et envoyiés sur les lieux un homme de bien avec une commission, pour faire la dicte recherche et punition le plus seurement que faire se pourra. Partant, choisissés-en un propre à me faire ce service, qui n'est de petite consequence; car tant que ceste porte de desobeïssance demeurera ouverte à ceux qui voudront en user, nostre interdiction du commerce ne fera que honte et dommage à nous-mesmes. Vous verrés encore, par une lettre que le s^r de Barrault a escripte au s^r de Villeroy, des propos qui se sont passez entre luy et Prada sur ce subject. Mon Cousin, je vous prie, reprimons ceste licence, de façon que l'exemple qui s'en ensuivra serve de terreur aux autres qui voudroient imiter tel abus, et que je sçache ce que vous en ferés.

Au reste, mon cousin le comte de St Pol m'a remonstré estre contrainct, pour appaiser la violence de ses creanciers, de vendre son comté de St Pol, en gros ou en detail. Sur cela, il m'a fait une ouverture avec laquelle il peut, ce dit-il, donner quelque contentement à ses dicts creanciers, et par ce moyen avoir loisir de traicter avec moy de l'achapt ou eschange du dict comté, si je veux y entendre. Je luy ay fait escrire qu'il vous voye et qu'il mene avec luy le s^r de Caumartin, pour en conferer avec vous, d'autant que je desire que vous m'en mandiés vostre advis devant que d'en resouldre; mais j'estime que je doibs empescher, s'il est possible, que mon dict cousin vende le dict comté aux estrangers, à cause des droicts et pretentions de souveraineté que j'ay sur iceluy; et, s'il faut qu'il soit vendu, comme m'a declaré le dict comte, qui ne s'en peut deffendre si je ne le secours, je dois plustost le recompenser et prendre que de permettre qu'il tombe en autre main. Par ce moyen nous pourrons dés à present l'obliger de ne vendre sa terre à aultre qu'à moy, en l'accommodant de l'advance qu'il demande, sur le prix duquel l'on conviendra avec luy, et l'assignant sur la levée qui luy a esté cy-devant affectée. Outre cela, nous le garantirons pour quelque temps de la ruine de ses affaires, qui le talonne de si pres qu'il luy sera difficile de l'eviter sans telle assistance. Toutesfois je n'en ay donné ny donneray parole, que vous ne m'en ayés escript vostre advis.

Mon Cousin, j'escris au s^r de Sillery qu'il vous aille trouver pour estre present au rapport des dicts Rafis et Descartes, dont vous ferés aprés part à m^r le chancelier, ainsy que vous ferés des autres particularitez contenues en la presente : priant Dieu, mon Cousin, qu'il vous ayt en sa saincte et digne garde. Escript à Fontainebleau, le xxiiij^e avril 1604.

HENRY.
DE NEUFVILLE.

[1604.] — VERS LE 25 AVRIL.

Imprimé. — *OEconomies royales*, édit. orig. t. II, chap. 33.

[A M. DE ROSNY.]

Mon amy, Vous sçavés (car je vous en ay desjà dit quelque chose) comme lorsque je fus adverty que l'Hoste, commis du s^r de Villeroy, s'estoit sauvé, et depuis avoit esté trouvé noyé, j'avois esté longtemps en doubte de ce que je devois croire de ceste affaire et faire de luy ; mais enfin il m'a fait pitié, luy voyant les larmes aux yeux, les soupirs en la bouche, les desplaisirs au cœur et les genoux en terre pour me demander pardon, lequel à ceste cause je ne luy ay pu refuser[1] ; et mesmes affin qu'il soit du tout remis en courage pour mieux

---

[1] Toutes les personnes qui liront avec attention les *Économies royales*, reconnaîtront que le mauvais vouloir de Sully contre Villeroy n'y garde aucune mesure ; et l'on aperçoit les causes de cette jalousie dans la supériorité incontestée de Nicolas

servir que jamais, je vous prie de luy escrire une lettre d'honnesteté en forme de consolation et d'asseurance de vostre amitié, car je sçay qu'il la recevra avec joie. A Dieu, mon amy. De Fontainebleau, ce jeudy au soir.

HENRY.

de Neufville pour le maniement des grandes affaires, supériorité que se plaisaient à proclamer tous ceux qui avaient à souffrir de la dureté, de l'impolitesse, des formes blessantes, de l'humeur vindicative de Rosny. Il est nécessaire d'entrer dans ces détails au sujet d'un personnage si bizarrement prôné, qu'on lui a prêté souvent les qualités les plus opposées à son caractère. Pour donner une idée de la manière dont il exerçait son ressentiment, nous nous contenterons de citer sa conduite envers le cardinal d'Ossat, d'après ce qu'il en dit lui-même. Quelque chose lui ayant déplu dans une lettre assez hardie de ce cardinal, où il vit une accusation contre lui, il cessa de lui payer ses appointements. Toutes les réclamations de d'Ossat, toutes les recommandations qui s'y joignirent furent inutiles. Ce prélat ne toucha plus rien des caisses de l'État, auquel il avait rendu les services les plus importants. Élevé à la pourpre par son seul mérite, sans fortune, sans naissance (ce que Sully avait le tort de lui reprocher), regardé comme l'oracle de la diplomatie, devenu vice-protecteur des affaires de France en cour de Rome, il fut réduit au revenu de son évêché de Bayeux, très-insuffisant à ce rang élevé, au milieu de l'opulence du Sacré Collége, et il resta dans cette gêne jusqu'à sa mort.

Obligé de constater ces torts de Sully pour éclaircir plusieurs difficultés de cette correspondance, nous tenons compte de ce qu'il y a de passionné dans la critique que Marbault, secrétaire de du Plessis-Mornay, a faite des *Économies royales,* en reprochant continuellement à Rosny d'avoir fabriqué de fausses lettres du Roi. Toutefois il est impossible de ne pas reconnaître au moins des altérations dans un certain nombre des lettres que nous ont conservées ces célèbres mémoires. Or, l'odieuse invraisemblance des insinuations de Sully contre Villeroy autoriserait jusqu'à un certain point à soupçonner ici quelque altération. Que Villeroy ait exprimé de la manière la plus vive son chagrin d'une trahison aussi capitale, commise par un homme à son service, élevé dans sa maison, et qui avait abusé à ce point de sa confiance, on le comprend aisément, et des lettres de lui en font foi ; mais admettre, comme Sully le donne à entendre aussi clairement qu'il peut, que Villeroy avait besoin pour lui-même du pardon de Henri IV, et que ce prince eut l'extravagance de conserver pour premier ministre un homme à qui il aurait eu à pardonner un pareil crime, voilà ce que peuvent à peine expliquer l'aveuglement et la passion de la rivalité la plus haineuse.

[1604.] — 27 AVRIL.

Imprimé. — *OEconomies royales*, édit. orig. t. II, chap. 32.

[A M. DE ROSNY.]

Mon amy, Mon nepveu le duc de Guise m'ayant fait entendre que, pour jouir du don que je luy fis (lorsqu'il alla la premiere fois en Provence par mon commandement) de la crue de certains offices que je fis en ma cour des comptes du dict lieu, il luy est de besoin d'avoir encore une jussion, laquelle m^r le chancelier fait difficulté de luy expedier, je vous fais ce mot pour vous prier d'apporter tout ce qui sera de vous pour que le dict s^r chancelier scelle la dicte jussion; luy faisant entendre que c'est chose que je veux, et que mon dict nepveu jouisse de la gratification que je luy ay faicte de la finance qui proviendra des dicts offices. A Dieu, mon amy. Ce xxvij^e avril, à Fontainebleau.

HENRY.

[1604.] — 28 AVRIL.

Cop. — Bibliothèque de M. Monmerqué, Ms. intitulé *Lettres à l'ambassadeur du Levant*.

[A MONS^R DE BRÈVES.]

Monsr de Breves, J'ay faict response à vos lettres du iij^e de febvrier, le xve de ce mois. Depuis, j'ay receu celle du xxj^e du dict mois de fevrier. Je desire fort sçavoir le progrés qu'avoit fait le roy de Perse en la guerre qu'il avoit entreprise sur les Ottomans, et si le Sigal aura pris le gouvernement de l'armée qui doit servir de ce costé-là ; de quel nombre elle sera composée, et quels auront esté les exploits du dict Sigal ; si son fils aura eu la charge de son lieutenant sur mer ; quel nombre de galeres ils feront sortir ceste année, ainsy qu'ils ont publié ; de quel costé ils les envoiront, et si ce Seigneur et son premier bassa feront le voyage d'Hongrie ceste année, ainsy qu'ils ont publié, ou s'ils le remettront à la prochaine. L'on m'a escript d'Allemagne que l'esperance de la paix n'est encore du tout perdue, ayant renouvellé et continué la suspension d'armes sur la frontiere jusqu'à present, et chascun se preparant de part et d'autre assez mollement pour faire la guerre ceste année. Toutesfois vous sçavés que les armées se rechauffent ordinairement avec le soleil et la saison, tellement que si l'on a à faire quelque chose, ce ne sera qu'en automne. J'ay l'opinion que le roy d'Espagne differera aussy l'entreprise sur Algier jusqu'à l'année prochaine, d'autant que ceux qu'il avoit envoyez en Barbarie vers le roy de Conque ont eu si mauvaise fortune qu'ils sont demeurez au pouvoir des Turcs, qui les ont tres mal traictez.

Je loue l'office que vous avés faict à l'endroit du premier bassa sur l'arrivée par delà de l'interprete Olivier, quand bien il ne produiroit autre fruict que de les avoir asseurez de la continuation de mon amitié et avoir tiré d'eux une semblable capitulation en faveur de mes alliez et amys, qui fut celle qui fut accordée par sultan Soliman à l'insistance du feu roy François mon ayeul, pour les princes de l'Empire, lors alliez de ma dicte Couronne; car ceste faveur servira à leur tesmoigner de plus en plus du soin que j'ay d'eulx, et à les lier plus estroictement avec moy. Mais je veux croire aussy qu'ayant faict comprendre les peuples des Estats d'Hollande et Zelande, vous aurés eu esgard que l'expedition en ayt esté faite avec telle consideration qu'elle ne pourra, venant en lumiere, m'estre imputée de ceux qui ne l'auront agreable, ainsy que vous m'avés escript par vostre lettre. Je vous sçay aussy bon gré de l'assistance que vous avés despartie à l'ambassadeur de la republique de Venise, pour obtenir la grace en restitution qui luy a esté accordée, ainsy qu'il est porté par la derniere de vos dictes lettres; toutesfois la Seigneurie ny son ambassadeur ne m'en ont faict encore aucun remerciement. Quant au baron de Salignac, il est encore par deçà; mais il sera bien tost expedié pour s'acheminer à Venise, d'où il se rendra aprés en Constantinople le plus tost qu'il pourra, et je luy commanderay de se haster, affin qu'il arrive par delà à temps pour vous donner moyen et loisir de retourner par deçà ceste année : ce que j'estime qu'il vous sera facile de faire, principalement si ce Seigneur n'embarque sa personne au voyage d'Hongrie, de quoy vos premieres nous pourront apporter quelque esclaircissement. Je prie Dieu, Monsr de Breves, qu'il vous ayt en sa saincte garde. Escript à Fontainebleau, le xxviij^e jour d'avril 1604.

HENRY.

1604. — 30 AVRIL.

Imprimé. — OEconomies royales, édit. orig. t. II, chap. 36.

[A M. DE ROSNY.]

Mon Cousin, Je dois preferer la conservation de ma santé à toute aultre consideration et affaire; c'est pourquoy, estant conseillé par mes medecins de commencer une diette mardy et mercredy, je ne doibs la retarder; et quand je l'auray commencée, je ne pourray l'interrompre que je ne l'aye parachevée : aultrement elle seroit inutile. Cela estant, je ne pourray aller à Paris dans cinq ou six jours, comme vous m'avés escript par vostre derniere lettre, que vous estimés qu'il seroit à propos que je fisse pour favoriser et auctoriser par ma presence le faict des rentes; mais estant la declaration pour les commissaires verifiée en la chambre des comptes et en la cour des aides, comme elle a esté au parlement, nous ne laisserons pour cela de nommer les depputez des compagnies qu'il y faut employer, les faire solliciter qu'ils s'assemblent, et en un besoin les faire venir icy pour recevoir mon commandement, en attendant que je puisse moy-mesme aller là, comme je feray volontiers aprés la dicte diette, pour y mettre la derniere main; car je ne plaindray point mes peines pour un si bon œuvre. Cependant m^r le chancellier, vous et ceux de mon conseil ordinaire des finances venant icy, je resouldray avec vous ce qu'il faut faire pour mon voyage de Provence, lequel je ne veux perdre l'occasion de faire ceste année, où nous delibererons encore plus commodement et avec moins d'interruption et de divertissement que ailleurs de plusieurs autres affaires d'importance qui ne se peuvent traicter et conclure sans moy. Nous y parlerons aussy, tant de vostre voyage de Poictou, pour lequel je vous donneray le temps que nous jugerons necessaire affin de le rendre utile, que de l'advis que Montauban nous a donné des lettres de Constans et du s^r de Parabelle, de la proposition du comte de St Paul et du faict qui concerne le s^r de Villars. Cependant vous m'avés fait plaisir de n'avoir permis que l'arrest qui a esté donné pour le taillon de Tolouze, estant contraire à l'accord que vous sçavés que j'ay faict avec ceux du pays de Languedoc, ayt esté delivré; car je ne veux qu'il ayt lieu, d'autant qu'il faudroit que je rendisse l'argent que j'en ay receu, et ma femme aussy pour le bastiment de Monceaux, chose que je n'entends pas faire. Et vous diray qu'il me semble que l'on ne devoit, sans vous, resouldre le dict arrest en mon conseil, saichant, comme l'on sçait, combien j'ay affectionné le dict accord.

Quant au differend qui est entre Montauban et Drouart, tout bien consideré, je desire preferer le premier à l'autre, cestuy-cy estant poussé et assisté des anciens receveurs, lesquels nous ne devons laisser rentrer dans ce maniement, pour les raisons qui nous ont meu de les en deposseder. Il me semble aussy que c'est vostre advis; partant vous pouvés conclure ces deux dernieres affaires devant que de partir, et suffira que vous soyés icy mardy ou mercredy et ceux de mon conseil des finances; mais aussy je vous prie vous y rendre tous en ce temps-là; et quand vous y aurés demeuré sept ou huict jours, vous pourrés retourner à Paris pour asseurer ce que vous y aurés laissé imparfait. Je vous promets que je vous y suivray si tost que j'auray faict la dicte diette, laquelle, comme j'ay dict, je ne doibs reculer, puisque mes dicts medecins la jugent necessaire pour asseurer ma santé, qui est à present tres bonne, grace à Dieu. Vous ferés donc entendre mon intention à mon dict s^r le chancellier et aux autres de mon dict conseil des finances qui y sont ordinaires (car je ne veux pas qu'il en vienne d'autres), affin que mon dict s^r le chancellier y donne ordre. Je prie Dieu, mon Cousin, qu'il vous ayt en sa saincte et digne garde. Escript à Fontainebleau, le xxxe jour d'avril 1604.

HENRY.

[1604. — VERS LA FIN D'AVRIL.]

Imprimé. — *OEconomies royales*, édit. orig. t. II, chap. 40.

[A M. DE ROSNY.]

Mon Cousin, Je pris hier medecine et ay esté saigné ce matin d'un sang fort mauvais et chaud, et comme je voulois disner, mon bras s'est rouvert de fascherie et de colere, pour des occasions que j'en ay, et que je vous diray lorsque je vous verray; de façon que mess[rs] de la Riviere[1] et du Laurens[2] ont resolu que je ne ferois point de diette pour ce coup, et se contenteront de me faire prendre des bouillons pour me rafraischir. Ce porteur vous va trouver avec les lettres qu'il a de m[r] de la Force pour vous, sur lesquelles il vous entretiendra. Je vous prie donc de l'escouter et luy donner moyen qu'il puisse parler au s[r] de Taiac; car outre qu'il s'est cy-devant employé pour ses affaires, il luy porte des lettres de sa femme, qui le conjure de ne rien taire de ce qu'il sçait importer à mon service. J'estime qu'aussy

---

[1] Roch le Bailli surnommé *la Rivière*, dont il est plusieurs fois question dans cette correspondance, était premier médecin de Henri IV, après avoir été médecin ordinaire de Henri III. Sa science et son érudition étaient en grande estime. Il est auteur d'un traité de la Peste et d'un ouvrage apologétique de la doctrine de Paracelse, dont il suivait les principes. Ce livre, publié en 1578, in-8°, est intitulé *Demosterion sive CCC aphorismi continentes summam doctrinæ Paracelcisæ*. M. de la Rivière était de Falaise, et mourut à Paris le 5 novembre 1605. Le supplément au *Journal de Lestoile* constate ainsi sa mort : « Le samedy 5 novembre mourut en sa maison des faux-bourgs Saint-Honoré, M. de la Riviere, premier medecin du Roy, duquel on ne peut dire autre chose, sinon que le proverbe *Telle vie, telle fin* est failly en luy, et que ç'a esté le bon larron que Dieu a regardé pour luy faire misericorde. »

[2] André du Laurens, l'un des principaux disciples du célèbre Duret, était alors premier médecin de la Reine et médecin par quartier du Roi. Il avait en même temps une chaire de professeur royal à la faculté de Montpellier. A la mort de M. de la Rivière, il l'emporta sur son confrère Joseph du Chesne, seigneur de la Violette, plus ancien que lui en charge, et devint premier médecin du Roi. Ses ouvrages, et principalement son Traité d'anatomie, lui valurent une grande réputation. Né à Arles, il mourut à Paris le 16 août 1609.

ne fera-il, et que ce voyage ne sera inutile. A Dieu, mon amy. Ce mercredy, à deux heures aprés midy, à Fontainebleau[3].

HENRY.

[1604.] — 5 MAI.

Orig. autographe. — Musée britannique, Mss. Egerton, vol. 5, fol. 100. Transcription de M. Delpit.
Cop. — Arch. de M. de la Force.
Cop. — B. N. Fonds Leydet, liasse 2.

A MONS^R DE LA FORCE.

Monsr de la Force, Je vous fais ce mot pour vous faire ressouvenir de la recommandation que je vous ay cy-devant faicte de donner une place d'archer de mes gardes sous vostre charge au capitaine Sabbyon, qui m'a servi l'espace de vingt-cinq ans, et la promesse que vous m'en avés faicte. C'est pourquoy l'occasion s'offrant par la mort du s^r de Rigaut, je vous prie de vous en acquitter, asseuré que vous me ferés service tres agreable, d'autant que c'est chose que j'ay à cœur et que j'affectionne. Sur ce, Dieu vous ayt, Monsr de la Force, en sa saincte et digne garde. Ce v^e may, à Fontainebleau.

HENRY.

[1604. — 12 MAI.]

Imprimé. — Œconomies royales, édit. orig. t. II, chap. 39; et Vie militaire et privée de Henri IV, page 284.

[A M. DE ROSNY.]

Mon amy, J'escrivis hier à ma femme, mais de sa grace elle n'a daigné me faire response, s'excusant sur ce que je luy avois mandé que je la verrois aujourd'huy de bonne heure : ce qu'elle ne devoit faire. Cela me fait resouldre de ne partir encore aujourd'huy d'icy;

---

[3] Cette lettre est donnée dans les Œconomies royales comme reçue par Sully quelques jours après une que M. de Buzenval lui avait écrite de la Haye, le 15 avril.

mais ce sera pour demain, et arriveray à Fontainebleau de bonne heure. Je receus hier matin une lettre d'elle, que j'ay recogneue de votre style, non du sien ny de celuy de mr de Sillery. Elle est estrange, et si vous ne le luy remonstrés, elle le deviendra encore davantage; car, quand je me ressouviens des propos qu'elle me tint avant-hier, cela ne peut qu'il ne me pesé et ne me tienne au cœur, et m'empesche de me bien porter de l'esprit; car du corps, fort bien, Dieu mercy. Au demeurant, j'ay trouvé icy force brouilleries du costé d'Auvergne; et, s'il en a bien compté par delà, il n'en a pas moins faict par deçà, où il a dict à tous ceux qui ont parlé à luy les plus estranges choses du monde, et je crains qu'il en naisse des querelles, ce que j'empescheray si je puis. Hier je fus à St Germain voir mes enfans, où je trouvay mon fils se portant bien; mais ma fille avoit esté tellement malade que c'est un miracle de ce qu'elle n'est morte. Elle se porte maintenant mieux, mais non qu'elle puisse bouger encore de quinze jours de St Germain, ce qui m'a fait resoudre de ne les point faire venir à Fontainebleau. Hier ma cousine la comtesse de Soissons accoucha d'un fils[1], qui a esté d'un grand contentement à son mary et à elle. Je le vis, peu de temps aprés, faisant le stoïque, me disant que les prosperitez ne l'eslevoient point, comme aussy les adversitez ne l'abaissoient nullement, et qu'il estoit toujours luy-mesme en l'une et l'autre fortune. A Dieu, mon amy. Ce mercredy, à neuf heures du matin, xije may, à Paris.

HENRY.

---

[1] Louis de Bourbon succéda à son père, en 1612, comme comte de Soissons, de Clermont et de Dreux, pair et grand maître de France. Il fut fait chevalier des ordres du Roi en 1619. Il eut, en 1631, le gouvernement de Champagne et de Brie. Quoiqu'il ne fût pas dans les ordres, il obtint les abbayes de Saint-Ouen de Rouen, de Jumiéges, de Saint-Michel en l'Herm, de la Couture du Mans, de Froimont, et le prieuré de Grandmont. Après d'autres faveurs et plusieurs commandements importants, il se brouilla avec la cour et se retira à Sedan en 1637. Quatre ans après il dirigea l'armée étrangère qui entrait en France, livra bataille au maréchal de Châtillon, à la Marfée près Sedan, le 6 juillet 1641, le défit et fut tué d'un coup de pistolet comme il poursuivait sa victoire. En lui s'éteignit la branche de Bourbon-Soissons; car il n'avait pas été marié, et ne laissa que deux enfants naturels.

[1604. — 14 MAI.]

Cop. — Fonds Brienne, Ms. 40, fol. 131 verso; — et Béthune, Ms. 8995, fol. 123 verso.

[A M. DE BEAUMONT.]

EXTRAIT.

Monsr de Beaumont, Ce m'a esté un grand plaisir et contentement d'apprendre que le roy d'Angleterre persiste si constamment que vous me l'avés de nouveau representé par votre lettre du xxve du mois passé, receue le vij^e du present, en la volonté qu'il a tousjours declaré avoir, non seulement conclure ny accorder avec Espagne sans mon sceu et advis, comme aussy de n'abandonner ny laisser perdre par faulte d'assistance les Estats, et de vouloir pour cest effect demourer joinct et en bonne intelligence avec moy, et mesmes suivre mon exemple. Car c'est aujourd'huy le point qui nous doibt estre plus egallement recommandé pour les raisons que nous tirons de la conduite d'Espagne et des preuves que nous avons faictes de l'insatiable ambition et de la superbie insupportable de ceste nation, laquelle, bien qu'elle face contenance de moderer quelque jour l'ardeur de sa convoitise, le faict tousjours plus par impuissance et dissimulation que de bonne volonté, car elle ne se despartira jamais de ses fins. Elle ne tend à present à la paix d'Angleterre que pour favoriser ses desseings contre les dicts Estats ; elle en a faict ainsy avec moy, estant certain qu'ils ne m'eussent jamais rendu ces places qu'ils avoient prises en mon Royaume, sans ceste esperance. Qui pourroit aussy resister à leur puissance, s'ils y avoient rallié les dictes provinces estant armées et fortes par mer et par terre, comme elles sont? Les dicts Espagnols ont-ils laissé, pour la dicte paix qu'ils ont faicte avec moy, de faire des menées en mon Royaume pour y rallumer le feu de la guerre civile? Il faut que le Roy mon bon frere croye que, quoy qu'ils facent avec luy et luy promettent, ils ne quitteront pour ce les dictes caballes et intelligences qu'ils ont avec les catholiques factieux de ses royaumes.

Qu'il face prendre garde de prés à la suitte du connestable de Castille, quand passera et arrivera en son royaume, et à celle de ses collegues, il y recognoistra des personnes propres pour servir à ces desseings. J'en ay esté adverty de bonne part, et quand mon dict frere n'auroit autre subject de se deffier de leurs intentions que celle-cy du retardement du connestable en son voyage, est-il pas suffisant pour luy faire croire qu'ils ne procedent sincerement? Ils veulent se prevaloir de l'issue du siege d'Ostende, qu'ils croyent leur debvoir estre favorable. Je sçay aussy qu'ils font scrupule et conscience de traicter avec un prince qui a fraischement banny de son royaume, par edict public, les Jhesuistes et les prebstres; il fault aussy considerer qu'ils estiment tirer plus de proffit, à l'endroit des peuples des dictes provinces unies, de l'apprehension et crainte qu'ils ont que la dicte paix se face à leurs despens que de la conclusion et de l'effect d'icelle. Pareillement ils veulent donner loisir à l'Empereur de faire jouer les ressorts de son auctorité et de celle de l'Empire en faveur de la paix hollandoise, affin qu'ils facent leur effect avec ceulx qu'ils esperent de leur accord avec le dict roy d'Angleterre; car n'estimés pas que le dict connestable soit si jaloux de sa reputation de grand cappitaine et chef de guerre qu'il acquist au comté de Bourgogne[1], quand il y fut, qu'il soit demouré exprés pour se trouver aux beaux exploicts de guerre, dont l'entreprise du comte Maurice pour secourir Ostende leur faict ouverture : c'est la chose à laquelle il pense le moins, comme celuy qui a tousjours esté plus soigneux de conserver sa gravité et sa personne que d'autre chose.

Ce pendant qu'ils entretiennent le dict Roy en l'attente et incertitude de leur traicté, ils estiment qu'il sera plus retenu à favoriser les dicts Estats qu'il ne seroit peut-estre aprés la conclusion. Peut-estre aussy qu'ils recognoissent que leur lenteur sert à eschauffer le desir que le dict Roy a de la dicte paix, à la luy faire estimer davantage. Mais ce sont choses que mon dict frere doibt et peult mieux juger

---

[1] Allusion ironique à la journée de Fontaine-Française.

que moy, car il cognoist l'estat de ses affaires mieux que nul autre. Je desire aussy qu'il croye que je ne suis meu d'entrer en ces discours et considerations d'aucune animosité et passion particuliere contre les dicts Espagnols; car, quand je voudrois faire semblant de ne m'appercevoir de leurs menées et fins, tant en mon Royaume qu'ailleurs, et user en cela de connivence, j'y serois admis et receu d'eulx aussy volontiers que nul autre. La jalousie qu'ils ont de moy ne procedde que de celle qu'ils me donnent occasion d'avoir d'eulx, estant marrys de quoy je ne les laisse faire ce qu'ils veulent et gagner les advantages ausquels ils aspirent. Considerons en quelle subjection ils tiennent aujourd'huy toute l'Italye : s'ils n'estoient retenus par la crainte de mes armes et de la guerre hollandoise, ils tyranniseroient tous les autres princes et potentats qui y regnent jusques au Pape et au Sainct Siege, comme ils ont fait.....[2].

1604. — 20 MAI.

Orig. — Ms. appartenant à M. l'abbé Caron; pièce 48.

A MON COUSIN LE CARDINAL DE JOYEUSE,
PROTECTEUR DE MES AFFAIRES EN COURT DE ROME.

Mon Cousin, Je m'attends de sçavoir, par vostre premiere, la resolution que vous aurés prise sur celles que je vous ay escriptes le xj^e d'apvril, qui vous ont esté portées par celuy que vous aviés depesché par deçà, pour, selon cela, vous faire part cy-aprés de mes nouvelles et commandemens. Cependant j'ay respondu, le cinquiesme de ce mois, à vos lettres du vj^e du present, ainsy que je feray encore par la presente à celle du xxe, qui fait mention des propos que le cardinal Aldobrandin vous avoit tenus sur la disposition des fruits de l'evesché de Metz, aprés le trespas du cardinal de Lorraine, et ce que vous luy

---

[2] Dans la suite de la lettre, le Roi s'étend sur les précautions dont le roi d'Angleterre doit user dans la négociation de la paix avec l'Espagne, pour éviter de fortifier cette puissance au détriment des États de Hollande, et il répond à quelques points particuliers des lettres de l'ambassadeur.

avés derechef remonstré contre sa proposition; qui est si preignant et juste, que je veux croire qu'il s'en desistera, et, en tous cas, qu'il en surseoira la resolution, comme de chose qui n'a point de haste et qui est extraordinaire, et laquelle aussy je ne pourrois avoir agreable; et croy que le conseil que vous avés faict prendre à mon ambassadeur d'en parler à Sa Saincteté a esté tres bon, affin de rompre ce coup par son moyen. Je vous ay si expressement commandé la sollicitation d'une promotion de cardinaux, que je m'asseure, si vous estes encores sur les lieux quand le temps escherra d'en esperer une, que vous y ferés l'office qui despendra de vous, comme derechef je vous en prie. Mais mandés-moy s'il y a eu changement en la resolution que vous et le feu cardinal d'Ossat m'aviés escript que Sa Saincteté avoit prise contre les petites dates[1], d'autant qu'il semble, par vostre dicte lettre, qu'il soit necessaire encores de disposer le Pape d'y mettre la derniere main. Cependant je vous diray que ce sera chose que j'auray bien agreable que vous faciés, pour le bien qui en succedera. Au reste, mon ambassadeur vous fera part de tout ce que je luy escris, et je vous asseureray de la continuation de ma bonne santé comme de celle de la bonne volonté que je vous porte. Je prie Dieu, mon Cousin, qu'il vous ayt en sa saincte et digne garde. Escript à Paris, le xxe jour de may 1604.

HENRY.

DE NEUFVILLE.

---

[1] Les *dates*, en termes de chancellerie romaine, étaient les inscriptions des demandes de bénéfices, sous quelque forme que ces demandes fussent adressées. Les *petites dates* étaient les dates retenues en cour de Rome, lorsque les procurations nécessaires à l'impétration n'étaient pas accordées. Cet usage entraînait des abus contre lesquels de savants jurisconsultes ont écrit, et qui motivèrent même des édits.

1604. — 22 MAI.

Orig. — Arch. de M. de Couhé-Lusignan. Copie transmise par la société des Antiquaires de l'Ouest.

A MONS^r DE FRESNES CANAYE,
CONSEILLER EN MON CONSEIL D'ESTAT ET MON AMBASSADEUR A VENISE.

Mons. de Fresnes Canaye, Le chevalier de Baillou a esté, depuis quelque temps, jetté dans le golphe de Venise par la tempeste, avec un vaisseau rond armé qui luy appartient; et parce que la Seigneurie l'a fait prendre et retenir, soubs pretexte de deffenses qui sont faictes à tous vaisseaux estrangers d'y entrer sans leur permission, et que le dict chevalier de Baillou est François et proche parent et allié d'aucun de mes serviteurs, qui m'ont fait supplier de luy moyenner sa liberté, vous ne fauldrés, incontinent la presente receue, d'en parler et faire instances de ma part à la dicte Seigneurie, suivant les lettres que je luy en escris, dont je vous envoye la copie, affin qu'il soit mis hors de prison et renvoyé avec son dict vaisseau et ceux qui l'accompagnoient, puisqu'il n'estoit porté d'aucun mauvais desseing à l'endroit de la dicte Seigneurie, à laquelle vous ferés cognoistre que c'est chose que j'affectionne et que je tiendray à plaisir tres agreable, pour m'en revancher quand l'occasion s'en presentera : priant Dieu, Monsr de Fresnes Canaye, qu'il vous ayt en sa saincte garde. De Fontainebleau, le xxij^e jour de may 1604.

HENRY.

DE NEUFVILLE.

1604. — 25 MAI. — Ire.

Imprimé. — Œconomies royales, édit. orig. t. II, chap. 32.

[A M. DE ROSNY.]

[1] Mon amy, Vous apprendrés par ceste-cy, et par ce que la Varenne

---
[1] Cette lettre était de la main du Roi.

vous dira, le desir que j'ay de donner tout le contentement qu'il me sera possible à monsr le duc de Virtemberg, ainsy que je l'ay resolu avec le sr de Sillery, et que je luy ay donné charge de le vous faire entendre. C'est pourquoy je vous prie d'y pourveoir à ce que son ambassadeur, qui a pris congé de moy pour le retourner trouver, luy porte ceste asseurance. Vous luy ferés aussy donner un present de ma part, d'autant qu'il part sans plus retourner icy; et vous sçaurés que ces choses-là importent à mon service, comme vous le pouvés trop mieux juger. C'est pourquoy je ne vous en diray davantage, pour prier Dieu vous avoir, mon amy, en sa saincte et digne garde. Ce xxve may, à Fontainebleau.

HENRY.

[1604. — 25 MAI.] — IIme.

Cop. — B. N. Fonds Brienne, Ms. 40, fol. 140.

[A M. DE BEAUMONT.]

EXTRAIT.

.... Je suis tres aise que le dict roy ayt contentement du bon debvoir que fait auprés du prince son fils le sr de St Anthoine, et qu'il apparoisse par le proffit [qu'en retire] le dict prince. En quoy vous commanderés de ma part au dict St Antoine de perseverer, luy disant le contentement que j'en auray, affectionnant la prosperité du dict prince comme celle de mon propre fils. Mais trouvés moyen de faire passer l'envie au dict roy de r'avoir par delà le sr de Vitry; car estant maintenant en quartier, servant auprés de moy en la charge de cappitaine des gardes, je ne puis me passer de luy sur plusieurs querelles qui se presentent, lesquelles sont par-deçà plus frequentes en ceste saison qu'en toutes les autres de l'année, tant le sang et naturel du François est bouillant et subject à s'esmouvoir, et le point d'honneur cher et precieux entre la noblesse, laquelle le prefere à la conservation de sa vie, qu'il n'y a espece de rigueur ny de supplice pour la retenir et garder de le debattre par armes, quand elle estime y estre interessée. Excusés donc doucement le dict s^r de Vitry de ce voyage, et le faictes de façon que le dict roy en demeure content et ne s'en prenne au dict s^r de Vitry ny à autre chose qu'au besoin extresme que j'ay de sa personne à ma suitte, tant que le service de sa charge l'y oblige.....

[1604.] — 13 JUIN.

Imprimé. — *OEconomies royales*, édit. orig. t. II, chap. 32.

[A M. DE ROSNY.]

[1] Mon amy, La suffisance du s^r de Massés, qui vous rendra ceste-cy de ma part, fera qu'elle en sera plus courte. Je me contenteray par icelle de vous asseurer de la continuation de ma bonne volonté, de laquelle je vous tesmoigneray les effects aux occasions qui s'en offriront, et que je seray tres aise d'entendre de vos nouvelles et ce que vous aurés appris en vostre voyage important à mon service. A Dieu, mon amy. Ce xiij^e juin, à St-Germain en Laye.

HENRY.

1604. — 21 JUIN.

Imprimé. — *OEconomies royales*, édit. orig. t. II, chap. 41.

[A M. DE ROSNY.]

Mon amy, Je ne vous ay point escript despuis vostre partement, tant pour ce qu'il ne s'est rien passé dont il me fust besoin de vous tenir adverty, que pour avoir commandé au s^r de Villeroy de vous informer amplement des affaires generales, et surtout des estrangeres, et encore presentement ne vous escrivé-je rien de particulier, m'en remettant au dict s^r de Villeroy, et à ce que vous en dira Escures de ma part (n'ayant rien voulu fier au papier), que j'envoye expressement vers vous dans trois ou quatre jours, affin de vous donner cognoissance de

---

[1] Cette lettre et les trois suivantes étaient de la main du Roi.

plusieurs mechancetez qui se brassent, auxquelles je veux apporter remede, mais non sans avoir pris vos bons advis, desquels je me suis toujours si bien trouvé que je ne les veux pas negliger, et aurois encore plus grand besoin de vostre personne, d'autant qu'il fait bon avoir des hommes propres à executer ce qu'ils conseillent, comme je vous ay tousjours trouvé prest de faire. A Dieu, mon amy. De St Germain, le xxj^e juin 1604.

HENRY.

[1604.] — 22 JUIN. — Ire.

Imprimé. — *OEconomies royales*, édit. orig. t. II, chap. 41.

[A M. DE ROSNY.]

Mon amy, Je vous fais ce mot en attendant que dans deux jours je vous depesche Escures, par lequel vous apprendrés que nous avons descouvert force trahisons, esquelles le comte d'Auvergne et m^r d'Entragues sont meslez, et des choses si estranges qu'à peine vous le croirés[1]. Nous avons aussy appris, par des lettres que m^r de Bouillon escrit, que nous avons surprises, qu'il brouille tousjours, et que m^r de la Trimouille est de la partie. D'Escures vous portera des nouvelles de tout. Je ne me portay jamais mieux que je fais à present, Dieu mercy, comme font ma femme et mon fils et ma fille; qui sont là les meilleures nouvelles que je vous sçaurois mander, et, pour fin, que je vous aime bien. A Dieu, mon amy. Ce xxij^e juin, à St Germain en Laye.

HENRY.

[1604.] — 22 JUIN. — IIme.

Imprimé. — *OEconomies royales*, édit. orig. t. II, chap. 41.

[A M. DE ROSNY.]

Mon amy, Suivant ce que j'ay escript ce matin, par la voye de la poste, j'ay pensé de vous envoyer Escures, present porteur, pour vous

---

[1] Cette affaire se déroulera dans la suite de cette correspondance.

informer particulierement de ce qui est venu à ma cognoissance jusqu'à present touchant les affaires dont je vous ay escript, lesquels je vous prie de considerer selon qu'il importe à mon service, et m'en mander vostre advis sur le tout. Je vous envoye semblablement un memoire d'autres advertissemens qui m'ont esté donnez, dont les lettres m'ont esté mises en main, pour vous monstrer comme j'ay esté servy par aucuns de la Religion, desquels j'ay grande occasion de me tenir offensé, ayant si mal recogneu la bonté dont j'avois usé pour oublier ce qui avoit esté fait contre leur devoir et mon auctorité en l'assemblée de Gap. Vous recognoistrés par là le peu de compte qu'ils ont faict de vostre conseil et de ce qu'ils vous avoient promis. Vous vous en servirés comme vous adviserés, pour remedier que pareil desordre n'arrive plus. Je serois bien aise d'entendre, par le retour du dict Escures, ce qui s'est passé en vostre voyage, et comme vous esperés le bien employer. Je desire qu'il finisse bien tost avec succés, affin que tant plus tost je vous revoye. A Dieu, mon amy. Ce xxij^e juin, à St Germain en Laye au soir.

HENRY.

[1604. — 22 JUIN.] — IIIme.

Cop. — B. N. Fonds Brienne, Ms. 40, fol. 208 verso; — et Béthune, Ms. 8996, fol. 121.

[A M. DE BEAUMONT.]

Monsr de Beaumont, Ayant receu par ce porteur, le xe de ce mois, vostre lettre du uj^e, j'ay voulu attendre la subsequente, devant que de le renvoyer et y repondre. Vous m'avés faict un singulier plaisir et service tres agreable de m'avoir si particulierement informé de ce qui s'est passé aux premieres assemblées et conferences des commissaires ordonnez pour traicter la paix que pretendent faire les Espagnols avec le roy d'Angleterre, et plus encore, d'avoir sur ce subject representé au dict roy ce que vous m'avés escript par vostre derniere, car vous m'avés servy en cela selon mon intention et dignement. J'ay toute occasion aussy d'estre content des declarations que vous a faictes sur ce le dict roy, estant conformes aux precedentes et dignes de la bonne foy et amitié dont il faict profession envers moy, comme de sa prudence. Il me semble pareillement que ses commissaires s'estoient conduits jusques alors tres prudemment et courageusement avec les autres, et que ceux-cy descouvrent par leur procedé avoir plus besoing que de desir de s'accorder avec le dict roy, combien qu'ils ayent assez mal enfourné leurs negociations, transportez de leur vanité et precipitation ordinaire. Mais ce que j'y considere, et à quoy je me suis plus particulierement arresté, a esté aux discours et jugement que vous faictes, par votre dicte derniere lettre, du succez de ceste negociation, fondé sur la facilité du roy, la malignité de la royne sa femme et les esperances que les Espagnols ont de proffiter plus de la suitte et consequence de la dicte paix avec le temps, que des conventions presentes d'icelle. Car je ne doubte point qu'ils ne facent des offres à la dicte royne, et qu'ils ne mettent peine de luy imprimer en l'ame ceste desmesurée ambition de laquelle vostre lettre faict mention. Ce sont choses qu'ils estiment pouvoir justement faire, partout masquez du pretexte de la religion, comme je descouvre tous les jours que les ministres d'Espagne pratiquent en mon Royaume plus imprudemment et effrontement que jamais.

Je feis constituer prisonnier, ces jours passez, en la Bastille un Angloix nommé Thomas Morgan, accusé de les servir en leurs menées contre mon service. De quoy j'ay de telles preuves, que non seulement je n'en doibs douter, mais aussy le faire chastier comme un meschant homme. Il fut arresté du temps du feu Roy à la priere de la feu Royne, mais il fut depuis eslargi, à la poursuitte et instance de ceux des Guise, au fort des affaires de la Ligue. J'ay quelque cause de soubçonner qu'il servoit les dicts Espagnols, du sceu de l'ambassadeur d'Angleterre, avec lequel il frequentoit souvent, sous couleur d'obtenir du dict roy son restablissement en ses biens et en son pays par son moyen. C'estoit avec le comte d'Auvergne et le s^r d'Entragues que le dict Morgan manioit ceste pratique pour les dicts Espagnols, que je suis après à approfondir et averer entierement. Jà l'un et l'autre m'ont confessé que Jehan-Baptiste de Taxis et mesme le dernier ambassadeur qui est icy leur avoient donné parole et asseurance de la part du roy d'Espagne de les proteger et assister en leurs affaires aprés ma mort, sur laquelle il semble que ce desseing estoit principalement fondé, sous pretexte de bien faire à la marquise de Verneuil et aux enfans que j'ay d'elle. De quoy l'on veult que je croye que le dict roy d'Angleterre, par l'entremise mesme du duc de Lenox, a eu quelque cognoissance et participation. Toutesfois vous n'en ferés semblant par delà. Car je ne vous donne le present advis que pour m'aider à descouvrir la verité de ceste intelligence; laquelle seroit tres perilleuse, si elle estoit telle que la figurent ceulx qui en discourent. J'ay desjà veriffié que les dicts ambassadeurs espagnols, parlans aux dicts s^{rs} pour les suborner et faire plustost condescendre à leurs volontez, leur ont souvent dict que leur maistre estoit tres asseuré de l'amitié et foy du dict roy d'Angleterre, desmontrant d'estre resolu de se venger contre moy et mon Royaume, sinon durant ma vie, du moins aprés mon trespas, des offenses qu'ils pretendent recepvoir de moy en assistant les Estats; et dit-on que c'est ce Pin, du retour duquel par delà je vous ay ci-devant escript, qui porte ces messages pour le dict s^r d'Entragues, avec le dict duc de Lenox et son frere, par le moyen desquels ils pretendent rejoindre ces deux roys en ce desseing fondé sur une certaine promesse, qu'ils dient que j'ay faicte à la dicte marquise, dont l'on a tant faict de bruit : et voilà comment les dicts Espagnols se comportent envers ceulx envers lesquels ils font profession de bonne voisinance et amitié : ne manquans jamais de pretexte de violler leur foy[1] ? Quand bien le dict roy abandonneroit entierement les dicts Estats par son traicté et par ses actions, pour contenter les dicts Espagnols et mieux les obliger à vivre sincerement avec luy, toutesfois le pretexte de la religion leur servira tousjours d'excuse et de moyen de seduire ses subjects et de les revolter contre luy. Mais ils le feroient plus hardiment

---

[1] On lit ensuite : *et d'exempter leurs voisins de feu et de sang* ; ce qui n'offre point de sens.

et advantageusement s'ils pouvoient vaincre et regagner les dicts Pays-Bas, ainsy que vous avés sagement et suffisamment representé au dict roy; de sorte que tout le commandement que je vous feray par la presente sera de poursuivre votre poincte envers luy et ses principaux conseillers pour le dissuader de delaisser les dicts Estats et d'en souffrir ou consentir la ruyne.

Les langages indiscrets tenus par la dicte royne contre la France ne doibvent estre mis en nonchalloir, non plus que la proposition de la ligue offensive et deffensive faicte d'abordée par les commissaires d'Espagne. Encore que les autres ayent declaré n'y vouloir entendre, ce sont errcs qu'ils peuvent reprendre quand ils voudront, et qu'ils traicteront secrettement, s'ils veulent y entendre de part et d'autre. Par tant il fault y avoir l'œil, principallement à cause de la foiblesse du dict roy et de sa duplicité remarquée et esprouvée en diverses occasions. Mais pour cela vous ne debvés laisser à luy monstrer que j'ay toute confiance en sa foy, luy donner jalousie de celle des dicts Espagnols et de leurs intelligences et corruptions secrettes envers les catholiques, et luy faire considerer combien il nous importe d'empescher qu'ils n'augmentent leur puissance des forces hollandoises. Continués aussy à m'advertir diligemment de tout ce qui s'advancera en ce traicté, et n'obmettés à faire chose que vous cognoistrés pouvoir ayder à le traverser, avec vostre discretion ordinaire. Si j'eusse cru pouvoir divertir le dict roy d'Angleterre de la paix, en luy offrant de faire la guerre avec luy pour chasser les Espagnols des Pays-Bas, je n'eusse pas faict difficulté de m'y engaiger depuis que j'ay descouvert la mauvaise foy des dicts Espagnols en mon endroit; mais vous sçavés combien le dict roy s'est tousjours monstré aliené de ce desseing, sur lequel il fut assez sondé par le marquis de Rosny en son voyage. Je vous diray encores que si sur les difficultez qui peuvent intervenir en ce traicté vous recognoissés les conseillers du dict roy estre capables et disposez de se laisser chatouiller et rechercher de ceste ouverture, ne perdés l'occasion de leur en donner le goust, pour les attirer, s'il est possible, à y entendre. Car quand cela ne serviroit qu'à les affermir davantage aux conditions du dict traicté, et les faire tenir plus fermes en ce qu'il y a à debattre et conclurre, j'estimerois ce propos bien employé. Je remets donc à vostre prudence d'en user ainsy que vous jugerés estre à faire pour le mieux. Je prie Dieu, Monsr de Beaumont, qu'il vous ayt en sa sainte garde.

HENRY.

[1604.] — 24 JUIN.

Cop. — Biblioth. de M. Monmerqué, Ms. intitulé *Lettres à l'ambassadeur du Levant*.

[A M. DE BRÈVES.]

Monsr de Breves, Je n'ay rien à vous commander sur vostre lettre du ij^e de may, que j'ay receue le xvij^e du present, puisque les necessitez et affaires qui combattent l'empire de ce Seigneur sont telles que me le representés par icelle. Aussy avons-nous advis qu'ils continuent à rechercher la paix par tous moyens; et peut-estre qu'ils feroient sagement de s'y resouldre comme il faut, puisqu'ils ne peuvent resister à tant d'ennemys ensemble. Au reste, je ne doubte point que l'on ne rencontre de mes subjects partout où la guerre se fait, car mon Royaume estant en paix dedans et dehors par la grace de Dieu, et nostre nation ne pouvant demeurer oisive, elle cherche partout à s'occuper. Au moyen de quoy ils ne doivent se plaindre de moy, s'ils en rencontrent par delà, en tout ce qui s'y fait et s'entreprend à force d'armes, joinct qu'il y a des princes qui les debauchent et s'en servent exprés en telle entreprise, pour alterer par ce moyen nostre amitié, laquelle est desagreable à tous les autres princes chretiens.

Encores que je desire, quand le baron de Salignac sera installé par delà en la charge que je luy ay commise, pour vous soulager et donner moyen de revenir en vostre patrie, que vous vous rendiés auprés de moy au plus tost qu'il vous sera possible pour me rendre compte de vostre legation et recevoir de moy le gré que vos services meritent, toutesfois puisque vous voulés, devant, voir les lieux saincts et Hierusalem, je vous permets de vous donner le contentement de faire ce voyage, que j'ay appris par vostre autre lettre du mesme jour que vous affectionnés, et suis asseuré que s'il y a moyen d'y profiter pour mon service, vous n'en perdrés l'occasion. J'auray bien agreable que vous favorisiés autant qu'il vous sera possible le repos et la seureté du Sainct Sepulcre, comme des religieux qui y resident et des pelerins qui s'y vouent; mais il n'est à propos que vous passiés par Rome, devant que vous m'ayés informé de ce qui se passe; c'est pourquoy je veux que vous vous acheminiés droict par deçà, devant que d'aller ailleurs, et si je juge, aprés vous avoir ouy, qu'il soit necessaire que vous voyiés Sa Saincteté pour l'advertir des manquemens desquels vostre lettre fait mention, alors je vous donneray congé et moyen de le faire. J'obmettois à vous faire sçavoir qu'ayant sceu estre arrivé en mon pays de Provence un certain marchand envoyé par le roy de Perse vers moy, je luy ay fait commander de s'en retourner, sans l'avoir voulu voir, puisque celuy qui l'envoye fait la guerre à mes amys et alliez; dont vous advertirés ce Seigneur et son grand bassa, en continuant à m'advertir de toutes occurences; car en attendant l'arrivée du dict Salignac, lequel pourra partir d'icy à la fin de ce mois pour s'acheminer par delà, je prie Dieu, Monsr de Breves, qu'il vous ayt en sa saincte garde. Escript à St Germain en Laye, le xxiiij^e jour de juin 1604.

HENRY.

[1604.] — 26 JUIN.

Cop. — B. N. Suppl. fr. Ms. 1009-4. (D'après l'autographe qui était dans le cabinet du dernier duc de Sully.)

[AU DUC D'EPERNON.]

Mon amy, j'ay esté bien aise d'entendre de vos nouvelles par la Hilliere, et ce que vous avés faict à Loches, que je trouve fort bon, comme aussy que vous continués vostre voyage jusqu'à Angoulesme. J'espere partir dans dix ou douze jours, Dieu aidant, pour me rendre à Blois dans vingt ou vingt-cinq jours; d'où incontinent aprés je vous depescheray quelqu'un pour vous mander de mes nouvelles et si j'ay besoin de vous, sy que dans trois sepmaines vous en aurés. Souvenés-vous que vous m'avés promis de m'amener mes petits cousins, lorsque je serois à Blois; aussy ai-je un extresme desir de les voir, et que je vous tiendray ce que je vous ay promis, de ne rien croire au prejudice de vostre affection à mon service, mais aussy si l'on vous dit quelque chose, ne le croyés pas, sinon lorsque l'on vous asseurera de mon amitié, de laquelle vous devriés tousjours faire estat asseuré. A Dieu, mon amy. Ce xxvj^e juin, à Monceaux.

HENRY.

[1604. — 27 JUIN.]

Cop. — B. N. Fonds Brienne, Ms. 40, fol. 216 verso.

[A M. DE BEAUMONT.]

EXTRAIT.

....Je vous ay adverty par ma derniere comment ils continuent[1] à en user à mon endroict. Lorsqu'ils me faisoient proposer par sa Saincteté et par leurs propres ministres, avec plus de chaleur qu'ils n'avoient encores faict, de pourvoir aux jalousies et mescontentemens que nous avons les uns des autres, et que je leur donnois toute occasion par mes responses de bien esperer de ma volonté, pour ce regard ils ont redoublé sous main leurs pratiques et menées dedans mon Royaume, et jusques aux personnes qui me sont plus familieres et intrinseques, pour les seduire et animer contre moy et ma posterité, par des moyens tres salles et enormes, que Dieu m'a faict la grace de descouvrir par la confession propre de ceulx ausquels ils se sont adressez, tels que sont la marquise de Verneuil, le comte d'Auvergne et le S^r d'Entragues; ce qui doibt servir d'exemple au dict

---

[1] Les Espagnols.

roy, lequel doibt croire que les Espagnols ne manqueront de pretexte de faire de mesme en son royaume, assistez de ceulx qui les y favoriseront. Car celuy de la relligion ne leur peut jamais faillir, et Dieu veuille qu'ils n'en forgent point d'autres avec ceux qui aimeront les nouveautés et se laisseront emporter à leurs passions privées, dont les estats et cours des princes ne sont jamais degarnis. Servésvous donc de la juste occasion que j'ay de me plaindre des dicts Espagnols pour esmouvoir le dict roy contre eux, et mettés peine de descouvrir si le Pin, qui est retourné par delà de la part du dict d'Entraigue, a servy ceste pratique faicte par l'ambassadeur d'Espagne, ou s'il a eu charge d'en traicter une semblable avec le duc de Lenox et son frere[2], comme j'en ay quelque conjecture fondée, principalement sur la vanité du dict d'Entraigue et la malice du comte d'Auvergne, et m'escrivés librement ce que vous en apprendrés Je prie Dieu, Monsr de Beaumont, qu'il vous ayt en sa sainte garde.

HENRY.

[1604.] — 28 JUIN.

Imprimé. — *OEconomies royales*, édit. orig. t. II, chap. 41.

[A M. DE ROSNY.]

Mon amy, J'ay receu la vostre par d'Escures, et ay esté bien ayse d'entendre par luy et par icelle les conseils que vous me donnés sur le subject de son voyage vers vous, desquels j'espere, Dieu aidant, faire si bien proffit que vous en louerés mes actions, lesquelles ne tendront qu'au bien de mes affaires et de mes subjects. Je trouve bon que vous allés jusqu'en Brouage à St Jean d'Angely, quand ce ne seroit que pour faire cognoistre que les bruits que l'on a fait courre que je vous y voulois envoyer pour acheter les marais sallans et autres sont faux; aussy que je crois que vostre presence y sera necessaire,

---

[2] Ils étaient alliés des Entragues.

DE HENRI IV. 263

tant pour adviser à l'estat des dictes places et aux fortifications que vous jugerés necessaires, que pour aultres raisons qui se pourront presenter par delà pour le bien de mon service. J'ay veu la lettre que vous a escripte m^r de la Trimouille, et suis de vostre advis pour le faict de Parthenay, dont vous m'avés cy-devant escript. Je trouve bon que Serrouette l'ayt, car je l'ay nourry tout petit garçon, et veux croire qu'en ceste charge il me servira tousjours bien et fidellement, comme il a fait jusques icy. Je renvoyeray dans un jour ou deux Escures en Auvergne; et de ce qu'il me rapportera de ce costé-là, et de ce que j'auray faict en ceste affaire, je commanderay que vous en soyés adverty, comme aussy vous ferés de ce que vous apprendrés par delà m'importer, asseuré que me servant bien, comme vous faites, je vous aime bien aussy : qui est tout ce que je vous puis mander pour ceste heure, et pour tesmoignage que je me porte bien, que je m'en vais tout presentement courre un cerf à Livry. Bon jour, mon amy. Ce xxviij^e juin, à Paris.

HENRY.

1604. — 5 JUILLET.

Cop. — B. N. Fonds Béthune, Ms. 8959, fol. 2; et Suppl. fr. Ms. 1009-4.

[AU PAPE.]

Tres Sainct Pere, Puisqu'il a pleu à Vostre Saincteté trouver bon que le protonotaire Marquemont soit entré en l'auditoriat de la rotte, en la place de nostre cousin le cardinal Serafin, ainsy que nous a escript nostre ambassadeur, nous l'en remercions d'entiere affection, esperant qu'elle en sera bien servie; et d'autant que la place de camerier secret de Vostre Saincteté que tenoit le dict Marquemont se trouve par ce moyen vacante, nous avons estimé que Vostre Saincteté n'auroit point desagreable si nous luy nommions en son lieu l'abbé d'Abain[1] pour la remplir, et requerrions affectueusement Vostre dicte

[1] Ferdinand Chasteigner, abbé de Beauport en Bretagne, fils de Louis Chasteigner seigneur d'Abain, et de Claude du Puy, était né le 15 décembre 1579 à Rome,

Saincteté, comme nous faisons par ceste lettre, de le vouloir honorer de la dicte place, de laquelle nous esperons aussy qu'il s'acquittera tres dignement et au contentement de Vostre Beatitude, tant pour ses bonnes et vertueuses qualitez que pour estre isseu de bonne et honorable famille et qui a bien merité de cest Estat; et nous adjousterons ceste derniere grace à la premiere faicte au dict Marquemont, pour recognoistre l'une et l'aultre aux occasions qui s'en presenteront, ainsy que le s^r de Bethune luy fera entendre plus amplement. A tant nous prions Dieu, Tres Sainct Pere, qu'il veuille conserver longuement et heureusement Vostre Saincteté au bon regime et gouvernement de nostre mere Saincte Eglise. Escript à Paris, le ve jour de juillet 1604.

Vostre devost fils,

HENRY.

1604. — 8 JUILLET.

Imprimé. — *Œconomies royales*, édit. orig. t. II, chap. 42.

[A M. DE ROSNY.]

Mon Cousin, J'ay receu vostre lettre par le s^r de la Fond, lequel j'ay particulierement ouy sur ce qu'il a recogneu estre du bien de mon service en l'execution de sa commission, dont il a rendu bonne raison. Je l'ay depuis fait aussy ouir en mon conseil, lequel m'a fait dire qu'il y a desjà quelque temps qu'il vous a envoyé une commission en blanc pour la remplir de tels de mes officiers que vous verrés bon estre, affin de proceder au jugement des faultes et abus qui ont esté commis contre les deffenses du commerce, estimant que par là il auroit esté suffisamment pourveu à ce que vous pouviés pour ce regard desirer de deçà, parce que vous pourrés mieux que nul autre ins-

---

où son père était ambassadeur de France. Il mourut à Paris, de la peste, le 6 juin 1607. D'après son épitaphe, conservée dans l'Histoire de sa maison, un des principaux ouvrages généalogiques d'André du Chesne, il ne paraît pas qu'il ait été nommé auditeur de Rote, comme le Roi l'avait demandé par cette lettre.

truire le commissaire que vous choisirés de tout ce qu'il aura à faire. Quant à la declaration de ma volonté, elle n'est point changée depuis vostre partement, et est tousjours que les dictes faultes soient punies et chastiées selon les ordonnances. J'estime qu'il seroit bien à propos d'en excepter les habitans de la Rochelle, mais il faudroit les reduire au moins à tel point qu'ils fussent necessitez de recourir à la grace, laquelle l'on leur fera valloir le mieux qu'il se pourra. Il sera bon aussy d'en excepter le s^r de Lussan, parce que l'ayant cy-devant beaucoup blasmé de ceste faulte par mes lettres, je luy en ay, par mesme moyen, faict la grace. Ma premiere opinion avoit esté de vous envoyer le s^r de la Fond, mais j'ay depuis esté adverty qu'il a remis entre les mains de mes officiers des lieux toutes les procedures et verifications qu'il a faictes; de sorte que sa presence n'y seroit doresnavant qu'inutile, n'ayant peu estre adjoinct à la commission du commissaire, parce qu'il n'est pas de la qualité de pouvoir juger. Vous serés informé de mes autres affaires par mes precedentes depesches, et ne me reste rien à vous dire, sinon que je vous prie, quand le cours de vostre voyage sera achevé et que vous en serés sur vostre retour, de le faire icy le plus diligemment que vous pourrés. Je parts presentement pour aller à Juilly, et de là m'en iray coucher à Monceaux, où je fais estat de prendre des eaux de Pougues, et pense que vous m'y trouverés encore à vostre dict retour. Sur ce, je prie Dieu, mon Cousin, vous avoir en sa saincte garde. Escript à Paris, ce viij^e juillet 1604.

HENRY.
FORGET.

[1604.] — 12 JUILLET. — Ire.

Orig. autographe. — Arch. de M. de la Force.
Imprimé. — *Mémoires de la Force,* publiés par le marquis DE LA GRANGE, t. I, p. 375.

A MONS^R DE LA FORCE.

Monsr de la Force, Pour response à la vostre du dernier de juin dernier, laquelle me fut rendue hier, je vous diray que le pere Cotton m'avoit donné le mesme advis que celuy contenu en vostre memoire, touchant cet Espagnol; et de plus, qu'il croyoit que c'estoit un tres mechant homme, veu les propositions qu'il luy avoit faites, et suis bien aise que vostre advis se soit trouvé conforme au sien, lequel j'ay commandé à Lomenie de luy faire voir. J'ay esté fort tourmenté des gouttes ceste année; maintenant, Dieu mercy, je n'en ay aucun ressentiment, car depuis huict jours j'ay couru trois cerfs. Je m'en vais à Monceaux prendre les eaux de Pougues, et je fais estat aprés cela de retourner icy. A Dieu, Monsr de la Force. Ce xij^e juillet, à Paris.

HENRY.

1604. — 12 JUILLET [1]. — IIme

Cop. — B. N. Suppl. fr. Ms. 1009-3 (d'après le cabinet du président Durey de Meinières); et collection de M. de Marguerit.

A MON COUSIN LE DUC D'ESPERNON,

PAIR ET COLONEL GENERAL DE L'INFANTERIE DE FRANCE, GOUVERNEUR ET MON LIEUTENANT GENERAL EN XAINTONGE ET ANGOUMOIS.

Mon Cousin, Je n'ay pas voulu perdre la commodité du retour de la [2] . . . . . present porteur, sans me rejouir avec vous de vostre convalescence, que l'on m'a asseuré estre du tout certaine, dont j'ay esté fort aise, et me promets qu'avant que ce beau temps se passe vous nous en viendrés vous-mesme dire des nouvelles. Je m'asseure aussy que vous aurés plaisir d'entendre icy des miennes, qui sont fort bonnes, Dieu mercy, et me semble que cest air et le grand exercice que j'y fais aident encore à me faire mieux porter. Je me suis resolu à continuer d'y prendre pour quelques jours les eaux de Pougues, comme je fis l'année passée. Et cela, avec le plaisir que je retrouve en ceste maison, m'y retiendront un bon mois pour le moins. Nous n'avons

---

[1] Dans les deux copies par lesquelles nous est parvenue cette lettre, on paraît avoir hésité sur le quantième du 6 juillet qui s'y trouve surchargé. Le contenu, rapproché de la lettre précédente à M. de la Force et de la suivante à Sully, autorise à corriger cette date en celle du 12.

[2] Ce blanc est dans les deux copies.

pour le present aucunes nouvelles de dehors, que la continuation de ces sieges qui se font en Flandres. J'ay icy le capitaine le Riche, du regiment du s^r Nerestan, qui n'est que depuis huict jours party d'Ostande, et dit que ceux qui sont devant n'advancent guere de besogne, tant les assiegez se deffendent bien, et qu'il s'asseure que de ce moiscy ny de l'autre ils ne peuvent estre forcez. Le prince Maurice espere bien avoir achevé le sien de l'Ecluse plus tost, et qu'il luy restera du temps assez pour delivrer l'autre. L'evenement de ces sieges fera un grand jugement des affaires de ce pays, pour le moins pour le reste de ceste année, pendant laquelle il leur sera bien mal aisé de retenter aucunes choses de consequence. C'est ce que je vous puis dire pour ceste fois : priant Dieu, mon Cousin, vous avoir en sa saincte garde. Fait à Monceaux, le xij^e juillet 1604.

HENRY.

FORGET.

1604. — 12 JUILLET. — IIIme.

Imprimé. — *OEconomies royales*, édit. orig. t. II, chap. 42.

[A M. DE ROSNY.]

Mon Cousin, Je vous envoye un paquet que vous adresse le s^r de Buzenval, et aussy une lettre que j'en receus hier au soir, affin que vous saichiés les causes de son retardement et combien il importe que nous assistions les Estats des Provinces Unies des Pays-Bas aux necessitez auxquelles ils se trouvent, mesmement à present que le roy d'Angleterre est comme d'accord avec le roy d'Espagne et les archiducs des conditions de la paix, ainsy qu'il l'a declaré luy-mesme à mon ambassadeur, et m'a faict dire icy par le sien, s'offrant de moyenner un accord entre moy et le roy d'Espagne sur le faict du commerce; de quoy j'ay estimé ne le devoir esconduire, tant pour ce que c'est chose que je dois desirer et qui seroit utile à mes subjects, que pour ne luy donner subject de croire que je n'aye agreable son entremise, non par forme d'arbitrage, mais seulement de mediation. Vous serés adverty de ce qui en reussira. Cependant comme les dicts Espagnols ont de nouveau mis partout l'exaction des trente pour cent, ainsy que m'a escript le s^r de Barrault, il faut aussy que nous facions mieux observer que jamais nostre ordonnance sur l'interdiction du dict commerce, car à la longue ils en recevront plus grande incommodité que nous. Et ce que je n'ay pas voulu traiter le s^r de Lussan[1] transgressant du commencement nostre dicte ordonnance, je l'ay fait pour bonne consideration, estimant qu'il sera meilleur que nous commencions d'en chastier quelqu'un de moindre estoffe, jà çoit que je n'ignore de quel efficace seroit l'exemple d'un de qualité; mais ce sont remedes qu'il faut mesurer et pratiquer selon le temps et le cours des affaires qui regnent en la saison en laquelle l'on se retrouve, ainsy que je vous diray quand je vous reverray. Or le principal maintenant est de manier et ne laisser deschoir les dicts Estats sur ceste conjoncture de la dicte paix d'Angleterre. Au moyen de quoy secourons-les promptement des pouldres à canon qu'ils demandent, et leur en envoyons presentement cent milliers. Comme les sieges d'Ostende et de l'Ecluse durent plus qu'on n'estimoit, ils en consomment aussy une extreme quantité, et crains qu'ils n'y puissent fournir. Envoyés-nous donc par ce porteur l'ordre necessaire pour faire fournir les dictes pouldres.

Au reste, puisque vous estes sur vostre retour, advancés-le, et revenés le plus tost que vous pourrés, car vostre presence m'est icy si necessaire que je ne m'en puis passer longuement, estant fort content du bon accueil qui vous a esté faict à la Rochelle, comme aux villes de vostre gouvernement, et de l'asseurance que les habitans d'icelles vous ont donnée de leur fidelité et de la volonté qu'ils ont de vivre en paix, jouissant du benefice de mes edicts, sans s'arrester aux mescontentement et desseins de certains particuliers qui s'efforcent de les entretenir en deffiance de mes intentions, et de les engager en leurs

---

[1] Voyez ci-dessus, p. 265. Pierre-Jacques d'Esparbez, seigneur de Lussan, de Teugua, etc., était le fils aîné de François d'Esparbez et d'Anne de Verdier; il avait pour cousin le vicomte d'Aubeterre, qui devint maréchal de France sous Louis XIII.

interests privez aussy malicieusement que grossierement, ainsy que j'ay de nouveau appris par les advis que le s⁏ de la Trimouille continue à donner partout où il pense avoir creance; ce que je reserve aussy à vous dire quand je vous verray. Vous sçaurés cependant que je fais bien peu de compte de telles inventions, asseuré que le tout resultera à la fin à sa confusion. Je fais estat de prendre en ce lieu des eaux de Pougues, comme fera la Royne ma femme, en mesme temps, de celles de Spa, et partant d'y passer le reste de ce mois, si autre chose ne survient. Je prie Dieu, mon Cousin, qu'il vous ayt en sa saincte et digne garde. Escript à Monceaux, le xıȷᵉ jour de juillet 1604.

HENRY.

DE NEUFVILLE.

1604. 20 JUILLET.

Cop. — B. N. Suppl. fr. Ms. 1009-3. D'après l'ancien cabinet du président de Meinières.

[AU DUC D'EPERNON.]

Mon Cousin, J'avois desjà bien entendu qu'il se recognoissoit un fort bon acheminement à vostre santé, mais j'ay esté fort aise d'en avoir eu confirmation par vous-mesme et vostre lettre du ıxᵉ que j'ay presentement receue, y ayant veu comme vous vous soutenés bien sur vostre cuisse; qui est une preuve certaine de vostre entiere convalescence, qui ne despend plus que d'estre un peu mesnagée avec patience, laquelle je vous recommande sy à regret, car je vous presserois bien plus volontiers de me venir voir, n'estoit que je sçay que cela ne conviendroit pas bien en l'estat où vous estes maintenant, et aime bien mieux me priver de ce plaisir pour un temps, affin de vous donner loisir de vous remettre pour en pouvoir jouir aprés plus longuement. Pour moy, je continue tousjours à me porter de mieux en mieux; et seulement par precaution j'ay commencé depuis deux jours à prendre les eaux de Pougues (comme je fis l'année passée, et cela ne m'empesche pas de faire mes exercices ordinaires), lesquelles j'ay en ce lieu fort à commodité, et pour ceste occasion j'estime que je demeureray jusqu'au xvj° du prochain, pour aprés aller passer le reste de l'esté et l'automne à Fontainebleau. Nous n'avons rien icy de nouveau depuis mes dernieres. Les deux sieges de Flandres se continuent tousjours fort lentement de part et d'autre. Toutesfois chacun prend son terme au xvi° du mois prochain; qui est tout ce que j'ay à vous dire pour ceste fois : priant Dieu, mon Cousin, vous avoir en sa saincte et digne garde. Escript à Monceaux, ce xx° juillet 1604.

HENRY.

FORGET.

[1604.] — 24 JUILLET.

Imprimé. — *OEconomies royales*, édit. orig. t. II, chap. 63.

[A M. DE ROSNY.]

Mon amy, Pour response à la vostre du vingt-deuxiesme, que j'ay receue ce matin, je vous diray que je trouve bon la commission que vous avés envoyée à Lomenie pour Nicolay et Bois, pour aller visiter les costes de mes provinces de Normandie, Bretagne et Poitou; luy ay commandé de l'expedier, et la vous renvoyer, suivant laquelle et la vostre il sera fort à propos que vous leur baillés une ample instruction de ce qu'ils auront à faire pour mon service, et que vous les faciés partir au plus tost. A Dieu, mon amy. Ce xxiiij° juillet, à Monceaux.

HENRY.

[1604.] — 25 JUILLET.

Orig. autographe. — B. N. Fonds Béthune, Ms. 9077, fol. 1.
Cop. — Suppl. fr. Ms. 1009-2.

A MON COMPERE LE CONNESTABLE DE FRANCE.

Mon Compere, J'ay aujourd'huy achevé de prendre les eaux de Pougues, de quoy je me trouve merveilleusement bien, Dieu mercy.

Demain je me purgeray, et mardy me reposeray, pour partir mercredy et me rendre à Fontainebleau le lendemain, car ma femme y veut prendre les eaux de Spa, et croit qu'elle y sera plus commodement pour s'y promener, à cause de la galerie qui est auprés de sa chambre. Mr de Fresne m'a dict que vous aviés eu quelque peu de ressentiment à un pied; de quoy il n'a pas esté beaucoup marry, comme ne l'ont [esté][1] ceulx de la confrerie, et entr'aultres le mareschal de Lavardin, qui n'ayant jamais eu la goutte, l'a eue cruellement icy. Lorsque je seray à Fontainebleau, je seray bien aise que vous y veniés, asseuré que vous y serés le bien venu et veu de moy, qui vous aime. Icy il fait tres beau, et y avons mangé de bons melons, qui viennent de Chaalons en Champaigne. Mon frere de Lorraine fait estat d'en partir demain pour s'en retourner chez luy, où il ne fait estat de sejourner que deux jours pour de là s'en aller à Spa prendre les eaux. A Dieu, mon Compere. Ce xxve juillet, à Monceaux.

HENRY.

1604. — 26 JUILLET. — Ire.

Cop. — Biblioth. de M. Monmerqué, Ms. intitulé *Lettres à l'ambassadeur du Levant.*

[A M. DE BRÈVES.]

Monsr de Breves, le baron de Salignac[1] sera porteur de cette lettre. Il part et prend congé de moy pour vous aller succeder en la charge d'ambassadeur de Levant. Je luy ay commandé de vous dire que je suis bien content et satisfait de vos services, que je vous ay accordé la permission que vous m'avés demandée d'aller passer en Hierusalem, pour visiter les saincts lieux, à la charge que vous userés de diligence et vous rendrés au plus tost prés de moy. Hastés-vous donc de faire

---

[1] François de Salignac, baron de la Mothe-Fénelon, fils de Jean de Salignac et d'Anne de Pelegrue; était neveu de Bertrand de Salignac, qui mourut en se rendant à son ambassade d'Espagne, comme on l'a vu ci-dessus, t. V, p. 112; et il eut pour petit-fils l'immortel archevêque de Cambrai.

ce voyage, et vous me trouverés à vostre retour aussy bon maistre que vous m'avés esté bon et fidelle serviteur; mais avant que de partir, donnés bonne et particuliere lumiere et instruction au dict baron de Salignac de l'estat des affaires du Levant, et luy mettés en main les papiers et memoires que vous aurés par devers vous, qui luy pourront servir à cest effet. Il vous communiquera l'instruction que je luy ay fait donner, suivant laquelle vous le guiderés de sorte qu'il enfourne bien au commencement de son introduction en la dicte charge, et que mon service en reçoive l'utilité et l'advantage que je me promets du choix que j'ay fait de sa personne pour vous seconder : et sur ce je prie Dieu, Monsr de Breves, qu'il vous ayt en sa saincte garde. Escript à Monceaux, le xxvj^e jour de juillet 1604.

HENRY.

1604. — 26 JUILLET. — IIme.

Orig. — Arch. de M. de Couhé-Lusignan. Copie transmise par la société des Antiquaires de l'Ouest.

A MONS^R DE FRESNES CANAYE,
CONSEILLER EN MON CONSEIL D'ESTAT ET MON AMBASSADEUR A VENISE.

Monsr de Fresnes Canaye, Vous recevrés ceste-cy par les mains du baron de Salignac, que j'envoye resider mon ambassadeur en Levant, en la place du s^r de Breves, qui s'en revient me trouver. J'ay commandé au dict baron de voir en passant les Seigneurs de la republique de Venise, auxquels j'escris une lettre [de ma main, pour leur] tesmoigner la continuation de mon amitié, et leur offrir les offices qu'il leur pourra rendre par delà en benefice de leurs affaires. Assistés-le de ce qui despendra de vous, pour luy donner assez de moyen de presenter les dictes lettres, et tenés la main, suivant ce que j'escris aux Seigneurs de la dicte republique, à ce que le dict baron de Salignac soit assisté de vaisseaux ou galeres propres pour la seureté et facilité de son passage à Ragouse : et me remettant sur luy à vous faire entendre l'estat où il m'a laissé, je prie Dieu, Monsr de Fresnes Canaye, qu'il vous ayt en sa saincte garde. Escript à Monceaux, le xxvj^e jour de juillet 1604.

HENRY.

DE NEUFVILLE.

[1604.] — 27 JUILLET.

Orig. autographe. — Arch. de M. de la Force.
Imprimé. — *Mémoires de la Force*, publiés par le marquis DE LA GRANGE, t. I, p. 378.

A MONS^r DE LA FORCE.

Monsr de la Force, Je vous ay faict entendre par le s^r Damon ce que je desirois estre faict de Benjamin de Gourgues, que ce porteur fit prendre, et je crois que vous y aurés desjà satisfaict suivant mon intention. Je le vous renvoie pour voir si par delà vous le pourrés employer à mon service, en attendant que revenant je luy puisse faire bailler une place de mes grands laquais, comme je luy ay promis pour la fidelité et affection qu'il a tesmoignée à mon service. J'attends, suivant la vostre à Lomenie, de vos nouvelles sur ce que vous avés fait aux estats, et de ceux où le s^r Panissaut avoit esté. Pour les miennes, vous sçaurés que je ne me portay jamais mieux que je fais maintenant, Dieu mercy, ayant achevé de boire mes eaux de Pougues, qui m'ont fait un merveilleux bien. Je pars demain pour aller à Paris et de là à Fontainebleau, où je fais estat de demeurer quelques mois. Ayés l'œil à tout pour mon service et de me tenir soigneusement adverty de ce que vous apprendrés m'importer, asseuré de la continuation de mon affection, de laquelle je vous continueray les effects aux occasions qui s'en offriront pour vostre contentement ou des vostres. A Dieu, Monsr de la Force. Ce xxvij^e juillet, à Monceaux.

HENRY.

[1604.] — 4 AOÛT.

Orig. autographe. — Biblioth. impér. de Saint-Pétersbourg, Ms. n° 837, lettre 81. Copie transmise par M. Allier.

A MONS{r} DE BELLIEVRE,

CHANCELLIER DE FRANCE.

Monsr le chancellier, Suret, qui vous rendra ceste-cy, apotycquaire et distillateur de feue ma sœur la duchesse de Bar, m'ayant fait entendre que vous faisiés quelque difficulté de sceller certaines lettres patentes que j'ay commandé au sr de Gesvres de luy expedier pour la jouissance des privileges accordez aux officiers de feue ma sœur, je vous ay bien voulu faire ce mot en sa faveur, pour vous dire que les services que le dict Suret a faicts à ma dicte sœur veulent que je vous die que vous me ferés service tres agreable de sceller les dictes lettres, comme chose que je veulx et vous ordonne. Sur ce, Dieu vous ayt, Monsr le chancellier, en sa saincte et digne garde. Le iiije aoust, à Fontainebleau.

HENRY.

1604. — 11 AOÛT. — Ire.

Orig. — Archives de M. de Couhé-Lusignan. Copie transmise par la société des Antiquaires de l'Ouest.

A MONS{r} DE FRESNES CANAYE,

CONSEILLER EN MON CONSEIL D'ESTAT ET MON AMBASSADEUR A VENISE.

Monsr de Fresnes Canaye, Ayant esté prié par la Royne ma femme d'interceder envers les duc et seigneurs de Venise en faveur d'Anthoine Dotti, gentilhomme de Padoue, pour luy moyenner le rappel du banissement de son pays, auquel il a esté condamné, je vous en escris ceste lettre, d'autant plus volontiers encore que je sçay le dict Dotti et ses predecesseurs avoir bien merité de ceste Couronne par les services qu'ils luy ont rendus. Par tant, vous affectionnerés à l'endroit de ces Seigneurs la poursuicte de la grace que le dict Dotti desire d'eux, autant qu'il vous sera possible, pour la luy faire obtenir, mesmes s'il est besoin, par l'entremise de mon nom et auctorité; et vous me ferés service tres agreable: priant Dieu, Monsr de Fresnes Canaye, qu'il vous ayt en sa tres saincte et digne garde. Escript à Fontainebleau, le xj^e jour d'aoust 1604.

HENRY.

DE NEUFVILLE.

1604. — 11 AOÛT. — IIme.

Imprimé. — *OEconomies royales*, édit. orig. t. II, chap. 63.

[A MESS^{rs} DE MON CONSEIL.]

Messrs, Mon cousin le marquis de Rosny, m'estant venu trouver à Fontainebleau pour m'informer de l'estat de mes finances, m'a representé que mon peuple se trouve fort chargé de tailles, et que de toutes parts les tresoriers de France et aultres officiers ont remonstré que, s'il ne me plaict descharger mon dict peuple, il est impossible qu'il paye les sommes qui ont esté imposées sur luy en l'année presente; qu'en icelle et en la derniere il a esté levé sur les contribuables aux dictes tailles quatre cens mil livres tournois, pour le remplacement d'une partie du sol pour livre, et qu'il seroit à propos, pour le moins, de descharger mon dict peuple de ceste somme, et que pour aultre partie du remplacement du dict sol pour livre, il auroit esté aussy imposé, par forme de subvention ou d'imposition sur les marchandises, aultres quatre cens mil livres tournois; que ces deux levées devoient finir en ceste année, d'autant qu'elles ne sont verifiées que pour deux ans; que la ferme des rivieres de Bordeaux finit en ceste année, et que ce seroit un grand bien pour mon dict peuple si je le voulois descharger de ceste imposition; davantage il m'a fait entendre qu'il y a plusieurs aultres fermes qui sont prestes à finir, et d'autres qui sont du tout inutiles, à cause de l'interdiction du commerce d'Espagne, joinct que mon dict peuple est travaillé d'une infinité de divers edicts qui luy portent plus de dommage que la taille, concluant à ce qu'il me plust, en remettant les dictes levées, vouloir diminuer mes despenses, affin de les proportionner avec la recepte. Sur quoy, me trouvant beaucoup de charge sur les bras, lesquelles je ne puis retrancher, et voyant mes voisins armez de tous costés, j'ay advisé que, pour les remplacemens du sol pour livre, tant par forme de taille, subvention, qu'imposition, la levée en sera continuée, comme fera aussy celle des deniers de mes tailles et des impositions dont mes fermes qui vont finir sont composées, et à la mesme raison qu'ils ont esté levez en la presente année. Et pour le regard des dicts estats, j'ay beaucoup de regret de ne les pouvoir revoquer, d'autant qu'ils sont tous affectez à des despenses si privilegiées ou à des personnes si recommandables, que je n'y puis toucher en la presente année sans prejudice au bien de mes affaires; de quoy je vous ay bien voulu advertir par ceste lettre, oultre ce que vous en apprendrés par mon dict cousin le marquis de Rosny : sur lequel me remettant, je prie Dieu qu'il vous ayt, Messrs, en sa saincte garde. A Fontainebleau, le xj^e jour d'aoust 1604.

HENRY.

DE NEUFVILLE.

[1604.] — 13 AOÛT.

Orig. autographe. — Collection de feu M. Guilbert de Pixérécourt.
Cop. — Arch. nationales, sect. administr. reg. authent. de l'Hôtel de ville de Paris, série H, 1793, fol. 460.

A MONS^r DE BEAULIEU.

Monsr de Beaulieu, Lomenie m'a faict voir ce que le prevost des marchands de ma bonne ville de Paris vous a mandé touchant le scrutin pour l'election du prevost des marchands et eschevins de ma dicte ville; sur quoy vous luy manderés que je veux que les scrutateurs me l'apportent en ce lieu, où nous nous rendrons lundy; car estant si prés de Paris que je suis, ils n'auront pas grand peine de venir; aussy que je veux moy-mesme recevoir le serment de celuy qui sera prevost des marchands et des eschevins. Bon jour, Monsr de Beaulieu. Ce xiij^e aoust, à Fontainebleau.

HENRY.

[1604.] — 14 AOÛT. — Ire.

Orig. autographe. — Arch. de M. de la Force.
Imprimé. — *Mémoires de la Force*, publiés par le marquis DE LA GRANGE, t. I, p. 379.

A MONS^R DE LA FORCE.

Monsr de la Force, J'adjousteray à mon aultre, par laquelle je fais response à celle que vous m'avés escripte par Franchemont, ce mot pour vous dire que j'estime que vous aurés advancé l'affaire pour lequel vous l'avés depesché avant le commencement de vostre quartier, et que je seray tres aise, cela estant, que vous vous rendiés en ce temps-là prés de moy, ou le plus tost qu'il vous sera possible, asseuré que, vous aimant comme je fais, vous serés le bien venu et veu de moy, ainsy que je vous le tesmoigneray aux occasions qui s'en offriront pour vostre contentement : et remettant le surplus à mon autre lettre, je ne vous feray celle-cy plus longue, pour prier Dieu qu'il vous ayt, Monsr de la Force, en sa saincte garde. Ce xiij^e aoust, à Fontainebleau.

HENRY.

1604. — 14 AOÛT. — IIme.

Imprimé. — *OEconomies royales*, édit. orig. t. II, chap. 64.

[A M. DE ROSNY.]

Mon Cousin, Je vous envoye la commission et les lettres de cachet en blanc, que le tresorier de Murat vous a demandées pour me faire le service que vous luy avés proposé par mon commandement[1]. Je

---

[1] C'était l'arrestation du comte d'Auvergne, coup de main très-difficile, en ce que ce prince, informé que le Roi venait de découvrir ses trahisons, avait immédiatement quitté la cour et s'était retiré en Auvergne, où il se tenait sur ses gardes avec de grandes précautions. Sully avait proposé, comme homme d'exécution pour cette entreprise,

ne doubte point de sa fidelité ni de son affection; je me promets aussy que le tout sera tenu secret, comme je recognois avec luy qu'il est necessaire; mais j'ay crainte que luy et les siens ne soyent forts et determinez assez pour executer ma volonté. Je fais compte de communiquer le tout à Escures, qui pourra partir d'icy lundy ou mardy, affin qu'il ayt bonne intelligence avec le dict de Murat, que l'un n'entreprenne ny tente rien sans l'autre; car s'il faisoit autrement, il gasteroit tout. Mon intention est que le dict d'Escures essaye de faire venir par deçà le personnage[2], sur le subject que nous avons advisé, devant que d'entendre à faire autre chose; de quoy vous advertirés le dict de Murat, car s'il veut venir, ce chemin sera plus court et seur que l'autre pour parvenir à nostre but. Pour ceste cause, il faudra que le dict de Murat arrive au pays trois ou quatre jours aprés le dict d'Escures, et faut luy deffendre expressement de descouvrir sa commission à qui que ce soit, que le dict d'Escures ne soit d'accord avec luy de le faire. D'autant que s'il peut le disposer à venir, il ne faut pas que l'on sçache que j'ay donné au dict de Murat la dicte commission, laquelle je desire que vous portiés vous-mesme à m^r le chancellier; de quoy je me repose sur vostre soin ordinaire aux choses qui importent à mon service, comme celle-cy; priant Dieu, mon Cousin, qu'il vous ayt en sa garde. De Fontainebleau, le xiiij^e aoust 1604.

HENRY.

DE NEUFVILLE.

le trésorier de Murat, « lequel, disent les Économies royales, bruslant de desir d'estre employé aux affaires d'Estat, n'aimant nullement ce comte, ayant des parens, des amys et des intelligences en la province, et des pretextes specieux pour luy faire aller et sejourner quelque temps sans donner aucun soupçon, ne seroit pas marry d'avoir autre charge, pourveu qu'il fust auctorisé d'une commission du grand sceau, et que le tout se peust expedier et tenir secret. »

[2] D'Escures, qui avait déjà été employé à une mission semblable auprès du duc de Biron, ce que le comte d'Auvergne n'ignorait pas, semblait peu propre à jouer le même rôle auprès de ce prince très-fin et très-rusé. Le véritable but de l'envoi de d'Escures était de se concerter avec le trésorier Murat pour enlever le comte d'Auvergne: ce qu'ils parvinrent à exécuter.

[1604.] — 15 AOÛT.

Imprimé. — *OEconomies royales*, édit. orig. t. II, chap. 64.

[A M. DE ROSNY.]

Mon Cousin, J'ay receu quelque advertissement pour raison duquel je veux que la conclusion de l'accord avec les financiers soit differée pour quatre ou cinq jours, pendant lesquels vous pourrés neantmoins traicter des conditions pour les rendre les plus advantageuses que faire se pourra; et dans le dict terme de cinq ou six jours, vous aurés de mes nouvelles, pour achever le dict accord, et de ce que je dois esperer de l'advertissement qui m'a esté donné. A Dieu, mon Cousin. Ce xve aoust, à Fontainebleau.

HENRY.

1604. — 17 AOÛT.

Imprimé. — *OEconomies royales*, édit. orig. t. II, chap. 64.

[A M. DE ROSNY.]

Mon Cousin, Ayant receu ceste lettre du s^r president du Vair, et la trouvant avec plus d'effroy et d'apprehension que n'est son style ordinaire, j'ay estimé qu'il en doit avoir recogneu quelques causes nouvelles; et parce qu'il semble qu'il refere le principal subject de ceste rumeur à un arrest de mon conseil donné contre ceux de Marseille, j'ay advisé, avant que d'y faire response, de vous faire voir la dicte lettre, affin que vous la consideriés, et vous faire representer le dict arrest, pour voir s'il y auroit lieu de le temperer en quelque chose, me donnant advis de quoy il est question; car s'il n'importoit que de peu, il vaudroit mieux eviter l'occasion de les faire precipiter à quelque faulte, que de se mettre en peine de les en chastier, comme par la raison et la dignité il faudroit faire. J'attendray donc sur ce vostre response avant que de faire la mienne; et sur ce, je prie Dieu, mon

Cousin, vous avoir en sa saincte garde. Escript à Fontainebleau, ce xvij^e aoust 1604.

HENRY.

DE NEUFVILLE.

[1604.] — 18 AOÛT. — Ire.

Orig. autographe. — Biblioth. impér. de Saint-Pétersbourg, Mss. 887, lettre 82. Copie transmise par M. Allier.

A MONS^R DE BELLIEVRE,
CHANCELLIER DE FRANCE.

Monsr le chancellier, Je vous fais encore derechef ce mot en faveur de Isaac Suret, apotycquaire, valet de chambre et distillateur de feue ma sœur unique la duchesse de Bar[1], pour vous dire que, suivant ce que je vous ay cy-devant escript, je veulx et desire que vous scelliés les lettres de declaration que je luy ay faict expedier pour la jouissance des privileges de tout temps accordez par les Roys mes predecesseurs et moy tant à leurs officiers que à ceulx des princes du sang, et ce nonobstant les empeschemens que pourroient faire les maistres apotycquaires de ma ville de Paris, auxquels je vous prie de n'avoir aucun esgard, et vous ferés en cela chose qui me sera tres agreable. Sur ce Dieu vous ayt, Monsr le chancelier, en sa saincte et digne garde. Ce xvij^e aoust, à Fontainebleau.

HENRY.

1604. — 18 AOÛT. — IIme.

Imprimé. — *OEconomies royales*, édit. orig. t. II, chap. 64.

[A M. DE ROSNY.]

Mon Cousin, Je vous renvoye le s^r de la Vallée avec les depesches qu'il m'a apportées sur ce qui s'est passé à Craon; vous les verrés et

---

[1] Voyez ci-dessus la lettre du 4 août.

donnerés ordre à y envoyer l'un des vostres pour la demolition, affin que la continuation de la garnison y establie ne me puisse apporter davantage de despense : et remettant du tout cest affaire à vostre prudence et bonne conduite, je prie Dieu, mon Cousin, qu'il vous ayt en sa saincte garde. Escript à Fontainebleau, le xviij^e aoust 1604.

HENRY.

RUZÉ.

1604. — 22 AOÛT.

Orig. — Archives grand-ducales de Hesse-Cassel.
Imprimé. — *Correspondance de Henri IV avec Maurice le Savant*, p. 195.

A MON COUSIN LE LANDGRAVE DE HESSE.

Mon Cousin, Vous avés eu raison de n'adjouster foy aux bruits que vous m'avés escript, par vostre lettre du xe de juillet (que j'ay receue le xviij^e de ce mois), avoir couru par delà, que je voulois y faire une levée de deux mille chevaulx et d'un regiment de gens de pied, puisque je ne vous en avois adverty; car il est certain que c'est chose que je ne voudrois faire, ny seulement en deliberer pour m'en resouldre, sans vous, pour m'y conduire par vostre bon advis. Mais je seray tres aise de sçavoir d'où a procedé le dict bruit, si quelqu'un a eu dessein de faire la dicte levée en mon nom, à quoy il vouloit l'employer, et pourquoy il a usé de tel artifice. J'avois esté adverty de Lorraine, du bruit de la dicte levée, quand vostre lettre m'a esté apportée, mais l'on ne disoit pas que j'en fusse l'auteur, et en parloit-on incertainement. Depuis, l'on m'a mandé que le dict bruict estoit esvanoui, et je vous prie de ne laisser à me faire sçavoir ce que vous en avés appris.

Le roy d'Angleterre, mon bon frere, ayant conclud la paix avec celuy d'Espagne, a entrepris d'accorder les differends que j'ay avec le dernier sur le faict du commerce; à quoy il a donné tel advancement que je doibs esperer que l'effect s'en ensuivra, si le connestable de Castille, à son arrivée auprés du dict roy d'Angleterre, où il est de present, ne l'empesche. Si le dict accord se paracheve, le dict roy d'Espagne deschargera mes subjects du paiement de trente pour cent; quoy faisant, je revocqueray les deffenses que j'ay faictes à mes subjects de trafiquer aux pays du dict roy, lequel enfin recepvra plus de dommage que d'utilité d'avoir ordonné le dict impost, estant si excessif et intolerable qu'il est; et toutes fois il incommode peu les Hollandois et accommode encore moins les affaires des archiducs. Nous verrons bien tost si la paix avec le dict roy d'Angleterre, laquelle les Espagnols et eux ont acheptée cherement, leur vaudra ce qu'elle leur couste; car plusieurs en doubtent, et je suis de ce nombre, me promettant que le roy d'Angleterre, mon bon frere, gardera la parole qu'il m'a donnée, et qu'il m'a encore confirmée depuis la dicte paix: qui est qu'il preferera tousjours mon amitié aux autres, et qu'il n'abandonnera jamais la justice de la cause des Estats des Pays-Bas. Je vous asseure que je ne luy donneray poinct d'occasion d'en user aultrement envers moy ny envers eux.

Les armes du prince Maurice vont prosperant journellement au siege d'Ostende et de l'Escluse, car l'armée archiducale a jusques à present tenté inutilement et avec grande perte toute sorte de moyens pour secourir celle-cy, reduicte aux derniers abois par faulte de vivres, et y travaille encore tous les jours; mais je n'ay pas opinion que ce soit pour l'advenir plus heureusement que par le passé. Cependant les assiegez d'Ostende ont eu loisir de reprendre haleine, d'eslever un deuxiesme retranchement, et garder une partie de la contrescarpe du premier. Nous estimons que la premiere sera rendue dedans ce mois, et que l'autre ne sera forcée de quatre. Ce qui estonne et scandalise grandement les Flamands, l'on envoye d'Italie aux archiducs deux mille Espagnols, qui ont esté pris au royaume de Naples et au duché de Milan, auxquels le comte de Fuentés faict prendre le chemin de Suisse; et comme il n'est encore bien frayé et asseuré pour eux, ils y rencontreront des difficultez qui retarderont d'autant l'arrivée aux Pays-Bas de ce secours, qui fait toutes fois tant besoin aux archiducs. Ainsy se gouvernent maintenant les affaires d'Espagne, plus par fantaisie que par prudence. Les mutinez retirez à Ruremonde ont esté bien battus depuis leur arrivée en l'armée archiducale, ayant voulu forcer les retranchemens du prince Maurice, qui sera, à mon advis, tout le profit que le dict ambassadeur tirera du dessein qu'il a faict de secourir la dicte ville de l'Escluse.

L'Empereur fait semblant vouloir faire la paix ou la trefve avec le Turc, à ce convié par ses conseillers de guerre, et principalement par Georges Bast, arrivé freschement à Pragues, venant de Transilvanie. Toutesfois l'on a opinion que le dict Empereur ne suivra ce conseil, à cause des advantages qu'il peut prendre sur le dict Turc durant la guerre que luy fait le roy de Perse, laquelle est fort allumée, comme le sont les revoltes qui continuent en son empire du costé d'Asie. Continués, je vous prie, à me faire sçavoir ce que vous apprendrés de la dicte paix.

Il y a si peu que le cappitaine Widemarckre est party d'icy, bien instruict de toutes choses et mesmes de ce qui concerne le duc de Bouillon et les nouvelles conspirations dressées contre mon Estat et mon fils, que je ne vous en escriray rien par la presente, sinon que, comme je ne prendray jamais qu'en bonne part ce qui me sera recommandé de la vostre pour quelque personne que ce soit, je vous prie aussy de croire que si je n'obtempere tousjours à vos conseils et desirs, je ne le fais pas par faulte de bonne volonté en vostre endroict, mais pour des raisons tres pertinentes, qui n'importent moins à ma dignité royale qu'à la conservation de mon sceptre pour mon dict fils, que j'esleveray en la devotion d'aimer et affectionner vos enfans comme les Roys mes predecesseurs et moy avons chery les vostres et vostre personne. Ce pendant je vous asseureray de la continuation de ma bonne santé et de celle de la Royne ma femme et de mon dict fils, et prieray Dieu, mon Cousin, qu'il vous maintienne avec ma cousine, vostre femme, et vostre famille, en toute prosperité. Escript à Fontainebleau, le xxij^e jour d'aoust 1604.

HENRY.

1604. — 23 AOÛT. — Ire.

Orig. — Arch. de la cour d'appel de Rouen. Registr. orig. du parlement de Normandie.
Imprimé. — *Précis analytique des travaux de l'Académie royale de Rouen pendant l'année 1837* (article de M. Floquet), p. 165, Rouen, 1838, in-8°.

[AU PARLEMENT DE ROUEN.]

Nos amez et feaulx, Vous sçavés avec quelle affection nous desirons l'establissement de l'art de faire la soye en nostre Royaulme, comme chose que nous recognoissons debvoir estre fort utile et proffitable à nos subjects. Pour y parvenir, il n'y a rien si necessaire que de traicter le plus favorablement que faire se pourra ceux qui s'y employent, et lesquels à leurs frais et despens commencent à en introduire la manufacture, comme desjà ont faict Charles Benoist, maistre passementier et moulinier en soye en nostre ville de Rouen, et Isaac Mayaffre, du pays de Languedoc, lesquels nous ont faict voir les eschantillons de la soye qu'ils ont tirée de la nourriture des vers qu'ils ont faicte en nostre dicte ville de Rouen, que nous avons trouvée de la beauté et bonté requise; et sur ce qu'ils nous ont fait entendre que, pour la continuation de leurs ouvrages, ils auroient besoin d'estre logez en une maison située en la rue Sainct-Vivian, où pend pour enseigne le *Bœuf couronné*, qui appartient au corps de nostre dicte ville de Rouen, nous avons voulu vous faire la presente, par laquelle nous vous mandons que vous ayés à tenir la main, autant qu'il vous sera possible, à ce que la dicte maison leur soit delivrée pour le terme de vingt années, affin qu'ils y puissent dresser leurs establis pour faire la nourriture des dicts vers et autres mestiers destinez à faire leurs ouvrages. La dicte maison est de si peu de revenu à la dicte ville, que les eschevins d'icelle n'en doivent faire difficulté, veu le grand proffict qui en peut revenir au public, que nous voulons croire leur estre plus recommandé que leur particulier interest. Donné à Fontainebleau, le xxiije jour d'aoust 1604.

HENRY.

RUZÉ.

1604. — 23 AOÛT. — IIme.

Imprimé. — *OEconomies royales*, édit. orig. t. II, chap. 32.

[A M. DE ROSNY.]

Mon amy, Sur ce que j'ay entendu que le prevost des marchands et eschevins de ma bonne ville de Paris font quelque resistance à Lintlaer, flamand, de poser le moulin servant à son artifice en la deuxiesme arche du Pont-Neuf du costé du Louvre[1], sur ce qu'ils pretendent que cela empescheroit la navigation, je vous prie les envoyer querir et leur parler de ma part, leur remonstrant en cela ce qui est de mes droicts; car, à ce que j'entends, ils le veulent usurper, attendu que le dict pont est faict de mes deniers et non des leurs[2]. Vous ne m'avés pas mandé que ceux qui vouloient faire le party des rentes se sont dedicts, comme m^r de Maisse m'a dict. Je ne vous fais point encore de response à la lettre que m'a apportée Lomenie, ny à ce qu'il m'a dict; seulement je vous diray que les raisons qui y

---

[1] C'était la Samaritaine, destinée à fournir l'eau au Louvre et aux Tuileries. Jaillot, dans ses excellentes *Recherches sur Paris*, fait cette remarque : « Nos historiens disent que cette pompe fut élevée sous le règne de Henri III : Ce fait me paroît difficile à prouver. Les malheurs presque continuels que ce prince éprouva pendant son règne ne lui permirent point de s'occuper de cet ouvrage. La gloire de le continuer était réservée à son successeur. » La lettre de Henri IV confirme ici l'observation de Jaillot. Dom Félibien, Germain Brice et Piganiol de la Force avaient en effet affirmé que la Samaritaine était due à Henri III. Le premier de ces trois historiens ajoute : « Du temps de Louis XIII, Jean Lintlaer, moyennant 1,200 francs de gages par an, s'engagea à l'entretien, tant de la machine et de l'horloge, que de la conduite des eaux. » La lettre à Sully constate encore que ce Lintlaer était l'auteur même de la machine. D'ingénieux procédés l'avaient ornée d'accessoires fort curieux. Les mouvements exécutés, à toutes les heures, par la statue de Notre-Seigneur et par celle de la Samaritaine, l'eau s'écoulant alors avec abondance de l'urne que tenait celle-ci, et le branle imprimé aux nombreuses clochettes du carillon audessus de l'édifice, tout cela jouissait à Paris d'une grande popularité. Mais la Samaritaine, telle que se la rappellent encore aujourd'hui quelques personnes âgées, n'était pas le monument primitif construit sous Henri IV. Tombé en dégradation, il fut entièrement rebâti, et tous les accessoires en furent renouvelés.

[2] C'est pour cela que le bâtiment au centre duquel était placée la décoration de la fontaine, étant réputé maison royale, avait un gouverneur.

sont contenues ne me font nullement desdire, ny changer mon intention. A Dieu, mon amy. Ce xxiij^e aoust, à Fontainebleau.

HENRY.

Mandés-moy des nouvelles de mes bastimens.

1604. — 27 AOÛT. — Ire.

Cop. — Suppl. fr. Ms. 1009-3.

[AU COMTE D'AUVERGNE.]

Mon nepveu, J'approuve vostre intention, representée en la lettre que vous m'avés escripte par ce porteur, puisque vous jugés mieux par ce moyen conduire et effectuer le service que vous m'avés faict proposer. Car j'auray à plaisir, autant pour vostre particuliere consideration que pour celle qui regarde le bien de mes affaires, que vous puissiés me rendre cette preuve de vostre fidelité. Mettés-y donc la main au plus tost et me faictes sçavoir comment vous y procederés, qui vous y employés, affin que je favorise et seconde sous main vostre dessein autant qu'il sera bien sceant et à propos que je le face[1]. Surtout comportés-vous-y fidelement et sincerement, tant en ceste action qu'en toutes aultres; que j'aye occasion de mieux esperer de la derniere protestation de vostre fidelité que des precedentes, et vous ferés autant pour vous que pour mon contentement : priant Dieu, mon nepveu, qu'il vous ayt en sa saincte et digne garde. Ce xxvij^e aoust, à Fontainebleau.

HENRY.

[1604.] — 27 AOÛT. — IIme.

Imprimé. — *Œconomies royales*, édit. orig. t. II, chap. 44.

[A M. DE ROSNY.]

Mon amy, Je vous depesche ce courrier exprés pour vous dire

---

[1] On peut voir, dans les *Œconomies royales*, avec quelle impudence le comte d'Auvergne avait proposé au Roi de lui livrer les secrets des Espagnols, en feignant de conspirer avec eux contre lui. Tallemant des Réaux commence ainsi l'*historiette* qu'il a consacrée à ce prince : « Si M. d'Angoulême eût pu se défaire de l'humeur d'escroc que Dieu lui avoit donnée, c'eût été un des plus grands hommes de son siècle. »

que je trouve bon l'advis que vous m'avés donné par la Varenne, de faire passer mon fils par Paris; et de là je luy ay commandé de passer jusqu'à madame de Monglat, pour l'en advertir, et luy escris le chemin qu'elle aura à tenir, qui est de venir coucher demain à Sainct-Cloud, chez Gondy; dimanche, passer à travers de ma ville de Paris, et venir disner à Ville-Juifve et coucher à Savigny. Je m'asseure que si ceste nouvelle se sçait à Paris, qu'il y aura bien du monde par les rues pour le voir passer[1]. A Dieu, mon amy. Ce vendredy xxvij^e aoust, à six heures du soir, à Fontainebleau.

HENRY.

1604. — 31 AOÛT.

Cop. — Biblioth. de M. Monmerqué, Ms. intitulé *Lettres à l'ambassadeur du Levant*.

[A M. DE BRÈVES.]

Monsr de Breves, Vous verrés par l'attestation du consul d'Algier, que je vous envoie, quelle obeissance et reserve le Bassa et Janissaires du dict lieu ont rendu aux commandemens de ce Seigneur portez par son chiaou, et par tant quels effects je dois doresnavant attendre de l'amitié et alliance de la maison ottomane, meprisée et mal obeïe des siens comme elle est. Je vous ay escript par ma derniere l'insolence de ses gens au rasement et pillage du bastion de France, qu'ils ont executée avec une fureur digne d'eux. Ces injures et offenses faictes et reïterées par eux coup sur coup, au lieu d'infinies preuves de bienveillance qu'ils ont receues de moy, sont insupportables, et m'obligent à m'en revancher, comme vous leur declarerés, à la reception de la presente, que je suis tout resolu de faire. J'avois deliberé de ne voir ne ouir un ambassadeur envoyé vers moy par le roy de Perse, arrivé en mon Royaume il y a plus de six sepmaines, affin de manifester à tout le monde le compte que je faisois de l'amitié

---

[1] C'est en effet ce que constate ainsi le supplément au *Journal de Lestoile* :

« Le dimanche 29, Monsieur le Dauphin passa par Paris pour aller à Fontainebleau, où le Roy l'avoit mandé. Il estoit dans une litiere descouverte, où Mme de Malissi [*lisez* Montglat], sa gouvernante, le tenoit; et y eut force de vivats, criés par le peuple. »

de ce Seigneur, le dict roy de Perse en ayant envoyé un autre en mesme temps à l'Empereur, qui a esté receu par luy somptueusement et a esté par luy admis à negotier et traicter avec luy et ses conseillers fort estroitement; mais puisque les esclaves de ce Seigneur sont si ennemys de la gloire et du nom de leur prince, que de traicter aussy injustement mes subjects (en ce qui leur est recommandé de sa part) que les ennemys declarez de son empire, et qu'ils mesprisent ainsy son nom et ses mandemens, je changeray aussy de conseil et de conduicte, et me sçauray bien resouldre à pis faire en m'alliant de ceux qui ont conjuré la ruine de son empire, si, aprés que vous leur aurés faict ma juste plainte avec la presente declaration, ils ne me font telle justice et raison de ces traitres et barbares, que j'aye occasion de m'en contenter. Au moyen de quoy, selon la response et satisfaction que vous en tirerés, vous tiendrés advertis mes subjects qui trafiquent en son empire et mes officiers establis aux eschelles d'iceluy, de ce qu'ils auront à faire pour n'estre subjects à la revanche que j'ay deliberé de rechercher de prendre de telles offenses et perfidies.

Ils s'attendent peut-estre à la paix qu'ils font traicter en Hongrie, à laquelle il semble que les parties inclinent plus qu'elles ne vouloient; mais il faut qu'ils sçachent et croyent que si la maison d'Austriche n'estoit retenue en bride de la crainte et jalousie de mes armes, comme elle est de toute part, qu'elle auroit tourné il y a longtemps toute sa puissance contre leur empire; ce qui m'a esté souvent reproché par le Pape et les autres princes Chrestiens; de quoy jusqu'à present je me suis esmeu bien peu, pour avoir voulu preferer la foy et l'alliance que j'ay contractée (à l'imitation des Roys mes predecesseurs) avec la maison ottomane, à toutes autres considerations; de quoy, s'il faut que je sois si mal recogneu par l'insolence et avarice insatiable de ceste canaille d'Algier, je ne l'endureray pas. Et si, quand les nouvelles du rebut qu'ils ont faict au dict chiaou me sont arrivées, le baron de Salignac se fust trouvé encore icy, j'eusse rompu tout à faict son voyage. Mais comme il faut qu'il demeure longtemps en chemin, advisés à luy faire sçavoir d'avant qu'il parte de Venise, la deliberation de ce Seigneur sur cest affaire; affin qu'en estant instruit, je prenne conseil et resolution de ce qu'il aura à faire.

J'ay receu, depuis mes dernieres du ive de ce mois, les vostres du xxiiie de juin et du iie du present. Continués à me mander tant que vous serés par delà ce qui se passera du costé de Perse sur la perte faicte par les galeres espagnoles des navires venitiens; mais il est vraisemblable que si ce jeune prince s'adonne de si bonne heure aux voluptez des femmes, qu'il ne relevera pas l'honneur et la reputation des armes et de la generosité de ses ancestres. Continués aussy à m'advertir de sa conduicte et de toutes autres occurences; et vous sçaurés que les armes des provinces unies des Pays-Bas vont prosperans tous les jours contre celles d'Espagne, ayant de nouveau emporté la ville de l'Escluse, qui est en Flandres de grande consequence, et deffendant encore courageusement celle d'Ostende, combien que le roy d'Angleterre ayt de nouveau faict la paix avec les dicts Espagnols; mais ç'a esté avec tant d'advantages pour ceux-cy, que la reputation de leur puissance y est grandement diminuée. Je prie Dieu, Monsr de Breves, qu'il vous ayt en sa saincte et digne garde. Escript à Fontainebleau, le dernier jour d'aoust 1604.

HENRY.

[1604. — 7 SEPTEMBRE.]

Cop. — B. N. Fonds Béthune, Ms. 8958, fol. 3; — et Suppl. fr. Ms. 1009-4.

[AU PAPE.]

Tres Sainct Pere, Comme il a pleu à Dieu, par sa bonté infinie, m'assister jusques à present de sa divine protection en toutes mes adversitez et actions passées, j'espere aussy que cognoissant l'interieur de mon ame, et ayant ma principale fiance en sa celeste providence, qu'il continuera à me guider le reste de mes jours par la droicte voie de sa justice infaillible, fortifié des conseils salutaires de la bienveillance de Vostre Saincteté. Qui sera la seule response que je feray à la lettre que Vostre Saincteté a prins la peine de m'escrire le xxixe du mois de juin, que le cardinal nonce de Vostre Saincteté m'a seulement delivrée le xxixe du passé; mais je la supplie d'adjouster foy à ce que mon ambassadeur luy representera et desclarera de plus sur icelle, et au reste attendre toujours de moy les effects d'une vraye et sincere observance à l'endroict de Vostre Saincteté et d'une singuliere et tres expresse affection, tant à l'advancement de la gloire de Dieu qu'à la manutention de la paix publique, qu'Elle peut se promettre de son

Tres devot fils,
HENRY.

[1604.] — 8 SEPTEMBRE.

Orig. autographe. — Arch. de M. de la Force.
Imprimé. — *Mémoires de la Force*, publiés par le marquis DE LA GRANGE, t. Ier, p. 379.

A MONS^R DE LA FORCE.

Monsr de la Force, Je vous fais ce mot par le s^r Loppés, pour vous prier ne faillir de vous rendre auprés de moy au commencement de vostre quartier, comme chose que je desire pour des raisons que vous apprendrés lorsque vous y serés, et par celle-cy, que mon fils est icy avec toute sa suicte, qui me donne bien du plaisir, et pour fin que je vous aime bien. A Dieu, Monsr de la Force. Ce vuj^e septembre, à Fontainebleau.

HENRY.

[1604.] — 10 SEPTEMBRE.

Imprimé. — *OEconomies royales*, édit. orig. t. II, chap. 45.

[A M. DE ROSNY.]

Mon Cousin, Beaufort m'a fait entendre que quelques-uns, pour l'empescher de continuer le service qu'il me veut faire pour m'aider à descouvrir les larcins faicts par quelques-uns de mes comptables de l'extraordinaire des guerres et autres, cherchent de le mettre en peine, pource qu'il a retiré de ma chambre des comptes deux quittances pour verifier la fausseté d'icelles; lesquelles et quelques memoires concernant mon service luy ont esté pris par un sien domestique nommé Safart, qui se seroit retiré de son service. C'est pourquoy je vous fais ce mot pour vous prier, incontinent que vous l'aurés receu, de parler à m^r le president Nicolay de ma part, luy faisant entendre que je ne veux pas que le dict Beaufort soit en peine pour avoir retiré de ma dicte chambre les dictes quittances; et si vous avés cognoissance que le dict Safart les luy ayt prises, ensemble les dicts memoires, vous le ferés mettre prisonnier pour les luy faire rendre, d'autant que cela importe au bien de mon service et que c'est chose que j'ay à cœur et que j'affectionne, comme aussy que le dict Beaufort continue sans aucun empeschement la verification des faux acquits employez és comptes de l'extraordinaire des guerres et artillerie. Sur ce, Dieu vous ayt, mon Cousin, en sa saincte et digne garde. Ce x^e septembre, à Fontainebleau.

HENRY.

1604. — 12 SEPTEMBRE. — Ire.

Cop. — B. N. Suppl. fr. Ms. 1009-3 (d'après l'ancien cabinet de Meinières), et Collection de M. de Marguerit.

A MON COUSIN LE DUC D'ESPERNON,

PAIR DE FRANCE, COLONEL GENERAL DE L'INFANTERIE FRANÇOISE, GOUVERNEUR ET MON LIEUTENANT GENERAL DE METZ ET PAYS MESSIN.

Mon Cousin, J'ay receu vostre lettre du xixe du mois dernier, avec celle que le s^r d'Arquien vous a escripte touchant les affaires du gouvernement de Metz. Les mêmes points contenus en la lettre du s^r d'Arquien m'ont esté representez par diverses lettres qu'il m'a escriptes, et particulierement par la derniere, par laquelle il me represente plusieurs actions, tant de ceux du chapitre que des officiers de la justice, faictes au prejudice de mon auctorité et mespris de sa charge. Sur quoy je luy ay mandé qu'il considere les reglemens qui ont esté faicts cy-devant, par lesquels l'ordre que chacun doibt tenir et observer tant en general qu'en particulier est prescrit, et qu'il les face suivre exactement, tant pour ce qui concerne la conservation des privileges des habitans, que pour faire contenir en leur devoir et chastier selon la rigueur des ordonnances ceux qui entreprendront au prejudice de mon auctorité et de mon service. Observant ceste maxime, mon auctorité sera recognue; mon service se fera, et ceux qui commandent pour mon service seront respectez. Pour le regard des fortifications, reparations, munitions de guerre et autres, j'ay escript à ceux de mon conseil et à mon cousin le marquis de Rosny, qu'ils y pourvoyent selon que l'estat de mes affaires le peut permettre.

J'avois faict election du s^r de Montigny pour commander en la charge de mon lieutenant general à Metz et pays Messin en vostre absence, saichant que l'auriés agreable, et considerant les affaires qui se presentent journellement au dict gouvernement, auxquelles vous ne pouvés pourveoir, à cause de vostre absence. J'ay commandé ces jours passez au dict s^r de Montigny d'adviser s'il voudroit prendre la dicte charge et quitter le gouvernement de Paris : ce qu'ayant remis à son option, il m'a supplié de le laisser en la dicte condition en laquelle il est maintenant; ce qui m'a fait resoudre d'en pourveoir le s^r de Liancourt[1], mon premier escuyer, duquel je me promets estre bien et dignement servy en la dicte charge, et que l'aurés agreable. Je le feray partir au plus tost pour y aller, jugeant qu'il est necessaire pour le bien de mon service que la dicte charge soit remplie de personne de qualité et affectionné au bien de mes affaires comme est

---

[1] Charles du Plessis, seigneur de Liancourt, comte de Beaumont-sur-Oise, baron de Monlouet et de Gallardon, capitaine de cinquante hommes d'armes des ordonnances, conseiller d'état, premier écuyer de la petite écurie du Roi, chevalier de ses ordres. Nommé, comme l'annonce cette lettre, lieutenant général du Roi à Metz, il ne s'y rendit qu'un an après. M. de Montigny, qui avait d'abord refusé d'échanger le gouvernement de Paris contre cette charge à Metz, finit par consentir à l'échange, et M. de Liancourt devint gouverneur de Paris.

Il avait épousé, comme nous l'avons dit ci-dessus (t. III, p. 244), la belle marquise de Guercheville. En 1620, il devint chevalier d'honneur de la Reine mère, dont sa femme était dame d'honneur, et il mourut cette même année.

le dict s^r de Liancourt, duquel j'attends tout contentement, comme je m'asseure que recevrés en vostre particulier. N'estant la presente à aultre effet, je prie Dieu, mon Cousin, qu'il vous ayt en sa saincte garde. De Fontainebleau, le xij^e jour de septembre 1604.

HENRY.

POTIER.

[1604.] — 12 SEPTEMBRE. — IIme.

Imprimé. — *OEconomies royales*, édit. orig. t. II, chap. 32.

[A M. DE ROSNY.]

Mon amy, Celuy qui vous rendra ceste-cy de ma part, nommé Latsague, est de ma compagnie de chevaux legers et des plus anciens d'icelle, et tel que si la charge de mareschal des logis venoit à vacquer je la luy donnerois, estant des vieux soldats que feu Belsunce[1] m'amena, plus gentilhomme que riche, lequel ayant esté fort malade et despendu tout ce qu'il avoit peu espargner de ses monstres passées, je luy ay fait depescher une ordonnance de la somme de trois cens livres; laquelle il vous presentera avec ceste-cy, et que je vous prie commander qu'elle luy soit acquittée incontinent (veu mesmement que c'est le premier don que je luy ay faict), affin qu'il s'en retourne trouver la troupe où elle est. A Dieu, mon amy. Ce xij^e septembre, à Fontainebleau, au soir.

HENRY.

[1604.] — 13 SEPTEMBRE.

Imprimé. — *OEconomies royales*, édit. orig. t. II, chap. 32.

[A M. DE ROSNY.]

Mon amy, Ce pauvre marchand de Gisors qui vous rendra cestecy s'en va vous trouver pour le payement de deux cent cinquante

---

[1] Jean de Belsunce, vicomte de Macaie, gouverneur du château de Mauléon et du pays de Soule, était le fils aîné de Jean de Belsunce et de Catherine de Lùx.

tant d'escus que je luy doibs pour du vin qu'il m'a fourny lors de mes plus grands affaires, sa depte bien verifiée avec beaucoup de frais et de patience. Je sçay bien que la consequence en est dangereuse, mais ma conscience d'ailleurs m'oblige d'avoir pitié de luy. C'est pourquoy je vous prie de luy donner tel contentement qu'il n'ayt plus d'occasion de se plaindre et retourner devers moy pour chose qui luy est justement deue. Sur ce, Dieu vous ayt, mon amy, en sa saincte et digne garde. Ce xiij^e septembre, à Fontainebleau.

HENRY.

1604. — 20 SEPTEMBRE.

Orig. — Arch. de la ville de Metz. Envoi de M. Clercx de Belletanche, archiviste.

A NOS TRES CHERS ET BIEN AMEZ LES MAISTRE-ESCHEVIN, TREIZE ET HABITANS DE LA VILLE DE METZ.

Tres chers et bien amez, Nous avons receu plusieurs plainctes du s^r de Vitry, capitaine d'une des compagnies des gardes de nostre corps, des empeschemens qui luy sont par vous donnez en la jouissance de la confiscation des biens du feu capitaine Provençal, et condamné à mort par sentence de nostre bailly de Vitry en l'année derniere, que nous luy avons cy devant accordez, mesmes qu'ayant esté ordonné en nostre conseil sur la requeste presentée par le dict s^r de Vitry, signifiée à vos deputez estans lors à nostre suite, qu'elle vous seroit communiquée, pour, vous y ouys, estre ordonné ce qu'il appartiendra, vous n'y auriés voulu comparoir ny luy faire droict sur ses pretentions. Ne voulant qu'il soit passé oultre au jugement de ceste affaire en nostre conseil, sans que vos raisons y ayent esté representées, nous aurons agreable que vous donniés charge à quelqu'un de vostre part de representer en nostre dict conseil les moyens et raisons que vous pretendés avoir pour empescher le dict s^r de Vitry en la jouissance de nostre dict don, et les droicts que vous y avés, si mieux vous n'aimés l'en laisser jouir. Sur ce, nous prions Dieu, Tres chers et bien amez, qu'il vous ayt en sa saincte garde. Escript à Fontainebleau, le xxe jour de septembre 1604.

HENRY.

POTIER.

1604. — 25 SEPTEMBRE.

Cop. — B. N. Suppl. fr. Ms. 1009-3. (D'après l'ancien cabinet de Joly de Fleury.)

[AU COMTE D'AUVERGNE.]

Mon Nepveu, J'ay receu vostre lettre et le memoire et copie de lettre que m'avés envoyez par le courrier lequel m'avés depesché expres. Je recognois par la dicte lettre que le porteur d'icelle est le mesme qui vous a rendu les deux dont m'avés envoyé les copies. Le memoire que m'avés envoyé me fait voir le fruict que vous estimés qu'on peut tirer de ceste occasion; sur quoy vostre advis me semble fort bon, et crois que ceste affaire pourra reussir, y gardant l'ordre que m'avés proposé. Faictes donc ce qui despend de vous pour ce regard, sans faire cognoistre à l'Adesert que je ne sçache rien de ce qui se passe en cela, et quand il sera de retour, vous m'advertirés de ce qu'il aura faict en son voyage et du fruict qu'il s'en pourra tirer. Sur quoy je vous manderay ce qui se devra faire touchant le voyage que vous me proposés. Ce pendant, le s^r de Sillery et mon cousin le marquis de Rosny parleront à C....., lequel est à Paris, pour le disposer à me servir en ceste occasion et luy en donner les moyens; et j'attendray de vous, en la conduicte de ceste affaire, tout ce qui peut servir à l'advancement d'icelle. Aussy vous pouvez vous asseurer de ma bonne volonté : et je prie Dieu, mon Nepveu, vous avoir en sa saincte garde. A Fontainebleau, le xxve septembre 1604.

HENRY.

[1604.] — 26 SEPTEMBRE.

Imprimé. — *OEconomies royales*, édit. orig. t. II, chap. 45.

[A M. DE ROSNY.]

[1]Mon Cousin, Ce soir tout tard j'ay receu vostre lettre, laquelle ayant lue, et consideré les raisons contenues en icelle, je trouve fort bon ce que vous avés traicté avec mr le cardinal de Bufalo[2], et seray tres aise qu'à mon arrivée à Paris, qui sera mardy au soir, Dieu aidant, je trouve cest affaire conclu. Quant au present, je m'en remets à ce que vous adviserés pour le mieux pour mon service. Bon soir, mon amy. Ce dimanche xxvje septembre, à Fontainebleau, à 9 heures du soir.

HENRY.

[1604. — 29 SEPTEMBRE.] — Ire.

Cop. — B. N. Fonds Brienne, Ms. 40, fol. 359 verso.

[A M. DE BEAUMONT.]

Mons de Beaumont, J'ay chargé le sr du Kyen de la response aux lettres qu'il m'a apportées du roy d'Angleterre, mon bon frere, et de mon cousin le duc de Lenox; vous en verrés la substance par les doubles que je vous envoye, et recevrés avec la presente la commission de la compaignie de cent hommes d'armes escossois, expediée au nom de mon tres cher nepveu le duc d'Albanie, comme l'a agréé le roy mon dit frere, duquel vous sçaurés s'il trouvera bon que vous la presentiés à son capitaine, ou comment vous en userés, affin de suivre entierement en cela ses volontez; car mon principal but est de luy tesmoigner de plus en plus mon affection. Je desire que la dicte compaignie soit composée et remplie de gentilshommes capables de

---

[1] Cette lettre était de la main du Roi.

[2] Ce cardinal, évêque de Camérino, était de la dernière promotion faite au commencement de cette année. Il mourut en 1610. Nous aurons occasion de reparler de lui.

servir, dont vous advertirés le dict duc de Lenox d'avoir soing. Je veux croire que le Roy mon dict frere et aprés luy le dict de Lenox seront contens que l'enrollement et premiere monstre de la dicte compaignie soit faict par delà et que je les y entretienne jusques à ce qu'il se presente occasion de luy faire passer la mer et la mettre en besoigne par deçà. Toutesfois je suis attendant ce que vous en aurés arresté avec eulx, pour aprés donner ordre aux provisions necessaires pour procedder au dict enrollement et au payement de la dicte premiere monstre ; mais il faut sçavoir si elle se fera en Escosse ou en Angleterre, et quel moyen il y aura d'y faire tenir les deniers du dict payement : au moyen de quoy vous serés soigneux de m'advertir de tout ce que dessus, affin que j'y pourvoie au temps et ainsy que vous aurés convenu avec eulx. Vous verrés aussy ce que j'ay voulu escrire au roy mon dict frere sur le traicté qu'il a faict avec le roy d'Espaigne et les archiducs, et de la peine qu'il a prise avec ceulx de son conseil de composer le faict du commerce, de quoy vous vous servirés selon que les choses auront succedé. Vous confirmerés aussy au roy mon dict frere que je n'eusse pas oublié de luy envoyer le s[r] de Vitry, comme il m'en avoit prié, si je n'eusse esté contraint de le retenir auprés de moy, à cause des dernieres escapades qu'a faictes le comte d'Auvergne, pour lesquelles j'ay eu besoing de sa presence. Mais vous le prierés de ne laisser à me faire part du plaisir et contentement qu'il a eu aux chasses qu'il a faictes ceste année, et me manderés particulierement ce que vous en aurés appris, affin que le roy mon dict frere sçache que je ne suis moins curieux de participer à ses plaisirs qu'à ses affaires. Je prie Dieu, Monsr de Beaumont, qu'il vous ayt en sa saincte garde.

HENRY.

[1604. — 29 SEPTEMBRE.] — IIme.

Orig. — B. N. Fonds Brienne, Ms. 40, fol. 361 verso.

[AU ROY D'ANGLETERRE.]

Monsr mon Frere, Je me resjouis de quoy vous avés achevé vostre parlement et le traicté d'Espaigne à vostre gré et contentement, et souhaite que vous recueillés du dernier pour vous et vos subjects le fruict que vous vous en estes promis. Car vostre felicité m'est aussy chere et recommandée que la mienne mesme. Je vous remercie pareillement de la peine que vous avés prise de mettre d'accord mon ambassadeur, ainsy qu'il m'a fidelement representé, avec ceux d'Espagne et de Flandres sur le faict du commerce; ayant agreable qu'il ayt recherché en ceste occasion à vous complaire et imiter en obtemperant à vostre desir et aux conseils de vos bons conseillers; jaçoit qu'il ayt un peu excedé les termes du pouvoir que je luy avois donné, joinct que je crois qu'il n'en peut advenir que tout bien, quand ce ne seroit que pour obvier aux desordres et accidens que l'inegalité au traictement et en l'usage du commerce entre nos subjects eust causé, au contentement des ennemys de nostre ancienne et fraternelle amitié. J'envoye presentement à mon ambassadeur mes lettres de commission au nom de mon tres cher nepveu le duc d'Albanie, vostre fils, de la compaignie de cent hommes d'armes que vous trouverés bon qu'il accepte, pour marque de la continuation, que je desire perpetuer, de notre tres estroite et ancienne alliance, suivant l'exemple des Roys nos predecesseurs de tres heureuse memoire. Mon cousin le duc de Lenox, qui la dressera et commandera comme son lieutenant, vous respondra et à moy aussy de la fidelité de la dicte compaignie, et qu'elle ne sera jamais employée que pour nostre service egalement, en attendant que Dieu benisse et augmente les ans de mon dict nepveu, affin qu'il puisse un jour luy-mesme la mettre en besoigne à sa gloire et notre commun contentement. Au reste, je vous remercie des belles hacquenées que vous m'avés envoyées et n'eusse failly vous depescher incontinent le s^r de Vitry, sans quelques occasions qui sont survenues, qui ont rendu sa presence auprés de moy necessaire pour le bien de mon service, ainsy que vous dira mon dict ambassadeur. Mais je vous prie que cela n'empesche que vous ne me faciés part du plaisir et bonheur des chasses que vous avés faictes ceste année, et je vous diray que les miennes ont esté si heureuses, que j'ay peu couru de cerfs que je n'aye mené à bout. Il est vray que, pour n'estre si ferme picqueur que j'ay autresfois esté, j'advoue ne m'estre trouvé à la mort de tous ceulx que mes chiens ont abattus. Continués-moy vostre amitié, mon tres cher Frere, et vous asseurés eternellement de celle de

Vostre bon frere et cousin,

HENRY.

[1604. — 29 SEPTEMBRE.] — IIIme.

Cop.—Fonds Brienne, Ms. 40, fol. 562 verso.

[AU DUC DE LENOX.]

Mon Cousin, J'ay esté bien ayse que le roy d'Angleterre, mon bon frere, ayt trouvé bon que mon tres cher nepveu le duc d'Albanie, son fils, ayt accepté le titre de capitaine d'une compaignie de cent hommes d'armes de mes anciennes ordonnances, à l'exemple de ses majeurs d'heureuse memoire, et que vous soyés son lieutenant, pour l'affection que je sçay que vous portés à nostre commun bien et à l'entretenement de nostre amitié. Au moyen de quoy je vous prie de composer la dicte compaignie de gentilshommes de la nation escossoise, qui soyent dignes du capitaine et du lieutenant qui la doibvent commander, et de me faire le service que je m'en promets. Mon ambassadeur vous aura faict entendre comment je desire qu'elle soit dressée et tenue pour ce commencement et en attendant qu'il s'offre occasion de l'employer deçà la mer. Par tant, je m'en remettray à ce qu'il aura advisé avec vous, pour vous asseurer que je ne me lasseray jamais de vous tesmoigner et aux vostres en toutes occasions ma bonne volonté. Je prie Dieu, mon Cousin, qu'il vous ayt en sa saincte garde.

HENRY.

1604. — 3 OCTOBRE.

Orig. — Papiers provenant des anciennes archives de Lyon, et conservés dans cette ville. Copie transmise par M. Dupasquier.

A NOS TRES CHERS ET BIEN AMEZ LES PREVOST DES MARCHANDS ET ESCHEVINS DE NOSTRE BONNE VILLE DE LYON.

Tres chers et bien amez, Nous avons veu par la vostre du xvie du passé la plaincte que vous faictes de la rigueur qui vous est tenue par ceux de Dauphiné, qui ne veulent permettre que l'on vous porte de leur bled; ce qui n'estant pas raisonnable, nous escrivons presentement au s^r de Lesdiguieres qu'il face cesser les dicts empeschemens, et luy envoyons à cest effect une pareille ordonnance que celle que nous avons cy-devant envoyée au s^r de la Guiche, affin de la faire publier et observer au dict pays de Dauphiné, comme nous avons voulu qu'elle ayt esté par vous; voulant, comme il est juste et raisonnable, que la liberté du commerce soit permise en toutes nos provinces, et que celles qui ont necessité d'une espece de marchandises, mesmes de celle de l'aliment et nourriture des personnes, en soyent secourues par les autres où elles abondent davantage; ne pouvant approuver que l'on ayt differé de faire à Lyon la publication de la dicte ordonnance, que nous voulons y estre faicte, comme nous ordonnons qu'elle se face et observe par toutes les autres. Sur quoy vous ne pouvés prendre meilleure resolution que de vous remettre pour ce regard à nostre soing et prudence, qui en cela ny en aucune autre chose ne vous deffauldra jamais. Donné à Paris, le iij^e jour d'octobre 1604.

HENRY.

FORGET.

1604. — 4 OCTOBRE. — Ire.

Orig. — Arch. de Belgique. Copie transmise par M. Gachard, archiviste général.

A MON FRERE L'ARCHIDUC D'AUSTRICHE.

Mon Frere, Ceste lettre vous sera presentée par le s^r de Berny, conseiller en mon conseil d'Estat, que j'ay choisy et commis pour me servir auprés de vous en la place du s^r de la Boderie. Je vous prie avoir sa personne et residence agreable, et vous promets que vous n'aurés moindre occasion de vous contenter de son procedé, que vous m'avés voulu tesmoigner l'avoir eu de celuy du dict de la Boderie; car je luy ay commandé que me servant auprés de vous, il y ayt pareil soin de vous complaire, contenter et servir que moy-mesme, de quoy j'espere qu'il s'acquittera fidellement. Je luy ay donné charge aussy vous remercier de la delibvrance qui a esté faicte par vostre commandement à mes officiers, de ce pretendu capuchin qui avoit esté enlevé de mon Royaume et transporté en vostre ville d'Arras, et de vous en offrir la revanche quand l'occasion s'en presentera, vous priant recevoir l'office qu'il fera pour ce regard, comme le requiert le gré que je vous sçay du tesmoignage que j'ay receu de vostre bonne volonté, et faire le semblable de celuy de conjouissance de la derniere victoire que Dieu vous a donnée, et de la conclusion de la paix que le roy d'Angleterre, mon tres cher frere, a faicte avec vous; duquel je luy ay pareillement commandé de s'acquitter à son arrivée, comme celuy qui vous souhaitant toute prosperité, participera tousjours au contentement que vous devés recevoir de si heureux succés, comme vous representera plus particulierement le dict s^r de Berny, auquel je vous prie, à ceste cause, adjouster foy entiere, tant pour ce faict que pour tous les aultres qu'il traictera avec vous, durant sa dicte residence, comme vous feriés à moy-mesme, qui prie Dieu, mon Frere, vous avoir en sa saincte et digne garde. Escript à Paris, le iiij^e jour d'octobre 1604.

Vostre bon frere,

HENRY.

1604. — 4 OCTOBRE. — IIme.

Orig. — Ms. appartenant à M. l'abbé Caron, à Versailles, pièce 43.

A MON COUSIN LE CARDINAL DE JOYEUSE,
PROTECTEUR DE MES AFFAIRES EN COURT DE ROME.

Mon Cousin, Je vous adresse ce pacquet dedans lequel vous en trouverés deux autres, l'un subscrit à vous et à mes cousins les cardinaux de Givry, de Sourdis, de Serafin et du Perron, et l'autre à mon ambassadeur à Rome : dedans lequel il y a plusieurs lettres adressantes tant au dict ambassadeur qu'à chacun des autres cardinaux du Sacré College sur un mesme subject, toutesfois de differente teneur, appropriée à l'humeur et à l'inclination des personnes auxquelles elles s'adressent, au mieux qu'il a esté possible de le faire, comme vous verrés par icelles; car je les ay faict fermer à cachet volant exprés, affin que vous et mon dict ambassadeur les voyés et consideriés, devant que de les delivrer, estans en creance sur vous et sur luy. Mais vous n'ouvrirés les dicts pacquets et ne dirés à personne vivante que vous les ayés receus, sinon aprés qu'il aura pleu à Dieu de disposer de Nostre Sainct Pere le Pape Clement VIIIe, que je prie neantmoins sa divine bonté conserver à son Eglise et à toute la Chrestienté, et singulierement à la France encores plusieurs bonnes années. Mais advenant le trespas de Sa Saincteté, vous manderés premierement mon dict ambassadeur à part, pour vous-mesmes luy consigner et delivrer le dict pacquet adressant à luy, dedans lequel il trouvera une lettre que je luy escris, par laquelle il sçaura ce que je veux qu'il face pour mon service quand telle occasion se presentera. Et aprés que vous aurés advisé et resolu ensemble l'ordre que vous aurés à tenir, et ce que vous aurés à faire pour executer et accomplir ma volonté, vous deux priérés en mon nom les dicts quatre cardinaux de s'assembler en vostre maison, et ouvrirés en leur presence le pacquet premier, qui s'adresse à vous et à eux, dedans lequel vous trouverés une lettre que je vous escris en commun, par laquelle vous sçaurés ce que j'entends et desire que vous faciés en la vacance du Sainct Siege, pour mon contentement et service; à quoy je vous prie de satisfaire de vostre part au pied de la lettre, et exhorter les autres à faire le semblable sans difficulté ny contradiction. Je me promets que vous vous y disposerés tous d'autant plus volontiers, que le commandement que je vous fais a, comme vous cognoistrés, pour but principal l'advancement et exaltation de la gloire de Dieu, la conservation de l'auctorité du Sainct Siege, le salut, repos et advantage public de la Chrestienté, avec le bien de mon Royaume et mon particulier contentement. Au moyen de quoy je vous prie derechef et vous conjure de ne descouvrir à creature vivante que vous ayés receu les dicts pacquets ny la presente, que aprés le deceds de Sa Saincteté. En quoy, comme je me promets que vous me servirés et obeïrés fidellement et exactement, je vous asseure aussy que vous me ferés un service tres agreable, que j'attends de la preuve que j'ay faicte de vostre sincere affection et fidelité. Je prie Dieu, mon Cousin, qu'il vous ayt en sa saincte et digne garde. Escript à Fontainebleau, le iiij^e jour de octobre 1604.

HENRY.

DE NEUFVILLE.

[1604.] — 6 OCTOBRE.

Imprimé. — *OEconomies royales*, édit. orig. t. II, chap. 32.

[A M. DE ROSNY.]

[1] Mon amy, Vous apprendrés par le s^r de Murat, qui vous rendra ceste-cy, l'occasion de son voyage vers vous, et comme dés hier au soir, aussitost que j'eus l'advis pour lequel il vous va trouver, j'ay pourveu à ce qu'il n'arrivast aucun inconvenient pour le bien de mon service; et remettant le surplus à la suffisance du dict de Murat, je

---

[1] Cette lettre devait être de la main du Roi.

ne vous en diray davantage que pour vous prier de le croire. A Dieu, mon amy. Ce vje octobre, à Fontainebleau.

HENRY.

1604. — 12 OCTOBRE. — Ire.

Orig. — Archives des Médicis, légation française. Copie transmise par M. le ministre de France à Florence.

A MON ONCLE LE GRAND-DUC DE TOSCANE.

Mon Oncle, Ayant faict expedier une commission adressante à vos juges et officiers pour verifier la noblesse du sr del Belne, conseiller en mon conseil d'Estat, que j'ay nommé à l'ordre du Sainct-Esprit, j'ay bien voulu accompagner la dicte commission de ceste lettre, et vous prier, comme je fais, de commander à vos dicts juges et officiers de la mettre à execution, et ce d'autant plus diligemment que le temps est bref, estant necessaire que le dict sr del Bene mette les preuves et verification de sa dicte noblesse es mains de deux commandeurs et du chancelier du dict ordre quinze ou vingt jours avant le premier de l'année prochaine, que je doibs faire la ceremonie du dict ordre[1], vous assurant qu'aimant et estimant le dict sr del Bene comme je fais, je tiendray à plaisir tres agreable la faveur qu'il recevra de vous pour m'en revancher en autre endroict, priant Dieu, mon Oncle, qu'il vous ayt en sa tres saincte et digne garde. Escript à Fontainebleau, le xije jour d'octobre 1604.

HENRY.

DE NEUFVILLE.

[1] Ce projet n'eut pas de suite, soit que M. d'Elbène n'ait pu fournir les preuves de noblesse requises, soit par un autre motif. Le fait est qu'il n'y eut pas de promotion de l'ordre du Saint-Esprit en 1605. Celle de 1606 se borna au cardinal du Perron; et celle de 1608, la dernière du règne, ne comprit que deux princes italiens, alliés de la Reine.

1604. — 12 OCTOBRE. — IIme.

Orig. — Archives royales de Wûrtemberg. Copie transmise par M. Michelant.

A MON COUSIN LE DUC DE WIRTEMBERG.

Mon Cousin, Je ne veux pas que le s^r de Bewinkausen s'en retourne sans que je vous asseure, par la presente, que la vostre que vous m'avés escripte par luy m'a esté tres agreable, et que vous pouvés faire estat de recevoir de la continuation de ma bonne volonté toutes sortes d'effects dignes d'icelle, quand l'occasion s'en presentera. Surtout, je vous prie de croire que vous serés tousjours le tres bien venu par deçà quand vous y voudrés venir, et que ce ne sera jamais si tost que je le desire pour mon contentement, ainsy que vous dira le dict s^r de Bewinkausen, sur lequel me remettant, je prie Dieu, mon Cousin, qu'il vous ayt en sa saincte et digne garde. Escript à Fontainebleau, le xij^e jour d'octobre 1604.

HENRY.

DE NEUFVILLE.

1604. — 13 OCTOBRE. — Ire.

Imprimé. — *OEconomies royales,* édit. orig. t. II, chap. 45.

[A M. DE ROSNY.]

Mon Cousin, Vous sçavés combien il importe à mon service de pourveoir l'advocat Boucault de quelque office au pays de Languedoc, qui luy donne auctorité et moyen de continuer à m'y faire le service qu'il a acheminé et commencé assez heureusement. C'est pourquoy ayant entendu que celuy de president en la cour des aides de Montpellier est vacquant, je desire qu'il tombe en ses mains et que vous l'en faciés pourveoir par preference à tous autres. Ses services passez et l'esperance de ceux qu'il me fera à l'advenir meritent qu'il soit gratifié du dict office sans payer finance; de sorte que j'auray agreable qu'il reçoive de moy ce bienfait, si c'est chose qui se puisse faire sans consequence prejudiciable à mes affaires. Si non, faictes que le dict office luy soit delivré en payant finance moderée, et je feray depescher aprés un brevet de la dicte moderation sur l'advis que vous m'en donnerés.

Nous devons veiller autant et plus diligemment que jamais sur les actions des factieux de la religion pretendue reformée, affin de renverser leurs artifices, avec lesquels ils s'efforcent d'esmouvoir et troubler mes bons et fidelles subjects de la dicte religion pour s'en prevaloir en leurs desseings. J'entends que le s^r de la Trimouille ne parle plus de me venir trouver, comme il vous avoit promis. Nous voyons aussy que le duc de Bouillon s'estudie plus par sa conduicte à justifier ses actions qu'à rechercher et meriter ma bonne grace, et n'avons aucunes nouvelles de celuy que nous sçavons estre passé par Auvergne pour l'aller trouver. D'ailleurs, nous avons advis qu'il se fait des menées et practiques dans aucunes provinces en faveur du dict duc, et encore que je n'adjouste foy entierement aux advis qui m'en sont donnez, j'estime que nous ferons tres bien d'establir et auctoriser des hommes aux provinces plus esloignées, qui soyent capables et propres pour s'opposer aux dictes menées en esclaircissant et informant mes dicts subjects de la sincerité de mes intentions à leur repos et conservation, comme peut faire au dict pays de Languedoc le dict Boucault; au moyen de quoy je vous prie l'assister en ceste occasion et me donner advis de ce que vous en aurés faict : priant Dieu, mon Cousin, qu'il vous ayt en sa saincte et digne garde. Escript à Fontainebleau, le xiij^e jour d'octobre 1604.

HENRY.

DE NEUFVILLE.

1604. — 13 OCTOBRE. — IIme.

Imprimé. — *Œconomies royales*, édit. orig. t. II, chap. 45.

[A M. DE ROSNY.]

Mon Cousin, Depuis mon aultre lettre escripte, j'ay receu la vostre par Arnault, avec le translat des articles pour le commerce, que vous avés arrestez et signez avec le cardinal, l'ambassadeur d'Espagne et le senateur de Milan; dont j'ay esté tres aise et content, pour l'incertitude en laquelle nous estions de ce faict. Je tesmoigneray au cardinal de Bufalo le gré que je luy sçay de la peine qu'il a prise et de l'affection avec laquelle il a embrassé et favorisé ce qu'il a estimé appartenir à ma dignité et au bien de mes affaires. Je n'oublieray pareillement de m'en louer par lettre à Sa Saincteté, en la remerciant du bon devoir qu'y a faict le dict cardinal, suivant vostre bon advis. Cependant vous m'avés fait plaisir de m'avoir envoyé la croix de diamans que le dict Arnault m'a presentée, affin de la donner de ma main au dict cardinal. J'ay deliberé aussy de le faire disner demain avec moy, si un fascheux mal de dents qui me tourmente me le permet. Au reste, le capitaine Commin est arrivé ce soir en ce lieu, qui m'a confirmé par son rapport ce que je vous escris par mon autre lettre de la disposition qu'a le s^r de la Trimouille de venir par deçà, ainsy qu'il vous dira plus particulierement dedans deux jours que je le vous enverray aprés l'avoir ouy tout au long. Je prie Dieu, mon Cousin, qu'il vous ayt en sa saincte et digne garde. Escript à Fontainebleau, le xiij^e octobre 1604.

HENRY.

DE NEUFVILLE.

[1604.] — 16 OCTOBRE.

Imprimé. — *OEconomies royales*, édit. orig. t. II, chap. 32.

[A M. DE ROSNY.]

Mon amy, Je vous envoye ce porteur exprés affin que vous entendiez par luy ce qu'il m'a rapporté du lieu d'où il vient, où il y a des particularitez qui sont bien considerables. C'est pourquoy je vous prie de l'entendre et me mander par luy quand vous serés icy pres de moy. A Dieu, mon amy. Ce samedy xvj^e octobre, à Fontainebleau.

HENRY.

1604. — 17 OCTOBRE.

Imprimé. — *OEconomies royales*, édit. orig. t. II, chap. 45.

[A M. DE ROSNY.]

Mon Cousin, Je suis bien aise que vous ayés conclud et arresté avec le cardinal Bufalo, l'ambassadeur d'Espagne et le senateur de Milan, le traité dont je vous ay donné charge pour le restablissement du commerce. Je suis bien de votre advis qu'il est necessaire d'avoir la ratification d'Espagne avant de faire la publication. Mais cependant, parce que je sçay que c'est chose qui est fort desirée de mes subjects, vous leur ferés entendre, aux lieux que vous jugerés le plus necessaire, que dés à present je leur accorde la permission de faire transporter des bleds sans les assujetir à prendre aucuns passeports ny autre seureté que les advis que vous leur donnerés de ma volonté, reservant de leur donner la liberté entiere des autres marchandises lorsque la ratification estant venue d'Espagne, je vous ordonneray de faire faire la publication generale du dict traité : et n'estant la presente à aultre fin, je prie Dieu vous avoir, mon Cousin, en sa saincte garde. Escript à Fontainebleau, le xvij^e octobre 1604.

HENRY.

DE NEUFVILLE.

[1604.] — 18 [OCTOBRE].

Imprimé. — *OEconomies royales*, édit. orig. t. II, chap. 45.

[A M. DE ROSNY.]

Mon Cousin, J'ay reçu vostre lettre et veu celle que par mon commandement vous escrivés à Aubigny, laquelle je vous renvoye. Sur quoy je vous diray que je la trouve fort bien, et qu'en cela vous avés suivy mon intention; mais je ne suis pas d'advis que vous l'envoyés encore, d'autant que j'appris hier, par un homme qui vient de Touars, que M. de la Trimouille est recheu et en danger; que Parabelle, Constant, Aubigny et force autres y estoient retournez, sy qu'il faudra voir que deviendra cela. Aussy madame la Princesse envoya hier à son fils une lettre (pour me faire voir) que m^r du Plessis luy escrivoit au nom de mad^e de la Trimouille, où il desadvouoit celuy qui luy avoit dict qu'elle ne la pouvoit voir[1]. Et, sur cela, je vous diray que je suis de vostre advis, qu'ils font, la pluspart du temps, des choses sans y bien songer, dont ils se repentent aussy tost; mais de cela nous discourerons plus amplement et prendray resolution avec vous aussy tost que je seray arrivé à Paris, qui sera bien tost, Dieu aidant; lequel je prie vous avoir, mon Cousin, en sa saincte et digne garde. Ce xviij^e octobre[2], à Fontainebleau.

HENRY.

[1604.] — 19 OCTOBRE. — Ire.

Imprimé. — *OEconomies royales*, édit. orig. t. II, chap. 45.

[A M. DE ROSNY.]

[1] Mon amy, J'ay receu vostre lettre par le capitaine Commin. Je suis bien de vostre advis touchant cela; et ce qui m'y confirme davantage est que nous avons bien appris de ces affaires-là par ceux qui sont venus du Dauphiné, duquel je vous parleray lorsque je vous

---

[1] La princesse de Condé, sœur de M. de la Trémouille, l'un des chefs du parti protestant, était en froid avec sa famille, par suite de son abjuration.

[2] Les *OEconomies royales* datent cette lettre du 18 novembre, erreur évidente; car, ainsi que nous l'avons dit ci-dessus, t. II, p. 217, M. de la Trémouille mourut le 25 septembre 1604; et l'on voit, en effet, ci-après, dans la lettre du 4 novembre, Henri IV annoncer cette mort au cardinal de Joyeuse. Il est probable que les secrétaires de Sully auront pris un mois pour l'autre, la date du 18 octobre s'accordant bien avec les nouvelles que le Roi devait alors recevoir de Thouars sur le danger où se trouvait M. de la Trémouille.

---

[1] Cette lettre était de la main du Roi.

verray, et prendray, avec vous resolution sur le tout. J'avois commendé à Mr de Villeroy, lorsque j'avois si mal aux dents, de vous escrire par Arnault de plusieurs choses qui importoient à mon service, à quoy vous ne m'avés faict aucune response; de quoy je m'estonne. Bon jour, mon amy. Ce xixe octobre, à Fontainebleau.

HENRY.

1604. — 19 OCTOBRE. — IIme.

Cop. — B. N. Fonds Béthune, Ms. 8959, fol. 4, et Suppl. fr. Ms. 1009-3.

[AU CARDINAL ALDOBRANDIN.]

Mon Cousin, Mon ambassadeur m'ayant adverty de ce qui se passe par delà[1], j'ay bien voulu vous ramentevoir sur ceste occasion l'estat que vous devés et pouvés faire de mon amitié; vous asseurant que je me ressens si redevable à Sa Saincteté de celle qu'il m'a tesmoignée, que toute la puissance que Dieu m'a donnée sera toujours employée tres volontiers pour vous assister et proteger au besoin que vous en aurés, comme vous dira plus particulierement mon dict ambassadeur, auquel je vous prie d'adjouster en cela telle foy que vous feriés à moy-mesme, qui prie Dieu, mon Cousin, qu'il vous ayt en sa saincte garde. Escript à Fontainebleau, le xixe jour d'octobre 1604.

HENRY.

1604. — 26 OCTOBRE. — Ire.

Orig. — Arch. de M. de Couhé-Lusignan. Copie transmise par la Société des Antiquaires de l'Ouest.

A MONS{r} DE FRESNES CANAYE,

CONSEILLER EN MON CONSEIL D'ESTAT ET MON AMBASSADEUR À VENISE.

Monsr de Fresnes, *Dulaurier partit hier pour retourner vers vous. Il ira à journée pour sa commodité et aussy que je n'ay pas estimé necessaire*

---

[1] Voyez ci-après la lettre du 28 octobre aux cardinaux français, au sujet des craintes qu'inspirait alors la santé du pape Clément VIII, oncle du cardinal Aldobrandin.

qu'il fist plus grande diligence. Il verra le comte Martinengue en passant et faisant chemin, auquel il dira combien ce qu'il m'a mandé par luy a esté bien receu de moy, le contentement que j'ay de son affection, le desir que j'ay de le recognoistre, et pareillement d'embrasser l'occasion de laquelle il m'a fait faire ouverture par vous et par luy, pourveu que je cognoisse qu'il ayt avec la volonté le moyen et pouvoir de l'executer et faire reussir, à la condition que j'ay adjoutée, autant pour la consideration de sa fortune mesme, qui me sera toujours tres chere, tant pour son merite que pour celle de son service et de ma propre reputation, affin de ne nous embarquer en ce dessein mal à propos. Pour de quoy m'esclaircir comme il convient, le dict Dalaurier vous dira l'ordre que j'ay advisé d'y tenir, outre ce qui vous en a esté et sera encore escript par le s^r de Villeroy, suivant le commandement que je luy en ay fait; mais il me semble que nous renforcerions grandement la partie si nous pouvions y joindre et faire entrer les ducs de Savoye et de Mantoue avec celuy de Parme, sur les mecontentemens que vous m'avés escript par vostre lettre du ve de ce mois (que j'ay receu le xvIII^e) que les deux premiers ont du comte de Fuentés, et celuy que chacun sçait qu'en a aussy le dernier à cause du retrait de Novarra, de quoy vous devés donner quelque avis au comte Martinengue, mais comme de vous-mesme. J'ay commandé au cardinal du Perron, lequel j'envoye à Rome, de voir les dicts ducs de Savoye et Mantoue en faisant chemin, pour asseurer l'un et l'autre de mon amitié, sans toutesfois avoir descouvert au dict cardinal autre chose de la proposition du dict comte Martinengue ny approchant d'icelle. Vous sçaurés aussy qu'il est tombé en nos mains depuis peu deux personnes, l'une est d'Avignon nommée Chevalier et l'autre d'Orange, lesquels confessent avoir traicté et negocié en mon Royaume plusieurs pratiques et intelligences par le commandement et avec les deniers du dict duc de Savoye. Il est vray qu'ils veulent que je croye que leur intention ny celle du dict duc n'estoient de les tenter qu'aprés ma mort. Or tout cela ne me garderoit pas de m'associer en une bonne entreprise telle qu'est celle que propose le dict comte Martinengue avec le dict duc, s'il vouloit y entendre et proceder de bonne foy; mais il ne faut pas esperer qu'il le face qu'il ne soit desesperé de la succession de la couronne d'Hespagne à laquelle il aspire, jusqu'à ce que le roy d'Hespagne ayt un ou deux fils; d'autant que il s'attend de marier son aisné avec l'heritiere de ceste Couronne, si le dict roy d'Hespagne n'a que des filles, et tant qu'il aura telle esperance, il ne traictera avec nous que pour nous abuser et mieux couvrir ses intentions. Il s'attend encore d'estre envoyé et employé au Pays-Bas en cas que l'on puisse en retirer les archiducs, à quoy il semble que le conseil d'Hespagne aspire et travaille. Toutefois les dicts archiducs s'en deffendent et y contredisent tant qu'ils peuvent, principalement l'archiduc Albert, lequel ne veut changer de condition. Il se promet aussy de relever ses affaires l'année prochaine, tant par le moyen du roy d'Angleterre, qui luy en donne toute esperance, que par les efforts que les Hespagnols doivent redoubler aux dicts pays, tant pour practiquer envers les Estats des Provinces-Unies pour les reconcilier, que par la voye des armes, et ne doubte point que le succés de tous ces projets ne donne un grand coup à l'affermissement ou esbranlement des dicts Estats. Or il ne sera que bien à propos d'entretenir et mesnager cependant doucement l'esprit du dict duc de Savoye, comme de faire provision partout d'amys et de moyens de nous en prevaloir où l'occasion s'en presentera.

Je vous ay escript que nous sommes tombez d'accord avec les Hespagnols et les dicts archiducs des conditions du restablissement du commerce entre nous à l'exemple des Anglois; nous attendons que le tout soit ratifié de part et d'autre ainsy et au temps qui a esté convenu, de quoy l'on asseure que je seray satisfaict par le connestable de Castille quand il repassera par icy pour retourner en Hespagne, comme l'on dit qu'il doit faire incontinent après la feste prochaine. Mais comme les marchandises qui se traffiquent par la mer de Levant n'estoient subjectes à l'impost du trente pour cent, vous ne ferés difficulté de permettre à mes subjects qui sont ou arrivent par delà de reprendre le train du dict trafic dés à present et sans attendre davantage la publication du dict accord. Ce que vous ferés neantmoins couvertement et comme par tolerance jusqu'à ce qu'il soit publié.

J'ay bien pris l'advis que vous m'avés donné par votre dicte lettre touchant les galeres gagnées à l'Escluse. Toutefois quelques considerations particulieres m'empeschent de le suivre. Continués de vous gouverner envers ces Seigneurs au faict des Grisons ainsy que vous avés commencé, et vous ay mandé par mes precedentes, et m'advertissés des conseils qu'ils prendront, tant sur la fortification de Soncino nouvellement entreprise par le dict comte de Fuentés, que sur les marchandises prises par les galeres de Naples et Sicile. Vostre response à ce que aucuns de ces Seigneurs vous ont dict des offices faicts en Flandres par les Jesuistes envers la ville principale, pour avoir recours à moy, et des preparatifs que je fais pour m'accroistre de ce costé-là, a esté bonne; aussy est-elle veritable. Je prie Dieu, Monsr de Fresnes, qu'il vous ayt en sa tres saincte et digne garde. Escript à Fontainebleau, le xxvj^e jour d'octobre 1604.

HENRY.

1604. — 26 OCTOBRE. — IIme.

Cop. — Biblioth. de M. Monmerqué, Ms. intitulé *Lettres à l'ambassadeur du Levant.*

[A M. DE BRÈVES.]

Monsr de Breves, Vous aurés sceu maintenant comme la place de Petz a esté abandonnée laschement par ceux qui la gardoient, au seul bruit de l'approchement de l'armée de ce Seigneur, laquelle n'a pas laissé pour cela de faire paroistre, arrivant à la vue de celle des Chrestiens, de plus desirer la paix que le combat; car l'on m'a mandé qu'ayant trouvé celle-cy retranchée pour sa foiblesse, au lieu de s'advantager et prevaloir de l'occasion qui se presentoit, ils avoient ouvertement demandé la paix et que l'on deputast pour en traicter. Sur quoy auroit esté faict une suspension d'armes, pour donner loisir aux Chrestiens d'advertir l'Empereur de la proposition susdicte et recevoir ses commandemens, encores que son intention ne soit aucunement disposée à la dicte paix. Toutesfois j'ay advis qu'il fera contenance d'y vouloir entendre, pour faire perdre le temps à la dicte armée turquesque, la sienne estant egale en forces à l'autre. Je presume que la guerre de Perse et les rebellions de l'Asie contraignent les Turcs de rechercher la dicte paix; c'est pourquoy si l'Empereur veut y entendre, la mesme necessité forcera les autres à la contracter en s'accomodant à sa volonté; ce qui se recognoist et prevoit assez par leur mauvaise conduite, laquelle n'amendera pas si ce jeune prince se laisse emporter aux voluptez et si ses ministres continuent à s'entrebattre comme ils ont commencé. Continués à m'advertir de ce qui succedera par delà jusques à l'arrivée de Salignac, auquel vous ferés voir la presente; par la fin de laquelle vous sçaurés que j'ay recogneu et permis le trafic d'Espagne avec mes subjects, sur la revocation et descharge faicte par les Espagnols de l'impost de trente pour cent qu'ils avoient deliberé de lever sur eux. Leur paix avec les Anglois a esté aussy publiée et jurée, et verrons la prochaine année quels effects produiront ces changemens : priant Dieu, Monsr de Breves, qu'il vous ayt en sa saincte et digne garde. Escript à Fontainebleau, le xxvj^e jour d'octobre 1604.

HENRY.

1604. — 28 octobre. — Ire.

Orig. autographe. — Archives royales de Sardaigne. Copie transmise par M. l'ambassadeur de France à Turin.

A MON FRERE LE DUC DE SAVOYE.

Mon Frere, S'en allant à Rome mon cousin le cardinal du Perron, je luy ay donné charge expresse de vous visiter de ma part, vous asseurer de la continuation de ma bonne volonté, vous dire de mes nouvelles, et me faire sçavoir des vostres. Au moyen de quoy je vous prie luy adjouster pareille foy que vous feriés à moy-mesme : priant Dieu, mon Frere, qu'il vous ayt en sa saincte et digne garde. Escript à Fontainebleau, le xxviij^e jour d'octobre 1604.

Vostre bon frere,
HENRY.

1604. — 28 OCTOBRE. — IIme.

Orig. — Ms. appartenant à M. l'abbé Caron, à Versailles, pièce 44.

A MES COUSINS LES CARDINAUX DE JOYEUSE, DE GIVRY, DE SOURDIS, SERAPHIN ET DU PERRON.

Mes Cousins, J'espere que Dieu, protecteur de son Eglise tres saincte, conservera et maintiendra encores longuement au regime et gouvernement d'icelle Nostre Tres Saint Pere le pape Clement VIIIe, à present regnant, de quoy je supplie incessamment et affectueusement sa divine providence, tant comme Roy tres chrestien, premier fils de l'Eglise, tres jaloux et soigneux de la gloire de Dieu, que pour estre en mon particulier et me ressentir tres redevable à la bonté de Sa Saincteté pour les singulieres graces et faveurs qu'Elle a departies tres largement à ma personne et à mon Royaume depuis son pontificat, de quoy je seray memoratif et recognoissant tant que je vivray. Neantmoins, comme rien en ce monde fragile n'est perdurable, que toutes choses doivent ou changer ou finir, que, selon le cours ordinaire de la nature, je dois survivre à Sa Saincteté, que je suis incertain du temps et de l'heure que Dieu appellera à soy Sa Beatitude, et que je suis obligé, tenant en la Chrestienté le rang auquel Dieu m'a colloqué, d'avoir soing, advenant le trespas de Sa Saincteté, de procurer que son successeur en la chaire de sainct Pierre, soit, comme fidelle pasteur et vray pere de tous les Chrestiens, imitateur de la pieté, equanimité et debonnaireté de Sa dicte Saincteté, j'ay estimé, tant pour les considérations susdictes que pour prevenir et eviter les surprises ausquelles telles mutations sont subjectes, à cause de l'incertitude d'icelles et la promptitude et soudaineté de semblables elections, vous devoir declarer et faire sçavoir par la presente ce que j'entends et veux que vous faciés quand telle occasion escherra, affin que, par faulte d'en estre advertis à temps, vous ne vous trouviés en peine et doubte de ce que vous auriés à faire pour mon contentement et service.

Premierement, je vous prie et vous conjure et ordonne, sur tant que vous affectionnés le service de Dieu, l'auctorité du Sainct Siege et mon contentement, avec le bien de vostre patrie, de vous maintenir tous bien unis et joincts ensemble en l'election qu'il conviendra faire, vous monstrans, en ceste action si importante au public et au particulier, bons ecclesiastiques, vrays François et fidelles à vostre Roy, sans vous diviser ny contrarier en vos vœux et conseils. Secondement, je desire que vous sçachiés et croyés que, comme je n'ay autre dessein et but, en ceste election, que celuy que doibt avoir un prince tres chrestien, affectionnant l'honneur de Dieu et le bien de l'Eglise, mon seul et unicque desir aussy est qu'il soit faict choix d'un subject qui ayt la mesme inclination et intention, me promettant, estant tel, qu'il me sera tousjours favorable, qu'il affectionnera la prosperité de mon Royaume, et m'aydera à y restaurer la religion, en preferant, comme vray pere commun, le bien universel de la republicque chrestienne à toute consideration particuliere.

Et d'autant que je sçay qu'entre les cardinaux qui aspirent à ceste supreme dignité, et que l'on estime y pouvoir parvenir, aucuns sont declarez et se monstrent encores si partiaux et interessez, que je ne dois desirer pour la liberté et auctorité du Sainct Siege, ny pour le repos et salut de mon Royaume et de la Chrestienté, qu'ils parviennent au pontificat, j'ay voulu m'en declarer et confier à vous par la presente, et pareillement vous nommer ceux que je desire y advancer et favoriser, avec les aultres aussy auxquels je n'entends m'opposer quand le sort tomberoit sur eux et seroient en voye d'estre esleus. Au moyen de quoy je les vous distingueray et separeray icy par trois classes. La premiere sera de ceux que j'entends rejecter; à sçavoir : les cardinaux de Cosme [1],

---

[1] S'il n'y a point une erreur de nom, ce pourrait être Flaminio Plati, Milanais, cardinal diacre, du titre de Sainte-Marie *in Dominica,* puis de Saint-Cosme et Saint-Damien. Il fut ensuite cardinal-prêtre du titre de St-Clément et de St-Onuphre, et de Sainte-Marie de la Paix. Il avait reçu le chapeau à la seconde promotion de Grégoire XIV, en 1591, et il mourut en 1611.

Le cardinal Frédéric Borromée, cousin de saint Charles Borromée et archevêque de Milan, fondateur de la célèbre bibliothèque Ambrosienne, fut aussi diacre du titre de Saint-Cosme, mais on l'appelait le cardinal Borromée, comme on le voit dans

Ascoli [2], Montalparo [3], Bianchetto [4] et Spinelli [5]. Ceux au contraire que je desire favoriser et promouvoir sont les cardinaux de Florence, de Veronne [6], Sauli [7], Cossenze [8], Camerino [9], Baronio et Seraphin. Et les lettres du cardinal d'Ossat, et il ne paraît pas avoir eu de chances dans ce conclave.

Il est quelquefois assez difficile de bien distinguer tous les membres du sacré collége par les dénominations usitées alors. Car les uns se trouvaient désignés par leur nom de famille, d'autres par un nom de fief, ceux-ci par le lieu de leur naissance ou d'un siége qu'ils occupaient, d'autres enfin par leur titre comme cardinal. Ces derniers sont les moins nombreux.

[2] Jérôme Bernieri, Lombard, théologien de l'ordre des Frères prêcheurs, d'abord évêque d'Ascoli, puis cardinal évêque de Porto, était de la troisième promotion de Sixte-Quint, en 1586. Il mourut en 1611.

[3] Grégoire Petrochi, surnommé *de Montelparo*, du lieu de sa naissance, était général de l'ordre de Saint-Augustin et évêque de Palestrine. Sixte-Quint lui avait donné le chapeau en 1589. Il mourut à Rome en 1612. Ses relations avec l'Espagne remontaient à l'époque de la mission dont Sixte-Quint l'avait chargé auprès de Philippe II.

[4] Laurent Bianchetti, Bolonais, avait été envoyé en France par Sixte-Quint avec le cardinal Cajetan, en 1590, lors du siége de Paris. Il accompagna ensuite en Pologne Hippolyte Aldobrandin, qui devint pape sous le nom de Clément VIII. Aussi fut-il compris dans la seconde promotion de ce pontificat, en 1596. Il avait une haute réputation de jurisconsulte, fut reçu docteur en décret à l'Université de Paris, et remplit avec distinction, sous Grégoire XIII, les fonctions de prélat de la sacrée consulte et d'auditeur de la Rote. Il recueillit les *Décisions de Rote* en trois volumes, dont la bibliothèque de Rimini conserve le manuscrit. L'exclusion que Henri IV intime ici à son égard aux cardinaux français, l'empêcha de profiter des chances qu'il eut d'arriver à la papauté dans ce conclave. Il mourut en 1612.

[5] Philippe Spinelli, Napolitain, cardinal de la dernière promotion de Clément VIII, devait sans doute à la faveur de la maison d'Autriche son archevêché de Colocza en Hongrie. Il devint ensuite évêque d'Averse et mourut en 1616.

[6] Dans cette seconde liste nous ne parlons, ni du cardinal de Florence, que la France fit si glorieusement réussir, pour un pontificat trop éphémère, ni des cardinaux Baronius et Sérafin, puisqu'il a déjà été fait mention des trois dans les volumes précédents. Le cardinal de Vérone devait sans doute une partie de ses chances à son âge, car il était né en 1531, à Venise. Il était archevêque de Vérone depuis l'année 1565, et il avait été compris dans la septième promotion de Grégoire XIII, en 1583, comme cardinal prêtre du titre de Saint-Marc. Il mourut en 1606. Son nom était Augustin Valerio. Il avait commencé par enseigner à Venise la philosophie et la morale. On cite, entre autres ouvrages, sa *Rhetorica christiana*.

[7] Antoine Sauli, archevêque de Gênes, sa patrie, promu au cardinalat par Sixte V, en 1587, devint évêque d'Ostie, doyen du sacré collége, et mourut en 1623.

[8] Jean l'Évangéliste Palotti, archevêque

quant aux derniers, auxquels je ne veulx estre contraire ny m'opposer ouvertement, estans proposez et en voye d'estre esleus, ce sont les cardinaulx Simonelli[10], Pinelli[11], Tarugi[12], Borghese[13], Mantica[14],

de Cosenza, cardinal-évêque de Porto, était de la même promotion que le cardinal Sauli, et mourut à Rome en 1620.

[9] Innocent Bubalo ou Bufalo, évêque de Camerino, avait été envoyé, en 1601, nonce en France, où de très-bons témoignages du cardinal d'Ossat l'avaient précédé. Ce cardinal écrivait de lui à M. de Villeroy : « Il est gentilhomme romain et doué de fort belles qualitez, ne despendant que du Pape, et exercé és choses de cette Cour, et à gouverner des villes en l'Estat ecclésiastique. » (Lettre du 1er mai 1601.) Il parle ailleurs de l'habileté dont il avait fait preuve en d'autres légations. Henri IV fut très-satisfait de lui et, dans deux lettres du mois d'octobre 1601, il en exprima sa satisfaction à Clément VIII. Ce pape comprit l'évêque de Camerino dans la dernière promotion de cardinaux qu'il fit en 1604. Le cardinal Bufalo revint à Paris comme légat, cette même année, et continua à y être fort bien vu de Henri IV et de ses ministres. Il mourut assez jeune en 1610.

[10] Jérôme Simonelli, évêque d'Orviéto, sa patrie, et de Porto, était membre du sacré collége depuis plus d'un demi-siècle, car il avait reçu le chapeau en 1553, sous le pontificat de Jules II, son grand-oncle. Il mourut en 1605.

[11] Dominique Pinelli était d'une des vingt-huit familles nobles de Gênes. Sa profonde connaissance du droit et son aptitude remarquable aux affaires lui valurent un avancement considérable à la cour de Rome, où il remplit déjà des charges importantes et des légations difficiles sous les papes Pie V et Grégoire XIII. Il succéda, dans l'évêché de Fermo, au cardinal Peretti, qui, devenu pape sous le nom de Sixte V, le créa cardinal en 1685, le nomma successivement légat dans la Romagne, commandant de ses forces navales et archi-prêtre de Sainte-Marie-Majeure. Il le chargea aussi d'achever le septième livre des Décrétales, commencé par Grégoire XIII. La bibliothèque du Vatican conserve en manuscrit d'autres ouvrages du cardinal Pinelli. Il mourut doyen des cardinaux, évêque d'Ostie, le 9 août 1611, âgé de soixante et dix ans.

[12] François-Marie Tarugi ou Taurusio, Toscan, neveu du pape Jules II, prêtre de l'Oratoire, évêque d'Avignon, puis archevêque de Sienne, cardinal de la seconde promotion d'Innocent IX, en 1596. Il avait été disciple de saint Philippe de Néri avec le cardinal Baronius, pour lequel son amitié était si grande, qu'il voulut être enterré dans le même tombeau; et il a traduit en italien le premier volume de ses Annales ecclésiastiques. Le cardinal Aldobrandin, neveu de Clément VIII, l'avait emmené avec lui dans ses légations de France, d'Espagne et de Portugal. Plusieurs cardinaux lui donnèrent leurs voix dans le conclave. Il mourut en 1608.

[13] C'est Camille Borghèse, dont il a déjà été question, et qui devint pape sitôt après sous le nom de Paul V.

[14] François Mantica, natif d'Udine, était né en 1454, de parents nobles. Il étudia à Bologne, puis à Padoue, où il

Arrigone [15], San Clemente [16], Viscomte [17], Tosco [18], San-Marcello [19] et Gynnasio [20]. Mes Cousins, voilà donc mon intention, laquelle, comme je vous ay dict, je vous descouvre et confie, meu des considerations publicques et privées, cy-dessus representées, vous priant de l'embrasser, suivre et executer unanimement, sans vous diviser ny separer, et vous departir d'icelle pour aucunes causes et considerations quelles qu'elles puissent estre, sur tant que vous desirés me complaire, contenter et obeyr.

Et comme vous, mon Cousin le cardinal de Joyeuse, estes le plus ancien de tous et avés aussy la protection de mes affaires à Rome, je vous charge aussy par la presente de prendre garde et faire que ma volonté soit effectuée sans aucun contredict et manquement. Et si

fut reçu docteur en droit. Sixte-Quint le fit auditeur du sacré palais. Clément VIII le créa, en 1596, cardinal-diacre du titre de Saint-Adrien. Il mourut à Rome le 13 février 1614.

[15] Pompée Arigoni, Romain, archevêque de Bénévent, était aussi de la seconde promotion de Clément VIII, en 1596. Il mourut en 1616, après avoir rempli d'importantes fonctions sous plusieurs papes, mais avec moins d'éclat que le premier cardinal Arigoni, qui florissait sous Martin V.

[16] François de Saint-Georges de Blandrate, cardinal-prêtre du titre de Saint-Clément, évêque d'Acqui, puis de Ferrare et de Faenza, fit encore partie de la seconde promotion de Clément VIII, en 1596. Il était né à Casal et mourut en 1605.

[17] Alphonse Visconti, évêque de Cervia, puis de Spolète, avait été admis dans le sacré collége par Clément VIII, en 1598, après plusieurs nonciatures importantes. Il mourut en 1608.

[18] Dominique Tusco, natif de Reggio, après avoir commencé par porter les armes sous le marquis d'Est, se livra à l'étude du

droit, qui était le plus sûr moyen de se produire à la cour de Rome. Il fut successivement gouverneur de Bologne, prélat de la consulte, évêque de Tivoli, gouverneur de Rome, enfin cardinal en 1598. Il serait même devenu pape au conclave suivant, si le cardinal Baronius ne s'y était opposé, à cause d'un parler trop libre que le cardinal Tusco avait sans doute conservé des habitudes de son premier état. Il mourut fort âgé en 1620.

[19] Paul-Émile Zachia, Génois, évêque de Citta-Castellana, fut créé par Clément VIII, en 1598, cardinal-prêtre du titre de Saint-Marcel. Il mourut en 1605.

[20] Dominique Ginnasio, Bolonais, s'était fait connaître par sa science des Écritures, du droit civil et du droit canon. Grégoire XIII le fit référendaire de l'une et l'autre signature. Sixte V le nomma à l'archevêché de Manfredonia, et Clément VIII, après l'avoir envoyé en Espagne, lui donna le chapeau en 1604. Il mourut doyen des cardinaux, évêque d'Ostie, en 1639, âgé de quatre-vingt-dix ans.

quelqu'un, contre mon esperance, y contrevient, faisant bande à part ou autrement, je vous oblige, par la foy que vous me devés, de m'en advertir, affin que je recognoisse et gratifie ceux qui se seront mis en devoir de me contenter, et que je face ressentir aux autres mon indignation comme ils auront merité.

Mais, mes Cousins, je me promets que je n'auray la peine d'user en vostre endroict de ceste inegalité; car, comme vous desirés et affectionnés tous egalement, avec l'advancement de l'honneur et service de Dieu, la prosperité de mes affaires et mon contentement, je m'asseure aussy que vous conspirerés tous ensemble à procurer l'un et l'autre en ceste occasion, comme vous estes tenus à faire. De quoy je vous prie et conjure derechef par tous les devoirs de pieté, obeïssance et fidelité auxquels vostre profession, la nature et les bienfaicts et honneurs que vous avés receus des Roys mes predecesseurs et de moy, vous lient et astreignent de satisfaire; et je le recognoistray envers vous et les vostres, à vostre advantage et contentement : priant Dieu, mes Cousins, qu'il vous ayt en sa tres saincte et digne garde. Escript à Fontainebleau, le xxviij^e jour d'octobre 1604.

HENRY.

DE NEUFVILLE.

1604. — 28 OCTOBRE. — IIIme.

Orig. — Ms. appartenant à M. l'abbé Caron, à Versailles, pièce 45.

A MES COUSINS LES CARDINAULX DE JOYEUSE, DE GIVRY, DE SOURDIZ, SERAFIN ET DU PERRON.

Mes Cousins, Combien que je vous aye prescript precisement, par mon autre lettre de mesme date que la presente, ce que je veux que vous faciés et comment j'entends que vous vous comportiés en l'occasion qui se presente de la vacation du Sainct Siege par le trespas de Nostre Sainct Pere le Pape Clement huictiesme[1], m'estant reglé, en

[1] Il semblerait, d'après ces mots, que la nouvelle de la mort du Pape était survenue dans l'intervalle. Cependant Clément VIII ne mourut qu'au mois de mars de l'année suivante.

ce faisant, sur la cognoissance que j'ay, par l'information qui m'en a esté donnée, de la pieté, exemplareté de vie, bonnes mœurs et vertus des subjects que je vous ay nommez et recommandez par icelle, neantmoins, d'autant qu'il se pourroit rencontrer que quelques autres seroient par vous jugez plus propres et idoines, ou pouvoir estre plus facilement promeus et esleus à ceste supresme dignité, que ceux que je vous ay ainsy nommez, ayant consideré qu'à cause du commandement si exprés et precis que je vous ay faict par ma premiere lettre, vous pourriés faire difficulté, pour ne me deplaire, de donner vos voix à aultres, j'ay bien voulu vous faire sçavoir par la presente, que j'ay telle confiance en vos loyautez et en l'affection que vous me portés et au bien de mon Royaume, que je vous dispense et permets de favoriser et promouvoir, en ceste election, tel des autres cardinaux du Sacré College qu'en vos consciences et en la cognoissance que vous aurés du progrés du conclave, vous adviserés et jugerés tous ensemble debvoir estre approuvé et favorisé par Nous, affin que, par faulte de ceste liberté et fiance, vous ne veniés à perdre l'occasion d'avoir part en mon nom à l'election de celuy qu'il plaira à Dieu donner à son Eglise pour souverain pontife et directeur d'icelle, ayant les qualitez et conditions susdictes. Mais je vous prie derechef vous porter en ceste action si joincts et unys ensemble, que l'on remarque par telle harmonie que vous estes guidez du Sainct-Esprit et servés un prince qui veritablement affectionne la gloire de Dieu et le bien de son Eglise, aux volontez duquel vous rendés l'honneur, reverence et obeïssance que vous luy debvés, ainsy que je vous escris plus particulierement par ma susdicte premiere lettre : à laquelle me remettant du surplus, je prie Dieu, mes Cousins, qu'il vous ayt en sa saincte et digne garde. Escript à Fontainebleau, le xxviij^e d'octobre 1604.

HENRY.

DE NEUFVILLE.

1604. — 28 OCTOBRE. — IVme.

Orig. — Arch. de Metz. Copie transmise par M. Clercx de Belletanche, bibliothécaire de la ville.

A NOS TRES CHERS ET BIEN AMEZ LES MAISTRE ESCHEVIN,
TREIZE ET CONSEIL DE LA VILLE DE METZ.

Tres chers et bien amez, Comme nous sçavons qu'avec beaucoup de zele et devotion les Roys nos predecesseurs ont introduict et establys en nostre Royaume l'Ordre des freres Minimes [1], non moins voulons-nous embrasser leur bien et accroissement et les faire multiplier en nostre dict Royaume et partout ailleurs où nostre puissance et auctorité se peut estendre, selon que leur saincte institution, profession et exemple de pieté singuliere y peuvent utilement advancer le service de Dieu. Pour ceste cause, nous avons eu fort agreable la bonne volonté que nostre nepveu le cardinal de Lorraine leur a monstrée, en les gratifiant de quelques commoditez et moyens pour establir et faire bastir un couvent du dict ordre à Metz, ayant confirmé par nos lettres-patentes du mois de janvier dernier, le don que nostre dict nepveu a faict aux dicts religieux pour ce subject, et à eux permis leur dict establissement à perpetuité en la dicte ville de Metz, pour y estre maintenus et conservez soubs nostre souveraine puissance et favorable protection, et y jouir de tous et chacuns des privileges dont les aultres couvens du dict Ordre ont esté gratifiez par nos dicts predecesseurs et

---

[1] Le grand respect de Louis XI pour saint François de Paule introduisit les Minimes en France, dès l'année 1482, dix ans seulement après leur premiere fondation par ce saint. Charles VIII, continuant les bonnes dispositions de son père, leur fit d'abord bâtir deux couvents, l'un dans le parc du Plessis-lès-Tours, l'autre à Amboise. C'est dans le premier que mourut, en 1507, le saint fondateur, dont le corps y fut conservé jusqu'en 1562, qu'il fut brûlé par les Huguenots. L'ordre des Minimes, devenu très-populaire en France, y multiplia ses maisons. A Paris, ils portaient le nom de Bons-Hommes. Leur nom de Minimes rappelait la pensée d'humilité qui avait présidé à leur institution. Ils joignaient aux trois vœux de religion celui d'un carême perpétuel. L'Espagne avait admis, dès le xve siècle, des religieuses Minimes. Elles ne s'établirent en France qu'après la mort de Henri IV, en 1621.

nous en nostre Royaume. Ce qu'estant assez particulierement exprimé par nos lettres-patentes, nous vous remettons à y recognoistre plus amplement nostre volonté, lorsque vous en aurés la communication, ne restant à vous demander aultre chose sur ce, sinon que vous donniés toute facilité et advancement qui sera requis de vous en cest establissement, sans permettre que les dicts religieux y soyent directement ne indirectement troublez ou empeschez. Croyant que vous ne fauldrés de vous conformer en cela à nostre dicte volonté, nous ne vous en ferons aultre commandement plus exprés que la presente. Donné à Fontainebleau, le xxxviij^e jour d'octobre 1604.

HENRY.

POTIER.

[1604.] — 29 OCTOBRE.

Imprimé. — *Œconomies royales*, édit. orig. t. II, chap. 32 et 66.

[A M. DE ROSNY.]

[1] Mon amy, Je vous fais ce mot et vous depesche ce courrier exprès pour vous dire que le connestable de Castille arrive dimanche à Paris, où l'on croit qu'il sera pour faire la feste[2], pour incontinent se rendre icy, ce qui pourra estre mercredy ou jeudy au plus tard. C'est pourquoy je vous prie de remettre vostre visite du canal[3] jusques à une aultre fois, et vous rendre icy mardy de bonne heure. A Dieu, mon amy. Ce vendredy matin, xxixe octobre, à Fontainebleau.

HENRY.

---

[1] Cette lettre était de la main du Roi.
[2] La Toussaint. Cette circonstance indique laquelle il faut choisir des deux dates données à cette lettre dans les *Œconomies royales*, où elle est imprimée deux fois : comme du 29 octobre, au chap. XXXII, et comme du 23 novembre, au chap. LXVI.
[3] Le canal de Briare.

1604. — 3 NOVEMBRE. — Ire.

Orig. — Arch. grand-ducales de Hesse-Cassel.
Imprimé. — *Correspondance de Henri IV avec Maurice le Savant,* p. 214.

A MON COUSIN LE LANDGRAVE DE HESSE.

Mon Cousin, Depuis avoir escript mon autre lettre, j'ay encores receu par le messager la vostre du xxixe du mois de septembre. C'est sans doubte que la prise de l'Escluse accommode plus les Provinces-Unies des Pays-Bas que ne faisoit celle d'Ostende, et que la prise de celle-cy, faicte par les Espagnols, leur apportera peu d'advantage si les dictes provinces conservent l'autre; mais les dicts Espagnols vont faire, l'année prochaine, un effort extraordinaire pour attacquer et reprendre la premiere, cognoissant combien elle leur importe pour la Flandre, laquelle est contraincte maintenant de contribuer aux Provinces-Unies ce qu'elle leur imposoit; qui monte, à ce que j'ay entendu, à plus de cinq cents mille florins par an.

Les Espagnols dressent et preparent tousjours quelques entreprises nouvelles sur les villes et places de mon Royaume, pour s'en prevaloir et advantager en temps et lieu; mais, comme Dieu m'a faict la grace de renverser les premieres, j'espere que j'auray le mesme bonheur pour les autres; et, quant à celle de Grenoble, j'ay verifié que c'estoit le duc de Savoye qui la conduisoit, mais avec si peu de fondement et d'apparence de raison d'esperer qu'elle peust succeder, que je ne puis assez m'esmerveiller de la credulité de ce prince, qui va ainsy despensant son argent à gaigner et corrompre des gens qui l'abusent trop lourdement. Tout cela ne servira qu'à nous rendre plus vigilans et soigneux de la garde de nos places, et à recognoistre la volonté de mes voisins, auxquels, grace à Dieu, je puis bien faire autant de mal, quand il me plaira, que j'en puis recevoir d'eux.

L'on dit que le marquis d'Anspach est venu en Hollande pour traicter avec les Estats des Provinces-Unies, de la succession du duc de Cleves et de Juliers pour ceux de Brandebourg, voyant la dicte succession menacée et aboyée de divers endroicts. Veritablement, je crois que les dicts princes et tous les autres qui y pretendent font sagement de penser et pourveoir d'heure à la dicte succession, affin qu'elle ne soit dissipée ny usurpée par ceux qui y aspirent, qui n'y ont aucun droict; en quoy, s'ils ont besoin de mon assistance, ils n'en seront esconduicts[1]; car je n'ay pour ce regard aulcun dessein que de favoriser la justice et empescher toute usurpation violente et injuste. Je vous prie me mander ce qui adviendra du debat d'entre le duc de Brunswic et la dicte ville, avec ce que vous m'apprendrés digne de ma cognoissance; et je vous asseureray de la continuation de ma bonne volonté : priant Dieu, mon Cousin, qu'il vous ayt en sa saincte et digne garde. Escript à Fontainebleau, le iij^e de novembre 1604.

HENRY.

[1604.] — 3 NOVEMBRE. — IIme.

Orig. autographe.—Arch. de M. de Couhé-Lusignan. Copie transmise par la Société des Antiquaires de l'Ouest.

A MONS^R DE FRESNES CANAYE,
CONSEILLER EN MON CONSEIL D'ESTAT ET MON AMBASSADEUR À VENISE.

Monsr de Fresnes, Vous recevrés ceste-cy par le comte de Chasteauvilain, fils du feu comte de Chasteauvilain [1], lequel, ayant desir de se

---

[1] M. de Rommel, éditeur de la correspondance de Henri IV avec le landgrave, place à cet endroit une note fort judicieuse, que nous croyons à propos de reproduire : « Ce passage, dit-il, témoigne assez de la prévoyance du Roi. On voit qu'il sut apprécier longtemps avant l'événement, ainsi que le landgrave, toute l'importance de cette affaire, qui servit à Henri IV d'un juste prétexte pour préparer l'exécution des grands desseins qu'il méditait. Cette succession a été dans la suite une des causes principales de la grande guerre d'Allemagne. »

[1] Le comte de Châteauvilain, rappelé ici comme père du porteur de la lettre, devait être Jean d'Avaugour, fils de Jacques d'Avaugour et de Catherine de la Baume. Il était devenu comte de Châteauvilain, après la mort d'Antoinette de la Baume, baronne de la Hunaudaye, sa cousine. Son fils, recommandé ici par Henri IV, fut sans doute le dernier comte héréditaire de Châteauvilain par succession non interrompue; car on ne tarde pas à trouver ce comté dans la maison de l'Hôpital, où il

rendre plus capable de me bien servir à l'advenir, m'a demandé congé d'aller voir l'Italie, chose que je luy ay volontiers permise et que je vous ay bien voulu tesmoigner par ce mot, par lequel je vous le recommande et vous prie de le favoriser en tout ce qu'il aura besoin, à ce que l'on cognoisse que je l'aime, tant pour les services que j'ay receus des siens, que ceux que j'espere de luy et de ceux auxquels il appartient, qui font que je l'affectionne : ce que me promettant que vous ferés, je ne vous en diray davantage, pour prier Dieu vous avoir, Monsr de Fresnes, en sa saincte et digne garde. Ce iij^e novembre, à Fontainebleau.

HENRY.

1604. — 5 NOVEMBRE.

Orig. — Ms. appartenant à M. l'abbé Caron, à Versailles, pièce 49.

A MON COUSIN LE CARDINAL DE JOYEUSE,
PROTECTEUR DE MES AFFAIRES EN COURT DE ROME.

Mon Cousin, Je vous envoye par ce courrier exprés les depesches que nous resolumes avec vous quand vous partistes d'auprés de moy, et mesmes les brevets et pieces necessaires pour departir neuf mil cinq cens escuz de pension sur l'archevesché d'Aux et l'evesché d'Angoulesme. Vous trouverés les dicts brevets en blanc, affin que vous et mon ambassadeur les remplissiés des noms de ceux desquels vous conviendrés. Mais j'entends sur tout que le cardinal d'Est soit gratiffié de celuy de douze mil livres sur le dict archevesché d'Aux, et, oultre cela, qu'il luy soit advancé une année de la dicte pension, des deniers qui sont demeurez és mains de mon dict ambassadeur, affin de nous acquitter envers luy des promesses et offres qui luy ont esté

---

entra par l'acquisition qu'en fit le maréchal de Vitry, mort en 1644. Il arriva ensuite, par l'intermédiaire de deux autres acquisitions, dans la maison de Bourbon ; mais c'était une suite d'alliances qui l'a-

vait fait passer de l'ancienne maison de Châteauvilain, dont André du Chesne a écrit l'histoire, dans les maisons du Thil, de la Baume-Montrevel, d'Annebaut et d'Avaugour.

faictes, et par ce moyen l'engager et l'attacher du tout à nous, chose que je me promets que vous et mon dict ambassadeur conduirés si dextrement que vous m'acquerrés ce serviteur, qui me peut estre tres utile, avec le gré et l'approbation de Sa Saincteté et du cardinal Aldobrandin, et je vous prie y faire vostre possible. Vous trouverés deux sortes de brevets de la pension reservée sur l'evesché d'Angoulesme, pour choisir celle qui sera la plus propre. J'entends que le religieux Bianchi, que j'ay nommé au dict evesché, ne poursuict ses bulles, comme s'il n'avoit intention d'en prendre le tiltre. De quoy vous informerés et me donnerés advis; car, en cas qu'il en fust degousté, il faudroit le mettre au nom d'un autre. Je vous envoie aussy les originaux des pieces qui peuvent servir pour deffendre la pension reservée sur le dict archevesché d'Aux, affin de vous en aider et servir, en cas que le titulaire du dict archevesché entreprist de former par delà quelque opposition et difficulté, contre son devoir et la raison. A quoy je donneray aussy bon ordre du costé de deçà; mais il sera necessaire que vous et mon dict ambassadeur vous vous roidissiés vivement contre luy, advenant qu'il fust si mal conseillé que de s'opposer à l'execution de ma volonté, ainsy qu'il a esté arresté avec vous à vostre partement.

Je fais estat que vous vous embarquerés à Marseille le xiie de ce mois, comme vous m'avés promis. Le cardinal de Sourdis, ayant sceu que vous avés retardé vostre partement, aprés estre party de Bourdeaux, et s'estre jà advancé jusques à Castres, est retourné tout court au dict Bourdeaux; mais soudain que j'en ay esté adverty, je luy ay faict une depesche, par laquelle je luy ay expressement mandé qu'il se rende à Marseille, le dict xiie jour de ce mois : à quoy je me promets qu'il satisfera. Quand le cardinal del Bufalo est party de ce lieu, qui fut le xive du mois passé, il estoit incertain s'il iroit par mer ou par terre, et me dit qu'il s'en resoudroit estant arrivé à Lyon. De quoy j'estime qu'il vous aura de present adverty. Celuy de Conti m'ayant prié de trouver bon qu'il fist le voyage par mer avec vous, je luy escris par ce courrier que je l'auray pour agreable, et mande par luy au general des galeres, qu'il le reçoive et accommode, car je veux le gratiffier, tant pour estre isseu d'une famille qui a tousjours esté affectionnée à la France, que pour s'estre monstré, en sa vice-legation d'Avignon, tres desireux de me complaire et servir. Au moyen de quoy vous tiendrés la main qu'il soit gratiffié en ceste occasion, et en toute autre qui s'offrira de luy tesmoigner ma bonne volonté.

Le dict cardinal del Bufalo m'a faict plusieurs belles promesses à son partement, lesquelles je veux croire qu'il accomplira estant arrivé à Rome, dont vous le remercierés en luy renouvellant les asseurances que je luy ay données de ma bonne volonté et de l'estat que je fais de celle qu'il m'a promise. Le cardinal du Perron est party d'icy le xxixe du mois passé, resolu de faire toute diligence pour arriver à Florence au temps que vous serés à Livourne. Pour ce faire, il prend le chemin du Pô, comme celuy qui est le plus court et commode. J'ay escript par luy au grand duc, et luy ay donné charge de le visiter, de ma part, pour tous. Au moyen de quoy, ne le trouvant au dict Livourne, comme vous ne ferés en ceste saison, il ne sera jà besoing que vous vous destourniés pour le voir, ny le cardinal de Sourdis aussy. De quoy je l'ay adverty, affin qu'il vous en excuse et qu'il se contente que vous passiés oultre, sans vous destourner pour le saluer, le priant de confier au dict cardinal du Perron tout ce qu'il aura à vous faire entendre pour le bien de mes affaires.

Le roy d'Espagne a mandé le connestable de Castille : il doit arriver icy demain pour me visiter. Si, en passant, il traicte quelque chose avec moy, vous en serés adverty; et, s'il nous delivre la ratiffication des articles du commerce qu'il avoit signez devant vostre partement, nous en advancerons la publication et l'execution, laquelle n'est moins desirée que utile à tous. Au reste, toutes choses ont continué depuis vostre partement à cheminer par les mesmes pas qu'elles faisoient, tant en Angleterre, aux Pays-Bas et en Espagne qu'en mon Royaume. Les Espagnols se promettent tousjours de retirer de la paix angloise plusieurs advantages, lesquels, à mon advis, ne leur reussiront. Les mescontentemens et divisions augmentent assez tous les jours en Flandres, pour la jalousie que les Espagnols ont du gouvernement et mesmes de la reputation acquise par le marquis Spinola. A quoy il est tant besoing que le conseil d'Espagne pourvoie d'heure; et du costé d'Espagne l'on continue à fomenter et recercher soubs main toutes sortes de moyens pour troubler mon Estat, en declarant et protestant neantmoins vouloir estraindre avec moy une plus entiere amitié et bonne intelligence que jamais. Je verray ce que m'en dira le dict connestable, et vous asseurerés Sa Saincteté qu'il ne tiendra point à moy que la paix qu'elle a faicte ne soit entretenue et conservée, comme elle doit estre, pour le bien de la Chrestienté, ainsy que je vous dis à vostre partement.

Le s^r de la Tremouille est decedé ces jours passez, assez inopinement. De quoy je m'aperçois que les factieux et brouillons de sa religion sont plus desplaisans que les pacifiques. Dieu, vray protecteur de son Eglise tres-saincte, me fera la grace, s'il luy plaist, de maintenir mes subjects en paix et concorde, comme je desire, affin qu'elle soit gloriffiée et servie ainsy qu'elle doibt estre. C'est aujourd'huy mon principal soucy et le but de mes meilleures cogitations, comme vous dirés à Sa Saincteté, en luy representant vostre creance et l'estat present de mon Royaume et de mes affaires, suivant la charge que je vous en ay donnée et la confiance que j'ay en l'affection que vous portés à la prosperité d'icelles. Asseurés-vous aussy que vous servés un maistre qui vous aime et qui embrassera toutes les occasions de le vous tesmoigner qui se presenteront, autant en vostre absence qu'en vostre presence : et je prie Dieu, mon Cousin, qu'il vous ayt en sa saincte et digne garde. Escript à Fontainebleau, le iiij^e jour de novembre 1604.

HENRY.

DE NEUFVILLE.

1604. — 12 NOVEMBRE.

Imprimé. — *Les Corses françois,* par l'HERMITE SOULIERS. Paris, 1667, in-8°, p. 100.

[AU MARÉCHAL D'ORNANO.]

Mon Cousin, J'ay receu vostre lettre du xxxe du mois passé par le s^r de Beaurepaire, par laquelle vous me donnés advis de la capture du capitaine Pieddefort, dont j'ay esté fort aise. J'en avois aussy esté adverty peu auparavant par le s^r de la Force, qui m'a dict quelqu'autre particularité sur ce subject. Je vous ay envoyé la commission pour le s^r president de la Lane, pour interroger l'Espagnol que vous avés par delà prisonnier, et en attendray des nouvelles à vostre premiere depesche. J'ay, au reste, bien sceu comme il a esté procédé diligemment à la demolition des fortifications du chasteau de Ha, dont je vous prie faire reserver les materiaux, m'en voulant servir pour des magazins qu'il faut construire par delà pour les pouldres et munitions que l'on m'a adverty n'y estre pas fort bien logées. Le baron de Merville a esté icy, auquel enfin, à la recommandation de ses parens, je luy ay accordé sa grace et luy ay confirmé l'habitation au dict chasteau du Ha, auquel vous luy permettrés de demeurer. J'ay eu icy, trois jours durant, le connestable de Castille avec sa suite, et luy ay fait la meilleure chere et reception qu'il m'a esté possible. Comme je l'ay recogneu fort honneste seigneur, oultre qu'il se trouve qu'il a l'honneur de m'appartenir, ses ancestres ayant esté alliez en la maison de Foix, je desire aussy que vous luy faciés à Bourdeaux toute bonne et favorable reception, ainsy que vous en usastes dernierement à son passage. Je n'ay d'icy aucune nouvelle à vous dire pour cette fois. Sur ce, je prie Dieu, mon Cousin, qu'il vous ayt en sa saincte garde. Escript à Fontainebleau, le xij^e novembre 1604.

HENRY.

FORGET.

[1604.] — 14 NOVEMBRE.

Imprimé. — *OEconomies royales*, édit. orig. t. II, chap. 32.

[A M. DE ROSNY.]

[1] Mon amy, Pour response à celle que vous m'avés escripte sur ce que j'avois donné charge au s^r de Vic de vous faire entendre de ma part sur les deffenses du commerce d'Espagne, je vous diray que mon advis est que vous assembliés mess^{rs} le connestable, le chancelier, le commandeur de Chattes, le dict s^r de Vic et vous, et que là le dict s^r de Vic propose ce qu'il a à dire. Sur quoy vous entendrés ses raisons et les peserés; mais mon advis est qu'on ne doit lever les dictes deffenses, mais, par sous main, faire entendre aux gouverneurs qu'ils permettent aux navires d'y aller, d'autant que de lever les dictes deffenses, les Espagnols ne m'ayant faict aucune raison, il sembleroit que je le fisse par crainte d'eux; où quand on le souffrira aux marchands par tolerance, nous serons tousjours sur nos pieds de faire republier lesdictes deffenses et les faire executer, et cela nous fera plus d'honneur que aultrement; qui est ce en quoy nous devons autant adviser avec ces gens-là, et cela apportera plus de commodité que d'en user d'une autre façon. Sur ce, Dieu vous ayt, mon amy, en sa saincte et digne garde. Ce xiiij^e novembre, à St-Germain-en-Laye, au soir.

HENRY.

[1] Cette lettre et les trois suivantes étaient de la main du Roi, ainsi que celle d'après, dont l'original nous est parvenu.

[1604.] — 19 NOVEMBRE. — Ire.

Imprimé. — *Œconomies royales*, édit. orig. t. II, chap. 45.

[A M. DE ROSNY.]

Mon amy, Je vous fais ce mot pour vous dire que d'Escures vient d'arriver, qui a laissé le comte d'Auvergne[1] à Moret et qui sera ce soir à Melun, et demain de bonne heure à Paris; aussy que j'ay appris des nouvelles de m^r de Lesdiguieres, que vous trouverés bien estranges. Demain vous les apprendrés par celuy qui me les a apportées, qui est de la part de Morgues, et à quoy il faut bien pourveoir. L'on m'escrit d'Italie que l'on y voit une estoile en forme de comete, de laquelle chascun se mesle de discourir icy. Elle se voit vers le levant, voyés si vous la verrés. Bonjour, mon amy. Ce vendredy XIXe novembre[2], à Fontainebleau.

HENRY.

Depuis ceste lettre escripte, j'ay receu une lettre de m^r de Ventadour, par laquelle il me mande comme m^r de Montpellier le vint advertir qu'un homme du comte d'Auvergne est passé pour aller en Espagne : je juge que c'est Iverné.

[1604.] — 19 NOVEMBRE. — IIme.

Imprimé. — *Œconomies royales*, édit. orig. t. II, chap. 46.

[A M. DE ROSNY.]

Mon amy, Je vous envoye le s^r de Bourg, avec un de ses capitaines, qui vous rendra ceste-cy, qui est homme de bien et pour tel recogneu par ceux qui le cognoissent, mesmes par le dict du Bourg. Il

---

[1] Ce prince venait d'être arrêté, au moyen d'une ruse dont on peut voir le récit au chapitre XLV du tome II des *Œconomies royales*.

[2] Cette date rectifie l'assertion de l'historien Dupleix, qui place au 9 novembre l'entrée du comte d'Auvergne à la Bastille.

vous dira ce qu'il a appris à Grenoble et les propos que luy a tenus m^r de Lesdiguieres. Escoutés-le, et qu'il n'y ayt que luy et m^r de Sillery; mesmes prenés garde que personne ne le voye parler à vous, qui soit de Dauphiné. Faites-luy payer son voyage, encore qu'il ne le demande, mais vous jugerés qu'il le merite. L'ayant ouy, renvoyés-le-moy promptement et l'instruisés bien ; car je le veux renvoyer promptement et faire que personne ne le voye icy parler à moy. Bon soir, mon amy. Ce vendredy à onze heures du soir, xixe novembre, à Fontainebleau.

HENRY.

[1604.] — 20 NOVEMBRE. — Ire.

Imprimé. — *OEconomies royales*, édit. orig. t. II, chap. 46.

[A M. DE ROSNY.]

Mon amy, Je vous envoye Mosges avec une lettre et des papiers qu'il a receus de Dauphiné, encore plus amples que ceux qu'avoit apportez le Bourg, lesquels estoient trop longs à lire. Je vous les renvoye pour les considerer. Quant à ce qui touche l'oppression du peuple, je sçay bien que c'est un homme[1] qu'en matiere d'argent l'on ne sçauroit jamais contenter; mais je ne doubte point aussy que vous ne teniés la main au soulagement de mes peuples, autant qu'il vous sera possible, puisque vous sçavés que je les aime comme si c'estoient mes enfans. Quoy que ce soit, vous verrés que c'est la suite de ce que je vous ay mandé par le Bourg, et, comme les affaires s'eschauffent en ce pays-là, où il faut pourveoir promptement : de quoy nous parlerons, vous estant icy. Bon soir, mon amy, que j'aime bien. Ce samedy xxe novembre, à Fontainebleau.

HENRY.

[1] Lesdiguières.

[1604.] — 20 NOVEMBRE. — IIme.

Orig. autographe. — Cabinet de M. le général de la Loyère.

A MON COUSIN LE MARQUIS DE ROSNY.

[1] Mon Cousin, Suivant ce que je vous ay dict icy touchant le don que j'avois faict au s^r de Juvigny, qui vous rendra ceste-cy, de la somme de six mille livres à prendre sur les deniers de la composition des financiers, en consideration des services qu'il m'a faicts en cest affaire, je vous fais ce mot pour vous dire que vous luy faciés payer au plus tost la dicte somme de six mille livres, laquelle vous ferés employer au premier comptant que vous ferés expedier, comme chose que je veux et desire : et ceste-cy n'estant à aultre fin, je prieray Dieu qu'il vous ayt, mon Cousin, en sa saincte et digne garde. Ce xxme novembre, à Fontainebleau.

HENRY.

[1604.] — 21 NOVEMBRE.

Orig. autographe. — Musée britannique, Mss. additionnels, n° 6873, fol. 97 et 98. Transcription de M. Delpit.

A NOSTRE TRES SAINCT PERE LE PAPE.

Tres Sainct Pere, L'attention que ma tante l'abbesse de Fontevrault a tousjours apportée à la réformation de son Ordre me convie, par-dessus l'affection naturelle, à embrasser tout ce qui concerne ses bons et louables desirs. Et d'autant que le choix qu'elle a faict de la personne de ma cousine, sœur Antoinette d'Orleans, religieuse feuillantine [1], pour luy servir de coadjutrice durant sa vieillesse, avec droict de luy

---

[1] Au dos est écrit de la main de Sully : « Le Roy, du 20 novembre 1604, pour donner 6,000 livres à Jouvigny et en faire un comptant.

---

[1] Voyez ci-dessus les lettres du 20 et du 21 février.

succeder après son decés, est retardé par certaines considerations et formalitez qui ne sont aucunement considerables, eu esgard au grand bien qu'elle peut faire au plus signalé et important Ordre de filles qui soit en mon Royaume ; c'est pourquoy elle envoye vers Vostre Saincteté l'intendant de sa maison, pour luy faire plus particulierement entendre le desplaisir qu'elle [a eu] de se voir frustrée du baston de sa [vieillesse et du] prejudice que cela fait à son Ordre, s'il ne plaist à Vostre Saincteté, comme je l'en supplie tres humblement, interposer vostre auctorité paternelle et trancher par un commandement absolu toutes les difficultez qu'on y faict naistre de jour en jour, qui me faict encores derechef tres humblement supplier Vostre Saincteté, qu'après avoir si dignement servy à l'Eglise, elle reçoive sur la fin de ses jours le contentement de laisser sa charge entre les mains de ma cousine, sa niepce, qu'elle a estimée et recognue, par l'experience de l'année de son vicariat, la plus capable à luy succeder et maintenir la regularité qu'elle a tousjours entretenue à son Ordre, et adjouster foy à tout ce qui sera representé à Vostre Saincteté à ce subject par ce porteur, qui pourra rendre compte [à Vos]tre Saincteté de toutes les particularitez, tant de cest affaire que des aultres graces qu'elle se promet obtenir de Vostre Saincteté, de laquelle je demeureray

[Le tres] devot fils,

HENRY.

Ce xxj^e novembre, à Fontainebleau.

1604. — 30 NOVEMBRE.

Orig. — Ms. appartenant à M. l'abbé Caron, à Versailles, pièce 51.

A MON COUSIN LE CARDINAL DE JOYEUSE,
PROTECTEUR DE MES AFFAIRES EN COURT DE ROME.

Mon Cousin, J'ay esté tres aise d'avoir sceu par vostre lettre du xiie de ce mois et le rapport du courrier porteur d'icelle, vostre embarquement et partement pour Rome, au temps que vous m'aviés promis; mais j'ay esté marry que le cardinal de Sourdis ayt failly de s'y trouver en mesme temps pour s'embarquer et partir avec vous et le cardinal del Bufalo, car c'eust esté mon service et mon contentement que vous fussiés arrivez tous ensemble à Rome, comme je l'avois projetté et ordonné. Car je veux croire que le cardinal du Perron n'aura failly de se rendre à Livorne au jour convenu. Mais si le dict de Sourdis sera arrivé à Marseille bien tost aprés vostre partement, comme il aura trouvé une gallere preste, peut estre aussy qu'il vous aura joinct devant que vous arriviés à Rome : de quoy j'attends des nouvelles en bonne devotion.

J'ay commandé estre faict toutes sortes de diligences envers le titulaire de l'archevesché d'Aux, pour le mortifier et le faire resoudre d'obtemperer à ma volonté, sans y contredire en façon aucune, pour eviter les disputes et rencontres sagement representées par vostre dicte lettre, et veux croire qu'il sera si sage et obeïssant qu'il ne me contraindra d'user d'autres moyens pour le disposer à son devoir. Et quand il s'oublieroit tant que de faire autrement, j'y apporteray telle provision et remedde, que ceux qui auront accepté nos pensions sur ce benefice ne laisseront d'en estre bien dressez et payez : de quoy je vous prie vous faire fort. Je vous dis le semblable pour l'evesché d'Angoulesme, du titre duquel nous disposerons tousjours ainsy que nous adviserons, si le religieux que j'y ay nommé ne l'accepte.

J'ay parlé au cardinal del Baffalo du desir que j'ay d'attacher et interesser du tout avec moy le cardinal Aldobrandin, en termes generaux, comme à l'une de ses creatures, qui faict demonstration d'affectionner grandement la grandeur du dict cardinal Aldobrandin. Et me semble qu'il sera tres à propos que vous usiés de mesme stile *en traitant avec le dict cardinal, luy faisant croire combien j'affectionne ce qui le concerne, et veux que mes serviteurs deferent à ses bons conseils* aux occasions et affaires qui se presenteront par delà, ainsy que je vous ay faict entendre à vostre partement, depuis lequel je n'ay changé d'advis pour ce regard.

Je n'ay à respondre à ce que vous m'avés escript *du cardinal. Conti,* sinon que, *dependant, comme il fait, de la maison de Farnese, il y a apparence qu'il branslera avec eux où ils s'adonneront; toutesfois, il faut continuer de l'entretenir le mieux que l'on pourra, comme tous ses semblables.*

Au demourant, j'attends en bonne devotion la certitude de vostre arrivée à Rome, pour sçavoir quel accueil vous y aurés receu, *et le conseil que vous aurés pris sur la distribution de nos pensions avec l'acceptation d'icelles, vous asseurant que j'affectionne plus que jamais le redressement par delà du parti françois, parce que je recognois plus que devant combien il me peut estre utile.* Je remets à mon ambassadeur à vous faire part des autres advis que je luy escris, et prie Dieu, mon Cousin, qu'il vous ayt en sa saincte et digne garde. Escript à Paris, le dernier jour de novembre 1604.

HENRY.

DE NEUFVILLE.

1604. — 2 DÉCEMBRE.

Orig. — Arch. du royaume des Pays-Bas, liasse dite *Loopende*. Copie transmise par M. l'ambassadeur.

A NOS TRES CHERS ET BONS AMYS LES Srs ESTATS DES PROVINCES UNIES DES PAYS-BAS.

Tres chers et bons amys, Vous entendrés du s^r de Buzanval, conseiller en nostre conseil d'Estat et nostre ambassadeur pres de vous, la plaincte qui nous a esté faicte par un marchand de nostre ville de Laval, nommé François Daumoines, lequel ayant rencontré pres le cap de Ste-Marie en Portugal, le IIIe jour d'octobre dernier, un navire des Pays-Bas qui luy auroit pris, volé et depredé seize fardeaux de toile fine, qu'il faisoit conduire à Seville en Espagne, avec le passeport de nostre ambassadeur audict pays, a eu recours à nostre faveur et intercession en vostre endroict, pour la restitution de sa perte, qui monte à plus de six mil escuz. Et d'autant qu'il nous faict grande compassion, pour se trouver entierement ruyné par cette perte, nous vous prions d'y avoir esgard, et faciliter, autant qu'il vous sera possible, la dicte restitution, selon que vous en entendrés plus amplement du dict s^r de Buzanval, sur lequel nous remettant, nous prierons Dieu, Tres chers et bons amys, qu'il vous ayt en sa saincte garde. Escript à Paris, le ij^e jour de decembre 1604.

HENRY.

DE NEUFVILLE.

[1604.] — 7 DÉCEMBRE.

Imprimé. — *OEconomies royales*, édit. orig. t. II, chap. 5o.

[A M. DE ROSNY.]

[1] Mon amy, Je vous fais ce mot et vous depesche ce courrier exprés pour vous dire que vous ne veniés point icy, pour ce que j'espere estre demain au soir, Dieu aidant, à Paris, ou jeudy matin, au plus tard, resolu d'aller aussy tost à l'Arsenal pour y faire mes affaires, où je les feray mieux qu'en ce lieu-cy. Bon soir, mon amy. Ce mardy au soir, vij^e decembre, à St Germain-en-Laye.

HENRY.

[1604.] — 17 DÉCEMBRE.

Imprimé. — *Mémoires de messire Philippes de Mornay*, in-4° t. III, p. 88.

[A M. DU PLESSIS.]

Monsr du Plessis, Pour response à celle que ce gentilhomme m'a rendue de vostre part et ce qu'il m'en a dict, je vous diray que, puisque m^r de la Tremouille vous a nommé pour l'un des executeurs de son testament, sur la confiance qu'il avoit prise que, l'aimant durant sa vie, vous assisteriés, aprés sa mort, sa veuve et ses enfans, de vostre conseil, pour leurs affaires, je veux croire que vous le leur donnerés tousjours conforme à cela et au bien de mon service et pour le leur propre ; de façon qu'ils me donneront occasion de leur continuer les

---

[1] Cette lettre et la suivante étaient de la main du Roi.

tesmoignages de ma bonne volonté en leur endroit : et remettant le surplus à la suffisance de ce gentilhomme, je ne vous en diray davantage, pour prier Dieu vous avoir, Monsr du Plessis, en sa saincte et digne garde. Ce xvij^e decembre, à Paris.

HENRY.

1604. — 28 DÉCEMBRE.

Orig. — Ms. appartenant à M. l'abbé Caron, à Versailles, pièce 53.

A MON COUSIN LE CARDINAL DE JOYEUSE,
PROTECTEUR DE MES AFFAIRES EN COURT DE ROME.

Mon Cousin, Ce m'a esté grand plaisir d'avoir sceu, par vostre lettre du xxixe du mois passé, vostre heureuse arrivée, en bonne santé, à Rome, et le favorable accueil que Nostre Sainct Pere vous y a faict. Le contentement que Sa Saincteté vous a faict entendre avoir du rapport que vous et le cardinal del Bufalo luy avés fait de la reverence et observance que je luy porte et du commandement que j'ay faict à mes serviteurs retournant par delà de servir Sa Saincteté et le Sainct Siege et les asseurances qu'Elle vous a données de la continuation de sa bienveillance envers moy et le bien de mon Royaume, et les autres bons propos que Sa Saincteté vous a tenus. J'ay esté tres aise aussy d'avoir sceu ceulx du cardinal Aldobrandin, et vous prie luy donner toute occasion d'accomplir avec vous la proposition qu'il vous a faicte, car vous sçavés combien elle me peut estre utile et advantageuse. Vous aurés de present par delà les cardinaux de Sourdis et du Perron, lesquels, je me promets, embrasseront avec vous les occasions qui se presenteront pour l'advancement du bien de mon service. Vous aurés sceu du premier ce qui est advenu à Monaco, et de l'autre ce qu'il a recogneu par où il a passé, et mesmes à Turin et à Florence, et vous sçaurés maintenant de mon ambassadeur ce qui se passe par deçà, et mesmes l'estat du procés du comte d'Auvergne et du s^r d'Entragues, lequel j'ay commis aux gens de ma court de parlement ; lesquels ont commencé à y vacquer, ayant jà interrogé plusieurs fois les prisonniers, lesquels en ont assez dit et confessé pour estre convaincus du crime duquel ils sont chargez, mais non encores pour bien meriter les effects de ma clemence et misericorde; qui sera tout ce que je vous escriray par la presente : priant Dieu, mon Cousin, qu'il vous ayt en sa saincte garde. Escript à Paris, le xxviij^e jour de decembre 1604.

HENRY.

DE NEUFVILLE.

[1604. — VERS LA FIN DE L'ANNÉE.]

Orig. autographe. — Collection de la reine Marie-Amélie.

[A LA MARQUISE DE VERNEUIL.]

Mon cher cœur, J'ay receu trois de vos lettres, auxquelles je ne feray qu'une response. Je vous permets le voyage de Boisgency, comme aussy de voir vostre pere, auquel j'ay faict oster ses gardes. Mais n'y demeurés qu'un jour; car sa contagion est dangereuse. Je trouve bon que partiés pour St-Germain voir nos enfans. Je vous envoyeray la Guesle; car je veux aussy que voyés le pere, qui vous ayme et cherit trop[1]. L'on n'a rien sceu du tout de vostre voyage. Aimés-moy, mon menon, car je te jure que tout le reste du monde ne m'est rien auprés de toy, que je baise et rebaise un million de fois.

[1] Rien n'était plus vrai que cet excès d'amour pour une personne aussi indigne. Ce fut la plus désastreuse des faiblesses de Henri IV; car bientôt après, pendant que le fils de Charles IX subissait une prison perpétuelle, la grâce et la liberté d'un homme aussi notoirement pervers et aussi coupable que d'Entragues furent du plus mauvais effet auprès du Parlement et dans le public. Le scandale de la rentrée en faveur de sa fille, aussi coupable que lui, aliéna de plus en plus Marie de Médicis.

ANNÉE 1605.

[1605.] — 4 JANVIER.

Orig. autographe. — Archives de M. le général de la Loyère.
Imprimé. — *OEconomies royales*, édit. orig. t. II, ch. 5o.

A MON COUSIN LE MARQUIS DE ROSNY.

Mon Cousin, Je vous fais ce mot pour vous dire que au premier comptant que vous ferés au tresorier de mon espargne, vous employés dans icelluy la somme de trente mil livres d'une part, de laquelle j'ay faict don à ma femme; de neuf mille à m^{me} la comtesse de Moret[1]; aux femmes de chambre de ma femme, de quinze cens livres; et à m^{me} de Monglat, pour distribuer aux nourrices de mon fils, de ma fille et de mes autres enfans, pareille somme de quinze cens livres, de laquelle je leur ay faict don pour leurs estrennes de la presente année. A Dieu, mon amy. Ce $iiij^e$ janvier, à Paris[2].

HENRY.

---

[1] Jacqueline de Bueil, fille de Claude de Bueil, seigneur de Courcillon, et de Catherine de Montecler, avait pris la place de la marquise de Verneuil pendant la courte disgrâce de celle-ci. Henri IV la fit comtesse de Moret. Elle avait été mariée, pour la forme, avec Philippe de Harlai, comte de Cési, les précautions bien prises pour empêcher entre eux toute cohabitation. Après avoir eu du Roi un fils, Antoine, bâtard de Bourbon, comte de Moret, elle fit casser ce mariage dérisoire et épousa, en 1617, René du Bec, marquis de Vardes. Leur fils se distingua par son esprit à la cour de Louis XIV, dont une intrigue assez perfide lui fit perdre la faveur.

En cette même année 1605, on voit entrer dans les pages de Henri IV, un jeune seigneur de la maison de Bueil, parent de la comtesse de Moret, et qui devint, sous le nom de *Racan*, une des premières gloires de l'Académie française.

[2] Au dos de l'original, Sully a écrit :
« Le Roy, pour mettre en un comptant les estresnes de l'année 1605.

4 janvier. »

Dans les *OEconomies royales*, les secrétaires de Sully font précéder cette lettre,

1605. — 11 JANVIER.

Orig. — Ms. appartenant à M. l'abbé Caron, à Versailles, pièce 57.

A MON COUSIN LE CARDINAL DE JOYEUSE,
PROTECTEUR DE MES AFFAIRES EN COURT DE ROME.

Mon Cousin, Vostre lettre escripte à Civita-Vecchia, le xxiij^e jour de novembre, ne m'a esté presentée que le ij^e de ce mois, et je receus le lendemain celle du xiiij^e du passé. Les honneurs et courtoisies que vous avés faictes au cardinal de Bufalo, devant et aprés vostre partement de Marseille, jusques à son desembarquement, ont esté tres bien employées; aussy m'ont-elles esté tres agreables. Il s'en est bien revanché à son arrivée à Rome, par les bons et honorables recits qu'il a faicts en ma faveur, ainsy que j'ay appris de vostre dicte derniere lettre et des advis que mon ambassadeur m'en a donnez. Mais je sçay autant de mauvais gré à ceulx qui commandoient les galeres du duc d'Espernon et du grand prieur de Champagne, de l'irreverence et desobeïssance avec laquelle ils se sont comportez en vostre endroict, que je suis au contraire satisfaict du tesmoignage que vous m'avés rendu du bon debvoir qu'a faict du Vay. De quoy j'ay deliberé de monstrer le ressentiment, envers les uns et les autres, qu'ils ont merité.

Mon Cousin, plus j'examine les raisons motivées de la resolution que j'ay prise d'acquerir des amys et partisans à Rome, plus je les juge preignantes, et estime necessaire de l'effectuer le plus tost qu'il sera possible, et approuve grandement que nous *commencions par le cardinal d'Est,* ainsy que vous m'avés escript par vostre derniere lettre

et d'autres qu'on lira ci-après, de cette remarque : « En suite de ces discours, nous dirons comme ayant trouvé des liasses de plusieurs lettres, entre lesquelles il y en avoit quelques unes de mil cinq cens cinq, nous en avons choisy entre icelles quelques-unes des plus courtes, de la main du Roy, et les avons inserées tout de suitte, à cause qu'elles n'estoient datées que des jours, affin de continuer à faire voir qu'il vouloit sçavoir et sçavoit en effet toutes sortes d'affaires, jusques aux moindres, les lettres estant telles que s'ensuit. »

que vous avés advisé avec mon ambassadeur, ce qui vous sera facilité par la declaration que vous avés tirée sur cela *du cardinal Aldobrandin*, puisqu'il trouve bon que *j'acquiere le cardinal d'Est; car nous craignions qu'il en eust jalousie, ce qui nous a retenus d'en faire cy-devant la poursuicte, selon nostre desir*. Il faut doncques s'eclaircir et asseurer de sa volonté au plus tost, et je veux croire que vous l'aurés faict maintenant *par la response que le comte de Fontanelle aura faicte à m*^{r} *de Bethune; mais il faut que je vous remercie d'avoir treuvé bon que l'on aye donné esperance au dict cardinal d'Est d'avoir un jour la charge et protection de mes affaires, me donnant contentement de ses actions, affin de l'induire tant plus à recevoir les offres presentes que je luy ay faictes*. Toutesfois je ne pretends ny entends vous obliger à effectuer la dicte proposition; mais je veux que vous sçachiés le gré que je vous sçay du debvoir auquel je recognois que vous vous mettés pour me servir en ceste occasion, preferant l'advancement de mes affaires à vostre particuliere consideration, de quoy derechef je vous remercie.

J'ay bien considéré aussy les propos qui se sont passez entre *mon cousin le cardinal Aldobrandin et vous*. Et comme j'ay toute occasion de me louer et contenter *des declarations de bonne volonté que vous a faictes le dict cardinal*, je demeure tres satisfait aussy de vos responses, tant sur la particulière affection que je luy porte, que sur la volonté et le dessein que j'ay d'establir mes affaires de par delà pour en servir le Sainct Siege et assister mes amys aux occasions qui se presenteront. Ce que j'auray à plaisir de pouvoir confirmer par effect, suivant la charge que je vous en ay donnée.

Quant au bien que *le cardinal Bufalo luy a dict que je desirois luy faire en particulier*, j'escris à mon ambassadeur sur quoy le dict Bufalo peut avoir fondé ce qu'il en a dict, et l'advis que j'ay voulu prendre sur cela pour vous le faire entendre, affin de le mesnager et conduire par ensemble, ainsy que vous jugerés estre necessaire pour le bien de mon service. Au reste, je ne trouveray jamais mauvais que *le cardinal Aldobrandin s'entretienne bien avec les Espagnols et les contente avec choses indifferentes et exterieures, ainsy qu'il vous a dict, pourveu qu'aux bonnes et importantes occasions je reçoive les effets de son amitié*. Aussy sera-il *asseuré de vous que je ne les rechercheray ny attendray jamais de luy au prejudice du Sainct Siege, ny de la reputation et fortune du dict cardinal. Car mon amitié est bornée de la raison et de l'honnesteté, pour ne desirer jamais aucun office de mes amys qui leur puisse estre dommageable. Finablement, mon Cousin, vous me ferés service tres agreable et utile de si bien gouverner et entretenir le cardinal Aldobrandin qu'il persiste en l'affection qu'il vous a declarée, sans s'en departir ny refroidir.*

Le s^r de Barrault m'a de nouveau escript que le conseil d'Espagne a deliberé, pour contenter le Pape, de revocquer le marquis de Villena, et que l'on parle d'envoyer en sa place ou le duc de Feria, qui est en Sicile, ou le comte de Benavent, qui est à Naples, chose que, s'ils effectuent, contentera grandement Sa Saincteté et luy tournera aussy à honneur; à quoy le dict cardinal Aldobrandin aura bonne part. *Mais je desirerois que le dict cardinal del Bufalo voulust accepter une pension de moy; car le cognoissant actif et affectionné comme il est, j'estime qu'elle y seroit bien employée. Je vous prie de mettre encore peine de l'y disposer.* Et d'autant que vous sçaurés de mon dict ambassadeur les aultres affaires que je luy escris, je m'en remettray à luy, et me contenteray, finissant la presente, de vous prier de favoriser envers Nostre dict Sainct Pere le recommandement que je fais à mon dict ambassadeur en faveur du general des Jesuistes, et aprés, vous asseurer que vous servés un maistre qui se confie entierement en vous et est tres content de vos services. Je prie Dieu, mon Cousin, qu'il vous ayt en sa saincte et digne garde. Escript à Paris, le xj^e jour de janvier 1605.

HENRY.

DE NEUFVILLE.

1605. — 13 JANVIER.

Orig. — Arch. royales de Bavière. Copie transmise par M. le ministre de France à Munich.

A MON COUSIN LE COMTE PALATIN DU RHIN,
DUC DE BAVIERE, PRINCE ET ELECTEUR DU SAINCT EMPIRE.

Mon Cousin, Je respondray, avec l'occasion du retour vers vous de ce porteur, l'un de vos conseillers, à la vostre, que vous m'avés escripte par luy le xxiie du mois de novembre et à celle du iiie d'octobre, apportée par le s^r Bongars, à son dernier retour d'Allemagne, en vous faisant sçavoir que, comme j'ay favorisé ma cousine la duchesse de Thouars, aprés le decés de feu mon cousin, son mary, de ma protection et des effects de ma bienveillance, je luy continueray encore et à ses enfans la mesme assistance et faveur en toutes les occasions qui se presenteront, pour l'affection que je porte à sa maison, et l'estime que je fais de sa vertu et bonté, dont j'ay tres bonne cognoissance, à quoy aura encore trés bonne part envers moy la recommandation que vous m'en avés faicte par vostre dicte premiere lettre; car je vous asseure, tout ainsy que les Roys mes predecesseurs ont aimé cordialement les vostres, que j'auray aussy à singulier plaisir d'avoir autant d'occasion de vous continuer mon amitié et d'avoir confiance en la vostre, qu'elle m'a toujours esté chere; ce qui adviendra certainement quand vous me ferés cognoistre par effect affectionner autant mon contentement que je veux faire vostre prosperité et celle de vostre maison, comme j'ay declaré à vostre dict conseiller et l'ay chargé vous dire : priant Dieu, mon Cousin, qu'il vous ayt en sa saincte et digne garde. Escript à Paris, le xiij^e jour de janvier 1605.

HENRY.

DE NEUFVILLE.

[1605.] — 20 JANVIER.

Orig. autographe. — Cabinet de M. le général comte de la Loyère.
Imprimé. — *OEconomies royales*, t. II, chap. 5o.

A MON COUSIN LE MARQUIS DE ROSNY.

Mon Cousin, Je vous ay cy-devant escript de faire payer au s^r president de Jambville la somme de quatre mil escuz que je luy debvois, par une rescription du tresorier de mon espargne, si tant est que vous trouvassiés la dicte debte juste et raisonnable, suivant quoy vous luy avés faict payer en l'année six cens et un sur la dicte somme quatre mil livres. Toutesfois, pour ce que vous faictes difficulté de luy faire payer le surplus, je vous ay bien voulu faire ce mot, pour vous dire que si vous jugés la dicte debte raisonnable et legitime, vous paracheviés de l'en faire payer sur tel fonds que vous adviserés, comme chose que je desire. Sur ce, Dieu vous ayt, mon Cousin, en sa saincte garde. Ce xxme janvier [1].

HENRY.

[1605.] — 24 JANVIER.

Orig. autographe. — Cabinet de M. le général comte de la Loyère.
Imprimé. — *OEconomies royales*, édit. orig. t. II, chap. 5o.

A MON COUSIN LE MARQUIS DE ROSNY.

Mon Cousin, je vous prie de faire bailler aux enfans du feu commandeur de Chattes la somme de quatre mil livres, au lieu de six mille dont il avoit esté assigné en l'année derniere, et les faire employer au premier comptant que vous ferés, comme chose que je veux et desire. Sur ce, Dieu vous ayt, mon Cousin, en sa saincte et digne garde. Ce xxiiij^e janvier [1].

HENRY.

[1] Au dos, de la main de Sully :
« Le Roy, pour le président Jambeville. 1605. 20 janvier. »

[1] Au dos, de la main de Sully : « Le Roy, pour les bastards au commandeur de Chastes, en un comptant. 1605. 24 janvier. »

[1605.] — 27 JANVIER.

Imprimé. — *OEconomies royales*, édit. orig. t. II, chap. 5o.

[A M. DE ROSNY.]

[1] Mon amy, J'ay receu vostre lettre, sur quoy je vous diray, touchant ce que vous m'avés escript pour la charge du baron de Lux, pour vostre frere et pour la Curée, que vous sçavés bien que j'ay resolu de bailler à vostre frere une charge en Bretagne, où il pourra estre plus utile pour mon service que non en celle-là ; et, pour la Curée, elle est du tout incompatible avec celle qu'il a de lieutenant de ma compagnie de chevaux legers et gouverneur de Chinon ; aussy que quand le mareschal de Biron fut pris et que l'on pensoit faire le procés au dict baron de Lux, je promis au s^r de Raigny[2], s'il estoit condamné, de luy bailler la dicte charge, attendu qu'il est le seul seigneur en ceste province-là qui m'y peust aussy bien servir, car il y a du credit et des amys ; et, pour d'autres considerations que je vous diray demain, Dieu aidant, que je seray de retour à Paris, où je seray fort aise de vous voir et de sçavoir ce que Savaron vous a escript. Je vous prie de ne monstrer ceste lettre à la Curée, ains seulement luy dire que vous m'en avés escript. Bon soir, mon amy. Ce xxvij^e janvier, à St-Germain-en-Laye.

HENRY.

La comparaison des précieux originaux de M. le comte de la Loyère avec le texte imprimé des Économies royales montre que les secrétaires de Sully ne mettaient pas à leurs transcriptions le soin scrupuleux des éditeurs de nos jours. Ainsi, ils ont imprimé ici, aux deux endroits, *mon amy* au lieu de *mon cousin*. Ils ont substitué *en saincte garde* aux mots *en sa saincte et digne garde*. De telles variantes sont de pures vétilles, mais elles peuvent aider à l'appréciation de ces célèbres mémoires.

---

[1] Cette lettre était de la main du Roi.
[2] François de la Magdelaine, marquis de Ragny, gouverneur de Nivernais, capitaine de cinquante hommes d'armes des ordonnances, maréchal de camp, chevalier des ordres du Roi, fut en effet pourvu de la charge en question, qui était la lieutenance au gouvernement de Bresse et de

1605. — 5 FÉVRIER.

Orig. — Archives des Médicis, légation française. Copie transmise par M. le ministre de France à Florence.

A MON ONCLE LE GRAND DUC DE TOSCANE.

Mon Oncle, Je vous ay promis, advenant un siege vacant, vous confier mes intentions, entendre les vostres, et joindre ensemble nos conseils et nos moyens pour advancer et promouvoir au pontificat un subject de la bonne volonté duquel nous ayons toute occasion de bien esperer, tant pour l'advancement de la gloire de Dieu et la conservation de l'autorité et liberté du dict Sainct Siege, que pour le commun bien de nos affaires, lesquelles sont liées et conjoinctes ensemble par tant de sortes d'interests et considerations, que les unes ne peuvent avoir bien ne mal que les aultres ne s'en ressentent grandement. J'ay doncques commandé à mon ambassadeur vous envoyer la presente, vous faire entendre les commandemens que je luy fais sur ceste occasion, prendre vostre conseil et se fortifier de la creance et des moyens que vous avés en ce Sacré College pour l'execution d'iceluy. Au moyen de quoy je vous prie adjouster pareille foy à ce qu'il vous fera sçavoir de ma part comme si c'estoit à moy-mesme, et l'assister librement de vos bons records et des moyens qui despendent de vous : et vous aurés pareille part au bien qui en succedera que j'auray moy-mesme, qui prie Dieu, mon Oncle, qu'il vous ayt en sa saincte et digne garde. Escript à Paris, le ve jour de febvrier 1605.

HENRY.

DE NEUFVILLE.

Charolais. M. de Ragny était fils de Girard de la Magdelaine et de Claude de Damas. Il avait été page de la chambre de Henri II et fort aimé des rois ses fils. Il mourut en 1626, âgé de quatre-vingt-trois ans.

[1605.] — 6 FÉVRIER.

Orig. autographe. — B. N. Fonds Béthune, Ms. 9089, fol. 8.

A MON COMPERE LE CONNESTABLE DE FRANCE.

Mon compere, Vous avés esté assez long-temps chez vous; c'est pourquoy je vous fay ce mot, pour vous prier de me venir trouver, pour m'aider à passer ce carnaval, asseuré que vous serés le bien venu et veu de moy, de qui vous apprendrés ce qui s'est passé icy despuis vostre partement; mais surtout je vous dis encor un coup que vous serés le bien venu et veu de moy. A Dieu, mon compere. Ce vj^e febvrier, à Paris.

HENRY.

[1605. — 10 FÉVRIER.]

Orig. — Musée britannique, biblioth. Harléienne, Ms. 7008, fol. 244. Transcription de M. Delpit.
Cop. — B. N. Fonds Bréquigny, Ms. 100.

[AU PRINCE DE GALLES [1].]

Mon Nepveu, Quand mon fils pourra escrire, il vous remerciera de la meute de chiens que vous luy avés envoyée, et du tesmoignage d'amitié qu'il a receu de vous par ceste souvenance et par vostre lettre. Ce pendant je respondray pour luy, qu'il se revanchera quelque jour de vostre courtoisie à vostre contentement; quoy attendant, et qu'il ayt autant de force que de bonne volonté de s'en acquitter, j'en feray ma propre debte, et payeray pour luy en vous offrant pour luy sa foy et son amitié, comme je fais la mienne, et vous souhaitant pareille prosperité qu'à luy-mesme, comme celuy qui sera tousjours

Vostre affectionné et bon oncle,

HENRY.

[1] Sur ce prince, appelé le prince d'Écosse avant l'avénement de son père au trône d'Angleterre, voyez ci-dessus la note de la lettre de la fin de septembre, t. IV, p. 218.

1605. — 14 FÉVRIER.

Cop. — Archives de M. de Couhé-Lusignan. Envoi de la société des Antiquaires de l'Ouest.

[A LA SEIGNEURIE DE VENISE.]

Tres chers et grands amys, alliez et confederez, Ayant esté requis et supplié d'interceder envers vous pour le sr Henry Rustica, gentilhomme Padouan, affin d'obtenir grace du ban auquel vous l'avés condamné il y a sept ou huit ans, pour s'estre trouvé en un certain acte, n'estant pour lors aagé que de quatorze ou quinze ans, nous avons bien voulu vous faire ceste lettre en sa faveur, pour vous prier, comme nous faisons, de luy vouloir, à nostre intercession et requeste, remettre le dict ban, eu esgard au bas aage auquel il estoit lors du dict acte, et que l'un de ses complices a esté absouls, pour s'estre rendu prisonnier dans vos prisons et avoir subi le jugement de vos officiers. Et parce que le dict Rustica nous est recommandé pour appartenir à personnes bien affectionnées à nostre service, nous vous en faisons d'autant plus volontiers la priere que nous croyons que vous aurés à plaisir de nous gratifier en ceste occasion, et nous nous revancherons en celles qui se presenteront de vous tesmoigner nostre bonne volonté, ainsy que le sr de Fresnes Canaye, conseiller en nostre conseil d'Estat, et nostre ambassadeur prés de vous, vous fera plus amplement entendre : sur lequel nous remettant, nous prierons Dieu, Tres chers et grands amys, alliez et confederez, qu'il vous ayt en sa saincte et digne garde. Escript à Paris, le xiiije jour de febvrier 1605.

HENRY.

DE NEUFVILLE.

[1605.] — 15 FÉVRIER.

Imprimé. — *OEconomies royales*, édit. orig. t. II, chap. 50.

[A M. DE ROSNY.]

[1] Mon amy, Je vous fais ce mot par m[r] de Praslin pour vous prier, incontinent que vous l'aurés receu, de luy faire delivrer la somme de douze cens livres, laquelle vous employerés au premier comptant que vous ferés expedier. Bon soir, mon amy. Ce xve febvrier, à Paris.

HENRY.

1605. — 24 FÉVRIER.

Orig. — Archives des Médicis, légation française, liasse 3. Copie transmise par M. le ministre de France à Florence.

A MON ONCLE LE GRAND DUC DE TOSCANE.

Mon Oncle, Ayant ordonné en mon conseil qu'un nommé Jehan Bouillon, habitant de ma ville de Marseille, cy-devant lieutenant, et ayant chargé, en l'absence du s[r] de Moessac, au bastion de France, et à present prisonnier, à la requeste du dict s[r] de Moessac, aux prisons de vostre ville de Livourne, seroit amené d'icelle au dict Marseille pour luy estre faict et parfaict son procés par le juge de l'amirauté du dict lieu, je vous prie permettre que le dict Bouillon soit tiré des dictes prisons de Livourne et conduict au dict Marseille par celuy qui vous rendra la presente et qui fera apparoir à vos officiers et ministres de l'arrest de mon dict conseil; et, quand il se presentera semblable subject de vous gratifier en la personne de vos subjects, je le feray d'entiere affection : priant Dieu, mon Oncle, qu'il vous ayt en sa saincte et digne garde. Escript à Paris, le xxiiij[e] jour de febvrier 1605.

HENRY.

DE NEUFVILLE.

---

[1] Ce billet était de la main du Roi.

[1605.] — 25 FÉVRIER.

Orig. autographe. — Cabinet de M. le général de la Loyère.
Imprimé. — *Œconomies royales*, t. II, chap. 50.

A MON COUSIN LE S^r DE ROSNY.

Mon Cousin, Je vous fais ce mot pour vous dire que vous faciés voir au plus tost en mon conseil les memoires que le s^r de la Borde, grand mestre des eaues et forests en mon pays de Poitou, et Sainct-Yon, son lieutenant à la table de marbre, vous ont, par mon commandement, mis entre les mains, de ce qu'ils ont faict pour mon service au dict pays de Poitou, faisant arrester et faire ce que vous trouverés juste et necessaire pour le bien d'icelluy. Sur ce, Dieu vous ayt, mon Cousin, en sa saincte et digne garde. Ce xxve febvrier, à Monceaux[1].

HENRY.

1605. — 26 FÉVRIER.

Cop.—B. N. Suppl. fr. Ms. 1009-3. (Ancien cabinet de Meynières), et collection de M. de Marguerit.

A MON COUSIN LE DUC D'ESPERNON,
PAIR ET COLONNEL GENERAL DE L'INFANTERIE DE FRANCE, GOUVERNEUR ET MON LIEUCTENANT GENERAL EN XAINTONGE ET ANGOUMOIS.

Mon Cousin, J'ay faict une longue intermission de vous escrire, parce qu'il ne s'en est point ou peu presenté de subject; l'estat de l'interieur du Royaume estant, grace à Dieu, en toutes les provinces fort tranquille et en grand repos. Pour les nouvelles communes, je m'asseure que ceux qui sont icy de vostre part ne manquent point de vous en advertir, comme je me contente de sçavoir d'eux des vostres, particulierement de celles de vostre santé, que je me rejouis estre si bonne, et me promets, par ce moyen, que nous vous reverrons bien tost par deçà. J'ay esté pendant quelque peu de jours en allarme pour la ville de Metz, parce que j'avois eu advis de divers lieux qu'il

---

[1] Au dos, de la main de Sully :
« Le Roy, du 25 febvrier, à Monceaux, pour les memoires du s^r de la Borde, 1605. » Dans les *Œconomies royales*, le mot *amy* est encore substitué ici au mot *cousin*.

s'y menoit une entreprise avec un bon nombre des habitans, qui se debvoit executer le jour de caresme prenant, et en mesme temps il me fut aussy escript qu'il s'estoit debandé de l'armée de l'archiduc environ mille Italiens, que l'on ne sçavoit ce qu'ils estoient devenus. Sur cela, je depeschay en diligence au s[r] d'Arquien[1], qui me manda qu'il n'y avoit de cela aucunes apparences, et qu'il veilloit si soigneusement en sa charge, que je n'en devois apprehender aucun inconvenient; dont j'ay pensé vous dire ce mot, affin que, si ce bruit alloit jusqu'à vous, que vous n'en soyés aucunement en peine.

J'ay bien voulu aussy vous advertir comme j'ay cy-devant permis à ceux de la religion pretendue reformée de faire une assemblée au mois de may prochain en la ville de Chastelleraut, pour faire la nomination de deux nouveaux deputez, pour demeurer icy à ceste suite, parce que ceux qui y sont à present ont achevé le temps de leur service; mais parce que je suis adverty qu'ils font par les provinces des assemblées particulieres, soubs pretexte de deputer pour la dicte assemblée generale, il sera bien à propos que vous vous faciés informer es provinces de vostre gouvernement, si aux dictes assemblées particulieres il se fait des propositions pour faire traicter en la dicte assemblée generale autres choses que la nomination des nouveaux deputez, et aussy quels sont les deputez de la dicte province qui se trouvent en la dicte assemblée generale; et neantmoins faire ceste enqueste le plus doucement et secretement que vous pourrés. Je crois, au reste, que nous finirons demain les festes de carnaval, et, cela faict, je me delibere d'aller passer le reste de ce caresme à Fontainebleau, où le sejour sera lors plus plaisant et agreable qu'il ne seroit icy. C'est ce que j'ay à vous dire pour ceste foy : priant Dieu, mon Cousin, vous avoir en sa saincte garde. Faict à Paris, ce xxvj[e] fevrier 1605.

HENRY.

FORGET.

---

[1] M. d'Arquien était, comme nous l'avons dit, le frère de M. de Montigny.

[1605.] — 27 FÉVRIER. — Ire.

Imprimé. — *OEconomies royales*, édit. orig. t. II, chap. 5o.

[A M. DE ROSNY.]

Mon amy, Suivant ce que je vous manday avant-hier par Lomenie, je vous prie de faire delibvrer incontinent à celuy qui vous rendra ce mot la somme de trois mil livres, sans que personne sçache à qui elle aura esté delivrée, pour les causes que vous sçavés. Ceste-cy n'estant à aultre fin, je prieray Dieu qu'il vous ayt, mon amy, en sa saincte et digne garde. Ce xxvij^e febvrier, à Paris[1].

HENRY.

1605. — 27 FÉVRIER. — IIme.

Orig. — Arch. municipales de Rouen. Copie transmise par M. Richard, archiviste.

A MONS^R DE S^TE-MARIE DU MONT,

BAILLY DE ROUEN ET MON LIEUCTENANT AU GOUVERNEMENT DU DICT BAILLIAGE ET DE CEULX DE CAEN, CAULX, GISORS; ET, EN SON ABSENCE, SON LIEUCTENANT AU DICT BAILLIAGE.

Monsr de Ste-Marie, J'ay nagueres mandé aux habitans de ma ville de Rouen le mescontentement que je recevois d'eulx et du peu de compte qu'ils ont tenu jusqu'à present d'aider et assister les peres Jesuistes en leur restablissement en ma dicte ville, et de leur distribuer les six muids de bleds desquels les dicts peres Jesuistes avoient cydevant esté par eux assignez sur les moulins de ma dicte ville qui appartiennent à la communauté d'icelle; à quoy j'ay sceu qu'ils n'ont voulu entendre et ont tenu fort peu d'estat de l'instance que je leur en ay faicte, combien qu'à cela l'utilité publique de l'instruction de leurs enfans et l'ameliorissement de la dicte ville les deussent assez exciter, et mesmes l'accroissement des esmolumens des dicts moulins par les despenses qui se font à la nourriture des escoliers qui y affluent, qui

---

[1] Cette lettre était de la main du Roi.

se montent autant et plus que les dicts six muids de bled, sans considerer d'ailleurs la grace qu'ils ont receue de moy, les preferant, en l'establissement du dict college, à beaucoup d'autres villes, et de la province mesme, qui le recherchoient avec toute l'instance possible, et qui se fussent mieux acquittez de sa reception, et entretenement des dicts peres Jesuistes, que ne feront, comme je prevois, ceux de ma dicte ville de Rouen. Ce qui me donne occasion, avec le mespris que je cognois qu'ils font de ce que je leur en ay escript, de vous faire la presente et non à eux, pour vous mander leur dire de ma part le juste subject que j'ay de m'offenser du mauvais traitement que reçoivent d'eux les dicts peres Jesuistes, et la resolution en laquelle je suis de leur pourveoir, manquant les dicts habitans à ce qu'ils doivent, pour l'institution du dict college; affin aussy que vous mettiés peine de les disposer à contribuer (à l'exemple de tant d'autres villes moins accommodées) à un bien si general que la fondation et construction du dict college, et à me donner sur ce le contentement que je me suis promis d'eux pour les dicts peres Jesuistes, auxquels, à leur deffault, j'ay esté contrainct d'affecter les amendes qui me sont adjugées de delà, et leur pourveoiray enfin de tels autres moyens, pour subvenir à leur dict entretenement, que mon auctorité le permettra et la raison le requerra. M'asseurant du soing que vous aurés de ceste affaire, je prieray Dieu qu'il vous ayt, Monsr de Sainte-Marie, en sa saincte garde. Escript à Paris, le xxvij^e jour de février 1605 [1].

HENRY.

POTIER.

---

[1] Cette lettre fut envoyée par M. de Sainte-Marie à M. d'Auberville, son lieutenant au bailliage. Celui-ci la communiqua, le 23 avril 1605, au conseil de la commune de Rouen, qui prit la délibération suivante :

« Il a esté arresté qu'il sera delibvré auxdicts peres Jesuistes presentement quatre muyds de blé, par forme d'omosne, faisant avec les deux muyds à eulx cy-devant baillez, les six muyds de blé mentionnez aux dictes lettres du Roy, et ce pour cette fois seulement et sans tirer à consequence; et sera Sa Majesté suppliée de considerer les charges et necessitez de la dicte ville, et en sera escript et donné response au dict sieur de Sainte-Marie. »

[1605.] — 2 MARS.

Orig. autographe. — Musée britannique, Mss. Egerton, vol. 5, fol. 83. Transcription de M. Delpit.
Cop. — Arch. de M. de la Force.
Imprimé. — *Mémoires de la Force,* publiés par M. le marquis DE LA GRANGE, t. I, p. 392.

A MONS^R DE LA FORCE.

Monsr de la Force, Vous sçaurés par Hesperien, present porteur, de mes nouvelles et ce que j'ay appris des actions du mareschal de Bouillon, depuis vostre partement d'auprés de moy, luy ayant commandé de vous en faire l'histoire; vous le crerés donc, et en cela et en ce qu'il vous dira de ma part, comme moy-mesme. Vous sçaurés aussy de luy que ma volonté est que vous jugiés promptement le procés touchant le siege du seneschal que j'ay cy-devant accordé aux habitans de ma ville de Sauveterre, duquel benefice je veux que ce quatriesme bourg de mon pays souverain se ressente aussy bien que les autres trois, Morlas, Oloron et Orthés, ainsy que je vous ay fait entendre cy-devant. Et d'autant que j'ay esté adverty que le president Gassion pourroit estre suspect en cest affaire, tant à cause qu'il est natif de la ville d'Oloron que pour autres considerations, je desire, comme il est raisonnable, qu'il s'abstienne du jugement du dict procés, la prompte execution duquel je vous recommande; et, sur ce, Dieu vous ayt, Monsr de la Force, en sa saincte et digne garde. Ce ij^e mars, à Paris.

HENRY.

[1605.] — 6 MARS. — Ire.

Imprimé. — *OEconomies royales,* édit. orig. t. II, chap. 50.

[A M. DE ROSNY.]

[1] Mon amy, Je vous prie ne faire faulte de faire delivrer la somme de deux mil sept cens libvres à ceux que je vous ay dict, sans qu'il

[1] Ce billet était de la main du Roi.

soit sceu d'aucun, d'autant que cela importe à mon service. Bonjour, mon amy. Ce vj^e mars, à Paris.

HENRY.

1605. — 6 MARS. — IIme.

Cop. — B. N. Fonds Brienne, Ms. 41, fol. 140; — et Béthune, Ms. 9000, fol. 160 verso.

[A M. DE BEAUMONT.]

Monsr de Beaumont, Le duc de Lenox s'en retourne; il a tant fait qu'il a obtenu de moy la vie et les biens du s^r d'Entragues, son oncle, chose que j'eusse faict difficulté d'accorder à un aultre, pour la qualité du crime et la consequence de la grace d'icelluy. Mais je l'ay voulu gratiffier et obliger, pour le respect de son maistre, de sa personne et de sa legation. Je vous envoye un double de la lettre que le roy d'Angleterre m'a escripte sur le faict des draps saisis à Rouen. Elle ne m'a esté presentée par le dict duc de Lenox et l'ambassadeur Parrey que le xxie du mois de febvrier, encores qu'elle soit datée de celluy de decembre. Les dicts duc et ambassadeur s'attendoient que j'accorderois la main levée et le debit des dicts draps si tost que j'aurois veu la dicte lettre; mais ayant consideré la substance et forme d'icelle, j'ay estimé ne le debvoir faire que le dict duc de Lenox ou le dict ambassadeur ne m'en eussent prié de la part de leur roy en termes plus exprés. L'un et l'autre ont faict difficulté de le faire, encores que j'aye faict dire au dict duc de Lenox que, quand il m'en prieroit au nom de son maistre et mesmes au sien, je le gratifierois de la dicte main levée. C'est le dict ambassadeur qui est cause de ces difficultez, qui sont sans fondement; peut-estre croit-il, s'il acceptoit ceste grace, qu'il assubjectiroit les subjects de son maistre à subir le jugement et les peines de l'arrest de l'an mil six cens deux, comme s'ils pouvoient, suivant l'autre voye, s'en garantir. Je vous envoye la response que j'ay advisé faire à la lettre du dict roy d'Angleterre, par laquelle vous verrés comment j'accorde la dicte main levée, ayant esté plus à propos d'en user ainsy, que de m'en declarer ny au dict duc ny au dict ambassadeur, puisque l'un n'a osé ny voulu m'en faire aultre instance, quoy que je luy aye faict dire; et l'aultre a esté si entier et opiniastre, qu'il a tousjours persisté à demander plustost justice que grace. J'estime bien que tous les dicts draps ne sont esgalement vicieux, les uns le sont plus que les aultres : tant qu'il y a qu'ils sont tous deffectueux en quelque partie, et par tant non de mise, et dommageables à mon Royaume, chose si facile à veriffier qu'elle ne peut estre mise en doubte. Presentés ma lettre au dict roy d'Angleterre, et luy dictes que l'affection que je luy porte est telle que je ne me veulx arrester à aulcune forme, quand il est question de le contenter et bien faire à ses subjects; que si la valleur des draps saisis n'eust esté si grande qu'elle est, j'eusse permis l'execution de la confiscation ordonnée par l'arrest des gens de mon conseil, pour, par tel exemple, rendre les marchands plus loyaux en leur commerce et manufacture, et garantir mes subjects du dommage qu'ils reçoivent par le debit de telles marchandises vitieuses : desquels souvent les Anglois ne proffitent pas tant que font les marchands françois qui l'acheptent d'eulx en gros; lesquels, comme ils en cognoissent la deffectuosité, la tirent d'eulx à moindre prix, et ne laissent de la vendre cherement au peuple simple et ignorant. Mais puisque les dicts draps montent à si grande somme d'argent, j'ay voulu en gratiffier le roy mon frere et delibvrer ses subjects d'une telle perte.

Je vous envoye aussy le double d'un memoire que le dict ambassadeur Parrey m'a faict presenter par le dict duc de Lenox et de la response que j'y ay faicte, affin que vous en puissiés respondre si l'on vous en parle, le dict ambassadeur se monstrant quelquefois si difficile à contenter, qu'il n'y a moyen de le reduire aux formes de la justice, pardessus lesquelles il vouldroit que ceulx de mon conseil passassent, soustenant que l'on en faict de mesmes en Angleterre sur les instances que vous y faictes. Il continue mesmes à asseurer avoir esté rendu à mes subjects la valeur de cent mil escuz, depuis que vous estes par delà, sans qu'il ayt pu obtenir icy la moindre reparation et satisfaction de chose qu'il ayt poursuivye, quelque juste qu'elle soit. A quoy il a esté respondu que c'est parce qu'il estime juste ce qui ne l'est pas, du moins ne le veriffie-il par les formes ordinaires de justice, comme il appartient, et que, pour un escu de plaincte qu'il faict, vous avés subject d'en faire pour cent.

Je vous envoye aussy le double de deux lettres que j'escrivis au dict roy d'Angleterre par le dict duc de Lenox, sur lesquelles vous asseurerés le dict roy que le dict duc s'est tres bien acquitté de sa charge, que sa venue m'a esté tres agreable, et luy recommanderés en mon nom son ministre. Vous accompagnerés encore ce compliment d'un rafraischissement et redoublement des asseurances de mon amitié et du contentement que j'ay eu de celle que le dict duc m'a donnée de la sienne, luy disant sur ce subject ce que vous jugerés estre convenable pour luy faire croire que je me moque de tous les artifices dont l'on use de toutes parts pour donner atteinte à nostre amitié. Car, comme d'un costé je sçay que je ne manqueray jamais à celle que je luy ay promise, parce que j'y suis porté par inclination naturelle et par raison d'Estat, je me promets tout aussy de sa prudence et de la sincerité de sa foy, ayant esprouvé l'une et l'autre, qu'il resistera tousjours aussy constamment aux tentations et inventions de ceulx qui entreprendront d'y frapper coup, comme le dict duc de Lenox m'a dict qu'il a faict jusques à present. Tout bien consideré aussy, ceux qui font tels offices envers nous les font plus par passion et animosité que par raison et affection qu'ils nous portent. Ils font leurs affaires à nostre commun dommage, comme il leur seroit facile de faire s'ils nous avoient mis en querelle; mais nous cognoissons trop leurs ruses et fins pour nous y laisser surprendre et abuser. Comme le roy mon dict frere m'a fait prier par le dict duc de Lenox de n'avoir esgard aux bruits et rapports du vulgaire ny aux apparences exterieures, ains juger ses intentions par ses actions, faictes-luy la mesme preuve pour ce qui me regarde; car je sçay qu'il y en a qui luy font des rapports de moy qu'ils inventent et controuvent exprés pour tenter et alterer sa volonté, à nous mettre en jalousie et deffiance l'un de l'aultre.

Dictes-luy que j'ay advisé, suivant son conseil, de continuer, voires accroistre, l'assistance que j'ay donnée, l'année passée, aux Estats, pour deux considerations particulieres, oultre celles qui nous regardent et concernent en commun : la premiere est fondée sur les justes causes que j'ay d'estre offensé des conspirations que continuent à brasser contre moy et mon Royaume les Espagnols, lesquelles ne me doibvent faire bien esperer de leur amitié, encores qu'ils n'obmettent, par belles paroles, de me faire asseurer du contraire (et croy qu'en cela ils nous traictent egalement mon dict frere et moy, comme il recognoistra quelque jour plus clairement qu'il ne faict maintenant); et l'autre est que j'ay advis que les Espagnols doublent, cette année, leurs armes et efforts contre mess^rs des Estats, tellement que, s'ils estoient abandonnez de toutes parts, ils seroient en danger de succomber. Si c'est le bien et advantage du roy mon dict frere, et le mien, que cela arrive ainsy, je m'en remets à son jugement, croyant, pour mon regard, si les Espagnols avoient reduict mess^rs des Estats aux abois auxquels ils tendent, sans nostre entremise, ils feroient, aprés, peu de compte de nostre amitié. En tout cas vous asseurerés le roy mon dict frere que je n'ay autre desseing, en secourant les Estats, que de les maintenir et conserver en l'estre auquel ils se trouvent maintenant, affin d'empescher leur cheutte, ou qu'ils s'accordent sans nous, comme ils pourroient faire si la necessité donnoit la loy à leurs volontez. Et si en cela le dict roy estime que je doibve faire plus ou moins, je le prie s'en declarer à vous avec sa franchise et liberté accoustumée, l'asseurant que j'y correspondray cordialement, car j'ay tousjours les mesmes intentions de vivre avec luy en vray frere et loyal amy.

J'ay bien consideré la response que ceux du conseil du roy mon dict frere ont faicte à la lettre de l'archiduc et à la plaincte et remonstrance que leur avoit faicte l'ambassadeur d'Espagne (que vous m'avés representées par vostre lettre du xiie du mois passé, que j'ay receue le xxie d'iceluy) avec les accidens survenus depuis sur la mer, qui les ont brouillez; mais je crois que le vent emportera toutes les dictes plainctes et offenses, sans autre satisfaction, principalement de la part des dicts Espagnols, tant ils commencent à mesestimer le roy d'Angleterre et ses conseillers : chose que je me promets que vous ne perdrés l'occasion de leur faire noter et observer quand telles rencontres arriveront, neantmoins avec vostre discretion et industrie accoustumée. Cependant je serois bien aise de sçavoir quelle raison le dict roy mon dict frere aura faict faire aux Estats de leur vaisseau arresté par le vice-amiral Mousson, et comment il continuera à se gouverner avec eulx par la mer.

Son ambassadeur à Venise a commencé à se comporter plus neutralement envers le mien depuis quelque temps ; par où je recognois qu'ils luy ont faict sa leçon. Mais il ne laisse pas pour cela de faire paroistre par sa conduite qu'il incline à favoriser le party des Espagnols et s'accoster de l'ambassadeur d'Espagne plus que de tout autre ; de quoy il faut faire semblant de ne s'apercevoir.

L'on parle à Rome d'envoyer quelqu'un vers le dict roy d'Angleterre pour l'exhorter à se faire instruire, ayant appris par le discours de Linesay, qui est allé depuis peu en Espagne, que le dict roy estoit tout disposé à entendre la verité et à y cedder. Je n'ay pas deliberé de m'entremettre de ceste legation et praticque pour la conseiller ny deconseiller ; et d'autant plus que Sa Saincteté en a parlé assez retenu à mes ministres, et que je n'ay pas opinion aussy que les uns ny les autres en recueillent le fruict qu'ils pretendent. Par tant, j'aime mieux en estre spectateur que partie. Je prie Dieu, Mons\u02b3 de Beaumont, qu'il vous ayt en sa saincte et digne garde.

                                                     HENRY.

1605. — 6 mars. — IIIme.

Orig. autographe. — Londres, State paper office, antient royal letters, t. XXII, lettre 234; copie transmise par M. l'ambassadeur de France à Londres.
Cop. — Musée britannique, biblioth. Cottonienne, Caligula E, XI, fol. 218. Transcription de M. Delpit; et B. N. Fonds Brienne, Ms. 41, fol. 147 verso.

A MONSIEUR MON FRERE LE ROY D'ANGLETERRE ET D'ESCOSSE.

Monsieur mon Frere, Je ne pouvois recevoir plus grand contentement qu'a esté celuy que m'a apporté la venue de mon cousin le duc de Lenox, pour avoir esté asseuré par luy de la continuation et constance de vostre amitié, de laquelle comme j'ay tousjours faict jugement par la sincerité de la mienne, fortiffié par la cognoissance que j'ay de longue main de vostre integrité, dont je n'ay jamais doubté, je recognois avec vous qu'il n'y a que trop de gens, parmy nous et aultres qui nous avoisinent, auxquels nostre fraternité et union desplaisent, qui font ce qu'ils peuvent pour y donner atteinte; mais je vous advise qu'ils travaillent en vain pour mon regard, et veulx croire qu'ils advanceront aussy peu envers vous; car les fondemens sur lesquels nostre mutuelle amitié est bastie sont trop fermes et solides pour estre subjects à s'ebranler par des artifices si grossiers. J'en ay parlé ouvertement à mon dict cousin, lequel s'est acquitté si dignement et fidellement de sa charge, que j'ay toute occasion, non seulement de m'en louer et vous le recommander, comme je fais affectueusement, mais aussy de me promettre qu'il vous representera et certiffiera de mesmes l'affection que veult vous porter eternellement, Monsieur mon Frere,

Vostre tres affectionné frere, cousin et ancien allié,

HENRY.

Ce vj^e mars 1605.

1605. — 7 MARS. — Ire.

Orig. — Ms. appartenant à M. l'abbé Carron, à Versailles, pièce 63.

A MON COUSIN LE CARDINAL DE JOYEUSE,
PROTECTEUR DE MES AFFAIRES EN COURT DE ROME.

Mon Cousin, Je croy avec vous que [1] *les affections du cardinal Aldobrandin sont attachées à ses interests* plus qu'à toute autre chose; car ses actions et deportemens le tesmoignent assez. J'advoue aussy que nous avons jusques à present retiré de *ses offres et promesses plus de feuille que de fruict. Neantmoins ayant l'auctorité et creance qu'il a de present par delà, et ayant remply ce college de tant de personnes à sa devotion, il importe à mon service d'entretenir et mesnager la bonne volonté qu'il porte à ma personne. C'est pourquoy, non-seulement j'approuve de vivre avec luy comme nous avons commencé, luy demonstrant toute sorte de confiance et de bienveillance; mais j'estime aussy que si nous pouvons l'engager par quelque bienfaict en argent, il sera bien employé, et ne pense pas qu'il le desdaigne. Mon ambassadeur vous dira ce que je luy en mande, et l'office que je veux qu'il face avec luy devant qu'il parte pour s'en revenir par deçà. Car encores que le dict cardinal abonde en richesses plus que nul autre de sa qualité qui l'aye precedé, toutesfois, comme la soif d'icelles s'estanche difficilement, j'entends qu'il prend plaisir à les accroistre, et qu'il ne desdaigne les moindres choses qui luy peuvent faire service. S'il accepte nostre offre pour en recevoir le courant par chascune année, ou bien s'il trouve bon que les deniers d'icelle soyent reservez et mis à part par chascun an, pour luy estre gardez et livrez lorsqu'il voudra les prendre, il s'obligera à nous en une sorte ou autre, et il ne laissera pour cela de favoriser les affaires d'Espagne, comme j'en fais bien estat. Neantmoins ce deffault pourra estre cause qu'il se comportera plus discretement, et qu'il ne laissera aussy de nous estre favorable en quelque chose. Je considere avec cela qu'il a prins un vol si elevé que, pour le conserver, il doibt eviter tant qu'il luy sera possible d'estre contrainct de*

---

[1] Les parties en italique sont en chiffres dans l'original.

partialiser ouvertement, principalement pour le party d'Espaigne, soit durant ou aprés le pontificat de son oncle, car il ne le peut faire sans devenir leur esclave. Aydons-nous doncques à nous tromper doucement pendant que nous pourrons en estre quictes pour de l'argent; joinct que de prendre le contre-pied avec le dict cardinal à present, ce seroit le jetter tout à faict entre les bras des Espagnols, et ruiner nos affaires.

Je ne doubte point qu'il n'ayt bonne intelligence avec le comte de Fuentés. Quand je n'en aurois d'autre preuve que celle que l'Allemagne et luy, avec leurs nonces, en ont donnée aux affaires des Suisses et Grisons, à mon desadvantage et du publicq, comme aux usurpations faictes en Italie par ce comte, elle n'est que trop suffisante pour le croire. Je voy aussy que toute l'Italie a la mesme creance; et croyés que je ne m'abuse pas facilement en tel jugement, car je sçay faire difference des effects aux paroles, et je sçay prendre party et me resouldre à celuy que j'estime estre le moins prejudiciable.

Davantage je ne doubte pas que la demonstration que j'ay faicte d'assister le dict cardinal en la brouillerie de Farneses ne l'ayt faict plus estimer et respecter en Italie, et qu'il ne s'en soit servy à ceste fin. Toutesfois j'en ay deu user ainsy, et si je n'ay tiré encore du dict cardinal des effects dignes de la faveur que je luy ay tesmoignée en ceste action, aussy ne l'en ay-je recherché ny pressé, et veux esperer que si l'occasion s'en presente, qu'il y satisfera. Et au cas qu'il ne le fera, il sera lors assez à temps d'adviser comme nous aurons à nous en ressentir et descoudre avec luy.

Mais certainement l'ouverture que vous a faicte le cardinal Delfin[1], *de l'attacher par des liens plus forts que ne sont ceux d'argent, seroit bien le meilleur et le plus seur chemin pour le gaigner et retenir, comme seroit celuy de l'alliance qu'il vous a proposée, à laquelle je voudrois que le grand-duc voulust entendre; car j'estime qu'elle seroit utile à luy et aux siens, et que nous pourrions, par le moyen d'icelle, dresser une partie d'importance, tant pour le present que pour l'advenir. Discourés-en avec mon ambassadeur, et*

---

[1] Jean Delfin, évêque de Vicence, d'une très-illustre famille de Venise, qui était une branche de celle de Gradenigo, avait été compris dans la dernière promotion de cardinaux faite, l'année précédente, par Clément VIII. Il mourut en 1622.

advisés ensemble s'il sera à propos que, passant par là, il sonde sur cela la volonté du dict grand-duc; et je regarderay si je pourray, par le moyen de la Royne ma femme, y frapper coup, sans toutesfois en faire bruict.

Je ne suis pas d'advis aussy que nous mesprisions la proposition d'une ligue deffensive entre le Sainct Siege, les Venitiens, le grand-duc et les autres princes d'Italie, qui a esté faicte par quelques-uns, puisque le dict cardinal Aldobrandin s'est laissé entendre de l'approuver, car il ne nous peut nuire de la rechercher et favoriser; et pourroit se rencontrer que l'on s'y engageroit par degré.

Le duc de Savoye et celuy de Mantoue ne sont pas trop satisfaicts des Espagnols, lesquels aussy n'approuvent l'alliance qu'ils ont concertée; et semble que celui de Parme n'ayt subject d'estre mieux edifié d'eux. Le premier a maintenant perdu son fils aisné, et disoit-on que le second couroit mesme fortune. Si sur cela la royne d'Espagne accouschoit d'un fils, croyés qu'il seroit facile d'esmouvoir l'indignation du duc de Savoye et d'en profiter, principalement si les aultres entroient en jeu. Vous sçaurès ce que son ambassadeur a dict au mien. Je vous prie, ne mesprisons pas ces recherches; les hommes n'ont pas tousjours une mesme volonté, les desdains excitent et allument facilement les courages ambitieux et inquiets comme est celuy du duc de Savoye.

Mon Cousin, c'est ce que je vous escriray sur vostre lettre du vııı^e du mois passé, que j'ay considerée et bien receue, selon le merite de vostre affection, et le compte que je fais de vostre jugement et fidelité en toutes choses.

Au reste, je trouve bon que nous *obligions les cardinaux Delfin et del Bufalo* en la forme proposée par mon dict ambassadeur, ainsy qu'il vous dira. J'attends tousjours aussy en bonne devotion *la resolution de celuy d'Est*, et vous recommande le bien de mes affaires. Je prie Dieu, mon Cousin, qu'il vous ayt en sa saincte et digne garde. Escript à Paris, le vıj^e jour de mars 1605.

HENRY.

DE NEUFVILLE.

1605. — 7 MARS. — IIme.

Cop. — Collection de feu M. Auguis.

[AUX MAIRE, ESCHEVINS ET HABITANS DE POICTIERS.]

Chers et bien amez, Ayant pour bonnes considerations permis aux peres Jesuistes de bastir un college de leur compagnie en nostre ville de Poitiers, comme en lieu où nous avons jugé leur presence necessaire pour l'instruction de la jeunesse, nous avons faict ce qui estoit de nous pour leur establissement, ne restant plus que ce que vous devés contribuer de vostre part; à quoy ayant entendu que vous n'apportés la ferveur et affection que requiert le bien public et l'utilité d'une si louable entreprise[1], à ceste cause, nous voulons et vous mandons que, pour le bien que nous jugeons devoir reussir, vous ayés, sans y apporter davantage de longueur et difficulté, à recevoir la compagnie des dicts peres et favoriser la fondation de leur college de tous les moyens que vous pourrés, recognoissant ceux qui s'y porteront avec plus de soing et affection pour ceux qui auront plus d'inclination à nous obeïr, comme estant chose que nous avons à cœur et qui concerne le bien de nostre service : à quoy nous asseurans que vous rendrés doresnavant tout devoir, nous ne vous en ferons icy plus exprés commandement. Donné à Paris, le vij^e jour de mars 1605.

HENRY[2].

1605. — 8 MARS. — Ire.

Orig. — B. N. Fonds Brienne, Ms. 41, fol. 145; et Béthune, Ms. 9000, fol. 69.

[AU ROI D'ANGLETERRE.]

Tres hault, tres excellent et tres puissant prince, nostre tres cher et tres amé bon frere, cousin et ancien allié, Vostre lettre du vingt-

[1] Le père Cotton attachait une grande importance à l'établissement de ce collége, auquel les principaux habitants du Poitou faisaient beaucoup d'opposition.

[2] Le contre-seing manque dans la copie de M. Auguis.

quatriesme du mois de decembre de l'année passée ne nous a esté delivrée que le vingt-uniesme de celluy de febvrier dernier. Il est vray que nos officiers de nostre ville de Rouen en nostre duché de Normandie, ayant fait saisir et mettre soubs nostre main une certaine quantité de drap appartenant à des marchands, vos subjects, pour les avoir trouvez' et veriffiez vicieux et deffectueux en plusieurs sortes et parties, suivant les loix de nostre Royaulme, en donnerent advis aux gens de nostre conseil d'Estat, auxquels par mesme moyen, envoyerent le procés-verbal de l'information par eulx faicte de la qualité, validité et saisie des dicts draps, en laquelle ils auroient appellé et ouy en tesmoisgnage mesmes aucuns Anglois, vos subjects, et autres marchands tant de la dicte ville qu'estrangiers. Sur quoy, ceux de nostre dict conseil auroient ordonné en estre informé derechef plus exactement et particulierement; ce qui auroit esté executé, affin de proceder au jugement de ce faict avec plus de circonspection et equité, à quoy ils auroient esté d'autant plus soigneux, qu'il s'agissoit de l'interest de vos dicts subjects, du bien desquels ils sçavent que nous voulons qu'ils ayent pareil soing que des nostres propres. Or la premiere information ayant esté confirmée par la subsequente, les gens de nostre dict conseil ayant par ce moyen suffisamment veriffié la deffectuosité et invalidité des dicts draps, n'ont pu faire de moins que de prononcer par leur arrest sur la saysie d'iceulx, selon les loix et ordonnances de nostre Royaulme, qui obligent et astreignent les marchands forains, ne plus ne moins que les regnicolles, à observer exactement les reglemens portez par icelle touchant la drapperie, qui sont quasy conformes à celles de vostre Royaulme, car nos officiers n'ont pouvoir ny auctorité de se dispenser en leurs jugemens de l'observation exacte des dictes loix. Neantmoins, vostre ambassadeur nous ayant remonstré combien la perte et confiscation des dicts draps incommoderoit vos dicts subjects, nous aurions, pour ceste consideration et pour le desir que nous avons de vous tesmoigner en toutes choses la singuliere affection que nous vous portons, faict suspendre l'execution du dict jugement, et depuis commandé à nostre ambassadeur resident auprés de vous, de vous informer et ceulx de vostre conseil de la verité de ceste procedure et des causes et raisons motifvées du dict jugement, affin que vous sceussiés comment nous entendons nous comporter en toutes choses qui importent à l'entretenement et manutention de nostre ancienne amitié et bonne voisinance, laquelle nous desirons accroistre et estreindre par toutes sortes de bons effects dignes d'icelle. Tellement que si vostre dict ambassadeur nous eust faict entendre que vous eussiés desiré que nous eussions faict grace aux dicts marchands, nous l'eussions dés lors accordée. Mais il a tousjours declaré et insisté qu'il ne demandoit que justice, comme si l'arrest donné par les gens de nostre dict conseil, suivant nos dictes loix et reglemens, estoit eslongné d'icelle. De sorte que les choses sont demeurées pour ceste cause en suspens jusques à present, non que nostre but et intention soit d'assubjectir vos dicts subjects à des rigueurs et severitez en leur trafficq, qui soyent impossibles, ou encore que l'arrest donné en pareil cas, du temps de la deffuncte royne d'Angleterre, nostre tres chere et tres amée sœur et cousine, de glorieuse memoire, ayt esté faict avec grande cognoissance de cause et meure deliberation, mesmes aprés avoir ouy plusieurs fois en nostre conseil l'ambassadeur de la dicte dame, qui residoit lors auprés de nous, et aucuns marchands anglois exprés appellez pour cest effect. Neantmoins, s'il est jugé trop rigoureux et tel qu'il ne puisse estre executé et observé sans destruire le trafficq des dicts draps entre nos subjects, nous aurons tousjours à plaisir d'entendre les raisons qu'ils en feront deduictes, et d'y apporter de nostre part le temperament qui sera jugé equitable ; comme nous avons donné charge à nostre dict ambassadeur vous faire entendre plus particulierement. Sur lequel nous remettant, nous prions Dieu, Tres hault, tres excellent, et tres puissant prince, nostre tres cher et tres amé bon frere, cousin et ancien allié, qu'il vous ayt en sa saincte garde.

Vostre bon frere et cousin,

HENRY.

1605. — 8 MARS. — IIme.

Orig. — Fonds Brienne, Ms. 41, fol. 147; — et Béthune, Ms. 9000, fol. 71 verso.

[AU ROI D'ANGLETERRE.]

Tres hault, tres excellent et tres puissant prince, nostre tres cher et tres amé bon frere, cousin et ancien allié, Les tesmoignages que vous nous rendés en diverses occasions de vostre entiere et parfaicte amitié ne nous sont pas moins agreables que la souvenance que vous avés des demonstrations que nous avons tousjours faictes d'en desirer la continuation pour le commun bien de nos personnes, estats et subjects. C'est pourquoy nous avons d'autant plus volontiers veu et receu nostre cousin le duc de Lenox, vostre ambassadeur, qu'il a esté porteur de l'asseurance et confirmation que, par luy, vous nous en avés donnée, oultre l'honneur qu'il a de vous appartenir de proximité de sang et d'avoir part au gouvernement et direction de vos principaulx affaires. Aussy luy avons-nous ouvert nostre cœur et declaré bien particulierement combien nous apportons de sincere correspondance à une si constante amitié; laquelle, de nostre part, nous mettons peine de cultiver, de sorte qu'elle produise en sa saison des fruicts dignes de nos promesses et de la confiance que nous vous prions prendre, qu'aux occasions qui se presenteront nous la vous ferons paroistre par vrays effects, ainsy que nous avons dict à nostre dict cousin le duc de Lenox, qui s'est si sagement et prudemment conduict en ce qu'il a eu à negotier avec nous de vostre part, qu'il nous en demeure tout contentement, non moins que du choix que vous avés faict de sa personne pour accomplir ce voyage. Or à tant nous prions Dieu, Tres hault, tres excellent et tres puissant prince, nostre tres cher et tres amé bon frere, cousin et ancien allié, qu'il vous ayt en sa saincte garde.

Vostre bon frere et cousin,
HENRY.

[1605.] — 10 MARS. — Ire.

Orig. autographe. — Fonds de M. Lefèvre, libraire à Paris. Communiqué par M. Monmerqué.

A MONS^R MARYON.

Monsr Maryon, Ce mot n'est que pour vous ramentevoir l'affaire dont je vous chargeay dernierement, pour la revente des receveurs des decimes, que j'affectionne d'autant plus qu'il y va de l'honneur et gloire de Dieu, augmentation de son eglise et de la memoire de mon nom à la posterité, comme j'ay commandé à la Varanne, que je renvoye exprés, de vous dire de ma part; et que vous ne me sçauriés tesmoigner l'affection que vous avés à mon service en meilleure occasion. Croyés donc ce qu'il vous dira sur ce de ma part, et je prie Dieu vous tenir, Monsr Maryon, en sa garde. Ce x^e mars, à Louvre en Parisis.

HENRY.

[1605.] — 10 MARS, — IIme.

Imprimé. — *Œconomies royales*, édit. orig. t. II, chap. 5o.

[A M. DE ROSNY.]

[1] Mon amy, Je vous prie de faire payer incontinent au s^r de Merens, qui vous rendra ceste-cy de ma part, la somme de douze cens livres, pour les raisons contenues en l'ordonnance que je luy en ay faict expedier, d'autant que c'est chose que je desire, m'ayant bien servy toute sa vie, et ayant peu faict pour luy. Bon jour, mon amy. Ce x^e mars, à Louvre, au matin.

HENRY.

[1] Ce billet et le suivant étaient de la main du Roi.

[1605.] — 11 MARS. — Ire.

Imprimé. — *OEconomies royales*, édit. orig. t. II, chap. 5o.

[A M. DE ROSNY.]

Mon amy, Ayant avant-hier oublié à vous recommander le mariage du marquis de Cœuvres[1], je vous fais ce mot pour vous prier de vous y employer et le favoriser de tout vostre pouvoir. Vous sçavés que je vous en ay cy-devant parlé comme chose que j'affectionne, estant à mes enfans ce qu'il leur est, et si oultre cella je l'aime. C'est pourquoy je vous prie encore un coup de l'affectionner et y mettre la bonne main pour l'amour de moy. A Dieu, mon amy, ce xj^e jour de mars, à Louvres.

HENRY.

[1605.] — 11 MARS. — IIme.

Orig. autographe. — Cabinet de M. le général de la Loyère.
Imprimé. — *OEconomies royales*, édit. orig. t. II, chap. 5o.

A MON COUSIN LE MARQUIS DE ROSNY.

Mon amy, Pour response à la vostre de hier, que j'ay receue ce matin à mon lever, je vous diray que je trouve bon, au cas que le s^r des Ayos meure, de continuer la possession que j'ay de nommer un lieutenant à Sainct-Jehan, tant pour ce que peust-estre le gouverneur ne sera pas

---

[1] François-Annibal d'Estrées, marquis de Cœuvres, comte de Nanteuil-le-Haudoin, gouverneur de l'Ile de France, de Soissons, Laon, etc. premier baron du Boulonais, était frère de Gabrielle d'Estrées et par conséquent oncle de trois des enfants de Henri IV. Il avait d'abord été destiné à l'état ecclésiastique, et nommé à l'évêché de Noyon en 1594; mais son frère aîné ayant été tué cette année-là au siége de Laon, il quitta l'Église pour les armes, se distingua comme lieutenant général dans les guerres de la Valteline, fut ambassadeur à Rome et en Suisse, et devint maréchal de France en 1626. Louis XIII lui donna le collier de ses ordres en 1633; il fit la fonction de connétable au sacre de Louis XIV. Sa terre d'Estrées avait été érigée en duché-pairie dès les premières années du règne de ce prince, par lettres de 1648. Il mourut à Paris, le 5 mai 1670, âgé de cent deux ans. Le mariage dont Henri IV parlait pour lui dans cette lettre ne se fit pas alors; ce ne fut qu'en 1622 qu'il épousa Marie de Béthune, nièce de Sully. Il eut deux autres femmes : Anne Habert de Montmor et Gabrielle de Longueval.

tousjours mr de Rohan[1] et vostre gendre[2], que pour d'aultres considerations ; mais je ne resouldray aulcune chose de cela que je ne vous aye veu et prins vostre advis, lequel j'approuve pour la continuation du maire de la dicte ville, puisqu'il est tel que vous me mandés, à la verité.

Lorsque je partis de Paris, j'oubliay à vous dire que je voulois faire un present de douze ou quinze cens escuz au moins à ma cousine la duchesse des Deux-Ponts. C'est pourquoy je vous prie de luy en envoyer un de ceste valeur-là par quelque gentilhomme des vostres, avec la lettre que je luy escris sur ce subject, que je vous envoye ouverte affin que vous la voyés. Icy, il fait tres beau, et dés hier, en y arrivant, je commençay d'y avoir force plaisir. Je monte à cheval pour courre un cerf. A Dieu, mon amy. Ce xje mars, à Chantilly[3].

HENRY.

[1] Henri de Rohan, premier duc de Rohan, pair de France, prince de Léon, comte de Porhoet, etc. était fils aîné de René, vicomte de Rohan, et de Catherine de Parthenay, dame de Soubise. Il était né le 21 août 1579. Sa grand'mère, Isabelle d'Albret, fille de Jean d'Albret, roi de Navarre, était grand'tante de Henri IV; en sorte que si madame Catherine était morte avant la naissance de Louis XIII, il aurait été reconnu héritier présomptif de la couronne de Navarre, comme le jeune prince de Condé était reconnu héritier présomptif de la couronne de France. Ce fut Henri IV qui le maria à la fille de Sully. Le duc Henri de Rohan se distingua encore plus par ses talents militaires et par ses écrits que par sa haute naissance. Ses exploits dans le midi, comme chef du parti protestant, répondent au commencement du règne de Louis XIII jusqu'à l'année 1629, où il fit sa soumission, par suite de la prise de la Rochelle. L'année suivante, le sénat de Venise le nomma généralissime des troupes de cette république. Il fut ensuite choisi pour général par les Grisons, dirigea toute la guerre de la Valteline, défit les impériaux en plusieurs rencontres, et mourut de ses blessures à Rhinfeld, en Suisse, le 13 avril 1638. Outre ses célèbres mémoires, on a encore de lui deux autres ouvrages intitulés, l'un *Les intérêts des princes*, l'autre *Le parfait capitaine;* ce dernier est une étude des Commentaires de César. Sa vie a été écrite par Fauvelet du Toc (1666), puis par l'abbé Pérau (1757).

[2] Marguerite de Béthune, fille de Sully et de Rachel de Cochefilet, sa seconde femme, venait d'épouser, le 7 du mois précédent, le duc de Rohan, dont elle se montra la digne compagne par son mérite et son courage. Elle a aussi laissé des mémoires. Elle mourut le 21 octobre 1660.

[3] Au dos, de la main de Sully :
« Le Roy, du 11 mars 1605, touchant le sr des Aios, le maire de St-Jean, et un present à la duchesse des Deux-Ponts. »

[1605.] — 13 MARS.

Imprimé. — *Œconomies royales*, édit. orig. t. II, chap. 50; et *Vie militaire et privée de Henri IV*, p. 286.

[A M. DE ROSNY.]

Mon Cousin, Mandés-moy par le retour de ce courrier si mes affaires sont en estat qu'il faille que je haste mon retour, car selon cela je me conduiray. Icy il fait tres beau, et y passe bien mon temps, me portant tres bien, Dieu mercy; car je n'ay aucun ressentiment de reume, de goutte ny de chose du monde. Vous le jugerés ainsy à mon visage, qui est tres bon. Je me couche entre dix et onze et me leve à sept heures, dors bien et mange de mesme, qui sont les meilleures nouvelles que je vous puisse mander. Si vous en sçavés quelques-unes, mandés-les moy par le retour de ce courrier. A Dieu, mon Cousin. Ce samedy, xiij^e mars, à Chantilly.

HENRY.

[1605.] — 14 MARS. — Ire.

Orig. autographe. — Cabinet de M. le général de la Loyère.
Imprimé. — *Œconomies royales*, édit. orig. t. II, chap. 50.

A MON COUSIN LE MARQUIS DE ROSNY.

Mon amy, Vous aurés sceu par m^r de Villeroy les nouvelles que j'eus hier de Rome par un courrier que vostre frere et les cardinaux françois qui y sont me depescherent[1], comme le Pape est mort le troisiesme, venant au quatriesme. Despuis, j'ai receu la vostre, suivant laquelle je vous envoye celle que je fais à m^r de Fresnes pour la continuation du s^r de Ponson, maire de ma ville de Sainct-Jean d'Angely, affin qu'il face les despesches necessaires. J'ay receu aussy celle de ma cousine la duchesse des Deux-Ponts, par laquelle elle me remercie

---

[1] Ce mot est écrit *despecharent*.

du present que je luy ay faict. Icy il faict tres beau, et monte à cheval pour aller courre un cerf à Verneuil. A Dieu, mon amy. Ce xiiij^e mars, à Chantilly².

HENRY.

[1605.] — 14 mars. — IIme.

Imprimé. — *OEconomies royales*, édit. orig. t. II, chap. 5o.

[A M. DE ROSNY.]

[1] Mon amy, je vous ay plusieurs fois parlé pour les affaires du s^r de Villars², lesquelles je me suis fait rapporter par le president Jeannin et Arnault, qui est à vous, auxquels j'ay dict ma volonté pour la vous faire entendre. Je vous prie donc de le faire expedier, et vous me ferés service tres agreable. Le retardement qui a esté faict des quarante mil livres de l'année derniere luy a cousté plus de deux mille escuz d'interest. Il y a plus de six mois qu'il est après la poursuicte de celle-cy. J'ay aussy commandé à Arnault de vous dire que vous fissiés expedier deux quittances de quatre mil escuz des receveurs des restes de Rouen. Je vous prie aussy les faire expedier et les faire bailler à Puypeiroux, commis de la Varenne. A Dieu, mon amy. Ce xiiij^e mars, à Chantilly.

HENRY.

² Au dos, de la main de Sully :
« Le Roy, du 14 mars 1605, touchant la mort du Pape et le maire de St-Jean. »

---

[1] Cette lettre et la suivante étaient de la main du Roi.

² Georges de Brancas, marquis de Villars, baron d'Oise, était frère de l'amiral de Villars et du chevalier d'Oise, desquels il a été question ci-dessus. Il avait succédé au premier dans le gouvernement du Havre et de Honfleur, et dans la lieutenance générale au gouvernement de Normandie. Louis XIII lui donna le collier de ses ordres en 1619, et le créa duc et pair en 1627. Il mourut, en 1657, à l'âge de quatre-vingt-neuf ans.

1605. — 15 MARS.

Imprimé. — *OEconomies royales*, édit. orig. t. II; chap. 50; et *Vie militaire et privée de Henri IV*, p. 287.

[A M^R DE ROSNY.]

Mon Cousin, J'aurois besoin de plus de temps et de loisir que je n'en ay maintenant pour respondre aux discours, raisons et plainctes de vostre lettre du xiij^e mars[1]. C'est pourquoy je remettray à vous en parler à la premiere veue et loisir; et cependant je vous conseilleray de prendre le mesme conseil que vous me donnés, lorsque je me mets en colere de ceux qui blasment mes actions : qui est de laisser dire et parler le monde sans vous en tormenter, et faire tousjours de mieux en mieux; car par ce moyen vous monstrerés la force de vostre esprit, ferés paroistre vostre innocence, et conserverés ma bienveillance, de laquelle vous pouvés estre autant asseuré que jamais. A Dieu, mon Cousin. De Chantilly, ce xve mars 1605.

HENRY.

1605. — 16 MARS. — Ire.

Orig. — Ms. appartenant à M. l'abbé Caron, à Versailles, pièce 66.

A MON COUSIN LE CARDINAL DE JOYEUSE,
PROTECTEUR DE MES AFFAIRES EN COURT DE ROME.

Mon Cousin, Je n'ay rien à vous dire de nouveau sur la mort du Pape, de laquelle vous m'avés adverty avec mon ambassadeur par

---

[1] La lettre de Sully, fort longue, précède cette réponse, dans les *OEconomies royales*. Sully s'y plaint des calomnies dont il est l'objet, dont le P. Cotton s'était fait l'écho, et sur lesquelles nous aurons à revenir. Voici les points qui y sont traités, d'après les indications sommaires placées à la marge : *Lettre de M. de Rosny au Roy sur ses peines. — Les inclinations du Roy gehennées. — Les trois principales amoureuses du Roy. — Protestations de M. de Rosny. — Louanges à la calomnie. — Ombrages et jalousies du Roy. — Difficultez qui se rencontrent à bien faire. — Conclusion de M. de Rosny. — Prudence et modestie de M. de Rosny. — Esclaircissemens demandez. — Raisons pour verifier une loyauté. — Impertinentes accusations contre M. de Rosny. — Finales supplications.*

vostre lettre du iiie de ce mois; car je vous ay dict et escript clairement mes intentions et fins, auxquelles je persiste constamment, et remets et confie entierement à vous l'execution et conduite d'icelles. J'ay seulement à vous faire sçavoir que *le cardinal Aldobrandin m'a escript une lettre et faict dire despuis la mort du Pape par le nonce*, ce que je mande presentement à mon ambassadeur vous faire entendre; ce que je desire que vous mettiés en consideration, affin que nous ne perdions l'occasion *d'obliger et joindre à nous tout à faict le dict cardinal Aldobrandin, puisqu'il s'y offre si librement qu'il fait. Servés-y moy donques avec vostre affection et prudence accoustumée. Je vous recommande sur toutes choses le cardinal de Florence, et aprés luy ceux sur lesquels vous sçavés que nous avons jetté les yeux. Quant aux promesses faictes aux cardinaux Bevilaqua, Delfini et Buffalo, tant pour eux que pour leurs parens, asseurés-vous qu'elles seront accomplies et observées en toutes leurs parties*, sans qu'il y ayt aulcun menagement, et vous prie d'en respondre pour moy comme vous jugerés qu'il sera necessaire. J'ay aussy receu vos deux lettres du xxiij^e du mois passé, auxquelles je ne feray pour le present plus particuliere response : priant Dieu, mon Cousin, qu'il vous ayt en sa saincte garde. Escript à Chantilly, le xvj^e jour de mars 1605.

HENRY.

DE NEUFVILLE.

1605. — 16 MARS. — IIme.

Cop. — Biblioth. de Metz. Envoi de M. Clercx de Belletanche, bibliothécaire de la ville.

[AU CARDINAL DE GIVRY.]

Mon Cousin, J'ay receu avec grand desplaisir la nouvelle de la mort de Nostre Tres Sainct Pere le Pape, et la ressens autant en mon particulier, pour la paternelle amitié et bienveillance qu'il me portoit et au bien et repos de mon Royaulme, comme je sçay qu'il estoit tres desireux de celuy de la Chrestienté en general; mais puisqu'il a pleu à Dieu en user de ceste sorte, c'est à ceste heure à tous mes bons serviteurs à s'estudier par leur bonne correspondance et s'employer de tout leur possible pour voir succeder au Sainct-Siége personne qui le puisse remplir aussy dignement et utilement à l'advantage de mes affaires que faisoit Sa Saincteté. Sur quoy vous entendrés de mon cousin le cardinal de Joyeuse ce qui est de mes intentions, auxquelles je vous prie vous conformer en ceste occasion, et y demeurer ferme avec mon dict cousin, sans vous en separer ny departir en sorte quelconque; et comme je recognoistray en ceste action le zele et affection de ceux qui s'y porteront selon mon desir, je sçauray bien aussy leur tesmoigner par effect le contentement et satisfaction que j'en auray: priant Dieu, mon Cousin, qu'il vous ayt en sa saincte et digne garde. Escript à Chantilly, le xvj^e de mars 1605.

HENRY.

DE NEUFVILLE.

[1605.] — 16 MARS. — IIIme.

Imprimé. — *OEconomies royales*, édit. orig. t. II, chap. 50.

[A M. DE ROSNY.]

[1] Mon amy, Il y a quelque temps que j'ay faict poursuivre en justice le partage que je doibs faire de la forest de l'Aigle entre m^r le connestable et moy, ce qui a esté tellement acheminé, que, les prisées et les deux lots estant faicts, il ne reste plus qu'en passer le contract; et ayant desiré d'achepter la part qui en escherra à m^r le connestable, j'ay commandé à mess^{rs} de Sillery et de Fleury d'en traicter avec ses gens; de quoy je vous ay bien voulu advertir, et comme je leur ay donné charge d'en conferer avec vous pour y mettre une fin, ensemble des moyens pour faire la dicte acquisition dans deux ans, sans incommoder mes finances, ny endommager mes forests par coupes excessives et extraordinaires. De quoy je vous prie de les

---

[1] Cette lettre et la suivante étaient de la main du Roi.

vouloir escouter, affin de prendre sur ce faict quelque resolution, et telle que vous la jugerés plus à propos pour le bien de mon service. A Dieu, mon amy. Ce xvj^e mars, à Chantilly.

HENRY.

[1605.] — 25 MARS. — Ire.

Orig. autographe. — Cabinet de M. le général de la Loyère.
Imprimé. — *Œconomies royales*, édit. orig. t. II, chap. 50.

A MON COUSIN LE MARQUIS DE ROSNY.

[1] Mon amy, Vous aurés sceu par m^r de Sillery comme j'ay eu nouvelles de Caumartin, par lesquelles il me donne advis comme les Espagnols ont demandé passage aux Suisses pour faire passer par leur pays deux mille hommes, et qu'ils les faisoient passer vingt à vingt; que depuis ils le leur ont encore demandé pour mille, ne voulans point qu'ils passent par le pont de Gresin, de peur d'estre retardez, comme s'ils vouloient advancer leurs affaires; qui me fait craindre qu'ils commanderont à Spinola de ne passer par icy, de peur d'estre retenu ou retardé, et de prendre son chemin par la Lorraine. C'est pourquoy j'ay pensé de vous depescher ce courrier pour vous dire que vous envoyés querir Arsens et partiés avec luy pour voir si m^r le prince Maurice, avec ses frybus ou coureurs françois qu'il a, ne le pourroit point faire prendre, passant par la Lorraine, d'autant que cela luy vaudroit une bataille gagnée; et je vous prie me mander ce que le dict Arsens vous en aura dict et son advis. Au reste, la Varenne m'a dict que vous desiriés que je vous resolusse touchant Nargonne pour la tour de Bouc. Vous ne m'en avés point parlé ny dict au dict la Varenne ce que vous estiés d'advis que je feisse; mandés-le-moy, je vous prie. A Dieu, mon amy. Ce xxve mars, à Fontainebleau.

HENRY.

---

[1] Au dos est écrit de la main de Sully: « Le Roy, du 25 mars 1605, touchant le passage de 3000 Espagnols, le s^r Spinola et le s^r de Nargonne. »

[1605.] — 25 MARS. — IIme.

Orig. autographe. — Cabinet de M. le général de la Loyère.
Imprimé. — *Œconomies royales*, édit. orig. t. II, chap. 5o.

A MON COUSIN LE MARQUIS DE ROSNY.

[1] Mon Cousin, Je vous prie, suivant ce que je vous dis l'autre jour, de faire delivrer à Puypeyrous, commis de la Varane, les deux quittances de receveur des restes de Rouen, et les employer dans le premier comptant que vous ferés expedier. A Dieu, mon Cousin. Ce xxve mars, à Fontainebleau.

HENRY.

[1605.] — 25 MARS. — IIIme.

Imprimé. — *Œconomies royales*, édit. orig. t. II, chap. 5o.

[A M. DE ROSNY.]

[1] Mon amy, Je vous prie que, conformement à l'ordonnance que j'ay faict expedier par m^r de Villeroy à Hector le Breton (et que je commanday à m^r de Sillery de vous dire, et que je vous ay mandé il y a deux jours par le nepveu de Lomenie) de luy faire delibvrer la somme de deux mil quatre cens livres, pour icelle employer au payement des pensionnaires que j'ay en Bourgogne, et employer la dicte somme dans le premier comptant, comme chose que je desire. A Dieu, mon amy. Ce xxve mars, à Fontainebleau.

HENRY.

[1] Au dos, de la main de Sully :
« Le Roy, du 25 mars 1605, pour bailler deux quittances des receveurs des restes à Rouen. » Les secrétaires de Sully ont encore substitué ici le mot *amy* au mot *cousin*.

[1] Cette lettre était de la main du Roi.

1605. — 27 mars. — Ire.

Orig. — B. N. Fonds Brienne, Ms. 41, fol. 184 verso; — et Béthune, Ms. 9000, fol. 130 verso.

[A M. DE BEAUMONT.]

Monsr de Beaumont, J'avois faict dresser ma response à vostre lettre du xxiiie du mois passé, receue le ixe du present, pour la vous envoyer, quand la vostre du xiiij^e est arrivée; qui sera cause de ceste adjunction, pour ne vous laisser plus long temps en la peine en laquelle j'ay remarqué par vostre dicte lettre que vous estes, de l'advis que je vous ay donné du propos que m^r le duc de Lenox m'avoit tenu des causes qui mennent la royne d'Angleterre à se conduire en vostre endroit comme elle faict, en vous asseürant que je n'ay adjousté aucune foy à ce que m'en a dict le dict duc de Lenox. Car j'ay tant de sortes de preuves de la mauvaise volonté de la dicte dame et de son imprudence, comme j'ay de vostre discretion et sage conduicte en toutes choses, que je ne dois croire que ce soit pour vostre consideration particuliere qu'elle vous traicte comme elle faict; mais j'ay mieux aimé feindre au dict duc de Lenox ceste creance, que de luy debattre et veriffier le contraire, pour les raisons tres bien representées en vostre dicte lettre. Contentés-vous doncq que je suis tres content de vous et dissimulés doulcement toutes ces rencontres, sans vous en alterer ny plaindre; car vous ne gaigneriés pour mon service d'en user aultrement. Au contraire vous debvés faire paroistre à la dicte dame que vous estes plus desireux de sa bonne grace que jamais, d'autant que vous sçavés que c'est chose qui me sera tres agreable, sans toutesfois rien faire pour la gaigner qui soit indigne de moy ny de vostre charge.

J'ay esté bien aise de sçavoir la bonne volonté du duc de l'Hostin, son frere, en laquelle vous le debvés entretenir tant qu'il vous sera possible; neantmoins, detournés-le doucement de venir icy, s'il continue en ceste deliberation; car, comme je fais estat, aprés Pasques, de ne m'arrester gueres en un lieu, il recevroit de l'incommodité, et moy de la peine, s'il me venoit voir en ceste saison; mais maniés cela si accortement, qu'il ne s'aperçoive que vous ayés receu de moy ce commandement.

J'ay veu le reglement pour la marine que vous m'avés envoyé; j'ay l'opinion que le dict roy l'a faict pour manifester son inclination neutrale et abuser ses subjects et ses voisins, et peut-estre se flatter et decevoir luy-mesme et ses conseillers, que pour autre bien et advantage qu'il en espere. Lequel nous recognoistrons du traictement qu'il fera aux pilotes et mariniers qui n'obeïront au dict reglement; par tant vous y prendrés garde pour m'en advertir. Mais j'estime que plus vous parlerés sobrement à l'advenir au dict roy et à ses conseillers en faveur des Estats, plus ils se disposeront de les favoriser; car je recognois maintenant qu'ils se manient plus par envie et jalousie que par raison et priere. Toutesfois, estant sur les lieux et mieux cognoissant leur humeur, je remets à vous d'en user ainsy que vous jugerés pour le mieux. Au demeurant vous m'avés si bien servy en ceste legation, que quand vous en serés revenu, j'auray à plaisir de ne vous laisser longtemps inutile, comme j'auray de recognoistre le bon et fidel devoir que vous y avés faict. Je prie Dieu, Monsr de Beaumont, qu'il vous ayt en sa saincte garde.

HENRY.

1605. — 27 MARS. — IIme.

Orig. — B. N. Fonds Brienne, Ms. 41, fol. 177 verso; — et Béthune, Ms. 9000, fol. 119.

[AU ROI D'ANGLETERRE.]

Tres hault, tres excellent et tres puissant prince, nostre tres cher et tres amé bon frere, cousin et ancien allié, Nous n'avons voulu attendre vostre response à nostre lettre du viiie de ce mois (envoyée à nostre ambassadeur pour vous la delibvrer, ayant receu, par les mains du vostre, le xxie d'icelluy, celle que vous nous avés encore escripte le xve du passé) touchant les draps arrestez en nostre ville de Rouen, pour satisfaire à vostre desir, car nous avons à l'instant commandé, non seulement que les dicts draps soyent rendus et delibvrez aux marchands, vos subjects, sur lesquels ils ont esté saisis, mais aussy leur estre permis les exposer en vente et les debiter en nostre Royaulme, combien qu'ils soyent notoirement vitieux et deffectueux, toutesfois les uns plus que les aultres, tant nous desirons vous faire paroistre en toutes occasions combien nous aimons et voulons favoriser vos subjects en leur commerce avec les nostres, pour lesquels nous attendons aussy de vous pareille gratiffication et faveur en vos royaulmes. Mais nous vous prions d'enjoindre aux vostres qu'ils observent à l'advenir nos loix et reglemens en leur traffiq, comme nous entendons que nos subjects gardent les vostres, affin qu'il n'en soit abusé de part et d'autre. Et puisque vous estimés estre difficile observer les derniers reglemens que nous avons faicts sur le trafficq des draps, jaçoit que nous les ayons faicts avec grande et meure deliberation, neantmoins nous aurons à plaisir d'entendre par vostre ambassadeur les raisons qui sont à considerer sur ce faict, affin d'y avoir tel esgard et d'y apporter l'ordre que nous jugerons par ensemble estre equitable et necessaire pour le bien commun de nos subjects et la commodité du dict commerce; nous promettant aussy que vous donnerés pareillement pouvoir à vostre ambassadeur de traicter et convenir avec nous des provisions que nos dicts subjects reclameront estre données en vostre royaulme pour faciliter leur trafficq, affin qu'ils jouissent reciproquement de la liberté, commodité et seureté d'icelluy, qui est due à nostre fraternelle et ancienne amitié, selon nostre commun et mutuel desir, qui vous sera representé plus particulierement par nostre dict ambassadeur. A tant nous prions Dieu, Tres hault, tres excellent et tres puissant prince, nostre tres cher et tres amé bon frere, cousin et ancien allié, qu'il vous ayt en sa saincte garde.

Vostre bon frere et cousin,

HENRY.

[1605.] — 27 MARS. — IIIme.

Orig. autographe. — Cabinet de M. le général de la Loyère.
Imprimé. — *Œconomies royales*, édit. orig. t. II, chap. 50.

A MON COUSIN LE MARQUIS DE ROSNY.

[1] Mon amy, Il n'y a pas grand peine à faire ce dont vous m'avés escript pour Nargonne[2], car c'est chose que je desire, et vous sçavés qu'il est desjà avec sa compagnie en garnison dans la tour de Bouc; mais le mal vient de me[3] de Mercœur, à qui est la place. C'est pourquoy, suivant ce que je vous ay dict et commandé autrefois, il faudroit traicter avec elle de la dicte place par eschange ou recompense, car elle importe à mon service. Cependant, envoyés-moy icy le dict Nargonne, et sur cela j'ay commandé à la Varanne de vous dire mon intention, comme aussy sur ce que vous m'escrivés de la difficulté que le president de Thou fait de se voir presider par un de mon conseil d'Estat en la commission pour le faict des rentes, remettant cela à m[r] le chancelier, à m[r] le garde des sceaux[4], à vous et aultres de mon conseil, ce que vous en ferés. Mais sousvenés-vous que si une fois on laisse passer celle-là, elle tirera en consequence pour les aultres à l'advenir. J'ai sceu aussy que de Gesvres faict difficulté d'expedier les lettres de provision de l'estat de gouverneur de Montpellier que j'ay données à Mayrargues, qui est à moy il y a longtemps, en consideration de ses services. Avant que le luy donner, je m'estois

---

[1] Au dos, de la main de Sully :
« Le Roy, du 27 mars 1605, pour Nargonne, le president de Thou et l'office de lieutenant particulier à Montpellier. »

[2] Probablement Charles de Nargonne, baron de Mareuil, dont la fille épousa en 1644 le duc d'Angoulême, fils de Charles IX. (Voyez ci-dessus, t. III, p. 168.)

[3] Cette abréviation désigne évidemment *madame* de Mercœur. Les secrétaires de Sully ont imprimé *monsieur;* mais, comme nous l'avons dit ci-dessus, t. I, p. 397, le duc de Mercœur était mort dès l'année 1602. La forteresse de la tour du Bouc appartenait à la duchesse de Mercœur.

[4] M. de Bellièvre, fatigué par l'âge, tout en restant chancelier, avait remis les sceaux au Roi, qui les avait confiés à M. de Sillery. Celui-ci n'y joignit la charge de chancelier qu'à la mort de Bellièvre.

faict esclaircir par mr le garde des sceaux si cela estoit de mes parties casuelles, et ayant esté asseuré par luy et aultres que non, non plus que celuy de gouverneur de la Rochelle, je le luy ay donné. C'est pourquoy je vous prie de dire au dict Gesvres qu'il expedie au dict Mayrargues ses provisions, comme chose que je desire. A Dieu, mon amy. Ce xxvije mars, à Fontainebleau.

HENRY.

[1605.] 27 MARS. — IVme.

Orig. autographe. — Cabinet de M. le général de la Loyère.
Imprimé. — *OEconomies royales*, édit. orig. t. II, chap. 50.

A MON COUSIN LE MARQUIS DE ROSNY.

[1] Mon Cousin, Ceulx qui m'avoient dernierement faict parler pour avoir un arrest touchant les quarts deniers, duquel je vous envoye la copie, m'ont faict offre de la somme de quarante mil escuz, et que je leur face bailler le dict arrest. Et d'autant que c'est une affaire qui importe, je la vous renvoye pour la faire juger en mon conseil, affin que si elle y est trouvée juste comme je la crois, vous ne la negligiés, et la faciés reussir en tirant le plus que vous pourrés pour le bien de mes affaires et services, qui vous est assez recommandé. C'est pourquoy je ne vous en diray davantage, pour prier Dieu vous avoir, mon Cousin, en sa saincte et digne garde. Ce xxvije mars, à Fontainebleau.

HENRY.

[1] Au dos, de la main de Sully :
« Le Roy, du 27 mars, pour la recherche du quart denier. 1605. »

Les *OEconomies royales* substituent encore ici *mon amy* à *mon cousin*.

[1605.] — 29 MARS.

Orig. autographe. — Cabinet de M. le général comte de la Loyère.
Imprimé. — Œconomies royales, édit. orig. t. II, chap. 5o.

A MON COUSIN LE MARQUIS DE ROSNY.

[1] Mon amy, Ceste-cy sera pour vous prier de vous souvenir de ce dont nous parlasmes dernierement ensemble, de ceste place[2] que je veulx que l'on face, devers le logis qui se faict au marché aux chevaulx, pour les manufactures, affin que, si vous n'y aviés esté, vous y alliés pour la faire marquer. Car baillant le reste des aultres places à cens et rentes pour bastir, c'est sans doute qu'elles le seront incontinent, et je vous prie de m'en mander des nouvelles. Au demeurant, je viens tout presentement d'apprendre par un courrier qui vient d'Espagne et s'en va en Flandres, que Spinola le devoit suivre dans trois ou quatre jours, et qu'il doit passer par icy; cela estant, nous devons pourveoir à la seureté de son passage. Hier au soir tout tard l'ordinaire de Rome arriva, et je n'ay encore veu ce que l'on me mande de ces quartiers ny des subjects papalisans; seulement j'ay apprins qu'il y aura force difficultez, à cause des divers subjects qui se rencontrent. Bon jour, mon amy. Ce xxixe mars, à Fontainebleau.

HENRY.

[1] Au dos, de la main de Sully :
« Le Roy, du 29 mars 1605, pour la place du marché aux chevaux, et des nouvelles d'Italie et Spinola. »

[2] Ce devint la place Royale. Dans l'arrêt rendu le 5 août 1605 pour l'enregistrement des lettres-patentes du mois de juillet précédent sur l'exécution de ce projet, il est dit que, par ces lettres, le Roi « veut que le lieu appelé *le marché aux chevaux*, anciennement *le parc des Tournelles*, soit nommé *la place Royale*. (Voyez *Histoire de Paris* de dom Félibien.) « La place Royale, dit Sauval, fut entreprise sous Henri IV, sur les ruines d'une partie de l'hôtel des Tournelles, et le tout pour y établir des manufactures de drap de soie avec des ouvriers qu'il vouloit attirer en France, et de plus pour servir aux fêtes publiques, et même de promenade. » (T. I, p. 624.)

[1605.] — 3o mars. — Ire.

Orig. autographe. — Cabinet de M. le général de la Loyère.
Imprimé. — *OEconomies royales*, t. II, chap. 5o.

A MON COUSIN LE MARQUIS DE ROSNY.

[1] Mon Cousin, Je vous ay escript ces jours passez par ce porteur exprés, et mandé que je voulois que l'arrest que je vous ay envoyé vous le fissiés resouldre en mon conseil. Je m'asseure que vous le trouverés de justice, puisque celuy du marc d'or a eu lieu par tout mon Royaulme, qui n'estoit pas si raisonnable que celuy-cy[2]. Ce n'est pas tant pour le passé que pour empescher les abus à l'advenir, oultre ce que ceulx qui m'ont donné l'advis m'en offrent la somme de quarante mille escuz. Je sçay que vous aimés tant le bien de mes affaires, que vous ne negligerés à faire donner toutes les expeditions qu'ils demandent pour cest effect; et que par ce porteur je sois adverty de ce que vous y aurés faict. A Dieu, mon Cousin. Ce xxxme mars, à Fontainebleau.

HENRY.

1605. — 3o mars. — IIme.

Imprimé. — *OEconomies royales*, édit. orig. t. II, chap. 51.

[A M. DE ROSNY.]

[1] Mon Cousin, J'ay esté adverty de plusieurs endroicts que ceux de la religion pretendue reformée de Poictou, Xaintonge, Angoumois et provinces voisines ont resolu en leurs synodes et assemblées particulieres de me supplier de prolonger et retarder la tenuc de la gene-

---

[1] Au dos, la date seulement :
« Le Roy, du 3o mars 1605. »
On lit encore ici *mon amy* au lieu de *mon cousin* dans les *OEconomies royales*.

[2] L'impôt du marc d'or, qui était un droit levé sur tous les offices, à chaque mutation, avait été établi par Henri III, pour subvenir aux frais des appointements des chevaliers du Saint-Esprit.

---

[1] Cette lettre et la suivante étaient de la main du Roi.

rale que j'ay accordée, à cause des modifications et conditions sur lesquelles je leur ay mandé que j'entendois qu'elle fust faicte, ayant deliberé à ceste fin de me presenter une requeste qui doit estre signée de deux ou trois cens personnes, qui est une forme qui ne me peut estre que tres-desagreable et suspecte. J'ay aussy sceu que vous n'aviés esté spargné en leurs discours ny mesmes en Poictou, sur ce qu'ils ont entendu que c'estoit à vous à qui je voulois donner la charge de vous trouver de ma part en la dicte assemblée. D'ailleurs l'on me mande qu'en Dauphiné et en Bresse ils ont pris des conseils quasy conformes aux autres. Je vous prie me mander ce que vous en avés appris, et ce qu'il vous semble que je doibs faire pour arrester le cours de tels monopoles, qui, comme ils peuvent produire du mal, ne doivent estre tolerez. Je vous escrivis hier d'un courrier venant d'Espagne, du retour en Flandre du marquis Spinola, lequel doibt passer icy. Par tant je ne vous en feray redicte : priant Dieu, mon Cousin, qu'il vous ayt en sa saincte et digne garde. Escript à Fontainebleau, ce xxxe jour de mars 1605.

HENRY.

1605. — 31 MARS.

Imprimé. — *Œconomies royales*, édit. orig. t. II, chap. 50.

[A M. DE ROSNY.]

Mon amy, Pour ce qu'il y en a, lesquels vous cognoistrés bien sans que je les nomme, d'autant qu'ils sont de mes anciens serviteurs comme vous, que vous avés souvent repris de leurs despits et trop libres langages, parlans de moy, qui vont discourant mal à propos, où vous n'estes pas espargné, disant que plus vous m'amassés de tresors, plus vous me rendés riche et avare, et que non seulement je ne donne plus rien, mais aussy refuse de payer ce que je doibs à ceux qui m'ont bien servy, sous ombre que je n'ay pas voulu vous escrire de leur payer de vieilles debtes qu'ils se sont faict transporter; et affin de leur faire voir ce que j'ay donné, ce que je doibs et ce que je paye, envoyés-moy un estat le plus sommaire que vous pourrés des debtes de ce Royaume de toutes les natures, sur lesquelles vous faictes payer tous les ans quelque chose [1], et par ce moyen leur faire cognoistre qu'ils s'abusent. Au reste, quant à la brouillerie, etc.[2], il y

---

[1] A cette lettre est jointe dans les *OEconomies royales*, comme réponse à la demande du Roi, une pièce intitulée : *Estat des sommes acquittées à la descharge du Roi et du Royaume*. On y voit qu'il avait été payé

à la reine d'Angleterre 7,370,800^{tt}
Aux cantons suisses. 35,823,427^{tt}6^{s}2^{d}
Aux princes d'Allemagne, villes impériales, reîtres et lansquenets............ 14,689,334
Aux provinces unies des Pays-Bas........ 9,275,400
Arriéré des appointements, de la solde et des frais divers, dus aux militaires français de tout grade.......... 6,547,000
Sommes dues aux financiers.......... 28,450,360
Sommes dues à divers particuliers, d'après les parties des comptes du roi Henri III qui purent être ustifiées........... 12,236,000

Je citerai textuellement les deux derniers articles,

« Plus, pour les engagements de domaines, constitutions de rentes sur toutes sortes de revenus, dont les particuliers jouyssent par leurs mains ou ne sont payez par les officiers, les sommes en sont effroyables en principal: et d'autant qu'ils ne demandent plus rien au Roy, à cause de leur jouyssance, qu'un, deux ou trois quartiers dont ils sont retranchez, et que les arrerages en sont compris en l'article precedent, cestuy-ci sera tiré par estimation à 150,000,000^{tt}

« Plus, pour toutes les debtes à quoy montent tous les traittez faits pour reduction de pays, villes, places et particuliers en l'obeissance du Roy, afin de pacifier le Royaume... 32,277,321

« Somme totale trois cent sept millions six cent vingt mille deux cent cinquante livres. »

Vient ensuite le détail du dernier article concernant les traités de la Ligue. Les princes lorrains y figurent pour plus de la moitié.

---

[2] Cet *et cætera* et un autre un peu après indiquent les endroits de cette lettre que Sully dut juger trop confidentiels pour les publier.

a bien pis, que je ne vous voulus pas dire aux Tuileries, pour ce que vous n'estiés pas seul ; mais maintenant que je vous envoie le jeune Lomenie exprés pour porter seurement ceste lettre, je vous diray, etc. A Dieu, mon amy, bruslés cette lestre, car je ne voudrois qu'un aultre que vous la vist. De Fontainebleau, ce xxxj^e mars 1605.

HENRY.

[1605.] — 2 AVRIL.

Imprimé. — *Œconomies royales,* édit. orig. t. II, chap. 5o.

[A M. DE ROSNY.]

Mon amy, J'ay veu la lettre que vous m'avés escripte du dernier de mars, laquelle je garde pour vous la rendre moy-mesme, n'y ayant que moy seul qui l'ayt lue. J'ay veu aussy celle que m^r de Sillery a escripte à m^r de Villeroy, touchant ce que vous avés conferé ensemble de ceux de la Religion. C'est pourquoy n'y ayant rien si important que cela, ny que j'affectionne davantage, à cause de la consequence que vous et le dict s^r de Sillery n'avés pas bien jugée, comme je vous feray confesser lorsque vous serés icy, je vous prie de partir lundy matin ensemble en carrosse, en envoyant un des relais devant, pour vous rendre icy lundy; car j'ay cela sur le cœur, et ne pourrois songer à mes devotions [1] que je ne vous aye veu et advisé là-dessus, d'autant que je sçay mieulx que vous où cela va, et quelle consequence cela tire aprés soy; et de le remettre aprés Pasques, je ne le puis, car incontinent aprés je veux commencer une diette,

---

[1] Cette circonstance indique une date un peu antérieure au jour de Pâques, et justifie surabondamment notre correction sur la date de cette lettre, placée par les *Œconomies royales* au 11 avril. Mais ce quantième tomba, en 1605, le lundi de Pâques, et non un samedi, comme Henri IV l'a ajouté. C'est donc la veille du dimanche des Rameaux que fut écrite cette lettre-ci. Les secrétaires de Sully, qui datent ordinairement en chiffres arabes, ont pu ici dater, comme l'original, en chiffres romains. L'excessive irrégularité de cette composition typographique, exécutée au château de Sully, autorise cette explication.

durant laquelle je ne veux avoir la teste rompue de quelque affaire que ce soit. C'est pourquoy je vous prie encore un coup de vous rendre icy lundy au soir, et je vous renvoyeray mercredy ou jeudy; car dans ces deux jours j'auray pris une resolution avec vous et le dict s^r de Sillery sur ceste affaire et les autres dont vous m'escrivés; et aime mieux vous bailler quatre ou cinq jours après Pasques pour demeurer chez vous. Amenés avec vous Erard, et apportés les lettres que vous avés monstrées à m^r de Sillery de l'evesque de Poictiers à vous, et les copies de celles qu'il vous a renvoyées de vous à luy, affin que je verifie estre faux ce que l'on m'a cy-devant dict que vous luy avés escript [2].

---

[1] Le P. Cotton s'était plaint au Roi de ce que Rosny, comme gouverneur de Poitou, s'opposait à l'établissement d'un collége de jésuites dans la ville de Poitiers. Il prétendait en avoir la preuve par des lettres de ce ministre. Lorsque Henri IV demanda à les voir, le P. Cotton se plaignit d'abord de n'être pas cru sur parole, puis il s'engagea à demander ces lettres, enfin il vint dire que celui qui en était détenteur les avait brûlées; mais qu'au reste Rosny en avait écrit d'analogues à l'évêque de Poitiers. Rosny, accusé calomnieusement, mit une grande activité à se justifier, et fit venir aussitôt des copies certifiées de tout ce qu'il avait pu écrire en Poitou au sujet des jésuites. L'évêque de Poitiers lui fit la réponse suivante, que le Roi demande ici:

« Monsieur,

« J'ay receu la vostre par monsieur Constant, lequel m'a dict le desplaisir qu'aviés des faux bruits et lettres que vos ennemys ont faict courir, vous suppliant de croire que je participe bien aux dicts desplaisirs, et si j'en estois cause, je voudrois estre hors de la memoire des vivans. Je n'ignore comme je me dois comporter pour ne perdre l'honneur de vos bonnes graces. J'ay faict coppier et vidimer les lettres que m'avez escriptes, lesquelles je vous envoye. Le pere Moussi, jesuiste, m'ayant apporté une lettre de la part du pere Cotton, je luy ay faict entendre comme le dict sieur Cotton s'estoit plaint au Roy de ce qu'on lui avoit rescript que j'avois receu lettres de vous pleines d'injures contr'eux, et que ne vouliés leur establissement en ceste ville : ce que le dict Cotton ne debvoit croire tant de leger, ny moins en faire la plainte. Le dict pere Moussi lui escrira à ce voyage avoir veu toutes les lettres desquelles m'avés honoré, et qu'il n'y a aucune chose approchante desdictes calomnies. Je m'esclairciray diligemment d'où elles sont sorties, et dés hier l'on me fit entendre qu'elles estoient signées d'un Guillaume. Le pere Cotton ne peut ignorer d'où il a receu de telles lettres, quoiqu'il dise les avoir brulées. Il a fait tenir à la ville, à moy et à des particuliers, des lettres du Roy. J'ay pris la coppie de celle de la ville, que je vous envoie, vous suppliant, Monsieur, de ne vous

Du reste de mes affaires, je vous en parleray quand vous serés icy. C'est ma volonté que Lias et Tajal soient renvoyez à Bordeaux, et pensois vous l'avoir escript. C'est pourquoy je vous prie, puisqu'il y a commodité de les y faire conduire seurement, de ne la perdre. A Dieu, mon amy. Ce samedy ij^e avril, à Fontainebleau.

HENRY.

refroidir de vostre amitié, car le reste de mes jours je ne feray chose qui vous puisse offenser, et continueray mes prieres à Dieu pour vous conserver en ses graces et en parfaicte santé, etc. A Poictiers, ce xxiij^e mars 1605. »

Cet évêque, que Sully ne nomme pas, était Geoffroy de Saint-Belin. La lettre que Rosny lui avait écrite au sujet des jésuites, et dont il lui envoyait une copie authentique, doit être donnée à la suite de celle-ci pour achever l'éclaircissement de cette grave affaire :

« Monsieur, Je vous remercie de tout mon cœur de la souvenance que vous tesmoignés avoir de moy, par la lettre que vous m'avés escripte. Cela m'oblige (oultre mon inclination, qui m'y portoit desjà) à vous honorer, aimer et servir, comme je feray toute ma vie avec pareille affection que si j'estois vostre fils. Continués moy aussy l'amitié que vous m'avés promise, et m'escrivés de vos nouvelles, car quand vos lettres ne seroient que de trois lignes, pourveu qu'elles m'asseurent de vostre santé et que je suis tousjours en vos bonnes graces, me voilà content pour ce regard. Vostre grand vicaire ny le sieur Richard ne m'ont point encor parlé de l'affaire dont m'escrivés pour vostre particulier; mais, quoy que ce soit, la chose sera bien difficile, si je ne vous y fais office d'amy.

« Quant aux Jesuistes, je me suis tousjours bien doubté qu'ils ne trouveroient pas tant de gens affectionnez ny charitables en effects comme en paroles. Pour mon regard, si la province les desire, et qu'ils soyent resolus d'y vivre doulcement, sans aigrir les voluntez ou empescher la familiarité qu'ont les deux religions, je seray bien aise de les voir en mon gouvernement et les favoriseray en ce que je pourray; mais s'ils y apportoient de la division, alteration et deffiance, j'aimerois mieux qu'ils fussent ailleurs. Mais ce qui m'a tousjours asseuré est que, se devant sousmettre à vostre auctorité episcopale, vous ne leur laisserés rien faire mal à propos. Sur ce, je vous baise les mains, et prie Dieu, etc. De Paris, ce ixe jour de decembre 1604.

« ROSNY. »

1605. — 4 avril[1].

Orig. — B. N. Fonds Brienne, Ms. 41, fol. 135; — et Béthune, Ms. 9000, fol. 52 verso.

[A M. DE BEAUMONT.]

Monsr de Beaumont, Les Anglois nous attribuent tous les accidens dont ils sont coulpables; ils se plaignent de la severité de mes lois et reglemens sur le trafficq de la drapperie en mon Royaulme, lesquels j'ay esté contraint de faire tels, d'autant qu'ils abusoient de la loyauté de liberté du dict commerce. Ils se sont plaincts de la derniere saisie faicte en ma ville de Rouen de leurs dicts draps, qui ne fust advenue, s'ils eussent esté valables et façonnez comme ils doivent estre, et n'eussent contrevenu à mes ordonnances. Ils ont été confisquez par arrest des gens de mon conseil, parce qu'ils m'ont demandé justice, au lieu qu'estans vicieux comme ils estoient, ils devoient en demander la main-levée par grace. De quoy les ayant faict advertir, pour le desir que j'avois de continuer à tesmoigner au roy mon bon frere, ma bonne volonté, non seulement ils ont mesprisé mes advertissemens, mais aussy ont osé dire que ceux de mon conseil leur avoient par leur jugement faict injustice, et qu'ils ne recevoient d'eulx en toutes choses aucune justice, jaçoit qu'elle fust rendue par eulx à mes subjects tres largement et favorablement. Maintenant le dict roy se plainct et offense (comme j'ay appris par vostre lettre du xxiie du mois de mars, que j'ay receue le premier du present) de quoy je ne luy ay donné le tiltre de roy de la Grande-Bretagne[2], lequel il a pris par un edict qu'il a publyé. Ce changement est sans exemple; toutesfois la coustume est, et le respect que nous devons

[1] Le manuscrit de Brienne et celui de Béthune datent cette lettre du 4 mars; mais il est aisé de voir que le copiste s'est trompé de mois, puisqu'il est question dans cette lettre d'une autre lettre écrite par l'ambassadeur le 22 mars et qui était parvenue le 1er du mois où fut écrite cette réponse.

[2] Voyez ci-dessus la lettre écrite le 6 mars par Henri IV à Jacques Ier, qu'il qualifie encore de roi d'Angleterre et d'Écosse.

les uns aux autres nous oblige de nous entr'aider fraternellement par lettres ou par nos ministres de nos desirs et fins sur tels changemens, et nouveautez, quand les occasions s'en presentent, affin que nos voisins et amys s'y accomodent, et nous rendent en cela les offices mutuels que nous desirons d'eulx. Jamais le dict roy ne m'a adverty par lettre, ny faict dire par son ambassadeur avoir pris ce tiltre nouveau, ny desirer de moy que j'en usasse en la suscription de mes lettres, comme la bienseance et nostre fraternité requeroit qu'il fist. Je n'ay sceu de ceste mutation que ce que vous m'en avés escript de vousmesme et en ay appris par la publication du dict edict faicte pour y astreindre ses subjects. C'est la cause seule pour laquelle j'ay differé, voires faict difficulté de luy donner le dict tiltre, incertain de sa volonté, et s'il l'auroit agreable; ce qui ne seroit advenu s'il m'en eust esclaircy et faict informer de sa part. Que le dict roy se plaigne doncq à ses ministres, lesquels ont oublyé de l'advertir de me rendre ce debvoir, si j'ay suivy, luy escrivant, ma forme ordinaire et ancienne, sans l'attribuer à manquement d'affection et de desir de luy agreer, comme il l'a interpreté, ou s'efforcent de luy exprimer ceulx qui, en le flattant, obmettent à faire ce qu'ils doibvent pour faire reussir ses intentions à son gré et contentement; car je vous dis derechef que ceste seule consideration m'a retenu et empesché de changer la susdicte forme, ainsy que vous luy dirés.

Au reste, j'ay esté bien aise de savoir par vostre dicte lettre que le duc de Lenox ayt rapporté fidellement au dict roy la verité du traictement qu'il a receu de moy et de l'amitié que je luy porte. Si le dict roy execute ce que le dict duc vous a faict entendre qu'il luy a declaré, qui est de s'esclaicir avec moy des rapports que l'on luy fera au prejudice de nostre amitié, je suis asseuré qu'il aura toute occasion de m'aimer et affectionner plus que jamais, car sa prosperité m'est aussy recommandée que la mienne propre; je la favoriseray tousjours egalement, qui sera tout ce que je vous commanderay pour la presente. Mais jusques à ce que je sçache les propos que le dict roy vous aura tenus sur le subject d'icelle, je ne parleray icy à son ambassadeur du dict changement de tiltre, car je suis mieux fondé à me plaindre de ce qu'il ne m'en a faict advertir et de ce qu'il a estimé que je debvois sans le dict advis le refformer, qu'il n'est de se doulloir et malcontenter de ce que je n'en ay usé. Au moyen de quoy la raison veult qu'il commence par me rendre ce debvoir, ainsy qu'il a tousjours esté pratiqué et observé. Quoy faisant, asseurés-le qu'il recevra de moy toutes sortes de preuves du desir que j'ay de luy complaire et de luy donner occasion de croire qu'il n'a frere, amy et voisin qui l'ayme plus cordiallement que je fais, ny qui veuille entretenir et conserver avec luy une intelligence et correspondance plus fidelle et parfaicte que moy. Je prie Dieu, Monsr de Beaumont, qu'il vous ayt en sa saincte garde.

HENRY.

1605. — 6 AVRIL. — Ire.

Orig. — Archives du canton de Berne. Copie transmise par M. l'ambassadeur de France en Suisse.

A NOS TRES CHERS ET GRANDS AMYS, ALLIEZ ET CONFEDEREZ LES ADVOYERS, CONSEILS ET COMMUNAULTEZ DE LA VILLE ET CANTON DE BERNE.

Tres chers et tres grands amys, alliez et confederez, Nous avons receu vos lettres du xxie fevrier, qui font mention de la traicte du sel que nous vous faisions fournir, du differend survenu pour cest effect entre vous et Longuet, et avons pris en bonne part ce que vous nous avés mandé, bien consideré les raisons portées par vos dictes lettres, sur lesquelles ayant faict entendre nos intentions au s^r de Caumartin, conseiller en nostre conseil d'Estat, et nostre ambassadeur par delà, nous nous remettrons à luy à la vous declarer; vous asseurans que, comme vostre amitié nous est chere et recommandée, nous aurons à plaisir de vous faire paroistre, en toutes occasions, des effects dignes de nostre alliance et de la bonne volonté que nous vous portons : et sur ce, nous prions Dieu, tres chers et grands amys, alliez et confederez, qu'il vous ayt en sa tres saincte et digne garde. Escript à Fontainebleau, le vj^e avril 1605.

HENRY.

DE NEUFVILLE.

[1605.] — 6 AVRIL. — IIme.

Orig. autographe. — Cabinet de M. le général de la Loyère.
Imprimé. — *Œconomies royales*, édit. orig. t. II, p. 520.

A MON COUSIN LE MARQUIS DE ROSNY.

[1] Mon Cousin, Ayant faict expedier au s^r de Longnac un acquict patent de la somme de quatre mil livres pour une pension que je luy ay accordée en consideration de ses services et de l'estat de mestre de camp reformé que je luy avois d'aultrefois promis, et lequel par ce moyen demeure esteint, je vous ay bien voulu faire ce mot pour vous dire de le vouloir faire assigner de la dicte somme en lieu où il en puisse estre payé, comme chose que je desire, aussy que c'estoit mon intention de le vous dire hier, lorsque je vous recommanday ceste affaire. A Dieu, mon Cousin. Le vj^e avril, à Fontainebleau.

HENRY.

[1605.] — 6 AVRIL. — IIIme.

Orig. autographe. — Cabinet de M. le général de la Loyère.

A MON COUSIN LE MARQUIS DE ROSNY.

[1] Mon amy, J'oubliay hier à vous parler pour les deux offices de receveurs des restes de Rouen. J'ay sceu que l'on les avoit taxez à huict mil livres chascun; ceulx qui les prennent en sont d'accord avec moy qu'ils ne seront taxez que deux mil escuz chascun. Si vous voulés, faites-les retaxer aux dicts deux mil escuz, ou les faictes deli-

---

[1] Au dos, de la main de Sully :
« Le Roy, du 6 avril, pour une pension au s^r de Lognac. 1605. »

---

[1] Au dos, de la main de Sully : « Le Roy, du 6 avril 1605. Pour faire diminuer les taxes des receveurs des restes à Rouen, et mettre en un comptant. »

vrer aux huict mille ; car de l'une façon ou de l'autre je n'en auray point davantage. Il y a deux ans que je suis après ceste affaire : je vous prie y faire une fin, et delivrer les quittances à la Varanne, et ne croyés pas que ce soit pour luy, ains pour mes menues affaires. Vous ferés employer ceste somme au premier comptant que vous ferés expedier. A Dieu, mon amy. Ce mercredy vj^e avril, à Fontainebleau.

HENRY.

1605. — 7 AVRIL.

Imprimé. — *OEconomies royales*, édit. orig. t. II, chap. 51.

[A M. DE ROSNY.]

Mon amy, Depuis que vous estes party d'icy, j'ay eu nouvelles du premier president de Thoulouse et d'autres de Guyenne, par lesquelles on me mande que ceux de la religion de Guyenne et de Languedoc y font rage, et ont en leurs assemblées tenu des langages que je vous diray, par lesquels il semble qu'ils voudroient bien remettre l'assemblée de Chastellerault à une autre année, pour des raisons où vous n'estes pas espargné, et que s'ils peuvent ils n'y enverront point de deputez : ce qui me fasche et pese sur le cœur, n'ayant nul de mes confidens serviteurs auprés de moy, auxquels je m'en puisse decharger et conseiller, comme je fais tousjours à vous des choses qui m'ennuyent ou deplaisent, ayant oublié à vous en parler l'autre jour que vous y estiés venu pour tant d'aultres affaires de consequence que j'affectionnois, qu'il ne me souvint pas de vous parler de cela. Et par tant vous priay-je de vous rendre icy mercredy prochain, auquel temps les deputez de ceux de la Religion s'y doivent rendre pour m'en parler, et je veux en discourir et prendre conseil avec vous avant leur arrivée, n'y ayant auprés de moy de tous ceux de mon conseil que m^r de Sillery ; mais il ne leur parle pas si resolument que vous, qui vous retourneriés aussy tost, ne voulant avoir la teste rompue d'affaires à present que je crains la goutte. Escript ce jeudy absolu[1], ce vij^e avril, à Fontainebleau, 1605.

HENRY.

1605. — 9 AVRIL.

Orig.— Ms. appartenant à M. l'abbé Caron, à Versailles, pièce 69.

A MON COUSIN LE CARDINAL DE JOYEUSE,
PROTECTEUR DE MES AFFAIRES EN COURT DE ROME.

Mon Cousin, Si vous avés créé un Pape quand vous recevrés la presente, ou si elle vous trouve encores enfermé au conclave, contre mon desir, ce seroit chose inutile de respondre par icelle aux deux lettres que vous m'avés escriptes les ix et xj^{me} du mois de mars. Quoy estant, je me contenteray de vous faire sçavoir que je louë et approuve les conseils que vous avés pris devant que d'entrer au dict conclave, et prie Dieu qu'il le face reussir à sa gloire, car c'est le but auquel vous sçavés que j'aspire. Je m'en remettray doncques de toutes choses sur la lettre que j'escris à mon ambassadeur, pour prier Dieu, mon Cousin, qu'il vous ayt en sa saincte garde. Escript à Fontainebleau, le ixe jour d'avril 1605.

HENRY.
DE NEUFVILLE.

[1605.] — 10 AVRIL.

Orig. autographe. — Cabinet de M. le général de la Loyère.
Imprimé. — *OEconomies royales*, édit. orig. t. II, chap. 50.

A MON COUSIN LE MARQUIS DE ROSNY.

[1]Mon Cousin, Je vous fais ce mot par ce laquais, que je vous despesche exprés, pour vous dire que vous ne me veniés point trouver,

---

[1] C'est-à-dire le jeudi saint.

---

[1] Au dos, de la main de Sully :
« Le Roy. Du 10 avril 1605. N'aller point à Fontainebleau, l'attendre à Paris. »

comme je vous l'avois escript par mes deux dernieres, parce que j'espere partir d'icy mercredy prochain, Dieu aydant, et me rendre le dict jour à Paris de bonne heure, où je vous prie de vous trouver, et là je vous diray le subjet de mon voyage par delà. Mon sejour n'y sera que jusques à lundy, que j'en partiray pour m'en retourner icy et y commencer mardy ma diete. Bonjour, mon amy. Ce jour de Pasques, xme avril, à Fontainebleau.

HENRY.

1605. — 11 AVRIL. — Ire.

Imprimé. — *Œconomies royales*, édit. orig. t. II, chap. 50.

[A M. DE ROSNY.]

Mon Cousin, Vostre frere, le s^r de Bethune, m'a despesché un courrier exprés, arrivé tout presentement, pour m'advertir de la creation d'un Pape, qui est le cardinal de Florence, à present nommé Leon XI, faict Pape le vendredy, premier jour de ce mois, à 8 heures du soir. Ceste nouvelle m'est si agreable, que je m'en resjouis avec mes bons serviteurs et particulierement avec vous. J'escris au s^r de Bellievre, à ma cour de Parlement, au s^r evesque de Paris et au s^r de Montigny, pour faire chanter le *Te Deum* et faire feu de joie par allegresse, en actions de graces d'une si bonne nouvelle, et vous prie de n'y point espargner mon artillerie, pour tesmoignage de la joie que j'en reçoy[1]. Faites faire part de ce mesme advis et donnés ordre qu'en vostre gouvernement s'en face pareilles allegresses qu'aux autres villes de mon Royaume : et je prieray Dieu, mon Cousin, qu'il

---

[1] Les obligations que la France avait à cet excellent cardinal rendaient ces démonstrations très-sincères et faisaient de son exaltation au souverain pontificat un bonheur public, qui fut malheureusement de trop courte durée.

L'effusion avec laquelle Henri IV se complut, en toute occasion, à exprimer cette reconnaissance lui fait honneur; et la vivacité de ses démonstrations à la nouvelle de l'élection est une des circonstances publiques où l'on pourrait signaler le mieux ces qualités par lesquelles on est habitué à le caractériser.

vous ayt en sa saincte et digne garde. Escript à Fontainebleau, le xj[e] avril 1605.

HENRY.

RUZÉ.

1605. — 11 AVRIL. — IIme.

Orig. — Arch. municipales de Rouen. Copie transmise par M. Richard, archiviste.

A MON COUSIN LE DUC DE MONTPENSIER,
GOUVERNEUR ET MON LIEUCTENANT GENERAL EN MES PAÏS ET DUCHÉ DE NORMANDIE.

[1] Mon Cousin, Tout presentement m'est arrivé un courrier exprés de Rome, pour m'advertir de la creation d'un Pape, le vendredy premier jour de ce mois à huict heures du soir. C'est le cardinal de Florence, à present nommé le Pape Leon onziesme. Dieu, protecteur de la France, a continué sa benediction sur nous par une si heureuse election, et telle que nous devons luy en rendre grace par le chant de *Te Deum,* feux de joie, allegresse d'artillerie et tous autres tesmoignages que nous en pourrons faire. Je vous rejouis de ceste bonne nouvelle, du contentement que j'en ay, et vous prie en faire rendre par tout vostre gouvernement les allegresses qu'elle merite pour le bonheur de toute la Chrestienté : et pour fin de lettre, je prie Dieu qu'il vous ayt, mon Cousin, en sa saincte garde. Escript à Fontainebleau, le xj[e] jour d'avril 1605.

HENRY.

RUZÉ.

---

[1] C'est une lettre circulaire qui fut adressée de même, avec quelques légères variantes, aux gouverneurs des autres provinces et aux principaux corps. Nous avons celle que reçurent le prévôt des marchands et les échevins de Paris, dont la lettre à Rosny fait mention, et celle que reçut le comte de Saint-Paul, gouverneur de Picardie.

[1605. — 14 AVRIL.]

Orig. autographe. — Arch. du royaume de Sardaigne. Envoi de M. l'ambassadeur de France à Turin.

A MON FRERE LE DUC DE SAVOYE.

Mon Frere, Je participe à la perte que vous avés faicte de la personne de mon nepveu, vostre fils aisné, comme vostre meilleur amy, voisin et frere; ce que je n'ay voulu differer davantage à vous tesmoigner, en vous renouvellant aussy sur ceste occasion les asseurances que je desire que vous preniés de la continuation de mon amitié; à l'effect de quoy j'envoye presentement devers vous le s^r de la Boderie, de mon conseil d'Estat, auquel je vous prie adjouster pareille foy que vous feriés à la personne mesme de

Vostre bien bon frere,

HENRY.

[1605.] — 16 AVRIL. — Ire.

Cop. — Biblioth. de Metz. Envoi de M. Clerx de Belletanche, bibliothécaire de la ville.

[AU CARDINAL DE GIVRY.]

Mon Cousin, Vous m'avés tesmoigné en l'election de nostre Tres Sainct Pere le Pape ce que j'attendois de vous en ceste action, à laquelle il estoit besoin que tous mes bons serviteurs contribuassent unanimement, comme ils ont faict, ce qui estoit de leur affection à mon service, ainsy que j'ay appris par vos lettres du premier de ce mois, dont je vous ay bien voulu asseurer par ceste lettre, que j'ay receu beaucoup de contentement et de consolation, pour le bien qui en reussira universellement à la Chrestienté et l'esperance que j'ay de voir continué en mon endroict, à l'advenir, la bonne et paternelle amitié et bienveillance que Sa Saincteté m'a tousjours portée. Aussy debvés-vous attendre que je recognoistray, aux occasions qui se presenteront, le bon debvoir que vous y avés rendu, ainsy que vous esprouverés par effect : priant Dieu, mon Cousin, qu'il vous ayt en sa saincte et digne garde. Escript à Paris, le xvj^e avril 1605.

HENRY.

DE NEUFVILLE.

[1605.] — 16 AVRIL. — IIme.

Orig. — Ms. appartenant à M. l'abbé Caron, à Versailles, pièce 71.

A MON COUSIN LE CARDINAL DE JOYEUSE,
PROTECTEUR DE MES AFFAIRES EN COURT DE ROME.

Mon Cousin, Je vous confesse que j'ay esté si surpris et ravy de joye de l'advis du bon Pape que Dieu nous a donné, que je me suis laissé emporter à des demonstrations et signes d'allegresse et des actions de graces à Dieu, non telles que je devois, mais toutes autres qu'ont esté celles qui ont esté pratiquées en cas semblables par les Roys mes predecesseurs, non seulement à Fontainebleau, où j'estois, mais aussy en toutes les provinces et villes de mon Royaume, et specialement en celle de Paris, où la ressouvenance de la bonté et des vertus de nostre bon Pere s'est trouvée encores si fresche et entiere aux cœurs de tous les citoyens de toutes qualitez, que chacun s'est acquicté de ce devoir à l'envy l'un de l'autre. En quoy je vous asseure que le bon devoir que vous avés faict de me servir et le public en ceste action a eu telle part que vous avés merité et pouvés desirer; dont j'ay, en particulier, receu tant de contentement, que je desire le vous tesmoigner plustost par vrays effects que par ceste lettre, laquelle cependant servira à vous en remercier et vous faire sçavoir que vous m'avés gagné une victoire la plus signalée et importante à ma reputation et à mes affaires qu'autre que j'aye obtenue de la grace et bonté divine, depuis mon advenement à ceste Couronne. Ce que je souhaite maintenant est que nous en jouissions longuement. Or je vous prie saluer Sa Saincteté de ma part, luy representer et tesmoigner ma joye, l'asseurer de nouveau de mon affection à la reverer et servir, luy faisant offre de ma personne et de celle de mon fils et de tout ce qui despend de moy et de ma Couronne pour le service du Sainct Siege et pour l'execution des volontez et contentemens de Sa Saincteté, la supliant de me continuer sa bienveillance et ses sainctes benedictions.

Aucuns ont dict que Sa Saincteté eust peut-estre eu plus agreable que j'eusse esté plus retenu et moderé que je n'ay esté en ces demonstrations et actions de resjouissance desquelles j'ay usé en cette occasion, pour n'accroistre avec le deplaisir la deffiance que les Espagnolz ont conceue de Sa dicte Saincteté, estant necessaire pour rendre son gouvernement aussy utile au public que son intention y est disposée, que chacun ayt pareille esperance et confiance en sa probité, equanimité et benignité, que j'ay. Toutesfois je veux croire que Sa Saincteté ne prendra qu'en bonne part ce qui s'est passé. Et quant à la consequence à laquelle l'on allegue que ce que j'ay faict m'obligera et mes successeurs pour l'advenir, je repons à cela que ce Pape estant issen d'une maison alliée de celle de la Royne ma femme, a deu estre plus respecté et privilegé en ceste occasion, que ne devoit estre un autre qui ne sera allié de moy ny d'elle, raison que je vous prie de dire et faire recevoir par delà ce qu'elle merite, affin que l'on ne repreigne ce qui s'est passé, et que l'on ne pretende cy-aprés de se prevaloir de l'exemple. Auquel propos j'adjousteray que je suis encores en doubte maintenant si je doibs donner la charge à un prince ou à quelque autre personnage grandement qualifié, d'aller prester l'obedience et faire la submission ordinaire à Sa Saincteté pour, en l'honorant davantage, continuer à manifester en cela la grandeur de l'affection et de la reverence que je luy porte, ou si je doibs me contenter d'y employer l'ambassadeur que j'envoye par delà, comme il a esté pratiqué quelquesfois. Enfin j'ay estimé devoir avoir, sur ce, vostre advis et mesmes celuy de Sa Saincteté, devant que de m'en resoudre et m'en declarer plus avant. Au moyen de quoy je vous prie de m'en esclaircir au plus tost, et de croire que je n'ay autre mire que de complaire à Sa Saincteté et faire chose qui luy soit agreable. Mais mon desir seroit d'illustrer et magnifier plustost que de retrancher ou d'en amoindrir la dignité d'une telle action à l'endroict du Sainct Siege, pour le respect de la personne de Sa Saincteté, ainsy que vous dirés. Et toutesfois j'aime encores mieux de faillir à ce mien desir que de desagreer ou donner peine aucune à Sa Saincteté au commencement de ce sien pontificat. Conferés-en donc avec Sa dicte Saincteté.

Je ne laisseray pas pour cela de faire partir et acheminer le s^r d'Halincourt dedans huict jours, affin que le s^r de Bethune partant de Rome, suivant la permission que je luy ay donnée, ceste legation demeure vacante le moins de temps que faire se pourra; faisant estat, aprés vostre response sur cette question, de pourveoir à tout ce qui sera necessaire pour contenter Sa dicte Sainteté, et me conformer entierement à ses intentions. Et d'autant que je ne sçay si ce porteur trouvera encores à Rome le dict s^r de Bethune, je vous prie, s'il estoit party, ouvrir les lettres que je luy escris, et executer envers Sa Saincteté et ailleurs les commandemens que je luy fais. Conferés aussy avec luy de la susdicte difficulté et pareillement avec le cardinal du Perron, et m'escrivés librement ce qu'il vous en semble. Et quand vous m'aurés faict sçavoir les particularitez et circonstances de ce qui s'est passé en l'election de Sa Saincteté, ainsy que vous m'avés promis par vostre lettre du premier de ce mois, je vous escriray sur icelles mes intentions. Je m'attends aussy d'apprendre par vostre dicte premiere depesche les noms et qualitez de ceux qui seront favorisez de Sa Saincteté, et auxquels Elle commettra la direction et charge des affaires publicques, affin de regler sur cela ma conduicte envers Sa Saincteté et eux.

Le s^r Strozzy sera porteur de la presente, m'ayant demandé permission d'aller trouver Sa Saincteté, de laquelle, comme il m'a esté souvent recommandé, j'ay estimé aussy qu'Elle n'auroit que bien agreable que maintenant je luy fisse pareille recommandation. En quoy je vous prie de l'assister en reiterant l'office que j'escris à mon dict ambassadeur qu'il luy face auprés de Sa Saincteté, ainsy que par vostre conseil il jugera estre bien seant et convenir à ma dignité et au bien de mes affaires, et pareillement au gré et au contentement de Sa Saincteté. Davantage si vous jugés qu'il soit besoin aussy que vous et mon dict ambassadeur advanciés quelques complimens et remerciemens envers le cardinal Aldobrandin et autres cardinaux du Sacré College qui ont favorisé la susdicte election de Sa Saincteté, en attendant que je leur escrive (ainsy que je feray après que vous m'aurés informé plus particulierement de ce qui s'est passé), je vous prie de le faire, car j'approuve dés à present tout ce que vous en ferés et serés d'advis que l'on en face. Je m'en remets donc à vous, comme je feray de toutes mes autres affaires de delà, vous priant d'en embrasser le soin ainsy qu'il convient, specialement après le partement de Rome de mon dict ambassadeur et jusques à l'arrivée de son successeur : et je prie Dieu, mon Cousin, qu'il vous ayt en sa saincte et digne garde. A Paris, le xvj[e] jour d'avril 1605.

HENRY.

DE NEUFVILLE.

1605. — 18 AVRIL.

Orig. — Archives de la ville de Toulon. Envoi de M. Pienne, archiviste.

A NOS CHERS ET BIEN AMEZ LES CONSULS, MANANS ET HABITANS DE NOSTRE VILLE DE THOULON.

[1] Chers et bien amez, Nous ayant vostre depputé informé du droict de vos privileges et immunitez, et sur le rapport qui nous a esté faict du procés que pour iceux vous avés avec les trois estats de nostre pays de Provence, nous avons resolu en nostre conseil, en le surseant, d'en retenir à nous la cognoissance, pour en juger definitivement au voyage que nous esperons faire en bref au dict pays, où nous pourrons estre plus particulierement informé du merite de ceste cause. Ce pendant, nous avons ordonné que le tout demeurast en cest estat, et qu'il n'y soit rien faict au prejudice de l'instance; à quoy nous sommes bien

---

[1] En tête : « De par le Roy, comte de Provence. »

asseurez qu'il sera bien satisfaict de vostre part, estant au reste bien content du devoir auquel vous vous comportés, comme vous avés tousjours faict cy-devant, estans demeurez fermes et constans en la fidelité et obeïssance qui nous est deue; à quoy vous continuerés, mesmes à veiller à la conservation de vostre ville en y faisant vos gardes ordinaires : et ce faisant, vous vous conserverés aux bonnes intentions que nous avons de vous favoriser et gratifier aux occasions qui s'en offriront. Donné à Paris, ce xviij^e jour d'avril 1605.

HENRY.

FORGET.

1605. — 20 AVRIL. — Ire.

Orig. — B. N. Fonds Béthune, Ms. 8959, fol. 10 recto; et Suppl. fr. Ms. 1009-3.

[AU CARDINAL ALDOBRANDIN.]

Mon Cousin, Je ne perdray jamais la memoire des graces que j'ay receues de la bienveillance du feu Pape, vostre cher oncle, ny des bons offices que vous m'avés faicts durant son pontificat, depuis lequel j'ay sceu, par l'advis que mon ambassadeur m'en a donné, que vous avés continué à favoriser mes intentions, dont je luy ay donné charge de vous remercier en vous renouvellant les asseurances de ma bonne volonté et du desir que j'ay de vous en faire recevoir les effects, qu'il vous a souvent données. Au moyen de quoy je vous prie adjouster entiere foy à ce qu'il vous en dira de ma part, et croire que mon amitié et protection ne vous manqueront jamais. Je prie Dieu, mon Cousin, qu'il vous ayt en sa saincte garde. De Paris, le xxe avril 1605.

HENRY.

1605. — 20 avril. — IIme.

Orig. — Ms. appartenant à M. l'abbé Caron, à Versailles, pièce 75.

A MON COUSIN LE CARDINAL DE JOYEUSE,
PROTECTEUR DE MES AFFAIRES EN COURT DE ROME.

Mon Cousin, Je vous ay cy-devant escript et parlé pour l'abbaye du Jars, que j'ay cy-devant donnée en faveur du s^r de Sillery, auquel je la desire conserver. Et d'autant que l'on a voulu faire croire au deffunct Pape que cela pouvoit porter prejudice à ce qui estoit de ses droicts, je vous ay bien voulu faire sçavoir par ceste lettre que je n'ay jamais eu intention d'entreprendre sur les droicts du Sainct Siege ny diminuer ceulx de Sa Saincteté en gratifiant le dict s^r de Sillery de la dicte abbaye. Au moyen de quoy, et pour eviter toute consequence, je me suis advisé de demander la dicte abbaye en grace purement et simplement pour le dict s^r de Sillery, et donner à ceulx qui y pretendent droict deux mil livres de pension par chascun an sur l'evesché de Bazas, en attendant qu'il se presente quelque autre occasion où je les puisse gratifier; ce que vous leur pourrés faire sçavoir, si vous jugés qu'il soit à propos. Mais d'autant que je ne desire pas que mon nom soit employé en vain, je m'en remets à vostre prudence et discretion pour choisir le temps et l'opportunité de rendre cest office avec efficace; vous asseurant que, pour les merites du dict s^r de Sillery, que j'aime et affectionne comme vous sçavés, vous me ferés service tres agreable de vous y employer avec vostre dexterité accoustumée : priant Dieu, mon Cousin, qu'il vous ayt en sa tres saincte et digne garde. Escript à Paris, le xxe jour d'avril 1605.

HENRY.

DE NEUFVILLE.

1605. — 21 AVRIL. — Ire.

Orig. — Ms. appartenant à M. l'abbé Caron, à Versailles, pièce 76.

A MON COUSIN LE CARDINAL DE JOYEUSE.

Mon Cousin, Je suis tres desplaisant et en peine de vostre indisposition, de laquelle vous m'avés escript, par vostre lettre particuliere du viiie de ce mois, que vous avés esté surpris au sortir du conclave, car je vous souhaite toute prosperité et santé. Mais je me promets que vous aurés depuis recouvert vostre convalescence entiere, et par ce moyen que vous nous ferés bien tost recevoir le discours de tout ce qui s'est passé en vostre conclave, ainsy que vous me promettés par vostre dicte lettre. Quoy attendant, je vous remercieray derechef du bon et courageux devoir que vous avés faict de me servir en ceste occasion, à laquelle vous avés acquit tant d'honneur envers tous, et de gré à l'endroict de vostre bon maistre, que vous en devés estre tres content, comme je le suis de mon costé, et particulierement du bon tesmoignage que vous m'avés rendu, par vostre dicte lettre, de l'assistance que vous y avés receue des autres cardinaux françois et specialement de celuy de Sourdis, lequel j'ay tousjours esperé que nous trouverions plus franc en l'execution d'une bonne resolution que prompt à en donner des esperances devant le temps. Il demande maintenant que je luy permette de revenir voir son eglise, de quoy j'ay estimé ne le devoir esconduire, pourveu que vous jugiés que ce soit chose que l'estat present de mes affaires permette qu'il effectue. Au moyen de quoy je vous prie luy declarer franchement ce qu'il vous en semble, affin qu'il s'y conforme, et estre content que je me remette du surplus sur la lettre que j'escris en commun à vous, au cardinal du Perron et à mon ambassadeur, que j'adresse au dernier : priant Dieu, mon Cousin, qu'il vous ayt en sa saincte et digne garde. Escript à Paris, le xxj^e jour d'avril 1605.

HENRY.

DE NEUFVILLE.

1605. — 21 AVRIL. — IIme.

Cop. — Biblioth. de la ville de Metz. Envoi de M. Clercx de Belletanche, bibliothécaire.

A NOSTRE TRES CHER COUSIN LE CARDINAL DE GIVRY.

Mon Cousin, Ayant toute occasion de demeurer tres satisfaict du bon debvoir que vous avés rendu unanimement, avec mon cousin le cardinal de Joyeuse et mes aultres serviteurs qui estoient par delà, en l'election de Nostre Sainct Pere le Pape, je vous en ay tesmoigné par ma lettre du xvie de ce mois le bon gré que je vous en sçay; dont j'ay bien voulu vous reïterer l'assurance par ceste-cy, et vous dire qu'ayant esté tres ayse de la gratification que Sa Saincteté vous a faicte de l'abbaye de Chastillon, comme le s^r de Bethune, mon ambassadeur, m'a faict entendre, j'auray à plaisir que vous en tiriés le fruict, et par tant faire cesser les empeschemens qui vous y pourroient estre donnez. Je prie Dieu, mon Cousin, qu'il vous ayt en sa tres saincte et digne garde. Escript à Paris, le xxj^e d'avril 1605.

HENRY.

DE NEUFVILLE.

[1605[1].] — 21 AVRIL. — IIIme.

Orig. autographe. — Arch. de madame la baronne de Wismes, née de la Ramière; communiqué par madame la marquise de Malet, sa fille.

A MONS^R DE PEUCHARNAUT[2].

Monsr de Peucharnaut, J'ay esté bien ayse d'apprendre par la vostre du viiime de ce moys, que ce porteur m'a rendue, ce qui s'est passé

---

[1] L'année est indiquée au dos de la lettre par une note d'une écriture du temps.

[2] Ce M. de Peucharnaut, gentilhomme ordinaire de la chambre du Roi, était de la famille de la Ramière, dont le nom s'est transmis jusqu'à madame de Wismes, héritière de la terre de Peucharnaut, en Périgord.

en l'assemblée de Bergerac, et n'ay poinct esté trompé de l'opinion que j'ay tousjours eue, que ceux de delà se conformeroient à la resolution que ceulx de deçà leur manderoient avoir prinse. Mais j'espere en bref ouyr sur cela leurs deputez qui sont prés de moy, et leur faire entendre ma volonté, laquelle n'a jamais esté de rien alterer à mon edict ny à ce que je leur ay promis; et pour le regard de M. de Bouillon, je feray voir que ce que j'ay mandé de luy est veritable. Pour ce qui vous concerne, je suis tres marry de ne pouvoir ce que vous me demandés; car il y a desjà quelque temps que j'ay disposé de l'abbaye de Clairac en faveur de quelques-uns qui sont à Rome; mais comme je vous ay promis, je ne manqueray à faire pour vous, et m'en souvenir aux occasions, pour vous tesmoigner comme je vous aime, et vous feray donner deux mil escuz à prendre sur les deniers extraordinaires. Je vous prie de continuer à m'advertir de ce que vous apprendrés importer à mon service, et veiller que rien ne se passe en vos quartiers de quoy je ne sois adverty, asseurant de ma part tous les gens de bien et paisibles que je les aime. Sur ce, Dieu vous ayt, Monsr de Peucharnaut, en sa saincte et digne garde. Ce xxj^e avril, à Paris.

HENRY.

[1605.] — 24 AVRIL.

Imprimé. — *OEconomies royales*, édit. orig. t. II, chap. 50.

[A M. DE ROSNY.]

Mon amy, Sur ce que mon cousin le s^r de Ventadour m'a faict entendre que vous avés faict quelque difficulté de luy faire acquitter l'ordonnance que je luy ay faict expedier sous le nom de son argentier, de la somme de cinq cens livres, pour son remboursement de pareille somme qu'il a fournie et advancée par mon commandement pour faire venir pres de moy le capitaine Veideau, qui est celuy qui me descouvrit les practiques que m^r de Savoye faisoit en mon Royaume par Chevalier, de quoy vous avés eu cognoissance; je vous fais ce mot pour vous prier de faire payer incontinent la dicte somme au dict s^r de Ventadour, car vous pouvés assez juger la consequence de ceste affaire, qui seroit telle qu'une aultre fois, quand je commanderois à quelqu'un de fournir quelque chose pour le bien de mon service, il en feroit difficulté, et ainsy je ne serois servy comme je le commanderois : et ceste-cy n'estant à aultre fin, je prieray Dieu qu'il vous ayt, mon amy, en sa saincte et digne garde. Ce xxiiij^e avril, à Fontainebleau.

HENRY.

[1605.] — 26 AVRIL. — Ire.

Orig. autographe. — Cabinet de M. le général de la Loyère.
Imprimé. — *Œconomies royales*, édit. orig. t. II, chap. 50.

A MON COUSIN LE MARQUIS DE ROSNY.

[1] Mon Cousin, Ayant commandé à mon cousin le duc de Mayenne de me venir trouver au plus tost en ce lieu, mesmement durant ma diette, il s'en est excusé, que premierement il n'ayt veu l'execution du commandement que je vous feis dernierement à Paris pour luy, touchant les deniers qui proviendront de mon edict des greffes de l'impost du sel, qui a esté trouvé bon en mon conseil et verifié en ma court des aydes. C'est pourquoy je vous fais ce mot pour vous dire que vous me ferés chose qui me sera fort agreable de haster les expeditions qui seront necessaires à mondict cousin, à ce qu'il me vienne trouver au plus tost, et ne rien changer au dict edict, et mesmes de luy accorder pour les frais d'execution d'icelluy le quart, ainsy qu'il a esté cy-devant faict en cas semblable. A Dieu, mon Cousin. Ce xxvj^{me} avril, à Fontainebleau.

HENRY.

[1] Au dos de l'original, de la main de Rosny :
« Le Roy, du 26 avril 1605, pour un édit pour M. du Maine. »

Dans les *Œconomies royales*, toujours même substitution du mot *amy* au mot *cousin*.

1605. — 26 AVRIL. — IIme.

Orig. — Archives royales de Würtemberg. Transcription de M. Kausler.

A MON COUSIN LE PRINCE DE WIRTEMBERG [1].

Mon Cousin, J'ay bien voulu, avec l'occasion du retour vers mon cousin vostre pere, du s^r de Buwinchausen, vous asseurer de nouveau par la presente, de ma bonne volonté, outre ce que je luy ay particulierement donné charge de vous en rapporter de ma part; vos lettres du xiiiie de febvrier m'ayant esté tres agreables, pour avoir esté faict certain par icelles de vostre bonne disposition et de la continuation de l'affection que portés à ma personne et à ma Couronne, dont je vous remercie, asseuré que l'une et l'autre sont tousjours tres disposées à favoriser vostre bien et contentement, ainsy que vous dira plus particulierement le s^r de Buwinchausen, avec le desir que j'ay de vous revoir, de quoy je vous prie obtenir le congé de vostre pere, et je vous asseure que vous serés le bien venu. Je prie Dieu, mon Cousin, qu'il vous ayt en sa saincte et digne garde. Escript à Fontainebleau, ce xxvj^e jour d'avril 1605.

HENRY.

DE NEUFVILLE.

1605. — 26 AVRIL. — IIIme.

Orig. — Arch. du canton de Zurich. Copie transmise par M. l'ambassadeur de France en Suisse.

A NOS TRES CHERS ET GRANDS AMYS, ALLIEZ ET CONFEDEREZ LES BOURGMESTRE ET CONSEIL DE LA VILLE ET CANTON DE ZURICH.

Tres chers et grands amys, alliez et confederez, Nous avons receu les lettres que vous nous avés escriptes le xiiie du mois de mars par vostre conseiller et secretaire, Jean-Georges Grebel, et par luy entendu

---

[1] Jean Frédéric de Würtemberg, fils aîné du duc Frédéric, et de Sibylle d'Anhalt, était né le 5 mai 1582. Il succéda à son père le 22 janvier 1608, et mourut en 1628. Il a été surnommé le Pacifique.

ce que vous luy aviés donné charge de nous representer en faveur du duc de Bouillon. Sur quoy luy ayant declaré nostre intention de bouche et par escript, nous ne vous en ferons redicte par la presente, nous contentans de vous asseurer de la continuation de la bonne volonté que nous vous portons, de laquelle vous recevrés les effects aux occasions qui se presenteront, comme vous avés tousjours faict. A tant, nous prions Dieu, Tres chers et grands amys, alliez et confederez, qu'il vous ayt en sa tres saincte et digne garde. Escript à Fontainebleau, le xxvj° jour d'avril 1605.

HENRY.

DE NEUFVILLE.

[1605.] — 28 AVRIL. — Ire.

Imprimé. — *OEconomies royales*, édit. orig. t. II, chap. 50.

[A M. DE ROSNY.]

[1] Mon amy, Je vous fais ce mot en faveur de la Livre, mon apoticaire ordinaire, pour vous prier de le faire payer de la somme de dix-sept mil cent-trente huict livres, à luy deues pour fournitures faictes durant les années quatre-vingt-douze, treize, quatorze et quinze, tant à cause de son dict estat d'apoticaire, que pour sucres, epiceries et flambeaux, de laquelle somme il auroit esté assigné par rescriptions des tresoriers de mon espargne des dictes années, sur les receveurs d'Orleans, Limoges, Rouen et Bordeaux, et dont il n'auroit receu aucune chose, comme il appert par les originaux des dictes rescriptions; lesquelles fournitures il n'a peu faire sans avoir emprunté des marchands, qui le poursuivent à present si rigoureusement, qu'il est presque contrainct quitter et abandonner le pays, ayant desjà esté par plusieurs fois mis prisonnier, faulte de payement, et n'est eslargy que sous caution : en quoy faisant il sortira des dictes poursuites, et vous ferés en cela chose qui me sera fort agreable, le

---

[1] Cette lettre était de la main du Roi.

desirant comme je fais. Sur ce, Dieu vous ayt, mon amy, en sa saincte et digne garde. Ce xxviij^e avril.

HENRY.

1605. — 28 AVRIL. — IIme.

Orig. — Archives de la ville de Berne. Envoi de l'ambassadeur de France en Suisse.

A NOS TRES CHERS ET GRANDS AMYS, ALLIEZ ET CONFEDEREZ LES ADVOYERS, CONSEILS ET COMMUNAULTEZ DE LA VILLE ET CANTON DE BERNE.

Tres chers et grands amys, alliez et confederez, Nous avons toute occasion d'affectionner et favoriser le bien et advantage de la marquise de Villars, en consideration des services que nous avons receu et recevons du marquis de Villars, son mary; et ayant esté adverty que les terres de Chaunay et la Mothe en Savoye, sur lesquelles elle a notable interest, se doivent vendre et decreter par devant vostre bailly d'Iverdon, nous vous en avons bien voulu escrire ceste lettre en sa faveur, pour vous prier, comme nous faisons, de tenir la main à la conservation de son bon droict, en vous asseurant que s'il se presente occasion de le recognoistre et gratifier en autre chose, nous le ferons bien volontiers, ainsy que vous cognoistrés par effect : priant Dieu, Tres chers et grands amys, alliez et confederez, qu'il vous ayt en sa tres saincte et digne garde. Escript à Fontainebleau, le xxviij^e jour d'avril 1605.

HENRY.

DE NEUFVILLE.

[1605.] — 1er MAI.

Imprimé. — *Œconomies royales*, édit. orig. t. II, chap. 5o.

[A M. DE ROSNY.]

Mon amy, J'ay seulement ce jourd'huy receu vostre lettre du xxixe du passé. Je vous diray qu'il y a deux jours que j'ay commencé ma diette, et que je commence d'en sentir un merveilleux amendement, laquelle j'espere de finir dans la fin de ceste sepmaine. Cependant, encores que durant ce temps-là j'eusse comme resolu de n'avoir la teste rompue d'affaires, je ne laisse à desirer de vous voir et parler à vous. C'est pourquoi je vous prie de me venir trouver, amener m*r* de Sillery, et prendre vous deux le jour ensemble que vous viendrés; car, avec vous deux, je resouldray une partie de mes affaires, et quand je devray faire venir icy ceux de mon conseil. A Dieu, mon amy. Ce 1*er* jour de may, à Fontainebleau, au soir.

HENRY.

[1605.] — 2 MAI.

Orig. autographe. — Musée britannique, Mss. Egerton, vol. V, fol. 102. Transcription de M. Delpit.
Cop. — Arch. de M. de la Force; — et B. N. Fonds Leydet, liasse 2.

A MONS*R* DE LA FORCE.

Mons*r* de la Force, L'on m'a dict que S*t*-Esteve, ayant descouvert ce qu'il manioit à un Anglois, avoit esté descouvert par luy, et qu'il avoit esté prins en Espagne, où il estoit retenu prisonnier[1]. Et pour ce que je ne le puis croire, d'autant que vous m'en auriés adverty, je vous fais ce mot pour vous prier de vous enquerir de ce qui en est et me le mander; et si ce qu'il manioit aura esté descouvert ou non, comme des autres choses que vous apprendrés importer à mon service. A Dieu, Mons*r* de la Force. Ce ij*e* may, à Fontainebleau.

HENRY.

[1] Voyez ci-après sur cette affaire les lettres du 9 juin et du 10 août.

1605. — 4 MAI.

Orig. — Archives des Médicis, légation française, liasse 3. Copie transmise par M. le ministre de France à Florence.

A MON ONCLE LE GRAND-DUC DE TOSCANE.

Mon Oncle, Ayant esté supplié, par Jules Caccini et sa famille, de vous faire sçavoir le contentement que j'ay eu de les voir par deçà, et qu'ils se sont conduicts selon mon desir, je vous en ay bien voulu escrire ceste lettre par leur retour, pour leur servir de tesmoignage du devoir qu'ils ont faict, affin que vous leur en sachiés gré, comme je vous en prie, et Nostre Seigneur, mon Oncle, qu'il vous ayt en sa tres saincte et digne garde. Escript à Fontainebleau, le iiij^e jour de may 1605.

HENRY.

DE NEUFVILLE.

1605. — 5 MAI.

Cop. — Biblioth. de la ville de Metz. Envoi de M. Clercx de Belletanche, bibliothécaire.

[AU CARDINAL DE GIVRY.]

Mon Cousin, Ce qui s'est passé au dernier consistoire du dernier avril, touchant le differend d'entre le Pape et les Venitiens, m'a donné subject de faire à Sa Saincteté la supplication que vous entendrés de mon ambassadeur, lequel par tant je vous prie assister et favoriser en tout ce qui vous sera possible, affin que Sa Saincteté defere à ma recommandation : ce qui me semble qu'Elle doibt pour la conservation et l'auctorité du Sainct Siege Apostolique et le repos general de la Chrestienté, et particulierement de l'Italie. A quoy je veulx croire qu'Elle se disposera quand Elle considerera que je ne suis meu à luy faire ceste requeste que pour le seul respect de mon affection à l'endroict de la personne de Sa Saincteté et la conservation de l'auctorité du Sainct Siege Apostolique. Par tant, appuyés ceste poursuicte de vostre entremise et en parlés à Sa Saincteté, si besoing est, et vous me ferés service tres agreable : priant Dieu, mon Cousin, qu'il vous ayt en sa saincte et digne garde. Escript à Paris, le ve jour de may 1605.

HENRY.

DE NEUFVILLE.

1605. — 6 MAI. — Ire.

Cop. — Archives municipales de Montreuil-sur-Mer. Copie transmise par M. le sous-préfet.

[A M. DE BUZANVAL,

AMBASSADEUR EN HOLLANDE.]

Monsr de Buzanval, L'on m'a faict une grande plaincte que le jour de Quasimodo dernier, sur les sept heures du soir, trente soldats de l'armée de mon cousin le prince Maurice, la plupart François, surprirent l'abbaye de St-Andrieu[1], au comté de St-Pol, distante de deux lieues de Hesdin, et emmenerent l'abbé, septuagenaire, avec un de ses religieux et les meilleurs meubles de son eglise et de sa maison, et s'embarquerent quelques temps aprés, en intention de faire voile aux Pays-Bas, où il est croyable qu'ils ont emmené le butin. C'est un attentat qui importe grandement à mon auctorité, et dont j'escris à mon cousin le prince Maurice, vers lequel par tant je vous prie faire instance à ce qu'il soit reparé, et remettre le dict abbé en liberté, avec restitution de tout ce qui a esté pris, car je ne pourray et ne voudray souffrir que mon Royaume, au travers duquel ils ont passé pour faire ce vol et leur embarquement, leur servist de passage et de retraicte[2]. Je vous envoye la lettre que j'escris, à cachet volant, au

---

[1] Cette abbaye de Saint-André-au-Bois, de l'ordre de Prémontré, sur le territoire de la commune actuelle de Gouy, canton de Campagne, arrondissement de Montreuil, dont elle est distante de deux lieues et demie, était alors frontière d'Artois, la délimitation de la France et des Pays-Bas se trouvant entre les villages de Lépinoy et de Beaurains.

[2] Avec cette lettre nous a été envoyé un extrait analysé d'une chronique manuscrite de l'abbaye de Saint-André, où

DE HENRI IV.   417

dict prince Maurice, affin que vous luy en parliés en conformité d'icelle, embrassant cette poursuicte en telle sorte, qu'il soit faict raison et justice, dont vous me donnerés advis : priant Dieu, Monsr de Buzanval, qu'il vous ayt en sa saincte et digne garde. Escript à Fontainebleau, le vj^e jour de may 1605.

HENRY,

1605. — 6 MAI. — IIme.

Cop. — Archives municipales de Montreuil-sur-Mer. Copie transmise par M. le sous-préfet.

A MON COUSIN LE PRINCE MAURICE.

Mon Cousin, Je me plains à vous d'un attentat qui a esté faict depuis trois semaines sur l'abbaye de St-André, au comté de St-Pol, par trente soldats de vostre armée, la pluspart François, et commande au s^r de Buzenval, mon ambassadeur, qui vous rendra la presente, de vous en demander raison et reparation, laquelle je vous prie de me faire ; car estant chose qui importe à mon auctorité, je l'ay à cœur et desire qu'il en soit faict justice, ainsy que le s^r de Buzenval vous fera plus amplement entendre ; sur lequel me remettant, je prie Dieu,

est expliqué d'une manière très-circonstanciée le fait dont il est ici question. Ce coup de main, accompagné d'une double violation du territoire français, fut exécuté à l'instigation de Charles des Essarts, seigneur de Maigneux, gouverneur de Montreuil, pour se venger d'une entreprise tentée contre sa ville, plus de dix ans auparavant, par un religieux de Saint-André, le frère Auguste Roger, prévôt de Bignaupré, prévôté située en France à une lieue de l'abbaye. Ce religieux s'était réfugié en Flandre pour échapper à la vengeance du seigneur de Maigneux. Mais regardant l'abbé comme solidaire, il s'en prit à lui.

« Vers Pâques de l'année 1605, trente soldats du prince d'Orange sortent, à son instigation, du fort de l'Écluse, abordent à Camiers et traversent le territoire français jusqu'au bois de Saint-André, où ils restent cachés deux jours et deux nuits. Le 17 avril, à la chute du jour, ils entrent furtivement dans l'abbaye, la pillent, chargent les chevaux de labour de tout ce qu'elle renfermait de précieux, emmènent avec eux l'abbé Vainet et le dépensier, regagnent Camiers et de là l'Écluse. Les prisonniers furent ensuite conduits à Dunkerque. »

mon Cousin, qu'il vous ayt en sa tres saincte garde. Escript à Fontainebleau, le vje de may 1605 [1].

HENRY.

[1] Nous n'avons pas la réponse du prince d'Orange au Roi ; mais voici celle qu'il fit à M. de Buzanval, qui lui avait aussi écrit, suivant l'ordre de Sa Majesté.

« Monsieur, j'ay receu vos lettres, avec la copie de celle que le Roy vous a escript touchant l'abbé de Saint-André, qui a esté prisonnier nagueres par quelques soldats estant au service de cet Estat, par laquelle j'ay veu que Sa Majesté se sent offensée, desirant que le dict abbé soit mis en liberté, sans payer la rançon qu'il a promise, et à cause qu'il auroit esté embarqué dedans son royaume. Sur quoy je vous eusse respondu plus tost, n'eust esté les empeschemens que j'ay eus jusqu'icy m'en eussent detenu. Or, comme je n'ay rien pour tant recommandé que le service de Sa dicte Majesté, et qu'il luy soit donné toute satisfaction, je ne puis laisser de vous dire que je me trouve empesché en ce faict, et ne sçais sous quel pretexte je puis enlever aux dicts soldats leurs dicts prisonniers, d'autant qu'estant au service au pays, ils sont allez à la guerre sur leurs ennemis avecq mon passeport, et que le dict prisonnier n'a pas esté pris es terres de l'obeïssance de Sa dicte Majesté. Ce qui me fait presumer que si peu de passage qu'ils ont pris par son royaume ne luy peut avoir donné occasion de tant d'indignation, n'est qu'Elle n'ayt esté informée sinistrement de cest evenement. C'est pourquoy je vous prie bien affectueusement de vouloir prendre la peine de presenter le faict à Sa dicte Majesté comme il s'est passé ; car puisque le passage jusques ores a esté libre tant pour l'un comme pour l'autre par son royaume, je veux esperer qu'estant [informé] de la verité, il ne voudra que les dicts soldats soyent du tout frustrez de ce que le droict de la guerre leur donne : et sur ce, je prieray Dieu, Monsieur, etc. »

L'extrait qui nous a été fait de la chronique de Saint-André, comme nous venons de le dire ci-dessus, ajoute, sur l'issue de l'affaire, ces détails qui complètent les renseignements relatifs à la lettre précédente :

« Le Roi ne tarda pas à se refroidir beaucoup, lorsque Maigneux, secondé par Villeroy, lui eut donné connaissance des intrigues ourdies contre son service par l'abbé de Saint-André, sans toutefois lui avouer sa participation au coup de main des Hollandais. Aussi, dans la suite, Henri IV ne réclama-t-il que bien faiblement les prisonniers ; et les religieux se virent-ils contraints de payer une grosse rançon au gouverneur de Dunkerque. L'abbé Vainet, sorti de captivité, ne devait pas revoir son abbaye. Il mourut en route, à Hesdin, le 25 avril 1606. »

1605. — 6 MAI. — IIIme.

Orig. — B. N. Fonds Brienne, Ms. 41, fol. 207; — et Béthune, Ms. 9000, fol. 167.

[A M. DE BEAUMONT.]

Mons. de Beaumont, J'ay sceu par vostre lettre du IIIe de ce mois les honnestes et aimables langaiges que vous avoit tenus le roy d'Angleterre, en l'audience qu'il vous avoit donnée, le remerciant de la visite que le duc de Lenox m'avoit rendue de sa part, dont j'ay toute occasion de demeurer content, et pouvés l'asseurer que je correspondray fidellement et sincerement, par vrais effects, à l'amitié et bonne volonté avecq laquelle il declare vouloir continuer à vivre avec moy, et commanderay de nouveau à mes ambassadeurs qu'ils se gouvernent et comportent envers les siens selon l'instruction qu'il vous a dict leur avoir donnée; laquelle celuy qui reside à Venize commence à bien praticquer, conversant avecq le mien plus familierement et confidemment qu'il ne faisoit du commencement; ce qui luy est rendu par le s^r de Fresnes-Canaye. Et d'autant que je vous ay escript ce qui a esté cause que je n'ay jusques à present donné au dict Roy le tiltre de la Grande Bretagne, je ne le repeteray par la presente, faisant estat, quand bien le dict Roy obmettroit à me faire faire par son ambassadeur le compliment qui doibt preceder ma declaration (pour les raisons que je vous ay escriptes), de ne laisser de l'en contenter, puisqu'il vous a chargé m'advertir qu'il le desire, comme il le verra par la premiere lettre que je luy escriray.

Et d'autant qu'il a obtenu ce qu'il desiroit sur la main levée et le debit des draps de Rouen, à la reception de la seconde lettre qu'il m'en a escripte, ainsy que je vous ay mandé, je n'ay rien à vous ordonner sur ce poinct, sinon que vous faciés ressouvenir le dict Roy d'envoyer à son ambassadeur un pouvoir pour traicter et resouldre avec ceulx de mon conseil, le reglement qu'il convient faire pour obvier aux abus et fraudes que commettent les marchands anglois en la fabrication et composition de leurs draps, affin qu'il y soit pourveu devant qu'il en arrive quelque nouveau scandalle qui remette en debat et altercation nos subjects. Car c'est chose qui n'adviendra jamais de mon consentement, envers luy et moy, quoy qui advienne. Mais comme nous pourrions avoir des subjects, et mesmes des conseillers, qui auroient autre intention que nous, il fault les empescher de traverser la nostre; à quoy s'il donne aussy bon ordre de son costé que je feray du mien, je me promets que nous en aurons tout contentement.

J'ay remarqué qu'il craint tousjours que je veuille l'engaiger à secourir avec moy les Estats, procedant en cela avec moins de franchise que ne requiert celle de laquelle il veut que l'on croye qu'il faict profession. Toutesfois, je suis d'advis de continuer à le dissimuler, comme si nous ne nous apercevions pas, et attendre ce qui reussira des voyages et negociations qu'il faict faire en Espagne et Flandres, où je ne doubte point que ses ambassadeurs ne soyent flattez et caressez extraordinairement; de sorte que s'il mesure à cela les intentions et fins des Espagnols, il aura toute occasion de s'en conter et d'en mieux esperer qu'il n'a faict jusques à present.

Au demeurant, vous sçaurés que Dieu a tant voulu favoriser son Eglise que de nous avoir donné pour Pape le bon cardinal de Florence, lequel fut créé le premier de ce mois, à huict heures du soir. J'en ay receu la nouvelle le xie. Sa pieté, sa probité et magnanimité sont telles, que l'on doibt attendre de son gouvernement toutes choses bonnes et utiles au public, et specialement pour l'entretenement et affermissement de la paix publique, de laquelle il a esté le principal instrument et ministre soubs l'auctorité de son predecesseur. A quoy il montra tant de prudence et equanimité, que l'on peut juger par telle espreuve ce que l'on doibt attendre de son administration en ceste supresme dignité. J'ay receu de ceste election tout le contentement que je pouvois souhaitter, tant pour la consideration de sa personne, l'affection qu'il m'a tousjours monstrée, et pour ce qu'il porte le nom de la maison de laquelle la Royne ma femme est issue, que pour avoir esté sa creation promeue et favorisée ouvertement par les cardinaux françois et les autres amys de ma Couronne et du bien publicq contre les oppositions des partisans d'Espagne, lesquels n'ont rien obmis à faire pour l'exclure. Mais le St-Esprit, qui a presidé en ceste ellection, a surmonté les artiffices et ruses espagnolles, au grand contentement de tout le college des dicts cardinaux. Dont j'espere que l'Eglise de Dieu sera bien servie et la republique chrestienne consolée et assistée. Ce que vous dirés de ma part au Roy, mon dict frere, luy representant la joye que j'ay receue et les advantages que je doibs esperer de ceste victoire pour le bien et repos de la Chrestienté, cognoissant comme je fais l'inclination qu'y a Sa Saincteté.

Quant aux discours et excuses de Linesé, que le dataire a escrit au dict Roy, et aux propos que ce Robert Carrey a rapporté luy avoir esté tenus par le dict dataire, touchant les bruicts d'excommunication que faisoient courre les François à Rome, je n'ay à vous dire autre chose, sinon que j'impute ce dernier article à la malice du dict Linesé et aux doublons qu'il tire d'Espagne. De quoy je commanderay à mes ministres qu'ils s'esclaircissent du dict dataire, asseuré qu'il le desadvouera, et s'il ne le faict, qu'il en sera repris comme il doibt estre, car c'est une pure calomnie jettée à poste pour alterer l'esprit du dict Roy et le mettre en jalousie et deffiance des François et de moy. Mais j'espere que le tout retournera à la honte et confusion des dicts imposteurs et calomniateurs. Je prie Dieu, Mons. de Beaumont, qu'il vous ayt en sa saincte garde.

HENRY.

1605. — 6 MAI. — IVme.

Cop. — Biblioth. de la ville de Metz. Envoi de M. Clercx, bibliothécaire.

[AU CARDINAL DE GIVRY.]

Mon Cousin, Je porte beaucoup de regret de la mort de Nostre bon Pape[1], de laquelle vous m'avés donné advis par vos lettres du

[1] Léon XI n'occupa la chaire de saint Pierre que vingt-sept jours, du 1er au 27 avril 1605.

xxvii° passé, et me promettois que, pour le bien de la Chrestienté et particulierement de ce Royaulme, Dieu le feroit regner plus longtemps. Mais puisqu'il luy a pleu d'en disposer aultrement, il se fault conformer à sa volonté et favoriser l'election d'un aultre qui ayt autant de piété et d'affection au bien de cest Estat que luy. A quoy je vous prie travailler autant qu'il vous sera possible et faire aussy bien dans ce conclave que vous avés faict au precedent, demeurant bien uny avec les cardinaux françois et les aultres qui ont inclination au bien de ceste Couronne, ainsy que mon cousin le cardinal de Joyeuse et le s' de Bethune, mon ambassadeur, vous feront plus amplement entendre; et je le recognoistray en vostre endroict aux occasions qui se presenteront : priant Dieu, mon Cousin, qu'il vous ayt en sa saincte garde. Escript à Fontainebleau, le vj° jour de may 1605.

HENRY.

DE NEUFVILLE.

1605. — 6 MAI. — Vme.

Orig. — Ms. appartenant à M. l'abbé Caron, à Versailles, pièce 17.

A MON COUSIN LE CARDINAL DE JOYEUSE,

PROTECTEUR DE MES AFFAIRES EN COURT DE ROME.

Mon Cousin, Puisque Dieu ne nous a estimez dignes de jouir plus longtemps du bon Pape qu'il nous avoit donné, dont j'ay un regret indicible, il fault le prier qu'il face la grace à ce Sacré College de jetter les yeulx sur celuy d'entr'eux qui sera plus propre pour gouverner son Eglise au besoing qu'elle en a. En quoy je vous prie de vous employer et servir avec vostre accoustumée vertu, industrie et fidelité. Vous sçavés mieux que nul autre à qui nous devons nous adresser et ceux que nous devons eviter. Par tant, je m'en remets entierement à vostre jugement, me contentant d'escrire aux autres cardinaux françois qu'ils suivent et facent ce que vous adviserés estre pour le mieux, sans aucunement se diviser ny desunir d'avec vous. Mon ambassadeur seulement vous fera entendre sur ce quelques particularitez que je luy escris, lesquelles vous considererés pour y avoir tel esgard que vous jugerés appartenir au bien de mon service, duquel je sçay que vous estes aussy jaloux que moy-mesme. Quand au cardinal Aldobrandin, je m'asseure aussy que vous mesnagerés sa bonne volonté, comme il est necessaire pour en estre assisté. Au moyen de quoy je finiray la presente en vous recommandant derechef mon service, et avec, la conservation de vostre santé : et prie Dieu, mon Cousin, qu'il vous ayt en sa saincte et digne garde. Escript à Fontainebleau, le vj^e jour de may 1605.

HENRY.

DE NEUFVILLE.

1605. — 8 MAI.

Orig. — B. N. Fonds Brienne, Ms. 41, fol. 238 recto; — et Béthune, Ms. 9001, fol. 46.

[A M. DE BEAUMONT.]

Monsr de Beaumont, Nous n'avons pas jouy long-temps du bon Pape que Dieu nous avoit donné, estant decedé dés le xxviie du mois passé, ainsy qu'ils escrivent, d'une pleuresie, de laquelle il fut surpris le xviie ou xviiie d'iceluy, revenant de prendre possession de l'eglise St-Jehan de Latran. Toute la Chrestienté y a grandement perdu, car il eust aimé et favorisé la paix publicque, de laquelle il avoit esté operateur, et affectionné les choses bonnes et honorables, ayant du courage, vrayement noble, accompagné de beaucoup de prudence et bonté. J'ay un regret extresme de sa mort, car, comme je cognoissois ses vertus et son merite plus que personne, je me persuade aussy qu'il aimoit ma personne, comme je prisois et cherissois la sienne. Or il faut prier Dieu qu'il nous en donne un autre. Que s'il n'egale du tout, au moins qu'il approche de l'autre le plus que faire se pourra. Je m'asseure bien que les Espagnols desployeront ceste fois toute leur industrie et puissance pour regaigner à ce conclave la reputation et l'advantage qu'ils estimoient avoir perdu au premier. Mais j'espere que Dieu y pourveoira, comme le requiert le bien de son Eglise et de la Chrestienté; estant certain, s'ils pouvoient en faire eslire un qui feust du tout à leur devotion, qu'ils se serviroient de son nom et auctorité pour travailler leurs voisins avec le pretexte de la religion, comme ils continuent à faire par leurs menées et corruption extraordinaires. Or, tout ainsy que le dict Pape deffunt m'aimant comme il faisoit, eust peut-estre voulu s'ayder de mon conseil et entremise envers le roy d'Angleterre pour obtenir de luy quelques faveurs pour les catholiques de ses païs, aussy s'il en eust esté esconduit et desesperé, le dict Pape eust peut-estre pris contre luy des resolutions fascheuses, desquelles sans doubte le dict Roy se fust pris à moy. De quoy les Espagnols, lesquels à l'advanture l'eussent plus irrité et poussé à le faire que moy, se fussent prevallus en son endroict. Or nous verrons quel sera le successeur que le college des Cardinaux, ou pour mieux dire le St-Esprit, luy donnera, et pourveu qu'il soit digne de ce nom, il ne pourra estre qu'il ne me soit tres agreable.

Vous m'avés escript, par vostre lettre du xvie du passé, que j'ay receue le iiij^e du present, que le dict Roy n'avoit pas encores accordé à l'ambassadeur d'Espagne et à celuy des archiducs la permission qu'ils luy ont demandée de lever des gens en ses royaulmes pour la guerre de Flandres, et qu'il estoit mal ediffié de la forme avec laquelle ils entendent d'y proceder, aussy est-elle de consequence. Toutesfois j'ay opinion qu'enfin il s'y accommodera, si les autres en continuent l'instance, et me semble que ce ne sera pas grande consolation ny revanche pour les Estats, quand il accordera pareille faveur à leur deputé. Je vous diray sur cela, que ce sera lors, que les dicts Estats debvront, ce me semble, se deffier plus de la volonté du dit roy, quand il fera contenance de les voulloir mieux assister. Car, jusques à present, il a pris peine de faire en tous lieux tout le rebours de ce qu'il a monstré affectionner. Toutesfois, il ne fault pas luy faire paroistre, ny aux siens, que nous ayons ceste opinion, mais nous contenter de faire moindre estat de ses paroles et demonstrations exterieures que jamais, et observer plus que devant ses pas et actions, comme je m'asseure que vous sçaurés faire le reste du sejour que vous ferés par delà.

Surtout ayés les yeux ouverts sur les menées et intelligences que peuvent avoir par delà les factieux de la religion pretendue reformée de mon Royaulme; lesquels, fomentez et poussez du duc de Bouillon, remuent dedans et dehors tout ce qu'ils peuvent en sa faveur pour troubler mon Estat et mes affaires. Mais j'espere que Dieu me fera la grace d'y obvier et pourveoir, de façon que le tout tourne à leur confusion. Le dict duc a tant faict envers les electeurs Palatins et de Brandebourg et certains autres princes d'Allemagne et les Cantons de Suisse protestans, qu'ils ont envoyé vers moy des ambassadeurs, et m'ont escript en sa faveur. A quoy veritablement j'ay pris peu de plaisir, estant mal seant aux dicts princes et cantons de s'entremettre ainsy des affaires qui ne les concernent et touchent aucunement; toutesfois je n'ay pas laissé de les ouir benignement à mon accoustumée, leur ayant dit que les portes de ma justice seroient tousjours ouvertes au dict duc de Bouillon, quand il se mettroit en debvoir de rechercher l'une et de se rendre digne de l'autre par ses actions et comportemens, comme il estoit tres obligé de faire. Il semble que le but du dict duc de Bouillon soit par telles delegations monopolées de faire d'une cause purement privée une generale, affin d'engaiger tous ceux de la Religion dedans et dehors mon Royaulme en son crime.

Mais j'espere faire que les gens de bien d'icelle, qui sont encore en grand nombre, ne suivront les conseils des aultres; et partant, qu'ils me donneront toute occasion, comme j'en ay la volonté, d'affectionner leur conservation sous la faveur et protection de nos edicts, aussy soigneusement et volontiers que j'ay faict jusques à present. Je prie Dieu, Monsr de Beaumont, qu'il vous ayt en sa saincte garde.

HENRY.

1605. — 11 MAI.

Orig. — Arch. de M. de la Force.
Imprimé. — *Mémoires de la Force*, publiés par le marquis DE LA GRANGE, t. Ier, p. 394.

[A M. DE LA FORCE.]

Monsr de la Force, J'ay entendu par le sr Hesperien tout ce qui s'est passé en l'affaire dont vous l'aviés chargé, et faict voir les procedures qu'il a portées; en quoy n'ayant pu prendre, pour le present, aucune resolution, d'autant que les gens de mes comptes fondent le pouvoir qu'ils pretendent sur plusieurs ordonnances faictes tant par moy que par les Roys mes predecesseurs, j'ay advisé d'evoquer toutes ces contestations, et leur accorder un terme de six mois pour remettre les dicts reglemens et ordonnances, sur lesquels et sur les raisons qui me pourront encore estre representées de vostre part, je declareray ma volonté, mettant tousjours en bonne consideration ce qui regarde la dignité de vostre charge, comme je vous en ay donné toute asseurance lors de vostre partement. Cependant, j'ay ordonné que Dufour soit remis en l'exercice de sa charge, conformement à vostre arrest, et leur fais commandement de vous rendre le respect qui vous appartient, dont je leur feray entendre plus particulierement mon intention par le president du Pont, affin qu'ils ne facent faulte de la suivre, et qu'à leur exemple, mes autres subjects soyent conviez à ce mesme devoir; car, outre que cela importe à mon service, je desire vous donner en ce subject tout le contentement que vous sçauriés requerir, et faire voir à chacun combien je vous aime et estime. Sur ce, Dieu vous ayt, Monsr de la Force, en sa saincte et digne garde. Escript à Fontainebleau, le xje may 1605.

HENRY.

DE LOMENIE.

[1605.] — 12 MAI.

Orig. autographe.—Musée britannique, Mss. Egerton, vol. 5, fol. 97. Transcription de M. Delpit.
Cop. — Arch. du duc de la Force.
Imprimé. — *Mémoires de la Force,* publiés par M. le marquis DE LA GRANGE, t. I, p. 395.

A MONS^R DE LA FORCE.

Monsr de la Force, Par mon autre lettre et l'arrest que vous porte Hesperien, vous apprendrés ce que j'ay ordonné en l'affaire pour laquelle vous l'aviés depesché vers moy, et par celle-cy vous serés asseuré de la continuation de mon amitié et affection en vostre endroict. Pour mes nouvelles, vous les sçaurés par le s^r Hesperien, et que m^r de Bouillon faict de mal en pis, et corne la guerre partout ; que, au demeurant, toutes choses vont assez bien par deçà; que ma femme, mon fils, ma fille et moy, nous portons bien; que l'Archiduc commence à dresser son armée pour mettre aux champs, et que je ne fauldray de vous faire advertir de ce qui se passera, comme je vous prie de faire ce que vous apprendrés importer à mon service : et, remettant le surplus à la suffisance du porteur, je prie Dieu vous avoir, Monsr de la Force, en sa saincte et digne garde. Ce xij^e may, à Fontainebleau.

HENRY.

[1605.] — 13 MAI. — Ire.

Cop. — B. N. Suppl. fr. Ms. 1009-4. (D'après l'autographe qui était dans le cabinet du dernier duc de Sully.)

[AU DUC D'EPERNON.]

[1] Mon amy, Vous entendrés par d'Escures ce qui s'est passé entre les s^{rs} de Grillon et de Crequy, pour la charge de mestre de camp

---

[1] L'original de cette lettre était de la main du Roi.
L'abbé de l'Écluse nous en a conservé la copie dans une liasse qu'il a intitulée :

Autres lettres au duc de Sully, tirées des manuscrits de la Bibliothèque du Roi et autres cabinets. La série dont cette lettre-ci fait partie est indiquée dans cette liasse

54.

du regiment de mes gardes, et comme je n'ay voulu que les provisions en ayent esté expediées que je n'eusse, suivant ma promesse,

comme tirée du cabinet du duc de Sully d'alors. Cette provenance et l'expression *mon amy*, que nous avons déjà vu avoir trompé l'Écluse sur l'attribution d'une des lettres de Henri IV les plus célèbres (voir ci-dessus, t. V, p. 230 et 692), lui ont fait commettre ici la même erreur. Malgré la longue étude qu'il dut faire et refaire des *OEconomies royales,* en remaniant d'un bout à l'autre cet ouvrage d'une originalité si précieuse, pour y substituer une rédaction moderne et un ordre de matières tout différent, il n'a pas su reconnaître que les vingt lettres dont est formée cette série sont écrites, non pas à Sully, mais au duc d'Épernon : erreur considérable, dont nous n'aurons guère évité, à temps, que la moitié, puisque nous avons suivi l'indication de l'Écluse pour huit de ces lettres, aux pages 443, 490, 500, 510, 524, 611, 689 et 706 du volume précédent. Toutefois, certaines contradictions que nous pûmes dès lors constater avec évidence nous avaient fait reconnaître que la lettre du 7 novembre 1602 ne devait pas avoir été adressée à Rosny, mais au duc d'Épernon, ainsi que nous l'expliquons dans la note de la page 691.

Ici les développements dans lesquels entrent les secrétaires de Sully sur l'affaire de la charge de mestre de camp du régiment des gardes nous ont fait reconnaître avec non moins de certitude que toutes les lettres relatives à cette affaire s'adressent au duc d'Épernon. Rapprochant alors cette rectification de celle de la lettre du 7 novembre 1602, nous avons repris, d'ensemble, toutes les lettres copiées chez le duc de Sully pour l'abbé de l'Écluse, mais non transcrites de sa main, et il n'en est pas une où nous n'ayons trouvé quelque raison solide de conclure qu'elle fut adressée, non à Rosny, mais au duc d'Épernon.

Comment ces lettres se trouvaient-elles chez le dernier duc de Sully, descendant du grand ministre à la quatrième génération et mort en 1729 ? On peut l'entrevoir par la ramification d'alliance qui existait entre lui et le dernier duc d'Épernon, mort également sans postérité en 1661. La seconde femme de celui-ci, Marie de Cambout, était la tante de Madeleine-Armande de Cambout, duchesse de Sully, mère du dernier duc de Sully.

Maintenant si nous examinons celles de ces lettres où il est le plus facile de reconnaître le duc d'Épernon, après la lettre sur la conférence entre du Perron et Mornay, nous signalerons celle-ci du 13 mai, celles du 21 mai, du 6 et du 7 juin. Toutes quatre se rapportent à la négociation pour la charge de mestre de camp du régiment des gardes, que Henri IV obligea Crillon de vendre à Créqui. Ce qui a donné à cette affaire un développement tout particulier dans les *OEconomies royales,* c'est qu'elle devint l'occasion d'un grand refroidissement du Roi envers Rosny, puis de ce célèbre raccommodement raconté avec tant d'intérêt et de vérité, à la fin duquel Henri IV empêcha son ministre de tomber à ses genoux, pour qu'on ne crût pas qu'il lui pardonnait.

Au reste, ce prince qui, tout en prodiguant à d'Épernon les protestations de confiance et d'amitié, ne cessa jamais de

parlé à vous, ce que je fais par ce porteur. Peut-estre si le dict s^r de Grillon se fust adressé à vous pour luy donner un successeur, que vous luy en eussiés choisy un qui vous eust esté plus agreable, mais non si utile à mon service. Car je tire de ce faict un tel bien pour mes affaires, que si vous estiés auprés de moy, vous me le conseilleriés. Je vous prie donc et conjure, par l'amitié que je crois que vous me portés, que je recognoisse qu'en ceste occasion vous preferés mon contentement et le bien de mes affaires à toutes autres considerations, et que vous le faictes volontiers, puisque je le veux ainsy. Cela sera aussy cause que j'auray à l'advenir encore plus de soin de ce qui vous

le redouter (et même de lui garder rancune, si l'on en croit Sully et quelques autres), tenait à ôter la charge importante de mestre de camp du régiment de ses gardes à un homme aussi dévoué au duc d'Épernon, colonel de l'infanterie française, que l'était le brave Crillon, bien connu par sa fidélité à toute épreuve envers ses amis. Or d'Épernon, dont la sagacité d'ambition n'était jamais en défaut, avait assez prévu le coup pour chercher à le parer en mettant Rosny dans ses intérêts ; et au moment de partir pour la Guienne, il lui avait fait promettre de rappeler à Crillon, leur ami commun, qu'il ne se défît pas de cette charge en son absence. Crillon, pensant que Rosny désirait la charge pour lui, avait répondu aux premières propositions du Roi qu'il ne s'en déferait en faveur de nul autre, ce qui déplut déjà à Henri IV, comme indice d'une ambition déplacée de la part de son ministre. Le malentendu fut aisément éclairci, mais pour donner place, dans l'esprit du Roi, à un soupçon bien autrement grave : celui d'une secrète alliance entre l'homme que sa confiance sans bornes avait déjà élevé si haut, et celui qui, par un esprit de conduite supérieur et une audace toujours heureuse, avait su consolider largement la fortune inouïe qu'il devait à la faveur passionnée de Henri III. L'humeur avec laquelle d'Épernon accueillit les premières paroles du remplacement de Crillon par Créqui augmenta le mécontentement de Henri IV, qui commença à s'exprimer avec beaucoup d'aigreur sur le compte de Rosny, trop blessé pour faire aucune avance de justification. Ses nombreux ennemis firent alors des merveilles de perfidie, s'étant tous entendus pour entonner sur ses mérites un concert d'éloges, dont le Roi avait sans cesse les oreilles rebattues, et qui portaient à l'excès son irritation et ses craintes. Mais la sûreté de son jugement et une juste confiance dans la loyauté de son ministre amenèrent l'explication sans réserve d'un long tête-à-tête, où Rosny ne pouvait manquer de se justifier : ce qu'il fit comme chacun sait.

Ces explications, nécessaires à l'intelligence de cette lettre et de plusieurs de celles qui suivent et qui précèdent, feront excuser la longueur de cette note.

touche que jamais, ainsy que vous dira le dict d'Escures, sur lequel me remettant, je prie Dieu, mon amy, qu'il vous ayt en sa saincte et digne garde. Ce xiij° may, à Fontainebleau.

HENRY.

1605. — 13 MAI. — IIme.

Orig. — Arch. du royaume des Pays-Bas, liasse dite *Loopende*. Copie transmise par M. l'ambassadeur.

A NOS TRES CHERS ET BONS AMYS, ALLIEZ ET CONFEDEREZ LES Srs ESTATS GENERAUX DES PROVINCES UNIES DES PAYS-BAS.

Tres chers et bons amys, alliez et confederez, Ayant entendu de Pierre Lintges le jeune, que vous avés faict difficulté de luy permettre de lever en l'estendue de vostre jurisdiction le nombre de matelots et ouvriers necessaires pour la navigation des Indes Orientales, comme nous vous en avions prié par nos lettres, nous vous avons bien voulu encore faire ceste-cy à mesme fin, pour vous dire qu'ayant fort à cœur la dicte navigation pour le bien qui en peut revenir à nostre Royaume, vous ferés chose qui nous sera bien agreable de vous disposer à nous donner ce contentement, comme nous vous prions derechef de faire, et nous nous en revancherons en autre occasion quand elle se presentera. A tant, nous prions Dieu, Tres chers et bons amys, qu'il vous ayt en sa saincte garde. Escript à Fontainebleau, le xiij° jour de may 1605.

HENRY.

DE NEUFVILLE.

[1605.] — 15 MAI.

Orig. autographe. — Cabinet de M. le général de la Loyère.
Imprimé. — *OEconomies royales*, édit. orig. t. II, chap. 50.

A MON COUSIN LE MARQUIS DE ROSNY.

Mon Cousin, Vous recevrés ceste-cy par Chaumely, que j'ay despesché et qui s'en retourne presentement en Bourgogne pour mon service. Je vous prie de luy faire payer son voyage, suivant ce que je vous ay dict, encore que je ne luy en aye point faict expedier d'ordonnance, et vous souvenir qu'il en a cy-devant faict un par mon commandement et pour mon service, où il fut six semaines, et duquel il n'a rien eu; ce que je vous dis affin que vous y ayés esgard. A Dieu, mon Cousin. Le xve may, à Fontainebleau [1]..

HENRY.

1605. — 17 MAI.

Orig. — Arch. du royaume des Pays-Bas, liasse dite *Loopende*. Copie transmise par M. l'ambassadeur.

A NOS TRES CHERS ET BONS AMYS, ALLIEZ ET CONFEDEREZ LES Srs ESTATS GENERAUX DES PROVINCES UNIES DES PAYS-BAS.

Tres chers et bons amys, alliez et confederez, Nous avons esté advertis des rigoureuses poursuictes que font les mariniers et matelots de l'armement qu'a faict le chevalier de Beauregard, contre Hierosme Van Uffle, qui a respondu des conventions et promesses qui ont esté faictes aux dicts mariniers et matelots, bien que le dict chevalier de Beauregard ayt bonne volonté de les satisfaire par le moyen de quelques prises qu'il a faictes sur la mer, dont la principale a esté arrestée par le vice-roy de Sicile, et en avons escript à nostre ambassadeur en Espagne. Et d'autant que le dict chevalier en espere bonne issue, nous avons bien voulu escrire cette lettre en sa faveur, pour vous prier de donner ordre et commander que les dictes poursuictes contre le dict chevalier soient sursises jusques à quelque temps, pendant lequel le dict chevalier mettra peine de desdommager les dicts mariniers et matelots et leurs veufves, de sorte qu'ils n'auront aucune occasion de se plaindre de luy; et vous ferés chose qui nous sera tres agreable et dont nous revancherons en aultre occasion : priant Dieu, Tres chers

---

[1] Au dos, de la main de Sully : « Le Roy. Du 15 mars 1605. Pour payer le voyage de Chaumelis. »

Ce nom est écrit *Chaumelin* dans les *OEconomies royales,* où le mot *amy* est toujours substitué au mot *cousin.*

et bons amys, alliez et confederez, qu'il vous ayt en sa saincte garde. Escript à Fontainebleau, le xvıj^e de may 1605.

HENRY.

DE NEUFVILLE.

[1605.] — 21 MAI. — Ire.

Cop. — Suppl. fr. Ms. 1009-4. (D'après l'autographe qui était dans le cabinet du dernier duc de Sully.)

[AU DUC D'ÉPERNON[1].]

Mon Cousin, Je vous ay mandé ma volonté par Escures. Vous desirés parler à moy, devant que j'acheve cest office. Je le veux; venés donc me trouver, bien resolu de suivre mes volontez, car le serviteur qui veut estre aimé de son maistre luy tesmoigne toute obeïssance. Vostre lettre est d'homme en colere; je n'y suis pas encore : je vous prie, ne m'y mettés pas. Escure vous dira le surplus, croyés-le. Ce xxj^e may, à Fontainebleau.

HENRY.

1605. — 21 MAI. — IIme.

Orig. — Archives de la ville de Bâle. — Copie transmise par M. le professeur Gerlach.

A NOS TRES CHERS ET GRANDS AMYS, ALLIEZ ET CONFEDEREZ, LES BOURGUEMESTRES, CONSEILS ET COMMUNAULTEZ DE LA VILLE ET CANTON DE BASLE.

Tres chers et grands amys, alliez et confederez, Aimans et affectionnans comme nous faisons les s^{rs} des Ligues Grises, nous voulons avoir leurs affaires en pareille recommandation que les nostres, et ayant entendu ce qui se passe entre les Ligues Grises et ceux de Milan, nous avons commandé au s^r de Caumartin, nostre ambassadeur par delà, de vous voir sur ce subject, et vous representer que

[1] Cette lettre est donnée, par l'abbé de l'Écluse, comme adressée à Rosny. Voyez ci-dessus la note sur la lettre du 13 mai.

non seulement le respect de vostre alliance vous doibt mouvoir à les assister, mais encores l'interest particulier que vous avés à la conservation de leur honneur et liberté; ce que nous vous prions mettre en consideration et empescher, par tous les plus convenables moyens qu'il vous sera possible, l'oppression des Ligues Grises, ainsy que le s^r de Caumartin vous fera plus amplement entendre : sur lequel nous remettans, nous prions Dieu, Tres chers et grands amys, alliez et confederez, qu'il vous ayt en sa tres saincte et digne garde. Escript à Fontainebleau, le xxj^e jour de may 1605.

HENRY.

DE NEUFVILLE.

1605. — 22 MAI.

Orig. — Ms. appartenant à M. l'abbé Caron, à Versailles.

A MON COUSIN LE CARDINAL DE JOYEUSE,
PROTECTEUR DE MES AFFAIRES EN COURT DE ROME.

Mon Cousin, Le s^r de la Palme n'arriva icy que le xiiie de ce mois avec vos lettres du xiiie du passé, estant tombé malade par les chemins. Toutesfois je n'ay laissé de me faire lire vos dictes lettres, et mesmes le journal de vostre conduicte depuis la mort du pape Clement jusques à l'election de Leon, et de m'enquerir encores sur iceluy, du dict la Palme, des particularitez desquelles il estoit informé, dont il m'a rendu tres bon compte. Sur quoy je ne vous diray pour le present autre chose, sinon que vous ne pouviés vous gouverner et conduire plus prudemment et accortement, ny mieux selon mon cœur et pour mon contentement, que vous aviés faict en toutes choses qui s'y estoient passées. Aussy Dieu avoit beny et faict prosperer vostre labeur, comme je me promets qu'il arrivera encores au present conclave, car vous sçavés nostre but viser entierement à sa gloire et à la conservation de l'auctorité du Sainct-Siege et de la liberté de toute l'Italie. C'est pourquoy ayant sceu, par les dernieres lettres que le cardinal du Perron et mon ambassadeur m'ont escriptes, que *m^r le cardinal*

Aldobrandin, avec lequel il importe à mon service et à la reputation de mes affaires que nous demeurions bien unis, s'oppose ouvertement au cardinal Sauli; et aussy que cestuy-cy *est fort interessé avec les Espagnolz, j'ay voulu vous advertir par la presente, que je vous envoye par ce courrier exprés, que je desire que vous vous unissiés avec le dict cardinal Aldobrandin, autant qu'il sera necessaire de le faire, pour y former et asseurer l'exclusion d'iceluy, tant pour obliger davantage à nous le dict Aldobrandin, que pour ne tomber entre les mains et à la discretion d'une personne que l'on recognoit notoirement si affectionnée au party d'Espagne. Travaillés donc à la susdicte exclusion, et* toutesfois *avec le plus de discretion et prudence qu'il vous sera possible.* Au reste, aprés que vous nous aurés donné un Pape, je vous escriray mes intentions sur les autres poincts portez par les dictes lettres du dict la Palme; et sçaurés, pour la fin de la presente, que j'ay receu la vostre du iiie de ce mois, et que je vous recommande tousjours mes affaires : et prie Dieu, mon Cousin, qu'il vous ayt en sa saincte et digne garde. Escript à Fontainebleau, le xxij^e jour de may 1605.

HENRY.

DE NEUFVILLE.

[1605.] — 24 MAI.

Cop. — Suppl. fr. Ms. 1009-4. (D'après l'autographe qui était dans le cabinet du dernier duc de Sully.)

[AU DUC D'ÉPERNON[1].]

Mon amy, Je vous remercie de l'advis que vous m'avés donné par ce gentilhomme, lequel j'avois desjà eu par d'aultres et pourveu suivant iceluy, non seulement aux villes que vous me mandés, mais à tout ce qui est de la coste de Provence, où les ennemis pourroient entreprendre. Si d'advanture vous en apprenés davantage et quelques particularitez, je seray tres aise que vous m'en donniés advis en diligence, affin d'y pourveoir. Par ce gentilhomme vous apprendrés de

---

[1] Lettre encore mal à propos indiquée comme écrite à Sully.

mes nouvelles et ce que je luy commanday de vous dire; c'est pourquoy je m'en remettray à luy. A Dieu, mon amy. Ce xxiiij^e may, à Fontainebleau.

HENRY.

[1605.] — 25 MAI. — Ire.

Orig. autographe. — Cabinet de M. le général de la Loyère.
Imprimé. — *OEconomies royales*, édit. orig. t. II, chap. 50.

A MON COUSIN LE MARQUIS DE ROSNY.

Mon amy, C'est en faveur du s^r de Canisy que je vous fais ce mot, pour vous dire que les services qu'il m'a faicts veulent que je vous mande de luy rendre bonne et prompte justice pour son remplacement des advances qu'il a cy-devant faictes pour mon service, sans avoir esgard si les dictes despenses vous apparoissent avoir esté faictes selon les formes ordinaires, de quoy le temps auquel elles ont esté faictes sert d'excuse et les services apparoissent, desquels je suis bien memoratif. C'est pourquoy je le vous recommande de toute mon affection, comme serviteur que j'aime. A Dieu, mon amy. Ce xxve may, à Fontainebleau [1].

HENRY.

1605. — 25 MAI. — IIme.

Orig. — Papiers provenant des anciennes archives de Lyon et conservés dans cette ville.
Copie transmise par M. Dupasquier.

A NOS TRES CHERS ET BIEN AMEZ LES PREVOST DES MARCHANDS
ET ESCHEVINS DE NOSTRE VILLE DE LYON.

Tres chers et bien amez, Nous avons accordé au s^r de la Guiche permission de s'aller un peu reposer en sa maison et y recouvrer sa premiere santé. Et affin que vous ne demeuriés pas ce pendant des-

---
[1] Au dos, de la main de Rosny :
« Le Roy, du 25 mars 1605. Pour les dettes du sieur de Canisy. »

tituez de personne qui commande par delà pour nostre service, et à qui vous puissiés avoir recours pour ce qui pourroit survenir par delà, nous n'avons pas voulu retenir icy plus longuement le s^r de Chevrieres, et le renvoyons presentement en sa charge, en laquelle il ne manquera de vous donner toute l'assistance qui sera requise; comme de nostre part nous vous ordonnons de luy rendre l'honneur que vous sçavés qui est deub à sa charge, et luy defferer et obeïr en tout ce qu'il vous ordonnera pour nostre service. En quoy nous asseurans que vous ne deffauldrés pas, nous ne vous en dirons icy davantage, vous exhortant sur tout de vous contenir tousjours en bonne union et concorde, comme le principal moyen de vostre conservation. Donné à Fontainebleau, ce xxve may 1605.

HENRY.

FORGET.

[1605.] — 25 MAI. — IIme.

Orig. autographe. — Cabinet de M. le général de la Loyère.
Imprimé. — Œconomies royales, édit. orig. t. II, chap. 50.

A MON COUSIN LE MARQUIS DE ROSNY.

[1] Mon Cousin, M'estant faict representer les papiers et acquits en vertu desquels Jean Selier, marchand, demeurant en ma ville de Troyes, pretend luy estre deub trois mil quarante-sept escuz, j'ay recogneu qu'il avoit raison de m'en poursuivre; et pour ce qu'il a entreprins un œuvre en ma dicte ville de Troyes pour le bien du public, en quoy il merite d'estre secouru et assisté, je desire d'autant plus qu'il soit satisfait, affin de luy donner occasion de continuer. Arnault a veu ces pièces, qu'il vous representera, affin que, suivant le contenu en icelles, vous luy donniés contentement, ce que j'auray fort agreable,

[1] Au dos, écrit de la main de Rosny : « Le Roy, du 25 may 1605, touchant les debtes du nommé le Scellier, de Troies. »

Nou~ constatons toujours, dans les Œconomies royales, la substitution du mot *amy* au mot *cousin*.

desirant qu'il soit expedié bien tost, affin qu'il s'en puisse retourner pour continuer son entreprinse. A Dieu, mon Cousin, lequel je prie vous avoir en sa saincte et digne garde. Ce xxv° may, à Fontainebleau.

HENRY.

[1605.] — 26 MAI. — Ire.

Imprimé. — *OEconomies royales*, édit. orig. t. II, chap. 5o.

[A M. DE ROSNY.]

Mon amy, Hier au soir, sur les dix heures, arriva icy un courrier depesché exprés par vostre frere et les cardinaux françois qui sont à Rome, pour me donner advis de certaines particularitez qui s'y sont passées le xvi° de ce mois, en l'election du Pape, faicte en la personne du cardinal Bourguese, et comme j'y ay la meilleure part, et le ressentiment que Sa Saincteté m'en a. Vous entendrés les dictes particularitez par le discours que j'ay commandé vous en estre envoyé et à mess^{rs} le chancellier et Sillery. J'ay seulement à vous dire que j'ay occasion de louer Dieu de ce qu'en ceste action les cardinaux françois ont faict voir que j'ay à Rome et au conclave quelque auctorité. A Dieu, mon amy. Ce samedy matin xxvj° may, à Fontainebleau.

HENRY.

1605. — 26 MAI. — IIme.

Imprimé. — *OEconomies royales*, édit. orig. t. II, chap. 5o.

[A M. DE ROSNY.]

Mon Cousin, J'eus hier advis comme le cardinal Bourguese fut esleu Pape, le xvi° jour de ce mois, et a pris le titre de Paul V. J'en ay beaucoup de contentement, parce que je suis informé qu'il n'a esté appellé à ceste dignité que pour ses grandes vertus et louables qualitez, y ayant toute occasion de bien esperer de son pontificat pour le bien de la Chrestienté. J'en ay aussy loué Dieu de tout mon cœur, luy en ayant jà faict rendre graces publiques, et chanter le *Te Deum* en

438 LETTRES MISSIVES

ma presence. Je desire qu'il en soit usé de mesme en toutes les eglises cathedrales, et, à ceste occasion, j'ay faict une depesche generale à tous les evesques, pour chascun, en leur principale eglise, faire rendre graces publiques à Dieu avec les solemnitez et ceremonies qui sont accoustumées, dont je vous ay bien voulu advertir, et qu'il ne sera point besoin d'ordonner qu'autre demonstration en soit faicte, ny de feux de joye ny de tirer le canon, parce que cela ayant esté adjousté à la forme ordinaire pour ce que le Pape dernier mort estoit du nom et parent de la Royne, il suffira pour celuy-cy et les autres se tenir aux formes ecclesiastiques. Vous serés adverty d'en respondre ainsy, si en entendés parler : et n'estant la presente à aultre effect, je prieray Dieu, mon Cousin, qu'il vous ayt en sa saincte et digne garde. Escript à Fontainebleau, le xxvj^e may 1605 [1].

HENRY.

FORGET.

[1605.] — 27 MAI. — Ire.

Orig. autographe. — Cabinet de M. le général comte de la Loyère.
Imprimé. — *OEconomies royales*, édit. orig. t. II, chap. 50.

A MON COUSIN LE MARQUIS DE ROSNY.

Mon amy, J'ay veu vostre lettre et celle que ceux de ma ville de La Rochelle vous ont escripte touchant un vaisseau espagnol qui a esté prins et amené à leurs costes par le capitaine Yvon Bandelouis, s'advouant à mon cousin le prince Maurice. Sur quoy je vous diray que vous leur manderés qu'ils ont bien faict d'en faire informer, comme de faire saisir et arrester les marchandises qui y estoient et desquelles ils ne bailleront main-levée qu'ils n'en ayent un exprés commande-

---

[1] Une lettre presque pareille, contre-signée *Ruzé*, également imprimée dans les *OEconomies royales*, fut encore adressée le même jour au marquis de Rosny; elle est plus courte que celle-ci. La seule chose qui y soit en sus est cette observation : « L'on ne tesmoigne maintenant autant d'allegresse comme l'on avoit fait à l'election du deffunct. »

ment de moy; car, comme vous sçavés, si l'ambassadeur d'Espagne m'en faict plaincte, je ne puis refuser de luy faire justice, attendu mesmes que quand les vaisseaux de mess^{rs} des Estats prennent quelque chose sur les Espagnols entre France, Angleterre et les costes de deçà, ils n'oseroient les faire descharger ny emmener en mes havres.

Pour le regard de l'opposition que le s^r de Montmagny a faicte, lorsque vous avés esté aprés à faire tirer les fondemens pour les maisons qu'il faut faire bastir au marché aux chevaulx, je suis d'advis que vous luy en parliés de ma part, et qu'estant une chose que j'affectionne pour l'ornement et embellissement de ma ville de Paris, il ne s'y devroit opposer; au pis aller, en luy payant la terre que l'on est contraint de prendre dans son jardin, et luy dire qu'estant une œuvre publique, on luy pourroit mesme contraindre à la vendre, non à son mot, mais comme il seroit jugé juste. A Dieu, mon amy. Ce xxvij^{me} may, à Fontainebleau [1].

HENRY.

1605. — 27 MAI. — IIme.

Orig. — B. N. Fonds Brienne, Ms. 41, fol. 257 verso; — et Béthune, ms. 9001, fol. 30.

[A M. DE BEAUMONT.]

[EXTRAIT.]

Monsr de Beaumont, J'ay attendu à respondre à vos lettres du IIe et VIIIe de ce mois, que j'eusse receu celle du roy de la Grande-Bretagne, que vous m'avés mandé me debvoir estre presentée par son ambassadeur, et que le s^r de Villeroy eust aussy receu celle du secretaire Cecil. Le dict ambassadeur ne m'est venu trouver que le xxie de ce mois, qui les nous a baillées et dict les raisons pour lesquelles son dict maistre desiroit que le reglement du commerce des draps fust decidé en Angleterre, qui sont les mesmes que vous nous avés representées par vos depesches, lesquelles ne m'ont

[1] Au dos, écrit de la main de Rosny : « Le Roy, pour le vaisseau arresté par ceux de la Rochelle, et pour la place Royalle à Paris. Du 27e may 1605. »

semblé dignes de changer l'ordre qu'il est bien seant de suivre et observer en cas semblable. Car, puisqu'il est question de traicter d'une chose qui a esté faicte et arrestée en mon conseil avec longue et exacte recherche et cognoissance de cause, où fut ouy celuy qui estoit lors ambassadeur d'Angleterre, et en quoy mes subjects ont le principal interest, et aussy que, sur le choix que le dict Roy m'a donné par ses lettres de le traicter auprés de moy ou en Angleterre, je luy ay jà declaré que je desirerois que ce fust en mon conseil, pour les susdictes considerations, il n'est raisonnable ny honneste que je cedde à celles du dict Roy, n'estant fondées que sur la personne de leur ambassadeur, qu'ils peuvent facilement instruire et rendre capable de conduire et negotier ce faict, ou bien le changer ou faire assister d'un aultre, ainsy que bon leur semblera, comme j'ay commandé au dict s^r de Villeroy d'escrire au dict Cecil; et veux que vous remonstriés derechef, si besoing est, au dict Roy, comme c'est une formalité à laquelle je ne m'arresterois aucunement si, pour le bien de mes subjects, il s'agissoit de faire interprester ou changer une loy faicte par le conseil d'un de mes voisins.

Dieu nous a donné un aultre Pape plus tost que nous n'esperions. C'est le cardinal Borghese qui a esté esleu d'un commun advis et consentement des cardinaux, le xvie de ce mois; c'estoit celuy auquel on pensoit le moins, encores qu'il soit doué de toutes les parties et vertus requises pour ceste dignité. Car il est tres homme de bien, prudent, docte et intelligent aux affaires publicques, ayant exercé la nunciature d'Espagne long-temps, et soubs le pape Clement manié des affaires d'importance et mesmes celle de la dissolution de mon mariage, en laquelle il se gouverna tres sagement et affectionnément; de sorte que son election m'a esté tres agreable, encore qu'il prist pension d'Espagne par la permission du dict feu pape Clement. Aussy avois-je commandé à mes serviteurs de le favoriser s'il estoit proposé, dont je doubtois comme les aultres, par ce qu'il n'est aagé que de cinquante-quatre ou cinquante-cinq ans et d'une complexion robuste et saine. Aussy a-il esté faict plus par l'operation et force du St-Esprit et par rencontre, que par deliberation premeditée. Et j'espere que l'Eglise de Dieu et toute la republique chrestienne en seront bien servies et gouvernées. Vous le dirés au dict roy de la Grande-Bretagne, m'estant plainct à mon ambassadeur resident à Rome, de l'advis qui avoit esté donné au dict roy, que les François avoient plus que nuls autres parlé et recherché, du temps du feu pape Clement, de luy nuire, comme s'ils eussent aspiré à le faire excommunier. Il m'a envoyé, pour sa justification, le double, que vous aurés avec la presente, d'une lettre escripte sur ce subject par celuy qui exerçoit lors le datariat, et pour lequel le dict Pape ou le dict cardinal Aldobrandin avoient faict escrire en Angleterre, dont vous informerés le dict Roy, non pour ce que j'estime estre besoing de justiffier en son endroict mes subjects, ny que je recherche satisfaction ou reparation plus grande de l'advis qui luy a esté donné, mais affin qu'il sçache combien j'affectionne l'esclaircissement de tels offices et rapports, et veulx que mes ministres et serviteurs charient droict en ce qui le regarde, comme il convient à nostre amitié. Je recognois aussy qu'il en use de mesmes en mon endroict, ayant voulu que son ambassadeur, residant à Venise, l'esclaircist de ce qui luy avoit esté imputé, ainsy que vous m'avés escript et m'a esté confirmé par le s[r] Parrey en sa derniere audience......[1].

[1605.] — 29 MAI.

Orig. autographe. — Cabinet de M. le général de la Loyère.
Imprimé. — *OEconomies royales*, t. II, chap. 50.

A MON COUSIN LE MARQUIS DE ROSNY.

Mon amy, Pour response à celle que Arnaud[1] m'a apportée de vostre

[1] Le reste de la lettre roule sur des instructions sur les moyens à employer pour continuer à servir la cause des États de Hollande, malgré les menées des Espagnols.

[1] Cet Arnaud était un des secrétaires de Sully.

part, je vous diray que je seray tres ayse que vous faciés veoir au s^r Guinterot, agent du duc de Holstein, les armes que j'ay au magasin de l'arsenac, et que aprés vous luy bailliés de ma part une paire des plus belles et riches qui y seront, pour les porter à son maistre.

Il y a desjà quelque temps que j'avois donné à Beringen ce que vous m'avés envoyé demander par le dict Arnauld[2], et dés hier, aprés disner, allant à Vespres, il me supplia, sur l'advis qu'il eut de la mort de Gaulteron, de le luy conformer, ce que je feis. Si c'eust esté chose encore en ma disposition, je la vous eusse accordée fort volontiers, car vous me servés trop bien pour vous refuser non seulement ces gratifications-là, mais encore de plus grandes. Arnauld vous dira comme je me suis enquis fort particulierement si l'on commence à travailler aux maisons de la place du marché aux chevaulx et de mes nouvelles. A Dieu, mon amy. Ce dimanche matin, xxixme may à Fontainebleau[3].

HENRY.

[1605.] — 31 MAI.

Imprimé. — *Œconomies royales*, édit. orig. t. II, chap. 50.

[A M. DE ROSNY.]

[1] Mon amy, Dargouges, tresorier de ma femme, vous ira parler d'une affaire que je luy ay accordée pour payer Monceaux. Je vous prie de l'ouir et le faire despescher au premier jour en mon conseil, d'autant que c'est chose que je veux et que j'affectionne. A Dieu, mon amy. Ce dernier de may, à la Ferté-Alés[2].

HENRY.

[2] Les *Œconomies royales* ajoutent ici : *pour un de vos gens.*

[3] Au dos, écrit de la main de Rosny :

« Le Roy, pour response à une lettre que je luy avois escripte par le jeune Arnault, le 28 may 1605. »

[1] Ce billet était de la main du Roi.
[2] C'est la Ferté-Aleps ou Alais, entre Melun et Étampes, aujourd'hui l'un des chefs-lieux de canton de cet arrondissement, dans le département de Seine-et-Oise. Henri IV y sera passé dans ce retour de Fontainebleau à Paris.

1605. — 3 JUIN. — Ire.

Cop. — Biblioth. de la ville de Metz. Envoi de M. Clercx de Belletanche, bibliothécaire.

[AU CARDINAL DE GIVRY.]

Mon Cousin, Vous m'avés faict service tres agreable d'avoir constamment assisté mon cousin le cardinal de Joyeuse en la creation du pape Paul V[e], avec mes aultres serviteurs, ainsy que le dict cardinal m'a escript; car j'augure et espere toute felicité pour l'eglise de Dieu et le bien universel de la Chrestienté, d'une si digne eslection; ce que vous representerés de ma part à Sa Saincteté, vous conjouissant en mon nom avec Elle de son heureuse assomption, à laquelle vous luy dirés que si mes serviteurs ont contribué quelque debvoir, que je desire que Sa Saincteté sçache et croye qu'ils m'ont servy selon mon cœur. Au reste, je vous prie vous charger de la protection de mes affaires en court de Rome, quand le cardinal de Joyeuse en partira pour me venir trouver, affin d'en avoir le soing en son absence, que vous avés cy-devant eu quand vous avés exercé la dicte charge, et je recognoistray le service que vous me ferés : priant Dieu, mon Cousin, qu'il vous ayt en sa saincte et digne garde. Escript à Paris, le iij[e] jour de juin 1605.

HENRY.

DE NEUFVILLE.

1605. — 3 JUIN. — IIme.

Orig. — Ms. appartenant à M. l'abbé Caron, à Versailles, pièce 81.

A MON COUSIN LE CARDINAL DE JOYEUSE,
PROTECTEUR DE MES AFFAIRES EN COURT DE ROME.

Mon Cousin, Si vous m'aviés bien servy au premier conclave, vous l'avés faict encore plus honorablement et heureusement en ce dernier, auquel je recognois que Dieu et son Sainct Esprit vous ont conduict comme par la main avec le cardinal Du Perron, assistez de mes aultres serviteurs, pour donner à l'Eglise de Dieu un pasteur si sainct, si vertueux et digne d'une telle charge, que est tenu de tous nostre Paul cinquiesme, qui a esté esleu du consentement de tous, vous ayant en ce bon œuvre rendu vray moderateur, depositaire et arbitre des contentions, vœux et resolutions de ceste sacrée compagnie. Par le moyen de quoy vous avés, à la face de toute la Chrestienté, non seulement confirmé et justifié la sincerité et integrité de mes intentions en cas semblable, qui est la chose du monde que j'ay le plus à cœur pour m'acquicter envers Dieu et les hommes du debvoir d'un Roy Tres Chrestien; mais avés aussy, en ce faisant, obligé, oultre le public, les principaulx du dict college à recognoistre les biens et advantages publics et particuliers que chacun d'eulx espere recevoir de ceste bien heureuse eslection, qui est tout ce que je pouvois desirer, et certes plus que je n'eusse osé esperer. Or, j'en loue et remercie Dieu de tout mon cœur; à luy seul aussy la gloire en est deüe comme de toutes autres felicitez que je possede. Mais ainsy que vous avés esté le principal instrument de cette derniere, croyés aussy que je vous en sçay le gré que la grandeur de ce signalé service et du contentement que j'en ay merite; ayant appris, par vostre lettre du xixe du mois passé (que j'ay receue par ce courrier le xxviie d'iceluy), toutes les rencontres et advantures que vous avés eues en cette action, pour desquelles vous developer et sortir si glorieusement et advantageusement que vous avés faict, vous et le cardinal du Perron avés eu tout besoin, avec l'assistance du ciel, d'y employer la patience, prudence et generosité qui reluit en vous, chacune de ces vertus ayant faict son office en leur temps et ordre, tres à propos, ainsy que j'ay tres bien remarqué par le discours de vostre dicte lettre. Or, ayant sceu par celle que le s^r de Bethune m'a escripte par le mesme courrier, qu'il partiroit de Rome huict jours après sans attendre son retour, j'estime qu'il se sera licentié de Sa Saincteté devant qu'il arrive par delà.

C'est pourquoy je vous prie de faire entendre à Sa Saincteté quel est le contentement que j'ay receu de son assomption, en tels termes que vous jugerés estre plus à propos pour rendre ce compliment agreable à Sa Saincteté et l'affectionner davantage à m'aimer, luy disant qu'ayant les intentions convenables et decentes à un pere commun, telles que je suis informé qu'Elle a, je ne puis attendre et me promettre d'Elle et de son pontificat que toutes sortes de faveurs et de gratifications, et d'autant plus que je ne m'esgareray et departiray jamais aussy de celles que doibt avoir celuy qui vrayment est et desire estre tenu d'Elle pour le premier et plus devost fils qu'ayt le Sainct Siege, à l'exemple des Roys mes predecesseurs, et suivant les mesmes erres que j'ay tenues durant le pontificat du pape Clement huictiesme, que j'ay souvent preferé le bien et repos publicq de la Chrestienté à des advantages particuliers que la justice et le bonheur de mes armes me pouvoit faire esperer; que je suplie aussy Sa Saincteté de vouloir avoir en mon endroict la mesme confiance qu'avoit le deffunct, sans adjouster foy aux rapports et deguisemens de mes envieux, et moins en juger sans m'ouïr; que je feray partir et rendre au plus tost aux pieds de Sa Saincteté celuy qui me doibt servir d'ambassadeur en place du dict s^r de Bethune, pour recevoir ses commandemens, y obeïr et luy rendre compte de toutes occurrences, comme faisoit au dict pape Clement le dict s^r de Bethune, ayant advisé de différer à escrire à Sa Saincteté par luy, puisqu'il doibt partir si tost. Il aura charge aussy de faire à l'endroict des cardinaux tous complimens necessaires.

Mais j'ay estimé ne debvoir retarder jusques là à respondre aux lettres des cardinaux Montalto et Justinian que j'ay receues par le dict courrier, affin de leur faire sçavoir combien m'a esté agreable que vous ayés peu en ceste occasion leur tesmoigner ma bonne volonté et l'estime que je fais de leur merite. Au reste, puisque vous avés si grand desir et besoin, tant pour vostre santé que pour pourveoir à l'eglise de laquelle vous avés nouvellement accepté la charge [1], de revenir par deçà, je suis content de preferer vostre contentement aux considera-

---

[1] Le cardinal de Joyeuse venait d'être nommé archevêque de Rouen.

tions de mon service, qui sont telles que je recognois que vostre sejour et presence par delà sont grandement necessaires, principalement jusques à l'arrivée de mon ambassadeur nouveau en sa charge, pour le guider et instruire en icelle selon l'estat que j'en avois faict. Toutesfois, je remets à vostre discretion d'en user pour la conservation de vostre personne et santé et vostre commodité particuliere, comme pour l'affection que je sçay que vous portés au bien de mes affaires, ainsy que vous jugerés estre pour le mieulx, approuvant que vous delaissiés au cardinal de Givry la charge de la protection de mes dictes affaires en vostre absence, puisqu'il l'a jà exercée et qu'il est le plus ancien cardinal françois qui soit par delà[2], esperant au reste que celuy du Perron suppleera en vostre absence à l'instruction de mon dict ambassadeur et à la direction de mes principales affaires avec sa suffisance et fidelité acoustumée. Je vous prie aussy luy deposer et confier en partant tout ce que vous sçaurés convenir et estre necessaire pour cest effect, en vous asseurant, au reste, que vous serés le tres bien venu et que je vous embrasseray de tres bon cœur quand je vous recevray. Je remets aussy à escrire par le dict ambassadeur aux freres du Pape, envers lesquels je vous prie faire cependant les offres et offices que vous estimerés estre à propos. Vous sçaurés, pour fin de la presente, que je n'ay receu vostre lettre du VIIIe du mois passé que le susdict XXVIIe d'iceluy, qui fut le mesme jour que ce courrier arriva avec les particularitez du succés du dernier conclave. C'est pourquoy je ne vous escriray autre chose sur icelle, sinon que je loüe Dieu derechef de ce qui en est advenu; mais je suis tres marry de quoy le cardinal de Sourdis s'y est conduict ainsy qu'il a faict. Il est difficile que la raison et les bienfaicts changent les humeurs et dispositions avec lesquelles les hommes sont nais et nourris[3]. Je prie Dieu, mon

---

[1] Le cardinal de Gondi, évêque de Paris, n'était pas allé au conclave.

[3] Henri IV condamne ici implicitement la protection exorbitante qu'il avait accordée à ce jeune homme, sans aucun mérite, dont le seul titre était sa parenté avec Gabrielle d'Estrées, et qui ne fit que des sottises, comme l'avait prévu Clé-

Cousin, qu'il vous ayt en sa saincte garde. Escript à Paris, le iij° jour de juin 1605.

HENRY.

DE NEUFVILLE.

1605. — 6 JUIN.

Cop. — B. N. Suppl. fr. Ms. 1009-4. (D'après l'original qui était dans le cabinet du dernier duc de Sully.)

[AU DUC D'EPERNON¹.]

Mon amy, J'ay esté bien ayse d'apprendre, tant par la derniere que d'Escures m'a apportée de vostre part, du xxviii° du passé, que ce qu'il m'en a dict, que vostre intention estoit de me contenter, comme je l'ay tousjours cru, qui n'ay desiré vostre venue pres de moy pour incommoder vos affaires et vostre santé, mais pour vous tesmoigner le desir que j'avois de vous voir; vous viendrés donc quand vous voudrés et que vostre santé et vos affaires le vous permettront, asseuré que vous serés le bien venu et veu de moy. Cependant, j'ay commandé au s⁻ de Créquy de vous aller trouver pour prester en vos mains le serment de la charge de mestre de camp du regiment de mes gardes, duquel je l'ay pourveu, et vous asseurer de vive voix qu'il ne manquera jamais au respect qu'il vous doibt, estant ce que vous estes, et à vous honorer et servir. Aussy me veux-je promettre que vous l'aimerés tant pour l'amour de moy, qui vous en prie, que pour ce qu'il s'ef-

---

ment VIII en lui accordant le chapeau, sur les vives instances du Roi. Sa mère, sœur de madame d'Estrées et ainsi tante de la belle Gabrielle, passait pour la première intrigante de la cour, où sa liaison publique avec le vieux chancelier de Chi- verny avait longtemps défrayé la chronique scandaleuse. (Voyez ci-dessus la note sur François d'Escoubleau, comte de la Chapelle, cardinal de Sourdis et archevêque de Bordeaux, et sur le mot de Clément VIII, t. IV, p. 825.)

¹ Voyez, pour cette lettre et la suivante, que l'abbé de l'Écluse donne comme adressées à Rosny, la note sur la I⁻ lettre du 13 mai.

forcera de se rendre digne de vostre amitié, qui vous fera faire cas de son affection. Je remettray le reste à la suffisance du dict Escures, et finiray par vous dire encore une fois que toutes et quantes fois que vous voudrés venir, vous serés le bien venu, et que vous me trouverés tousjours tellement disposé d'embrasser tout ce qui vous concernera et vos affaires, que vous cognoistrés par effect que je vous aime. A Dieu, mon amy. Ce vj^{me} juin, à Paris.

HENRY.

[1605.] — 7 JUIN.

Cop. — B. N. Suppl. fr. Ms. 1009-4. (D'après l'autographe qui était dans le cabinet du dernier duc de Sully.)

[AU DUC D'EPERNON.]

Mon amy, Je vous envoye le s^r de Crequy pour prester en vos mains le serment de la charge de mestre de camp du regiment de mes gardes, duquel je l'ay pourveu; je vous prie de le bien voir et l'aimer pour l'amour de moy, qui vous en prie, asseuré que vous en serés aussy bien obey et content que d'autres personnes que j'eusse sceu mettre en ceste charge. Il vous dira de mes nouvelles, et comme j'ay eu un accés de fievre de rhume qui m'a duré trois jours; mais maintenant j'en suis du tout guery. Je m'en vais à St-Germain en Laye voir mon fils, qui croist merveilleusement et se porte bien, comme font les vostres. D'Escures m'a dict des nouvelles de vos bastimens; quand vous verrés les miens, vous trouverés qu'ils ne vont pas mal et qu'ils s'advancent fort. Au demeurant, vous vous pouvés asseurer que vous estes aimé de moy autant que vous le sçauriés souhaiter estre d'un bon maistre, et que je me souviendray de ce qui vous touche, vous aimant comme je fais. A Dieu, mon amy. Ce vij^e juin, à Paris.

HENRY.

1605. — 8 JUIN. — Ire.

Orig. — Arch. de la ville de Gênes. Envoi de M. l'ambassadeur de France à Turin.

A NOS TRES CHERS ET BONS AMYS LES DUC ET GOUVERNEUR
DE LA REPUBLIQUE DE GENNES.

Tres chers et bons amys, Nous avons commandé au s^r d'Alincourt, chevalier de nos ordres, conseiller en nostre conseil d'Estat et cappitaine de cent hommes d'armes de nos ordonnances, que nous envoyons nostre ambassadeur prés la personne de Nostre Tres Sainct Pere le Pape, de vous voir et visiter de nostre part, en passant par vostre ville, et vous asseurer de la continuation de nostre bonne amitié. Sy, vous prions de le voir et oyr benignement, et luy adjouster sur ce subject pareille foy et creance qu'à nous-mesmes : priant Dieu, Treschers et bons amys, qu'il vous ayt en sa saincte et digne garde. Escript à St-Germain, le viij^e jour de juin 1605.

HENRY.

DE NEUFVILLE.

1605. — 8 JUIN. — IIme.

Cop. — Biblioth. de Metz. Envoi de M. Clercx de Belletanche, bibliothécaire de la ville.

[AU CARDINAL DE GIVRY.]

Mon Cousin, J'ay commandé au s^r d'Alincourt, chevalier de mes ordres, conseiller en mon conseil d'Estat et cappitaine de cent hommes d'armes de mes ordonnances, que j'envoye resider mon ambassadeur par delà, de vous tesmoigner le contentement que j'ay receu du bon service que vous m'avés faict aux deux derniers conclaves, et vous asseurer de la bonne volonté que je vous porte tousjours. De quoy je vous prie le croire comme moy-mesme, et l'assister et favoriser aux occasions qui se presenteront comme vous avés faict le s^r de Bethune [1],

---

[1] On peut remarquer ici une trace de la constante rivalité entre Sully et Villeroy. C'est le fils de celui-ci qui remplace le frère de Rosny dans le poste diplomatique le plus considérable.

et je m'en revancheray en tout ce qui s'offrira pour vostre bien et advantage : priant Dieu, mon Cousin, qu'il vous ayt en sa tres saincte et digne garde. Escript à St-Germain-en-Laye, le viij^e jour de juin 1605.

HENRY.

DE NEUFVILLE.

1605. — 9 JUIN. — Ire.

Orig. — Arch. de M. le duc de la Force.
Imprimé. — *Mémoires de la Force*, publiés par M. le marquis DE LA GRANGE, t. Ier, p. 396.

[A M. DE LA FORCE.]

Monsr de la Force, J'ay receu vostre lettre du vij^e du mois dernier, le ve de celuy-cy, par le s^r d'Avance, pour response à laquelle je vous diray que je prends de bonne part l'instance qui vous a esté faicte, de la part de ceux de la religion pretendue reformée de mon pays de Bearn, d'estre ouïs par moy avant de resouldre aucune chose sur les cahiers qui me seront presentez par les evesques du dict pays. C'est pourquoy je trouve bon que vous appelliés quelques uns de la dicte religion, des plus paisibles et moderez, selon que vous les sçaurés bien choisir, pour, en vostre presence, traicter de ce qu'ils auront à me requerir sur ceste occurrence, dont ils dresseront leurs cahiers et remonstrance, laquelle ils remettront entre vos mains pour me l'envoyer avec vostre advis; et si vous estes recherché par les dicts de la Religion de leur permettre d'envoyer quelques deputez vers moy, pour representer de vive voix les raisons de leurs cahiers, vous leur pourrés faire entendre que je leur permets de deputer un ou deux d'entre eux à ces fins, pourveu que ce soient personnes traictables; à quoy vous tiendrés la main, les asseurant, au surplus, que mon intention est de me rendre pere commun de tous mes bons subjects, sans faire pour les uns chose qui porte prejudice à la liberté, conservation et seureté des autres; surtout je vous prie d'user de diligence à acheminer cest affaire, ne voulant estre longuement importuné d'iccluy, de quoy je sçay bien que je seray pressé à toute heure. Attendant les dictes remonstrances, et ceste-cy n'estant à aultre fin, je prieray Dieu vous avoir, Mons\ua71b de la Force, en sa saincte garde. Escript à S\ua71b-Germain-en-Laye, le ix\ua71b jour de juin 1605.

HENRY.

DE LOMENIE.

[1605.] — 9 JUIN. — IIme.

Orig. autographe. — Musée britannique, Mss. Egerton, vol. 5, fol. 111. Transcription de M. Delpit.
Cop. — Arch. de M. le duc de la Force.
Imprimé. — *Mémoires de la Force*, publiés par M. le marquis DE LA GRANGE, t. I\ua71b\ua71b, p. 396.

A MONS\ua71b DE LA FORCE.

Mons\ua71b de la Force, Par mon aultre, je fais ample response à celle que vous m'avés escripte par d'Avance, sur l'apprehension que ceux de la religion pretendue reformée de mon pays de Bearn ont du voyage des evesques du dict pays vers moy. Ceste-cy sera pour vous dire que j'ay esté tres aise d'apprendre ce que vous me mandés touchant S\ua71b\ua71b-Esteve [1], et le seray encore plus de sçavoir ce que vous en avés appris depuis. Je trouve fort bien que le dict Avance aille, avec vostre troisiesme fils [2], en Flandres, affin que là il apprenne à se rendre plus capable de me servir, car, vous aimant et ses freres, il doit es-

[1] C'était un agent employé par M. de la Force auprès des Morisques, dont on ne cessait de préparer le soulèvement contre l'Espagne. Il fut arrêté à Valence le 23 avril 1605, comme nous l'apprend une note de M. de la Grange. Dans une des lettres qu'il a publiées à la suite de celle-ci et qui fut écrite le 4 août à M. de la Force par une autre personne employée à ces mêmes négociations, nous lisons : « Et pour les nouvelles du misérable Paschal de Sainte-Estève, le même homme de Valence dit que c'est le roy d'Angleterre qui a donné au roy d'Espagne les advis de ses negociations, qu'il a esté mis à la question trois ou quatre fois, tant qu'il est estropié, que bien qu'il ayt souffert la question, ensemble quelques Moriscados, on tient toutesfois qu'il sera executé. » Il le fut en effet.

[2] Jacques de Caumont, sieur de Masgezir, tué au siége de Juliers, en 1610. (*Note de M. de la Grange.*)

perer, et vous aussy, que je feray pour luy, lorsque l'occasion s'en offrira. J'ay escript, par luy et pour luy, à mon cousin le prince Maurice et au sr de Buzenval, mon ambassadeur prés de luy, pour le leur recommander et faire qu'il ayt charge. J'ay eu trois jours la fiebvre continue de rhume; mais maintenant, Dieu mercy, je me porte tres bien, comme font ma femme, mon fils, ma fille et mes autres enfans, que je suis venu voir en ce lieu; qui sont là les meilleures nouvelles que je vous puis mander, et pour fin que je vous aime bien. A Dieu, Monsr de la Force. Ce ixe juin, à St-Germain-en-Laye.

HENRY.

1605. — 9 juin. — IIIme.

Cop. — Archives de M. de Couhé-Lusignan. Copie transmise par la société des Antiquaires de l'Ouest.

[A LA SEIGNEURIE DE VENISE.]

Tres chers et grands amys, alliez et confederez, Nous avons entendu que, pour une legere occasion, presque toute la noblesse de Vicence est en armes, et que, s'il n'y est remedié par prudence, il en peut arriver beaucoup de funestes accidens pour les parens et dependances des deux familles qui sont en querelle, lesquelles sont des plus anciennes de la ville. Et parce qu'il est tres à propos que vous interposiés vostre auctorité pour arrester le cours des desordres que ceste mauvaise intelligence pourroit produire entre les dictes familles, nous avons estimé que, pour l'amitié qui est entre nous, vous prendriés en bonne part nostre entremise et la priere que nous vous faisons, par ceste lettre, de pourveoir, soit par le moyen du conseil des Dix, ou autrement, à ce que ce differend s'accommode au plus tost, comme il sera trouvé raisonnable pour l'honneur et satisfaction de toutes les parties; car, comme nous faisons profession de vous aimer, nous avons pareille inclination à l'endroit des villes et subjects de vostre obeïssance, et recevrons un singulier contentement de la reconciliation de ces deux familles, tant pour ce qu'elle coupera la racine à beaucoup d'inconveniens, que pour le tesmoignage que vous nous rendrés en cest endroit, de deferer à nostre priere et recommandation en chose si juste et raisonnable, ainsy qu'il vous sera plus amplement exposé par le s^r de Fresnes-Canaye, conseiller en nostre conseil d'Estat et nostre ambassadeur prés de vous : sur lequel nous remettant, nous prions Dieu, Tres chers et grands amys, alliez et confederez, qu'il vous ayt en sa tres saincte et digne garde. Escript à St-Germain-en-Laye, le ixe jour de juin 1605.

HENRY.

[1605.] — 9 JUIN. — IVme.

Orig. autographe. — Archives des Médicis, légation française, liasse 3. Envoi de M. le ministre de France à Florence.

A MON ONCLE LE GRAND DUC DE TOSCANE.

Mon Oncle, J'ay donné charge au s^r d'Alincourt vous asseurer de la continuation de mon amitié, et commandé de la vous representer telle qu'elle est, en attendant qu'il s'offre occasion de la vous tesmoingner par effects qui vous contentent. Pareillement, je luy ay commandé, allant me servir à Rome en la place du s^r de Bethune, qu'il vous serve et obeïsse comme moy-mesmes, de quoy je me promets qu'il s'acquittera fidelement. Je vous prie aussy le favoriser de vos bons conseils et advis, et luy donner toute creance, comme vous feriés à moy-mesmes, qui prie Dieu vous avoir, mon Oncle, en sa saincte et digne garde. Ce ixe juin, à St-Germain-en-Laye.

HENRY.

[1605.] — 10 JUIN. — Ire.

Orig. autographe. — Arch. des Médicis, légation française, liasse 3. Copie transmise par M. le ministre de France à Florence.

A MA TANTE ET BONNE NIEPCE LA GRANDE DUCHESSE DE TOSCANE.

Ma tante et bonne Niepce, Envoyant à Rome le s^r d'Alincourt, pour me servir d'ambassadeur au lieu du s^r de Bethune, je luy ay commandé vous asseurer de la continuation de l'amitié que je vous porte, et de ne laisser perdre aucune occasion de servir vous et les vostres durant sa residence à Rome, en obeïssant à vos commandemens comme aux miens mesmes. Il vous dira aussy ma santé, et celle de la Royne ma femme, et de nos enfans, et sera soigneux de m'advertir de la vostre et de celle de vos enfans, auxquels je souhaite, comme à vous, toute prosperité de la part de

Vostre neveu et bien bon oncle,
HENRY.

Ce x^e juin, à St-Germain-en-Laye.

1605. — 10 JUIN. — IIme.

Orig. — Archives municipales de Boulogne-sur-Mer. Copie transmise par M. François Morand, correspondant du ministère de l'instruction publique.

A NOS CHERS ET BIEN AMEZ LES MAYEUR ET ESCHEVINS, MANANS ET HABITANS DE NOSTRE VILLE DE BOULLOGNE.

Chers et bien amez, Nostre cher et bien amé cousin le s^r don Jouan de Medicis, oncle de la Royne nostre espouse, doibt bien tost arriver en nostre ville de Boullogne, en venant d'Angleterre en ce Royaume; et parce que, pour l'honneur qu'il a d'appartenir à la dicte Royne nostre espouse, nous desirons qu'il reçoive en nos villes tout le bon traictement deu à ceux de sa qualité, ne faillés à luy faire preparer le plus beau logis de vostre ville, avecq ce qui sera necessaire pour le bien recevoir et traicter, le faisant defrayer, et ceux de sa suicte, en la maison et hostellerie où vous le ferés loger, et luy rendant, au surplus, tout honneur et deference que vous pourrés, et nous vous ferons rembourser de la despense que vous aurés faicte en ceste occasion; et escrivons presentement au s^r de Vicq, gouverneur de nostre ville de Calais, où nostre dict cousin doibt debarquer, qu'il vous donne advis de son arrivée, affin que vous ayés loisir de faire vos preparatifs pour le recevoir dignement, selon nostre intention et le commandement que nous vous en faisons, et nous le tiendrons à service tres agreable. Donné à St-Germain-en-Laye, le xe jour de juin 1605 [1].

HENRY.

DE NEUFVILLE.

[1605.] — 11 JUIN.

Orig. autographe. — Cabinet de M. le général de la Loyère.
Imprimé. — *Œconomies royales*, édition originale, t. II, chap. 50.

A MON COUSIN LE MARQUIS DE ROSNY.

[1] Mon Cousin, La derniere fois que je vous ay veu au Louvre, je vous dis, en la presence de ma femme, que je commençois de sentir quelque defluxion sur un pied; mais, à mon arrivée icy, le plaisir que j'eus de voir mes enfans feit que je passay ce jour-là sans m'en sentir beaucoup. Hier matin, je voulus aller courre un cerf, pensant que le plaisir que j'aurois à la chasse feroit passer ma douleur; mais, ayant esté à demie lieue d'icy, il m'a fallu retourner tout soudain, quoique j'eusse faict couper une botte par dessus, à cause des cruelles douleurs que je sentois, et telles que, quand bien il iroit de la perte de la moitié de mon Estat, je ne serois capable de rien escouter, ny mesmes prendre une bonne resolution. C'est pourquoy je vous fais ce mot pour vous dire que vous remettiés vostre voyage icy jusques à un aultre jour, et que cependant vous advisiés, avec ceulx de mon conseil, à travailler aux affaires pour lesquelles je vous avois mandé de

[1] Des lettres semblables furent adressées aux villes de Montreuil-sur-Mer, d'Abbeville et d'Amiens. M. le comte de Merlemont, à qui nous devons communication de la lettre adressée à cette dernière ville, nous fait connaître en même temps une délibération, extraite du registre du corps de la ville de Beauvais, en date du 19 juin 1605, pour la réception du même personnage. Il est décidé qu'un dîner lui sera donné à l'hôtel de ville; ce qui fut exécuté *avec une musique de toutes sortes d'instruments pendant le repas.*

[1] Au dos, écrit de la main de Rosny :
« Le Roy, du 11 de juin, pour retarder nostre voyage de St-Germain. 1605. »

venir, et les advancer autant qu'il vous sera possible, et jusqu'à ce qu'il fauldra que je vous die mon advis. Ce pendant je me pourray mieux porter, et lors je vous manderay, pour sur le tout et vos advis prendre une bonne resolution; de quoy je vous ay bien voulu advertir par ce courrier exprés. A Dieu, mon amy. Ce xj^e juin, à Sainct-Germain-en-Laye, au matin.

HENRY.

[1605.] — 13 JUIN. — Ire.

Orig. autographe. — Musée britannique, Mss. Egerton, vol. 5, fol. 103. Transcription de M. Delpit.
Cop. — Arch. de M. le duc de la Force.
Imprimé. — *Mémoires de la Force*, publiés par M. le marquis DE LA GRANGE, t. I, p. 398.

A MONS^R DE LA FORCE.

Monsr de la Force, Par la vostre du 11me de ce mois, qui me fut rendue hier au soir, j'ay appris que, sur l'advis qui vous avoit esté donné que le jeune Rocques, contrerolleur des reparations de mon chasteau de Pau, avoit osté au messager que le maistre de la poste de Bordeaux vous avoit depesché, un paquet que je vous faisois, et luy avoit esté envoyé pour vous faire tenir (touchant un nommé le cappitaine Moreau, duquel depuis je vous ay escript sur l'advis que vous m'avés donné de la perte d'iceluy), vous l'aviés faict constituer prisonnier, ce que je trouve fort bon; pourveu que vous puissiés justifier qu'il en soit coulpable, et que vous le faciés chastier comme l'affaire le merite, par la voye de la justice ordinaire, qui est celle de laquelle vous devés vous servir pour me faire respecter, affin que en ce faict l'on ne vous accuse de passion, et moy d'injustice; car s'il est trouvé coupable, il faut qu'il soit chastié, à ce que cela serve d'exemple aux autres à l'advenir, non pour la perte de ceste depesche, mais pour la consequence, qui en tireroit après soy une tres mauvaise si cela estoit toleré et s'il n'y estoit pourveu; car de me le renvoyer, affin que j'en juge, ceste affaire traineroit bien longtemps, et d'envoyer une commission par delà pour juger, ceux des Estats se plaindroient et allegueroient le For[1], auquel ils pretendroient qu'il seroit faict grief.

Pour ce que depuis peu de jours je vous ay escript amplement sur la depesche que vous m'avés faicte par d'Avance, et que depuis rien n'est survenu de nouveau, je ne feray la presente plus longue, et la finiray par vous asseurer de la continuation de mon affection, et pour bonnes nouvelles, que ma femme est grosse, qu'elle, mon fils, ma fille et moy et mes aultres enfans nous portons tres bien, Dieu mercy, lequel je prie vous avoir, Monsr de la Force, en sa saincte et digne garde. Ce xiij^e juin, à Sainct-Germain-en-Laye.

HENRY.

[1605.] — 13 JUIN. — IIme..

Orig. — B. N. Fonds Brienne, Ms. 41, fol. 281 verso; — et Béthune, fol. 120 verso.

[A M. DE BEAUMONT.]

Monsr de Beaumont, Je renvoie par delà Dauval pour faire la monstre de la compagnie de gens d'armes de mon nepveu le duc d'Yorck, ayant advisé me servir de luy en ceste occasion, parce que j'estime qu'il s'en acquittera fidellement; et comme il sera necessaire pour cest effect qu'il passe en Escosse, instruisés-le de ce qu'il aura à observer et faire pour le bien de mon service. Je l'ay chargé d'une lettre adressante au duc de Lenox; et d'autant que j'ay entendu que le dict duc ne pourra se trouver à la dicte monstre, je luy ay faict bailler une ordonnance d'excuse, affin de le passer comme present, et par ce moyen observer les ordonnances et reglemens de ma gendarmerie. De quoy j'ay aussy faict bailler un memoire au jeune Lafontaine, affin que, comme payeur de la dicte compagnie, il aide aussy à les garder; à quoy vous tiendrés la main de vostre part, sans permettre qu'aucun d'eulx s'en dispense.

J'ay respondu à vos dernieres par les miennes du xiie de ce mois; depuis j'ay eu nouvelles de Rome, par lesquelles mon ambassa-

---

[1] C'était, comme nous l'avons dit ci-dessus, le nom de la coutume de Béarn.

deur me mande que je puis asseurer le roy d'Angleterre, mon bon frere, que le Pape qui est à present suivra l'exemple de la moderation et bienveillance du pape Clement VIII en son endroict, sans permettre qu'il soit usé d'aucunes voyes extraordinaires, soit par ses subjects catholiques ou autres qui despendront de Sa Saincteté, voulant luy donner toute occasion de bien esperer de sa bienveillance. De quoy Sa Saincteté a donné à mon dict ambassadeur toutes sortes d'asseurances, jusques à luy avoir promis de n'escouter point Personius aux affaires qui le concerneront, et mesmes luy commander de s'absenter de Rome, comme avoit faict le dict pape Clement, y estant retourné depuis sa mort, qui sont tous signes de la bonne volonté de Sa Saincteté, que vous representerés de ma part au dict roy. Il est vray qu'ils se promettent à Rome que le dict roy embrassera à la fin la religion catholique, pour la haine qu'il porte aux Puretins, et que les lois dernieres qu'il a renouvellées contre les prebstres n'ont esté par luy faictes que pour mieux couvrir et executer son intention. Je sçay ce que vous m'en avés tousjours escript, et l'opinion que vous en avés, à laquelle je m'arreste plus qu'aux esperances de Rome. C'est pourquoy je crains qu'à la fin ceste douceur, de laquelle Sa Saincteté faict demonstration de vouloir user, se change en rigueur. Neantmoins je n'ay pas estimé debvoir oster aux uns l'esperance qu'ils ont conceue, et aux autres la patience et le contentement qu'ils peuvent attendre de leur dissimulation. Joinct que ce prince est d'un naturel si muable et subject à se laisser emporter à ceux qui opiniastrent une chose auprés de luy, que l'on ne peut respondre ny parler asseurement de ce qu'il fera à l'advenir. Voyés comme il a enfin accordé à l'ambassadeur d'Espagne la levée de gens de guerre, de laquelle, au commencement, il faisoit demonstration de le voulloir refuser. J'entends qu'il y a presse aujourd'huy en sa cour à qui en sera, et que grand nombre de noblesse s'y engaigent. Ils abordent journellement en mon Royaulme pour passer plus commodement en Flandres, et quelquefois osent descendre à la coste sans entrer dans les ports, pour passer plus seurement et secrettement; mais j'ay commandé qu'il y soit pourveu, et que ceulx qui prendront tel chemin soyent chastiez, et, au contraire, que ceux qui prendront le droict soyent bien traictez, comme ils ont esté jusques à present. Vous aurés sceu le succés du combat advenu entre les armées de mer des Espagnols et des Hollandois, qui a esté tres heureux pour les derniers. En quoy j'ay sceu que les autres ont esté grandement favorisez des Anglois, et je me promets que vous m'en manderés les particularitez par vos premieres. Quoy attendant, vous sçaurés que la Royne ma femme croit estre grosse, et qu'elle et moy, avecq nos enfans, sommes, graces à Dieu, en bonne santé. Je prie Dieu, Monsr de Beaumont, qu'il vous ayt en sa saincte garde.

HENRY.

1605. — 13 JUIN. — IIIme.

Orig. — Archives des hospices de Cambrai. Copie transmise par M. Le Glay.

A MONS^R DE BERNY,
CONSEILLER EN MON CONSEIL D'ESTAT, RESIDANT POUR MON SERVICE PRES MON FRERE L'ARCHIDUC ALBERT D'AUSTRICHE.

Monsr de Berny, J'escris à mon frere l'archiduc Albert le trouble que je sçay que l'on donne à celuy qui a achepté une maison que j'avois en la ville de Cambray (que j'ay faict vendre avec quelques autres portions de mon domaine de Cambresis) qui m'estoit inutile; et parce qu'il m'a semblé raisonnable d'y intervenir à l'endroit de mon dict frere, pour faire cesser le trouble que l'on donne au dict acquereur, vous ne fauldrés, incontinent la presente receue, de luy presenter la lettre que je vous envoye, sur laquelle j'entends que vous ayés responce de mon dict frere, et que vous apportiés en ce faict tout ce qui despendra de vous pour faciliter la jouissance de la dicte maison à l'acquereur d'icelle, et vous me ferés service tres agreable : priant Dieu, Monsr de Berny, qu'il vous ayt en sa saincte et digne garde. Escript à Sainct-Germain-en-Laye, le xiij^e jour de juin 1605.

HENRY.

DE NEUFVILLE.

1605. — 13 JUIN. — IVme.

Orig. — Arch. des hospices de Cambrai. Copie transmise par M. Le Glay.

A MON FRERE L'ARCHIDUC ALBERT D'AUSTRICHE.

Mon frere, Ayant, entre les autres parties de mon domaine de Cambresis, vendu une maison que j'avois en la ville de Cambray, appellée l'hostel de St-Pol, qui m'estoit inutile et tomboit en ruines, j'ay sceu que l'acquereur d'icelle est empesché d'y entrer en possession par un particulier qui se vante avoir esté mis dans le dict hostel par vostre auctorité, et n'en veut desloger sans vostre exprés commandement; et parce que je sçay que vous ne vouldriés traverser la dicte acquisition, estant chose que j'ay faict vendre, j'ay commandé au s^r de Berny, conseiller en mon conseil d'Estat, residant pres de vous, de vous en faire instance de ma part, affin que vous y apportiés ce qui est juste et raisonnable, en commandant à celuy qui occupe la dicte maison de la laisser libre à l'acquereur d'icelle, et je m'en revancheray tres volontiers aux occasions qui s'en presenteront, ainsy que le dict s^r de Berny vous fera plus amplement entendre : priant Dieu, mon frere, qu'il vous ayt en sa tres saincte et digne garde. Escript à St-Germain-en-Laye, le xiij^e jour de juin 1605.

Vostre bon frere,

HENRY.

[1605.] — 15 JUIN.

Orig. autographe. — Musée britannique, Mss. additionnels, vol. 6873, fol. 95.
Transcription de M. Delpit.

A NOSTRE TRES SAINCT PERE LE PAPE.

Tres Sainct Pere, La necessité que ma tante l'abbesse de Fontevrault a d'estre soulagée en sa vieillesse, et le choix qu'elle avoit faict de ma cousine, sœur Antoinette d'Orleans, sa niepce, pour cest effect, me convierent de joindre mes prieres à la tres humble requeste qu'elle en fit presenter à Vostre Saincteté cest hiver [1]; et d'autant que la depesche favorable qu'il pleut à Vostre Saincteté de m'envoyer n'a pas sorty effect, soubs preteste de quelques remonstrances que ma dicte cousine entend faire representer à Vostre Saincteté, de sa part, avant que d'obeïr, je continue à faire la mesme supplication à Vostre Saincteté pour le bien de mon Royaume et l'establissement de la regularité. Car j'ose asseurer Vostre Saincteté qu'elle n'a aucune escuse valable qui la puisse empescher d'accepter ceste charge; au contraire, chascun luy juge tres necessaire. Ce qui me fait tres humblement supplier Vostre Saincteté de luy commander si absolument qu'elle obeïsse à vostre volonté, qu'il ne luy reste plus de preteste pour s'en eloigner : ainsy que plus particulierement le s^r d'Alincourt fera entendre à Vostre Saincteté de la part de

Vostre tres devost fils,

HENRY.

Ce xve juin, à Fontainebleau.

[1605.] — 20 JUIN. — Ire.

Orig. autographe. — B. N. Fonds Béthune, Ms. 9089, fol. 6 ; et Suppl. fr. Ms. 1009-2.

A MON COMPERE LE CONNESTABLE DE FRANCE.

Mon compere, Je depesche ce laquais pour sçavoir de vos nouvelles et comme vous vous portés, et vous faire part de celles que j'ay eues d'un combat advenu sur la mer entre ceux des Estats et les Espagnols, duquel vous apprendrés les particularitez par le memoire que je vous en envoye. Je suis de retour en ce lieu depuis deux jours seulement, où je sejourneray jusques après la St-Jean, car, outre que je m'y porte bien, j'y prends force plaisir à y voir mon fils et mes autres enfans,

---

[1] Voyez ci-dessus les lettres des 20 et 21 février et 21 novembre 1604. Elles n'étaient point adressées par conséquent à Paul V, mais à Clément VIII, et il est probable que la réponse avait été écrite par ce pape, que le Roi ne distingue pas ici de ses successeurs. La mention qui est faite de M. d'Alincourt fixe l'année.

qui se portent bien, comme fait ma femme de sa grossesse. A Dieu, mon compere. Ce xxe juin, à St-Germain-en-Laye.

HENRY.

[1605.] — 20 JUIN. — IIme.

Imprimé. — *OEconomies royales*, édit. orig. t. II, pag. 525.

[A M. DE ROSNY.]

Mon amy, J'ay commandé à du Jon, qui vous rendra ceste-cy, de vous communiquer un memoire contenant certain advis que l'on luy a donné pour me monstrer, ce qu'il a faict; que si vous le jugés juste, comme je le crois, je vous prie de le prendre, et le faire effectuer, car il en reviendra quelque commodité pour le bien de mon service. Je vous prie de donner quelque asseurance au dict du Jon, affin qu'il puisse tirer des mains de ceux qui luy ont donné le dict memoire et advis, l'edict qu'ils en ont tout dressé; il vous dira ce qu'ils desirent. A Dieu, mon amy. Ce xxe juin, à Sainct-Germain-en-Laye.

HENRY.

[1605.] — 26 JUIN.

Cop. — Suppl. fr. Ms. 1009-4.

[AU DUC D'EPERNON.]

[1] Mon amy, J'ay esté bien aise d'entendre de vos nouvelles par a Hilliere, et ce que vous avés faict à Loches[2], que je trouve fort bien, comme aussy que vous continués vostre voyage jusqu'à Angoulesme. J'espere partir dans dix ou douze jours, Dieu aidant, pour me rendre à Blois dans vingt ou vingt-cinq jours, d'où, incontinent après, je vous depescheray quelqu'un pour vous mander de mes nouvelles, et si j'ay besoin de vous : sy que dans trois sepmaines vous en aurés. Sou-

---

[1] C'est une des lettres que l'abbé de l'Écluse donne comme adressées à Rosny. (Voyez ci-dessus, page 427, la note sur la lettre du 13 mai.)

[2] Cette ville appartenait au duc d'Épernon.

venés-vous que vous m'avés promis de m'amener mes petits cousins lorsque je serois à Blois; aussi ay-je un extresme desir de les voir, et que je tiendray ce que je vous ay promis de ne rien croire au prejudice de vostre affection à mon service; mais aussy, si l'on vous dit quelque chose, ne le croyés pas, sinon lorsque l'on vous asseurera de mon amitié, de laquelle vous debvriés tousjours faire estat asseuré. A Dieu, mon amy. Ce xxvj° juin, à Monceaux.

HENRY.

1605. — 4 JUILLET. — Ire.

Cop. — Archives de la ville de Poitiers, Registres des délibérations. Envoi de M. Redet, archiviste du département de la Vienne.

A NOS TRES CHERS ET BIEN AMEZ LES MAIRE, ESCHEVINS ET HABITANS DE NOSTRE VILLE DE POICTIERS.

Chers et bien amez, Ayant apprins, tant par la lettre que vous nous avés escripte du dernier jour du mois passé, que par le procés-verbal que nous a envoyé le maire de nostre ville de Poitiers, ce qui s'y est passé entre le dict maire et le tresorier de St-Hilaire, nous vous avons bien voulu faire sçavoir par ceste lettre, que nous en sommes demourez tres mal satisfaicts, et que nous eussions bien desiré que le dict tresorier eust apporté plus de circonspection à l'endroict du dict maire. Sur quoy, ayant commandé à nostre cher cousin le marquis de Rosny, qui s'en va par delà bien informé de nos intentions, de vous faire entendre ce qui est de nostre volonté en ce faict, nous ne vous en ferons la presente plus expresse, que pour vous asseurer que le repos et tranquillité de vostre ville nous estant singulierement recommandé, nous y ferons pourveoir ainsy qu'il est requis pour le bien de nostre service et auctorité. Donné à Paris, le iiij^e juillet 1605.

HENRY.

DE NEUFVILLE.

[1605.] — 4 JUILLET. — IIme.

Imprimé. — *OEconomies royales*, édit. orig. t. II, chap. 5o.

[A M. DE ROSNY.]

Mon amy, J'ay commandé à Mr de Sillery de vous faire entendre mon intention touchant les cinquante mil escuz que j'ay cy-devant accordez à mon cousin le comte de Soissons, tenant la main qu'elle soit suivie comme chose que je desire, d'autant qu'en cela il y va de mon service. Et pour ce que ce matin aux Tuilleries j'ay oublié de vous en parler, je vous fais ce mot, affin que vous tesmoigniés à ce prince que vous desirés de le servir et moy de le gratifier. A Dieu, mon amy. Ce iiij^e juillet, à Paris.

HENRY.

[1605.] — 7 JUILLET.

Orig. autographe. — Arch. de M. le duc de la Force.
Imprimé. — *Mémoires de la Force*, publiés par M. le marquis DE LA GRANGE, t. I, p. 399.

A MONS^R DE LA FORCE.

Monsr de la Force, J'ay esté bien aise d'apprendre par la vostre du xxiij^e du passé, laquelle je receus à Juilly, le ve de celuy-cy, que la mienne, avec le cahier des evesques de mon pays de Bearn, vous avoit esté rendue; et pour ce qu'ils sont tous les jours aprés moy pour faire respondre les dicts cahiers, je vous prie d'user de diligence à ce que je vous ay cy-devant escript et que je desire de vous sur ce subject, affin que je les face depescher au plus tost. Je m'estonne de ce que vous n'avés rien appris de St-Esteve depuis sa prise, ce qui me faict estre de vostre opinion. Je suis fort aise de ce que le capitaine Moreau a parlé à vous, et de ce que vous l'avés si particulierement examiné sur les propositions qu'il vous a faictes. S'il vous retourne trouver en temps qu'il vous a dict, peut-estre verrés-vous plus clair en ses propositions; surtout conduisés-vous avec luy comme homme duquel vous vous deffiés. Je vous ay escript par Saubyon depuis trois jours, qui fera la mienne plus courte. Asseurés-vous tousjours de la continuation de mon amitié, de laquelle je vous tesmoigneray les effects aux occasions qui s'en offriront pour vous et les vostres, de la mesme volonté et affection que vous le sçauriés desirer : et je prie Dieu vous avoir, Monsr de la Force, en sa saincte et digne garde. Ce vij^e juillet, à Monceaux.

HENRY.

1605. — 9 JUILLET. — Ire.

Cop. — Biblioth. de la ville de Metz. Envoi de M. Clercx de Belletanche, bibliothécaire.

[AU CARDINAL DE GIVRY.]

Mon Cousin, J'ay sceu par vostre lettre du xiiie du mois passé l'office que vous avés faict de ma part envers Nostre Sainct Pere, suivant mes precedentes, et combien Sa Saincteté l'a eu agreable, pour la declaration qu'elle vous a faicte de sa bonne volonté en mon endroict; à quoy j'ay pris tres grand plaisir, comme j'auray que vous continuiés à confirmer à Sa Saincteté, aux occasions qui se presenteront, les asseurances de mon observance et devotion, et à m'advertir de tout ce que vous estimerés importer à mon service. Et comme le s^r de Bethune a sceu, par sa bonne conduicte, remettre sus la reputation et dignité de la charge qu'il a exercée, je vous prie aussy d'aider à son successeur à la conserver, estimant qu'il en aura pris possession quand vous recevrés la presente. Je vous recommande aussy la protection de mes affaires, en vous asseurant du contentement que j'ay de l'affection et fidelité avec laquelle vous me servés en toutes choses : priant Dieu, mon Cousin, qu'il vous ayt en sa saincte et digne garde. Escript à Monceaux, le ixme jour de juillet 1605.

HENRY.

DE NEUFVILLE.

1605. — 9 JUILLET. — IIme.

Imprimé. — *OEconomies royales*, édit. orig. t. II, chap. 51.

[A M. DE ROSNY.]

Mon Cousin, Comme je voulois vous envoyer par un courrier la lettre que vous trouverés avec celle que vous escrit le s^r de Sillery, celuy qui vous va trouver de la part de la royne Marguerite[1] est arrivé en ce lieu, avec la lettre que la dicte dame vous escrit[2], que je vous envoye, laquelle j'ay veue; et d'autant que j'ay appris du porteur d'icelle qu'il est question de chose importante à mon service que vous devés apprendre de la dicte Royne, j'ay voulu vous envoyer exprés la Varenne, tant pour vous prier d'aller incontinent trouver la dicte dame, où le porteur de sa lettre, qui accompagne le dict la Varenne, vous dira qu'elle est, et entendre d'elle ce qu'elle a à me faire sçavoir, que pour me mander par le s^r la Varenne non seulement ce que vous aurés appris de la dicte Royne, mais aussy vostre advis sur le tout. Au demeurant, je n'ay point parlé au dict la Varenne de la

---

[1] Cette princesse, qui revenait enfin à la cour, apportait, pour sa bienvenue, des renseignements importants qu'elle avait recueillis en Auvergne sur les conspirations qui se tramaient dans cette province et dans les provinces voisines, autour du comte d'Auvergne et d'après les instigations du duc de Bouillon.

[2] Cette lettre était ainsi conçue :

« Mon cousin, Je loue Dieu qu'il m'ayt si heureusement conduite que je me puis promettre le bien de vous voir, esperant, avec l'aide de Dieu, estre dans quatre jours à Boulogne; et bien que le chemin d'Orleans à Paris, qui est le mesme que vous tiendrés pour aller à l'assemblée, me donne asseurance d'avoir ce bien, estant si necessaire, pour le bien du service du Roy, que je parle à vous, j'eusse estimé vous en devoir advertir, affin qu'un jour ou deux jours ne portast un si grand prejudice au service du Roy. Je vous supplie donc m'obliger tant, que j'aye le bien de vous parler, et croire ce que le s^r de Rodelle, mon escuyer, vous en dira de ma part: sur lequel me remettant, pour l'entiere fiance que j'ay en sa fidelité, pour l'avoir nourry, je vous supplie croire qu'après Leurs Majestez il n'y a rien au monde que j'honore tant et à qui j'aye voué tant d'affection qu'à vous, de quoy je desire me tesmoigner autant en ce que je seray propre à vous servir. De Toury, ce viie juillet 1605.

« MARGUERITE. »

susdicte lettre que j'ay commandé au dict s^r de Sillery vous envoyer, affin que vous ne luy en parliés point ny à aultre; car vous sçavés combien il importe à mon service que ce faict soit tenu secret. Je prie Dieu, mon Cousin, qu'il vous ayt en sa saincte garde. De Monceaux, le ixe juillet 1605.

HENRY.

DE NEUFVILLE.

[1605.] — 12 JUILLET.

Orig. autographe. — B. N. Fonds Béthune, Ms. 9138, fol. 99.
Cop. — Supp. fr. Ms. 1009-4.

A MADAME DE MONGLAT.

Madame de Monglat, Envoyés-moy par ce lacquais la recette que vous avés pour la peste, d'autant que je la veux faire esprouver aux villages circonvoisins de ce lieu, où elle est, et me mandés des nouvelles de mon fils et de mes enfans. A Dieu, Me de Monglat. Ce xij^me juillet, à Monceaux.

HENRY.

[1605.] — 13 JUILLET. — Ire.

Orig. autographe. — Cabinet de M. le général de la Loyère.
Imprimé. — *Œconomies royales*, édit. orig. t. II, chap. 51.

A MON COUSIN LE MARQUIS DE ROSNY.

Mon amy, Parabere[1] s'en retournant par delà en son gouvernement, je luy donne charge de vous aller trouver, pour considerer avec

---

[1] Dans les Économies royales, on lit *Parabelle*. Nous aurions pensé que c'était une de ces prononciations usitées à la cour, si l'autographe même du manuscrit de M. le comte de la Loyère ne portait *Parabère*, qui est le véritable nom. Voyez ci-dessus, t. II, p. 113. M. de Parabère, gouverneur de Niort, lieutenant général au gouvernement du haut et bas Poitou, était très-considéré parmi les protestants, sans se mêler aux intrigues du parti.

vous en quoy il pourra estre utile pour les affaires qui se presentent, et qui se pourront presenter sur l'occasion de vostre voyage ; il vous dira les advis que nous avons eus despuis vostre partement, et vous en portera copie. Sur quoy il vous dira ce qu'il m'a semblé, affin que sur cela vous ayés à vous conduire pour en esclaircir la verité, et empescher le mal autant que vous pourrés. Faictes-moy sçavoir souvent de vos nouvelles, et vous asseurés de la continuation de mon amitié. A Dieu, mon amy. Ce xiij^{me} juillet, à Monceaux.

HENRY.

1605. — 13 JUILLET. — IIme.

Imprimé. — *OEconomies royales*, édit. orig. t. II, chap. 51.

[A M. DE ROSNY.]

Mon Cousin, La Varenne est arrivé ce matin avec la lettre que vous m'avés escripte par luy, suivant laquelle il m'a representé tout ce que vous a dict la royne Marguerite et ce que vous avés advisé avec elle que je doibs faire : que j'ay approuvé. De sorte que je luy mande presentement qu'elle m'envoye ceux auxquels elle vous a faict parler, affin de les renvoyer sur les lieux, pour m'y faire le service que vous avés proposé. C'est une despense qui sera bien employée, car, encore que nous devions pour ceste heure peu estimer et craindre telles menées, neantmoins, il est necessaire et nous sera tres utile d'en descouvrir la source, pour faire cognoistre à chascun l'impureté d'icelle, et à quoy aspirent les auteurs et fauteurs de ces principes. Le lendemain que je vous eus depesché le dict la Varenne, Vivans m'envoya par homme exprés, en poste, le memoire que je vous envoye, qui confirme l'advis de la dicte Royne, ainsy que vous verrés par iceluy. Ceste rencontre et conformité m'a esmeu et persuadé que nous devons verifier et esventer ce dessein pour l'estouffer du tout, sans donner loisir aux entrepreneurs de le former ny faire esclater; car souvent d'une estincelle il s'allume un grand feu. Ce n'est pas que j'ignore la foiblesse, non plus que la malice et les ruses de ceux qu'on dict estre auteurs des dictes menées, ny que je me deffie de ma puissance et de mon courage, non plus que de l'assistance que je dois esperer de mes bons serviteurs en semblable occasion; mais l'esperience m'a appris que les fols et les meschans engagent quelquesfois les plus sages et les gens de bien en une folie contre leur desir et vouloir. Il faut considerer aussy que les François aiment naturellement les nouveautez et remuemens, et y courent volontiers; et vous sçavés qu'il n'y a faulte d'esprits parmy nous qui sont aussy desplaisans de la tranquillité et prosperité publique que peuvent estre nos voisins, lesquels font ce qu'ils peuvent pour troubler l'une et remuer l'autre.

C'est pourquoy j'ay escript incontinent au dict Vivans qu'il m'envoye en diligence celui qui a parlé à luy, affin de l'interroger, et de tirer de luy tout ce qu'il sçait, dont je vous donneray incontinent advis, comme vous ferés à moy de tout ce que vous en pourrés descouvrir de vostre costé; et affin que le dict Vivans, qui ne peut estre cogneu ny nommé, s'en ouvre et confie à vous comme à moy-mesme, je vous envoye une lettre adressante à luy, par laquelle je luy commande de le faire : vous la luy baillerés quand il sera arrivé à Chastellerault, où il se doibt trouver comme deputé.

J'ay voulu communiquer ce fait au sieur de Parabelle[1], pour la cognoissance que j'ay de son affection et fidelité, et l'ay chargé de vous representer le jugement que j'en fais, comme de faire où il va les devoirs et offices que vous jugerés et luy dirés estre necessaires pour descouvrir et faire cognoistre à mes subjects de la religion pretendue reformée la malignité des auteurs des dictes menées, qui les regardent comme les autres. Toutesfois, comme le dict s^r de Parabelle a le naturel tresbon, et qu'il mesure les intentions d'autruy par la sienne, je recognois encore qu'il excuse plus volontiers le duc de Bouillon qu'il ne le condamne, interpretant à art et mauvaise volonté qu'on luy porte ce

---

[1] Sur cette manière d'écrire le nom de Parabère, usitée dans les Œconomies royales, voyez la note de la lettre ci dessus.

dont il est accusé et soupçonné : aussy ne sçait-il pas tout ce que nous en sçavons.

Je me promets que vous sçaurés tres bien profiter du talent des uns et des autres, au moyen de quoy je remets le tout à vostre prudence et à l'affection avec laquelle vous me servés, pour vous dire que je desire que vous envoyiés quelque commissaire entendu et fidele au chasteau d'Usson pour recognoistre l'estat d'iceluy, s'il est bon de le faire desmolir, et si c'est chose facile, attendu la situation du lieu, avec tout ce qui est necessaire de considerer et recognoistre pour un tel effect. Toutesfois, le dict la Varenne m'ayant dict et bien asseuré que la dicte royne Marguerite a monstré ne desirer pas que le dict chasteau soit desmoli[1], au moins si tost aprés sa sortie, pour le service

---

[1] Voici la lettre où la reine Marguerite parlait au Roi du château d'Usson :

« Au Roy, mon seigneur et frere.

« Monseigneur, J'ay fait parler à monsieur de Rosny le gentilhomme qui m'avoit donné l'advis, qui estoit si precipité (disant que le mal en debvoit esclater dans le mois d'aoust) que j'eusse esté indigne de tant d'honneur et de bien que je reçois de Vostre Majesté, si promptement je ne luy eusse fait entendre. Il vouloit le dire à Vostre Majesté en ma presence, pour obtenir d'elle par mon moyen, que ses parens, qu'il n'eust voulu mettre en peine, n'en pastissent. L'ayant consideré, monsieur de Rosny, monsieur de la Varenne et moy, nous croions que la promesse que cet ingrat leur faict de se rendre, dans le mois d'aoust, en sa maison pour effectuer leur entreprise, n'est que pour embarquer les plus fous; et ne pouvons croire qu'il se puisse jamais hazarder à tel retour. Toutesfois, Vostre Majesté en jugera trop mieulx; mon debvoir ne permettoit que je le luy peusse taire.

« Je vais, avec la permission de Vostre Majesté, en ma maison de Boulogne[*], pour y faire ma demeure, en l'obeïssance de ses commandemens, et lorsqu'il plaira à Sa Majesté, je presenteray à monsieur le Dauphin ce que je luy ay desdié, ainsy que plus particulierement je l'ay discouru à monsieur de Rosny. J'ay laissé vostre chasteau d'Usson en seure garde entre les mains d'un vieux gentilhomme, mon maistre d'hostel, de tous mes suisses et soldats qui m'y ont servie le temps qu'il a pleu à Dieu que j'y aye esté; et j'ay laissé aussy madame de Vermont, pour les tenir tous sollicitez de leur debvoir. C'est une place d'importance : j'ay pris asseurance d'eulx de n'y laisser entrer personne, qu'ils ne vissent homme de la part de Vostre Majesté, accompagné de lettres scellées de son sceau. Il seroit necessaire que Votre Majesté y pourveust promptement de quelque personne qui luy soit fidelle. Je l'ay eu de Vostre Majesté, je le luy rends; c'est une

[*] Le château de Madrid, dans le bois de Boulogne, entre Paris et Saint-Cloud. La reine Marguerite ne se servait pas du nom de Madrid comme lui rappelant la captivité de son grand-père.

Au Roy
Monseigneur à fiore

Monseigneur iai fait parlor a mr de vent
le gentillome qui mavoit donne lauis
qui etet si precipite disant que lomal
an devoit esclater dans le mois dant que
ieuse este indigne de tant demeurer les ble
bien que ie vocis de mr mate si promtemant
ie ne lui euse fait antandre il voulort le dire
aud mate an ma presanse pour obtenir delle
pour mon moien de nous mais quere parons
qui nont voulu mestre an peine nos
petits laisant considere mr de somi mr de
lauarone et moi nous croions que la promesse
que cet ingrat leur fait de se randre dans
lemois dant an sa maison pour effectuer leur
antreprise nest que pour anbarquer les plus
fous et ne pauuons croire quil se veuille
iamais hasarder a tel retour toutefois mr mate

an ingera trop mieux mon devoir ne
permettoit que ie le lui peuse fere ie
vois avec la permition de vre matè an
ma maison de boulongne pour i faire ma
demeure an l'observance de ses commandemans
et lors quil plaira a sa matè ie presantere
a mr le dofin ce que ie lui ai desdié ainsi
que plus particulierement ie lui discouru a mr
de roni iai laisé urt Cristan duson an suregarde
antre les mains dun mieux iantillome mon moistre
d'ostel de tous mes suises et soldas qui m'ont
servie le tans quil aplen a dieu que gi aie esté
et i ai ausi laisé madame de normont pour les tenir
tous sesfaits de leur devoir c'est une place d'importance
iai pris asseurance dona de mi laiser antrer personne
qui ne soit homè de Casant de vre matè a compagné
de trés loles de son sean il seroit necesaire que
vre matè iprement prontement de quelque
personne qui lui soit fidelle ie lui en donè vre
matè ie le lui vans c'et une place qui rvinerat
tout le pais si elle estoit en mauvase main
ie suplie dire treshumblement vre matè de ipourvoir
prontement et de croire que mes ambisions
apres l'honneur des bonnes graces de ves
matès sont bornes a boulengne la bitude
que iai faite de mer le reges an un sejour de
disenouf ans ne me permettant aiant trouve
une demoure an bel aer comè boulengne de desirer
autre Changement tres honneuse quelle soit an bien

ou mes actions pourot estre recongneues
qui ne tanderont iamas qu'a honorer et
servir vre maté comé laplus obligee et
fidelle de ses creatures qui apres lui avoir
tres humblemant baise les mains prie
dieu

Monseigneur vos bonnes tres heureuse et tres longue
vie dartone Ce   rulliet – 1605

Vre tres humble et tres obeissante
servante sœur Angele   [signature]

qu'elle en a tiré, commandés au dict commissaire qu'il ne descouvre l'occasion de son voyage, et qu'il publie n'estre envoyé là plus pour recognoistre ce qu'il faut faire pour le garder que pour le faire abattre. Et quand j'auray veu la dicte Royne, je prendray resolution avec elle de ce que nous en ferons. Enfin je desire que nous facions sauter ce nid, comme nous avons faict celuy de Carlat, si c'est chose que nous puissions executer comme il faut, affin que personne ne puisse plus s'en emparer et servir pour troubler le pays; dont vous me manderés vostre bon advis au retour du dict commissaire : et je prie Dieu, mon Cousin, qu'il vous ayt en sa saincte garde. Escript à Monceaux, le xiij^e juillet 1605.

HENRY.

DE NEUFVILLE.

1605. — 13 JUILLET. — IIIme.

Cop. — B. N. Fonds Brienne, Ms. 41, fol. 313; — et Béthune, Ms. 9001, fol. 170 verso.

[A M. DE BEAUMONT.]

Monsr de Beaumont, Le s^r de Vitry sera porteur de la presente, encores que sa presence par deçà me fust necessaire pour mon service; toutesfois, j'ay voulu preferer le contentement du roy de la Grande-Bretagne, mon bon frere, à toutes autres considerations, comme vous l'asseurerés (luy presentant le dict s^r de Vitry) que je feray tousjours place qui ruineroit tout le pays si elle estoit en mauvaises mains; je supplie donc tres-humblement Vostre Majesté d'y pourvoir promptement, et de croire que mes ambitions, après l'honneur des bonnes graces de Vos Majestez, sont bornées à Boulogne; l'habitude que j'ay faicte d'aimer le repos, en un sejour de dix-neuf ans, ne me permettant, ayant trouvé une demeure en bel air comme Boulogne, de desirer autre changement, tres heureuse qu'elle soit en lieu où mes actions puissent être recogneues, qui ne tendirent jamais qu'à honorer et servir Vostre Majesté comme la plus obligée et fidelle de ses creatures, qui, après luy avoir baisé les mains, prie Dieu, Monseigneur, luy donner tres heureuse et longue vie.

« Vostre tres humble et tres obeyssante servante, sœur et subjecte,

« MARGUERITE. »

(Orig. autographe. — B. N. Fonds Du Puy, M. 217, fol. 96. — Imprimé dans les *Lettres de Marguerite de Valois* publiées par M. Guessard, p. 390.)

d'entiere et cordialle affection en toutes autres occasions. J'escris par luy au dict roy la lettre de laquelle je vous envoye un double, et luy ay commandé luy tenir les langages que vous conseillerés pour l'asseurer de la sincerité de mon amitié, luy donner jalousie de celle d'Espagne, et le conforter à n'abandonner et laisser perir ny affoiblir les Estats. Par tant, instruisés-le bien de ce qu'il en debvra dire. La familiarité que l'exercice de la chasse luy donnera luy facilitera la commodité et les moyens, et peut-estre la creance de s'en acquitter utilement. J'ay consideré ce qui s'est passé entre le dict Roy et ceulx de son conseil, et les ambassadeurs d'Espagne et de Flandres, sur l'occasion de la deffaicte de l'armée de mer du roy d'Espagne, la retraite et le sejour en Angleterre des reliques d'icelle, que vous m'avés representée par vos lettres du xviiie et xxviiie du mois passé. Veritablement, le dict ambassadeur d'Espagne ne pouvoit s'y conduire plus impertinemment qu'il a faict. Il s'est monstré à la fin aussy lasche que audacieux au commencement, et d'autant plus que la honte qu'il y a receue est grande[1], aussy la dissimulation avec laquelle il l'a beue doibt estre par delà plus suspecte. L'admiral d'Angleterre a bien mieux flatté et contenté le roy d'Espagne et le duc de Lerme; aussy a-il tiré et rapporté de grands et riches presens, et de bonnes et grosses pensions; et ay recogneu que les esperances et assurances qu'il leur a données de l'amitié intrinseque de son roy, et peut-estre de la royne et du service des Havarts, a fort enflé le courage du dict duc de Lerme[2], comme si

---

[1] On voit dans les lettres de M. de Beaumont, rappelées ici, que l'ambassadeur d'Espagne, après avoir inutilement demandé au roi d'Angleterre de faire conduire à Dunkerque les soldats espagnols réfugiés sur les côtes anglaises à la suite de la défaite de leur flotte, lui en écrivit deux lettres qui causèrent à Jacques Ier un mécontentement dont cet ambassadeur fut obligé de s'excuser.

[2] François de Roxas de Sandoval, duc de Lerme, marquis de Denia, comte d'Ampudie, grand d'Espagne, grand sénéchal de Castille, premier ministre de Philippe III, est connu par la faveur toute-puissante dont il jouit durant les vingt premières années de ce règne. Devenu veuf, il désira, et obtint en 1618, le chapeau de cardinal, par lequel il espérait rendre son pouvoir inébranlable; mais ce fut au contraire comme le signal de sa chute, car il fut disgracié la même année. Il mourut à Valladolid en 1625.

son maistre, aprés cela, ne debvoit plus rechercher ny se soucier de l'amitié d'aucun autre de ses voisins; car il a depuis parlé à mon ambassadeur, en termes plus relevez et altiers qu'il n'avoit encores faict, de l'assistance qu'ils s'imaginent que les Estats continuent à tirer de moy et de mon Royaulme; à la suite duquel propos il a magnifié jusques au ciel la candeur, la prudhommie et bonne foy des Anglois; et, entre autres, un certain comte de Drumont, Escossois de la maison de Possen, a esté plus caressé et mieux traicté, aprés le dict admiral, que nul autre, comme personne qui ayde à leur promettre beaucoup, et dont ils ont cru debvoir aussy esperer d'estre bien servis. Mandésmoy quel il est, et s'il a tant de credit et de pouvoir auprés de son roy et en son pays qu'ils se sont persuadez. Pour mon regard, j'ay bien opinion que leurs liberalitez et faveurs ne produiront les fruicts qu'ils s'en sont promis, principalement tant que le dict roy d'Angleterre regnera, s'il donne bon ordre à ses affaires domesticques, et ne permet que les dicts Espagnols corrompent plus avant ses serviteurs, et acquierent plus de pouvoir et creance en sa cour et en ses pays. Or, je n'estime pas que vous debviés faire paroistre au dict Roy que j'aye remarqué le changement susdict, en mon endroict, du dict duc de Lerme, et peut-estre ne seroit-il pas marry d'entendre que cela fust advenu, et mesmes que je m'en fusse aperceu, comme si son amitié en debvoit estre prisée davantage. Joinct qu'il ne fault pas s'attendre qu'il reprenne le dict amiral de tout ce qu'il a faict et dict en son voyage, ny mesme qu'il se scandalise et offense des presens et pensions que luy et les siens ont acceptez; car ses serviteurs l'ont accoustumé à pareilles corruptions, lesquelles ils luy font accroire redonder à son honneur et advantage. Et neantmoins j'estime que vous debvés l'advertir de prendre garde que ces profuses liberalitez n'engendrent à la fin des effects prejudiciables à ses affaires; car, comme il est certain que les dicts Espagnols ne sont contens de luy ny de ceulx de son conseil, parce qu'ils ne peuvent luy faire franchir le sault contre les dicts Estats, ny tirer de son alliance les advantages desquels ils ont bien besoing, ils estimeront leurs dons et gratifications mal employées, s'ils n'en retirent d'aultres effects qui correspondent à leurs esperances. Ceci doibt estre neantmoins demonstré par vous, et mesmes confirmé par le s' de Vitry, avec discretion et par forme de discours, comme venant de ma part ou de vous-mesmes, fondez sur les raisons naturelles qui doibvent engendrer l'apprehension susdicte, et meus de la parfaicte amitié que je luy porte, et pareillement de l'interest que j'ay à sa prosperité et à la conservation de nostre union et bonne intelligence.

Celuy que vous nous avés cy-devant escript debvoir venir trouver le pere Cotton, de la part des Jhesuistes qui sont par delà, n'a encores paru. Il fault qu'il n'ayt peu passer, ou que ceulx qui le debvoient envoyer ayent changé de conseil. Escrivés-moy ce que vous en sçavés, et continués à divertir autant qu'il vous sera possible le dict roy de maltraicter les catholiques, luy disant qu'il en sera plus respecté du costé de Rome par les dicts catholiques, lesquels en monopoleront moins contre luy. Davantage, cela servira encores à tenir en debvoir les Puretins, au pouvoir et voulloir desquels il sçait qu'il ne doibt se deffier moins que des autres.

Je recognois aussy que la recherche et poursuicte de l'union et confederation allemande, de laquelle je vous ay donné advis, a esté proposée et est sollicitée par les calvinistes plus que par les protestans, esperant, comme ils sont plus rusez et ambitieux que les autres, en recueillir le principal fruict. Le duc de Bouillon et le Plessis Mornay en sont les principaulx entrepreneurs et instigateurs, comme ceulx qui veulent gouverner..........³ d'une autre protection et seureté que la mienne et de mes successeurs, pour s'en prevalloir en leurs desseings privez aussy bien durant ma vie, si l'occasion s'en presente, que aprés mon deceds, et recognois qu'ils ont engagé fort avant le landgrave de Hesse, lequel, par ce moyen, s'est bien remis avec l'electeur palatin et ceulx de sa secte. Et combien que l'esprit du roy d'Angleterre soit à present alienéde toutes menées et conceptions factieuses et seditieuses, toutesfois, s'il entre en la dicte union

---

³ C'est une lacune laissée dans le ms. et qu'on pourrait remplir à peu près ainsi : *leur parti et le soutenir.*

comme chef d'icelle, il fault craindre qu'il se laisse persuader et porter avec le temps à favoriser les malicieux desseings des aultres. Et neantmoins, comme nous ne pouvons ny mesmes debvons entreprendre d'empescher l'effect de ceste conjunction, il fault se contenter d'observer ce qui s'y advancera, et plus tost nous-mesmes y prendre place, affin d'avoir, avec le temps, plus de credit et pouvoir de rompre les desseings des dicts factieux. Ne monstrés donc avoir jalousie de la dicte union, s'il advient que l'on vous en parle par delà, et m'advertissés soigneusement de ce que vous en apprendrés. Joinct que j'ay quelque opinion que ceste proposition et poursuicte fera plus de bruit qu'elle n'engendrera d'effects, à cause de la deffiance et mauvaise intelligence qui est entre les ministres lutheriens et calvinistes, et la nonchalance et foiblesse d'une grande partie des princes allemands, et pour le pouvoir que l'Empereur a et sa maison parmy eulx, et mesmes avec le duc de Saxe, d'une partie des docteurs qui conseillent et gouvernent les aultres. Je prie Dieu, Monsr de Beaumont, qu'il vous ayt en sa saincte garde.

HENRY.

[1605.] — 13 JUILLET. — IVme.

Orig. — Archives grand-ducales de Hesse-Cassel.
Imprimé. — *Correspondance de Henri IV avec Maurice le Savant*, p. 236.

A MON COUSIN LE LANDGRAVE DE HESSE.

Mon Cousin, Depuis le partement d'icy du capitaine Widemarkre; le bruit de l'union que vous pretendés faire[1] a esté espandu et publié partout diversement : les uns en apprehendent l'effect, les aultres ont opinion que il s'esvanouira et que ceux qui s'en seront entremis n'en recueilleront aultre fruict que d'avoir esté promoteurs d'un bon œuvre, honorable et utile à leur patrie et à la cause commune. Ce qui sera neantmoins subject à estre interpreté et receu selon les passions

[1] Le landgrave travaillait à former une confédération des princes protestants d'Allemagne contre la maison d'Autriche.

et interests de ceux qui en discourront et jugeront. De quoy devront se soucier bien peu les premiers, s'ils arrivent au but auquel ils aspirent; car, cela advenant, ils jouiront avec gloire de leur labeur. Mais aussy, si l'ouvrage avortoit et demeuroit imparfaict, ou reussissoit au rebour de leur desir, ils auroient occasion de regreter leurs peines et de craindre le reproche et la hayne des ennemys et envieux de leurs desseins.

C'est pourquoy je dis, puisque vostre entreprise est descouverte (je dis vostre entreprise, parce que chacun vous en nomme l'auteur, et vous attribue toutes les pratiques et diligences qui en sont faictes, et n'attendent d'aultre que de vous celles qui restent à faire), doncques, vous aimant comme je fais, je souhaite que vous en ayés bonne isseue, et y contribueray de mon costé les devoirs et offices d'un bon voisin, amy et allié, ainsi que j'ay dict au dit Widemarkre.

Ce que je ne puis vous celer, c'est que le duc de Bouillon s'attribue à luy seul la gloire de ceste entreprise, car il a mandé aux eglises de ce Royaume qu'il a promis la dicte union et qu'il espere la conclure et asseurer, pour les fortifier et proteger contre quiconque voudra à l'advenir les attaquer. Les voulant engager, sinon en son crime, au moins en sa fortune, il tasche de leur persuader que le mal qu'il m'a donné occasion de luy vouloir ne procede pas de ses faultes, mais seulement de la hayne que je porte à sa religion et à ceux qui en font profession; et sur cela les exhorte à s'unir, à leur conservation, à l'imitation des Allemands, leur promettant qu'elles ne manqueroient d'assistance, tant par son moyen, du costé d'Allemagne, que peut-estre d'Angleterre, où il espere faire que les dicts Allemands depeschent exprés pour cest effect. Enfin il tente faire que les dictes eglises de mon Royaume facent provision d'une aultre protection et seureté que celle qu'elles doivent attendre de moy, et sur cela, leur exalte et magnifie le grand credit et pouvoir qu'il a en la Germanie, et le support qu'elles en doivent attendre. Comme il persuade mes subjects de la Religion, pour se faire priser davantage, je ne doubte poinct aussy qu'il ne face valoir envers les dicts Allemands l'authorité et puissance qu'il leur dict avoir en ce Royaume à l'endroit des dictes eglises et aultres, leur faisant accroire qu'il en peut disposer à son plaisir, et qu'ils prendront les armes quand il voudra. Qui sont choses qui, à bon droit, m'offensent, et que j'ay bien voulu vous faire sçavoir, affin que vous sçachiés qu'il y a des esprits qui pretendent de s'advantager de toutes choses au prejudice d'autruy. Neantmoins le dict duc de Bouillon n'a laissé de me faire dire qu'il a promeu la susdicte union exprés pour vous rallier tous avec moy contre la maison d'Austriche, et que, si je le veux croire et me prevalloir des moyens qu'il a de me servir en la Germanie, s'y fera une partie si forte et si puissante pour moy, que j'en tireray grands advantages. Mon Cousin, ce sont là les jeux divers du dict duc de Bouillon, lesquels, à la verité, me sont tres desagreables, et neantmoins me donnent peu de peine; car je ne suis, graces à Dieu, ignorant des choses du monde ny du pouvoir que j'ay de me garantir de telles ruses, et de bien et mal faire à quiconque me donnera occasion de practiquer l'un ou l'autre.

Mon ambassadeur residant en Suisse m'a escript vous avoir veu à Basle et les bons propos que vous luy avés tenus, tant de l'affection que vous me portés, de laquelle j'ay toute fiance et asseurance, que sur le subject du voyage que vous avés faict au dict pays. Mais j'ay esté bien esbahy de la demande que vous luy avés faicte touchant le s^r de Montluet, pour sçavoir s'il est vray que je me sois servy de luy pour executer un dessein sur le chasteau de Sedan, et faire practiquer le changement de la religion en la dicte ville, aux voyages que le dict s^r de Montluet y a faicts par ma permission, car c'est la plus grossiere imposture et supposition qu'il est possible d'inventer. Le dict s^r de Montluet a son fils à Sedan, qui luy a servy de pretexte de faire les dicts voyages, par le moyen desquels s'estant de luy mesme entremis, comme tres affectionné à sa religion et desireux d'aider au dict duc en l'excusant du passé et m'asseurant de la volonté qu'il avoit de se rendre digne à l'advenir de ma bonne grace, je l'ay escouté benignement et ay trouvé bon qu'il retournast vers le dict duc pour luy representer les occasions que j'avois d'estre mal satisfait de luy, tant pour le crime dont il estoit deferé que pour ce qu'il faisoit tous les jours, dedans et dehors mon Royaume, contre mon service, affin de le disposer à se justifier et les amender, comme il estoit tenu de faire. De quoy voyant qu'il ne me rapportoit que des paroles, ce pendant que le dict duc continuoit sous main à rechercher les moyens de s'advantager contre mon service, je fis entendre au dict s^r de Montluet qu'il devoit s'abstenir de poursuivre davantage cette praticque en laquelle le dict duc abusoit evidemment de sa credulité et facilité, d'autant que ses actions estoient toutes contraires à ses paroles. A quoy le dict s^r de Montluet s'estant conformé, je n'en ay pas ouy parler depuis.

Jugés si ceste procedure merite que l'on impose la susdicte calomnie. En verité, telles impostures sont insupportables, et doibvent estre de mauvaise odeur à l'endroict de gens de bien qui font profession de craindre Dieu et aimer la verité. Mais j'en suis à present si rebattu, que c'est ce qui, à bon droict, me rend si retenu et circonspect en ce qui concerne le dict duc de Bouillon. Toutesfois le dict Widemarkre vous aura representé ce que je luy auray dict, vous priant de croire et faire croire à tous nos amys que je donneray tousjours par mes actions toute occasion raisonnable à mes subjects de la religion pretendue reformée de se louer de ma protection et bonne volonté, autant que j'ay jamais faict, et à mes bons voisins et alliez de la mesme profession, de faire le semblable, comme les uns et les autres esprouveront en toutes choses. Quoiqu'on die chose contraire à cela, n'y adjoustés foy, et vous croirés et deffendrés, en ce faisant, la verité contre les mensonges.

Au demeurant, les Anglois ont esté bien receus, traictez et gratifiez en Espagne, leur ayant esté faict de grands et riches presens; et si plusieurs d'eux, et principalement l'admiral, en ont rapporté de bonnes et grosses pensions, toutesfois, je n'estime pas que l'on doibve pour cela doubter de la bonne foy et volonté de leur roy envers ses bons et anciens alliez et confederez; aussy m'en faict-il donner journellement des asseurances plus grandes que jamais. Il n'y a apparence aussy de craindre que les Estats du Pays-Bas s'accordent avec la maison d'Austriche, leur puissance estant telle qu'elle est maintenant.

L'Empereur veut faire la paix avec le Turc. L'on m'a escript de Constantinople qu'il l'obtiendra facilement à conditions equitables; seulement la difficulté consiste en la reddition de Stigoria, que le Turc opiniastre et l'Empereur monstre de vouloir retenir. Quant au Botscay[1], veritablement il s'est mis en la protection du dict Turc, lequel luy a envoyé son estandard pour signe d'icelle. Et neantmoins l'on m'a mandé que le premier bassa, qui commande à l'armée turquesque, a chargé d'entendre plustost à la paix avec le dict Empereur, si l'occasion s'en presente, que d'eschauffer la guerre, à cause des incommoditez et desadvantages que celle de Perse, qui s'aspere contre les Turcs, apporte à ceux-cy, avec les desordres qui regnent en Asie. Ce qui m'a faict conclure que la dicte paix despendra du dict Empereur.

Et je vous asseureray, devant que de finir la presente, de ma bonne santé et de la continuation de la grossesse de la Royne ma femme, comme de la bonne volonté que moy et elle vous portons et à ma cousine vostre femme. Je prie Dieu, mon Cousin, qu'il vous ayt en sa saincte et digne garde. Escript à Monceaux, le xiij^e jour de juillet 1605.

HENRY.

1605. — 15 JUILLET.

Orig. — Arch. de M. le duc de la Force.
Imprimé. — *Mémoires de la Force*, publiés par M. le marquis DE LA GRANGE, t. Ier, p. 399.

[A M. DE LA FORCE.]

Monsr de la Force, Il est necessaire, pour le bien de mon service, que vous reveniés au plus tost en Perigord, car j'ay esté adverty que

---

[1] Ce Botscay, un des principaux seigneurs de Hongrie, s'était révolté contre l'Empereur, à la suite d'un dissentiment avec le comte de Belgiojoso, que le général Basta avait nommé son lieutenant dans la haute Hongrie et la Transylvanie.

quelques-uns du dict pays y font des menées et assemblées secretes pour y remuer quelque nouveau mesnage, sous divers pretextes et à diverses fins; et dit-on que vostre beau-frere de Chefboutonne [1] est de ce nombre, comme s'il vouloit aller servir les Espagnols et y estoit desjà engagé, chose laquelle, comme il ne doit faire sans ma permission, j'auray à plaisir qu'il en soit destourné par vous et ses amys : au moyen de quoy je vous prie de vous y employer. Vous sçavés les raisons desquelles il faut le combattre, et les propos qui doivent luy estre tenus pour le vaincre et ranger à son devoir. Par tant, je me contenteray de vous dire que vous me ferés service tres agreable de divertir luy et ses semblables de tels voyages, lesquels il n'est loisible ny bien seant à un subject d'entreprendre sans le congé et sceu de son Roy et souverain seigneur. Je prie Dieu, Monsr de la Force, qu'il vous ayt en sa saincte et digne garde. Escript à Monceaux, le xve jour de juillet 1605.

HENRY.

DE NEUFVILLE.

[1605.] — 18 JUILLET.

Orig. autographe. — Biblioth. impér. de Saint-Pétersbourg, Ms. 894, lettre 1.
Copie transmise par M. Allier.

A MONS^R DE BELLIEVRE,
CHANCELIER DE FRANCE.

Monsr le chancellier, J'ay esté adverty que l'on poursuit une commission pour faire une recepte du simple des obmissions de recepte et fausses reprises. C'est chose qui pouvoit avoir esté poursuivie lorsque m^r de Rosny estoit icy, estant question des financiers. C'est pourquoy je ne desire pas qu'elle soit expediée, que m^r de Rosny ne soit de retour, m'asseurant que, si c'eust esté chose necessaire, qu'il y eust pourveu auparavant son partement, ou vous en eust parlé. Sur

[1] Armand de Gontaud, baron de Chef-Boutonne, était frère du feu duc de Biron et de madame de la Force.

ce, Dieu vous ayt, Monsʳ le chancellier, en sa saincte et digne garde. Ce xviijᵉ juillet, à Monceaux.

HENRY.

1605. — 19 JUILLET. — Iʳᵉ.

Cop. — B. N. Fonds Brienne, Ms. 41, fol. 320; — et Béthune, ms. 9002, fol. 49 verso.

[A M. DE BEAUMONT.]

Monsʳ de Beaumont, Enfin celuy que vous avés escript devoir venir vers le pere Cotton a comparu, ayant premierement passé par Flandres. Il m'a remercié des bons offices que les catholiques anglois reçoivent de moy par vostre moyen et entremise, et m'a prié que je vous commande de continuer à declarer et protester que ceux de son ordre, qu'il dict n'estre en Angleterre que trente-cinq en tout, et ceux qui en despendent, desquels il faict le nombre grand, n'ont aucun desseing contraire au debvoir de bons et fidelles subjects, combien qu'ils soyent plus rigoureusement traictez maintenant qu'ils n'estoient du temps de la deffuncte royne. De quoy il accuse le secrettaire Cecil plus que tous autres, disant qu'il est seul cause de leur persecution, non qu'il affectionne les Puretins, mais pour ce qu'il estime bien faire pour le service de son roy et le bien du pays, m'ayant prié d'employer le credit et pouvoir que j'ay envers le dict Cecil pour faire qu'il se modere. Il m'a prié aussy de ne favoriser, à Rome ny ailleurs, les presbtres que l'on appelle appellans, contre l'archipresbtre, lequel il a loué fort à ceulx de son ordre, deprimant les autres grandement, comme gens qui n'ont point de suitte, et qui sont hargneux, insociables et insatiables. Il m'a aussy prié de prendre en ma protection ceulx du dict ordre, avec le dict archipresbtre, declarant vouloir doresnavant despendre entierement de moy, se gouverner en toutes choses par mes conseils et volontez, tant en Angleterre qu'à Rome, où ils ne vouloient à l'advenir escrire ny entreprendre aulcune chose sans me le faire sçavoir par vostre moyen, pour aprés en user comme je jugerois estre pour le mieux et leur manderois. Il m'a, oultre cela, requis d'avoir agreable qu'il feust faict, par moy ou par autres, en mon Royaulme, un couvent de Carmelitaines ou de Capuchines, auquel feussent receues plusieurs dames angloises qui desiroient passer en mon Royaulme et se mettre en religion pour servir Dieu, prier pour moy et la prosperité de mon Estat, et contenter leurs consciences.

Je luy ay respondu que vous m'aviés faict service tres agreable d'avoir recommandé et favorisé les dicts catholicques, aux occasions qui s'estoient presentées, que je vous commanderois de continuer, et le ferois d'autant plus volontiers à present, qu'il m'avoit declaré et protesté, pour luy et ceulx de son ordre, qu'ils vouloient se contenter dedans les debvoirs et respects que tous subjects sont obligez de rendre à leur prince et souverain seigneur, avecq lequel je voulois aussy entretenir toute amitié, correspondance et voisinance, l'asseurant, moyennant qu'ils persistent fidellement en ce debvoir, qu'ils recevront de moy toute assistance raisonnable et legitime; que je vous commanderois de les ouïr et me faire entendre ce qu'à l'advenir ils vouldroient que je sceusse pour leur donner les conseils que je jugerois leur estre plus salutaires; que Cecil, servant son prince et sa patrie, comme il m'avoit dict, debvoit plustost estre loué que blasmé; que le vray moyen de le moderer estoit que les dicts catholicques se gouvernassent avecq tant de patience et d'obeïssance aux loix du Royaulme, que leur Roy et ses conseillers n'y eussent occasion quelconque de prendre ombrage et deffiance; que ce n'estoit ce que les Espagnols leur avoient conseillé cy-devant, de quoy aussy ils s'estoient mal trouvez; que ils multiplieroient plus en usant de la patience chrestienne qu'ils ne feront s'ils s'en departent, car Dieu les assisteroit, n'ayant jamais abandonné les siens; que je ferois parler au dict Cecil pour le moderer autant qu'il sera possible, en quoy il estoit necessaire que je feusse fort circonspect et consideré, pour ne donner occasion au dict Roy et à ses conseillers de prendre soubçon de moy, les Anglois n'estant de leur naturel que trop jaloux et deffians de leurs voisins, et mesmes des François; que je n'avois favorisé cy-devant les presbtres seculiers que pour parvenir à une reunion generale des catholicques, laquelle j'estimois utile et necessaire, et digne de la profession qu'il faisoit, l'admonestant encore de la faciliter et promouvoir autant qu'il luy seroit possible. Et m'ayant faict cognoistre que ceulx de son ordre se fieroient difficilement aux dicts presbtres, pour en avoir esté circonvenus et abusez plusieurs fois, et avoir des fins du tout contraires aux leurs, je lui ay promis que je ne soustiendrois les aultres contre eux, à Rome ny ailleurs, en nulle mauvaise cause; que, pour le regard des Angloises qui avoient volonté d'estre religieuses et de se retirer en mon dict Royaulme, qu'il n'estoit pas necessaire ny à propos de fonder et dresser pour cela un couvent à part exprés pour elles, mais qu'elles seroient receues aux dicts couvents des Carmelitaines et des Capuchines, avecq les aultres, de quoy il s'est contenté et m'a remercié.

Il a faict demonstration d'estre fort satisfaict de ma susdicte responce, suivant laquelle vous vous gouvernerés envers ceulx du dict ordre qui s'adresseront à vous; et combien que ces gens-cy veulent que je croye qu'ils esperent plus de moy que du roy d'Espagne, et par tant qu'ils se confieront cy-aprés en moy plus qu'en tous aultres, je ne doibs toutesfois pas croire qu'ils renoncent à la protection et assistance des aultres, recevans et attendans encore d'eulx les advantages qu'ils en tirent; joinct que j'ay bien opinion que la patience que je leur presche, et à laquelle ils veulent que je croye qu'ils sont disposez et resolus, leur eschappera à la longue, soit par la violence du traictement que l'on leur faict, ou par une legereté et inconstance naturelle angloise. En tout cas, il fault se conduire avec eulx circonspectueusement, et avoir tousjours devant les yeux, sur toutes choses, de ne desplaire au dict roy d'Angleterre et ne luy donner ombrage de nous. Car nous debvons croire que les Espagnols, comme ils sont rusez et malins, feront tout ce qu'ils pourront pour rejecter sur moy la jalousie de la protection des dicts catholicques, qui leur a esté jusques à present imputée par les dicts Anglois, car je sçay asseurement que le conseil d'Espagne a deliberé de n'espargner aulcune invention et conception pour irriter le dict roy d'Angleterre contre moy, et l'inciter à me faire la guerre et favoriser les factieux de mon Royaulme contre moy. C'est pourquoy il est necessaire de proceder en ce faict tres discrettement. Je crains mesmes que les Espagnols Anglois, dont le nombre n'est pas petit, descouvrent au dict roy d'Angleterre le voyage de Smits. Jà le nonce qui reside en France, qui est tout Espagnol, a dict à Berny que il sçavoit, non seulement que les catholicques d'Angleterre avoient plus d'esperance et fiance en moy qu'aux Espagnols, mais aussy que le dict Roy a ceste opinion de moy, et que luy et les siens en ont grande jalousie.

J'ay appris par vostre lettre du ixe de ce mois, que j'ay receue le xviie, les bons propos qu'il vous a tenus; et neantmoins ce à quoy il s'est depuis relasché, pour asseurer le passage et traject en Flandres des Espagnols retirez en son pays, me confirme en l'opinion que j'ay tousjours eue de l'estat que l'on doibt faire de luy et de son amitié; et combien que telle variation doibve estre plustost attribuée à son naturel, que vous m'avés tres bien depeinct, qu'à mauvaise volonté, neantmoins les effects en sont tousjours blasmables et prejudiciables à la cause publique, et faut faire estat que, quoy qui advienne et se presente, les Espagnols obtiendront tousjours du dict roy et de son conseil, par importunité et à force d'argent, une grande partie de ce qu'ils demanderont, et toutesfois ils diront tousjours qu'ils veulent entretenir et conserver leur neutralité, mais ce sera au dommage de qui il appartiendra; estant tres mal ediffié de l'ouverture qu'il a faicte au s^r Caron pour le traject des dicts Espagnols, si tost aprés vous avoir faict les declarations que vous m'avés escriptes. Neantmoins il ne fault pas pour cela s'en alterer davantage contre luy, ny luy en faire reproche, car il ne deviendroit pas plus sage, et seroit nous declarer par trop inutilement. Mais je serois bien aise que les Estats rejectent la dicte ouverture, ainsy que vous a dict le dict Caron, puisqu'il croit qu'il ne s'en alterera point. J'ay veu qu'il a tres bien pris ce que vous luy avés declaré du costé de Rome et du Pape. Mais il ne fault pas s'attendre que ce bon mesnage dure longtemps, s'il continue à persecuter les catholicques, comme vous luy avés sagement donné à comprendre. A quoy j'ay remarqué qu'il a peu incliné; mais peut-estre changera-il avec le temps. J'ay noté aussy qu'il s'est peu esmeu quand vous luy avés parlé de l'union que les Allemans pretendent faire, comme s'il en avoit mauvaise opinion, ou s'il n'avoit agreable de se laisser entendre sur icelle; et neantmoins j'en fais le mesme jugement que luy, à cause de la nonchalance, desunion et avarice des princes et de leurs docteurs, et de la foiblesse de l'Empereur. Vous trouverés aussy que l'ambassadeur qu'il a envoyé au dict roy est plus propre pour faire un brindes[1] que pour manier une bonne negociation : toutesfois, vous m'advertirés de ce que vous en apprendrés, comme de ce que l'admiral d'Angleterre aura rapporté d'Espagne. Je prie Dieu, Mons.r de Beaumont, qu'il vous ayt en sa saincte garde.

HENRY.

[1605.] — 19 JUILLET. — II.me.

Orig. autographe. — Biblioth. impér. de Saint-Pétersbourg, Ms. 886, lettre 54.
Copie transmise par M. Houat.

A MONS.R DE BELLIEVRE,

CHANCELLIER DE FRANCE.

Mons.r le chancellier, Sur ce que j'ay esté adverty qu'il y a un procez pendant par devers vous, entre mes secretaires de la maison et couronne de France, de l'ancien college és nombre de six-vingts et celluy des cinquante-quatre, pour le rang et sceance de celluy lequel deputé par la compagnie des dicts six vingts represente leur corps et college és lieux où il s'agit de la conservation des droicts des dicts secretaires, qui maintiennent devoir tenir le premier et plus honnorable rang, preceder et s'asseoir au dessus de celluy qui represente la compagnie des dicts cinquante-quatre, encores que le dict deputé des dicts cinquante-quatre fust plus ancien secretaire que celuy des dicts six-vingts, attendu qu'il represente non sa personne, mais tout le corps du dict college premier né et plus ancien : je vous ay bien

---

[1] C'est la locution italienne *far brindisi*, porter une santé.

voulu faire ce mot pour le vous recommander en justice, et vous dire que vous me ferés service tres agreable de leur conserver le rang et sceance deus à leur ancienneté, comme chose que je desire. Sur ce, Dieu vous ayt, Monsr le chancellier, en sa saincte et digne garde. Ce xixme juillet, à Monceaux.

HENRY.

1605. — 21 JUILLET. — Ire.

Orig. — Arch. des Médicis, légation française, liasse 3. Copie transmise par M. le ministre de France à Florence.

A MON ONCLE LE GRAND DUC DE TOSCANE.

Mon Oncle, Le porteur, qui est un de mes subjects et eschevin de ma ville de Chaalon sur Saone, nommé Guillaume Mallond, s'en allant par delà pour tirer justice de l'assassinat commis en la personne de Samuel[1] Mallond, son frere, qui a esté tué en vostre ville de Ligorne[2], par aucun de ses compagnons, au retour de certaines courses qu'ils avoient faictes sur les Turcs, pour le priver de son butin, je l'ay bien voulu accompagner de ceste lettre, pour vous prier de luy departir en chose si juste les effects de vostre auctorité, pour obtenir raison et justice du dict assassinat, et je le tiendray à plaisir tres agreable, pour m'en revancher en autre endroict : priant Dieu, mon Oncle, qu'il vous ayt en sa tres saincte et digne garde. Escript à Monceaux, le xxje jour de juillet 1605.

HENRY.

DE NEUFVILLE.

[1] On lit *Namuel* dans la copie qui nous est transmise de Florence.
[2] C'est Livourne.

[1604 ou 1605[1].] 21 JUILLET. — IIme.

Orig. autographe. — Biblioth. impér. de Saint-Pétersbourg, Ms. 894, lettre 3.
Copie transmise par M. Allier.

A MONS^R DE BELLIEVRE,

CHANCELLIER DE FRANCE.

Monsr le chancellier, Je vous ay faict sçavoir, il y a quatre ou cinq jours, ce qui estoit de mon intention touchant l'annoblissement que j'ay faict expedier au s^r de Voumare, et neantmoins je suis adverty que vous en avés faict quelque difficulté. C'est pourquoy je vous fais ceste recharge pour vous dire que je veulx que vous faciés sceller le dict annoblissement, sans attendre aultre plus exprés commandement de moy; car je ne l'ay pas accordé sur de legeres considerations, le dict s^r de Voumare meritant quelque chose de plus que ceste grace par les longs services qu'il m'a rendus. Je prie Dieu qu'il vous ayt, Monsr le chancellier, en sa saincte et digne garde. Ce xxj^me juillet, à Monceaux.

HENRY.

[1605.] — 21 JUILLET. — IIIme.

Orig. autographe. — Biblioth. impér. de Saint-Pétersbourg, Mss. 887, tom. Ier, lettre 49.
Copie transmise par M. Houat.

A MONS^R DE BELLIEVRE,

CHANCELLIER DE FRANCE.

Monsr le chancellier, Je vous ay faict entendre ce qui estoit de mon intention sur le don que j'ay confirmé à ma cousine la princesse de

---

[1] Cette lettre, datée de Monceaux, où le Roi ordonne à M. de Bellièvre de sceller un anoblissement, ne peut être postérieure à 1605, car ce fut à l'automne de cette année que M. de Bellièvre, fort âgé, remit les sceaux à M. de Sillery, la charge de garde des sceaux se trouvant alors, comme dans quelques autres circonstances, en d'autres mains que celles du chancelier.

Conty de celluy que je lui avois cy devant faict des deniers provenans de la recherche des usuriers, laquelle j'ay ordonné estre continuée par les juges ordinaires des lieux dont les appellations ressortiront en cette chambre des enquestes de ma court de parlement de Paris, qui sera advisée plus commodement par ma dicte cour, ainsy que vous verrés plus particulierement par la commission que j'en ay faict expedier; laquelle voulant qu'elle soit executée, je vous fais ce mot affin que vous la scelliés au plus tost, ayant commandé à m^r de Sillery d'en conferer avec vous; et vous ferés entendre que je veulx et desire que la dicte commission soit exécutée. Sur ce, je prieray Dieu qu'il vous ayt, Monsr le chancellier, en sa saincte et digne garde. Ce xx_J^{me} juillet, à Monceaux.

HENRY.

[1605.] — 22 JUILLET.

Orig. autographe. — Biblioth. impér. de Saint-Pétersbourg, Ms. 887, lettre 9.
Copie transmise par M. Allier.

A MONS^R DE BELLIEVRE,

CHANCELLIER DE FRANCE.

Monsr le chancellier, Sur ce que m^r le mareschal de Brissac m'a faict entendre qu'il a entre les mains certain advis important à mon service, duquel je puis tirer de grandes commoditez, je vous fais ce mot par luy, pour vous prier de charger des memoires et instructions qu'il vous baillera celuy de ceulx de mon conseil que vous adviserés et jugerés plus à propos pour s'en appreter et en faire son rapport en mon conseil, aussytost que m^r de Rosny sera arrivé, comme chose que je desire. Sur ce, Dieu vous ayt, Monsr le chancellier, en sa saincte et digne garde. Ce xxij^e juillet, à Monceaux.

HENRY.

1605. — 26 JUILLET.

Cop. — Biblioth. de la ville de Metz. Envoi de M. Clercx de Belletanche, bibliothécaire.

[AU CARDINAL DE GIVRY.]

Mon Cousin, Avec vostre lettre du xxxe jour de juin dernier, j'ay receu les asseurances que vous me donnés de vostre affection à la protection de mes affaires, que vous a laissée par mon commandement mon cousin le cardinal de Joyeuse, à son partement de Rome; et parce que j'avois desjà trop de cognoissance de vostre bonne volonté, par les tesmoignages que vous m'avés rendus, je ne vous en diray pas davantage par ceste-cy, que pour vous prier d'affectionner mes affaires à l'advenir comme vous avés faict par le passé, suiyant la fiance que j'ay en vous : et prie Dieu, mon Cousin, qu'il vous ayt en sa tres saincte et digne garde. Escript à Paris, le xxvj^e jour de juillet 1605.

HENRY.

DE NEUFVILLE.

1605. — 27 JUILLET.

Imprimé. — Œconomies royales, édit. orig. t. II, chap. 51.

[A M. DE ROSNY.]

Mon Cousin, Vous avés commencé à soulager mon esprit par vostre lettre du xxve de ce mois, qui m'a esté lue ce matin; ayant sceu, par icelle, vostre arrivée à Chastellerault et les bons devoirs que vous aviés jà faicts pour donner acheminement à l'execution de mes commandemens, selon mon desir; en quoy vous ne pouviés mieux vous conduire à mon gré que vous avés faict. Mais il faut que les artifices des ennemys de la prosperité de mes affaires, qui despend de la concorde publique de mes subjects, ayent esté puissans, d'avoir pu imprimer aux cœurs de ceux de la religion pretendue reformée des doubtes de ma bonne volonté en leur endroict, et des causes qui m'ont meu à vous envoyer par delà, telles que vous les m'avés representées par vos dictes lettres, aprés tant de preuves qu'ils ont continuellement receues par effect, en toutes occasions, de la sincerité d'icelles. Mais comme vous avés eu plus de cognoissance que personne de ce qui s'est passé pour ce regard, pour avoir esté souvent ministre principal des graces et faveurs que je leur ay faictes, nul autre aussy ne pouvoit mieux que vous les esclaircir de la verité de mes intentions. Ç'a esté aussy là la principale cause pour laquelle j'ay voulu me passer de vostre presence auprés de moy, tant que j'ay desiré delivrer mes dicts subjects des dictes jalousies et deffiances, et leur donner par vous pareille occasion de bien esperer à l'advenir de ma bienveillance et protection qu'ils ont eu de s'en louer durant leurs plus grandes afflictions et persecutions; et n'avés peu faict d'avoir faict cognoistre à ceux auxquels vous avés parlé, d'où sont sortis les dicts artifices, et de leur avoir dict rondement vostre deliberation sur ce qui concerne le duc de Bouillon, et principalement sur la reception des messagers et lettres du dict duc, affin qu'ils ne peschent pour cela par ignorance ou inadvertence; leur ayant donné à tous bonne esperance que, se gouvernant sagement et par vos conseils, ils obtiendront de moy des gratifications dignes de ma bonté et de leur fidelité. Mais, si vous ne pouvés les disposer de nommer plus de deux deputez, pour m'en remettre le choix sur la nomination d'un plus grand nombre, il faudra se contenter qu'ils les elisent tels que j'aye occasion de les avoir agreables. Sur quoy vous avés tres bien faict de leur avoir declaré que je n'approuverois jamais la continuation du s^r de St-Germain, non plus qu'il fust parlé en leur assemblée du dict duc de Bouillon, pour les raisons que vous leur avés dictes; et faut perseverer constamment en ce propos, tant pour l'un que pour l'autre. J'ay consideré leurs raisons pour exclure de la dicte deputation les gouverneurs des places, avec les difficultez qu'ils vous ont representées sur les nominations des s^{rs} de la Noue et du Coudray, lesquelles j'ay trouvées dignes de consideration, à cause de l'absence du dict s^r de la Noue et de l'office que le dernier exerce; et n'estime pas que vous deviés insister au contraire, pour les raisons que vous entendrés comme moy. Je me contenteray aussy qu'ils y employent des gens de bien, qui veritablement affectionnent le bien de leur religion, avec la paix publique de mon Royaume, par preference à toute autre consideration particuliere. Je crois aussy qu'il n'a esté que bien à propos que vous ayés commencé à leur faire sentir que vous n'ignorés la duplicité d'aucun de ceux qui ont esté employez aux dictes charges, lesquels se sont grandement fourvoyez du droict chemin de leur devoir, et eussent esté cause de beaucoup de mal, si je n'eusse recogneu leur malice estre plus particuliere que generale.

Vous gagnerés aussy un grand poinct si vous pouvés abreger et faire bien tost finir la dicte assemblée, et seray tres marry s'ils ne suivent en cela, comme en toutes autres choses, le bon conseil que vous leur avés donné. Mais je desire qu'ils vous prient d'assister en la dicte assemblée, pour tesmoigner le respect qu'ils me portent en vostre personne, encore que je sois bien d'advis que vous vous en excusiés quand ils vous en prieront, pour ne tomber aux accidens cottez en vostre dicte lettre, et ne contrevenir à ce que nous avons dict au dict St-Germain et à Desbordes; mais vous m'avés faict plaisir de leur avoir declaré rondement qu'il ne faut point qu'ils s'attendent de tirer de moy par contraincte aucun bienfait, en leur representant quels sont les moyens que j'ay maintenant de me faire obeir en justice par mes subjects et de ne redouter mes voisins, les asseurant, à la suite de cela, de la bonne volonté que j'ay de les proteger, aimer et favoriser, en se gouvernant comme ils doivent; et croy que ces propos, semez par advance aux dicts deputez, n'auront esté inutiles en attendant l'ouverture de la dicte assemblée.

Le porteur de l'advis que vous donna le s^r de Vivans est encore icy, lequel j'ay faict advertir d'estre cy-après plus discret et plus secret qu'il n'a esté; mais le capitaine que le dict Vivans m'a envoyé, sous la conduite de l'autre, m'a parlé si asseurement des pratiques que vous avés entendues, que j'ay estimé devoir envoyer au pays le s^r de Themines, pour se saisir des principaux auteurs d'icelles, lesquels sont d'ailleurs si diffamez, que je feray beaucoup pour l'en delibvrer. Celuy de la royne Marguerite, que nous y avons renvoyé, n'est encore revenu. S'il nous apporte chose qui merite, je vous en advertiray. Vous l'aurés esté, par le sr de Villeroy, de la bonne execution que Rauchin, medecin de mon cousin le connestable, a faicte en Languedoc, suivant la resolution que nous avions prise; dont j'espere faire un tel exemple par la justice, qu'il servira de terreur à tels traistres. Je ne sçay si je dois prendre à bon ou à mauvais augure que le sr du Plessis ne se soit trouvé à l'ouverture de la dicte assemblée; s'il veut attendre qu'il y soit appellé, ou si, se deffiant du succés d'icelle, selon son expectation, il aime mieux en estre absent que present, ou bien s'il veut eviter le blasme de ce qui s'y fera, qu'il a cognoissance ne me devoir agreer et contenter. Nous y verrons plus clair avec le temps, et vous prie de continuer à m'escrire le plus souvent que vous pourrés : priant Dieu, mon Cousin, qu'il vous ayt en sa saincte garde. Escript à Paris, le xxvije jour de juillet 1605.

HENRY.

DE NEUFVILLE.

1605. — 28 JUILLET. — Ire.

Orig. — Archives de M. le duc de la Force.
Imprimé. — *Mémoires de la Force,* publiés par M. le marquis DE LA GRANGE, t. Ier, p. 401.

[A M. DE LA FORCE.]

Monsr de la Force, Trois jours auparavant que le baron vostre fils m'eust rendu vostre derniere lettre, faisant mention du conseiller du Pont, je l'avois veu et m'avoit faict seulement la reverence, sans m'avoir jusqu'à ceste heure parlé de vous; seulement, dit-il que l'occasion de son voyage estoit pour me voir et faire entendre à ceux de mon conseil de Navarre quelque chose dont ceux de mon conseil ordinaire de Pau l'avoient chargé touchant la juridiction ecclesiastique, que les evesques de mon pays de Bearn pretendent. Otés-vous de l'opinion que luy ny aucuns autres me pussent rien faire accroire au prejudice de vostre fidelité et affection à mon service, assez recogneue, ny que je leur prestasse l'oreille sur ce subject ou autre qui vous concerne. Souvenés-vous de faire haster les deputez de ceux de la religion pretendue reformée de mon pays de Bearn, qui me doivent estre envoyez, affin qu'au plus tost, eux ouïs, je puisse renvoyer les evesques du dict pays, qui ont juste subject de se douloir de ceste longueur, et de partir promptement pour aller en Perigord, comme je le vous ay mandé, où là vous pourrés voir le s^r de Themines, qui est party ce matin d'icy pour s'en retourner à sa charge, luy ayant commandé de vous voir, si vous estes dans le pays, et vous communiquer ce dont je l'ay chargé. Il vous dira de mes nouvelles et de celles de ma femme et de ma sœur la royne Marguerite; et comme je m'en vais demain à St-Germain-en-Laye, voir mon fils et mes enfans, et y boire des eaux de Pougues, si le beau temps qu'il fait continue, ne l'ayant peu à Monceaux, à cause du mauvais temps qu'il y a faict tandis que j'y estois : et celle-cy n'estant à autre fin, je prieray Dieu, Monsr de la Force, qu'il vous ayt en sa saincte et digne garde. Escript à Paris, le xxviij^e jour de juillet 1605.

HENRY.

DE LOMÉNIE.

1605. — 28 JUILLET. — IIme.

Imprimé. — *OEconomies royales*, édit. orig. t. II, chap. 51.

[A M. DE ROSNY.]

Mon Cousin, Le porteur de la presente est celuy que le s^r de Vivans m'a envoyé pour me descouvrir les menées de Quercy, dont je vous ay donné advis. Je luy ay commandé vous en faire le discours, et escris par luy au dict s^r de Vivans qu'il le vous mene et qu'il donne ordre qu'il satisface, et, après, qu'il passe oultre vers le s^r de Themines, que j'ay renvoyé en sa charge pour me parfaire le service qu'il a commencé. Je prie Dieu, mon Cousin, qu'il vous ayt en sa saincte garde. Escript à Paris, le xxviij^e juillet 1605.

HENRY.

DE NEUFVILLE.

1605. — 31 juillet. — Ire.

Orig. — Archives des Médicis, légation française, liasse 3. Copie transmise par M. le ministre de France à Florence.

A MON ONCLE LE GRAND DUC DE TOSCANE.

Mon Oncle, Vostre lettre du IIIe de ce mois, escripte sur l'advis que vous avés eu de la grossesse de la Royne ma femme, m'a esté tres agreable, bien qu'elle ne m'aye representé et appris de vostre affection à la prosperité de ma personne et de ma maison que ce que j'en ay souvent esprouvé par bons effects. J'ay donc receu vostre congratulation à bon augure, avec le souhait duquel vous l'avés accompagné, à l'heureux succés duquel vous avés aussy telle part que moy-mesme, comme vous et les vostres l'aurés tousjours à toutes mes bonnes adventures. J'envoye la presente au s^r Carlo de Rossi, et luy mande qu'il vous visite devant qu'il revienne en ce Royaume, tant pour vous informer des commandemens que je luy ay faicts depuis qu'il est en Italie que pour me rapporter l'estat de vostre santé, de ma tante et bonne niepce vostre femme, et de vostre famille : priant Dieu, mon Oncle, qu'il vous ayt en sa saincte et digne garde. Escript à St-Germain en Laye, le xxxj^e jour de juillet 1605.

HENRY.

DE NEUFVILLE.

1605. — 31 juillet. — IIme.

Cop. — Archives de l'hôtel de ville de Saint-Quentin. Transcription de M. Eugène Janin, archiviste paléographe.

A MONS^R LE VICOMTE D'AUCHY,
CAPITAINE DE CINQUANTE HOMMES D'ARMES DE MES ORDONNANCES ET GOUVERNEUR DE MA VILLE DE SAINCT-QUENTIN.

Monsr le vicomte d'Auchy, Je suis adverty qu'il sort ordinairement de ce royaume, pour aller à la guerre en Flandres, plusieurs gentilshommes et autres portant les armes, lesquels rentrent aprés en ce dict royaume, et peuvent avoir de mauvais desseings, et, par le moyen de ces allées et venues, les mettre à execution, au prejudice de nostre service. C'est pourquoy je ne veux plus que vous laissiés doresnavant sortir ny passer par ma ville de St-Quentin, pour aller au dict Pays-Bas, aucunes personnes, de quelques qualitez qu'elles soyent, ayant façon de gentilhomme ou portant les armes, s'ils n'ont un passeport de moy en bonne forme; mais, au contraire, je vous commande de les arrester prisonniers et retenir sous bonne et seure garde, jusqu'à ce qu'aprés m'avoir adverty de leurs noms, je vous aye, sur ce, faict entendre ma volonté. Donnés-y donc ordre, comme à chose que je desire et ay à cœur, et en quoy vous me ferés service tres agreable : priant Dieu, Monsr le vicomte d'Auchy, qu'il vous ayt en sa saincte garde. Escript à St-Germain-en-Laye, le dernier jour de juillet 1605.

HENRY.

DE NEUFVILLE.

1605. — 3 AOÛT.

Imprimé. — *Œconomies royales*, édit. orig. t. II, chap. 51.

[A M. DE ROSNY.]

Mon Cousin, J'ay commandé au s^r de Villeroy vous mander mon intention sur les poincts contenus en la lettre que vous luy avés escripte le XXIXe du passé, qu'il m'a presentée et lue. Ce qu'il me reste donc à vous faire sçavoir, c'est que je suis à bon droit tres content de l'affection, prudence et fidelité avec quoy vous me servés où vous estes; esperant que les evenemens respondront au bon devoir que vous y employés; à quoy vous avés desjà donné tres bon acheminement; mais, quand il y auroit quelque deffault, je suis tres asseuré qu'il ne procedera de vostre part et que vous en serés plus marry que moy-mesme. Cela aussy ne rabattra rien du gré qui vous sera deu ny du contentement qui me demeurera du service que vous y aurés faict.

Je prie Dieu, mon Cousin, qu'il vous ayt en sa saincte garde. Escript à St-Germain-en-Laye, le iij^e aoust 1605.

HENRY.

DE NEUFVILLE.

1605. — 4 AOÛT. — Ire.

Imprimé. — Œconomies royales, édit. orig. t. II, chap. 51.

[A M. DE ROSNY.]

Mon Cousin, J'ay presentement receu vostre depesche par ce courrier, par laquelle j'ay recogneu ce que j'avois tousjours preveu : que vous auriés, en ce que vous aviés à traicter par delà, beaucoup de difficultez à surmonter et d'espines à arracher, avant que de pouvoir rencontrer le bon chemin, auquel enfin vous estes parvenu par vostre prudence et bonne conduicte, dont j'ay grand contentement; et, au lieu de vous imputer qu'il y ayt rien manqué de vostre devoir, je vous loue que vous l'ayés accomply si parfaitement et selon mon desir, qu'il ne se pouvoit mieux, et tant que je me loue moy-mesme d'avoir sceu appliquer à une affaire de telle importance un remede si convenable. Je vous ay bien voulu renvoyer promptement ce porteur, affin que tant plus tost vous soyés libre de la charge que vous avés par delà, pour me venir trouver icy, où j'ay souvent occasion de vous desirer. Pour la response à vostre depesche, je comprends qu'elle se resoult en deux principaux poincts : le premier sur l'election de six deputez qui ont esté nommez à l'assemblée pour resider auprés de moy, desquels vous avés bien jugé que je n'en pouvois pas accepter deux des trois nommez par la noblesse. J'ay aussy voulu choisir le s^r de la Noue, et des trois autres j'ay retenu le s^r du Cros, pour gratifier en cela le s^r des Diguieres, qui m'avoit faict parler en sa faveur, et vous envoye le brevet de la dicte election, que vous leur delivrerés, m'ayant, sur ce, faict un bon service d'empescher que dedans l'acte de leur nomination il ne fust point parlé du temps du service des dicts deputez, pour m'obliger de permettre tous les ans de pareilles assemblées; car c'est chose que je ne leur eusse peu permettre, et suis bien aise que, sur l'instance qu'ils se proposent d'en faire, vous les ayés comme preparez au refus qu'ils en recevront. Pour l'autre, qui est pour l'augmentation d'un an sur le brevet que vous leur avés porté, je desirerois singulierement que vous les fissiés contenter des trois ans portez par le dict brevet, non pas tant pour le faict, car il y a peu de difference de trois ans à quatre, mais pour ce que je les veux accoustumer, et tous mes subjects, à recevoir et se contenter des graces que je leur fais volontairement, sans penser les estendre par nouvelles poursuictes, parce que, quand elles sont ainsy marchandées, cela diminue aucunement de l'authorité de celuy qui les faict et de l'obligation de qui les reçoit. Pour ceste occasion, vous insisterés autant qu'il sera possible de leur faire accepter le brevet des dicts trois ans. Mais si vous recognoissés qu'il soit impossible de les en faire contenter, je vous envoye le brevet pour les quatre ans, pour leur delivrer, et veux bien que vous leur declariés que ce que j'en ay accordé a esté à vostre particuliere instance et en vostre faveur, affin qu'ils cognoissent combien il leur a servy que le maniement de ceste affaire soit tombé en si bonne main que la vostre.

J'ay bien recogneu en vostre dicte depesche que vous avés beaucoup faict pour mon dict service, d'empescher qu'il ne se fist aucune requisition pour le duc de Bouillon, qu'il ne s'y parlast point du Pape, ny aucune association particuliere au dedans et au dehors, et à les faire resouldre de se separer si tost que vous leur avés faict entendre la response de ceste dicte depesche, comme je vous prie de le faire executer le plus tost qu'il sera possible; car, tant qu'ils seront ensemble, les esprits demeurent en suspens dans les autres provinces, où j'entends tous les jours qu'ils sont en garde les uns des autres, comme s'ils estoient prests d'en venir aux mains. Ce qui ne se peut mieux composer et remettre que par le retour des depputez chascun en sa province. Vous ferés aussy beaucoup pour mon dict service d'empescher qu'ils ne se reservent point à quelque memoire particulier, pour me faire de nouvelles demandes, car l'on ne pourroit si peu innover ou amplifier à l'Estat que cela ne fist de grandes consequences, et vous prie de vous opposer à cela de tout vostre pouvoir. Je desire aussy que vous leur declariés qu'ainsy qu'il ne s'est point parlé du faict du dict duc de Bouillon en l'assemblée, sy, j'entends que leurs dicts deputez qui doivent resider icy ne s'entremettent aucunement de ses affaires, luy escrivent ny reçoivent de ses lettres ; que je ne le permettray pas, ne pouvant accorder qu'en corps ny en particulier l'on ayt communication avec un prevenu comme il ést, qu'il ne se soit premierement justifié. Je remets, au reste, à vous declarer plus amplement le contentement et le repos que j'ay en l'esprit du fruict de vostre voyage, à quand je vous auray de par deçà, où je vous prie de vous acheminer le plus tost que vous pourrés ; mais neantmoins que ce ne soit pas que vous n'ayés veu ceste compagnie separée.

Vous me trouverés, Dieu mercy, en aussy bonne disposition que je l'aye esté de long temps. J'eus, à mon arrivée icy, un peu de fluxion sur la joue et sur les dents ; mais je la fis percer par dedans la bouche, et incontinent j'en ay esté guery. Je n'ay pas laissé pour cela de prendre mes eaux, que je recognois m'estre fort utiles et salubres. Ce sont les meilleures nouvelles, je m'asseure, que je vous puisse dire, n'ayant point aussy subject, pour ceste heure, de vous en dire d'autres. Je finis en priant Dieu, mon Cousin, qu'il vous ayt en sa saincte et digne garde. Escript à St-Germain-en-Laye, le iiij^e aoust 1605.

HENRY.

FORGET.

1605. — 4 AOÛT. — IIme.

Cop. — Arch. de M. le duc de la Force.

Imprimé. — *Mémoires de la Force*, publiés par M. le marquis DE LA GRANGE, t. Ier, p. 404.

[A M. DE LA FORCE.]

Monsr de la Force, Ayant accordé au s^r de Meritein[1] mes lettres d'abolition de tout ce qu'il a cy-devant faict digne de reprehension,

---

[1] Conseiller du roi à Saint-Palais. Il était employé dans les négociations avec les Morisques. (*Note de M. de la Grange.*)

ensemble la restitution de ses maisons et biens, qui lui ont esté pris et decretez durant son emprisonnement, je luy ay permis de retourner en mes royaume de Navarre et pays souverain de Bearn, tant affin d'y faire enteriner mes dictes lettres, que pour en retirer quelques commoditez et pourveoir à ses affaires domestiques, desirant me servir quelque temps de luy hors des dicts pays. Qui fait que je vous escris ce mot, à ce que vous teniés la main à l'execution des dictes lettres, et que, suivant icelles, le s^r de Meritein soit remis en ses dictes maisons, au mesme estat qu'il estoit lorsque vous le fistes emprisonner par mon commandement, sans prejudice, toutesfois, à ses creanciers à se pourveoir cy-aprés contre luy en justice comme ils verront bon estre. Et pour ce qu'il m'a faict entendre qu'aucuns, ses ennemys particuliers, se sont, depuis son elargissement, mis en devoir d'entreprendre sur sa personne et biens, par ports d'armes et autres voies illicites, je desire qu'il en soit non seulement informé, mais procedé contre ceux qui se trouveront coulpables, selon l'exigence du faict. A quoy m'asseurant que vous apporterés, comme au reste de tout ce qui despendra de vostre charge et auctorité aux dicts pays, tout ce qui sera de vous, je ne vous en diray davantage : priant Dieu qu'il vous ayt, Monsr de la Force, en sa saincte et digne garde. Escript à Sainct-Germain-en-Laye, le iiij^e d'aoust 1605.

HENRY.

DE LOMENIE.

1605. — 10 AOÛT. — Ire.

Orig. — Archives de M. le duc de la Force.
Imprimé. — *Mémoires de la Force, etc.* publiés par M. le marquis DE LA GRANGE, t. Ier, p. 407.

[A M. DE LA FORCE.]

Monsr de la Force, Il y a deux jours que la vostre du xxviiie de juillet m'a esté rendue en ce lieu. Je veux croire qu'en mesme temps vous aurés receu les miennes des xve et xvie du mesme, et, depuis, celle du xxviiie, et que, suivant icelles, vous n'aurés manqué à faire partir les deputez de ceux de la religion pretendue reformée de mon pays de Bearn, pour me venir trouver (car je n'attends que leur arrivée pour depescher les evesques du dict lieu, qui commencent de s'ennuyer icy), et de vous acheminer à la Force, suivant le commandement que je vous en ay faict, pour y faire ce que je vous ay mandé, ayant commandé à m^r de Themines de vous voir et vous dire l'occasion pour laquelle je le fis venir me trouver, et le renvoyay à l'instant. Je suis de vostre advis touchant Sainct-Esteffe, mais non pas que les Espagnols entreprennent sur Bayonne apertement, s'ils n'y ont une grande intelligence dedans. J'ay bien appris que, vers la frontiere de Perpignan, ils se sont alarmez et mis sur leurs gardes; mais ç'a esté sur l'advis qu'ils ont eu de la prise de Lucquise[1] et de ses complices. Je seray bien aise d'estre adverty si ceux qui ont parlé au capitaine Incamps y sont retournez et ce qu'il aura appris d'eux, car je m'asseure tant de sa fidelité, qu'il ne manquera à vous tenir fidelement adverty de ce qu'ils luy auront dit.

Estant venu en ce lieu pour y prendre les eaux de Pougues, j'ay esté cruellement tourmenté d'une douleur de dents qui a fait que j'ay esté contrainct de prendre medecine et d'estre saigné, et, m'estant venu une enflure sur une gencive, de la faire percer avec la lancette. Depuis, j'ay usé quatre jours seulement des eaux de Pougues, et non davantage, à cause d'un flux de ventre qui me prit, qui me les fit quitter; mais elles n'ont laissé de me faire autant de proffict que si j'en eusse usé autant que je l'avois accoustumé, me portant maintenant tres bien, Dieu mercy, et allant tous les jours à la chasse. J'ay icy prés de moy ma sœur la royne Marguerite, qui se gouverne de façon que j'en ay beaucoup de contentement. J'y attends en bref mes cousins les duc de Montpensier, cardinal de Joyeuse et duc d'Espernon, qui, estant allé en Limousin, comme je luy avois commandé, y a accommodé la querelle du s^r de Chamberet avec vostre nepveu le baron de Pierre-

---

[1] Les deux frères Lucquise, gentilshommes provençaux, que le gouverneur de Perpignan voulait employer pour se rendre maître de Narbonne et de Beziers (*Note de M. de la Grange.*)

Buffiere, mais non avec le s^r de Sainct-Bonnet; et le sieur Verdelin, qu'il envoya pour leur faire les deffenses de ma part et commandement de le venir trouver, les trouva en chemise, deux contre deux, et les empescha de se battre; mais pour cela on ne les a peu encore accommoder. J'ay mandé au s^r de Chamberet de mé revenir trouver. Je fais estat de partir dans deux jours d'icy pour m'en aller à Paris, où aprés avoir sejourné cinq ou six jours, aller à Fontainebleau. Mr de Rosny est sur son retour de Chastellerault, et m'asseure que tout ira bien pour mon service. En Flandres, il ne se fera guere de choses ceste année. M^r le prince Maurice, ayant asseuré sa conqueste de l'année passée, est allé en Frise aprés Spinola, qui commence à decheoir de reputation, de quoy l'Archiduc n'est nullement marry. Je vous prie d'avoir l'œil bien ouvert à tout ce que vous apprendrés importer mon service pour m'en advertir. Je vous recommande encore un coup faire user de diligence aux deputez de Bearn, car cest affaire commence de me peser sur les bras, et à ceste fois j'y veux mettre fin à bon escient, et de façon que les uns et les autres auront occasion d'estre contens de moy, qui les aime egalement : et sur ce, je prie Dieu, Monsr de la Force, qu'il vous ayt en sa saincte et digne garde. Escript à Sainct-Germain-en-Laye, le xe jour d'aoust 1605.

HENRY.
DE LOMENIE.

Monsr de la Force, comme je faisois fermer ceste-cy, j'ay receu la vostre du xxixe, pour response à laquelle je ne vous diray autre chose, sinon que vous me ferés service tres agreable de faire haster les s^rs de Salles et de Dizerotes, car je n'attends que leur arrivée pour depescher les evesques de Bearn et me les oster de dessus les bras.

[1605.] — 10 AOÛT. — IIme.

Cop. — B. N. Suppl. fr. Ms. 1009-4. (D'après l'autographe qui était dans le cabinet du dernier duc de Sully.)

[AU DUC D'EPERNON[1].]

Mon amy, Je n'ay pas voulu que Peronne s'en allast vous trouver sans vous faire ce mot, par luy, pour vous asseurer du contentement que j'ay de ce que je me promets de vous voir en bref, et plus, si vous venés avec resolution de me tesmoigner que vous n'avés autre but que de me complaire, comme moy de vous aimer. J'ay esté bien aise d'apprendre que vous avés accordé le s^r de Chamberet avec son cousin de Pierrebuffiere, et l'eusse esté encore davantage si vous en eussiés peu faire autant avec le St-Bonnet; mais puisque vous n'avés peu, je crois qu'il n'a pas tenu à vous, et qu'il n'a voulu voir ses amys et se contenter de la raison. C'est pourquoy je luy ay mandé de me revenir trouver au plus tost. Vous vous pouvés asseurer que vous serés le bien venu et veu de moy, qui vous aime; et me tarde que je ne vous voye pour vous en asseurer et le vous tesmoigner de vive voix; car, pour les nouvelles de ma santé, celles de ma femme, de mon fils, de ma fille et de mes autres enfans, je les remets à la suffisance du dict Peronne. A Dieu, mon amy. Le xe aoust, à St-Germain-en-Laye.

HENRY.

[1] C'est encore une des lettres que l'abbé de l'Écluse a marquées comme adressées à Sully. Les détails formels de la lettre précédente à M. de la Force sur l'intervention du duc d'Épernon dans la querelle entre M. de Chambaret et M. de Pierre-Buffière, ne laissent aucun doute sur l'adresse de cette lettre et confirment de plus en plus ce que nous avons dit de l'erreur qui a fait regarder comme écrite à Sully, toute une liasse de lettres adressées au duc d'Épernon.

1605. — 12 AOÛT. — Ire.

Cop. — Collection de feu M. Auguis. (D'après l'original à M. le marquis de Mornay.)

[A M. DU PLESSIS.]

Monsr du Plessis, J'ay receu vostre lettre et entendu du s^r de Villeroy le contenu de celle que vous luy avés adressée. Vous cognoissés mieux mon naturel que personne : comme je ne mesprise les advis qui me sont donnez qui importent au repos public de mes subjects, je ne les tiens tous aussy pour si veritables que j'y apporte entiere foy, principalement quand je recognois que la reputation d'un ancien et esprouvé serviteur y est interessée. Quand mon cousin le marquis de Rosny sera retourné auprés de moy, je sçauray de luy quels sont les memoires qu'il vous a escript avoir couru sous vostre nom, et vous manderay, aprés, ce qui m'en semble, comme sur les autres poincts touchez par vos dictes lettres. Par ainsy, je me contenteray pour le present de vous confirmer ce que vous sçavés comme moy : c'est que j'affectionne le bien de mes bons subjects de la religion pretendue reformée, comme leur fidelité merite, ainsy qu'ils cognoistront tousjours par bons effects; mais je ne pourrois supporter que, sous pretexte de religion, l'on voulust favoriser et establir en mon Royaume faction contraire à mon autorité souveraine, ainsy que feroient volontiers, s'ils pouvoient, ceux qui desirent d'envelopper et engager le general en leurs crimes particuliers, pour recognoistre n'avoir moyen de sortir par aultre voie. Vous sçavés bien que je ne dis pas cecy pour vous, mais donnés ordre que ceux-là n'abusent de vostre zele et de la bonne intelligence qu'ils donnent à entendre avoir avec vous; je ne vous l'escris sans cause : et, ainsy que je crois que vous continués à m'aimer comme je vous ay tousjours affectionné, je prie Dieu, Monsr du Plessis, qu'il vous ayt en sa saincte et digne garde. Escript à St-Germain-en-Laye, le xij^e jour d'aoust 1605.

HENRY.

DE NEUFVILLE.

1605. — 12 AOÛT. — IIme.

Imprimé. — *Œconomies royales*, édit. orig. t. II, chap. 51.

[A M. DE ROSNY.]

Mon Cousin, J'ay receu vostre lettre du vm^e, et ay esté fort aise que vous ayés finy si doucement et heureusement ceste assemblée, et comme les deputez d'icelle monstrent de s'en retourner bien[1] contens, que vous me promettés, quand je vous auray veu, que j'auray occasion de l'estre d'eux; que je tiens que vous aurés separez, dés mardy, comme vous me le mandés, et que vous-mesmes, dés le mesme jour, vous vous serés acheminé aussy pour vostre retour, que je trouve bon que vous faciés par vos maisons de Berry; le grand labeur que vous avés pris en ce voyage meritant bien ce peu de repos que vous y voulés prendre. Je ne vous eusse point faict ceste nouvelle depesche sans une occasion qui se presente où l'on a besoin de vostre ordonnance. Vous sceutes avant vostre partement celle que j'avois faicte au s^r des Diguieres (par le conseiller Bullion[2], que j'y avois depesché) de s'acheminer promptement à Oranges, pour remettre le s^r de Blaccons en son devoir, ce qu'il a faict, dont le dict Blaccons a pris tel estonnement, le sentant approcher, qu'il m'a, par deux courriers depeschez l'un aprés l'autre, faict entendre qu'il estoit tout resolu de faire, tant pour sa personne que pour la place, tout ce que je luy voudrois commander; et suivant cela j'ay pris resolution d'y

[1] La construction de la phrase demanderait là *aussy*, au lieu de *bien*.

[2] Claude de Bullion, marquis de Galardon, seigneur de Bonnelles, conseiller au parlement de Paris, devint cette même année maître des requêtes et ensuite conseiller d'état. Louis XIII le nomma surintendant des finances, garde des sceaux de ses ordres, et créa pour lui un office de président à mortier au parlement de Paris.

Il mourut en 1640. Son père était Jean de Bullion, seigneur d'Argui, et sa mère, Charlotte de Lamoignon. Les grandes richesses du surintendant Bullion firent rechercher son alliance par les maisons les plus considérables. Une de ses petites-filles épousa le duc d'Uzès, une autre le prince de Talmont. Son nom a été cité jusqu'à nos jours comme celui d'un des financiers les plus opulents.

envoyer en diligence un exempt de mes gardes, qui est de la religion pretendue reformée, auquel je mande au dict Blaccons de remettre la dicte ville et chasteau, et pour luy de me venir trouver promptement, avec asseurance que je luy donne de luy faire du bien et de l'honneur, en sorte qu'il aura occasion de s'en contenter. Je renvoye au mesme temps le dict conseiller Bullion vers le dict s^r des Diguieres, pour l'advertir de ceste depesche, à laquelle s'il est satisfaict par le dict Blaccons, qu'en ce cas il s'en retourne à Grenoble; mais, s'il y est faict difficulté ou remise, qu'il continue sa poincte et assemble les forces qui luy seront necessaires pour forcer le dict Blaccons dans la dicte place, ayant jugé, puisque l'on en estoit venu si avant, qu'il estoit necessaire d'en passer oultre, et que cest exemple, s'il le faut faire, servira beaucoup pour asseurer d'autres places, si d'autres en vouloient user comme l'on a faict de ceste-cy. Cela vaudra aussy à la reputation de ceux de la dicte religion, pour monstrer qu'ils ne se meuvent pas aisement pour soustenir les mauvaises causes et intentions des particuliers. Si le dict Blaccons effectue les asseurances qu'il me fait donner par deçà, je juge bien que ce seroit le meilleur que cela se pust faire sans aucun mouvement; mais, en tout cas, j'estime necessaire de continuer cest affaire en sa perfection, d'une façon ou d'autre, puisque l'on y est embarqué si avant. Et à cest effect j'ay faict dresser l'estat des forces dont pourra avoir besoin le s^r des Diguieres pour ceste execution; et pour ce qu'il m'a escript que le canon qu'il a en Dauphiné est tout desmonté, et supplié de le faire secourir de celuy du magasin de Lyon, que l'on pourroit faire descendre le long du Rhosne, ou au moins des affusts et rouages qui y sont, pour monter celuy de Dauphiné, j'estime pour cela qu'il est à propos que vous escriviés à vos lieutenans de Lyonnois et de Dauphiné de conferer ensemble de ce dont le dict s^r des Diguieres pourroit avoir besoin, et s'entre-secourir l'un l'autre; mais, pour la pouldre, il faut qu'ils se servent de celle de Dauphiné. C'est ce que j'ay à vous dire sur ce subject : et n'en ayant poinct pour ceste fois d'aultre de vous faire ceste-cy plus longue, je la finiray, priant Dieu, mon Cousin, qu'il vous ayt en sa saincte et digne garde. Escript à S*t*-Germain-en-Laye, ce xij*e* jour d'aoust 1605.

HENRY.
FORGET.

1605. — 12 AOÛT. — III*me*.

Imprimé. — *OEconomies royales*, édit. orig. t. II, chap. 51.

[A M. DE ROSNY.]

Mon Cousin, J'ay respondu à vostre lettre du viii*e* aoust et ay receu presentement celle du x*e*, suivant laquelle je trouve bon, voire necessaire, que ceux par lesquels l'assemblée qui a esté tenue à Chastellerault, qui entendent et desirent de me venir saluer et remercier de ce qui s'est passé, effectuent leur proposition. Au moyen de quoy vous le leur permettrés et les conforterés, les asseurant qu'ils seront les tres bien venus. Je prie Dieu, mon Cousin, qu'il vous ayt en sa saincte et digne garde. Escript à S*t*-Germain, le xij*e* aoust 1605.

HENRY.
DE NEUFVILLE.

[1605.] — 17 AOÛT.

Orig. autographe. — B. N. Fonds Béthune, Ms. 9074, fol. 1.
Cop. — Suppl. fr. Ms. 1009-2.

A MON COMPERE LE CONNESTABLE DE FRANCE.

Mon compere, Vous sçavés comme j'aime le s*r* de S*te*-Marie, que j'ay nourry, et pour ce que j'ay sceu que sa partie est par delà, je luy ay commandé de vous aller trouver pour vous faire entendre le merite de sa cause, et vous en ay bien voulu particulierement faire ce mot pour vous prier de l'avoir pour recommandé comme serviteur que j'aime et que j'affectionne. Bon jour, mon compere. Ce xvij*e* aoust, à Sainct-Germain-en-Laye.

HENRY.

1605. — 19 AOÛT.

Orig. — Arch. de l'hôtel de ville de Saint-Quentin. Transcription de M. Eugène Janin, archiviste paléographe.

A NOS CHERS ET BIEN AMEZ LES MAYEUR, ESCHEVINS ET HABITANS DE NOSTRE VILLE DE S^T-QUENTIN.

Chers et bien amez, Nous louons beaucoup le soin que nous recognoissons que vous avés de ce qui importe à nostre auctorité et service, et trouvons bon l'arrest que vous avés faict de la personne de Jehan Favre, soy disant de la compagnie de nostre fils le Dauphin. Nous avons presentement mandé au prevost des mareschaulx de nostre ville de Sainct-Quentin de se charger du dict Favre, à vostre decharge, pour l'amener en ce lieu seurement et promptement, ou en telle autre part que nous serons; à quoy vous tiendrés la main qu'il satisface diligemment et soigneusement, et continuerés de veiller és environs de vous, à toutes occasions que vous jugerés estre importantes au bien de nos affaires. Donné à Paris, le xixe jour d'aoust 1605.

HENRY.

POTIER.

1605. — 22 AOÛT.

Cop. — Biblioth. de la ville de Metz. Envoi de M. Clercx de Belletanche, bibliothécaire.

[AU CARDINAL DE GIVRY.]

Mon Cousin, J'ay receu vos lettres du xxviiie juillet, et entendu par icelles l'arrivée de mon ambassadeur à Rome et la bonne reception qui luy a esté faicte; qui m'a esté un tesmoignage de la bonne volonté de Nostre Sainct Pere le Pape en mon endroict, dont j'ay receu beaucoup de contentement, comme aussy de la declaration que vous a faicte le cardinal Borghese de son affection au bien de mon service, dont je veulx à l'advenir faire estat, puisqu'il vous en a parlé avec une si ou-

64.

verte demonstration d'affectionner mes affaires. Je luy escris une lettre en response d'une aultre que j'ay receue de luy, et l'adresse à mon dict ambassadeur pour la luy bailler, vous priant autant conforter qu'il vous sera possible le dict cardinal en ceste devotion, et vous asseurer qu'aux occasions qui se presenteront de recognoistre ce bon debvoir, je vous feray paroistre le bon gré que je vous en sçay : priant Dieu, mon Cousin, qu'il vous ayt en sa tres saincte et digne garde. Escript à Paris, le xxij^e jour d'aoust 1605.

HENRY.

DE NEUFVILLE.

1605. — 24 AOÛT.

Orig. autographe. — Cabinet de M. le général comte de la Loyère.
Imprimé. — Œconomies royales, édit. orig. t. II, chap. 51.

A MON COUSIN LE MARQUIS DE ROSNY.

Mon Cousin, Ayant appris la poursuicte que faict la veuve de feu la Grange, vivant tresorier de France, pour faire admettre la dispense de quarante jours sur une pretendue procuration qu'elle dict avoir, je vous fais ce mot pour vous dire que, en attendant que je sois de retour à Paris, qui sera demain[1], Dieu aydant, vous faciés sur ce oyr ceste poursuicte, car lors de bouche vous entendrés ma volonté. A Dieu, mon Cousin. Ce xxiiij^e aoust, à Fontainebleau[2].

HENRY.

[1] Nous trouvons en effet Henri IV le lendemain soir à Paris. Toutefois sa présence dans la même ville l'avant-veille semble ne pas bien s'accorder avec ces mots, *avant que je sois de retour à Paris*, qui iraient mieux à une absence de quelque durée. Nous n'avons pas cru pourtant que cette simple présomption pût suffire pour ne pas tenir compte de la date de 1605 mise au dos de la lettre par Sully.

[2] Au dos, écrit de la main de Sully :
« Le Roy, du 24 aoust, pour l'office de la Grange, trésorier de France à Orléans. — 1605. »

Dans les Œconomies royales, le mot *amy* remplace le mot *cousin*, aux deux endroits.

[1605.] — 26 AOÛT.

Orig. autographe. — Arch. de M. le duc de la Force.
Imprimé. — *Mémoires de la Force*, publiés par M. le marquis DE LA GRANGE, t. I, p. 409.

[A M. DE LA FORCE.]

Monsr de la Force, Je trouve fort bon le commencement de vostre lettre, que vostre secretaire, present porteur, m'a rendue, et la procedure que vous avés tenue, que vous me l'ayés depesché sur ce subject. Si ces gentilshommes veulent persister en ce qu'ils vous ont faict dire, et que, se repentant de ce qu'ils ont faict, ils dient tout ce qu'ils sçavent, et advouent que l'on les y a voulu embarquer, et pour cest effect veulent recourir à ma clemence, vous leur pourrés promettre de vous employer pour eux envers moy, et les asseurer que j'auray tousjours les bras ouverts pour les recevoir, car je ne veux la mort du pescheur, mais seulement qu'ils advouent leur faulte, et promettent de n'y plus retourner. Je partiray mardy prochain, Dieu aydant, pour m'en aller à Fontainebleau, où j'attendray de vos nouvelles et la venue de celuy que vous me deviés depescher, aprés que vous auriés sceu leur response sur ce que vous leur avés mandé par celuy qu'ils vous avoient depesché, et de là je m'advanceray vers Romorantin pour, s'ils ne veulent faire ce qui est de leur devoir, les voir l'espée en la main; mais je veux croire qu'ils ne me donneront ceste peine. J'ay instruict amplement vostre secretaire de ce que je desire de vous en ceste occasion, pource que cela seroit trop long à vous escrire : et m'en remettant à sa suffisance, je vous prieray de le croire en ce qu'il vous dira, et pour fin je vous aime bien. A Dieu, Monsr de la Force. Ce xxvj[e] aoust, à Paris, au soir.

HENRY.

1605. — 29 AOÛT.

Cop. — B. N. Fonds Béthune, Ms. 8957, fol. 13.

A MONS^r V.YART,

CONSEILLER EN MON CONSEIL D'ESTAT, ET PRESIDENT EN LA JUSTICE ET GOUVERNEMENT DE METZ, VERDUN ET THOUL.

Monsr le president, D'autant que les differends qui estoient cydevant entre les s^{rs} d'Aussonville et de Passavant[1] continuent, contre ce que j'avois ordonné pour l'accord de l'un et de l'aultre, lorsqu'ils ont nagueres esté prés de moy, et saichant que leur querelle peut apporter du trouble dans le pays, au prejudice de mon service et du public, et qu'il importe d'y pourveoir promptement, je veulx et vous ordonne, retournant presentement à Metz, que vous ayés à passer à Verdun, et là informer, le plus soigneusement et exactement que vous pourrés, de la cause de la dicte querelle et du progrés d'icelle, notamment de ce qui s'est passé en quelques appels qui se sont faicts de la part du dict s^r de Passavant et aultres gentilshommes contre le dict s^r d'Aussonville, dont l'on m'a faict plainte. Pour l'information, faictes me la renvoyer avec vostre advis et ordonner sur l'un et l'aultre ce qu'il appartiendra et sera du bien de la justice et de mon auctorité; et parce qu'il y a quelque mauvaise intelligence entre le dict s^r d'Aussonville et le s^r de Ville, son lieutenant, comme aussy le s^r de la Plume, mon procureur au gouvernement de Verdun, dont la suitte ne peut apporter que du prejudice et retardement à mes affaires au dict gouvernement, vous aurés soing, lorsque vous y serés, de composer ces differends et mettre toute peine de faire cesser les

[1] Jean Daussy, seigneur de Passavant et de Charmoy en Lorraine, gouverneur du comté de Salm pour le Rhingrave comte de Salm, était le troisième fils de François Daussy et de Marie de la Taille. Il avait été gentilhomme servant de madame Catherine, duchesse de Bar, et il devint sous Louis XIII, qu'il servit dans presque toutes ses guerres, écuyer de sa grande écurie, aide de ses camps et armées, sergent de bataille, lieutenant de l'artillerie dans les Trois Évêchés et bailly de Montreuil en Barrois.

divisions qui sont entre eulx, les admonestant de ma part de s'unir ensemblement et porter tous ensemble une mesme affection au bien de mes affaires, exerçant leurs charges avec la bonne amitié, union et correspondance que le debvoir d'icelles les oblige. M'asseurant que vous en aurés le soing que je desire, je prieray Dieu qu'il vous ayt, Monsr le president, en sa saincte garde. Escript à Paris, le xxixe jour d'aoust 1605.

HENRY.

POTIER.

[1605.] — 2 SEPTEMBRE.

Orig. autographe. — B. N. Fonds Béthune, Ms. 9077, fol. 25.
Cop. — Suppl. fr. Ms. 1009-2.

A MON COMPERE LE CONNESTABLE DE FRANCE.

Mon Compere, Je viens presentement d'avoir nouvelles de m^r de Lesdiguieres, comme Blacons a remis la ville et chasteau d'Oranges entre les mains de l'exempt que je luy avois envoyé; de sorte que vous verrés qu'il est bien reussy de la resolution que j'ay prinse sur ce faict. Je n'ay pas voulu differer davantage à vous faire part de ceste nouvelle, que je sçay que vous aurés bien agreable. Le conseiller Bulion, que j'y avois envoyé, vous dira le reste des particularitez. A Dieu, mon Compere. Ce ij^e septembre, à Paris.

HENRY.

1605. — 4 SEPTEMBRE.

Orig. — Biblioth. de Clermont-Ferrand. Envoi de M. Gonod, bibliothécaire.

A MONS^R DE FLEURAT,
SENESCHAL D'AUVERGNE.

Monsr de Fleurat, J'ay apprins par les interrogats que m'a envoyez le lieutenant Savaron la creance qu'Hebert avoit donnée au prisonnier Pole. J'estime toutesfois qu'il m'a dict tout ce qu'il sçait, dont voulant estre esclaircy je mande au dict lieutenant de faire mettre le dict prisonnier és mains du prevost Bonneville pour l'amener en la dicte ville. J'ay contentement du service que m'avés faict en ceste occasion, et particulierement de la fidelité que le s^r de la Rochette a faict paroistre à mon service, me promettant que, s'il se passe aucune occasion, vous m'en donnerés advis et tiendrés la main à tout ce qui se presentera pour le bien de mon service : et je prie Dieu, Monsr de Fleurat, qu'il vous ayt en sa garde. De Paris, le iiij^e jour de septembre 1605.

HENRY.

POTIER.

1605. — 5 SEPTEMBRE.

Cop. — Arch. de M. le duc de la Force.
Imprimé. — *Mémoires de la Force*, publiés par M. le marquis DE LA GRANGE, t. Ier, p. 410.

[A MONS^R DE LA FORCE.]

Monsr de la Force, J'ay veu par vostre lettre et entendu particulierement de ce porteur comme le retour par delà de Lugaignac[1] a faict changer d'opinion à ceux de la part desquels vous avoit parlé le s^r de Sireuil, en quoy ils ont plustost faict pour le bien et seureté de mes affaires qu'autrement; car ce premier propos pouvoit attirer ma bonté naturelle à oublier, ou pour le moins, traicter cest affaire avec plus de douceur qu'il ne comporte, où maintenant je suis resolu d'en couper la racine et m'en delivrer tout à faict et pour tousjours; et pour y donner un bon commencement, je ne veux plus que vous

---

[1] Vezins de Charry, seigneur de Lugagnac, partisan actif du duc de Bouillon, avait rendu vains les efforts de M. de la Force pour rétablir l'ordre dans la province. Voici ce qu'en disent les Mémoires de la Force. « Il leur apporte des nouvelles qui les font tout à coup changer et relèvent leur courage à bon escient. Il va de maison en maison visiter tous leurs partisans, les repaissant de grandes promesses, et que leurs affaires sont en meilleur état qu'ils pouvaient souhaiter; qu'ils verront bientôt une grande armée en leur faveur. » (T. Ier, p. 177.) — M. de Lugagnac fut du nombre des gentilshommes de ces provinces qui furent condamnés à mort, et qui, n'ayant pu être arrêtés, furent exécutés en effigie.

promettiés rien à personne de ceux qui doresnavant vous pourroient faire dire qu'ils se voudroient repentir; ains que vous les remettiés tous à moy, pour y venir faire eux-mesmes leur confession et protestation. J'ay depesché mon cousin le duc d'Espernon pour s'en aller en son gouvernement du Limousin, et luy baille dix compagnies du regiment de mes gardes, auxquelles je fais faire les recreues jusqu'à deux cens hommes et les quatre compagnies de chevau-legers que vous sçavés que je fais entretenir, et sera sans faute le vingtiesme à Limosges, et de là s'en ira former à Brive, où je luy ay ordonné d'appeller toute la noblesse du dict gouvernement; et s'il y en a qui faillent de s'y trouver, mesmes de ceux qui sont nommez en ces brouilleries, qu'il commence à proceder contre eux, et en quelque lieu qu'ils se renferment, il les y assiege. Je suis resolu de les suivre de bien fort prés, faisant estat d'estre à Orleans le xxe et avec d'autres bonnes forces, esperant par ce moyen, non seulement prevenir l'effort de leurs mauvaises intentions, mais à en faire faire une justice si exemplaire qu'elle fera perdre pour long temps la coustume de telles desobeissances.

Je fais une depesche à mon cousin le mareschal d'Ornano, et luy envoie une ordonnance pour renouveller la deffense du port d'armes à feu à toutes assemblées en armes, qu'il est necessaire faire publier par toutes les seneschaussées, et luy mande, s'il n'est encore party pour Agen, comme je luy avois cy-devant mandé, qu'il s'y achemine diligemment, et encores plus avant, s'il voit qu'il soit necessaire. Vous luy ferés promptement tenir ceste depesche; et voudrois, s'il estoit possible, que vous le vissiés vous-mesmes, tant pour le bien informer de ce qui s'est passé en ce faict, que pour luy faire comprendre que, faisant estat de m'acheminer moy-mesme en Limousin, où il se recognoist qu'il y a maintenant plus de mal, que j'ay pour ceste occasion baillé les forces dont je m'y veux servir à mon dict cousin le duc d'Espernon, gouverneur de la province, comme s'il y a aprés à executer quelque chose en sa charge, je les luy enverray ou les y meneray moy-mesme, affin qu'il n'entre point en opinion que je veux que personne entreprenne rien en son gouvernement; et vous prie, si vous voyés qu'il s'en emeut aucunement, de luy bien representer que ce n'est pas la saison de poinctiller quand il est question de servir en affaire de telle consequence; et faudra, lorsque mon dict cousin le duc d'Espernon sera en Limousin, que vous le voyiés aussy quand vous pourrés, pour faire envers luy les mesmes offices, et cependant que vous continuiés avec luy par lettres, et faictes qu'ils en facent de mesme l'un à l'autre, affin que se joignant aussy d'affection et de communication, mon service en soit mieux faict, comme en ceste occasion j'espere qu'il sera bien facile, ne voyant rien de preparé qui s'y puisse opposer; car quant à ce qu'ils publient du costé d'Espagne, il n'y a pas grande apparence, non plus qu'à ceste grande union et bonne intelligence que l'on dit estre entre les roys d'Espagne et d'Angleterre, et que je sçay bien ne passer point si avant que ce soit pour se joindre à rien entreprendre contre mon Estat, en la deffense duquel il sera mal aisé que je sois surpris ny de l'un ny de l'autre.

Vous avés sceu comme s'est passé le faict d'Orange, qui a esté contre l'opinion de plusieurs. C'est de ceste sorte que je suis resolu de me faire doresnavant obeïr, sans plus y user de connivences, comme aux choses bonnes et justes elles sont fort prejudiciables. J'ay remis à la creance de ce dict porteur ce que j'aurois icy à vous dire davantage, comme aussy toutes les nouvelles que nous avons, ce qui me gardera de vous faire celle-cy plus longue : priant Dieu, Monsr de la Force, qu'il vous ayt en sa saincte et digne garde. Escript à Paris, le ve septembre 1605.

HENRY.

FORGET.

1605. — 8 SEPTEMBRE.

Imprimé. — *Œconomies royales*, édit. orig. t. II, chap. 51.

[A M. DE ROSNY.]

Mon Cousin, J'ay commandé au s^r de Villeroy vous envoyer la lettre que le jeune Barenton luy a escripte sur sa reception au chasteau d'Usson, avec le procés-verbal qu'il en a dressé, suivant lequel je vous prie de faire pourvoir au payement des munitions qui y ont esté trouvées, les deniers desquelles ont esté destinez par la royne Marguerite aux gens de guerre qu'elle y avoit laissez; et faites sçavoir à la dicte dame le contentement que j'ay de la prompte obeïssance rendue à mes commandemens et aux siens par ceux auxquels elle avoit confié la garde de la place quand elle en est partie. J'ay veu le s[r] de Foussat, lequel vous sçavés que j'attendois; il m'a confirmé tout ce que Rodelle nous avoit rapporté du costé de Limosin, Perigord et Quercy. Oultre cela, il nous a dict que le retour de Lugagnac[1], venant de Sedan, a esté cause de faire changer d'opinion à ceux lesquels avoient esté envoyez rechercher le s[r] de la Force pour obtenir de moy l'abolition de leurs crimes; que plusieurs ont depuis receu de l'argent, qui est venu d'Espagne par le chemin de Guienne, et a esté distribué sous le nom et par l'ordonnance du duc de Bouillon, lequel a mandé à ses partisans de ne perdre courage et ne s'estonner des bruits qui courent de mon indignation; esperant, en patientant et se maintenant jusqu'au mois d'octobre prochain, leur faire paroistre par effect qu'il a avec la volonté les moyens de les proteger et assister; qu'enfin ses amys le verront plus tost qu'ils n'esperent et ses ennemys plus qu'ils ne desirent. Toutesfois je vois bien que tous ces gens-là ont plus de peur que d'esperance, sur les advis qui leur ont esté donnez de mon allée par delà; car la Chapelle-Biron[2] et Giversac[3], qui

---

[1] Il est probable qu'il faut lire *Lugagnac*. Voyez la note de la lettre précédente.

[2] Jean-Charles de Carbonnières, seigneur de la Chapelle-Biron, soutenait, ainsi que le vicomte de Pompadour, son beau-frère, la révolte du duc de Bouillon, en fomentant dans le Limousin, le Périgord et le Quercy, des troubles qui devinrent assez graves pour rendre nécessaire un voyage de Henri IV à Limoges. M. de la Chapelle-Biron fut au nombre de ceux qui furent alors exécutés en effigie. Il obtint sa grâce après la soumission du duc de Bouillon, et eut même l'honneur d'être présenté au Roi à Fontainebleau, par M. de la Force, un an après cette lettre.

[3] Marc de Cugnac, seigneur de Giversac, désigné ici comme le plus considérable des révoltés avec la Chapelle-Biron, tenait en effet un des premiers rangs dans le Périgord, dont son aïeul maternel, Jean de Hautefort, avait été gouverneur.

sont les principaux, encore qu'ils ayent touché argent comme les autres, ont prié instamment le dict de Foussat de m'asseurer de leur fidelité et affection à mon service, de quoy ils offrent de rendre preuves en tout ce qui leur sera commandé de ma part. Je vous diray, quand je vous verray, la response que j'ay faicte à cela par le mesme de Foussat, que j'ay redepesché à la mesme heure, après luy avoir faict delivrer six cens livres pour les frais de son voyage, qui ont esté advancées par le dict s^r de Villeroy.

Ceux de Turenne se fortifient et munissent de ce qui leur est necessaire tant qu'ils peuvent, ayant depuis ces rumeurs logé leurs pieces d'artillerie sur leurs plates-formes, faisant contenance de vouloir deffendre la place. Le vice-seneschal de Brive, depesché par Baumevielle, m'a confirmé le dict advis, et m'a asseuré que Rignac est dedans avec Vassignac[4], qui sont tous fort estonnez. De sorte que je ne doubte point que nous n'en ayons bon marché en nous advançant et nous approchant d'eux, suivant nostre deliberation, laquelle je n'estime pas que nous devions en rien changer, affin de n'esteindre à demy ceste conspiration, comme je remarque que plusieurs voudroient que nous fissions, les uns par l'envie qu'ils portent à nos conseils et les autres pour empescher que je ne me prevale de ceste occasion

---

Son père, Jean de Cugnac, seigneur de Beaumont, Sermet et Giversac, mort en 1586, chevalier de l'ordre du Roi, capitaine de cinquante lances des ordonnances, sénéchal de Bazadois, maréchal de camp et gentilhomme ordinaire de la chambre des rois Charles IX et Henri III, avait épousé Antoinette de Hautefort, fille de Jean de Hautefort et de Catherine de Chabannes; il n'était pas d'une humeur plus pacifique que son fils, à en juger par la lettre du 8 avril 1585, où Henri IV, alors roi de Navarre, donne avis de ses entreprises guerrières au maréchal de Matignon. (Voyez ci-dessus, t. II, p. 36.)

Toutefois, après avoir été condamné à mort et exécuté en effigie avec M. de la Chapelle-Biron et trois ou quatre autres, il obtint, l'année suivante, au mois d'août, des lettres d'abolition et de révocation de la sentence de Limoges. La grandeur de ses alliances, le crédit où était rentré le duc de Bouillon et surtout les services que Henri IV avait reçus de François de Cugnac, baron de Dampierre, parent de M. de Giversac, purent contribuer à la grâce complète qu'il obtint.

[4] Ou *Bassignac*. MM. de Rignac et de Bassignac coururent les mêmes fortunes que M. de Giversac et M. de la Chapelle-Biron.

contre le duc de Bouillon; mais je n'ay pas deliberé de croire ces gens. C'est pourquoy je vous prie de donner ordre de vostre costé que ce que nous avons projetté soit effectué avec la diligence et chaleur que nous l'avons entrepris et commencé, et me venir trouver un jour devant que mʳ le chancelier et ceux de mon conseil arrivent. J'en fais escrire autant au sʳ de Sillery, auquel vous ferés part de la presente.

J'ay commandé aussy deux ordonnances que vous recevrés avec la presente, l'une pour le voyage qu'a faict de Rome à Paris le courrier Baptiste et pour son retour à Lyon seulement, n'ayant jugé à propos de le faire passer jusques à Rome; car pourveu qu'il parte bien tost, il trouvera encore en la dicte ville de Lyon l'ordinaire, qui portera ma response à la depesche pour laquelle il a esté envoyé. J'ay aussy commandé à l'ambassadeur qu'il se garde bien doresnavant de nous envoyer plus des courriers exprés. L'autre ordonnance est pour le courrier par lequel j'ay voulu envoyer au duc de Mantoue la resolution derniere du duc de Bar sur son mariage avec la princesse de Mantoue[1], lequel n'est party que de Lyon et n'a passé la dicte ville quand il est revenu; ayant voulu en user ainsy, tant pour tenir plus secret le subject du dict voyage que pour faire moindre despense.

J'oublioìs à vous dire que le dict de Foussat asseure qu'il n'a esté apporté d'Espagne que dix ou douze mil escuz, que le dict duc de Bouillon a faict dire à ceux auxquels ils ont esté departis qu'ils leur estoient baillez seulement pour leur donner moyen d'entretenir leurs amys et partisans, et qu'ils seroient pour leur regard gratifiez bien tost de plus grosses sommes, à quoy nous pourons avoir part si nous nous hastons; car ils n'auront assez de temps pour le recevoir devant que nous soyons au pays, où je suis tousjours d'opinion que nous nous facions suivre d'une chambre de grands jours, affin d'apprendre à ceux

---

[1] Marguerite de Gonzague, fille de Vincent Iᵉʳ, duc de Mantoue, et nièce de la reine Marie de Médicis, épousa en effet, l'année suivante, le duc de Bar, veuf de madame Catherine, sœur de Henri IV.

du pays à recognoistre la justice avec leur Roy. Je prie Dieu, mon Cousin, qu'il vous ayt en sa saincte et digne garde. Escript à Fontainebleau, le viij^e septembre 1605.

HENRY.

DE NEUFVILLE.

1605. — 10 SEPTEMBRE. — Ire.

Imprimé. — *OEconomies royales*, édit. orig. t. II, chap. 51.

[A M. DE ROSNY.]

Mon Cousin, J'approuve le conseil que vous m'avés donné par vostre lettre du ixe de ce mois touchant vostre voyage de Limosin et ce que nous y devons executer; mais, pour ce faire, il est necessaire de faire advancer le choix et le partement des officiers desquels nous voulons composer la chambre des Grands jours que nous avons advisé y employer. Au moyen de quoy je vous prie y donner ordre de vostre costé, comme j'ay escript au s^r de Sillery qu'il face du sien. Je trouve fort bon aussy que vous envoyiés promptement un ingenieur ou un commissaire d'artillerie à Usson pour recognoistre si l'on peut bien desmanteler la place, et que nous laissions les munitions de bouche et de guerre qui estoient dans le chasteau à ceux auxquels la royne Marguerite les a delaissez; et d'autant que j'espere vous voir bien tost, je ne vous feray la presente plus longue : priant Dieu, mon Cousin, qu'il vous ayt en sa saincte garde Escript à Fontainebleau, le xe jour de septembre 1605.

HENRY.

DE NEUFVILLE.

1605. — 10 SEPTEMBRE. — IIme.

Cop. — Biblioth. de la ville de Metz. Envoi de M. Clercx de Belletanche, bibliothécaire.

[AU CARDINAL DE GIVRY.]

Mon Cousin, J'ay receu la lettre que vous m'avés escripte du xie du passé, par laquelle j'ay recogneu le desir que vous avés de continuer à embrasser le bien de mon service par delà, avec la protection de mes affaires, et y assister le s^r d'Alincourt, mon ambassadeur, de quoy je vous ay bien voulu faire sçavoir par ceste-cy que je vous sçay tres bon gré, et que, s'il se presente occasion de vous tesmoigner le contentement que j'ay de vostre affection à mon dict service, vous esprouverés les effets de la bonne volonté que je vous porte : priant Dieu, mon Cousin, qu'il vous ayt en sa tres saincte et digne garde. Escript à Fontainebleau, le xe jour de septembre 1605.

HENRY.

DE NEUFVILLE.

1605. — 12 SEPTEMBRE.

Orig. autographe. — Biblioth. impér. de Saint-Pétersbourg, Ms. 883, lettre 3. Copie transmise par M. Allier.
Cop. — Fonds Béthune, Ms. 9002, fol. 34; — et Brienne, Ms. 41, fol. 361.

A MONS^R DE BEAUMONT,

CONSEILLER EN MON CONSEIL D'ESTAT ET MON AMBASSADEUR EN ANGLETERRE.

Monsr de Beaumont, *Je loue grandement la constance et fermeté du roy mon bon frere contre l'importunité indiscrete et honteuse des ministres d'Espagne et de Flandres sur le faict du passage en Flandres des Espagnols refugiez en son royaume,* dont vous m'avés rendu compte par vostre lettre du dernier du mois passé, *que j'ay receue le* viie *du present, et sçay bon gré au comte de Salisbury d'avoir servy en ceste occasion son maistre si fidelement et dignement qu'il a faict, estant certain, si le dict roy eust pris autre conseil, que mess^rs des Estats, pour la deffense et les apprehen-*

sions qu'ils ont du succés de leurs affaires depuis la prise de Linghen[1], *ne eussent esté grandement decouragez, attendu le besoin qu'ils ont, plus grand encore que jamais, d'estre appuyez et confortez tant par le dict roy que par tous ceux qui ont, comme luy, notable interest à leur conservation. Vous ne fauldrés donques de congratuler le dict roy, et, aprés luy, le dict comte de ma part (toutesfois avec vostre discretion accoustumée) sur ce subject, et à les exhorter de ne laisser les dicts Estats en ceste urgente necessité, ains les favoriser et encourager aux occasions qui se presenteront; croyant, quoy que face le dict roy, que les Espagnols seront tousjours bien indignez et* [aussy] *mal satisfaits de luy, en leur courage, de ce peu de faveur qu'il monstrera aux dicts Estats, que s'il les assistoit davantage. Bien ne s'abstiendront-ils jamais de mal faire à leurs voisins que par impuissance.*

Je vous ay faict escrire par le s^r de Villeroy que l'ambassadeur Parrey m'avoit desjà parlé, quand j'ay receu vostre lettre, des propos que l'archiduc avoit faict tenir à son maistre touchant l'election d'un roy des Romains, et comme le dict roy desiroit avoir sur ce mon advis, chose que j'ay receue plus pour un tesmoignage de sa bonne amitié et correspondance, qu'il à desiré conserver avec moy, que pour apparence qu'il y ayt que nous puissions tirer grand advantage de la conference de nos advis en ce faict. La Germanie a faulte de princes propres pour estre preferez et promus à ceste dignité, et combien que la maison d'Austriche en soit aussy depourvue que nulle autre, toutesfois la commodité et l'advantage que leur donnent les pays qu'ils possedent, les rendent pour ce regard plus recommandables que les autres. Le duc de Baviere Maximilian est bon et vertueux prince, qui pourroit y estre porté de l'electeur palatin comme estant de sa maison, et de son oncle, l'electeur de Cologne; mais je doubte de la volonté des autres electeurs en sa faveur, car il est prince sans experience des armes et il n'a les reins si puissans que ceux de la maison d'Austriche. Il est certain que les dicts Espagnols y porteront, s'ils peuvent, ou l'archiduc ou Ferdinand beau-frere de leur roy. Il me semble que nous ne devons desirer l'un ny l'autre : le premier, pour plusieurs raisons sagement detaillées par vostre

---

[1] La forte place de Lingen en Westphalie, qui avait été prise en 1597 par le prince d'Orange, venait d'être reprise par le marquis Spinola pour le roi d'Espagne.

dicte lettre, et l'autre parce qu'il est encore plus incapable que ses cousins et qu'il est par trop passionné contre ceux avec lesquels neantmoins il faut que sçache vivre et compatir quiconque entrera en ceste place. Ainsy j'estime que Mathias ou Maximilian, freres de l'Empereur, doivent estre preferez aux autres de la dicte maison. Mais c'est chose qui despendra plus de l'Empereur que de nul autre. Pour conclusion, je serois d'advis que le dict roy mon frere prenne celuy des princes d'Allemagne qui luy sont affectionnez, devant que de former le sien, ny s'en declarer aux archiducs de Flandres. Car ils cognoissent mieux que nous ceux qui sont dignes de ceste place, pour les maintenir et gouverner en paix et concorde. A quoy le roy mon dict frere et moy nous debvons principalement viser, puisque nous n'y avons aucune pretention pour nous ny pour aultres. Quelques uns ont bien dict que le roy de Danemark[2] y vouloit aspirer; mais la religion de laquelle il fait profession l'exclurra tousjours comme les aultres qui suivent la mesme creance. Car les electeurs ecclesiastiques ne donneront jamais leurs voix qu'à un prince catholicque, ny aussy le roy de Boheme. Quoy estant, il faut que les trois aultres ceddent à ceux-là pour ce point. Dictes à mon dict frere que j'escriray de mon costé à mes amys, pour avoir d'eulx la mesme information, pour, aprés avoir rapporté ensemble celles qui nous auront esté données, former nostre jugement et resolution; joinct que je ne vois pas qu'il y ayt en cecy rien de pressé. Je sçay que le dict Empereur retardera la susdicte election tant qu'il pourra, n'approuvant aucunement qu'elle soit advancée, pour la deffiance qu'il a de tous ses parens, comme des aultres qu'il a opinion y pretendre. Je prie Dieu, Monsr de Beaumont, qu'il vous ayt en sa saincte garde. Escript à Fontainebleau, le xij^e jour de septembre 1605.

HENRY.
DE NEUFVILLE.

---

[1] Le roi de Danemarck était frère de la reine d'Angleterre.

1605. — 15 SEPTEMBRE. — Ire.

Orig. — Arch. de M. de la Force.
Imprimé. — *Mémoires du duc de la Force, etc.* publiés par le marquis DE LA GRANGE, t. Ier, p. 412.

A MONS^R DE LA FORCE.

Monsr de la Force, Je fais presentement partir mon cousin le duc d'Espernon avec une bonne partie des forces que je veux mettre en Limousin, où je me rendray bien tost aprés luy. Il sera necessaire, aussy tost qu'il sera arrivé au pays, que vous l'y veniés trouver, suivant ce que je vous ay desjà escript, pour le bien informer de tout ce qui est en vostre cognoissance en ces nouvelles brouilleries, et prendre resolution ensemble de ce qui s'y pourra faire pour mon service. Pour ceste occasion, je vous prie, si tost que mon dict cousin vous aura adverty de son arrivée, de le venir trouver à l'effect que dessus. Ayant demeuré quelques jours auprés de luy, vous vous en pourrés retourner auprés de mon cousin le mareschal d'Ornano ou ailleurs, où vous verrés que mes affaires et service vous appelleront. Sur ce, je prie Dieu, Monsr de la Force, qu'il vous ayt en sa saincte et digne garde. Escript à Fontainebleau, ce xve septembre 1605.

HENRY.

FORGET.

1605. — 15 SEPTEMBRE. — IIme

Orig. — Archives de la famille de Lubersac.

A MONS^R DE CHABRIGNAC[1].

Monsr de Chabrignac, Sur les advis que j'ay eus des mauvais desseings et intentions de quelques uns qui se sont nagueres descouvertes par delà, je me suis resolu d'y aller en personne, pour y

---

[1] François de Lubersac, seigneur de Chabrignac et de Saint-Julien, était frère de Guy de Lubersac, qui figure très-honorablement dans cette correspondance. (Voyez ci-dessus, t. II, p. 284.)

donner l'ordre qui y sera requis; et y faisant presentement acheminer, devant, mon cousin le duc d'Espernon avec quelque force pour y preparer toutes choses, attendant mon arrivée, qui sera dans peu de jours aprés luy, j'ay bien voulu ce pendant vous faire ceste-cy pour que, au premier mandement que vous fera mon dict cousin, vous ayés à le venir trouver, et entendre de luy ce qu'il vous proposera pour mon service, dont vous le croirés et l'assisterés de tout vostre pouvoir : à quoy m'asseurant que vous ne voulés manquer, je ne vous en feray ceste-cy plus longue que pour prier Dieu, Monsr de Chabrignac, vous avoir en sa saincte garde. Escript à Fontainebleau, le xve septembre 1605.

HENRY.

[1605.] — 17 SEPTEMBRE.

Orig. autographe. — Biblioth. impér. de Saint-Pétersbourg, Ms. 849, lettre 2. Copie transmise par M. Allier.

A MONS^R DE BELLIEVRE,

CHANCELIER DE FRANCE.

Monsr le chancellier, Je n'ay pas moins esté meu de pitié que d'equité à accorder à m^r le Grand le respit[1] de deux ans dont il m'a supplié avec grande instance pour le jeune Racan[2], cousin de sa femme[3], et du quel il est tuteur. Car oultre que le pere de ce jeune

---

[1] Les lettres de répit mettaient un débiteur à l'abri des poursuites de ses créanciers durant un temps déterminé.

[2] Honorat de Bueil, seigneur de Racan, né en 1589 à la Roche-Racan en Touraine, entra, comme nous l'avons dit, dans les pages de Henri IV en cette année 1605. Il servit ensuite quelque temps, puis se livra entierement à la culture des lettres. Il fut un des premiers membres de l'Académie française ; le siècle de Louis XIV l'a regardé comme un des meilleurs poëtes français. Il mourut, en 1670, dans sa quatre-vingt-deuxième année.

[3] Anne de Bueil, duchesse de Bellegarde, avait pour père Honorat de Bueil, seigneur de Fontaines, chevalier des ordres du Roi, conseiller d'état, vice-amiral et lieutenant général au gouvernement de Bretagne, gouverneur de la ville de Saint-Malo, dans laquelle il fut tué par les ligueurs en 1590. Il ne laissa point d'enfants mâles, et le père de Racan, dont il était frère aîné, devint ainsi chef de cette

gentilhomme est mort à mon service, aprés m'avoir assisté en ces dernieres guerres, et que je sçay la plus grande partie de ses debtes proceder à cause de mon dict service, la perte de ses pere[4] et mere[5] au bas aage où il se retrouve me convient à contribuer ce remede à la manutention de sa personne et maison; et puis, je desire conforter le fils en l'inclination qu'il a d'imiter et se rendre digne de continuer les services de son pere, dont la memoire m'est tres fresche et recommandée. Je vous prie donc ne differer luy depescher le dict respit pour ce temps-là, et vous ferés chose qui me sera tres agreable. A Dieu, Monsr le chancellier. Ce xvıje septembre, à St-Germain-en-Laye.

HENRY.

1605. — 20 SEPTEMBRE.

Orig. — Archives de la ville de Genève. Envoi de M. Rigaud, premier syndic, et de M. Sordet, archiviste.

A NOS TRES CHERS ET BONS AMYS, LES SINDYCS ET CONSEIL
DE LA VILLE DE GENEVE.

Tres chers et bons amys, Le desir que nous avons de bien et favorablement traicter maistre Nicolas de Here, prieur du prieuré de St-Jehan, nous a donné occasion de vous escrire ceste lettre en sa faveur, pour vous prier, comme nous faisons, de laisser jouir le sr de Here du revenu du dict prieuré; ce que nous nous promettons d'au-

branche de l'illustre maison de Bueil. La duchesse de Bellegarde était encore de cette famille par sa mère Anne de Bueil, fille de Louis de Bueil, comte de Sancerre, grand échanson de France. Cette double parenté valut au jeune Racan l'accueil le plus affectueux chez le grand écuyer. Il y connut Malherbe, qui était de la maison; et cette connaissance décida sa vocation poétique.

[4] Louis de Bueil, seigneur de Racan, second fils de Jean de Bueil et de Françoise de Montalais, fut conseiller d'état, chevalier des ordres du Roi, capitaine de cinquante hommes d'armes, maréchal de camp, gouverneur du Croisic. Il exerça la charge de grand maître de l'artillerie au siège d'Amiens en 1597, après la mort de M. de Saint-Luc.

[5] Marguerite de Vendosmois, fille de François de Vendosmois, lieutenant au gouvernement du Maine, et de Françoise de la Motte, avait épousé Louis de Beuil le 15 février 1588. Cette lettre constate que l'un et l'autre étaient morts en 1605.

tant plus facilement, que nous avons cy-devant faict entendre à nos agens et deputez que vous feriés chose qui nous seroit tres agreable de laisser jouir nos subjects de leur bien sans qu'il se puisse affecter ny donner à d'aultres; et quand il se presentera occasion de nous en revancher par quelque bon effect à vostre contentement, nous vous ferons paroistre que la grace que vous aurés faicte au dict de Here en nostre contemplation nous aura esté bien agreable : et à tant, nous prions Dieu, Tres chers et bons amys, qu'il vous ayt en sa saincte et digne garde. Escript à Fontainebleau, le xxe jour de septembre 1605.

HENRY.

DE NEUFVILLE.

1605. — 21 SEPTEMBRE.

Orig. — Arch. municipales de Metz. Copie transmise par M. Clercx de Belletanche, bibliothécaire de la ville.

A NOS TRES CHERS ET BIEN AMEZ LES MAISTRE-ESCHEVIN, TREIZE ET HABITANS DE LA VILLE DE METZ.

Tres chers et bien amez, Nous avons, avec beaucoup d'aise et de plaisir, receu l'advis que le s^r de Liancourt nous a donné, de sa bonne reception et du debvoir que chascun de vous a rendu à son entrée à Metz. Ce tesmoignage ne nous peut donner davantage de ren[seignemens] de vostre tres fidelle affection au bien de nos affaires, que ce que nous en avons [esprouvé] d'effects par cy-devant, mais bien accroistre le contentement que nous avons, et nous promettons avoir encore de jour en jour plus grand, en continuant comme nous croyons que vous ferés, en ceste ferme resolution, qu'en general et en particulier le s^r de Liancourt nous a mandé avoir recogneue en vous, de vouloir demeurer fermes en nostre protection; ce qui nous est d'autant plus agreable qu'en particulier ceux d'entre vous qui font profession de la religion pretendue reformée luy ont protesté et generalement asseuré n'avoir, ne vouloir avoir aulcune part ny communication quelconque aux mauvais differends du duc de Bouillon. Nous desirons que vous viviés tous confirmez dans ceste bonne union et correspondance, vous confirmant entierement en l'appuy favorable de nostre protection, que nous mettrons peine de vous rendre autant utile à vostre repos et conservation, que vos fidelles deportemens meritent de nous et de nostre auctorité. Sur ceste asseurance, nous prions Dieu qu'il vous ayt, Tres chers et bien amez, en sa saincte garde. Escript aux Halles¹, le xxjᵉ jour de septembre 1605.

HENRY.

POTIER.

[1605.] — 22 SEPTEMBRE.

Imprimé. — *OEconomies royales*, édit. orig. t. II, chap. 51.

[A M. DE ROSNY.]

Mon amy, J'ay descouvert une nouvelle trahison qui se conduit par le sʳ d'Antragues : c'est qu'il veut tirer le comte d'Auvergne de la Bastille par le moyen des cordes et poulies qu'il a faict faire : j'en ay la preuve en main et feray ouir ceux qui en peuvent parler, aussy tost que je seray à Orleans, où j'espere me rendre demain; mais je ne veux prendre sur ce aucune resolution que vous ne soyés prés de moy : ce qui est cause que je vous envoye ce courrier pour vous dire de vous y rendre samedy matin, sinon pour tout le jour. Vous pouvés envoyer vostre équipage à Argenton, car j'y passeray, et me venir trouver avec peu de train. Il est venu deux gentilshommes de Quercy, l'un nommé Cousse et l'autre Brigantin, freres, lesquels parlent ouvertement de tout ce qui s'est passé et a esté traicté et faict par Rignac et Bassignac. En quoy mʳ de Bouillon se trouve tellement meslé, qu'il ne s'en peut excuser. Les susdicts demandent pardon pour six vingts gentilshommes qui avoient part en leur entreprise, qui estoit de prendre la ville de Villeneuve en Agenois. Ils offrent de deposer en justice tout ce qu'ils m'ont dict et de le soustenir avec leurs espées jus-

---

¹ Sur ce nom de lieu, voyez la note de la lettre suivante.

ques à la derniere goutte de leur sang. A Dieu, mon amy. Ce jeudy matin, xxij^e septembre, au Halier[1].

HENRY.

1605. — 24 SEPTEMBRE.

Imprimé. — *OEconomies royales*, édit. orig. t. II, chap. 51.

[A M. DE ROSNY.]

Mon Cousin, Je donneray ordre doncques sans vous, au faict pour lequel j'avois desiré vous voir en ceste ville[1], puisque vous n'avés peu vous y rendre au temps que je vous avois mandé, pour les raisons que vous m'avés escriptes, que j'ay prises en bonne part; et me serviray de la lettre adressante à vostre lieuctenant, que vous m'avés envoyée, quand il sera temps de le faire; et vous sçaurés incontinent ce qui aura esté faict. En quoy je suivray vostre advis, affin de besogner seurement, car le subject duquel il s'agit le requiert; mais pour cela je ne retarderay mon partement d'icy que d'un jour, car j'en partiray lundy. Mais je prendray le chemin de Blois, Montrichart et Loches, pour la commodité plus grande des vivres et de ma suitte; et me hasteray autant que je cognoistray, par vos advis et ceux de mon cousin le duc d'Espernon, qu'il sera necessaire que je le face. Ceux qui ont parlé à moy, venans du pays où nous allons, asseurent que Bassignac et Rignac sont resolus de tenir et deffendre Turenne et Sinceray, le duc de Bouillon leur ayant commandé de ce faire. Toutesfois je me persuade

---

[1] Ce lieu doit être le même dont le nom est écrit, *les Halles*, dans la copie qui nous a été envoyée de la lettre précédente. Nous conservons néanmoins les deux noms, dans l'impossibilité de fixer cette position. Nous ne trouvons pas de lieux ainsi nommés sur la route d'Orléans, où devait être alors Henri IV, et quant au Halier près de Mantes, de la route de Normandie, il est presque impossible, avec le temps qu'on mettait alors à parcourir les distances, que ce prince s'y soit trouvé l'avant-veille de son arrivée à Orléans.

---

[1] Voyez la lettre précédente.

qu'ils changeront de propos quand ils me croiront ou verront à leurs portes avec nostre equipage. Le dict duc d'Espernon demande des officiers des vivres, pour faire fournir du pain aux gens de pied, lesquels il escrit en trouver à peine, et ne pouvoir sans ce secours remplir leurs enseignes. Mandés-moy vostre advis sur cela; et si vous jugés que ceste provision presse, donnés-y ordre d'où vous estes, par le moyen de d'Escures ou des officiers et habitans des lieux, ainsy que vous adviserés estre pour le mieux, en attendant que ceux des vivres soyent icy, lesquels toutesfois je ne feray mander que vous ne me l'ayés escript. Je prie Dieu, mon Cousin, qu'il vous ayt en sa saincte garde. Escript à Orleans, le xxiiij[e] septembre 1605.

HENRY.

DE NEUFVILLE.

[1605.] — 27 SEPTEMBRE. — Ire.

Orig. autographe. — Arch. de M. le duc de la Force.
Imprimé. — *Mémoires de la Force, etc.* publiés par M. le marquis DE LA GRANGE, t. I, p. 412.

A MONS[r] DE LA FORCE.

Monsr de la Force, J'ay receu vostre lettre du xviiie de ce mois par vostre laquais; sur quoy je ne vous diray autre chose sinon que j'espere vous voir en bref; car j'espere estre à Limoges en dix ou douze jours. Je vous prie de venir au devant de moy. Vous entendrés toutes nouvelles par Duval, qui vous rendra ceste-cy. Croyés-le de ce qu'il vous dira de ma part, et si vous pouvés servir par delà en attendant que j'y sois, faites-le. A Dieu, Monsr de la Force. Ce xxvij[e] septembre, à Sainct-Laurent-des-Eaux.

HENRY.

[1605.] — 27 SEPTEMBRE. — IIme.

Cop. — Suppl. fr. Ms. 1009-4.

[A M. DE ROSNY.]

Mon amy, Blanchard est venu, qui m'a dit que Pegadon, lieutenant de la Marlie, avoit promis de livrer une porte de la ville de Mousson à m^r de Bouillon, et que le dict s^r de Bouillon le luy avoit dict, et qu'il l'a ouy aussy dire au dict Pegadon. C'est pourquoy faictes-le prendre. Il m'a dict depuis que Pierrebuffiere estoit de la partie. Faites prendre garde à ses actions, sans en faire semblant. Vous luy pourrés bien dire, comme par maniere de discours, que vous vous estonnés comme il est possible que luy, qui estoit dans le pays et n'en bougeoit (il hantoit tous ces gens-là), n'en sceust rien. Je vous en diray davantage lorsque je vous verray, qui sera bien tost, Dieu aydant, lequel je prie vous avoir, mon amy, en sa saincte et digne garde. Ce xxvij^e septembre, à St-Laurent-des-Eaux.

HENRY.

1605. — 27 SEPTEMBRE. — IIIme.

Orig. — A Londres, *State paper office*, vol. de Mélanges. Copie transmise par M. l'ambassadeur de France.

Cop. — Musée britannique, biblioth. Cottonienne. Caligula E, XI, fol. 255. Transcription de M. Delpit.

[AU ROI D'ANGLETERRE.]

Tres hault, tres excellent et tres puissant prince, nostre tres cher et tres amé bon frere, cousin et ancien allié, Ayant le s^r de Beaumont, conseiller en nostre conseil d'Estat et pour nous ambassadeur par delà, accomply et depassé le terme de sa legation, et desirant nous servir doresnavant de luy pres nostre personne, pour sa capacité et experience aux affaires, nous luy avons commandé de nous revenir trouver pour cest effect, en intention de vous renvoyer bien tost en son lieu un sage et vertueux ministre qui remplisse cette place à nostre contentement et au vostre, et à la conservation et entretenement de nostre mutuelle amitié et ancienne alliance; et vous prions de permettre et approuver le retour par deçà du dict s^r de Beaumont, lequel nous verrons d'autant plus volontiers, qu'il nous pourra informer de bouche de vos exercices et deportemens, et nous rendre compte de sa dicte legation, de laquelle nous desirons que vous ayés autant d'occasion de demeurer satisfaict comme nous le sommes des offices qu'il a faicts pour l'entretenement et accroissement de nostre dicte amitié; et à tant, nous prions Dieu, Tres haut, tres excellent, et tres puissant prince, nostre tres cher et tres amé bon frere, cousin, et ancien allié, qu'il vous ayt en sa tres saincte et digne garde. Escript à Blois, le xxvij^e jour de septembre 1605.

Vostre bon frere et cousin et ancien allié,

HENRY.

1605. — 28 SEPTEMBRE.

Orig. autographe. — Biblioth. impér. de Saint-Pétersbourg, Mss. 883, lettre 2.
Copie transmise par M. Allier.

Cop. — B. N. Fonds Béthune, Ms. 9002, fol. 130; — et Brienne, Ms. 41, fol. 387.

A MONS^R DE BEAUMONT,

CONSEILLER EN MON CONSEIL D'ESTAT ET MON AMBASSADEUR EN ANGLETERRE.

Monsr de Beaumont, J'ay toute occasion de me louer et contenter des nouvelles declarations et asseurances d'amitié que le roy mon bon frere a voulu me donner quand vous l'avés veu en la ville d'Oxfort, dont vous m'avés rendu compte par vostre lettre du xviie de ce mois, que j'ay receue par ce porteur le xxiiiie; car il ne m'a rien laissé à desirer par icelles, que l'accomplissement et la perseverance de sa bonne volonté, à laquelle je correspondray aussy tousjours fidelement et sincerement, ainsy que j'ay faict jusques à present. Je suis bien aise que vous vous soyés trouvé aux disputes publiques auxquelles il vous avoit convié, comme d'avoir sceu la gloire qu'il y a acquise, deue à son jugement et à sa doctrine, vertus qui ne sont moins utiles et necessaires que bienseantes et rares en la personne d'un Roy. C'est pourquoy je veulx que vous le remerciiés du souhaict qu'il a faict en faveur de mon fils sur ce subject, du benefice duquel vous l'asseurerés que j'auray tel soin de le rendre idoine et capable, que j'espere qu'il ne luy sera infructueux; car encores qu'il semble qu'il ayt l'esprit plus adonné aux armes que à tout autre chose, toutesfois les signes qu'il rend desjà de son jugement et de sa memoire me font esperer qu'estant institué et cultivé comme il doibt estre, qu'il produira en sa saison des fruicts conformes au vœu du dit roy, l'exemple duquel, en l'education et instruction du prince de Galles son fils, me servira d'enseignement en celle de mon fils, comme à luy d'emulation d'honneur, et le profit que le dict prince en a tiré et en retire encore journellement, sans qu'il obmette pour cela de s'exercer et rendre aussy adroit qu'il est enclin aux armes et à toutes actions militaires : tellement qu'il prend le chemin d'estre un parangon entre les princes de son siecle, à la gloire de son pere et à sa consolation; à quoy je participeray avec luy d'autant plus que nul autre de ses voisins et amys, que l'affection que je luy porte est plus ancienne, mieux fondée et sincere que les autres, et que j'ay aussy volontiers contribué à l'instruction du prince, par souhait, et par effect ce qui a despendu de moy et en a esté desiré par le dict roy.

Et d'autant que je vous ay jà escript mon advis sur la communication que le dict roy a voulu me faire de la part de l'archiduc de Flandres pour l'election d'un roy des Romains, et aussy que j'approuve tout ce que vous luy avés dict sur ce subject, je ne vous en feray redicte, joinct que je n'estime pas qu'il soit facile de porter à ceste dignité le roy de Danemarck ny aultre de sa religion, car les electeurs ecclesiastiques luy donneront difficilement leurs voix, et me semble que nous ne devons engager nos noms en une telle poursuicte, que nus ne soyons comme asseurez d'en avoir bonne issue, d'autant que nous offenserions les autres pretendans et mesme nostre dignité et reputation inutilement. Je crois donc que le plus expedient seroit de penser à exclure ceux qui ne nous sont propres, desquels nous conviendrons facilement, sans entreprendre d'y porter un prince d'autre maison que d'Austriche, car il seroit à craindre, ce pendant que nous travaillerions à cela, que les autres ne fissent cadrer et tomber ceste election selon leur desir. C'est sans doubte que les Espagnols pretendent d'y porter l'archiduc Albert ou Ferdinand, beau-frere de leur prince, et me semble que nous ne devons desirer l'un ny l'aultre, pour les raisons qui nous sont egalement cogneues. Quoy estant nous pourrons jetter les yeux sur Mathias ou Maximilian, freres et heritiers presomptifs de l'Empereur. Mais je croy que nous aurons assez loisir d'y penser et d'en deliberer, car il est certain que l'Empereur retardera tant qu'il pourra la dicte election, pour la jalousie qu'il en a. Neantmoins, si vous cognoissés que le dict roy mon bon frere affectionne l'election du roy son beau-frere, et qu'il ayt de quoy esperer de la pouvoir faire reüssir, ne l'esconduisés pas de mon assistance ; mais aussy ne m'y engaigés davantage. Car d'un costé je serois tres aise de seconder et favoriser en cela son desir, tant pour sa consideration que pour plusieurs autres, et d'ailleurs estant ce prince de contraire religion, comme il est, je ne pourrois honnestement entreprendre sa promotion, parce que j'offenserois le Pape et les autres princes catholiques. En tout cas, si le dict roy a volonté de faire tomber ceste dignité entre les mains de son dict beau-frere ou de quelqu'autre prince qui soit à sa devotion, il fault qu'il aye plus de soing que jamais de ne laisser descheoir les affaires des provinces-unies des Pays Bas et qu'il y employe sa puissance et sa faveur autrement qu'il ne faict. Car comme, en ce faisant, il disposera d'eux et de tout ce qui en despendra, cela rendra aussy son nom et sa recommandation et postulation en la Germanie trop plus-authorisée et respectée. J'ay bien consideré ce qu'il vous a dict et asseuré en faveur des dictes provinces. Mais il ne suffit d'y procedder neutralement comme il faict, car les dicts Estats ont besoing d'estre soustenus de nous autrement qu'ils n'ont esté, si nous voulons les maintenir et conserver, pour les raisons que vous luy avés dictes, auxquelles je remarque qu'il se contente d'assentir sans s'en esmouvoir davantage, comme s'il faisoit assez pour eux de ne rien faire contre eux, tant il se plaist en ceste neutralité, qui est l'œuvre de ses mains et ce à quoy le porte son naturel. De quoy je souhaite qu'il se trouve aussy bien, à la longue, qu'il croit avoir subject à present de s'en contenter, comme je l'ay de quoy il n'escoute les brouillons et factieux de mon Royaulme, car je sçay veritablement qu'ils sont plus blasmez que favorisez de luy, de quoy ils se plaignent aussy assez, non pour affection qu'ils luy portent, mais pour ne pouvoir l'induire à ce qu'ils desirent. J'en useray tousjours de mesmes aussy envers ceulx de son royaulme qui auront les mesmes intentions, comme j'ay faict tres sincerement jusqu'à present.

Au reste le duc de Bouillon, voyant que j'estois resolu de poursuivre moy-mesme jusques au bout la verification de ceste derniere conspiration de Limosin et la punition des autheurs et de leurs adherens et de commencer par ses maisons, qui ont esté gardées pour luy, jusques à present, à mes despens, lesquelles on disoit leur debvoir servir de retraicte, a envoyé un des siens vers moy pour faire ouvrir les portes de ses dictes maisons, et les deposer et mettre entre les mains de ceulx que j'ordonneray. Or si avec cela il eust faict que les cappitaines d'icelles, lesquels sont accusez d'avoir dressé la dicte conspiration en son nom, m'eussent esté livrez et representez à justice, pour apprendre par eux la verité des dictes menées, il eust faict ce qu'une ame innocente debvoit pour se bien justifier. Mais n'ayant satisfaict à ce point, j'ay deliberé ne discontinuer mon desseing que je n'aye approfondy et veriffié par eulx ou par aultres, comme il appartient, toutes les particularitez de la dicte faction; à quoy j'ay jà donné un tres bon acheminement. Car plusieurs d'iceux se sont venus rendre à moy, qui m'en ont appris assez pour ne doubter plus du fonds ny de la verité d'icelle; de quoy je feray informer le roy mon dict frere, quand il escherra et sera temps de le faire.

Ce pendant je vous envoye mes lettres pour le dict roy[1], par lesquelles je le prie trouver bon que vous me veniés trouver au temps

---

[1] C'est la lettre précédente.

que je vous ay promis de le faire, encores que vostre successeur n'arrive à temps pour luy estre presenté de vostre main, affin de pouvoir repasser la mer avecq vostre famille devant la rude saison. Mais vous laisserés là vostre secretaire, avec charge de nous donner advis de ce qui surviendra et executer ce qui luy sera commandé pour mon service, en attendant la venue de vostre successeur, qui ne tardera gueres à se rendre par delà aprés vostre partement : et comme vous m'avés tres dignement et fidellement servy en la dicte charge, asseurés-vous aussy que vous serés le tres bien venu, et que j'auray plaisir de vous tesmoigner le contentement que j'en ay. Je prie Dieu, Monsr de Beaumont, qu'il vous ayt en sa saincte et digne garde. Escript à Blois, le xxvııj^e jour de septembre 1605.

HENRY.

DE NEUFVILLE.

[1605.] — 29 SEPTEMBRE.

Orig. autographe. — B. N. Fonds Béthune, Ms. 9089, fol. 1.

A MON COMPERE LE CONNESTABLE DE FRANCE.

Mon compere, Depuis que vous estes party d'auprés de moy j'ay esté adverty que le s^r d'Antragues faisoit faire des cordes et des poulies, pour donner moyen à mon nepveu le comte d'Auvergne de sortir de la Bastille ; et, pour en estre plus asseuré, j'ay envoyé saisir les cordes, qui ont esté faictes par un cordier demeurant à Milly, qui a recogneu les avoir faictes par le commandement du dict s^r d'Antragues, ce qui m'a donné occasion de le faire arrester en sa maison, où les dictes cordes et poulies ont esté trouvées. J'en apprendray davantage par le retour du s^r de Berangueville, lequel a eu commandement de moy de l'arrester. J'ay aussy mandé à celluy qui commande en la Bastille, en l'absence de mon cousin le marquis de Rosny, qu'il ayt l'œil à ses gardes, et qu'il y donne l'ordre necessaire pour estre seurement gardé. Le duc de Bouillon a envoyé l'un des siens pour mettre Turenne et les autres forteresses qui luy appartiennent entre les mains de ceux que j'ordonneray. J'en attends l'effect, et ce pendant je continueray mon voyage et passeray par Chastellerault : priant Dieu, sur ce, qu'il vous ayt, mon compere, en sa garde. Ce xxixe septembre, à Blois.

HENRY.

1605. — 30 SEPTEMBRE. — Ire.

Imprimé. — *OEconomies royales*, édit. orig. t. II, chap. 51.

[A M. DE ROSNY.]

Mon Cousin, Le s^r de Villeroy vous a escript par mon commandement ce que le duc de Bouillon m'a mandé et faict offrir par celuy qu'il a envoyé vers moy, dont j'ay appris par vostre lettre du xxviie de ce mois que vous aviés eu advis devant la reception de sa lettre. Je n'avois estimé à propos de retrancher ou contremander l'equipage d'artillerie que nous avions faict estat de mener, devant l'execution des offres du dict duc, affin de ne despendre du tout de la volonté des autres, combien que je n'aye pas opinion que ceux qui gardent les maisons du dict duc refusent d'obeïr à ses mandemens, encores qu'aucuns ayent dict qu'estant baillées pour la seureté de ceux de la religion pretendue reformée, et, comme telles, gardées par ceux qui en ont la charge, ils pourroient se servir de ce pretexte pour colorer le dict refus. Donc, pour besogner plus seurement, j'ay bien commandé que l'on envoye à la Caillaudiere vostre lettre, par laquelle vous luy mandés qu'il licentie les chevaux dont elle fait mention; mais je luy ay faict escrire qu'il sursoie encore le dict licenciement jusqu'à ce que nous luy commandions, et que seulement il retienne les dicts chevaux auprés de luy; et si tost que nous sçaurons que Villepion sera dedans Turenne, nous ferons le dict licenciement. Ce pendant je luy escris qu'il satisface au reste de vostre dicte lettre. Je fais tousjours estat de partir d'icy dimanche ou lundy au plus tard, d'aller au Plessis-lez-Tours en deux jours, en sejourner un, et aprés passer à Chastellerault, où je m'attends vous trouver, ainsy que je vous ay escript. La Royne ma femme m'accompagnera encore jusqu'au dict

Plessis, avec la commodité de la riviere; puis, elle s'en pourra retourner de là à Paris m'y attendre.

Au reste, nous achevasmes hier au soir de faire rediger par escript la deposition de Blanchart, laquelle m'a esté lue ce matin. Je vous advise qu'il nous en a plus appris que tous les autres ensemble; aussy étoit-ce luy à qui le dict duc de Bouillon adressoit et confioit ses commandemens et volontez. Il nous a descouvert plusieurs choses de consequence, que je reserve à vous dire quand vous serés auprés de moy. Quant au s^r d'Antragues, il n'a voulu respondre par devant le grand prevost, mais il a faict un memoire en forme de certification contenant ce qu'il avoit deliberé faire de ces cordes et engins qu'il avoit faict faire. Il est escript et signé de sa main, et je vous asseure que c'est une piece digne de luy et de son esprit, qui est aussy consideré et circonspect que de coustume. Nous avons envoyé au dict grand prevost une commission pour l'authoriser, en vertu de laquelle il le fera parler; aprés quoy nous resouldrons ce que nous ferons du dict s^r d'Antragues, et vous raconterons toutes choses quand nous vous verrons : priant Dieu, mon Cousin, qu'il vous ayt en sa saincte et digne garde. Escript à Blois, le dernier jour de septembre 1605.

HENRY.

DE NEUFVILLE.

1605. — 30 SEPTEMBRE. — IIme.

Imprimé. — *Mémoires de Mornay*, t. III, p. 129.

[A M. DU PLESSIS.]

Monsr du Plessis, Toute la response que je feray à vostre lettre et à ce que m'a dict de vostre part ce porteur sera que mes affaires m'ayant faict venir en ces quartiers, en intention de passer oultre si je cognois qu'il soit necessaire, je seray tres aise de vous voir, et de vous asseurer de bouche que je n'eus jamais la volonté meilleure ny plus affectionnée de recognoistre et bien traicter ceux qui m'ont si bien et utilement servy que vous avés tousjours faict. Au moyen de quoy, je vous prie de vous rendre à Chastellerault quand j'y arriveray; et je vous diray moy-mesme les raisons qui m'ont meu d'entreprendre ce voyage, lesquelles je m'asseure que vous jugerés pertinentes. Je prie Dieu qu'il vous ayt, Monsr du Plessis, en sa saincte et digne garde. Escript à Blois, le dernier jour de septembre 1605.

HENRY.

DE NEUFVILLE.

[1605.] — 4 OCTOBRE.

Orig. — Arch. de Belgique. Copie transmise par M. Gachard, archiviste général.

A MA SOEUR ET BONNE NIEPCE, LA PRINCESSE D'ESPAGNE, ARCHIDUCHESSE D'AUTRICHE.

Ma Sœur et bonne Niepce, J'ay commandé au s^r de Berny, conseiller en mon conseil d'Estat, que j'envoye chez vous pour y resider et continuer à vous tesmoigner l'estime que je fais de vostre amitié, vous renouveller les assurances de la mienne, de laquelle je rechercheray tousjours les occasions de vous faire recevoir des effects dignes d'icelle; quoy attendant, il se rejouira avec vous, de ma part, des dernieres prosperitez et victoires dont Dieu vous a consolé, recevra vos bons commandemens pour y obeïr comme aux miens propres, et sera soigneux de me faire sçavoir l'estat de vostre santé, comme la plus agreable nouvelle que je puisse recevoir. Au moyen de quoy je vous prie, ma Sœur et bonne Niepce, avoir agreable qu'il vous visite aux occasions qui s'en offriront, adjoustant foy à ce qu'il vous dira de ma part, et le voir de bon œil, en consideration de l'affection que vous porte

Vostre frere et bon oncle
HENRY.

1605. — 5 OCTOBRE.

Orig. — Archives royales de Sardaigne. Envoi de M. l'ambassadeur de France à Turin.

A MON FRERE LE DUC DE SAVOYE.

Mon Frere, Il est arrivé un accident à un jeune gentilhomme de mes subjects, nommé le sr de Marc[1], qui a tué sur vostre Estat, en passant pays et deffendant sa vie, un Genevois, et est, pour ceste occasion, detenu prisonnier à Chambery. Et pour ce que j'aime le dict sr de Marc, tant pour la consideration d'aucuns mes serviteurs à qui il appartient, que pour les services que j'ay receus de luy, je vous prie (ayant aussy esgard qu'il n'a esté aggresseur) luy vouloir, pour l'amour de moy, faire grace de cest accident, et commander qu'il soit incontinent mis en liberté sans estre davantage poursuivy; vous asseurant, qu'oultre que la faveur que vous lui ferés sera tres bien employée, je m'en revancheray volontiers aux occasions qui s'en presenteront, ainsy que vous cognoistrés par effect : priant Dieu, mon Frere, qu'il vous ayt en sa tres saincte et digne garde. Escript à Tours, le ve jour d'octobre 1605.

Vostre bon frere,

HENRY.

1605. — 8 OCTOBRE.

Orig. — B. N. Fonds Béthune, Ms. 9089, fol. 81. *Cop.* — Suppl. franç. Ms. 1009-2.

[AU CONNÉTABLE.]

Mon Cousin, J'ay veu par vostre lettre du IIIe de ce mois, le jugement que vous faictes de ce que j'ay descouvert des deportemens et desseings du sr d'Entragues, et m'asseurois bien que vous le blasmeriés d'avoir eu volonté d'entreprendre contre mon service, aprés l'avoir mis hors de peine comme j'ay faict. Les charges qui se trou-

---

[1] C'était un gentilhomme champenois du nom de Godet, seigneur de Renneville et de Marc. Son fils s'allia avec la maison de Châtillon.

vent contre luy sont pleines d'apparence, et non toutesfois telles qu'il n'y defaille quelques preuves necessaires pour le condamner, dont on pourroit estre [esclaircy] par l'instruction du procés en y observant les formes avec l'ordre et la vigueur accoustumez en justice; ce que mon naturel ne peut permettre à l'endroict du dict d'Entragues, auquel ayant departy de mes graces, il me seroit difficile de l'en priver maintenant; qui est cause que je n'en feray à present passer plus avant à l'instruction du dict procés, et me contenteray de commander au dict s^r d'Entragues de se contenir et ne rien faire contre mon service; ayant ordonné qu'il y auroit un exempt et deux archers de mon grand prevost pres de luy, pour avoir l'œil sur ses actions. J'ay aussy donné ordre que mon nepveu le comte d'Auvergne soit gardé soigneusement. Je continue mon voyage et iray jusqu'à Limoges; mais j'y sejourneray peu, et espere, avec la grace de Dieu, estre dans trois sepmaines à Fontainebleau. La ville de Turenne et toutes les places du duc de Bouillon sont remises és mains de ceux que j'ay ordonné pour y commander, et suis generalement obeï en Limousin, Quercy et aultres provinces où il y avoit quelque commencement de remuement; ce qui me fera d'autant plus tost retourner; et sur ce, je prie Dieu, mon Cousin, qu'il vous ayt en sa garde. De Ste-Maure, ce vIII^e octobre 1605.

HENRY.

POTIER.

1605. — 9 OCTOBRE.

Orig. — Biblioth. impériale de Saint-Pétersbourg, Ms. 883, lettre 1re.
Copie transmise par M. Allier.
Cop. — B. N. Fonds Brienne, Ms. 41, fol. 393 verso; — et Béthune, Ms. 9002, fol. 143.

A MONS^R DE BEAUMONT,

CONSEILLER EN MON CONSEIL D'ESTAT ET MON AMBASSADEUR EN ANGLETERRE.

Monsr de Beaumont, C'est bien fait de repeter souvent au roy mon bon frere *le jugement favorable que chacun a faict de sa prudence et fermeté, au dernier refus qu'il a faict aux ministres d'Espagne et de Flandres*

68.

sur le transport des Espagnols qui sont à Douvres; car c'est tousjours *l'obliger de plus en plus à y persister.* J'estime qu'à la longue *il s'y relaschera, ou permettra secretement aux siens de faciliter et favoriser leur traject.* L'on m'a donné advis que *les dicts Espagnols s'attendent de le tenter si tost que les nuicts seront plus longues,* et mesmes en un mauvais temps; *protestans vouloir plutost perir en ce hasard que de repasser en Espagne avec la honte qu'ils ont acquise.*

Le s^r de Vic m'a donné, ces jours passez, l'alarme de la venue en ces mers d'une armée composée de vingt gallions, partie de Lisbonne le mois passé, comme si elle estoit destinée à faire sa descente aux ports de Flandres et servir à renforcer le marquis Spinola; mais, puisqu'il n'en est depuis venu aucune certitude, et que tous les advis d'Espagne portent qu'elle doibt servir aux Indes contre les Hollandois et ceux qui les y favorisent, je conclus qu'elle a pris ceste route, ou qu'il n'y a pas si long temps qu'elle a faict voile que l'on a rapporté au dict s^r de Vic. Vray est qu'aucuns discourent qu'elle pourroit avoir pris le chemin par derriere l'Escosse, pour fondre du costé d'Endem; mais, si elle eust eu ce dessein, le Spinola ne se seroit esloigné de Linghen, ainsy qu'il a faict, s'estant rapproché du Rhin, où il semble qu'il veuille s'attacher à quelque entreprise nouvelle. Or, nous ne pouvons guere demeurer en ces incertitudes, la saison estant si advancée qu'elle est; mais je suis tres marry de quoy le roy mon frere *ne recognoisse et apprehende davantage le peril auquel les affaires des Estats s'en trouveront bien tost,* s'ils ne sont assistez autrement qu'ils ont esté jusqu'à present. J'ay consideré sur la derniere remonstrance que vous luy avés faicte de ma part sur ce, representée par vostre lettre du xxviie du mois passé, que j'ay receue le vi^e du present, *le peu que vous y avés proffité.* Veritablement, si je n'estois bien informé de son naturel comme je suis, j'infererois de là *qu'il auroit dessein de les voir tomber et de conniver à leur ruine,* et d'autant plus que *les Espagnols s'en vantent et le publient;* mais je conclus avec vous *qu'il feint la despense et la peine, qu'il croit le jeu des dicts Estats meilleur qu'il n'est,* que c'est assez que *je les secoure, ou qu'il n'est marry que leur prosperité soit quel-*

quesfois traversée, tant il craint qu'ils s'elevent et agrandissent par trop. Toutesfois, je suis d'advis que mess^rs des Estats de leur costé et moy du mien continuons, aux opportunitez qui s'en presenteront, à le faire solliciter de rebattre sur ce subject.

J'ay entendu que le comte d'Arondel et les Anglois passez au service des archiducs ne sont trop satisfaicts du traictement que l'on leur faict, et qu'il ne s'accorde avec les promesses que le Tassis leur a faictes en Angleterre. Les dicts Anglois se plaignent aussy de quoy les Jesuistes leur donnent des conducteurs de leur main, qui sont incapables, et de ce qu'ils s'entremettent trop avant de leurs affaires. Mais j'estime qu'ils ne laisseront, pour tout cela, de servir les dicts archiducs et y mettre leurs vies, pour estre ceste nation encore plus courageuse que depite[1]. Et ay sceu qu'ayant esté employez en la deuxiesme entreprise que le Terrail a tentée et faillie sur Berghopzon, quelques-uns d'iceux y ont esté tuez, jusqu'au nombre de quatre-vingts ou cent.

Le roy mon dict frere avoit raison de se plaindre d'une grande inegalité de traictement, si on refusoit en Espagne à son ambassadeur l'exercice de sa religion, jouissant de la sienne en Angleterre paisiblement celuy d'Espagne qui y a residé, ainsy que vous a dict le roy mon dict frere, lequel vous remercierés en mon nom de la participation qu'il m'a voulu faire de ce qui s'est passé pour ce regard, sans obmettre à luy louer le debvoir qu'y a faict en ceste occasion son ambassadeur, de deffendre et conserver la dignité de son maistre et la liberté de sa religion. Vous le remercierés aussy de quoy il a voulu me faire sçavoir *les discours escripts par le dict ambassadeur au comte de Salsbery pour le mariage du prince de Galles avec la fille aisnée du roy d'Espagne et la proposition d'un concile general;* car ce sont signes d'une vraye et sincere amitié, que je prise grandement et auxquels je suis tres content de correspondre entierement et de bonne foy; en suitte de quoy vous dirés au roy que je ne crois pas que *le cardinal de Joyeuse ayt parlé du mariage de la dicte infante pour mon fils le dauphin au prince de Villaines*

---

[1] L'original et les deux copies donnent ce mot de la même manière.

ny à aultres, estant à Rome, et principalement en mon nom ; car je ne luy ay oncques commandé de le faire, *et quand il est revenu,* il ne m'en a dict un seul mot, ce qu'il n'eust oublié. *Mais est bien vray que le dict mariage a souvent esté proposé en Espagne à mon ambassadeur; non toutesfois avec des advantages tels que le dict roy vous a dict luy estre offerts, car* l'on n'a jamais *parlé que de donner à la dicte infante, aprés la mort de sa tante, les provinces d'Artois, Hainault, Brabant et Luxembourg, pourveu que j'employasse dés à present mes forces et moyens pour aider aux dicts Espagnols à reprendre et remettre sous leur puissance les isles de Hollande et de Zelande avec les autres pays tenus par les dicts Estats; de quoy vous dirés à mon dict frere* que j'ay faict si peu de compte que j'ay dedaigné d'y respondre. Au travers de quoy paroissoit aussy, *et grossierement, la tromperie, en ce qu'ils pretendoient tirer de moy un effect present et tres important, comme seroit celuy de les remettre dedans les dictes isles, et qu'ils vouloient me repaistre d'une esperance et promesse future, et partant* aussy doubteuse que sont ordinairement les evenemens qui despendent du temps et du vouloir des hommes. Or il faut croire que *les dicts Espagnols ont recogneu que je recognoissois leur vin. Ils changent d'adresse* maintenant; mais je m'asseure *qu'ils circonviendront encore moins le dict roy que moy, et d'autant plus que luy et son fils, faisant profession d'une autre opinion en la religion que eux, il faudroit pourveoir à ce point plein de longueurs et de* difficultez devant que de pouvoir serrer et arrester *le dict mariage. Eux-mesmes recognoissent qu'il faudroit passer par l'examen d'un concile general,* ce qui requerroit et consumeroit plus d'un siecle devant que l'on en peust voir l'issue. Toutesfois j'approuve fort la response *que le dict roy a commandé au dict comte de Salsbery faire sur cela; car la proposition de telles affaires de consequence ne doibt sortir ny estre receue de personnes privées.*

Quant à la plainte qu'il vous a faicte du pere Cotton, dictes-luy hardiment qu'elle est sans fondement et raison ; car premierement le dict Cotton n'a oncques faict les demandes et interrogations [2] que

---

[2] Le père Cotton se trouvait alors réduit à nier une chose dont la découverte nuisait à sa réputation d'homme d'esprit. Il exerçait un grand ascendant sur

DE HENRI IV. 543

l'on luy a faussement imposées et artificieusement publiées, pour le deservir et le surcharger d'envie et de blasme. Je ne doubte pas que le dict Cotton ne desire la conversion du dict roy à la religion catholicque; mais il sçait mieux que nul aultre qu'il ne faut pas attendre un si bon effect d'un si mauvais maistre et ouvrier qu'est

Henri IV, et les plaisants disaient que le Roi n'entendait plus la vérité depuis qu'il avait du coton dans les oreilles. Le grand bruit que faisait alors à Paris une prétendue démoniaque, Adrienne du Fresne, qui était comme le second tome de Marthe Brossier, avait mis martel en tête au père Cotton, qui paraît avoir été d'un esprit inquiet et un peu songe-creux. L'idée lui vint de profiter des exorcismes qu'on faisait sur cette fille pour s'éclaircir auprès du diable d'un certain nombre de difficultés qui le préoccupaient. Il rédigea donc une liste de questions à adresser au malin esprit. On peut voir dans le v° chapitre du tome III des *OEconomies royales* et dans le CXXXII° livre de l'histoire de M. de Thou, cette liste, et par quelles circonstances elle arriva à la connaissance du public.

Au nombre de ces questions, il s'en trouvait d'obscures pour tout autre que celui qui les devait faire, comme :

« Tout ce qui touche la voye et le chemin.

« Tout ce qui touche les advertissemens particuliers et publics.

« Chamières Ferrier, par quel moyen ?

« Touchant les vœux, le sacre et les cas de conscience, » etc.

D'autres questions étaient plus positives :

« Ce qu'il peut sçavoir (le démon) de la santé du Roy.

« Tout ce qui touche ceux qui demeurent en cour.

« A quelle restitution le Roy est tenu.

« Touchant celui qui peut estre contre moy.

« Ce qu'il faut que je sçache touchant le Roy et M. de Rosny.

« Quoy et qui empesche la fondation du collége de Poictiers.

« Ce qui est du voyage du pere general en Espagne.

« Ce que Dieu veut que je sçache par toy touchant le plagiaire de Geneve.

« Par quel moyen le Turc pourroit estre vaincu et les infideles convertis.

« Ce qui empesche le collége d'Amiens et de Troyes, » etc.

D'autres questions provenaient d'une sorte de curiosité scientifique.

« Où est le paradis terrestre ?

« Quand les animaux ont beu dans l'Arche.

« Quand les isles ont receu les animaux.

« Quels enfants de Dieu ont aimé les filles des hommes.

« Si les langues sont venues de Dieu.

« Si le serpent a cheminé sur ses pieds devant la cheute d'Adam, » etc.

Cette dernière question faisait allusion au verset de la Genèse : « Et ait Dominus Deus ad serpentem : Quia fecisti hoc, maledictus es inter omnia animantia et bestias terræ : super pectus tuum gradieris. »

le Diable[3]. Je sçay que l'on a publié et faict courir des articles que l'on a attribuez au pere Cotton, qui contenoient infinies curiositez, aucunes desquelles, comme elles sont indignes de sa profession, aussy ont-elles esté inventées aussy malicieusement que sottement à l'effect susdict; et descouvre tous les jours que chascun les amplifie à mesure qu'il les transcrit[4]. Priés donc le dict roy mon frere d'avoir meilleure opinion de la doctrine et des moyens du dict pere Cotton, que ne veullent la luy imprimer les aucteurs de la publication des dicts articles, adjoustant que ce seroit faire tort à mon jugement, comme à l'innocence du dict Cotton, s'il croyoit qu'il eust forgé et faict les dictes interrogations. Mais *le s^r Parrey* est de si facile creance aux advis qui luy sont donnez contre les catholicques et ecclesiastiques, et principallement contre les Jhesuistes, qu'il reçoit pour comptant, par simplicité ou par art, affin que je ne die pas malice, tout ce que l'on luy en debite et quelquesfois avecq trop d'inconsideration. Comme dernierement que je feus party de Paris, il s'imagina avecq d'autres, que les escolliers avoient deliberé de le massacrer et mes subjects de la religion pretendue reformée qui estoient à Paris. Sur quoy il se barricada en sa maison, acheta et se pourveut d'armes, au veu et sceu de tout le monde. Et toutesfois il ne s'est descouvert ny veriffié aucune cause de ceste terreur panique, quelque enqueste qui ayt esté faicte par mon commandement, qu'un certain placart, affiché en quelques lieux de la dicte ville, par lequel

---

[3] Ce qui avait motivé la plainte du roi d'Angleterre, c'est qu'une de ces questions portait :
« Par quel moyen principalement et facilement le roy d'Angleterre, la royne et son royaume se pourront convertir. »

[4] La chronique fut défrayée pendant quelque temps par cette indiscrète curiosité du père Cotton. L'esprit français s'en empara et il en courut des plaisanteries assez mordantes. Le comte de Thorigny, un des hommes les plus spirituels de la cour, s'amusa à écrire, comme contre-partie de ces fameuses questions, une sorte de revue satirique qui eut la plus grande vogue. Il y disait au Diable :
« Je ne te demande pas si le serpent avoit des pattes avant le peché d'Adam, mais si Conchine avoit des souliers quand il vint à la cour.
« Je ne te demande pas si Dieu est l'auteur des langues, mais quel diable a pu en donner une aussi méchante à madame de Monglat, » etc.

les escolliers estoient conviez à ce festin. Mais il faut que je vous die que je ne suis sans soubçon qu'il ayt esté faict exprés par aucuns de la mesme religion, cuidans m'empescher, par ce moyen, de venir en ces quartiers pour poursuivre plus avant la veriffication des menées limosines, et neantmoins, j'ay commandé que l'on ne cesse de faire recherche de l'auteur et imprimeur des dicts placarts, jusques à ce qu'on en sçache la verité, comme j'ay bien deliberé de ne quitter celle que j'ay entreprise des dictes menées de deçà, que je n'en sois entierement et asseurement esclarcy. A quoi j'ay desjà tant advancé, que je ne puis plus doubter que le dict duc de Bouillon n'ayt esté l'auteur des dictes menées, et que ses serviteurs n'en ayent esté les instigateurs et solliciteurs; qu'il n'ayt desboursé de l'argent pour corrompre mes subjects, et recherché de s'emparer des villes et places des dictes provinces et d'autres, et allumé un nouveau feu en mon Royaulme, pour s'en prevalloir au prejudice de mon service et de sa fidellité. Ce qui sera representé encores plus fidellement au roy mon dict frere, quand je seray retourné du dict pays, où je continue à m'acheminer, suivant ma premiere deliberation. Je prie Dieu, Monsr de Beaumont, qu'il vous ayt en sa saincte garde. Escript à Chastellerault, le ixe jour d'octobre 1605.

HENRY.

DE NEUFVILLE.

[1605.] — 12 OCTOBRE. — Ire.

Orig. autographe. — Collection de M. Feuillet de Conches.

[*A LA REINE.*]

Mon cœur, Je n'ay manqué un seul jour, despuis votre partement, à vous escrire. Nous allons coucher anhuy à Bellac, et demain à Limoges[1], où je vois bien, comme les affaires se presentent, que mon

---

[1] Henri IV, comme cela lui arrivait si souvent, modifia, à ce qu'il paraît, ce plan d'itinéraire, en restant un jour ou deux à Bellac. L'historien de cette ville, M. l'abbé Roy-Pierrefitte, pense que ce billet fut écrit dans un château près de Bussière-Poitevine (Haute-Vienne). L'aspect du pays entre ce bourg et Bellac plut au roi, et il y voulut avoir *le plaisir de la chasse,* prévoyant sans doute l'ennui qui l'attendait à Limoges.

retour ne sera si prompt que je le pensois. Il y faillit avoir hier une grande querelle entre m^r d'Eguillon et le segnor don Jouan pour le rang du logis. Nous verrons aujourd'huy comme nous accommoderons cela. Seulement vous diray-je que vostre oncle, quand il est en colere, est hors de toute raison. J'ay haste de partir, car je fais une grande journée; qui me faict finir en vous donnant un million de baisers. Ce xiie octobre.

1605. — 12 OCTOBRE. — IIme.

Orig. — Archives grand-ducales de Hesse-Cassel.
Imprimé. — *Correspondance de Henri IV avec Maurice le Savant*, p. 246.

A MON COUSIN LE LANDGRAVE DE HESSE.

Mon Cousin, A la premiere cognoissance que j'ay eue des nouvelles brouilleries que le duc de Bouillon et les siens avoient suscitées et esmeues, je voulus vous en donner advis par messager exprés; ce fut dés le xixe du mois d'aoust par David, ceste prompte communication m'ayant semblé necessaire, tant pour le compte que je fais de vostre affection, que à cause de la parole tres favorable que je vous avois donnée par le s^r de Widemarkre touchant le dict duc. Depuis j'ay differé vous escrire, attendant tousjours le retour du dict David, duquel je n'ay encore nouvelles, dont je suis un peu esmerveillé et en peine, craignant qu'il luy soit survenu quelque accident; car je sçais que plusieurs sont marrys et jaloux de nostre bonne correspondance, laquelle toutesfois, comme vous sçavés, n'est fondée que sur le bien public et n'a aultre but que d'en procurer et advancer l'effect, tant pour la Germanie que pour la France, mesmes sans faire injustice ny prejudice à personne quelconque.

Or, mon Cousin, vous sçaurés par la presente, que je n'ay cessé de rechercher la verité des premiers advis qui m'avoient esté donnez des dictes brouilleries depuis le partement du dict David, ne me pouvant veritablement persuader que le dict duc de Bouillon (lequel faisoit lors toute demonstration de rechercher ma bonne grace, y employoit mes amys et les siens, et protestoit d'estre innocent de tout crime en mon endroict) fust auteur ny consentant des dictes menées, ainsy que l'on me donnoit à entendre, et d'autant plus qu'il avoit sceu par vous la seureté que vous avois donnée et qu'il avoit acceptée pour sa personne, venant me trouver pour se purger des dicts crimes ou pour me faire les soubmissions requises pour meriter ma grace. C'est pourquoy j'ay voulu descendre moy-mesme sur les lieux, pour mieux en descouvrir la verité, laquelle est souvent desguisée de loin, soit par flatterie, par envie et mauvaise volonté ou autre consideration.

Mon Cousin, il est certain et bien prouvé maintenant, et par divers tesmoings, tous conformes et unanimes, et mesmes par aucuns particuliers serviteurs du dict duc qu'il y a employez, que luy et les siens avoient dressé ceste conspiration pour faire prendre les armes à mes villes, à ceste noblesse catholique laquelle ils avoient recherchée et seduicte à force d'argent et sous divers pretextes, leur faire accroire qu'au mesme temps qu'il s'esleveroient, l'on feroit le semblable en plusieurs autres provinces de mon Royaume, que les grands d'iceluy, jusqu'aux princes de mon sang, seroient de la partie, qu'ils seroient secourus d'une grande armée estrangere, composée d'Allemands et de Suisses; adjoustant plusieurs autres mensonges malicieusement controuvez, pour les animer davantage contre ma personne et celle de mon fils et mon auctorité royale. Ce sont les devoirs et offices que faisoit faire le dict duc par les siens pour me tailler de la besogne, ce pendant qu'il escrivoit et publioit partout qu'il abondoit et regorgeoit de loyauté à mon endroict, et qu'il bruloit d'un ardent desir de verifier et manifester son innocence, pour estre recogneu indigne de mon indignation, de la mauvaise opinion que j'avois de luy et des rigoreux traictemens qu'il disoit recevoir de moy; encores qu'il eust trop plus d'occasions de se louer de ma debonnaireté et indulgence que de la severité de ma justice. Car, qu'avois-je lors faict contre luy que de faire surseoir le payement des appointemens et pensions qu'il souloit tirer de moy quand il servoit auprés de ma personne, et devant qu'il fust accusé de crime de leze-majesté? J'avois exprés faict differer et sursceoir toute poursuicte de justice contre luy, pour luy donner loisir et subject de recognoistre et amander ses faultes premieres.

Mon Cousin, souvenés-vous et vous representés ce que je vous ay escript et mandé par toutes mes lettres et par ceux que vous avés envoyez vers moy, et particulierement par le dict Widemarkre. A present que le dict duc voit ne plus pouvoir desguiser ny cacher la verité de ses intentions et actions, non-seulement il a faict demonstration de vouloir me contenter par la reddition de ses places qui debvoient servir de retraicte aux dicts conspirateurs, mais aussy par une confession et adveu volontaire d'une partie des dictes practiques. A ceste fin il a envoyé des mandemens à ceulx qui gardoient ses maisons, d'obeïr à mes volontez ; à quoy toutesfois ils ne pouvoient plus faire refus et difficulté de satisfaire, estant accompagné, comme je suis, de l'auctorité et des moyens qu'il convient pour les y contraindre et forcer, au hazard de leurs testes. Et neantmoins, j'ay encore voulu permettre que ses dicts mandemens ayent esté executez, affin que le debvoir auquel il s'est mis de me complaire et contenter en cecy, ores qu'il l'ayt faict par necessité, ne luy fust du tout inutile. J'ay voulu aussy que ses dictes maisons ayent esté mises entre les mains et en la garde de personnes de la religion pretendue reformée, ses confederez et amys de tout temps, qui sont les sieurs de Bresolles, lieutenant de sa compagnie de gendarmes, de Vivans et de Villepion, affin que ses dictes maisons fussent conservées sans qu'il luy fust faict prejudice.

Mon Cousin, jugés si ces actions sortent d'une ame irreconciliable et transportée d'animosité, telle que aulcuns depeignent que est la mienne. Il veut couvrir et excuser aussy ce qu'il confesse et advoue des dictes menées, du desespoir de ma bonne grace, auquel il dit qu'il se trouvoit, et de la crainte qu'il avoit que je fisse pis. Ce sont raisons et escuses dignes d'un subject envers son roy et d'un obligé serviteur envers son maistre et bienfaicteur. Toutesfois, pourquoy recherchoit-il doncques en mesme temps ma grace, vous y employoit-il, et protestoit-il toute innocence? Il s'est tousjours conduict et gouverné ainsy en mon endroict devant et depuis mon advenement à ceste Couronne, ayant recherché en tout temps toute sorte de moyens de s'advantager au mespris de sa foy et de sa gratitude envers moy et au prejudice de la cause publique, pour laquelle je combattois devant que je fusse son Roy, et de mon auctorité et service, depuis que Dieu m'a constitué tel. Je vous en fis les discours veritables quand je vous vis, lesquels je m'asseure que vous n'avés oubliez. Considerés maintenant comme il se comporte et s'il a changé de style et de forme de vivre. Si son pouvoir egaloit sa volonté, il rempliroit non seulement mon Royaume, mais aussy toute la Chrestienté de discorde, de feu et de sang pour favoriser ses desseins et pour parvenir à son but. Il me menace des forces d'Allemagne et de Suisse; je veux croire qu'il en est aussy peu asseuré que des François de sa religion et des autres, desquels il se vante parmy les estrangers pouvoir disposer à sa discretion; car toutes sortes de raisons et considerations doivent faire prendre tout autre conseil aux princes d'Allemagne et aux cantons de Suisse, desquels il se vante qu'il sera assisté contre moy. Ce seroit aussy à mon grand regrest, si j'estois contrainct, par la deffense de mon auctorité, en une cause si juste pour mon regard et si deraisonable de l'autre part, d'exposer ma personne et ma puissance contre ceulx pour la liberté desquels j'ay souvent declaré et promis d'employer l'une et l'autre, et seray tousjours prest à le faire encore quand l'occasion s'en offrira et me sera donnée, tant pour imiter les Roys mes predecesseurs envers les leurs, que pour me revancher envers eulx des plaisirs que j'en ay receus en mes premieres guerres et necessitez.

Mon Cousin, J'ay voulu descharger mon cœur avec vous de toutes ces choses, affin que vous sçachiés que, si ces entreprises et offenses m'ont faict monter à cheval et ont à bon droict esmeu mon courroux, elles n'ont pourtant changé ny alteré mon naturel ny mon inclination, l'experience que j'ay des choses du monde m'ayant appris d'estre plus prudent que vindicatif en la direction des affaires publiques.

Au reste ; chascun dit que les princes et electeurs de l'Empire veulent à toute force creer un roy des Romains, sollicitez de toutes parts de s'en resouldre et principalement du besoin qu'en a l'Empire. Sur cela, l'on parle diversement du choix; les uns desirent l'archiduc Albert ou Ferdinand: ce sont les Espagnols; les autres Mathias ou Maximilian, et quelques-uns un prince aultre que de la maison d'Austriche. Je vous prie de me faire sçavoir ce qui s'en dict où vous estes et quel est vostre advis et celuy de nos amys sur cela; car vous sçavés que, pour mon regard, je ne suis meu d'aulcune autre pretention que de la propagation du bien public, qui sera tousjours favorisé et appuyé de moy tres sincerement, comme je vous prie faire entendre partout où besoin sera[1].

Je suis encore recherché d'employer mon nom pour composer amiablement les differends entre le roi de Poloigne et le duc Charles de Suede; et, comme j'ay sceu que ce dernier a plus grand besoin que jamais de terminer les dicts differends, pour les raisons qui vous sont aussy cogneues qu'à moy, j'ay bien voulu vous en escrire derechef, sçachant que vous l'avés tousjours aimé et qu'il s'est aussy souvent confié en vous, affin que vous luy faciés entendre l'ouverture qui m'a esté faicte de moyenner le dict accord, et qu'il vous mande sur cela s'il a la volonté d'y entendre et que je m'entremette, l'asseurant que j'auray à plaisir de luy en faire en justice, comme j'auray aussy de vous tesmoigner tousjours et en toutes occasions la continuation de ma bienveillance et l'estat que je fais de vostre affection. Je prie Dieu, mon Cousin, qu'il vous ayt en sa saincte garde. Escript à Belac[2], le xij⁰ jour d'octobre 1605.

HENRY.

---

[1] Cette partie, en caractères italiques, était en chiffres dans l'original.

[2] L'éditeur de la correspondance de Henri IV avec Maurice le Savant a imprimé ici *Belar*. Mais quand même ce nom serait ainsi écrit dans l'ancienne copie, il n'y a pas de doute sur la correction. Ceci m'avait échappé, lorsque M. l'abbé Roy-Pierrefitte me fit l'honneur de m'écrire pour me demander si le passage de Henri IV à Bellac était constaté par la date de quelque lettre. Cette correction certaine confirme surabondamment ce qu'il dit au sujet de ce séjour, dans le chapitre v de son Histoire de la ville de Bellac. (Limoges, 1851, in-8°, page 50) : « Le 12 octobre 1605, Henri IV vint coucher à Bellac chez le consul Genebrias. »

[1605.] — 16 [OCTOBRE].

Orig. autographe. — Collection de M. Feuillet de Conches.

[A LA REINE.]

Mon cœur, Je m'ennuye si fort icy, que, quand je n'aurois point si grande envie que j'ay de vous voir, je ne lairrois de haster mon partement. Vous me mandés que vous irés en un jour d'Estampes à Paris. Je ne seray à mon aise que je ne sçache vostre arrivée, car les mulets sur la fin du voyage bronchent fort. Demain, je vous pourray mander le temps où je partiray d'icy. Je ne fais mon entrée[1] que mardy, à cause du mauvais temps. Le mareschal d'Ornano arrive ce jour-là. Ils me donneront bien de la peine, m^r d'Espernon et luy, car ils sont fort animez l'un contre l'autre. Je ne sçaurois dormir que je ne vous aye escript; mais si je vous tenois entre mes bras, je vous cherirois de bon cœur. Je te donne le bon soir et mille baisers. Ce xvj^e.

[1605.] — 17 OCTOBRE. — Ire.

Orig. autographe. — Collection de M. Feuillet de Conches.

[A LA REINE.]

Mon cœur, Je ne vous feray pas long discours; car je suis tombé cest aprés-disner malade de la maladie qui court. Je n'en suis pas encore au sang, mais j'ay peur d'y venir. Cela est cause que je ne feray pas demain mon entrée. Comme je me porteray ceste nuict, je le vous manderay demain. Je vous donne le bon soir et un million de baisers. Ce lundy au soir, xvij^e octobre.

---

[1] C'est l'entrée solennelle, en grand apparat, que précédait ordinairement un séjour dont le caractère officiel était un demi-incognito. La grande entrée, annoncée ici pour le 18, fut encore retardée de deux jours par une indisposition qui survint à Henri IV, ainsi qu'on le voit dans les billets suivants à Marie de Médicis.

1605. — 17 OCTOBRE. — IIme.

Orig. — B. N. Fonds Béthune, Ms. 9089, fol. 87.

Cop. — B. N. Suppl. fr. Ms. 1009-2.

[AU CONNÉTABLE.]

Mon Cousin, Arrivant en ce pays, je trouve que la ville de Turenne et les autres forteresses appartenans au duc de Bouillon ont esté rendues et mises ez mains de ceulx que j'ay ordonnez pour y commander. J'ay aussy eu asseurance de l'obeyssance generale de tous mes subjects des provinces de deçà, ne restant aulcune apparence du remuement nagueres advenu, que quelques prisonniers qui sont accusez d'avoir eu part au dict remuement, et d'autres jusques au nombre de sept ou huict, qui se sont absentez, craignant la juste punition de leur rebellion. Les autres m'ont demandé pardon et ont ingenuement recogneu leurs faultes; à l'endroit desquels j'ay usé de ma bonté et clemence accoustumée. Il me reste de donner ordre pour faire la justice, tant aux dicts prisonniers qu'à ceulx qui se sont absentez[1]. A quoy ayant pourveu, je partiray aussy tost pour m'en retourner vers Fontainebleau, et vous donneray advis du temps que j'y pourray arriver,

---

[1] L'histoire qui continue, à partir de l'année 1605, la *Chronologie septénaire* de Cahier, nous fait ainsi connaître la manière dont ces ordres furent exécutés : « Le Roy ayant asseuré le pays, s'en revint à Paris, apres avoir estably dans Limoges des commissaires tant de son conseil que du parlement de Paris et de Bordeaux, pour faire et parfaire le procez tant aux rebelles que l'on attraperoit qu'aux absens.

« Le sieur de Themines, gouverneur et seneschal de Quercy, suivant le commandement du Roy, manda les vice-seneschaux des pays voisins de se rendre pres de luy avec leurs archers, pour y servir le Roy, ce qu'ils firent. On courut lors les rebelles partout où l'on eut advis qu'ils s'estoient retirez.... Plusieurs furent pris, d'entre lesquels il y en eut cinq qui furent decapitez en personne, sçavoir: le baron de Calveyrac, Quercinois, et le capitaine Mathelin, son frère bastard, les sieurs de Chassein et de Pevygoudon, du pays de Perigord, et de Cryspel, Limousin. Quant à la Chapelle-Biron, Tayac, Lygongnac, Rignac, Gyversac et Bassignac, leur procez faict par contumace, ils furent executez en effigie. Il y en eut plusieurs de prisonniers qui n'eurent autre punition que la prison. » (*Le Mercure françois, ou suite de l'Histoire de la paix*. Paris, 1611, fol. 12.)

m'asseurant que m'y viendrés trouver. Ce pendant je prie Dieu qu'il vous ayt, mon Cousin, en sa saincte garde. Escript à Limoges, le xvij[e] jour d'octobre 1605.

HENRY.

POTIER.

[1605. — 17 OCTOBRE.] — IIIme.

Orig. autographe. — Collection de M. Feuillet de Conches.

[A LA REINE.]

Mon cœur, Il faut advouer le vray, je vous ay bien trouvé à dire anuict et n'ay sceu dormir, me treuvant seul. Je viens d'avoir des nouvelles que Vasignac et Rignac, en lieu de rendre Turenne, s'en sont fuy et ont laissé le chasteau avec trois hommes pour recevoir celuy qui iroit de ma part. Ce porteur vous dira pourquoy je l'envoye en diligence, et l'escandale qui a cuidé arriver icy. Nous en partirons lundy, s'il plaist à Dieu. Ne doubtés point, mon cœur, que je ne vous aime plus que chose du monde; je vous le jure et vous en asseure. Aimés-moy bien aussy. Je vous donne le bon soir et un million de baisers.

[1605.] — 19 OCTOBRE. — Ire.

Orig. autographe. — Collection de M. Feuillet de Conches.

[A LA REINE.]

Mon cœur, Mon mal m'a duré vingt-quatre heures et assés violent, et comme il m'avoit pris tout en un coup avec beaucoup de tranchées, il m'a quitté de mesme, et me porte bien asteure, Dieu mercy. Je feray demain mon entrée, et partiray samedy ou vendredy pour vous retourner voir. Le mareschal d'Ornano est arrivé avec trois cens gentilshommes. Je crois qu'il y en a icy plus de mille; il ne laisse pas d'y faire fascheux. Mon mal m'a un peu affoibly; mais deux jours me remettront. A Dieu, mon cœur; je te donne deux mille baisers. Ce xixe octobre.

[1605.] — 19 OCTOBRE. — IIme.

Orig. autographe. — Collection de M. Feuillet de Conches.

[*A LA REINE.*]

Mon cœur, Beringhen est arrivé avec son faiseur d'argent. Il m'a baillé vostre lettre, par laquelle je vois que l'on ment à Paris comme de coustume. Ceux qui font courre le bruict que nous sommes mal ensemble le desireroient peut-estre, mais nous les eloignerons bien de leur compte. J'ay veu aussy ce que me mandés de ceste dame jaune et maigre; ce n'est plus marchandise pour ma boutique, car je ne me fournis que de blanc et gras. J'espere faire mon entrée demain, et vendredy partir pour m'en retourner vous voir en la plus grande diligence que je pourray, car je vous aime de tout mon cœur. Croyés-le, et m'aimés aussy comme cela. Je te donne le bon soir et mille baisers. Ce xixe octobre.

[1605.] — 21 OCTOBRE. — Ire.

Orig. autographe. — Collection de M. Feuillet de Conches.

[*A LA REINE.*]

Mon cœur, Mon cousin faict bien le nouveau marié, car il me laisse pour aller voir sa femme; j'en ferois bien ainsy de Limoges; mais des brouilleries m'y arrestent jusqu'à lundy. Ces trois jours me dureront un siecle, et pour me retarder de vous voir, et pour m'ennuyer icy cruellement. Dieu sçait les benedictions que je donne à ceux qui en sont cause. Je vous depescheray, le jour que je partiray, la Varane. Vous n'apprendrés guere de nouvelles de ce porteur, mais m^me du Pesché ne cellera pas celles que son mary luy apprendra. Je vous donne le bon soir et cent mille baisers. Ce xxj^e octobre.

1605. — 21 OCTOBRE. — IIme.

Orig. — Archives municipales de Bordeaux. Copie transmise par M. Reyer, secrétaire général de la ville.

A NOS TRES CHERS ET BIEN AMEZ LES MAIRE ET JURATS DE NOSTRE VILLE DE BOURDEAUX.

Tres chers et bien amez, Nous avons eu grand contentement d'entendre par nostre cousin le mareschal d'Ornano le bon debvoir que vous rendés en vos charges et l'affection et fidelité que vous continués d'avoir à nostre service, qui est une possession laquelle nos subjects de nostre ville de Bourdeaux se sont de tous temps conservée, dont ceux qui tiennent le lieu que vous faictes en ont tousjours monstré le premier exemple aux autres. Nous nous asseurons que vous persevererés en ceste devotion, comme vous le pouvés estre que nous aurons pareillement soin de gratifier vostre dicte ville en ce qui sera de sa conservation et accroissement. Donné à Limoges, ce xxj^e jour d'octobre 1605.

HENRY.

FORGET.

1605. — 22 OCTOBRE. — Ire.

Orig. — B. N. Fonds Béthune, Ms. 9089, fol. 91.
Cop. — Suppl. franç. Ms. 1009-2.

AU CONNÉTABLE.

Mon Cousin, Depuis que je suis en ceste ville, j'ay tellement advancé mes affaires que je suis prest d'en partir, ayant par ma presence descouvert tout ce qu'il y avoit de plus particulier en l'entreprinse qui avoit esté faicte contre mon service. A quoy j'ay remedié, tant pour le mal present que pour ce qui pourroit advenir, en sorte que mes subjects pourront jouir cy-aprés d'un bon et asseuré repos. Il est venu plus de douze cens gentilshommes des provinces circonvoisines me trouver, qui ont recogneu mes intentions, et le soing particulier que j'ay de conserver mes subjects. La punition exemplaire que j'ay ordonné estre faicte, par la justice, des rebelles qui sont prisonniers et de ceulx qui sont fugitifs, donnera toute asseurance à mes bons subjects et terreur aux meschans. C'est donc l'ordre que j'y ay establv, ayant resolu de partir le xxiiiie de ce mois pour m'en aller à Paris, où j'espere estre dans le viiie du mois prochain, au plus tard. J'auray agreable de vous voir au mesme temps ou bien tost aprés : et ce pendant je prieray Dieu, mon Cousin, qu'il vous ayt en sa saincte garde. Escript à Limoges, le xxij^e jour d'octobre 1605.

HENRY.

POTIER.

[1605.] — 22 OCTOBRE. — IIme.

Orig. autographe. — Collection de M. Feuillet de Conches.

[A LA REINE.]

Mon cœur, Je suis le plus estonné du monde de ce que me mandés, qu'il y ayt cinq jours que vous n'ayés receu de mes nouvelles, car je n'ay manqué à vous escrire tous les jours. La date des lettres que vous aurés receues vous en feront[1] foy. Je suis en peine de ce que vous vous estes trouvée mal. Conservés vous mieux que vous ne faictes; dictes du tout adieu aux carrosses. Je partiray, s'il plaist à Dieu, lundy, et si je puis achever mes affaires demain. J'ay retenu Nicolo pour vous asseurer qu'il m'aura veu le pied à l'estrieu, parce que la Varane a eu une affaire qui luy importoit, à sa maison. J'ay enfin accommodé m^r d'Espernon et m^r d'Ornano, mais avec une extresme peine. Pour conclusion, ne vous faschés de rien. Je me porte bien et vous aime plus que moy-mesme. Ce samedy xxij^e octobre.

---

[1] Ainsi dans l'original, au lieu de *fera*.

[1605. — 24 OCTOBRE.] — Ire.

Orig. autographe. — Collection de M. Feuillet de Conches.

[*A LA REINE.*]

Mon cœur, Je pars et ay commandé à ce porteur de me voir le pied à l'estrieu pour vous en asseurer. Je feray la Toussainct où je me trouveray. Mr de Lodeve[1] est mon confesseur; jugés si j'auray l'absolution à bon marché. Si vous vous trouvés mal, ne venés au devant de moy; mais si vous vous portés bien, je seray bien aise de vous trouver à Fontainebleau le jour que j'y seray. Je ne le vous puis mander encore de cinq ou six jours. Bon soir, mon cœur, je te baise cent mille fois.

[1605.] — 24 OCTOBRE. — IIme.

Orig. autographe. — Collection de M. Feuillet de Conches.

[*A LA REINE.*]

Mon cœur, Je m'en vois coucher à St-Germain[1], chez Beaupré, et seray, s'il plaist à Dieu, demain à Argenton. Toutes les nouvelles que je vous pourray doresnavant mander ne seront que des chemins et du beau ou mauvais temps. Le cœur commence à relever à tout le monde de sentir le visage tourné vers la douce France. Ce malheu-

---

[1] C'est une plaisanterie sur un des abus du temps. Ce prétendu confesseur n'était âgé que de quatre ans. C'était Charles de Lévis, fils du duc de Ventadour et petit-fils du connétable. Il était né en 1600 et avait été nommé en 1604 à l'évêché de Lodève, dont il ne fut titulaire que trois ans, ses parents l'ayant retiré alors de l'état ecclésiastique avant qu'il y fût réellement entré. Il prit le titre de marquis d'Annonay. Son frère aîné, qui était devenu duc de Ventadour en 1622, par la mort de leur père, mais qui se sentait une véritable vocation religieuse, entra dans les ordres en 1631 et lui céda son titre de duc de Ventadour, la lieutenance générale au gouvernement de Languedoc et le gouvernement de Limousin. Deux ans après, le nouveau duc fut créé chevalier des ordres du Roi. Il mourut à Brives, en 1649.

[1] Bourg du département de la Creuse, arrondissement de Guéret, canton de la Souterraine.

reux pays et les importunitez nous l'avoient tout abattu, et particulierement à moy, qui, je vous jure, fusse tombé malade, si je fusse esté encore deux jours à Limoges. Je vous donne mille bonjours et autant de baisers. Ce xxiiij^e octobre.

[1605.] — 25 OCTOBRE.

Orig. autographe. — Collection de M. Feuillet de Conches.

[*A LA REINE.*]

Je ne vous voulus pas mander hyer comme depuis le partement de Nicolo le devoyement m'a repris, parce que je cuidois que le changement d'air et l'abstinence m'en gueriroit; mais, mon cœur, il me continue avec un tel mal d'estomac que je crois qu'il me faudra arrester à Chasteauroux, où je seray demain, pour prendre medecine et me reposer; car ce mal m'affoiblit et m'attriste extremement. Je parts tout asteure de St-Germain, m'en vais coucher à Argenton. Voilà tout ce que vous puis mander. Bon jour, mon cœur, je vous baise mille fois. Ce xxve octobre.

[1605.] — 26 OCTOBRE.

Orig. autographe. — Collection de M. Feuillet de Conches.

[*A LA REINE.*]

Mon cœur, Je receus hyer deux lettres de vous. Il y avoit deux jours que je n'en avois eu. J'ay mieux dormy ceste nuit, et sens ce matin moins de douleurs à l'estomac. Je vis avec un extresme regime; s'il m'amende tout aujourd'hui, demain, au lieu de prendre medecine, je courray un cerf. Je seray, s'il plaist à Dieu, vendredy quatriesme du mois qui vient, à Fontainebleau. Mandés-moy si vous y serés, et ne faictes rien contre vostre santé. Gardés vous, pour l'amour de moy et de ce que vous avés dans le ventre. Je vais coucher à Chasteauroux, où je sejourneray demain; vendredy à Vatan, et feray ma feste à Viarzon ou Aubigny. M^de de la Chastre vous dira tout ce pays-là. Bonjour, mon cœur, je te baise cent mille fois. Carleroux sera icy anhuy. Mercredy xxvj^e octobre, à Argenton.

[1605.] — 28 OCTOBRE.

Orig. autographe. — Collection de M. Feuillet de Conches.

[*A LA REINE.*]

Mon cœur, Je vais monter à cheval pour aller coucher à Vatan, où je verray la femme de l'evesque de Verdun, qui sera la premiere princesse ecclesiastique que j'aye jamais veue [1]. Demain j'iray chez m^r le mareschal de la Chastre. La medecine m'a arresté le devoiement,

---

[1] Ceci nous est expliqué par la fin d'une longue dépêche au cardinal de Joyeuse, en date du 25 janvier 1605, dont nous donnons ci-après l'analyse. On y lit:

« Je suis en tres grande peine de l'evesque de Verdun, lequel transporté de fureur amoureuse, ou plustost abandonné de Dieu, a espousé une gentifemme de mon Royaume, nommée la demoiselle de Vatan, sœur du s^r de Vatan. Les nopces ont esté faictes en l'abbaye de Gersy, de laquelle est abbesse une sœur du dict Vatan, où les bans ont esté proclamez par trois dimanches, soubs le nom de Errich de Lorraine. Et dit-on qu'il a supposé et faict voir une dispense du Pape de se pouvoir marier, pour mieux abuser ceste fille, avec laquelle j'ay esté adverty qu'il est prest de se retirer à la Rochelle, si jà il ne l'a faict, pour se declarer de la religion nouvelle avec sa dicte femme, qui a tousjours esté catholique, comme est son frere et toute sa maison. Si tost que j'ai sceu au vrai ceste action et le lieu où est le dict evesque, j'y ay envoyé pour le retenir par une voie ou par une autre, affin de diminuer, s'il est possible, le scandale que ce changement causera en l'Eglise, que j'apprehende et ressens comme je dois. »

Le cardinal de Joyeuse était personnellement tres disposé à faire tous ses efforts pour arrêter ce scandale, car il avait l'honneur d'être allié de l'évêque de Verdun, qui avait pour sœurs la reine de France, femme de Henri III, et la duchesse de Joyeuse, belle-sœur du cardinal. Au reste les choses n'allèrent pas aussi loin que le craignait Henri IV, et la chrétienté n'eut pas le spectacle d'un prince lorrain embrassant le protestantisme. L'affaire fut assoupie et Henri de Lorraine, comme nous l'avons dit ci-dessus, resté évêque de Verdun jusqu'en 1610, se retira chez les capucins de Saint-Nicolas-lès-Nancy, d'où il sortit en 1617, ayant été nommé évêque de Tripoli et suffragant de Strasbourg. (Voyez t. V, p. 942.)

mais l'estomac me faict encore mal. D'aujourd'huy à huict jours je vous tiendray entre mes bras et vous me guerirés. Bonjour, mon cœur, je te baise cent mille fois. Ce vendredy, xxvııj^e octobre Chasteauroux.

1605. — 8 novembre.

Orig. — Arch. grand-ducales de Hesse-Cassel.
Imprimé. — *Correspondance de Henri IV avec Maurice le Savant*, p. 257.

A MON COUSIN LE LANDGRAVE DE HESSE.

Mon Cousin, Vous m'avés faict plaisir d'avoir surscis le renvoy vers moy du cappitaine Widemarckre, aprés avoir veu ma lettre du xixe du mois d'aoust, ainsy que vous m'avés escript par la vostre du vııı^e de septembre, que j'ay receue le xıııı^e d'octobre; car vous aurés encore appris par la mienne du xıı^e du dict mois d'octobre, que vous aurés maintenant receue, les justes causes que j'ay d'estre plus offensé que jamais du duc de Bouillon et de n'esperer des demonstrations et declarations qu'il faict et publie partout de la volonté qu'il a de se rendre digne de ma grace, que toute feinte et dissimulation. Depuis mes dernieres lettres j'ay encore mieux verifié que devant ses menées et desseings contre mon service. Toutesfois il escript partout qu'il est innocent, qu'il n'en a eu aucune cognoissance et que l'on luy faict tort seulement de l'en soubsçonner. Ceste negative d'une verité bien prouvée et certifiée augmente à bon droict mon mescontentement et m'oste par mesme moyen l'esperance d'une vraye contrition et repentance. C'est pourquoy je vous prie de cesser et rompre la negotiation que j'avois trouvé bon que vous entreprissiés avec luy pour mon service et contentement, car les choses estant au terme auquel elles se retrouvent, j'en recevrois tout le contraire, et je sçay bien que ce n'est vostre desir ny vostre but, car vous affectionnés par trop le bien de mon Royaume pour vouloir estre instrument et entremetteur d'une action qui luy doive estre prejudiciable et à moy desagreable. Vous n'estes de ceux aussy qui preferent l'amitié du dict duc à la mienne, qui veulent que j'endure de luy ce qu'ils n'endureroient du moindre ny du plus grand de leurs subjects et serviteurs, et qui adjoustent plus de foy à ses desguisemens qu'à la verité et integrité de mes actions.

Quant à l'accord d'entre le roy de Poloigne et le duc Charles de Suede, duquel je vous ay escript, par ma derniere, avoir de nouveau esté recherché et prié de m'entremettre, c'est un si bon œuvre qu'il doibt estre favorisé par tous ceux qui ont pouvoir de le procurer. C'est pourquoy, puisque vous avés esté requis de vous y employer, je vous conseille de le faire, et neantmoins je vous sçay bon gré du respect que vous avés voulu me deferer en ceste occasion.

Au reste j'ay accomply mon voyage de Limosin tres heureusement, ayant par ma presence consolé et fortifié mes bons subjects en leur obeïssance et fidelité, et par ma bonté et justice redressé les desvoyez au chemin de leur debvoir, ainsy que je pouvois desirer. J'ay retrouvé à mon retour la Royne ma femme, mon fils et ma fille en tres bonne santé et prosperité, en laquelle je prie Dieu, mon Cousin, qu'il vous conserve avec toute vostre maison. Escript à Fontainebleau, le viij^e jour de novembre 1605.

HENRY.

[1605.] — 20 NOVEMBRE. — Ire.

Imprimé. — *Mémoires de Mornay*, édit. de 1652, t. III, p. 139.

[A M. DU PLESSIS.]

Monsr du Plessis, Ayant sceu la fortune advenue à vostre fils[1], j'en ay receu par vostre consideration le desplaisir que vos fidelles ser-

---

[1] Philippe de Mornay, seigneur de Boves, seul fils de Du Plessis Mornay, n'était âgé que de vingt-six ans et servait comme volontaire dans l'armée du prince Maurice, lorsque, le 23 octobre 1605, ayant voulu s'avancer, quoique malade, près des fossés de la ville de Gueldres, contre laquelle Nassau tentait une surprise, il fut tué d'un coup de canon. Rien n'est plus touchant que le récit de sa mort et de la douleur de ses parents, dans la vie de Mornay par Des Liques, et surtout dans

vices et l'affection que je vous porte meritent. Vostre perte, à laquelle je participe, est grande. Je la ressens aussy pour vous, comme pour moy, ainsy que doibt faire un bon maistre comme je suis du pere, et l'estois du fils, esperant qu'il imiteroit vostre fidelité et devotion à mon service, comme il s'efforçoit de faire vos actions. Dieu a voulu en disposer; consolés vous en luy, en la bienveillance de vostre bon maistre et en vostre prudence et constance, je vous en prie, et de me faire paroistre en ceste occasion si sensible, que vous deferés plus à mon desir et conseil qu'à vostre juste douleur. Vous me contenterés grandement et vous en recueillerés le principal fruict, car je vous souhaicte toute felicité et santé, ainsy que vous dira de ma part Bruneau, que je vous envoie exprés pour cest effect. Je prie Dieu qu'il vous console et ayt, Monsr du Plessis, en sa saincte et digne garde. Ce xxe novembre, à Paris ².

HENRY.

1605. — 20 NOVEMBRE. — IIme.

Orig. — Archives royales de Sardaigne. Envoi de M. l'ambassadeur de France à Turin.

A MON FRERE LE DUC DE SAVOYE.

Mon Frere, L'evesque de Senez m'a faict entendre que, combien que ses predecesseurs ayent jouy paisiblement du prieuré d'Alloz,

les mémoires de madame de Mornay, qui se terminent au récit de cette catastrophe. Elle-même ne tarda pas à succomber à sa douleur, comme l'avait prévu aussitôt son mari, dont le premier mot fut : « J'ai perdu « mon fils, j'ai donc perdu ma femme. » Madame de Mornay mourut en effet le 15 mai suivant. L'historien de son mari dit de son fils : « Il estoit aagé de vingt-six ans, doué de rares dons de corps et d'esprit, de la connoissance de toutes les langues et disciplines necessaires, avoit veu la plus part de l'Europe, et partout laissé bonne odeur de soy. Et c'estoit jà le troisiesme voyage qu'il faisoit aux Pays-Bas, où il s'estoit signalé en plusieurs occasions. »

² Cette lettre était de la main du Roi, qui avait eu l'attention de recommander à son secrétaire Bruneau de ne la présenter à Du Plessis Mornay qu'après s'être assuré que la nouvelle en aurait déjà été annoncée, d'autre part, au malheureux père. Car Henri IV avait appris immédiatement cette triste nouvelle par une lettre du prince Maurice, et avait dit aussitôt : « J'ai perdu la plus belle esperance de gentilhomme de mon Royaume. »

qui despend du dict evesché, neantmoins, depuis les guerres dernieres, un de vos subjects, nommé Barrate, s'estant saisy du dict prieuré, en retient la possession et jouissance, en vertu de vostre sauve-garde, quelque instance que le dict evesque vous en ayt faicte et à ceux de vostre conseil, auxquels il a faict presenter ses tiltres et documens, avec trois sentences qu'il a sur ce obtenues. De quoy ayant esté supplié par ceux du clergé, qui sont à present assemblez en ma ville de Paris, de faire instance envers vous et ceux de vostre dict conseil, pour estre le dict prieuré un membre du dict evesché, en la non jouissance duquel le dict evesque reçoit un notable interest, je vous en ay bien voulu escrire ceste lettre, pour vous prier de faire consideration aux justes pretentions du dict evesque de Senez sur le dict prieuré d'Alloz, et ne permettre qu'il y soit doresnavant troublé, au prejudice mesmes des traictez de paix, vous asseurant que je me revancheray de la bonne et prompte justice qu'il recevra de vous en chose si raisonnable, quand il s'offrira occasion de faire le semblable pour ceux qui me seront recommandez de vostre part : priant Dieu, mon Frere, qu'il vous ayt en sa saincte et digne garde. Escript à Paris, le xxe jour de novembre 1605.

Vostre bon frere,

HENRY.

1605. — 24 NOVEMBRE.

Archives de M. le duc d'Escars. Copie transmise par M. Lecointre Dupont, président de la Société des Antiquaires de l'Ouest.

A MONS[R] LE BARON D'AIX,
CAPITAINE DE CINQUANTE HOMMES D'ARMES DE MES ORDONNANCES.

Monsr le baron, Pour response aux lettres que j'ay receues de vous ce matin, je loue grandement le zele que vous portés à mon service et à la memoire du feu s[r] de Listenois[1], vostre oncle, et serois

---

[1] Antoine de Bauffremont, dit de Vienne, marquis d'Arc en Barrois, seigneur de Listenois, fils aîné de Claude de Bauffremont, seigneur de Scey, et d'An-

fort aise que ce fust vous qui rapportassiés le collier de mes Ordres de feu vostre dict oncle, le jour de la premiere ceremonie qui s'en fera, comme le statut de l'Ordre le porte, et qui est accoustumé de se faire; mais pour ce que j'ay changé les dicts colliers pour les rendre plus pesans, et de façon plus agreable, et qu'il y va du temps à les refaire en ceste nouvelle façon; ainsy, que s'il estoit presenté en la forme accoustumée, ce ne seroit que le jour que l'on feroit le service pour les chevaliers de mon dict Ordre trepassez, et par consequent il ne pourroit estre refaict ny servir à la dicte ceremonie, je vous prie, ne faillés, incontinent la presente receue, d'envoyer le collier de mes dicts Ordres, qu'avoit le dict s^r de Listenois, entre les mains du grand tresorier d'iceux ordres, qui en baillera la descharge à celuy qui en sera le porteur, comme il est accoustumé. M'asseurant que vous n'y ferés faulte, je prieray Dieu qu'il vous ayt, Monsr le baron d'Aix, en sa saincte et digne garde. Escript à St-Germain en Laye, le xxiij^e jour de novembre 1605.

HENRY.

RUZÉ.

[1605.] — 1er DÉCEMBRE.

Orig. — B. N. Fonds Béthune, M. 9138.
Cop. — Suppl. fr. Ms. 1009-4.

A MADAME DE MONGLAT.

Madame de Monglat, Je vous fais ce mot et vous depesche ce lacquais pour sçavoir, à son retour, des nouvelles de la santé de mon fils et comme il se porte et mes aultres enfans. Mandés m'en donc et en ayés bien du soin, comme je m'asseure que vous l'aurés. Bon jour, Madame de Monglat. Ce 1er decembre à Paris.

HENRY.

toinette de Vienne, avait été reçu chevalier du Saint-Esprit de la promotion de 1685. Sa sœur, Claude de Bauffremont, qui avait épousé François de Pérusse, comte d'Escars, était la mère du baron d'Aix.

1605. — 5 DÉCEMBRE.

Cop. — R. N. Fonds Fontette, Portef. vii°, pièce 16.

RÉPONSE DU ROY HENRY IV A M. PIERRE DE VILLARS,
ARCHEVESQUE DE VIENNE, SUR LES REMONSTRANCES À LUY FAICTES AU NOM DU CLERGÉ DE FRANCE, DANS LE JARDIN DES TUILERIES, LE 5 DECEMBRE 1605[1].

Je ne sçaurois rien respondre ny adjouster à ce que vous avés dict; je recognois que tout cela est veritable; l'Eglise est affligée, je le sçay bien : je desire apporter tout ce qui despendra de moy pour la restaurer. Vous m'avés parlé du concile, j'en ay desiré et desire la publication; mais, comme vous avés dict, les considerations du monde combattent souvent celles du ciel. Neantmoins je porteray tousjours mon sang et ma vie pour ce qui sera du bien de l'Eglise et du service de Dieu. Pour ce qui est des simonies et confidences[2], commencés à vous guerir vous-mesmes et exciter les autres par vos bons exemples à bien faire. Quant aux elections, vous voyés comme j'y procedde. Je suis glorieux de voir ceux que j'ay establis estre bien differens de ceux du passé; le recit que vous en avés faict me redouble encore le courage de mieux faire à l'advenir. Enfin asseurés-vous de mon affection et bonne volonté en tout ce qui touche le service de Dieu et vostre protection en particulier[3].

---

[1] Henri IV n'a peut-être jamais rien prononcé de mieux que cette réponse, faite dans un jardin, au mois de décembre, quoique plusieurs de ses autres harangues aient dû à la solennité de la situation ou à la gravité des circonstances une plus grande célébrité. En la rapprochant de cette suite de charmants billets écrits, le mois d'octobre précédent, à Marie de Médicis, et si utilement conservés, si libéralement communiqués par l'honorable M. Feuillet de Conches, on peut apprécier tout ce qu'un bon sens exquis et un esprit aussi vif que fin fournissaient naturellement d'heureux effets de style à Henri IV.

[2] Le dictionnaire de Trévoux définit ainsi ce terme de jurisprudence canonique : « Paction illicite qui a lieu lorsque le titulaire d'un bénéfice ne l'acquiert qu'à condition de le résigner à un autre dans un certain temps, ou lorsqu'il conserve le titre pour lui, mais à la charge d'en donner les fruits ou partie des fruits au résignant ou à une autre personne. »

[3] Le *Mercure françois*, où l'on trouve la harangue de l'archevêque de Vienne,

Je vous veux maintenant dire un mot en pere. Je suis offensé de la longueur de vostre assemblée et du grand nombre de vos deputez. L'on assemble ainsy un grand nombre de personnes quand on a envie de ne rien faire qui vaille; je m'en suis autrefois aidé[4]. Je me suis estonné des brigues qui se font parmy vous autres; vous resjouissés par vos divisions ceux qui ne vous aiment point. Je veux à l'advenir que l'on ne face point un si grand nombre de deputez; et pour le present regardés d'abreger, ou autrement je vous retrancheray. Il y en a qui sont à faire bonne chere en ceste ville aux despens des pauvres curez et qui font mesnage pour trouver plus grande espargne à leur retour. Souvenés-vous que nous allons entrer en caresme, quelles sont vos charges et que vos presences sont necessaires en vos eglises. Vous mettés par vos longueurs les pauvres curez à la faim et au desespoir. Je me veux joindre avec eux et avec les plus gens de bien de vostre compagnie (il en est bon nombre, et tous en voudront estre, puisqu'il est question de gens de bien) pour faire donner ordre à la longueur du temps qu'il y a que vous estes icy; je seray le chassavant. Au reste asseurés-vous de mon affection au service de Dieu et à vostre protection.

[1605.] — 7 DÉCEMBRE.

Orig. — Arch. grand-ducales de Hesse-Cassel.
Imprimé. — *Correspondance de Henri IV avec Maurice le Savant*, p. 262.

A MON COUSIN LE LANDGRAVE DE HESSE.

Mon Cousin, Je vous ay escript, le vIII^e du mois de novembre, mes intentions sur ce qui concerne le duc de Bouillon, si clairement que vous serés, sur ce regard, satisfaict et esclaircy avant que receviés la presente. Le dict duc tend bien à recevoir et obtenir de moy un pardon de ses crimes, expedié en bonne forme, pour mettre sa per-

donne, comme réponse du Roi, cette première partie seulement (t. I, fol. 97 verso. Paris, 1611.) On conçoit aisément les motifs qui purent s'opposer à la publicité de la seconde partie.

[4] Allusion aux États de Paris en 1594.

sonne à couvert avec ses biens, mais comme il ne se met en devoir de m'asseurer de sa foy, ainsy qu'il convient aprés tant d'espreuves que j'ay faictes de l'inconstance et varieté d'icelle, je doibs aussy, pour le bien de mon Royaume et pour toutes bonnes considerations, laisser aller la justice son cours, et seulement prendre garde et pourvoir qu'elle soit administrée equitablement et sans animosité, ainsy que j'espere qu'elle sera. Mon Cousin, je suis tres asseuré de l'affection que vous me portés, aussy ay-je traicté avec vous de ce faict, comme je feray tousjours de tous autres, tres confidemment. Partant, je vous diray franchement que, si je pouvois trouver seureté en la foy et obeïssance du dict duc, tant pour le present que pour l'advenir, je prendrois plus de plaisir à le faire jouir, à votre intercession, des effects de ma clemence (qui ne fut oncques desniée à ceux qui s'en sont rendus dignes), que donner la main à la justice, comme le debvoir d'un bon roy m'oblige de faire. Qui sera tout ce que je vous escriray pour le present sur ce subject pour response à vostre lettre du xxxe du mois d'octobre, que j'ay receue le IIIe du present, sinon que je crois que le dict duc de Bouillon s'est souvent vanté en France et en Allemagne de pouvoir tirer de l'une et de l'autre nation de grandes et favorables assistances, avec peu de fondement et raison. Mais il le faict exprés pour abuser ceulx auxquels il s'est adressé, pensant par ce moyen conserver sa creance. Mais, comme vous dites, ce sont des imaginations, et vous asseure que je les ay tousjours tenu pour telles. Neantmoins j'ay esté tres aise, vous ayant mandé ce qu'il en a publié, d'avoir esté par vous confirmé en ceste opinion et jugement que j'en ay faict.

L'on me mande que l'Empereur est resolu de faire la paix avec le Turc sans y comprendre le Botscay et ses adherens, si faire se peut. Mais je n'ay pas opinion que le Turc traicte à part sans l'autre; quoy advenant, leurs practiques et les armes des dicts Turcs sont comme garans des promesses que l'Empereur fera aux autres. Ce sera de tres grande consequence et de tres mauvais exemple. Si l'Empereur l'eust voulu, estant en prosperité et reputation, il eust basti telle paix qu'il eust voulu, car les autres la recherchoient par necessité, pour la crainte qu'ils avoient du roy de Perse et à cause des revoltez d'Asie. Ces deux raisons durent encore; car on dit que le Persien a gaigné un grand advantage sur les dicts Turcs, et que les dicts revoltez ont battu tous ceulx que le sultan a envoyez contre eux. Neantmoins les desordres d'Hongrie et les deffaults et manquemens qui sont en la campagne et en la conduite des armes de l'Empereur, le contraindront, pour esviter pis, de recevoir la dicte paix à toutes conditions. Aussy dit-on qu'il a donné plain et absolu pouvoir à l'archiduc Mathias de la conclure; de quoy nous serons bien tost esclarcys. Mais si elle a lieu, je ne pense pas que l'Empereur se laisse persuader à eslire un roy des Romains aussy tost que aulcuns publient. J'auray à plaisir que vous me mandiés ce que vous en apprendrés.

Vous aurés sceu maintenant la mauvaise fortune que le duc Charles de Suede a rencontrée en Livonie, où l'on escrit que son armée, conduicte par luy-mesme, a esté entierement deffaicte par le general des forces du roy de Poloigne. Je vous envoye le discours que j'en ay receu, affin que vous le confrontiés avec les advis qui vous en ont esté donnez. A quoy j'adjousteray que j'ay opinion, nonobstant ce succés, si le dict duc veult entendre à un bon accord avec le roy de Poloigne, son nepveu, qu'il aura moyen encore d'y disposer et resouldre le dict roy, à l'honneur et advantage du dict duc et à la seureté de ses enfans. Il faudroit, pour traicter ce faict comme il convient, convenir de quelques princes d'Allemagne plus voisins des parties, avec lesquels je ne feray difficulté de faire intervenir et trouver un de mes conseillers pour favoriser et faciliter le dict accord et aider à le faire reussir au gré et contentement des parties[1], tant je porte d'af-

---

[1] Voyez ci-dessus la lettre du 8 novembre, à laquelle M. de Rommel met cette note : « Malgré l'importance que Henri IV attachait à la conciliation des différends entre le roi de Pologne et le duc Charles de Suède, la guerre continua entre ces deux princes. Dans l'ignorance où l'on est des causes qui empêchèrent le duc de Suède d'accepter la médiation du roi de France et des princes de l'Empire, on doit peut-être placer en première ligne le refus que faisaient les médiateurs de reconnaître au duc le titre de roi, qu'il avait pris en 1604. (Voyez Rhus, *Hist. de Suède*, en alle-

fection au dict duc et auray à plaisir de moyenner un si bon œuvre; de quoy il me semble que vous feriés bien de l'advertir en la forme que vous jugerés estre la meilleure et plus digne de moy. Sur quoy j'attendray vostre response.

Le conseil que le duc de Brunswic a pris contre la ville dont il porte le nom ne desplaira aux Espagnols; car ce pendant qu'il s'occupera en la poursuicte d'iceluy, ils n'auront occasion d'avoir jalousie de luy ny de respecter les pays qui luy appartienent au voisinage, de cinq ans. Mais quoy! nos passions nous aveuglent souvent de telle sorte, que nous preferons l'usage d'icelles à nostre propre salut! Je suis marry de ce que le dict duc s'est embarrassé en ce faict, tant pour sa consideration que pour l'interest de la cause commune.

Je m'attends que vous aurés sceu, devant que vous recepviés la presente, quelle a esté la conspiration de laquelle Dieu a freschement et miraculeusement preservé le roy et la royne de la Grande-Bretagne[2]; toutesfois, j'ay bien voulu vous envoyer un memoire de ce que m'en a dict de sa part son ambassadeur; à quoy j'adjousteray que je suis aussy offensé de ce detestable attentat que s'il avoit esté brassé contre ma propre personne, tant pour l'interest commun des princes et des rois souverains, que pour celuy que j'ay à la conservation du dict roy et de son royaume. J'envoye presentement vers luy un gentilhomme exprés pour le visiter[3] et luy faire offre de tout ce qui despend de moy et de mon Royaume, et aussy le prie de ne rien obmettre pour descouvrir la vraye source de cette horrible et barbare entreprise, affin que doresnavant il recognoisse quels sont ses vrays amys, et face telle difference d'eux avec les autres que le requiert le bien de ses affaires; de quoy doibvent semblablement l'exhorter et admonester tous ceux qui l'aiment : et je m'asseure que vous ne serés des derniers à luy donner ce salutaire conseil.

---

mand.) Il est à croire aussi que Charles IX, entraîné par sa passion pour la guerre, s'obstinait à refuser la paix, malgré le malheur de ses armes. »

[2] C'est la nouvelle de la conspiration des poudres.

[3] Voyez ci-après la lettre du 5 juillet 1606 au roi d'Angleterre.

Quant aux affaires des Estats des Pays-Bas, elles ont esté si peu heureuses ceste année, que s'ils ne regaignent, la prochaine, ce qu'ils ont perdu, il est fort à craindre qu'il en mesadvienne par l'estonnement auquel tomberont leurs peuples et les artifices desquels usent leurs adversaires, conjoinctement avec la force, pour les ebranler et faire tomber en leurs lacqs. Je continueray à les soustenir et favoriser tant qu'il me sera possible, mais il seroit necessaire que ceulx qui ont interest à leur conservation fissent le semblable. Je dis cela pour le dict roy de la Grande-Bretagne et pour les princes protestans de la Germanie, tous lesquels ne sont moins interessez que moy; et neantmoins, ny luy ny eux ne pourvoyent que par souhait, sans que leurs effects s'en ensuivent tels que seroient requis, comme si ceste cause ne les touchoit aucunement, ou s'ils estimoient qu'elle peust se maintenir sans leur assistance. A quoy il seroit necessaire que ceux qui affectionnent la cause publique missent la main vistement pour obvier aux inconveniens irreparables qui en peuvent succeder.

Escrivant la presente, Dieu a permis que j'aye descouvert une autre menée que faisoit icy l'ambassadeur d'Espagne avec un gentilhomme provençal depputé vers moy par la noblesse du pays pour les affaires d'iceluy, pour luy livrer ma ville de Marseille. Le secretaire du dict ambassadeur a esté surpris avec le dict gentilhomme, nommé Merargue[4],

---

[4] Louis de Halagonia, seigneur de Meirargues, était originaire d'Espagne et prétendait descendre de la maison d'Aragon. Ses ancêtres avaient passé à Naples, d'où ils étaient venus pour s'établir à Marseille. On a vu ci-dessus, p. 383, Henri IV donner à ce gentilhomme une marque particulière de sa considération en lui accordant *l'état de gouverneur de Montpellier*. Il devait être, l'année suivante, viguier de Marseille, ce qui lui aurait facilité les moyens d'effectuer sa trahison. Mais le duc de Guise, gouverneur de la province, en fut informé à temps et en transmit l'avis au Roi, comme Meirargues arrivait en cour, député par la noblesse de Provence. Il fut épié, et le 5 décembre, avant-veille de cette lettre, surpris par la Varenne, au moment où il conférait avec Bruneau, secrétaire de l'ambassadeur d'Espagne, sur les moyens de livrer Marseille. Ils furent arrêtés, leur procès instruit. Bruneau, quoique convaincu, finit par être rendu à son maître, à qui Henri IV l'avait d'abord refusé par les plus justes raisons. Meirargues fut condamné à mort. Comme il était parent du duc de Montpensier et du cardinal de Joyeuse, le Roi leur offrit de lui laisser la vie par con-

negotiant ce traicté en son logis à heure indue, et a esté trouvé sur luy un escript de sa main en espagnol, contenant les offres du dict Merargue pour faire ceste trahison. J'ay faict constituer prisonnier l'un et l'autre, affin d'en faire la justice telle qu'elle conviendra.

Les ministres du dict roy d'Espagne ne se lasseront et corrigeront jamais de monopoler, partout où ils sçauront, contre les princes et estats où ils resident, au prejudice de la foy publique et du debvoir de leurs charges, ainsy qu'ils practiquent partout où il ne leur est loisible, par faulte de pouvoir, de s'advantager, ainsy qu'ils font journellement en Italie. Mais j'espere que Dieu nous en fera la raison quelque jour, et serés adverty du succés de ces procés. Je prie Dieu, mon Cousin, qu'il vous ayt en sa saincte garde. Escript à Paris, le vij^e jour de decembre 1605.

HENRY.

1605. — 13 DÉCEMBRE.

Orig. — Archives de la famille Strozzi, Ms. intitulé *Lettere di diversi al sign. Leone Strozzi*, 1600-1632, lettre n° 26.

AU S^{RE} LEON STROSSY [1].

S^{re} Leon Strossy, J'ay receu vos lettres du xiiie du passé, faisant mention de l'inclination de Nostre Tres Sainct Pere le Pape à honorer le s^{re} [Pompée] Frangipani de la charge de general d'Avignon,

sidération pour eux. Mais le prince et le cardinal s'y refusèrent, en désavouant un traître aussi indigne de leur alliance, et sollicitant au contraire son châtiment de la justice royale. La sentence fut donc exécutée le 19 décembre. Meirargues eut la tête tranchée, et son corps ayant été écartelé, les quatre membres furent attachés à quatre des portes de Paris; la tête, envoyée à Marseille, fut placée, au bout d'une pique, sur la tour de la principale porte de la ville.

---

[1] Ce Leone Strozzi était fils de Roberto Strozzi et de Madeleine de Médicis, sœur du fameux Lorenzino.

laquelle il ne desire accepter sans mon consentement; en quoy je loue son procedé et le vostre, qui me faict paroistre en cest endroit combien vous affectionnés ce qui est de mon contentement. La response que vous attendés de moy sur ce subject vous sera declarée par mon ambassadeur, qui vous dira le conseil que j'y ay pris, et les raisons qui m'ont meu d'en user de ceste sorte : de quoy me remettant sur mon dict ambassadeur, je prie Dieu, s^{re} Leon Strossy, qu'il vous ayt en sa saincte et digne garde. Escript à Paris, le xiij^e jour de decembre 1605.

HENRY.

DE NEUFVILLE.

[1605.] — 30 DÉCEMBRE.

Orig. autographe. — Cabinet de M. le général comte de la Loyère.
Imprimé. — *Œconomies royales*, édit. orig. t. II, chap. 50.

A MON COUSIN LE MARQUIS DE ROSNY.

Mon Cousin, Je vous fais ce mot pour vous dire que je trouve l'affaire des chauffecires bonne; c'est pourquoy je desire que vous l'acheviés au profit du s^r de Vitry, à la charge de rendre tous les contrats de constitution de rente qu'il a, et de rembourser les chauffecires de la finance qu'ils ont fournie. Ceste-cy n'estant à aultre fin, Dieu vous ayt, mon Cousin, en sa saincte et digne garde. Ce xxxme de decembre, à Sainct-Germain en Laye[1].

HENRY.

---

[1] Au dos, écrit de la main de Sully: « Le Roy, du 30 décembre, touchant les offices des chauffecires, pour le s^r de Vitry. — 1605. » Toujours le mot *amy* substitué dans les *Œconomies royales* au mot *cousin*.

ANNÉE 1606.

[1606.] — 4 JANVIER.

Orig. autographe. — B. N. Fonds Béthune, Ms. 9138, fol. 16.
Cop. — Suppl. fr. Ms. 1009-4.

A MADAME DE MONGLAT.

Madame de Monglat, Je vous fais ce mot et vous depesche ce lacquais esprés pour vous dire que madame de Verneuil faict estat de s'en aller demain coucher à Sainct-Germain en Laye, pour y voir ses enfans. Faites-la loger au chasteau et les luy laissés voir; elle ne verra point mon fils ny ma fille, si ce n'est par occasion, mais non par dessein. Envoyés mon fils le chevalier et ma fille de Vendosme la voir. Je luy ay escript, pour ce dont vous me parlastes dernierement à Sainct-Germain, de la plainte que l'on vous avoit rapporté qu'elle faisoit de vous; elle m'a mandé que cela n'estoit, et qu'elle le vous diroit elle-mesme et vous tesmoigneroit, par la bonne chere qu'elle vous feroit, le contraire. Faites-la-luy de mesmes, et me mandés des nouvelles de mes enfans. Bonsoir, Madame de Monglat. Ce iiij^e janvier, à Paris.

HENRY.

[1606.] — 8 JANVIER.

Orig. autographe. — Collection de M. Feuillet de Conches.

[A LA REINE.]

Mon cœur, La Varane m'a trouvé encores au lict, car je jouay jusques à deux heures à la prime. Je m'en vais courre le cerf avec fort mauvais temps. Je seray jeudy au soir ou vendredy matin avec vous. Je suis bien aise que vous preniés des pilleures, car vous en aviés bon besoin. Frontenac vous manquera pour les bien mettre dans un œuf. Bonjour, mon cœur, je vous baise un million de fois. Ce viij^e janvier.

[1606.] — 10 JANVIER.

Orig. autographe. — Collection de M. Feuillet de Conches.

[A LA REINE.]

Mon cœur, Le courrier n'a pas menty; car à une heure après midy le temps se fit beau. Je ne le perdis pas, montay soudain à cheval, mais il fut si tard devant que je trouvasse le cerf, que la nuict nous prit, le courant, et remismes à aujourd'huy la revanche. Je monte à cheval et m'en vais courre. Je vous verray demain sans faulte. Je vous donne le bonsoir et mille baisers. Ce x^e janvier.

1606. — 12 JANVIER. — Ire.

Cop. — Biblioth. de la ville de Metz. Envoi de M. Clercx de Belletanche, bibliothécaire.

[AU CARDINAL DE GIVRY.]

Mon Cousin, Je vous prie interceder et tant faire envers Sa Saincteté, que le bon plaisir d'icelle soit, à ma nomination, priere et requeste, pourveoir frere Philippe de Salinier de Cachac, religieux sacristin en l'abbaye de St-Pierre de Lozat, du prioré de Nostre-Dame de Bois-Rayer[1] avec toutes ses despendances, ordre de Grammont[2], diocese de Tours, vacant à present par la resignation du s^r archevesque de Sens, mon grand aumosnier, dernier possesseur d'iceluy, à la charge toutesfois, par forme de pension (la vie durant du dict s^r archevesque de Sens), de la maison de Clairfeuille, membre dependant

---

[1] Le prieuré de Bois-Rayer était un des quatre principaux de l'ordre de Grandmont, avec les prieurés de Vincennes, du Puy-Chevrier et du Deffends. Les prieurs de ces quatre maisons confirmaient l'élection de l'abbé.

[2] L'ordre de Grandmont, fondé en 1076 par saint Étienne de Muret, dans le Limousin, subsista jusqu'en 1769, année en laquelle il fut supprimé.

du dict prioré, de la valeur et estimation de cinq cens livres de revenu annuel, qu'il s'est reservé sur le dict revenu du dict prioré, sa vie durant, en octroyant et faisant à ceste fin expedier au dict de Cachac toutes lettres, bulles et provisions necessaires; en quoy vous me ferés service agreable : priant Dieu qu'il vous ayt, mon Cousin, en sa saincte garde. Escript à Paris, le xij^e janvier 1606.

HENRY.

POTIER.

[1606.] — 12 JANVIER. — IIme.

Cop. — Biblioth. de la ville de Metz. Envoi de M. Clercx de Belletanche, bibliothécaire.

[AU CARDINAL DE GIVRY.]

[1] Mon Cousin, Oultre celle que j'ay commandé au s^r de Villeroy de vous escrire pour la gratification des bulles de l'evesché de Chartes [2], neantmoins pour vous tèsmoigner encore ma volonté et le desir que j'ay que le dict s^r evesque de Chartes reçoive la grace tout entiere, je vous ay bien voulu faire ce mot pour vous prier de vous employer de tout vostre pouvoir à ce qu'il puisse obtenir la dicte gratification, comme chose que j'ay à cœur et que je desire : et sur ce, Dieu vous ayt, mon Cousin, en sa saincte et digne garde. Ce xij^e janvier, à Paris.

HENRY.

---

[1] L'original de cette lettre était de la main du Roi.

[2] Philippe Hurault, second fils du chancelier de Chiverny et d'Anne de Thou, avait été nommé à l'évêché de Chartres, n'étant âgé que de vingt ans, en 1599, à la mort de son grand-oncle, qui avait sacré Henri IV en 1594. Philippe Hurault n'obtint ses bulles qu'en 1606 et fut sacré en 1607. Quoique le Roi réclame ici pour lui le gratis, c'était un des riches prélats du royaume. On voit dans les mémoires de son père avec quels soins ce chancelier, très-occupé de la fortune de ses enfants, avait réuni pour celui-ci des bénéfices considérables. Il était abbé de Pont-Levoy, de la Valasse, de Royaumont, de Saint-Père de Chartres, de Saint-Florent-Bonneval et aumônier de la reine Marie de Médicis. Il mourut en 1620.

1606. — 17 JANVIER.

Cop. — Arch. de M. de Couhé-Lusignan. Envoi de la Société des Antiquaires de l'Ouest.

[A LA SEIGNEURIE DE VENISE.]

Tres chers et grands amys, alliez et confederez, Nous avons entendu avec beaucoup de deplaisir la mort du feu s^r Mario Grimani, vostre duc dernier decedé[1], et en portons le regret que requiert la perte que nous avons faicte d'un si bon et parfaict amy, et vous d'un prince si vertueux et tant affectionné au bien et advantage des affaires de vostre Republique; de quoy, pour la part que nous voulons avoir à tous les bons et mauvais succés qui vous arrivent, nous avons commandé au s^r de Fresnes-Canaye, nostre ambassadeur par delà, de se condouloir avec vous et vous representer de vive voix la douleur que nous en ressentons en nostre ame. De quoy nous remettant sur luy, nous ne vous en dirons davantage : priant Dieu, Tres chers et grands amys, alliez et confederez, qu'il vous ayt en sa tres saincte et digne garde. Escript à Paris, le xvij^e jour de janvier 1606.

HENRY.

1606. — 27 JANVIER.

Orig. — Arch. du canton de Zurich. Copie transmise par M. l'ambassadeur de France en Suisse.

A NOS TRES CHERS ET GRANDS AMYS, ALLIEZ ET CONFEDEREZ LES BOURGMAISTRES, AMANS, ADVOYERS, CONSEILS ET COMMUNAULTEZ DES TREIZE CANTONS DES LIGUES SUISSES DES HAULTES ALLEMAIGNES.

Tres chers et grands amys, alliez et confederez, Nous avons receu vos lettres du IIIe du passé, par le messager que vous nous avés envoyé exprés, et par icelles entendu (comme nous avions faict aupa-

---

[1] Ce doge était mort le 26 décembre. Il avait été élu le 26 avril 1595. Ce fut sous son dogat que Henri IV fut inscrit, en 1600, dans le livre d'or avec le titre de noble vénitien et le droit de transmettre cette prérogative à toute sa postérité.

ravant la reception de vos dictes lettres) les desordres et attentats qui avoient esté faicts et commis en la Franche Comté de Bourgogne, au prejudice de la paix et tranquillité publique, par les gens de guerre dont les dictes lettres font mention. De quoy nous vous prions croire que nous avons esté et sommes encore tres desplaisans, et d'autant plus que le chef de cest attentat, qui n'est point de nos subjects, n'estoit accompagné d'aucuns de ceste qualité pour faire et executer ceste volerie; à quoy nous n'avons peu, pour le present, apporter aultre remede que de commander aux gouverneurs de nostre pays de Champagne et de Bourgogne et à nostre cour de parlement de Dijon d'en faire une si exacte perquisition, que la punition s'en ensuive sur les auteurs, comme nous voulons croire que les uns et les autres y tiendront la main soigneusement, et de sorte que l'on cognoistra combien telles entreprises et hostilitez nous sont desagreables, ainsy que nous avons faict dire à l'agent des archiducs de Flandres residant pres de nous; vous asseurant que nous n'avons rien plus à cœur que d'en voir faire une seure et rigoureuse justice, telle que la meritent semblables perturbateurs du repos publicq, ainsy que desjà vous pouvés avoir entendu et entendrés encores plus particulierement du s^r de Caumartin, nostre ambassadeur : sur lequel nous remettant, nous prions Dieu, Tres chers et grands amys, alliez et confederez, qu'il vous ayt en sa saincte garde. Escript à Paris, le xxvij^e jour de janvier 1606.

HENRY.

DE NEUFVILLE.

1606. — 28 JANVIER.

Orig. — Archives des Médicis, légation française, liasse 3. Copie transmise par M. le ministre de France à Florence.

A MON ONCLE LE GRAND DUC DE TOSCANE.

Mon Oncle, Ayant esté supplié par aulcuns de mes serviteurs de vous recommander l'elargissement du capitaine Mutio Gentil Corio, detenu en vos prisons depuis quatre ans, pour le meurtre commis en la personne du sr Calafat par un des soldats du dict capitaine Gentil (voyant que le dict Calafat le vouloit offenser), je vous escris ceste lettre pour vous prier, comme je fais, d'y faire consideration pour l'amour de moy, et luy accorder la liberté, vous asseurant qu'oultre que vous ferés chose de pleine justice et de merite, je vous en sçauray tres bon gré pour m'en revancher aux occasions qui se presenteront : priant Dieu, mon Oncle, qu'il vous ayt en sa tres saincte et digne garde. Escript à Paris, le xxviije jour de janvier 1606.

HENRY.

DE NEUFVILLE.

1606. — 30 JANVIER.

Orig. — Archives du royaume de Belgique. Copie transmise par M. Gachard, archiviste général.

A MON FRERE L'ARCHIDUC ALBERT D'AUSTRICHE.

Mon Frere, J'ay receu le beau present des deux gerfaulx, un tiercelet et trois faucons, que vous m'avés envoyez, dont je vous remercie en d'autant plus grande affection qu'ils se trouvent tres bons, m'ayant desjà donné beaucoup de plaisir. J'essayeray de me revancher de ceste courtoisie et du soin que vous avés de moy, en aultre occasion, si elle se presente : ce qu'attendant, je prie Dieu qu'il vous ayt, mon Frere, en sa saincte et digne garde. Escript à Paris, le xxxe jour de janvier 1606.

Vostre bon frere,

HENRY.

[1606.] — 1er FÉVRIER. — Ire.

Orig. — Arch. du royaume de Belgique à Bruxelles. Copie transmise par M. Gachard, archiviste général.

A MON FRERE L'ARCHIDUC D'AUSTRICHE.

Mon Frere, Ayant appris que vous desirés recouvrer des sacres, je vous en envoye six, qui vous seront presentez de ma part par ce faulconier, lesquels je vous prie de recevoir d'aussy bon cœur qu'ils vous sont offerts par moy, qui seray tres aise, s'il y a quelque autre chose en mon Royaume qui vous vienne a gré, le vous envoyer, affin de vous confirmer de plus en plus la creance que je desire que vous ayés, que je suis

Vostre bien bon frere,
HENRY.

Ce premier febvrier, à Paris.

1606. — 1er FÉVRIER. — IIme.

Cop. — Arch. de M. de Coubé-Lusignan. Copie transmise par la Société des Antiquaires de l'Ouest.

[A LA SEIGNEURIE DE VENISE.]

Tres chers et grands amys, alliez et confederez, La douleur que nous avons ressentie de la mort du feu s^{or} Mario Grimani, vostre duc dernier decedé, seroit plus grande si elle n'avoit esté moderée par la nouvelle que nous avons eue, qu'en son lieu vous avés eleu le s^{or} Leonardo Donato[1], personnage doué de toutes les qualitez et vertus convenables au haut degré et preeminence d'honneur en laquelle il a esté constitué : de quoy nous avons commandé au s^r de Fresnes-Canaye, nostre ambassadeur, de se conjouir de nostre part avec vous et vous tesmoigner que ceste election ne pouvoit tomber en personne qui remplisse, selon notre desir, plus dignement ceste place : de laquelle nous prions Dieu qu'il le face jouir longuement et heureusement, et qu'il vous ayt, Tres chers et grands amys, alliez et confederez, en sa saincte et digne garde. Escript à Paris, le 1er jour de febvrier 1606.

HENRY.

[1] Il avait été élu le 10 janvier. Il mourut le 17 juillet 1612.

1606. — 15 FÉVRIER. — Ire.

Cop. — Arch. de M. de Couhé-Lusignan. Copie transmise par la Société des Antiquaires de l'Ouest.

[A LA SEIGNEURIE DE VENISE.]

Tres chers et grands amys, alliez et confederez, Encores que nous nous soyons desjà conjouis avec vous de l'election du s^r Leonardo Donato, vostre nouveau duc, par lettres que nous avons envoyées au s^r de Fresnes-Canaye, nostre ambassadeur, pour accomplir cest office de nostre part, toutesfois, ayant receu les vostres du xie du passé, par lesquelles vous nous avés donné part de ceste bonne nouvelle, nous avons bien voulu derechef vous faire sçavoir qu'elle nous a esté tres agreable, tant pour les vertus et bonnes qualitez qui sont en la personne de vostre dict duc, que pour l'asseurance que nous avons de son inclination et de la vostre à la continuation de la parfaicte amitié que les Roys nos predecesseurs ont entretenue de tous les temps avec vostre honorable republique. A quoy nous correspondrons tousjours par tous vrais et sinceres effects, ainsy que le dict s^r de Fresnes-Canaye vous fera plus amplement entendre : priant Dieu, Tres chers et grands amys, alliez et confederez, qu'il vous ayt en sa tres saincte et digne garde. Escript à Paris, le xve jour de febvrier 1606.

HENRY.

1606. — 15 FÉVRIER. — IIme.

Orig. — B. N. Fonds Béthune, Ms. 8891, fol. 55 recto.

A MONS^R VYART,

CONSEILLER EN MON CONSEIL D'ESTAT ET PRESIDENT EN LA JUSTICE DE METZ.

Monsr le president, Ayant eu bien agreable le choix que vous avés faict du s^r de Salve pour vous succeder en la charge de president en la justice de Metz, je luy en fais expedier ces provisions necessaires, et s'en va maintenant par delà pour l'expedier ; de sorte que vous pourrés, estant entré en fonctions[1], vous en revenir. Mais, auparavant, comme je sçay que vous estes de longue main instruict des affaires qui appartiennent à la dicte charge, je desire que vous en informiés bien exactement et amplement le dict s^r de Salve, affin que je puisse recevoir de luy, par delà, les mesmes bons services que vous y avés rendus. Me promettant que vous en ferés vostre debvoir, je remets par deçà à vous dire le gré et contentement de vos services, et à les recognoistre en ce qui s'offrira pour vostre contentement, selon que vous l'aurés bien merité : et sur ce, je prie Dieu qu'il vous ayt, Monsr le president, en sa saincte garde. Escript à Paris, le xve jour de febvrier 1606.

HENRY.

POTIER.

[1606.] — 22 FÉVRIER.

Orig. — Arch. grand-ducales de Hesse-Cassel.
Imprimé. — *Correspondance de Henri IV avec Maurice le Savant,* p. 289.

A MON COUSIN LE LANDGRAVE DE HESSE.

Mon Cousin, Vous sçavés mieulx que nul autre des princes d'Allemagne ce qui s'est passé aux affaires du duc de Bouillon, et les conditions advantageuses pour luy et trop injustes pour moy, que je luy ay proposées pour le ramener à la recognoissance de son debvoir et de son obeïssance ; mais voyant sa contumace, j'ay esté contrainct de prendre la resolution que vous entendrés du s^r de Montglat, gouverneur de ma ville et chasteau de Sainct-Maissant, et gentilhomme ordinaire de ma chambre, auquel je vous prie adjouster foy sur ce subject comme à moy-mesmes, et me faire paroistre en ceste occasion, comme vous avés faict en toutes autres, que vous aimés la conservation de ce Royaume, duquel vos predecesseurs ont tousjours monstré d'affectionner la

---

[1] Cette phrase est mal construite ; les mots *étant entré en fonctions,* qui se rapportent à M. de Salve, s'appliquent à M. Vyart.

prosperité, laquelle aussy sera employée pour le bien et advantage de vostre maison en toutes les occasions qui se presenteront, ainsy que vous cognoistrés par effect, et que le dict de Montglat vous fera plus amplement entendre : priant Dieu, mon Cousin, qu'il vous ayt en sa saincte et digne garde. Escript à Paris, le xxij^e jour de febvrier 1606.

HENRY.

[1606.] — 25 FÉVRIER.

Orig. autographe. — B. N. Fonds Béthune, Ms. 9138, fol. 28.

A MADAME DE MONGLAT.

Madame de Monglat, Je vous depesche ce lacquay esprés pour vous dire que, incontinent que ceste-cy vous sera rendue, vous envoyiés quelqu'un icy pour recognoistre ce qui est necessaire pour le logement de mes enfans en ce lieu, d'autant que je veux les y faire venir aussy tost, pour, aprés y avoir sejourné quelques jours, les envoyer à Fontainebleau. A Dieu, Madame de Monglat. Ce xxve febvrier, à Paris.

HENRY.

[1606.] — 6 MARS.

Imprimé. — Œconomies royales, édit. orig. t. III, chap. 22.

[AU DUC DE SULLY.]

Mon amy, Sur ce que je viens d'estre adverty qu'il y a quatre de vos canonniers de Fere-en-Tardenois qui vont trouver m^r de Bouillon, et pour cest effect il leur a envoyé des chevaux, je vous ay faict ce mot aussy tost que je l'ay sceu, affin que vous vous en enqueriés, pource qu'ils meritoient bien punition : et ceste-cy n'estant à aultre fin, Dieu vous ayt, mon amy, en sa garde. Ce vj^e mars au soir, à Fontainebleau.

HENRY.

1606. — 8 MARS. — Ire.

Orig. — Archives de la famille Strozzi, vol. intitulé *Lettere di diversi al sig^{re} Leone Strozzi, 1600-1632*, n° 28. Copie transmise par M. le ministre de France à Florence.

AU Sⁿ LEON STROSSY.

Sor Leon Strossy, Je vous confirmeray par ceste lettre ce que mon ambassadeur vous a dict touchant la personne du dict Pompée Frangipani, et vous diray que le remerciement que vous m'avés faict, par les vostres du ve du passé, du tesmoignage de bonne volonté que j'ay rendu en cest endroit vers vostre personne et celle du dict Frangipani, m'a esté bien agreable, comme sera aussy la continuation de vostre affection au bien de cest Estat, en laquelle je vous prie perseverer, et je m'en revancheray aux occasions qui s'en presenteront, ainsy que mon dict ambassadeur vous fera plus amplement entendre : priant Dieu, s^{or} Leon Strossy, qu'il vous ayt en sa tres saincte et digne garde. Escript à Paris, le viij^e jour de mars 1606.

HENRY.

DE NEUFVILLE.

1606. — 8 MARS. — IIme.

Cop. — B. N. Suppl. fr. Ms. 1009-3. (D'après l'ancien cabinet de Joly de Fleury.)

[AU MARÉCHAL D'ORNANO.]

Mon Cousin, J'ay receu vostre derniere depesche du vij^e, et avec icelle la lettre que vous avoit escripte le s^r de Montpesat, sur la responce qu'il avoit eue du s^r de Lugagnac; et ayant consideré les bonnes resolutions qu'il mande que font le dict Lugagnac, Giversac, Tayac et la Chapelle-Biron, de me dire et declarer entierement tout ce qu'ils sçavent du faict pour lequel ils ont esté condamnez, les repentances qu'ils ont de leurs faultes et les fermes propos où ils sont de n'y retomber jamais, implorans de tout leur cœur ma grace et clemence, je me suis resolu de la leur accorder en satisfaisant de leur part à ce qu'ils promettent pour ceste occasion. Je trouve bon qu'ils me viennent promptement trouver; ce estant, je leur feray resouldre leur pardon et grace en la forme qui leur est necessaire, et de ce je vous en donne icy ma foy et parole, sur laquelle vous leur en pouvés donner la vostre, et les ferés advertir de faire diligence de me venir trouver, leur envoyant à ceste fin mon passe-port en bonne forme, pour pouvoir passer en toute seureté, nonobstant les jugemens qui ont esté donnez contre eux, ayant chargé de ceste depesche le s^r de Vivans, qui ne fauldra, comme je croy, à la vous rendre bien diligemment. Je veux aussy que vous faciés surseoir l'execution de la commission que je vous ay cy-devant envoyée pour le rasement des maisons de ceux qui furent condamnez à Limoges, jusqu'à ce que vous ayés, sur ce, nouveau commandement de moy.

Je crois que, depuis vostre dicte depesche, vous avés receu celle que je vous ay faicte du XVIIe febvrier, pour vous donner advis de la resolution de mon voyage à Sedan et des raisons d'icelle, trouvant fort mauvais que la dicte depesche ayt tant tardé à vous arriver. Il ne m'est, depuis, rien apparu de la part du duc de Bouillon qui m'ayt deu demouvoir du dict voyage, encores que je luy aye donné temps et loisir de recevoir, sur ce, les advis et conseils de ses amys, qui sont à sa condemnation, s'il ne recognoit ce qui est de son devoir; m'estant, pour son regard, contenté des droicts de l'ancienne protection en laquelle la ville et chasteau de Sedan ont esté tenus par les Roys mes predecesseurs, qui porte expressement que le Roy y sera tousjours receu fort ou foible et tous les siens, ce qu'il n'a jusqu'icy voulu accepter. C'est pourquoy je continue en ma dicte resolution et pars demain pour commencer mon dict voyage. C'est toutesfois en intention que, s'il prend meilleur conseil qu'il n'a faict jusqu'icy, de tenir tousjours les bras ouverts pour le recevoir avec toute la benignité et clemence qu'il sçauroit desirer, sinon, en passer oultre, pour en avoir la raison par la force; ce que je m'asseure qui sera jugé juste et de Dieu et des hommes; estant tout ce que je vous en puis dire pour ceste fois. Sur ce, je prie Dieu, mon Cousin, vous avoir en sa saincte garde. Escript à Paris, ce viiij⁰ mars 1606.

HENRY.

[1606.] — 16 MARS.

Orig. autographe. — Cabinet de M. le général comte de la Loyère.
Imprimé. — *OEconomies royales*, édit. orig. t. II, chap. 519.

A MON COUSIN LE DUC DE SULLY.

Mon amy, J'oubliay hier en partant de vous dire que vous faciés payer l'acquit du comte Saint-Aignan[1], de mille escuz pour ceste année, comme vous fistes l'aultre, et vous prie de luy en faire advancer le plus que vous pourrés, en consideration de la despense qu'il faict pour ayder à dresser la compagnie du s⁵ de Montigny son beau-pere, que je luy ay commandé d'aller querir; mais je vous prie ne luy en faire poinct de difficulté. A Dieu, mon amy. Ce xvj⁰ mars, à Juilly[2].

HENRY.

---

[1] Honorat de Beauvilliers, comte de Saint-Aignan, baron de la Ferté-Hubert, seigneur de Chemery, de la Salle-lez-Cléry, de Lussay, vicomte de Valognes, etc. gentilhomme ordinaire de la chambre du Roi, conseiller d'état, capitaine de cinquante hommes d'armes des ordonnances, lieutenant général au gouvernement de Berry, avait épousé, le 27 juin précédent, Jacqueline de la Grange, fille de M. de Montigny, qui lui céda, en 1609, la charge de mestre de camp général de la cavalerie légère. Il mourut en 1622. Il avait pour père Claude de Beauvilliers et pour mère Marie Babou, tante de Gabrielle d'Estrées. Son fils, en faveur de qui la terre de Saint-Aignan fut érigée en duché-pairie, est honorablement connu dans l'histoire du règne de Louis XIV, par son goût pour les lettres, et devint un des quarante de l'Académie française.

[2] Au dos, de l'écriture de Sully :
« Du 16 mars pour un [acquit] au comte S¹-Agnan. 1605. »

Cette date de 1605 est une erreur évidente, prouvée d'abord parce que M. de Saint-Aignan n'avait pas encore épousé alors Mˡˡᵉ de la Grange, ensuite par le titre de duc de Sully, écrit sur l'adresse, de la main de Henri IV. La terre de Sully ne fut érigée en duché-pairie qu'au mois de février 1606. Les secrétaires du ministre ne reconnurent point l'erreur, lors de l'arrangement de ses mémoires, et ils ont placé ce billet à l'année 1605, dans les *OEconomies royales*. Le lieu d'où la lettre est écrite

[1606.] — 17 MARS. — Ire.

Cop. — Arch. du grand-duché de Hesse-Cassel.
Imprimé. — *Correspondance de Henri IV avec Maurice le Savant*, p. 292.

A MON COUSIN LE LANDGRAVE DE HESSE.

Mon Cousin, Je veux continuer à vous informer de toutes mes actions et intentions, pour l'affection que je vous porte et la confiance que j'ay en vous. Jà le s^r de Montglat vous aura rendu compte de la resolution que l'obstination du duc de Bouillon m'a contrainct de prendre pour conserver mon auctorité royale, suivant laquelle vous sçaurés par la presente que je suis parti de ma bonne ville de Paris le xve de ce mois, pour approcher de Sedan, accompagné de moyens pour me faire obeïr, tels que les doibt avoir un Roy de France, mais plus encore d'une tres bonne volonté d'exercer ma clemence envers le dict duc, s'il m'en donne occasion. J'espere donc me rendre en ma frontiere incontinent apres la feste de Pasques, pour mettre les deux mains à la besogne, sans plus 'differer ny perdre le temps, me contentant d'avoir laissé couler trois ans entiers sans faire proceder contre le dict duc par justice ny autrement, pour luy donner loisir de se recognoistre et amender, et à ses alliez et amys de luy faire prendre meilleurs conseils. Je demande qu'il execute ce à quoy il est obligé pour le regard de la dicte ville de Sedan, par les conventions de la protection à laquelle les vrais[1] seigneurs d'icelle se sont soubmis, pourveu qu'il le face de bonne foy et effectuellement, ainsy que j'ay

fixe avec précision la date de 1606, pour remplacer cette date erronée. Henri IV partant pour Sedan passa à Juilly et se trouve le lendemain à Nanteuil, comme le prouvent les deux lettres suivantes.

---

[1] On sait que le vicomte de Turenne était devenu duc de Bouillon par suite de son mariage avec Antoinette de la Marck, héritière de ce duché. Il l'avait gardé après la mort de cette princesse, dont il n'avait pas eu d'enfants, et malgré les réclamations des principaux alliés de la maison de la Marck.

voulu bailler par escript à ceux qui m'ont parlé pour luy; ayant sceu qu'il avoit publié et mesme faict imprimer que j'avois rejetté les offres d'obeïssance qu'il m'avoit faict faire par le s^r de la Noue, pour tousjours abuser le monde et fortifier sa cause par ses ordinaires suppositions. Je vous envoye doncques une copie de l'un et de l'autre escript, affin que vous sçachiés au vray ce qui est advenu en ce faict depuis le partement du dict Montglat. Je ne puis croire que mon cousin l'electeur Palatin veuille preferer l'injustice de la cause du dict duc à la justice de la mienne, ny son amitié à celle d'un Roy de France qui a tousjours affectionné sa prosperité, et qui a plus de moyens et de volonté que jamais de la favoriser : de quoy j'aurois grand regret d'estre desceu de ceste opinion-là.

J'ay receu vostre derniere, apportée par le present messager David, laquelle j'ay trouvée sans date. Je n'ay pas deliberé, pour la guerre de Sedan, de discontinuer mon secours ordinaire aux Estats du Pays-Bas et en faveur des Suisses. L'armée que j'ay dressée contre le dict duc de Bouillon seroit mieux et plus volontiers par moy employée que contre cest opiniastre ; mais il importe tant à mon auctorité pour le present et pour l'advenir, que j'en aye la raison en une sorte ou autre, que je ne puis ny doibs me despartir de ce dessein sans que j'en sois satisfaict.

Chascun tient la paix entre l'Empereur et les Hongrois pour arrestée, ainsy qu'il est porté pas vos dictes lettres ; mais si les Turcs n'y entrent, je ne pense pas que l'autre dure, ny mesme s'effectue. En tout cas il faudra que l'Empereur demeure tousjours armé contre les dicts Turcs, lesquels ont naguere perdu contre le roy de Perse, en la plaine de Tauris, trente mille hommes et cinquante pieces d'artillerie, en une bataille que leur a livrée le Cigale le xxvie du mois de novembre dernier passé; ce qui rendra encore les revoltez d'Asie plus difficiles à vaincre et contenter, et peut-estre contraindra ce sultan, qui se monstre plus courageux que prudent, de s'accomoder avec l'Empereur et relascher quelque chose de la dureté de ses demandes ordinaires pour la dicte paix, de quoy nous serons tost esclaircys.

Le marquis Spinola estoit encore en Espagne le xxie du mois passé, non trop satisfaict des provisions d'argent que l'on luy donnoit pour faire la guerre aux dicts Pays-Bas ceste année; aussy dit-on qu'elles ne seroient que de deux cent mille escuz par mois, au lieu de trois cent cinquante qu'il s'estoit promis pour faire deux armées, de façon que j'espere que les dicts Estats du Pays-Bas n'auront tant d'affaires qu'ils estimoient, pourveu qu'ils soient assistez de vostre costé comme ils séront du mien; à quoy je vous prie de continuer à les favoriser, sans rien vous promettre pour ce regard du costé d'Angleterre, quelque çognoissance et preuves que l'on y ayt de la mauvaise volonté des Espagnols[2].

Continués aussy à me faire part du succés de la guerre de Brunswich ou de la pacification d'icelle et à vous asseurer de la parfaicte amitié que je vous porte. Je prie Dieu, mon Cousin, qu'il vous ayt en sa saincte et digne garde. Escript à Nanteuil[3], le xvij^e jour de mars 1606.

HENRY.

[1606.] — 17 MARS. — IIme.

Imprimé. — *OEconomies royales*, édit. orig. t. II, chap. 23.

[AU DUC DE SULLY.]

Mon amy, Il semble, aux langages que tiennent les amys du duc de Bouillon, qu'ils croient que nous ayons faulte de courage, ou de moyen de les reduire à la raison par la voye des armes, comme si je m'estois advisé, meu d'apprehension de pouvoir forcer sa place, de leur faire exprès bailler l'escript qui leur a esté delivré pour respondre aux propositions apportées par le s^r de la Noue. Mais j'espere bien tost lever ceste opinion; c'est pourquoy je vous prie de vous haster avec tout ce qui est necessaire. Et je vous diray que j'ay commencé ce soir à cracher mon rhume, de sorte que j'espere en estre bien tost

---

[2] Cet alinéa était écrit en chiffres.

[3] C'est probablement Nanteuil-sur-Marne, village du canton de la Ferté-sous-Jouarre dans le département de la Marne, arrondissement de Meaux.

delivré. J'ay failly le cerf aujourd'huy, mais je pris hier deux loups : par où j'augure que je rangeray à la raison toutes les bestes ravissantes qui s'opposeront à ma volonté. Je ne partiray de ce lieu que lundy, mais je ne laisseray de me rendre à Reims mercredy pour y faire la feste. Bon soir, mon amy. Ce vendredy au soir, xvıj° mars, à Nanteuil [1].

HENRY.

[1606.] — 22 MARS.

Imprimé. — *OEconomies royales*, édit. orig. t. III, chap. 23.

[AU DUC DE SULLY.]

[1] Mon amy, Hier un homme me vint trouver en ce lieu, qui venoit de Sedan, et qui n'est point suspect, qui m'a asseuré comme m^r de Bouillon, quoiqu'il face mine de traicter, ne le veut faire nullement, et ne tasche qu'à gagner temps : car il attend, dans le xx° du mois qui vient, cinq ou six cens soldats, qu'il a faict lever en Gascogne et es environ de Limeuil, lesquels il a faict embarquer à Bordeaux et a faict lever par le nepveu de Rignac et de Prepondié, sous ombre de recrues qui doivent aller en Flandres pour le service des Estats, comme on m'avoit asseuré, dés que j'estois à Paris, et que je vous dis mesmement les noms de ceux qui les levent, et que Peucharnaut m'avoit mandé. C'est pourquoy je vous prie de vous haster, affin que nous les empeschions d'y entrer. Cest homme m'a asseuré que hier ma-

---

[1] Les secours de comparaison, fournis par l'ensemble de cette correspondance, étaient indispensables pour rectifier le désordre des Économies royales. Cette lettre s'y trouve datée du 27 mars. Or, le 27 n'était pas un vendredi en 1606. C'était le lundi de Pâques, et Henri IV se trouvait, ce jour-là, non pas à Nanteuil, mais à Reims. Tandis que nous le trouvons le 17 à Nanteuil, dans la lettre précédente, et il annonce, dans celle-ci, son arrivée à Reims pour le mercredi saint, ce qu'il effectua, comme on le voit dans les lettres du 23 et du 24.

---

[1] Cette lettre et la suivante étaient de la main du Roi.

dame de Bouillon en devoit partir; ce qui me fait facilement croire que ce que mr de Bouillon fait, comme mine de traicter, n'est que pour gagner du temps. J'ay trouvé en ce lieu quatre compagnies du regiment de Champagne, qui ont desjà plus de sept cens hommes. Je leur ay permis d'y sejourner encore, pour y achever leurs recrues, jusqu'au premier jour du mois prochain, que je leur ay commandé de marcher. Je m'en vais disner à deux lieues d'icy, pour arriver de bonne heure à Reims et y commencer d'ouïr Tenebres[2] et faire nos ceremonies. J'en partiray lundy sans faulte, Dieu aidant, pour estre d'aujourd'huy en huict jours à Mousson. J'espere que demain mr de Nevers me viendra trouver à Reims, et avec luy la noblesse du pays. Aprés que je les auray veus, je vous manderay ce que j'auray appris. Je vous prie de partir dés le lendemain de la feste, affin qu'aussy tost que vous serés prés de moy, nous commencions de faire quelque chose. Ma femme trouvera bien à qui parler par les chemins, car ils sont encore fort mauvais. J'ay ouy Arsens, et fais le mesme jugement de luy que vous m'avés mandé par la Varenne que vous faisiés. A Dieu, mon amy. Ce xxije mars, à Fresne[3].

HENRY.

[1606.] — 24 MARS. — Ire.

Imprimé. — *Œconomies royales*, édit. orig. t. III, chap. 3o.

[AU DUC DE SULLY.]

Mon amy, Comme j'estois à Tenebres, mr de Nevers est arrivé, qui a amené avec luy le sr de la Vieville[1], qui veid lundy dernier mr de

---

[2] Cet office commence dès le soir du mercredi saint, jour où cette lettre fut écrite.

[3] Ou plutôt Fresnes, village du département de l'Aisne, arrondissement de Château-Thierry, canton de la Fère-en-Tardenois.

[1] Robert, marquis de la Vieuville, baron de Rugles et d'Arzillières, vicomte de Farbus, seigneur de Challenet, Royaucourt, Villemontry, etc. chevalier des ordres du

Bouillon, qui luy a dict les mesmes choses qu'il nous avoit envoyées par m^r de la Noue, et que c'estoit plus qu'il n'avoit jamais accordé, adjoustant avec cela que vous estiés le plus cruel ennemy qu'il eust en France, ce que je ne voulois croire. Mais comme je sortois de table, du Maurier est arrivé, qui m'a dict cela mesmes, et confirmé ce que m'avoit dict le s^r de la Vieville de vous, et d'autres particularitez que vous apprendrés par celle que j'ay recommandé à m^r de Villeroy de vous escrire, et qu'il avoit sceu que vous aviés dict que sa place estoit facile à prendre, ce que vous feriés en trois mois, et que ce seroit par le costé du fer à cheval. Advisés qui le peut avoir mandé, car il n'y avoit que don Jean, Errard, vous et moy. Il est enragé et fait plus de rodomontades que jamais. Il n'y a encore dedans la place que sept à huict cens hommes au plus, tant estrangers, soldats de fortune que habitans de la ville, desquels je m'asseure que force le quitteront aussy tost qu'ils nous verront approcher. C'est pourquoy je vous prie de vous haster de venir avec tout ce que je vous ay mandé, affin que nous le serrions de prés, et empeschions personne d'y entrer. Bon soir, mon amy; je prie Dieu qu'il vous ayt en sa saincte garde. Ce xxiiij^e mars, à Reims.

HENRY.

[1606.] — 24 MARS. — IIme.

Orig. autographe. — B. N. Fonds Béthune, Ms. 9092, fol. 1.
Cop. — Suppl. fr. Ms. 1009-2.

A MON COMPERE LE CONNESTABLE DE FRANCE.

Mon compere, Vous aurés sceu des nouvelles de ma santé et de celles que j'ay receues de Sedan par celles que j'ay commandé à m^r de

Roi, grand fauconnier de France, gouverneur de Mézières, lieutenant général au gouvernement de Rethélois, était fils de Pierre de la Vieuville et de Catherine de la Taste. Il mourut en 1612. Le duc de la Vieuville, son fils, surintendant des finances sous Louis XIII, joue un rôle dans l'histoire de ce règne. Ce fut lui qui introduisit Richelieu à la cour.

Villeroy de vous escrire. Par celle-cy vous serés asseuré de la continuation de mon amitié et que j'ay esté tres-aise d'apprendre que vous ayés accord de vostre procès, et de plus que je viens d'avoir nouvelles de Sedan, par lesquelles l'on m'asseure qu'il n'y est encore entré que trois cens hommes, et encore tels que tels, que j'espere m'en approcher bien tost, et empescher qu'il n'y en entre plus; car je fais estat de partir d'icy lundy prochain pour y aller. Je vous prie de m'envoyer le plus tost que vous pourrés vostre compagnie de gens d'armes, et venir aussy tost que vostre santé le permettra, asseuré que vous serés le bien venu et veu de moy, qui vous aime. A Dieu, mon compere. Ce xxive mars, à Rheims.

HENRY.

[1606.] — 25 MARS.

Orig. — Arch. du grand-duché de Hesse-Cassel.
Imprimé. — *Correspondance de Henri IV avec Maurice le Savant*, p. 300.

A MON COUSIN LE LANDGRAVE DE HESSE.

Mon Cousin, Vous aurés de present veu le s^r de Montglat, que j'ay envoyé vers vous, qui vous aura dict les raisons, ou pour mieulx dire les necessitez qui m'ont contrainct d'engager ma personne, ma reputation, mes armes et ma Couronne au siege de la place de Sedan, pour nous delivrer tous ensemble de la mauvaise et ingrate volonté du duc de Bouillon; et vous sçaurés par la presente que, suivant ce mien dessein, je suis arrivé en ceste ville en bonne santé, graces à Dieu, en laquelle j'ay receu vostre lettre du xviiie du mois de febvrier, apportée par le messager Petitsyeulx, qui sera encore chargé de la presente, en intention d'en partir dedans deux jours pour poursuivre et executer ma deliberation, qui est d'embrasser en bon Roy m^r le duc de Bouillon, s'il me contente et se confie en moy comme, par debvoir et par raison, il est obligé et peut tres seurement faire, et, en cas de refus, mettre peine de l'y forcer par la voye des armes, à laquelle je prevois neantmoins qu'il faut dés maintenant que je m'attache et determine tout à faict; car le dict duc persiste à vouloir que je me fie du tout en luy, que je luy pardonne toutes ses faultes et le restablisse aux dignitez, charges, biens et gratifications dont il a jouy jusques à son esloignement, et toutesfois il refuse de me fier seulement la garde de la dicte place de Sedan, que je luy demande pour gaige de sa foy, de laquelle il m'a donné subject, par ses deportemens et manquemens trop reïterez, de ne pouvoir estre asseuré que par ce seul moyen. Et comme Dieu m'a jusqu'à present favorisé en toutes mes entreprises, pour estre fondées sur le pied de la justice, j'espere aussy qu'il me continuera sa divine protection et assistance en ceste-cy, qui est aussy juste que nulle des autres.

Et d'autant que j'ay esté adverty que l'on propose de vous rendre pleige et caution avec d'autres princes d'Allemaigne, envers moy, de la fidelité et parole du dict duc, j'ay bien voulu vous prier, par prevention, de n'engager vostre nom en ceste action, et d'en dissuader les aultres qui ont deliberé de m'en faire la proposition; car il seroit mal seant et peu honorable à ma dignité d'accepter pour un mien subject, officier de ma Couronne et de ma maison, des plus qualifiez en l'une et en l'aultre, une garantie et caution estrangere, mesmement composée de mes alliez et amys, parce que, d'un costé, ce seroit signe d'impuissance de ma part, dont l'exemple seroit tres pernicieux; et d'ailleurs, ce seroit m'assubjectir avec mes dicts amys et alliez à des evenemens contraires à la bonne amitié et voisinance que je desire entretenir avec eux, advenant que le dict duc, suivant sa coustume, manquast cy-après à ses promesses; chose que je desire de tout mon possible pouvoir eviter : ce qui adviendroit si le dict duc de Bouillon pouvoit se resouldre de me fier sa place, comme il me dit qu'il veut faire sa personne et sa vie, suivant les conditions de l'ancienne protection à laquelle les seigneurs d'icelle se sont obligez envers les Roys mes predecesseurs, et du benefice desquelles le dict duc a jouy tant qu'il est demeuré en son debvoir envers moy. Car je ne manquerois point à tout ce que je luy promettrois; davantage il ne seroit faict aucun prejudice à la souveraineté qu'il pretend, ny à tous les biens qui luy appartiennent, tant à cause de la dicte seigneurie de Sedan qu'en mon Royaume; de quoy d'abondant je serois encore content, mon Cousin, d'engager encore ma foy et parole à vous-mesme et à tels autres princes mes alliez et amys que besoin seroit, si vous estimiés que cela pust servir à mieulx asseurer le dict duc de l'observation et accomplissement d'icelle, jaçoit que ce soit chose peu usitée d'un souverain envers son subject. Mais je suis si desireux d'eviter les accidens importans à la cause commune, qui peuvent naistre de l'obstination du dict duc, que je franchiray ce sault, si vous jugés qu'il ne doibve estre inutile : de quoy je ne m'ouvriray qu'à vous, pour la confiance que j'ay en l'affection que vous me portés, asseuré que vous en userés avec telle discretion, que j'auray tousjours occasion de m'en louer. En tous cas, je vous prie d'empescher que je sois prié de vostre part et des princes susdicts, mes alliez, d'accepter leur foy pour la seureté de celle du dict duc de Bouillon, affin de n'estre contrainct de les en esconduire, comme je serois, tant pour les raisons sus dictes que pour estre obligé de preferer la conservation de ma reputation et de mon Royaume à toute autre consideration. Je prie Dieu, mon Cousin, qu'il vous ayt en sa saincte et digne garde. Escript à Rheims, le xxve jour de mars 1606.

HENRY.

[1606.] — 26 MARS.

Imprimé. — *OEconomies royales*, édit. orig. t. III, chap. 31.

[AU DUC DE SULLY.]

[1] Mon amy, Je suis de vostre opinion, que la diligence est requise en l'action que nous entreprenons. Je le juge encore mieux d'icy, que je vois que les hommes luy viennent chaque jour à plus grande foule, en ayant receu de Suisse et d'Allemagne trois cens depuis mercredy. Je n'ay que le regiment de mes gardes, et hors d'esperance d'avoir

[1] Cette lettre était de la main du Roi.

plus, devant le quatriesme d'avril. J'en enrage. Pour la cavalerie, les recrues sont arrivées aux chevaux-legers, qui sont belles et bonnes. Je pars demain pour aller à Reteil, de là à Mezieres, puis à Donchery, et le trentiesme à Mouson, lequel jour y arrivera le regiment des gardes et non plus tost, pour les malheureux chemins que le mauvais temps qu'il faict depuis quelques jours a faicts. Envoyés quelqu'un pour me fournir des pics, pesles et hoyaux, et des chevaux et officiers, pour si j'ay besoin de quelques moyennes pieces pour fortifier mon logement. Je ne feray rien mal à propos, et ne perdray une seule heure de temps. Je m'en vais faire mes pasques et me recommander à Dieu. Vous sçaurés souvent de mes nouvelles; et vous asseurés que je suis tousjours vostre bon maistre. Ce xxvj^e mars, à Reims.

HENRY.

[1606.] — 3o MARS.

Orig. autographe. — B. N. Fonds Béthune, Ms. 9090, fol. 1.
Cop. — Suppl. fr. Ms. 1009-2.

A MON COMPERE LE CONNESTABLE DE FRANCE.

Mon compere, J'ay appris comme la goutte vous ayant quitté vous avoit reprins, et que cella vous pourroit empescher de me venir trouver aussy tost que je me l'estois promis; de quoy j'ay esté bien marry, pour le desir que j'ay de vous voir pres de moy y faire vostre charge, ce que je serois bien marry que un autre feist. C'est pourquoy je vous prie d'advancer vostre guerison et vostre venue le plus tost qu'il vous sera possible, asseuré que vous serés le bien venu et veu de moy. Au demeurant, vous sçaurés comme m^r de Bouillon a commencé aujourd'huy de faire semblant de vouloir traicter et me contenter, et que mess^{rs} de Villeroy et d'Inteville ont parlé à luy plus de trois heures. Mais je ne croiray jamais qu'il le face, que je ne le voye par effect, de quoy je vous advertiray aussy tost. Bon soir, mon compere. Ce xxxe mars, à Donchery.

HENRY.

[1606.] — 1ᵉʳ AVRIL.

Imprimé. — *Œconomies royales*, édit. orig. t. III, chap. 34.

[AU DUC DE SULLY.]

Mon amy, Le traicté s'en va parachevé, et espere qu'il sera signé aujourd'huy ou demain au matin. C'est pourquoy je vous depesche ce courrier exprés pour vous en advertir et vous dire que, laissant le plus pesant de vostre bagage à Chaalons, vous vous rendiés lundy au soir à la Cassine; car j'ay un extresme desir de vous voir. Bon jour, mon amy. Ce samedy matin, premier d'avril, à Donchery.

HENRY.

1606. — 2 AVRIL. — Iʳᵉ.

Cop. — B. N. Fonds Béthune, Ms. 8681, fol. 55; — Fonds du Puy, Ms. 140; — et Suppl. fr. Ms. 1009-3.

Mss. de la bibliothèque Sainte-Geneviève. Copie transmise par M. Tastu.

Imprimé. — Supplément au *Journal* de l'*Estoile*, à la date du 4 avril 1606. *Lettres de Henri IV*, publiées par N. L. P., Paris, 1814, in-12, p. 145, etc.

A MA COUSINE LA PRINCESSE D'ORANGE [1].

Ma Cousine, Je diray comme fit Cesar, *Veni, vidi, vici*, ou comme la canson :

> Trois jours durerent mes amours,
> Et se finirent en trois jours,
> Tant j'estois amoureux......

de Sedan. Cependant vous pouvés maintenant dire si je suis veritable ou non, ou si je sçavois mieux l'estat de ceste place que ceux qui me vouloient faire croire que je ne la prendrois de trois ans. Mʳ de Bouillon a promis de me bien et fidellement servir, et moy d'oublier tout le passé. Cela faict, j'espere vous voir bien tost, Dieu

[1] Cette princesse se trouvait alors à Paris, et elle avait beaucoup contribué à la réconciliation du duc de Bouillon.

aydant; car aussitost que j'auray esté dans la place et que j'auray pourveu à ce qu'il sera necessaire pour mon service, je prends jà mon retour vers Paris. Bonjour, ma Cousine. Arsens, qui vous rendra ceste-cy, vous dira de mes nouvelles. Ce ij^e avril 1606; à Donchery.

HENRY.

1606. — 2 AVRIL. — IIme.

Cop. — Arch. nationales, sect. administr. Reg. authent. de l'Hôtel de ville de Paris, série H, 1794, fol. 71 verso.

A NOS TRES CHERS ET BIEN AMEZ LES PREVOST DES MARCHANDS ET ESCHEVINS DE NOSTRE BONNE VILLE DE PARIS.

Tres chers et bien amez, A l'instant mesmes de nostre arrivée en ce lieu, le duc de Bouillon, retournant à soy et reprenant le chemin de l'obeïssance dont Dieu et la nature l'obligent envers nous, sans attendre ny s'opiniastrer davantage, nous a faict rechercher et tres humblement supplier de perdre le souvenir de ses faultes passées, et, usant en son endroict de nostre clemence accoustumée, les luy vouloir pardonner et le recevoir en nos bonnes graces. Ce que volontiers nous luy avons accordé, moyennant les soumissions qu'il nous a rendues, comme il doibt; aussy qu'il a remis à nostre volonté d'ordonner pour la garde et seureté de Sedan ce que nous voudrions estre faict pour le bien de nostre service. A quoy nous avons pourveu et donné tel ordre, que nous avons grande occasion d'en recevoir beaucoup de contentement et d'en remercier Dieu, comme nous faisons, puisque cest effect procede de sa divine bonté et que tous nos subjects en recevront le fruict : dont nous avons voulu vous advertir par la presente, affin que vous rejouissant de ceste bonne nouvelle, vous en faciés de vostre costé rendre graces publiques à Dieu, et que par ce moyen nous soyons tousjours dignes de la continuation des faveurs et benedictions qu'il luy plaist nous despartir de sa main liberale. Sy, ne faites faute, sur toute l'affection que vous avés au bien de nostre service; car tel est nostre plaisir. Donné à Donchery, le ij^e jour d'avril 1606[1].

HENRY.

DE LOMENIE.

1606. — 2 AVRIL. — IIIme.

Cop. — B. N. Fonds Fontette, portef. VII, pièce 19.

A MONS^R DE LA GUICHE,

CHEVALIER DE MES ORDRES, CONSEILLER EN MON CONSEIL D'ESTAT, CAPITAINE DE CINQUANTE HOMMES D'ARMES DE MES ORDONNANCES ET MON LIEUCTENANT GENERAL EN LYONNOIS, FOREST ET BEAUJOLOIS.

[1] Monsr de la Guiche, Enfin, le duc de Bouillon recognoissant son debvoir et mon auctorité, s'est soubmis à mon obeïssance et protection; et, à mon arrivée en ce lieu, qui est à la veue de Sedan, m'a faict supplier d'oublier ses faultes passées; dont je luy ay faict expedier mes lettres d'abolition, d'autant plus volontiers qu'il m'a donné l'asseurance de sa fidelité et devotion à mon service par la submission qu'il a faicte de recevoir dans le chasteau de Sedan un capitaine qui y commandera pour mon service, avec le nombre d'hommes que je luy feray bailler pour cest effect; et espere dedans peu de jours faire mon entrée en la dicte ville de Sedan. De quoy je vous ay bien voulu advertir par ceste lettre, affin que vous en faciés part à mes bons serviteurs qui se trouvent par delà, et qu'ils rendent graces à Dieu de la

[1] Des lettres analogues furent écrites, le même jour, aux gouverneurs des provinces, aux compagnies souveraines, etc. Nous avons celles qui furent adressées au maréchal de la Châtre, gouverneur d'Orléans, à M. de Fleurat, sénéchal du bas pays d'Auvergne, et au parlement de Paris. Dans les registres de cette première compagnie, la transcription de la missive était suivie de ces mots : « Desquelles lettres lecture ayant esté faicte et la matiere mise en deliberation, la cour a arresté que ce jour seront faictes prieres publiques, et à ceste fin s'est levée avant l'heure et a esté en l'eglise de Paris, où a esté chanté le cantique du *Te Deum laudamus.* »

[1] Nous donnons cette lettre comme entrant dans quelques détails qui ne se trouvent pas dans la précédente et dans les autres dont nous venons de parler.

multiplication de ses sainctes benedictions sur moy et prosperité de nos affaires. Je prie Dieu, Monsr de la Guiche, qu'il vous ayt en sa saincte et digne garde. Escript à Donchery, le ij^e jour d'avril 1606.

HENRY.

DE NEUFVILLE.

1606. — 2 AVRIL. — IVme.

Orig. — B. N. Fonds Béthune, Ms. 9047 fol. 41.
Cop. — Suppl. fr. Ms. 1009-2.

[AU CONNÉTABLE.]

Mon Cousin, Le duc de Bouillon a obeï à mes commandemens, à mon arrivée à la veue de sa place, sans qu'il ayt esté besoing d'y employer aultres forces que celles de ma clemence et bonté, sur les soubmissions et protestations d'une entiere obeïssance et fidelité pour l'advenir qu'il m'a faictes, ainsy que vous entendrés plus particulierement quand je vous reverray. Quoy estant, j'ay advisé de contremander toutes les compagnies de gens d'armes que j'avois ordonné estre assemblées et s'acheminer en mon armée; mais parce que les capitaines, membres et gens d'icelles auroient faict des frais pour s'armer, monter et esquiper, j'ay desiré de ne laisser pour cela de leur faire faire monstre et payement d'un quartier, aux lieux où elles doibvent s'assembler. A l'effect de quoy, j'escris presentement aux capitaines d'icelles, qu'ils les facent trouver aux dicts lieux au premier jour de may prochain, où vous donnerés ordre que les officiers et deniers necessaires pour cest effect se retrouvent au dict temps, affin qu'elles ne soyent contraintes de sejourner davantage, à la foule des hommes des dicts lieux. Et pour le regard de la vostre, puis qu'elle a jà faict monstre, vous ferés separer et retirer ceulx que vous avés faict assembler et acheminer, sans les faire passer plus avant; me promettant que ce sera avec tel ordre, que le peuple n'en soit incommodé ny foulé. Au reste, je m'en vais rencontrer la Royne ma femme à la Cassine, maison de mon cousin le duc de Nevers, en deliberation de retourner mardy en ceste ville, pour aller mercredy loger à Sedan, où je pourray sejourner deux ou trois jours. Puis je reprends le chemin de vos quartiers par Reims et Villiers-Cotretz, où j'ay deliberé de me reposer quelques jours; et auray à plaisir de vous trouver en bonne santé, pour vous raconter plus en particulier ce qui s'est passé et vous asseurer de la continuation de l'affection que je vous porte et de la confiance que j'ay en vous : priant Dieu, mon Cousin, qu'il vous ayt en sa saincte et digne garde. Escript à Donchery, le ije jour d'avril 1606.

HENRY.

DE NEUFVILLE.

1606. — 3 AVRIL. — Ire.

Cop. — Biblioth. de la ville de Metz. Envoi de M. Clercx de Belletanche, bibliothécaire.

[AU CARDINAL DE GIVRY.]

Mon Cousin, J'ay pris en bonne part l'office de conjouissance que vous avés voulu faire avec moy, par vostre lettre du vije du mois passé, sur l'heureux accouchement de la Royne ma femme, et m'asseure que vous ne serés pas moins consolé de la bonne nouvelle que j'ay à vous dire du bon succés de mon voyage en ces quartiers, où estant arrivé à la vue de Sedan, le duc de Bouillon a recogneu son devoir et mon auctorité, m'a faict supplier de luy remettre ses faultes passées et donné asseurance de sa fidelité, en recevant au chasteau de Sedan un capitaine qui y commandera pour mon service, avec le nombre de gens de guerre que je luy feray bailler; de sorte que je fais estat de faire mon entrée en ceste place dans deux jours, et incontinant aprés, pourvoir au licenciement de mon armée. Car n'ayant pris les armes que pour me faire obeïr par force du dit duc, qui jusqu'icy sembloit avoir refusé la voie de la clemence et bonté, je ne veux point qu'elle donne d'ombrage à mes voisins. De quoy je vous ay bien voulu advertir, affin que vous vous en rejouissiés avec mes bons serviteurs qui sont par delà : me remettant du surplus des particularitez de cest affaire sur mon ambassadeur, qui vous les fera plus amplement entendre, pour prier Dieu, mon Cousin, qu'il vous ayt en sa saincte et digne garde. Escript à Donchery, le iij[e] jour d'avril 1606.

HENRY.

DE NEUFVILLE.

[1606.] — 3 AVRIL. — IIme.

Orig. autographe. — Biblioth. impér. de Saint-Pétersbourg, Ms. 887, lettre 33. Copie transmise par M. Houat.

A MONS[R] DE VILLEROY.

Monsr de Villeroy, Depuis que Pisieux est party, le courrier que j'avois depesché à m[r] le duc de Sully est arrivé, par lequel il me mande qu'il sera icy ce soir. Bourg y est aussy, qui desire sçavoir ce qu'il aura à faire, et je crois que demain m[r] le garde des sceaux y sera. C'est pourquoy je vous prie de vous rendre icy demain matin, affin que nous achevions ce qui reste à faire, pour en partir aprés-demain. Bon soir, Monsr de Villeroy. Ce lundy au soir, iij[e] avril, à la Cassine.

HENRY.

[1606. — 5 AVRIL. — Ire.]

Orig. autographe. — Musée britannique, Mss. Egerton, vol. 5, fol. 84 et 85. Transcription de M. Delpit.

Cop. — Arch. de M. le duc de la Force.

Imprimé. — *Mémoires de la Force*, publiés par M. le marquis DE LA GRANGE, t. I, p. 425.

A MONS[R] DE LA FORCE.

Monsr de la Force, Je puis bien dire comme feit Cesar, *Veni, vidi, vici;* car dés le jour mesmes que j'arrivay en ce lieu, qui n'est qu'à une lieue de Sedan, m[r] de Bouillon m'envoya supplier de vouloir luy envoyer m[r] de Villeroy pour traicter avec luy, ce que je fis le lendemain; et dans trois jours tout a esté conclu. De quoy je vous ay bien voulu advertir, et que ceste place est bonne, mais non si bonne que l'on me la faisoit, et que dans la fin de may je l'eusse reduicte en mauvais termes. Je mets dedans le chasteau le s^r de Nettancourt, gentilhomme de Champagne, qui est de la religion et qui, durant le siege de Paris, estoit lieutenant de m^r de Brienne, et cinquante soldats. La marchandise est un peu chere, mais elle est bonne. Demain j'entreray dans la place, où je sejourneray jusqu'à lundy, que j'en partiray pour m'en aller à Mousson et de là reprendre mon chemin droict à Paris, repassant à Reims et à Viliers-Coterest. Mr de Bouillon en partira quatre jours aprés pour me venir trouver où je seray, et enverra sa femme et ses enfans à Turenne. Il n'avoit dans sa place que trois à quatre cens soldats estrangers, tant Lansquenets, Suisses ou autres. Ce sont là des secours des princes d'Allemagne. J'espere que ce voyage ne m'aura pas peu servy, quand ce ne seroit que pour apprendre à ceux de mes subjects qui voudroient faire les mauvais, que je sçais me faire obeïr. Vous ferés part de cecy à ceux que vous jugerés à propos, et m'advertirés de ce que vous apprendrés importer à mon service. A Dieu, Monsr de la Force, lequel je prie vous avoir en sa garde. Ce v^e avril, à Donchery.

HENRY.

[1606.] — 5 AVRIL. — IIme.

Orig. — Arch. grand-ducales de Hesse-Cassel.
Imprimé. — *Correspondance de Henri IV avec Maurice le Savant*, p. 303.

A MON COUSIN LE LANDGRAVE DE HESSE.

Mon Cousin, J'ay pris Sedan avec le maistre de la maison, non à force d'armes (comme je m'y estois bien preparé et crois qu'il m'eust esté facile de faire, fortifié de la grace de Dieu, qui n'abandonna jamais une juste cause), mais par les effects de ma bonté et clemence, esmeue et acquise par les soubmissions et debvoirs auxquels le duc de Bouillon s'est porté à mon arrivée à la veue de sa place, qu'il m'a demandé pardon et abolition des choses passées, m'a supplié de le reprendre avec sa place en ma bonne grace et protection, et m'a promis et juré de m'estre à l'advenir tres fidelle et obeïssant subject et serviteur; pour preuve de quoy il a consenty de recevoir en son chasteau un cappitaine et une garnison de ma part pour y commander.

Mon Cousin, je me promets que vous serés tres aise de ce succés, puisqu'il m'est agreable, et qu'il est conforme aux sages conseils que vous m'avés donnez, desquels veritablement je n'ay jamais esté aliené; car, dès le commencement jusqu'à la fin, j'ay toujours declaré et asseuré que j'en userois ainsy toutes et quantes fois que le dict duc s'en rendroit digne par ses actions. Vous sçavés que c'est ce que je vous ay tousjours mandé, et qu'il ne pouvoit rechercher meilleure voye et intercession, pour obtenir telle grace de moy que celle qui dependoit du debvoir auquel la nature et mes bienfaicts l'obligeoient. A quoy, si l'auctorité et les conseils de ses amys l'eussent disposé et faict resouldre de satisfaire plus tost, au lieu de s'employer vers moy pour m'y rendre favorable, comme le dict duc se fust plus tost mis en ce chemin, plus tost aussy eust-il jouy de la consolation que je luy ay maintenant accordée, par laquelle seront convaincus de faulseté, ignorance et malice, tous ceux qui ont osé dire et publier que je voulois destruire l'eglise de Sedan avec la personne du dict duc, et, m'emparant de sa place, le priver et despouiller des droicts d'icelle. Car, si ma volonté eust esté telle, Dieu m'avoit donné les moyens de l'executer trop plus facilement (ainsy que j'ay recogneu depuis aprés avoir veu la place) que je ne m'estois promis lorsque je m'estois resolu de l'entreprendre.

Mon Cousin, j'ay donc bien voulu vous faire part, comme à l'un de mes meilleurs amys, de ce qui s'est passé en ce faict, comme j'ay cy-devant faict du progrés d'iceluy. A quoy j'adjousteray que je suis tres content de la façon de laquelle vous vous y estes conduict tant envers le dict duc qu'en mon endroict, et mesmes de ce que vous m'en avés escript aprés avoir veu le s^r de Montglat, par vostre lettre du xiie du mois passé, que j'ay receue en ce lieu le iiie du present. Je feray mon entrée au dict Sedan demain ou vendredy, où je demeureray trois ou quatre jours, et je reprendray, aprés, le chemin de Paris, où le dict duc de Bouillon me suivra quelques jours après, tres resolu, comme il proteste, d'amander le passé par une obeïssance et fidelité si sincere et entiere, que j'auray toute occasion d'estre content de luy, qui est ce que je desire. Je prie Dieu, mon Cousin, qu'il vous ayt en sa saincte et digne garde. Escript à la Cassine, le ve jour d'avril 1606.

HENRY.

1606. — 9 AVRIL.

Orig. — B. N. Fonds Béthune, Ms. 9047, fol. 39.
Cop. — B. N. Suppl. fr. Ms. 1009-2.

[AU CONNÉTABLE.]

Mon Cousin, Ayant ordonné qu'il sera faict monstre au plus tost, pour un quartier de la presente année, à la compagnie d'hommes d'armes de mes ordonnances dont a la charge mon cousin le comte de Soissons, affin que la dicte compagnie, qui est à present sur pied, ne demeure davantage à son rendez-vous, à la foulle de mon peuple, et que chacun des dicts hommes d'armes se retire incontinent en leurs maisons, je vous escris ceste lettre affin qu'à la reception d'icelle vous vous pourveoyés d'un commissaire et controlleur de mes guerres, qui facent la dicte monstre, et mandiés les tresoriers generaulx de l'ordinaire pour avoir un payeur avec l'argent necessaire pour cest effect, voullant que la dicte monstre et payement soyent faicts en la forme que je vous ay ordonnée par une autre depesche que je vous envoye avec ceste-cy : priant Dieu, mon Cousin, qu'il vous ayt en sa tres saincte et digne garde. Escript à Sedan, le ixe jour d'avril 1606.

HENRY.

DE NEUFVILLE.

1606. — 14 AVRIL. — Ire.

Orig. — B. N. Fonds Béthune, Ms. 9047, fol. 44.
Cop. — B. N. Suppl. fr. Ms. 1009-2.

[AU CONNÉTABLE.]

Mon Cousin, J'avois jà commandé que vostre compagnie de gens d'armes fust renvoyée, quand le s^r du Trans m'a apporté vostre lettre du 11e de ce mois, et ay neantmoins entendu avec grand contentement la diligence dont vous avés usé pour mettre vostre dicte compagnie en estat de me rendre service et la faire acheminer vers le lieu où vous croyiés que j'en devois avoir affaire. J'arrivay hier en ceste ville, d'où je fais estat de partir demain pour prendre le chemin de Viliers-Cotterets, où je sejourneray quelque temps pour y courre des cerfs, et serois bien ayse de vous y voir, si vostre santé le permet, laquelle je me resjouys que vous ayés commencé à recouvrer, et prie Dieu, mon Cousin, qu'il la vous redonne en perfection et vous y maintienne longuement. Escript à Reims, le xiiij^e jour d'avril 1606.

HENRY.

Mon Cousin, Nous avons faict un si mauvais chemin, que le bagage n'est encores arrivé en ceste ville : de sorte que je me suis resolu de ne partir que dimanche.

HENRY.

DE NEUFVILLE.

[1606.] — 14 AVRIL.

Orig. autographe. — Musée britannique, in-4°, Mss. additionnels, vol. 5375, lettre 41.
Envoi de M. l'ambassadeur de France à Londres.

A MONS^R DE BELLIEVRE,
CHANCELLIER DE FRANCE.

Monsr le chancellier, J'ay commandé à m^r le garde des sceaulx[1] de vous faire entendre ce qui est de ma volonté et intention, sur ce que

---

[1] Nous avons dit ci-dessus que les sceaux avaient été retirés à M. de Bellièvre, à l'au- tomne de l'année précédente, pour être remis à M. de Sillery. M. de Bellièvre,

ma sœur la Royne Marguerite desire touchant la sentence qu'a esté donnée contre la dame de Vermont, à quoy je vous prie d'apporter tout ce qui sera de vostre auctorité, affin que ma dicte sœur ayt promptement pour ce regard tout le contentement qu'elle desire, et cognoisse comme je l'aime, et son repos et son contentement, et autant ou plus que le mien mesme. A quoy m'asseurant que vous ne manquerés nullement, je ne vous en diray davantage, pour prier Dieu vous avoir, Monsr le chancellier, en sa saincte garde. Ce xiiij^e avril, à Reims.

HENRY.

[1606.] — 15 AVRIL.

Orig. autographe. — Londres, *State paper office. Antient royal letters*, vol. 23, B, pièce n° 30.
Transcription de M. Delpit.

A MONSIEUR MON TRES CHER FRERE LE ROY DE LA GRANDE BRETAGNE.

Monsieur mon tres cher Frere, Le baron du Tour, qui n'affectionne moins vostre service et contentement que le mien propre, pour l'honneur que vous luy faictes de l'aimer, et parce qu'il sçait ne pouvoir faire chose qui me soit plus agreable, m'a rendu fidel compte des asseurances que vous luy avés données, et par effect tesmoingnées en sa personne, de la perseverance de vostre amitié, dont j'ay receu entier contentement, ainsy que j'ay commandé au s^r de la Boderie[1], mon

quoiqu'il restât chancelier et chef du conseil, et quoique ce partage entre lui et M. de Sillery eût été fait au moment où un mariage unissait leurs enfants, avait renoncé avec peine à une partie de ses prérogatives, et c'est à cette occasion qu'il dit à Bassompierre : « Un chancelier sans sceaux est comme un apothicaire sans sucre. »

[1] Antoine le Fèvre, seigneur de la Boderie, conseiller d'état, maître d'hôtel ordinaire du Roi, était frère de deux savants collaborateurs de la Polyglotte d'Anvers, Guy et Nicolas le Fèvre; il avait lui-même cultivé les lettres et passa pour être un des auteurs de la satire Ménippée. Il se trouvait en Italie en 1590 avec le marquis de Pisani et le cardinal de Gondi, évêque de Paris. Henri IV, à qui il fut présenté, au

DE HENRI IV. 607

conseiller d'Estat, de vous représenter de ma part en vous delivrant la presente, l'ayant choisy pour me servir d'ambassadeur auprès de vous, pour l'experience que j'ay faicte de sa loyauté, et l'asseurance que j'ay qu'il vous rendra content de ses actions. C'est aussy ce que je luy ay recommandé le plus soigneusement, ne pouvant autrement me servir agreablement. Je vous prie donc, Monsieur mon tres cher Frere, de traicter avec luy en toute confiance, et en me continuant vostre affection, comme je vous rendray la mienne immortelle envers vous et les vostres, luy adjouxter pareille foy que à la personne mesmes de

Ce xve avril, à Reims.

Vostre tres affectionné frere, cousin et ancien allié,

HENRY.

[1606.] — 22 AVRIL.

Orig. autographe. — B. N. Fonds Béthune, Ms. 8851, fol. 12.

A MON COUSIN LE S^R DE BOISDAUFIN,
MARECHAL DE FRANCE.

Mon Cousin, Je vous fay ce mot par m^r de Souvré, qui le vous rendra, pour vous dire qu'esperant estre de retour à Paris dans peu de jours, je veulx que vous m'attendiés, pour ce que je desire de vous voir et parler à vous, et que vous croyiés le dict s^r de Souvré de ce qu'il vous dira de ma part, comme moy-mesmes, qui prie Dieu vous

retour, en 1592, reconnut son mérite et, après la paix de Vervins, il le nomma, comme on l'a vu ci-dessus (tome V, p. 19), son ambassadeur à Bruxelles près des archiducs. En 1605 il fut chargé d'aller, en ambassade extraordinaire, complimenter le duc de Savoie sur la mort de son fils aîné, et lui porter la lettre que nous donnons ci-dessus à la date du 14 avril 1605. Il termina en même temps les dernières affaires relatives à l'échange du marquisat de Saluces contre la Bresse. Sa carrière diplomatique fut couronnée par deux ambassades en Angleterre : celle-ci, qui se termina en juillet 1609, et la seconde qui, commencée à la fin de cette même année, dura jusqu'en 1612. M. de la Boderie mourut en 1615, à soixante ans. Sa fille avait épousé, en 1613, Arnauld d'Andilly, à qui elle apporta la terre de Pomponne, dont le nom a été porté avec éclat par plusieurs membres de cette illustre famille.

avoir, mon Cousin, en sa saincte et digne garde. Ce xxij^e avril, à Villiers-Cotterets.

HENRY.

1606. — 24 AVRIL.

Cop. — Arch. nationales, section administrative, Registres authentiques de l'hôtel de ville de Paris, série H. 1794, fol. 85 verso.

A NOS TRES CHERS ET BIEN AMEZ LES PREVOST DES MARCHANS
ET ESCHEVINS DE NOSTRE BONNE VILLE DE PARIS.

Tres chers et bien amez, La proposition que le s^r de Sillery, garde des sceaux de France, nous a faicte de vos parts, de tirer le canon de nostre bonne ville de Paris lorsque nous arriverons en icelle, nous est tres agreable et trouvons fort bon que vous le faciés; mais nostre intention est que ce soit selon l'ordre qui vous en sera baillé par nostre tres cher et feal cousin le duc de Sully, grand maistre de l'artillerie. A ceste cause, nous voulons et vous mandons que vous l'alliés prendre de luy pour le suivre en tout point sans y adjouster ou diminuer aucune chose, car tel est nostre plaisir. Donné à Villiers-Cotterets, le xxiiij^e avril 1606.

HENRY.

DE LOMENIE.

[1606.] — 27 AVRIL.

Imprimé. — Œconomies royales, édit. orig. t. III, chap. 51.

[AU DUC DE SULLY.]

Mon amy, Suivant ce que je commanday à m^r de Villeroy de vous dire, que je desirois faire un present au nom de ma femme à la femme du s^r Arsens, en recompense des presens que ceux des Estats m'ont faicts et à ma femme par luy, je vous fais ce mot pour vous dire qu'incontinent que vous l'aurés receu, vous achetiés une enseigne ou autre chose que vous jugerés plus à propos, du prix et somme de quinze cens escus, que vous envoyerés à la femme du dict Arsens, au nom de la mienne, avec force bonnes paroles d'honnesteté de sa part. A Dieu, mon amy, ce xxvij^e avril, à Fontainebleau.

HENRY.

1606. — 29 AVRIL.

Orig. — Ms. appartenant à M. l'abbé Carron, à Versailles, pièce 86.

A MON COUSIN LE CARDINAL DE JOYEUSE,
PROTECTEUR DE MES AFFAIRES EN COURT DE ROME.

Mon Cousin, J'ay esté bien ayse quand j'ay sceu par mon ambassadeur, que Nostre Sainct Pere vous avoit commis la protection de l'ordre des Capussins, car je sçay que vous vous acquitterés dignement de ceste charge, à l'honneur de Dieu et à la conservation du dict ordre. J'avois aussy commandé à mon dict ambassadeur d'en requerir Sa Saincteté en mon nom, comme je sçay qu'il s'y est employé d'affection; dont j'ay receu contentement, desirant en toutes occasions vous tesmoigner combien je vous estime et vostre bonne volonté à mon service. Au demourant, me voilà, Dieu mercy, de retour de mon voyage, qui a si bien reussy que j'ay tout subject d'en rendre graces à sa divine bonté, laquelle je prie vous avoir, mon Cousin, en sa tres saincte et digne garde. Escript à Paris, le xxixe d'avril 1606.

HENRY.

DE NEUFVILLE.

[1606. — 5 MAI.]

Orig. autographe. — Archives royales de Sardaigne. Copie transmise par M. l'ambassadeur de France à Turin.

A MON FRERE LE DUC DE SAVOYE.

Mon Frere, Mon cousin le duc de Nemours m'a rendu vos lettres et dict ce que vous luy avés faict entendre de vostre affection; de quoy j'ay eu autant d'occasion de demeurer content, comme j'en ay de vous en remercier, ainsy que je fais par ceste-cy; vous priant de la continuer avec asseurance de toute amitié et correspondance de la part de

Vostre bien bon frere,

HENRY.

1606. — 8 MAI.

Imprimé. — *OEconomies royales*, édit. orig. t. III, chap. 55.

[AU DUC DE SULLY.]

Mon Cousin, J'ay esté adverty que l'on est aprés pour faire convoquer à la Rochelle un synode national de mes subjects de la religion pretendue reformée, et qu'il y a desjà des provinces qui ont escript aux deputez qui sont à ma suite, pour en faire instance, et pour escrire aux provinces, affin de faire les assemblées particulieres pour eslire et ordonner des deputez et dresser leurs instructions; et comme je juge n'estre necessaire ny à propos aucunement, en ceste saison, de faire le dict synode, je vous prie envoyer querir les dicts deputez, sçavoir la verité du dict advis et en rompre l'execution. Je les eusse faict venir vers moy exprés pour leur declarer sur cela ma volonté, si je n'eusse esté à la veille d'entrer en la diette que les medecins sont d'advis que je face. Je la commenceray mercredy; mais ils adjousteront pareille foy à ce que vous leur dirés de ma part qu'à moy-mesme. J'escris une pareille lettre à m^r le garde des sceaux, avec lequel je vous prie de conferer, et adviser à ce que vous aurés à faire pour rompre ou du moins differer ce coup, duquel, comme je sçay que vous cognoissés la consequence mieux que nul autre, je vous prie y pourveoir, et me servir en ceste occasion à vostre accoustumée. Je prie Dieu, mon Cousin, qu'il vous ayt en sa saincte garde. Escript à Fontainebleau, le viij^e jour de may 1606.

HENRY.

DE NEUFVILLE.

1606. — 12 MAI.

Orig.*— Archives royales de Sardaigne. Copie transmise par M. l'ambassadeur de France à Turin.

A MON FRERE LE DUC DE SAVOYE.

Mon Frere, Sur ce que je vous ay cy-devant escript en faveur de l'evesque de Senez[1], vous m'aviés, par la vostre du xve janvier dernier, donné asseurance de faire cesser les empeschemens qui luy estoient faicts par un nommé Barathe, vostre subject, en la jouissance du prieuré d'Alloz en Terre-Neufve, despendant de son evesché. Neantmoins, il m'a faict plaincte que les dicts empeschemens continuent avec plus de rigueur qu'auparavant, s'y estant vos subjects du dict lieu joincts, sous pretexte de certaines lettres de sauvegarde et autres, par vous sur ce données. C'est pourquoy je vous fais encore celle-cy pour vous prier permettre que la justice ayt son cours pour l'execution des jugemens contradictoires qui ont esté donnez sur ce subject, tant à la Rote de Rome que par le nonce de Nostre Tres Sainct Pere le Pape ou son auditeur prés de vous, confirmez par Sa Saincteté, et, ce faisant, enjoindre tant au dict Barathe que à vos dicts subjects d'Alloz et autres qu'il appartient, d'y obeïr sans troubler en la dicte jouissance le dict evesque de Senez, soubs aucun pretexte ny

---

[1] L'évêque de Senez était alors Jacques Martin, qui occupa ce siége depuis le 14 avril 1601 jusqu'au 21 février 1623. Cet ancien évêché, le plus chétif de toute la France, reçut, à la fin de ce siècle-là et au commencement du siècle dernier, un certain lustre d'un de mes grands oncles, Jean Soanen, célèbre par une conviction inébranlable sur les questions de controverse religieuse qui divisèrent alors la France catholique. Évêque de Senez depuis 1695, il fut un des plus ardents adversaires de la bulle *Unigenitus*, contre laquelle il donna le signal de l'appel au futur concile général. Le concile d'Embrun le condamna le 20 septembre 1727; et, âgé de plus de quatre-vingts ans, il fut exilé à l'abbaye de la Chaise-Dieu, où il mourut, en odeur de sainteté, après treize ans d'exil, le 25 décembre 1740, tout près d'accomplir sa quatre-vingt-quatorzième année; car il était né à Riom le 6 janvier 1647. Le siége de Senez avait été occupé par deux autres évêques entre Jacques Martin et lui.

mesmes soubs couleur des dictes sauvegardes et lettres. Ce que je me promets d'autant plus de vous, que la chose est juste, raisonnable et encores importe à mon service, pour estre le dict evesché de Senez à ma nomination; et s'il se presente occasion de m'en revancher en autre endroit, je le feray d'entiere affection : priant Dieu, mon Frere, qu'il vous ayt en sa saincte et digne garde. Escript à Fontainebleau, le xij^e jour de may 1606.

Vostre bon frere,
HENRY.

[1606.] — 18 MAI.
Imprimé. — *Œconomiës royales,* édit. orig. t. III, ch. 51.
[AU DUC DE SULLY.]

Mon amy, Ayant commandé au prevost des marchands de ma bonne ville de Paris de me mander quand les portes de St-Bernard et du Temple, et les fontaines de devant le Palais[1] et la Croix du Tirouer seroient parachevées, et si ce ne seroit pas dans la St-Jean prochaine, comme il m'avoit asseuré, il m'a escript qu'à cause d'un arrest qui a esté donné en mon conseil, par lequel il a esté ordonné que les deniers des dictes fontaines seroient employez au payement du pavé de la dicte ville (contre le bail cy-devant faict en mon dict conseil, par lequel il est dict que les dicts deniers se leveront par l'adjudicataire sur les habitans, selon le toisé du pavé qu'ils auront devant leurs maisons), cela ne pourroit estre si tost. Et parce que je desire que les dictes portes et fontaines se parachevent au plus tost, je vous fais ce mot et vous depesche ce laquais, exprés pour vous dire que je seray tres aise sçavoir pourquoy les deniers destinez aux dicts ouvrages ont

---

[1] Celle de devant le palais avait remplacé la pyramide élevée en souvenir de l'attentat de Jean Châtel, et dont le crédit du père Cotton avait obtenu, l'année précédente, la démolition à cause des termes injurieux de l'inscription contre sa compagnie. J'ai publié, en 1837, une lettre du père Cotton à ce sujet. (Voyez *Essais d'appréciations historiques,* t. II, p. 322.)

esté devertis et destournez, et que vous teniés la main à ce que cela ne soit, me mandant les occasions pour lesquelles on l'a ainsy ordonné.

Pour ma santé, elle est tres bonne, Dieu mercy, et ay parachevé de suer, sentant un meilleur amendement de ma diette. Quant aux nouvelles, j'ay commandé à m^r de Villeroy de vous les escrire, sy que pour ceste heure vous n'aurés aultre chose de moy, pour fin, que l'asseurance de la continuation de mon affection. A Dieu, mon amy, lequel je prie vous avoir en sa garde. Ce xviij^e may, à Fontainebleau.

HENRY.

1606. — 20 MAI.

Orig. — Archives des Médicis, légation française, liasse 3. Copie transmise par M. le ministre de France à Florence.

A MON ONCLE LE GRAND DUC DE TOSCANE.

Mon Oncle, J'ay esté tres aise d'avoir sceu par vostre lettre du xxie du mois d'avril, que vous l'ayés esté de l'heureux succés de mon voyage à Sedan, duquel il est advenu, par la grace de Dieu, ce que j'avois tousjours promis et desiré, qui est que si le duc de Bouillon recognoissoit ses faultes et se soubmettoit à ma clemence, comme son devoir l'obligeoit de faire, je l'honorerois de ma bonne grace et oublierois le passé pour me servir de luy à l'advenir, ainsy qu'il s'en rendroit digne par ses actions; à quoy je le vois si disposé que j'espere qu'il me sera utile serviteur, et je luy seray aussy bon maistre. Au demeurant, je vous prie de m'aimer tousjours et croire que je vous souhaite et aux vostres toute prosperité : priant Dieu, mon Oncle, qu'il vous ayt en sa saincte et digne garde. Escript à Fontainebleau, le xxe jour de may 1606.

HENRY.

DE NEUFVILLE.

1606. — 28 mai.

Cop. — Biblioth. de la ville de Metz. Envoi de M. Clercx de Belletanche, bibliothécaire.

[AU CARDINAL DE GIVRY.]

Mon Cousin, Je ne doubte pas que la nouvelle du traicté de Sedan ne vous ayt esté bien agreable et à tous ceux qui aiment et affectionnent le bien et prosperité de mes affaires par delà, ainsy que vous m'avés mandé par vos lettres du 11e de ce mois. C'est un tesmoignage de leur bonne volonté et de la vostre dont je me veux souvenir aux occasions qui se presenteront de le recognoistre. Quant à l'abbaye de Chastillon, le s^r de Villeroy m'a faict sçavoir ce que vous luy en avés escript, et ay esté bien aise que vous ayés pris resolution de vous conformer à mon intention, qui seroit (ne voulant vous accommoder à une pension) que vous fussiés content de la moitié des fruicts de la dicte abbaye, toutes charges desduictes, puisqu'on vous en a porté parole : vous asseurant que, vous aimant comme je fais, j'embrasseray tousjours bien volontiers ce qui sera de vostre utilité et contentement, ainsy que vous cognoistrés par effects : priant Dieu, mon Cousin, qu'il vous ayt en sa saincte et digne garde. Escript à Fontainebleau, le xxviij^e may 1606.

HENRY.

DE NEUFVILLE.

1606. — 2 juin.

Orig. — B. N. Fonds Béthune, Ms. 9090.
Cop. — B. N. Suppl. fr. Ms. 1009-2.

[AU CONNÉTABLE.]

Mon Cousin, Puisque vous avés quitté l'usage des eaux de Meynes, pour ne perdre l'occasion de faire trouver vostre fils à Thoulouse à l'audience du xiiie du mois prochain, ainsy que vous me mandés par vos lettres du xxviiie du passé, je veux croire que vous ne l'avés faict qu'avec bonne consideration, et desire que vostre santé aille tousjours en augmentant, de sorte que le reste de vostre voyage vous soit aussy heureux comme le commencement en a esté favorable. J'ay veu ce que vous m'avés mandé de l'interruption du passage d'Avignon et ce qui s'est passé entre le vice-legat et vous, et approuve que vous en ayés usé de la façon que vous m'escrivés; mais parce que je desire traicter les choses à l'amiable, pour le respect de Nostre Tres Sainct Pere le Pape, je vous prie, aprés la reception de la presente, faire dire au dict vice-legat que je trouve bon que le commerce soit rouvert comme il l'estoit auparavant, pourveu qu'il face de mesmes de son costé, à la charge qu'il ne sera rien innové en la ferme qui a esté baillée, suivant vostre commission, par le general Castellan, jusques à ce que le differend qui est entre nous soit vuidé au fonds. Ce pendant, affin d'en accelerer la decision, je vous prie donner ordre que les tresoriers de France et les officiers de Nismes facent mettre en vos mains les tiltres qu'ils ont, qui peuvent eclaircir mes droicts et pretentions au dict passage, pour me les faire tenir par la premiere commodité, affin que les choses se terminant à l'amiable, l'on cognoisse que je desire conserver Nostre Sainct Pere le Pape et les siens en ce qui leur appartient justement. Je fais response par la voye du nonce de Sa Saincteté au dict vice-legat et au s^r Frangipane, et mande à l'un et à l'autre que vous leur ferés entendre mon intention, ainsy que vous verrés par la copie, qui sera cy-enclose, des lettres que je leur escris.

Je seray bien aise de sçavoir que l'exempt des gardes que j'ay envoyé par delà soit entré dedans le chasteau de Lombets, en vertu de la commission que je luy avois faict expedier à ceste fin, ayant eu à plaisir d'entendre que toutes choses soient si tranquilles en mon pays de Languedoc que vous me mandés. Elles le sont aussy du costé de deçà; ayant resolu de faire baptiser mes enfans ceste sepmaine et en ce lieu, qui n'est, Dieu mercy, infecté de maladie contagieuse comme est ma ville de Paris, encore que le bruict, parmi les provinces esloignées et les princes estrangers, en soit plus grand que l'effect. Je loue le desir que vous avés de juger des combats et tournois qui se doivent faire aux dicts baptesmes et qui seront differez à la naissance d'un duc d'Orleans, si Dieu m'en veut donner un et à la Royne ma femme, qui est grosse de cinq à six sepmaines : de quoy je m'asseure que vous vous rejouirés, comme je feray de vous y voir et de vous tesmoigner en toutes occasions les effects de la bonne volonté que je vous porte : priant Dieu, mon Cousin, qu'il vous ayt en sa saincte garde. Escript à Fontainebleau, le ij^e jour de juin 1606.

HENRY.

DE NEUFVILLE.

[1606.] — 4 JUIN.

Orig. autographe. — Archives royales de Sardaigne. Copie transmise par M. l'ambassadeur de France à Turin.

A MON FRERE LE DUC DE SAVOYE.

Mon Frere, Les esclaves que vous avés faict mettre en liberté pour estre conduicts à Marseille, avoient esté achetez par mon commandement et pour mon service, comme je vous ay escript par Charmoisy, sur l'advis que j'avois eu qu'ils avoient esté menez et arrestez à Villefranche. J'ay eu à plaisir que vous en ayés usé comme vous avés faict, n'ayant poinct creu le dict arrest avoir esté faict par vostre commandement, pour l'asseurance que vous m'avés tousjours donnée de vostre amitié et de la volonté que vous avés de conserver avec moy toute bonne voisinance. C'est pourquoy je me promets que vous aurés depuis faict encore relascher la barque sur laquelle estoient les dicts esclaves, suivant la priere que je vous en ay faicte par la lettre que je vous ay escripte par le dict Charmoisy. Aussy recevrés-vous tousjours de moy toute correspondance de vraie amitié en toutes occasions, comme j'ay déclaré plus particulierement à mon cousin le duc de Nemours : priant Dieu qu'il vous ayt, mon Frere, en sa saincte et digne garde. Ce iiij^e juin, à Fontainebleau.

Vostre bien bon frere,

HENRY.

[1606.] — 9 JUIN.

Orig. autographe. — Musée britannique. Biblioth. Harléienne, Ms. 7008, fol. 244. Transcription de M. Delpit.

[AU PRINCE DE GALLES.]

Mon Nepveu, Le s^r de la Boderie, mon ambassadeur, vous rendra ceste lettre, en vous presentant de ma part les armes que je vous envoye. Il vous asseurera aussy du contentement que je reçois d'apprendre que vous profités journellement en vos exercices, et de la continuation de la bonne volonté que je vous porte, des effects de laquelle je vous prie faire estat asseuré en toutes occasions, et croire sur ce le dict s^r de la Boderie, comme vous feriés, mon Nepveu,

Vostre affectionné et bon oncle,

Ce ixe juin, à Fontainebleau. HENRY.

1606. — 10 JUIN.

Orig. autographe. — B. N. Fonds Béthune, Ms. 9138, fol. 25.
Cop. — Suppl. fr. Ms. 1009-4.

A MADAME DE MONGLAT.

Madame de Montglat, Je vous fais ce mot et vous depesche ce courrier esprés pour vous dire que demain, de bon matin, vous faciés partir mon fils le chevalier, dans votre carrosse, à ce qu'il soit icy sur les dix heures du matin, pour ce qu'il faut qu'il se trouve au Temple, à une ceremonie qui s'y faict. Mon fils de Vendosme, son frere, ira le recevoir et le mener au Temple. Au demeurant, ma femme et moy l'eschapasmes belle hyer[1]; mais, Dieu mercy, nous

---

[1] Henri IV et Marie de Médicis avaient failli se noyer la veille, en restant dans leur carrosse, au passage du bac à Neuilly. Un mouvement des chevaux fit tomber dans la rivière le carrosse où se trouvaient avec le Roi et la Reine, la princesse de Conti, le duc de Vendôme et le duc de Montpensier. Les huit chevaux furent noyés, et la voiture entièrement remplie d'eau. Le Roi en sortit le premier et se mit

nous en portons bien. Bon soir, madame de Monglat. Ce samedy, à sept heures du soir, xe juin, à Paris.

HENRY.

[1606.] — 10 JUIN.

Orig. autographe. — Archives des Médicis, Christine de Lorraine, liasse IV, 222.
Copie transmise par M. le ministre de France à Florence.

A MA TANTE ET BONNE NIEPCE LA GRANDE DUCHESSE DE TOSCANE.

Ma Tante et bonne Niepce, Mon ambassadeur residant à Rome vous fera presenter ceste lettre, par laquelle je vous convie au baptesme de mes enfans, que j'ay deliberé solemniser au temps que mon ambassadeur vous fera sçavoir, vous priant estre contente que je vous aye choisie pour, avec mon frere le duc de Lorraine, nommer ma derniere fille et respondre pour elle en recevant ce sainct sacrement, chose que je souhaite que vous accomplissiés en personne, affin de pouvoir mieux vous tesmoigner mon affection; et au cas que vous ne puissiés me donner ce contentement, je vous prie d'y employer pour vous celluy que vous nommera de ma part mon dict ambassadeur, et au reste continuer à faire entier estat de l'amitié que vous porte

xe juin, à Paris.　　　　　　　　Vostre nepveu et bien bon oncle,

HENRY.

à la nage pour aider à sauver la Reine, que la Châtaigneraye, à cheval, retira par les cheveux. Les autres princes furent aussy sauvés. La marquise de Verneuil, au récit de cet accident, dit que, si elle s'était trouvée là, elle aurait crié *La Reine boit!* ce qui ralluma la haine de Marie de Médicis contre elle.

1606. — 12 JUIN.

Imprimé. — *Ambassades de M. de la Boderie en Angleterre,* Paris, 1750, in-12, t. I, p. 96.

[A M. DE LA BODERIE.]

Monsʳ de la Boderie, L'ambassadeur du roy de la Grande Bretagne, mon bon frere, m'ayant representé la ratification faicte par iceluy des articles traictez et accordez sous nostre bon plaisir par nos deputez, pour faciliter, regler et asseurer le commerce entre nos subjects, au bien commun d'iceux, expediée en bonne forme, je vous envoye la mienne par ce porteur, accompagnée d'une lettre que je luy escris sur ce subject, ainsy que vous verrés par le double d'icelle cy-joincte. Vous luy presenterés l'une et l'autre, et retirerés un acte de la presentation et deliberation d'icelle ratification, en la forme de celuy qui a esté baillé icy au dict ambassadeur, dont j'ay commandé aussy vous estre envoyé une copie, auquel toutefois il ne sera besoin de comprendre la derniere partie d'iceluy, attendu que j'ay receu la ratification du roy, mon dict frere, lequel, au reste, vous asseurerés que je feray suivre, garder et observer sincerement et de bonne foy le susdict reglement de commerce, comme vous le prierés de ma part qu'il ordonne estre faict de son costé, affin que nos dicts subjects jouissent du benefice du dict reglement, selon nostre desir et intention.

Et comme je ne me puis lasser de rechercher et embrasser toutes sortes d'occasions de restreindre et affermir de plus en plus nostre mutuelle, ancienne et fraternelle amitié, et manifester à un chacun combien je l'estime et la prise, ayant deliberé faire baptiser solennellement ceste année les trois enfans que Dieu m'a donnez, je desire que le dict roy et l'infante archiduchesse de Flandres donnent le nom et presentent au baptesme ma fille aisnée, ainsy que je luy en escris par la lettre de ma main que je vous envoye, avec copie d'icelle, par le dict courrier, que je vous depesche exprés pour cet effect. Au moyen de quoy, vous ne fauldrés, incontinent qu'il sera arrivé, de la luy presenter et faire ceste priere de ma part, aux termes que vous jugerés propres et convenables, pour luy faire estimer ma bonne volonté et ce tesmoignage de ma fraternelle amitié, et qu'il merite. Par le moyen duquel, oultre les tiltres de freres et anciens amys qui nous lient et conjoignent ensemble si cordialement, nous adjousterons et acquerrons encore celuy de comperes, qui nous restreindra et nous obligera encores de plus en plus à nous entr'aimer, et affectionner nostre amitié reciproque, comme il portera nos enfans à imiter la sincerité dont nous y aurons procedé; luy disant que si je ne m'estois de longue main obligé au Pape et à la duchesse de Mantoue, pour estre parrain de mon fils le Dauphin, comme je fis au Pape deffunct, incontinent aprés la naissance d'iceluy, et l'ay confirmé à celuy-cy si tost qu'il fut eleu, j'eusse esté aise d'y convier et employer mon dict frere par preference, tout ainsy que je prefere son amitié à toutes les autres. Or, je fais estat de celebrer les dicts baptesmes le premier jour de septembre prochain en ceste ville de Paris, et de donner à ma derniere fille le duc de Lorraine et la duchesse de Toscane pour parrain et marraine, et les presenter tous trois en mesme temps à ce sacrement. Vous n'obmettrés de faire entendre au roy, mon dict frere, que, si l'estat de ses affaires et sa dignité luy permettoient de faire en personne cest office, ce seroit le plus grand contentement que je pourrois recevoir, aprés tant d'autres graces et faveurs singulieres que Dieu m'a desparties, pour le pouvoir voir, traicter bouche à bouche avec luy de nos affaires communes, et luy representer moy-mesme combien j'estime sa personne et les vertus dont elle est ornée, et cheris son amitié; adjoustant que, si ce bonheur m'arrivoit, je me promettrois bien de luy faire recevoir tant de sortes de plaisir à la chasse, qu'il en seroit content. Mais je sçais estre chose de laquelle nos qualitez et les obligations de nos couronnes ne permettent pas que nous jouissions, mesme en ceste saison. Vous le prierés donc d'en commettre la charge à personne qu'il affectionne et se confie, affin que je luy tesmoigne par toute sorte de bons et honorables accueils et traitemens le compte que je fais de celle du dict roy et ce que je luy suis.

Vous luy remettrés donc ce choix, et serés soigneux de sçavoir et m'advertir tant de sa response que des qualitez et suite de celuy qu'il y deputera. Aucuns m'avoient proposé de demander le duc de Lenox ou le comte de Penbrok, pour s'estre l'un et l'autre tousjours montrez affectionnez à ma personne et à la France; mais j'ay estimé plus decent et à propos de remettre pleinement la dicte election à sa discretion et bonne volonté. Car, comme je m'asseure qu'il n'y employera personne qu'il n'aime et estime, et qui ne soit de qualité requise, qui que ce soit qu'il m'envoie sera le tres bien venu; et veux qu'ainsy vous luy disiés. Je prie Dieu, monsr de la Boderie, qu'il vous ayt en sa saincte garde. Escript à Paris, le xij^e juin 1606.

HENRY.

DE NEUFVILLE.

[1606.] — 13 JUIN. — Ire.

Orig. autographe. — Arch. du royaume de Belgique. Communication de M. Gachard, archiviste général.

A MON FRERE L'ARCHIDUC D'AUSTRICHE.

Mon Frere, Je veux tesmoigner à toute la Chrestienté la bonne volonté que je vous porte en estreignant nostre amitié d'un plus estroict lien que celuy de nostre proximité et bonne voisinance, pour vous en faire ressentir en toutes occasions, et à ma niepce, vostre femme, les effects dignes d'une sincere et cordiale affection. Pour y parvenir, ayant resolu de faire baptiser mon fils le Dauphin et mes deux filles au commencement du mois de septembre prochain, j'ay bien voulu prier ma dicte niepce de vouloir lever sur les saincts fonts de baptesme ma fille aisnée, avec mon frere le roy de la Grande Bretagne, me promettant que ceste semonce sera autant agreable à ma dicte niepce que l'effect en est desiré de moy, ainsy que vous dira le s^r de Berny : sur lequel me remettant, je prie Dieu vous avoir, mon Frere, en sa garde. Ce xiij^e juin, à Paris.

Vostre bon frere,

HENRY.

[1606.] — 13 juin. — IIme.

Orig. autographe. — Musée britannique, Mss. Egerton, vol. 5, fol. 113. Transcription de M. Delpit.

Cop. — Arch. du duc de la Force.

A MONS^R DE LA FORCE.

Monsr de la Force, Par mon aultre vous apprendrés ce qui est de ma volonté sur ce que vous m'avés escript, et, par celle-cy, vous sçaurés que j'ay resolu le baptesme de mon fils au premier jour de septembre prochain. C'est pourquoy vous ne ferés faulte de vous rendre pres de moy dans le xxe d'aoust au plus tard, comme chose que je desire, asseuré que je vous aime. A Dieu, Monsr de la Force. Ce xiij^e juin, à Paris, au soir.

HENRY.

[1606.] — 19 juin. — Ire.

Orig. — Archives des Médicis, légation française, liasse 5. Envoi de M. le ministre de France à Florence.

A MON ONCLE LE GRAND DUC DE TOSCANE.

Mon Oncle, Mon ambassadeur vous enverra la presente et vous fera sçavoir l'office que je desire de ma tante et bonne niepce, vostre femme, sur le subject du baptesme de mes enfans, que je pretends solempniser ceste année; et je vous prie agreer que je reçoive d'elle ce contentement, qui servira de tesmoignage de la continuation de la parfaicte amitié que je porte à vous et à ma dicte niepce et à toute vostre famille, comme vous representera plus au long mon dict ambassadeur, sur lequel me remettant, je prie Dieu qu'il vous ayt, mon Oncle, en sa saincte et digne garde. Ce xixe juin, à Paris.

HENRY.

DE NEUFVILLE.

[1606.] — 19 juin. — IIme.

Cop. — Biblioth. de la ville de Metz. Envoi de M. Clercx de Belletanche, bibliothécaire.

[AU CARDINAL DE GIVRY.]

Mon Cousin, J'ay entendu par vos lettres du xxviij^e du passé les offices que vous avés faicts auprés de Nostre Sainct Pere le Pape sur le differend d'entre Sa Saincteté et les Venitiens[1], aprés que le s^r d'Halincourt, mon ambassadeur, vous a faict sçavoir mon intention sur ce subject. En quoy vous avés faict chose qui m'a esté tres agreable; vous priant continuer à favoriser mes dictes intentions auprés de Sa Saincteté, en secondant et assistant mon dict ambassadeur, comme je me le promets de vostre affection, ainsy qu'il vous le dira plus amplement en vous faisant part des occurrences de deçà : priant Dieu, mon Cousin, qu'il vous ayt en sa tres saincte et digne garde. Escript à Paris, le xixe juin 1606.

HENRY.

DE NEUFVILLE.

[1] Le différend qui s'était élevé, à la fin de l'année précédente, entre le Pape et la république de Venise, fut la grande affaire de cette année. L'emprisonnement de deux ecclésiastiques coupables de crimes, la défense de bâtir de nouvelles églises dans l'état vénitien, sans l'autorisation du sénat, et le renouvellement d'une ancienne loi qui défendait aux ecclésiastiques d'y acquérir des biens fonds furent les griefs de Paul V. Sur le refus de faire droit à ses réclamations, il excommunia le doge et le sénat et mit la république en interdit. Après beaucoup d'écrits et de manifestes, échangés de part et d'autre, il vouloit avoir recours aux armes et se faire soutenir par l'Espagne, ce qui aurait mis en feu toute l'Italie et même l'Europe, si les négociations conciliatrices du cardinal de Joyeuse, au nom de Henri IV, n'eussent enfin apaisé, au mois d'avril de l'année suivante, cette grande querelle, dont le seul résultat fut l'expulsion des jésuites de tout le territoire de la république. Il sera fréquemment question de cette affaire dans la suite de cette correspondance.

1606. — 20 JUIN. — Ire.

Cop. — Biblioth. de la ville de Metz. Envoi de M. Clercx de Belletanche, bibliothécaire.

[AU CARDINAL DE GIVRY.]

Mon Cousin, Le s^r d'Alincourt, mon ambassadeur, vous dira le commandement que je luy ay faict de demander à Nostre Sainct Pere le Pape une grace sur l'occasion du baptesme que je desire estre faict de mes enfans; et parce qu'il est bien à propos que tous ceux qui aiment l'advantage de mes affaires favorisent ceste poursuicte, je vous prie vous y employer, et assister en icelle mon dict ambassadeur, comme chose que j'affectionne, et dont le succés me sera tres agreable, ainsy que mon ambassadeur vous fera plus amplement entendre : priant Dieu, mon Cousin, qu'il vous ayt en sa tres saincte et digne garde. Escript à Paris, le xxe juin 1606.

HENRY.

DE NEUFVILLE.

[1606.] — 20 JUIN. — IIme.

Orig. autographe. — Musée britannique, Mss. additionnels, n° 6873, fol. 97 et 98. Transcription de M. Delpit.

A NOSTRE TRES SAINCT PERE LE PAPE.

Tres Sainct Pere, Veritablement nous pouvons seurement tesmoigner devant Dieu et les hommes et respondre de l'affection et sollicitude paternelle de Vostre Saineteté à la manutention de la paix publique de la Chrestienté; aussy ne doutons-nous aucunement que Vostre Saincteté n'ayt esté contraincte et forcée, à son tres grand regret et desplaisir, de prononcer contre le duc et la republique de Venise le jugement qu'elle a publié, et davantage que Vostre Saincteté n'ayt faict auparavant tous les devoirs d'un vray et debonnaire pere envers ses chers enfans, pour eviter ce coup, devant que de le lascher; et sommes tres desplaisans de quoy la bonté et sincere intention de

Vostre Saincteté non seulement n'a esté recogneue et receue selon son merite, mais aussy que l'indignation de Vostre Saincteté a esté justement excitée et accreue par certains escripts qui ont esté publiez[1], ainsy qu'il a pleu à Vostre Saincteté nous escrire par son bref du xixe du mois de may, que nostre ambassadeur nous a envoyé; par lequel, comme nous avons appris que Vostre Saincteté a pris en bonne part (de quoy nous la remercions tres affectueusement) la supplication premiere que nous avons entrepris de faire à Vostre Saincteté sur ce subject, meus de l'affection singuliere que nous luy portons, et du soing que nous sommes obligez d'avoir de l'auctorité du Sainct Siege et du contentement particulier de Vostre Saincteté, aussy nous la requerons tres instamment avoir agreable que nous poursuivions nostre tres chrestien et louable dessein, pour rendre à l'Eglise de Dieu et à la personne de Vostre Saincteté le service et l'assistance que nous devons et avons voué à l'une et à l'autre, à l'imitation de nos ancestres d'heureuse memoire, declarant et protestant à Vostre Saincteté que nous n'avons autre but que d'obvier aux accidens deplorables et inevitables que nous prevoyons qui naistront de ceste controverse, si pour nos pechez il faut qu'elle dure davantage, et delivrer Vostre Saincteté de la peine et affliction que nous jugeons et croyons fermement en quoy Elle vit, pour ce regard, à l'advantage du Sainct Siege et à l'honneur de Vostre Saincteté, l'un et l'autre ne nous estant moins cher que le nostre. Sur laquelle creance et asseurance nous prions donc Vostre Saincteté oyr soigneusement ce que presentement nous ordonnons à nostre ambassadeur luy remonstrer et proposer sur ce subject (et en usant de sa prudence, clemence et bonté paternelle pour la gloire de Dieu et le salut de son Eglise, qui sont à Vostre Saincteté en speciale recommandation), pour l'amour et consideration de la personne mesme de Vostre Saincteté et en contemplation de la tres affectionnée et singuliere supplication que

---

[1] Les plus savants personnages de Rome et de Venise se chargèrent de cette polémique, notamment les cardinaux Baronius et Bellarmin pour le Pape, et le célèbre Fra Paolo pour les Vénitiens.

nous luy en faisons (en laquelle nous ne doubtons point que ne interviennent encore, si jà ils ne l'ont faict, tous les autres princes et potentats de la Chrestienté, jaloux comme nous de la propagation de l'Église de Dieu et du repos, conservation et contentement de Vostre Beatitude), vouloir escuser, remettre et oublier les faultes que les dicts duc et republique de Venise peuvent avoir commises envers Vostre Saincteté et le Sainct Siege, affin qu'ils les puissent amender comme il convient; de quoy ils seront par nous exhortez et admonestez de se mettre en tout debvoir; estant certain, Tres Sainct Pere, que plus Vostre Saincteté exercera et estendra sa bonté et sa misericorde en ceste action, plus Elle obligera toute la Chrestienté à hault louer et benir son sainct nom et sa prudence; au grand contentement de ses vrais et affectionnez enfans et à la confusion des ennemys de l'Eglise de Dieu, lesquels s'attendent desjà de proffiter extraordinairement de la discorde presente, ainsy qu'exposera plus au long à Vostre Saincteté nostre dict ambassadeur, auquel partant nous prions Vostre Saincteté adjouster entiere foy et nous continuer sa benediction et bienveillance paternelle. A tant, nous prions Dieu, Tres Sainct Pere, que vostre dicte Saincteté il veuille maintenir, garder et preserver longuement et heureusement, au bon regime, gouvernement et administration de nostre mere saincte Eglise. Escript à Paris, le xxe jour de juin 1606.

Vostre devot fils, le roy de France et de Navarre,

HENRY.

DE NEUFVILLE.

[1606.] — 20 JUIN. — IIIme.

Orig. — Arch. royales de Bavière. Copie transmise par M. le ministre de France à Munich.

A MON COUSIN LE COMTE PALATIN DU RHIN,

DUC DE BAVIERE, PRINCE ET ELECTEUR DU SAINCT EMPIRE.

Mon Cousin, J'ay prins en bonne part l'office de conjouissance que vous avés faict avec moy, par vos lettres du premier du passé, sur la recognoissance que mon cousin le duc de Bouillon a faicte de mon auctorité, s'estant rangé à son debvoir et à l'obeïssance de mes commandemens. Je l'ay d'autant plus volontiers receu en ma bonne grace, que j'ay cru faire chose dont je seray loué de vous et de tous les autres à qui il a l'honneur d'appartenir, et qui l'obligeroit plus que jamais à me servir fidelement, comme j'espere qu'il fera tant par sa bonne inclination que par le bon traictement qu'il recevra de moy; qui vous en ay bien voulu rendre ce tesmoignage, et vous asseurer tousjours de la continuation de ma bonne volonté en vostre endroict: priant Dieu, mon Cousin, qu'il vous ayt en sa saincte et digne garde. Escript à Paris, le xxe jour de juin 1606.

HENRY.

DE NEUFVILLE.

[1606.] — 20 JUIN. — IVme.

Cop. — Arch. nationales, section administrative. Registres authentiques de l'hôtel de ville de Paris. Série H. 1794, fol. 110 recto.

[AU PRÉVOST DES MARCHANDS ET AUX ECHEVINS DE PARIS.]

Tres chers et bien amez. Maintenant que la porte de la Tournelle, dicte Sainct-Bernard, de ceste ville s'en va parfaicte, et que l'occasion s'offre de cognoistre quelqu'un pour avoir soing et l'ouverture, closture et garde d'icelle, nous avons agreable que ceste charge soit baillée à Antoine Fevrier, l'un de nos orlogers, de la fidelité duquel ayant toute asseurance, nous croyons aussy qu'il ne manquera de diligence, soin et assiduité en tel cas requises, dont vous pouvés bien aussy vous reposer sur luy. Tenés donc la main que nostre intention soit en cela suivie, et que, vous y conformant comme nous le desirons, le dict Fevrier soit estably en la dicte charge, et qu'autre à son prejudice ne le previenne: ce que vous cognoistrés à present estre de nostre plaisir et contentement en ceste occasion. Donné à Paris, le xxe jour de juin 1606.

HENRY.

[1606.] — 30 JUIN.

Orig. — Papiers provenant des anciennes archives de Lyon, et conservés dans cette ville. Copie transmise par M. Dupasquier.

A NOS TRES CHERS ET BIEN AMEZ LES PREVOST DES MARCHANDS ET ESCHEVINS DE NOSTRE BONNE VILLE DE LYON.

Tres chers et bien amez, N'ayant point jugé necessaire de pourveoir, quant à present, à la charge de nostre lieutenant general au pays de Lyonnois, qui a vacqué par la mort du s^r de Chevrieres, et neantmoins estant bien convenable qu'il y ayt quelque personne d'auctorité pour commander en nostre ville de Lyon, et d'autant que le s^r de la Guiche n'y peut pas toujours faire residence ordinaire, nous avons faict expedier nos lettres de commission au s^r de la Baulme, seneschal de la seneschaussée de Lyonnois, pour, en l'absence du dict s^r de la Guiche, commander tant en la dicte ville qu'en l'estendue de la dicte seneschaussée, ainsy que cy-devant a faict en pareille occasion le feu s^r de Bothéon, son predecesseur en la dicte charge de seneschal, ayant estimé que, à cause de son dict estat, la dicte commission luy est plus propre et seante qu'à nul autre; qu'ayant aussy de luy bonne cognoissance et de ses qualitez et merites, vous aurés d'autant plus agreable de le voir en la dicte charge, en laquelle nous voulons qu'il luy soit par vous rendu honneur et respect qui luy est deu, et que teniés toujours avec luy toute bonne correspondance, comme nous luy avons ordonné de faire en vostre endroict le semblable. Donné à Paris, le dernier jour de juin 1606.

HENRY.

FORGET.

[1606.] — 5 JUILLET.

Orig. autographe. — A Londres, *State paper office, Antient royal letters*, vol. 22, lettre 248. Copie transmise par M. l'ambassadeur.

A MONSIEUR MON FRERE LE ROY DE LA GRANDE BRETAIGNE.

Monsieur mon Frere, J'estime que Dieu a voulu me preserver du dernier peril que j'ay couru avec la Royne ma tres chere compagne, en partie pour vous donner subject de vous revancher en nostre endroict de l'office de fraternelle conjouissance duquel nous usasmes envers vous lorsque vous descouvristes ceste detestable foucade[1] que l'on avoit dressée contre vous. Aussy n'en avés-vous laissé perdre l'occasion, meu de la mesme bonne et sincere affection qui m'avoit conduict, ainsy que ce gentilhomme et vostre lettre m'ont fidelement representé; dont je vous rends graces dignes de vostre cordiale et parfaicte amitié, laquelle veritablement nous oblige, par raison et par nature, de participer aux accidens bons et mauvais qui nous arrivent : à quoy comme de mon costé je ne manqueray jamais, je suis certain aussy que vous observerés tousjours le mesme envers

Vostre tres affectionné frere et cousin,

HENRY.

---

[1] C'était au mois de novembre précédent, la veille de l'ouverture du Parlement, qu'avait été découverte à Londres, la conspiration des poudres, si fameuse dans l'histoire d'Angleterre, et dont l'anniversaire se solennise encore à présent. Cette conspiration qui devait faire périr d'un seul coup le roi, sa famille et les membres des deux chambres, ayant été si heureusement éventée, devint naturellement l'occasion des félicitations de tous les amis et alliés de Jacques Ier. La lacune qui se trouve dans sa correspondance avec Henri IV et dans les dépêches diplomatiques entre l'ambassade de M. de Beaumont et celle de M. de la Boderie, nous a privés de la lettre que Henri IV écrivit alors au roi d'Angleterre, ainsi qu'il le rappelle ici.

[1606.] — 6 JUILLET. — Ire.

Orig. autographe. — Musée britannique, Mss. Egerton, vol. 5, fol. 122. Transcription de M. Delpit.
Cop. — Arch. de M. le duc de la Force.
Imprimé. — *Mémoires de la Force*, publiés par M. le marquis DE LA GRANGE, t. I, p. 432.

A MONS^R DE LA FORCE.

Monsr de la Force, Je suis bien marry d'apprendre par la vostre du xxvie du mois de juin dernier, laquelle m'a esté rendue ce matin en ceste ville, ce que vous me mandés de l'affermissement de ceux des Estats de mon pays de Bearn. Vous les pouvés asseurer de ma part que ce n'est pas le moyen d'obtenir quelque chose de moy que d'en user ainsy, et que je suis resolu de me faire obeïr, comme ils entendront par leurs deputez lorsqu'ils seront pres de moy, commandant aux evesques et catholiques du dict pays d'envoyer les leurs avec eux, et que ce pendant ils ne devroient differer de proceder à la donation et au reste des Estats. Je vous prie de haster de tenir ceux de la Basse-Navarre, car je veux que vous soyés prés de moy au xxe d'aoust prochain, comme je le vous ay mandé, ayant resolu le baptesme de mon fils et de mes filles au commencement de septembre, en ceste ville; car je seray tres aise que vous soyés prés de moy, qui vous aime ainsy que vous le cognoistrés aux occasions qui s'en présenteront pour vostre contentement et des vostres. A Dieu, Monsr de la Force. Ce vj^e juillet, à Paris.

HENRY.

1606. — 6 JUILLET. — IIme.

Imprimé. — *Ambassades de M. de la Boderie en Angleterre*, t. Ier, p. 164.

[A M. DE BODERIE.]

Monsr de la Boderie, Vostre lettre du xxie du mois de juin, receue le xxviie d'iceluy, m'a rendu compte de l'execution par vous faicte des deux commandemens que je vous avois adressez par la mienne du xii^e

du dict mois. Ce m'a esté plaisir d'avoir sceu la demonstration que le roy de la Grande Bretagne, mon bon frere, a faict de recevoir avec contentement la ratification du reglement de commerce dressé par nos deputez pour le commun bien de nos subjects, avec la promesse qu'il vous a faicte de le faire observer sincerement et fidelement; à quoy vous prendrés garde qu'il soit satisfaict par ses conseillers et officiers, m'advertissant du devoir qu'ils en feront. Mais comme son ambassadeur demande à present que le dict reglement soit envoyé aux cours de parlement de mon Royaume, et specialement à celles de Paris, Rouen et Bourdeaux, pour y estre registré et publié (à quoy il sera satisfaict), retirés aussy pareille expedition d'eux, si vous cognoissés qu'elle soit necessaire : et quand il aura esté procedé à l'election et establissement des conservateurs du dict commerce (ce qui ne se fera sans vostre advis), vous sçaurés ce qui en aura esté arresté.

Quant à la difficulté proposée par le dict roy et ses conseillers, sur l'acceptation de la semonce que vous luy avés faicte de ma part touchant le baptesme de ma fille aisnée, puisqu'elle ne procede de faulte d'affection en mon endroict, mais qu'elle est seulement fondée sur les raisons qui vous ont esté representées, je veux les recevoir en bonne part, preferant le contentement du dict roy au mien, et ses raisons à celles qui m'avoient meu à desirer de luy cest office. Car comme je l'avois affectionné pour l'honorer et luy tesmoigner de plus en plus l'estime que je fais de sa personne et de son amitié, je m'en desiste volontiers, puisqu'il estime n'y pouvoir consentir avec la conservation de sa dignité et qu'il vous a asseuré et faict declarer par le comte de Salisbury, qu'il est tres marry de quoy ceste rencontre l'empesche de seconder ma bonne intention. Car je ne puis changer l'ordre des dicts baptesmes en faisant marcher ma fille devant mon fils, ny revoquer la parole que j'ay donnée au Pape, comme j'avois faict à son predecesseur, auquel je m'en suis obligé dés la naissance de mon dict fils. Mais tant s'en fault que je veuille me douloir de la susdicte difficulté, et l'improuver, que je veux que vous remerciés en mon nom mon dict frere de la franchise et liberté dont il a procedé, m'estant une preuve tres certaine de l'amitié qu'il me porte et du desir qu'il a de la perpetuer. Car, tout ainsy que je confesse que je ne m'estois advisé, choisissant sa personne pour nommer ma fille, de la difficulté qu'il y a trouvée, je suis tres aise aussy qu'il s'y soit arresté, sans se contraindre à passer pardessus un tel scrupule pour m'agreer et complaire. Il m'en fust demeuré un regret perpetuel, s'il en eust usé autrement; estant certain que le vray moyen d'exprimer et asseurer une parfaicte amitié est de fuir la dissimulation, et proceder franchement et candidement, ainsy qu'il a faict en ceste occasion. De quoy vous ne fauldrés à le remercier, l'asseurant de l'estime que je fais plus grande que jamais de son amitié. Vous luy dirés, oultre cela, combien m'a esté agreable la visitation qu'il a voulu faire en mon endroict et de la Royne ma femme, comme aussy de mon fils de Vendosme, sur le peril de la riviere, duquel Dieu nous a preservez, par le gentilhomme qu'il a depesché vers nous, lequel s'en est tres bien acquitté, ainsy que vous luy ferés entendre. Je vous envoye avec la presente le double de la response que j'ay voulu faire à la lettre qu'il m'a apportée de sa part; mais comme il ne m'a parlé aucunement desdicts baptesmes, ny son ambassadeur, aussy je ne luy ay rien dict, m'estant contenté d'asseurer l'un et l'autre de l'affection que je porte à leur maistre et à sa prosperité. Ce pendant je prie Dieu, Monsr de la Boderie, qu'il vous ayt en sa saincte garde. A Paris, le vj^e juillet 1606.

HENRY.

DE NEUFVILLE.

1606. — 10 JUILLET.

Orig. — B. N. Fonds Béthune, Ms. 9045, fol. 46.
Cop. — Suppl. fr. Ms. 1009-2.

A MON COUSIN LE DUC DE MONTMORENCY,
PAIR ET CONNESTABLE DE FRANCE, GOUVERNEUR ET MON LIEUCTENANT GENERAL
EN LANGUEDOC.

Mon Cousin, Il a esté donné un arrest en mon conseil, contenant l'ordre et reglement que je veulx estre gardé et suivy par les marchans frequentans la foire de la Magdelaine de Beaucaire, avec expresse declaration des privileges et franchises que je leur ay concedez, soubs les reservations et conditions portées par le dict arrest, pour eviter aux abus, desordres et esmotions qui s'y commettoient ordinairement sur l'interpretation de ma volonté et des arrests cy-devant donnez en mon conseil. Et estant tres necessaire, pour ceste occasion, que le dict arrest soit exactement suivy, je vous prie tellement tenir la main à l'execution et observation d'icelluy, qu'il n'y soit apporté aucune contravention, sedition et empeschemens, faisans contenir les habitans du dict Beaucaire et marchans en l'obeïssance et debvoir à quoy ils sont obligez : et je prieray Dieu, mon Cousin, vous tenir en sa saincte garde. De Paris, le xe jour de juillet 1606.

HENRY.

DE NEUFVILLE.

[1606.] — 14 JUILLET.

Orig. autographe. — Londres, *State paper office, antient royal letters*, t. XXII, lettre 250; copie transmise par M. l'ambassadeur de France.

A MONSIEUR MON FRERE LE ROY D'ANGLETERRE ET D'ESCOSSE.

Monsieur mon Frere, J'affectionne tant vostre contentement, que vous obtiendrés tousjours de moy tout ce qui y peut servir. J'ay commandé au s^r de Vitry de le vous dire, et par tant de vous servir comme moy-mesme. Si ce que nous sommes et le canal qui separe nos royaumes ne s'opposoit à mon desir, nous verrions ensemble bien tost courre nos chiens, et vous ferois coguoistre et advouer que pour la goutte dont je me ressens quelquefois et pour l'aage que j'ay, je suis encore bon compagnon. Cela ne pouvant estre, disposés du dict Vitry et de tout ce qui despend de moy pour vostre plaisir, et croyés, Monsieur mon Frere, que vostre prosperité et santé me sont aussy cheres et recommandées que la mienne, comme j'ay commandé au dict s^r de Vitry vous declarer plus particulierement : de quoy je vous prie le croire comme si c'estoit

Ce xiiij^e juillet.

Vostre tres affectionné frere et cousin,

HENRY.

[1606.] — 15 JUILLET.

Imprimé. — *Œconomies royales*, édit. orig. t. III, chap. 62.

[AU DUC DE SULLY.]

Mon amy, Je vous envoye la jussion de laquelle vostre frere a parlé à Lomenie sur l'abolition que j'accorday cy-devant, à vostre requeste, au s^r de la Saminiere, affin que si vous-mesmes vous la jugés juste et que ma conscience n'y soit interessée, vous la faciés sceller, sur l'asseurance que j'ay que vous ne voudriés consentir que l'on dist de moy que je fisse aucune chose injuste, à vostre priere; me souvenant fort bien qu'une fois, lorsqu'on me parla de ce faict-là en vostre presence, vous dictes que pour rien au monde vous ne voudriés soustenir une meschanceté, ou estre cause d'une injustice. A Dieu, mon amy. Ce xve juillet, à Fresnes.

HENRY.

1606. — 17 JUILLET.

Orig. — Arch. du royaume des Pays-Bas, liasse dite *Loopende*. Copie transmise par M. l'ambassadeur.

A MONS^R DE BUZENVAL,

CONSEILLER EN MON CONSEIL D'ESTAT ET MON AMBASSADEUR EN HOLLANDE.

Monsr de Buzanval, Depuis la derniere depesche que je vous ay faicte touchant la restitution du navire nommé St-Georges et marchandises prises sur Nicolas de Prot, marchand demeurant en ma ville de Calais, par les Hollandois que conduisoit en la coste d'Espagne le capitaine Simon Vallem Rootz, les mayeur, eschevins et communaulté des bourgeois et marchands trafficans en ma dicte ville, interessez en la dicte prise, et en la consequence qu'elle leur pourroit apporter cy-aprés, s'il n'y estoit pourveu, aprés avoir faict instance en mon conseil pour avoir lettres de marque et represaille, ils ont obtenu l'arrest dont je vous envoye presentement la copie collationnée, par lequel vous verrés qu'avant que d'en venir à la rigueur j'ay bien voulu que vous en faciés nouvelle instance de ma part aux dicts s^{rs} Estats generaux, affin qu'ils donnent ordre que non seulement le dict navire et toutes les marchandises, munitions de guerre et aultres choses trouvées dans iceluy soyent rendues et restituées, mais aussy qu'eux et les officiers de l'admirauté de Horne facent expresse inhibition et deffenses, pour l'advenir, à tous leurs capitaines de navires et autres gens de guerre de leur party, de fouiller doresnavant les navires françois ou portant ma banniere. Car s'il n'est promptement satisfaict aux justes demandes des dicts marchands, je seray contrainct de leur faire depescher les dictes lettres de marque et represaille pour en tirer raison et justice, comme vous ferés plus particulierement entendre aux dicts Estats, vous y employant de telle sorte que je n'aye subject de souffrir ceste voye de rigueur que je ne pourrois neantmoins, à leur refus, desnier aux dicts marchands. Advertissés-moy, par la premiere occasion, de la resolution qu'ils auront prise, et vous me ferés service tres agreable : priant Dieu, Monsr de Buzanval, qu'il vous ayt en sa saincte et digne garde. Escript à Villers-Costeretz, le xvij^e jour de juillet 1606.

HENRY.

DE NEUFVILLE.

1606. — 18 JUILLET.

Orig. — Archives de M. de Couhé-Lusignan. Copie transmise par la Société des Antiquaires de l'Ouest.

A MONS^R DE FRESNES CANAYE,
CONSEILLER EN MON CONSEIL D'ESTAT ET MON AMBASSADEUR À VENISE.

Monsr de Fresnes, J'ay voulu faire entendre aux peres Jesuistes de deçà ce que vous m'aviés escript par vostre lettre du xxviiie du mois passé, que j'ay receue le xviie du present, des charges et informations sur lesquelles ce Senat a bany à perpetuité ceux de leur ordre de l'estat d'iceluy, affin qu'ils se gardent de commettre pareilles faultes en mon Royaume, soit que leurs confreres y soient tombez ou non, et en cas que l'accusation soit faulse, qu'ils l'averent et s'en justifient, estant ainsy que la seule opinion que le bruit d'icelle imprimera de leurs conceptions et fins, où il parviendra, prejudiciera grandement à la reputation de la pieté et de bonnes mœurs qui rend leur ordre recommandé. Ils m'ont grandement remercié du dict advertissement, et ont declaré et protesté qu'ils sont du tout innocens de ce crime, baptisans de ce nom la faulte que l'on leur impose, disans que quelque cault et advisé que l'on dict qu'est leur general, il n'auroit peu dresser une telle faction au desceu de la plus grande et forte partie de ceux de leur ordre, ny tellement en couvrir et desguiser la recherche et practique, que quelque penitent du grand nombre de ceux auxquels il auroit fallu qu'ils se fussent adressez, meu du debvoir de sa conscience envers Dieu et de sa fidelité envers sa patrie, ne les eust decelez et accusez : ce qu'ils disent n'estre advenu jusques à present en lieu du monde. Ils confessent aussy que telle curiosité non seulement est indigne de personnes religieuses, mais punissable et criminelle par dessus toutes autres, et au reste entierement inutile ; car quel grand et solide dessein peuvent bastir mesmes des religieux sur un fondement si incertain qu'est la science et cognoissance des facultez, force et moyens publics et privez d'un estat composé et reglé comme est celuy de Venise ? Ils nient aussy que les uns revelent et raportent aux autres ce qui leur est dict en confession ; que ce seroit pescher contre ce sainct sacrement et contrevenir directement à leur institut, et sur cela prient que l'on represente ces beaux registres, qui ont esté composez par leurs confreres, que l'on dict avoir esté trouvez ; et veullent estre tenuz pour infames et indignes d'estre protegez, s'ils sont veritables. Ils excusent et deffendent, oultre cela, l'innocence et la pieté de leur dict general, avec mesme passion et protestation, disant que s'il estoit si subject à l'argent qu'ils le depeignent et avoit pris à toutes mains comme ils l'accusent, qu'il pourroit difficilement cacher, par sa continence simulée, ses thresors et richesses depuis qu'il exerce leur generalat; et neantmoins l'on sçait qu'il vit à Rome où il reside, esclairé et observé de tous, avec telle simplicité et regularité, que il sert d'exemple de temperance et modestie, comme de religion, à tout l'ordre. Ils soubstiennent doncques que ce sont impostures inventées exprés pour descrier leur ordre et donner couleur au decret que la Republique a voulu faire contre iceluy, plus pour manifester au Pape et à tous autres sa puissance comme sa determination, laquelle elle veult justiffier aux despends de leur corps, en chastiant, comme l'on dict communement, le chien devant le lion. De quoy ils attestent qu'ils n'auroient regret, estant nourris et obligez à la patience, s'il n'y alloit que du particulier de leur ordre et de leurs personnes.

Voilà ce qu'ils m'ont remonstré et declaré sur ce subject; que je ne vous escris pour le representer à ces Seigneurs en corps ny en particulier : car je ne pretends deffendre et soubstenir la cause des dicts Jesuistes ny monstrer de doubter d'une chose que ce Senat tient veritable, et sur laquelle il a fondé un decret si important qu'est celuy du quel il est question; mais je suis tres marry d'entendre que les choses entre Sa Saincteté et ce Senat prennent le chemin de desespoir et d'irreconciliation auquel il semble que les parties s'enfournent de gaieté de cœur et de propos deliberé. Car quelle haste avoient ces Seigneurs d'adjouster le susdict decret[1] aux autres escripts et actes, par les quels ils avoient jà offensé et irrité Sa dicte Saincteté? A quoy peut servir aussy d'assubjectir les vaisseaux de Sa Saincteté et de ses subjects à paier la dace qu'ils pretendent lever en leur golfe, comme de prendre les decimes des ecclesiastiques dont les Papes ont

---

[1] Le Pape ayant jeté l'interdit sur la république de Venise, le sénat défendit la réception et la publication des bulles et de tout autre écrit venant de Rome, et il fit continuer le service divin. Mais les jésuites (ainsi que les théatins et les capucins) ne tinrent point compte de ces défenses et observèrent l'interdit, ce qui les fit bannir des terres de la république.

joy jusques à present, que à contraindre Sa Saincteté de s'en rechercher et user de toutes sortes de rigueurs contre eux, et par ce moyen non seulement justiffier son procedé, quel qu'il puisse estre, mais aussy se charger seuls du blasme et du reproche de tous les accidens et inconveniens publics et privez qui succederont de la continuation d'un divorce si important à la gloire et à l'Eglise de Dieu et à toute la Chrestienté : employant ainsy des remedes qui, en effect, aigrissent et irritent la playe, et doibvent la rendre incurable et mortelle, lorsqu'ils protestent et veulent que l'on croie qu'ils sont desplaisans d'icelle, et qu'ils n'ont autre volonté que de la guarir, et se tirer de l'incommodité qu'ils en reçoipvent, en conservant leur auctorité et liberté souveraine! Comme s'ils esperoient gagner beaucoup en forçant ainsy la patience de Sa Saincteté, soubs pretexte d'abreger ce schisme! Mais je prevois qu'il en arrivera tout le contraire; car plus les offenses seront grandes, plus elles seront difficiles à reparer et terminer; et ne faut pas que ces Seigneurs croient que les autres princes espousent leur querelle si librement et volontiers qu'ils feroient, si, au lieu d'embrasser les expediens qui leur seront proposez pour l'apoincter, ils recherchent et practiquent ceux qui y sont contraires, en foulant aux pieds ou mesprisant tout à faict la dignité et auctorité ponctificale par toutes sortes d'actions, ce pendant qu'ils protestent l'honorer et se conserver en l'obeïssance du Sainct Siege.

Je n'ay encore receu la response du Pape à la proposition derniere, que je vous ay escript luy avoir faict faire, pour obtenir la suspension des censures; mais je n'en attends qu'un refus absolu, puisque ce Senat a passé si avant que vous m'avés escript (tant par votre susdicte lettre que par celle du xxxe du mois passé, que j'ay receue le xve du present par la voie de Flandres), combien que jusques à present elle m'ayt donné occasion de mieux esperer de sa volonté que vous ne le croyés ou voulés croire où vous estes; recognoissant, si le Pape a à plaisir d'estre flatté et confirmé en l'operation et execution de sa bulle, que ce Senat n'est moins jaloux du manifeste et des autres escripts qu'il a publiez, lesquels ont servy de couleur à Sa Saincteté du desny de la prolongation du premier delay ou de la gratification d'un second, que je luy avois demandé, ainsy qu'il adviendra encores de ce dernier decret des Jesuistes et des autres nouveautez advancées par ce Senat, je puis dire sans necessité et par tant hors de saison.

Or j'ay veu et consideré ce que vous leur avés remonstré, aprés avoir receu ma depesche du xij^e du mois passé, et la response que y a faicte ce prince, laquelle ne m'a pleu et contenté, comme a faict la demonstration de leur joye, sur l'advis que vous leur avés donné de la grace que Dieu m'a faicte et à la Royne ma femme, de nous avoir preservez du peril de la riviere, dont je demeure obligé à leur en sçavoir perpetuel gré, et par tant affectionner leur prosperité plus que jamais. Et c'est pourquoy, maintenant que je les veoy en affliction et affaires, je recherche sitcurieusement les moyens de les en tirer avec leur honneur et seureté, et suis meu de leur en parler si franchement que je fais, sans user de flatterie ny de desguisemens, car mon but est de leur estre utile, et non les circonvenir ou abuser. Vous dictes que la suspension des dictes censures a esté souvent offerte par le cardinal Vicence et par autres, s'ils eussent voulu la demander, mais qu'ils l'ont tousjours rejettée, jugeans ne le pouvoir faire sans s'obliger, au bout du terme qui seroit prefigé par icelle, à donner quelque contentement à Sa Saincteté sur quelques-uns des poincts portez par l'excommunication : chose qu'ils ne veulent faire en aucune sorte, et par tant qu'ils ne consentiront jaamais que leur nom y soit employé, mesmes avec le mien et en ma compagnie, quand mesmes je leur donnerois parolle qu'ils n'en seroient esconduits. Je ne puis aucunement approuver ny louer un tel conseil, car c'est proprement couper la broche à tout accommodement que de commencer par une dureté fondée sur une consideration dont la consequence est tres legere et n'est pas necessaire. Enfin c'est plus-tost pointiller que se mettre à raison ny au debvoir de parvenir au bien d'un accord digne de la prudence de ce Senat et du prince qui le regist, lequel a, par la response qu'il vous a faicte, monstré plus d'animosité contre la personne du Pape, qu'il n'a eu d'esgard à la tranquillité de sa patrie ny estimé la sage remonstrance et amiable priere que vous luy avés faicte en mon nom. Car tout ce qu'il vous a dict des intentions du Pape, de sou ambition insupportable, des belles parolles avec lesquelles il entend tromper un Senat qui est bien aussy fin à l'entendre et descouvrir, comme luy à se feindre et dissimuler, avec les reproches de sa conduicte en leur endroict par l'exemple de ses predecesseurs, et les autres propos qu'il vous a tenus à la suite de cela, a esté par luy allegué et representé hors de temps et avec plus de passion que de discretion et utilité. Car quand tout ce qu'il a voulu vous dire du Pape seroit veritable, estoit-il besoing de le recapituler sur la proposition que vous luy avés faicte de ma part, par laquelle vous luy avés seulement demandé, au cas que je puisse obtenir du Pape la suspension de ces censures, ce que la Republique voudroit faire de son costé, pour le contentement de Sa Saincteté et pour me tesmoigner et à tous les princes chrestiens, qu'il ne tiendra jamais à la dicte Republique que ceste affaire ne soit traictée avec toute doulceur et respect convenable entre le pere et les enfans? Pourriés-vous leur parler plus respectueusement et equaniment, pour les acheminer à se mettre en quelque debvoir de correspondre par leur prudence à l'affection et sincere intention de laquelle je suis conduict? Quelle raison a ce prince d'attribuer à ambition la declaration que vous luy avés faicte de la volonté que le Pape protestoit n'avoir jamais eue de blesser l'auctorité de la Republique, et qu'au contraire Sa Saincteté seroit preste plustost à l'accroistre et augmenter de tout ce qui deppend d'elle? Veritablement, il me semble qu'il eust peu respondre avec plus de moderation et retenue, tant pour le respect qu'il convient et declare vouloir porter à la dignité pontificale que pour ma consideration et pour l'interest que la Republique a de sortir de l'embarrassement où elle se trouve, et, en tous cas, justifier devant Dieu et les hommes son proceder en ceste occasion. Car il faut qu'elle croie que leur cause ne sera favorisée des autres princes et potentats chrestiens, sinon autant qu'elle sera estimée juste, non-seulement au fonds, mais aussy au progrés et en la conduicte d'icelle, et d'autant plus que chacun estime avoir interest pour le bien de son Estat que ce differend soit bien tost assoupy et composé, pour les divers inconveniens et accidens qui en peuvent naistre : tellement que celle des parties qui sera recogneue empescher le dict accord attirera sur elle l'ire de Dieu, le blasme et le reproche des siens, avec la haine et la malveillance de tous les autres, ausquels toutes sortes de considerations et raisons m'obligeront de me joindre, voire de servir d'exemple; car, comme Roy Tres Chrestien et premier fils de l'Eglise, je doibs espouser le bien general d'icelle par preference. Davantage si le Pape et la Republique entrent en guerre, je preveoy que je seray contrainct de m'en mesler par raison d'Estat, ce qui sera suivy d'infinis accidens, qui ne peuvent estre preveus ny apprehendez comme il convient, que par ceux qui ont l'ame aussy nette et vuide de convoitise, d'animosité et autres semblables passions qu'est la mienne. Enfin si la Republique veut conserver la reputation de la justice de sa cause et de sa sagesse, et pareillement ses vrays amys, elle doibt se mettre en tout debvoir honneste de terminer et finir doulcement ce differend, et faire cognoistre par sa conduicte qu'elle entend vrayement preferer la gloire de Dieu et l'utilité et tranquillité publique à toutes autres considerations, fondées en formalitez et punctilles non necessaires ny importans aux fondemens de leur Estat. Ce faisant, veritablement ils engageront en leur cause celle de tous les autres, et, qui plus est, meriteront que Dieu les assiste, sans quoy ils ne peuvent prosperer.

Je ne suis marry que vous ayés retranché de la proposition que je vous avois commandé leur faire ce que vous avés jugé à propos. Je vous avois aussy permis de le faire par ma dicte depesche du xiie de may. Je prevois, si ces Seigneurs continuent en leur dureté, en cas que le Pape se modere en facilitant les affaires, que nous serons tous contraincts de leur faire remonstrer, en termes plus fermes et exprés, ce qu'il convient qu'ils facent pour leur propre bien, que nous n'avons pas encores faict, affin de ne les abuser en les flattant et espargnant, comme feront ceux qui les pousseront d'y engager leurs armes.

Peut-estre estiment-ils, par telles demonstrations genéreuses et determinées, intimider le Pape et le disposer faire resoudre plus tost à revoquer ce qu'il a faict contre eux, par la consideration de sa foiblesse et celle de leur puissance ; mais j'estime le chemin si perilleux et hazardeux, que je n'approuve aucunement qu'il soit suivy, car il faut qu'ils croient que le Pape peut, en tel cas, se roidir et opiniastrer aussy bien que eux, et qu'il n'y aura faulte d'instigateurs et boutans-feux qui le pousseront à pis faire. Ce seront peut-estre ceux-là mesmes qui s'offriront les premiers aux dicts Venitiens à faire le contraire; affin de proffiter de leur differend, et de leur mutuel affoiblissement, comme de la necessité en laquelle les deux parties se trouveront reduictes par la continuation de la guerre. Pour moy, je pretends jouer tout autre personnage ; car je ne cesseray d'admonester, prier et presser l'une et l'autre partie de s'accorder doulcement et amiablement, tant qu'il me restera quelque espoir d'y pouvoir estre utile. Puis, je me conseilleray avec Dieu et les evenemens de ce que j'auray à faire, voulant conserver ceste mienne liberté, non pour abuser l'une et l'autre partie par promesses et esperances pleines de duplicité et fallace, comme d'autres, mais pour leur pouvoir estre plus utile, et au public, qui est le seul but auquel je vise. Ces dicts Seigneurs doibvent considerer que je suis seul entre tous les princes chrestiens qui, jusques à present, a continué à vivre avec eux, tant par mes ambassadeurs que envers ceux de la Republique, comme je faisois devant la publication de la bulle du Pape, car l'Empereur, le roy d'Espagne et les autres y ont apporté du changement. Par où ils peuvent cognoistre quelle est la fermeté et la solidité de mon amitié envers leur Republique, à comparaison des autres, et par consequent ce qu'elle s'en peut justement promettre à l'advenir. A quoy elle ne sera deceue, principalement si elle veult avoir soing de justifier sa procedure et conduicte en ceste occasion, sans rejecterles bons et salutaires conseils qui luy sont donnez, lesquels aussy je regleray et mesureray tousjours à l'esgard que je doibs avoir à la vraie et essentielle conservation de l'auctorité de leur Republique, comme j'ay eu jusques à present. Doncques, comme je ne puis vous commander aucune chose sur l'ouverture que vous m'avés faicte par la premiere de vos dictes lectres, ny sur les jugemens que vous faictes, par la derniere, des intentions et fins du Pape, et de ces Seigneurs, jusques à ce que j'aye reçu response de Rome, et celle du Senat, que leur prince vous a promise, je n'estendray davantage la presente que pour vous ordonner d'adviser ce pendant à vous servir des raisons discourues en icelle envers ces dicts Seigneurs en public ou en privé, ainsy que vous jugerés estre le meilleur, pour tousjours les adoucir et mieux disposer et preparer à recepvoir les conseils moderez qui leur seront donnez pour parvenir au dict accord, en me donnant advis, par toutes voies, du profict que vous y ferés et de ce que j'en debvray esperer, comme de toutes autres occurrences : priant Dieu, Monsr de Fresnes, qu'il vous ayt en sa saincte et digne garde. Escript à Villers-Cotretz, le xviij^e de juillet 1606.

HENRY.

DE NEUFVILLE.

[1606.] — 21 JUILLET. — Ire.

Imprimé. — *OEconomies royales*, édit. orig. t. III, chap. 328.

[AU DUC DE SULLY.]

Mon amy, J'ay eu plusieurs plainctes des s^{rs} de Comans et de la Planche, que depuis qu'ils sont en France et qu'ils y ont estably la manufacture des tapisseries, ils n'ont point esté secourus de moyens, tant pour les oster de perte de ce qu'ils ont desjà mis du leur, que pour leur donner moyen de subsister à l'advenir. Pour aucunement y pourveoir, j'avois estimé que les moyens du s^r l'Argentier joincts aux leurs pourroient les accommoder; mais on m'a adverty que le dict l'Argentier, ayant recogneu la difficulté de leur entreprise, s'est contenté de leur bailler son argent à profict, et n'a voulu entrer en part avec eux. Maintenant ils retombent sur mes bras, et derechef me demandent des moyens pour le passé et pour l'advenir. Mon intention n'est pas de les voir ruinez, mais bien de voir faire cest establissement sans qu'ils y perdent, ny aussy qu'ils se facent trop riches à mes despens. C'est pourquoy, ayant cy-devant commandé à Fourcy de s'instruire de leurs demandes, je luy escris de vous en faire rapport, et vous prie davantage de rechercher tout ce que vous pourrés de la verité de leurs affaires, et puis, selon que vous les jugerés, et que vous estimerés leur devoir estre baillé, je vous prie le faire, me remettant à vous, sur l'asseurance que j'ay que vous ferés ce que vous jugerés estre de mon service; n'oubliant aussy de considerer que ce sont estrangers que je ne veux mescontenter, ny donner subject de se plaindre de moy. Je les ay faict venir, je les veux maintenir et leur faire justice. A Dieu, mon amy. Ce xxj^e juillet, à Villiers-Costerets [1].

HENRY.

[1606.] — 21 JUILLET. — IIme.

Imprimé. — *Œconomies royales*, édit. orig. t. III, chap. 63.

[AU DUC DE SULLY.]

Mon amy, Si la peste augmente à Paris à la fin de ceste lune, il faudra que nous facions nos baptesmes ailleurs. En ce cas, nous nous dispenserons aussy de faire les combats et mascarades que nous avions projetez; mais aussy, si la maladie cesse, j'ay deliberé d'executer dans la dicte ville tous les desseins que nous avons faicts, sans les retrancher. Je vous ay jà escript ce que j'entends et est necessaire de faire pour les habits qu'il faut pour ma personne, mais je ne puis encore vous envoyer les estats au vray des autres despenses qu'il conviendra faire, s'il faut que nous executions nos deliberations. Ce pendant vous pourrés continuer les ouvrages commencez, tout doucement, car nous verrons en peu de jours ce que la maladie deviendra. Je fais estat de partir d'icy mardy pour retourner par Monceaux à Paris, la duchesse de Mantoue estant arrivée en ce lieu hier aprés disner. Qui sera tout

---

[1] Cette lettre est placée, dans les *Œconomies royales*, à l'année 1605. Le séjour à Villers-Cotterets démontre l'erreur et indique la correction.

ce que je vous escriray pour ceste fois, respondant à vostre lettre du xxe, par laquelle j'ay eu à plaisir de sçavoir vostre retour en la dicte ville. A Dieu, mon amy. Ce xxj^e juillet, à Villiers-Coterest.

HENRY.

[1606.] — 23 JUILLET.

Imprimé. — *Œconomies royales*, édit. orig. t. III, chap. 63.

[AU DUC DE SULLY.]

Mon amy, Je trouve bon, puisque la maladie continue à Paris, que vous faciés cesser dés à present tous les ouvrages des echaffauds que l'on a ordonnez dans l'eglise de Nostre-Dame, au Palais, et en la place des manufactures, car il faudra que nous facions ailleurs la ceremonie de nos baptesmes. Je crois que Fontainebleau sera plus propre qu'aucun aultre lieu. Nous nous passerons aussy de combats à la barriere, comme de tous les autres, et faudra se contenter de pourveoir à la despense ordinaire et accoustumée des baptesmes et à mes habillemens. Au demeurant, je partiray d'icy mardy et seray à Monceaux mercredy. Et d'autant que je m'attends que le nonce m'y viendra trouver et que je veux resoudre, devant que d'aller à Paris, les depesches qu'il faut que je face à Rome et à Venise sur les occasions qui se presentent, je desire que m^r le garde des sceaux et vous veniés à Meaux vendredy, affin de conferer avec vous et perndre vos advis. Par tant vous en advertirés m^r le garde des sceaux et comparoistrés tous deux à ceste assignation. A Dieu, mon amy. Ce xxiij^e jour de juillet, à Villers-Costerets.

HENRY.

1606. — 24 JUILLET.

Orig. — Arch. de la ville de Metz. Envoi de M. Clercx de Belletanche, bibliothécaire.

A NOS TRES CHERS ET BIEN AMEZ LES MAISTRE-ESCHEVIN, TREIZE ET COMMUNAUTÉ DE LA VILLE DE METZ.

Trez chers et bien amez, Nous avons veu par vos lettres du ive de ce mois, et ce que nous a escript le s^r d'Arquien, la plaincte que vous nous faictes de ce que vous pretendés avoir esté entreprins sur vostre juridiction par le president de Metz, refusant le renvoy dont il a esté requis de la cause poursuivie par devant luy entre les nommés Bucelot et Parrostz en action d'injures, à quoy nous aurions dés cest instant pourveu, si nous eussions eu de la part du dict president autant d'advis des raisons et motifs de la retention qu'il a faicte de la dicte cause comme nous en avons eu de vostre part pour le renvoy que vous en demandés. Nous luy mandons presentement de nous faire sçavoir les dictes raisons et motifs, aprés lesquels ouïs et considerez, sera par nous ordonné de ce differend avec toute l'équité et justice que vous pouvés desirer. Donné à Villiers-Costeretz, le xxiiij^e jour de juillet 1606.

HENRY.

POTIER.

1606. — 25 JUILLET. — Ire.

Cop. — Biblioth. de la ville de Metz. Envoi de M. Clercx de Belletanche, bibliothécaire.

[AU CARDINAL DE GIVRY.]

Mon Cousin, J'ay receu vos trois lettres, du xxviiie du passé, ix et x du present, et ay pris en bonne part la conjouissance sur le peril dont il plut dernierement à Dieu me preserver en venant de Sainct-Germain à Paris. J'ay veu aussy ce que vous me mandés du faulx avis qui avoit esté donné à ceux qui s'estoient persuadez que vous aviés voulu traverser l'expedition des bulles de l'abbaye de la Crette, et suis bien aise que vous m'en ayés eclaircy, pour leur faire cognoistre qu'ils ont eu tort de m'en faire plainte. J'ay veu aussy ce que vous m'avés mandé des propos que vous a tenu Nostre Sainct Pere sur le differend d'entre Sa Saincteté et les Venitiens et l'advis que vous en avés donné au s^r d'Halincourt, mon ambassadeur, auquel j'escris la resolution que j'ay prise et mon intention sur ce subject. De quoy me remettant à luy pour vous les faire entendre, je vous prieray de continuer à l'assister et seconder en cette poursuicte et aux autres occasions qui se presenteront, et je le recognoistray bien volontiers en ce qui s'offrira pour vostre bien et advantage : priant Dieu, mon Cousin, qu'il vous ayt en sa saincte garde. Escript à Villiers-Costerestz, le xxve jour de juillet 1606.

HENRY.

DE NEUFVILLE.

1606. — 25 JUILLET. — IIme.

Orig. — Archives des Médicis, légation française, liasse 3. Copie transmise par M. le ministre de France à Florence.

A MON ONCLE LE GRAND DUC DE TOSCANE.

Mon Oncle, Ceste lettre servira de response à deux des vostres, des xxixe du passé et vi^e du present, par la premiere desquelles vous vous estes resjouy avec moy de la grace que Dieu m'a faicte de me preserver du peril que je courus en revenant de St-Germain en Laye à Paris; et par l'autre vous avés accepté en vostre nom, et de ma niepce vostre femme, la semonce que je vous ay faicte de lever sur les fonds de baptesme ma derniere fille avec mon frere le duc de Lorraine. Sur quoy je vous diray que j'ay pris en bonne part l'office que vous avés faict par vos dictes lettres avec moy sur l'evasion du dict peril, ayant receu par là un nouveau tesmoignage de vostre affection, et n'estime pas moins aussy le desir que vous auriés de faire passer ma dicte niepce vostre femme par deçà pour le dict baptesme si la commodité de vos affaires et les siennes luy eussent peu permettre. Mais à ce deffault vous ne pourriés pour accomplir cest office choisir personne qui me fust plus agreable que le s^re don Joan de Medicy, lequel je m'asseure s'en acquittera à nostre commun contentement, vous priant vous asseurer tousjours de la continuation de ma bonne volonté et du desir que j'ay qu'il se presente occasion de la vous faire paroistre par effect et me revancher des tesmoignages de la vostre en mon endroict et au bien de cest Estat : priant Dieu, mon Oncle, qu'il vous ayt en sa saincte garde. Escript à Villiers-Costeretz, le xxve jour de juillet 1606.

HENRY.

DE NEUFVILLE.

1606. — 27 JUILLET.

Cop. — Arch. du duc de la Force.
Imprimé. — *Mémoires de la Force*, publiés par M. le marquis DE LA GRANGE, t. I, p. 433.

A MONS^R DE LA FORCE.

Monsr de la Force, Puisque par toutes les vostres j'apprends que les Estats de mon pays de Bearn deviennent fermes en leur resolution, qui est de parachever la tenue des Estats et ne proceder à la donation, que premier je ne leur aye faict reparer les griefs qu'ils pretendent leur avoir esté faicts par la response que j'ay faicte au dernier cahier des evesques du dict pays, et que vous ne les avés peu disposer à ce qu'ils devoient, quelque remonstrance que vous leur en ayés faicte ; je vous fais ce mot pour vous dire que ceste maniere de proceder me fasche tellement contre eux, qu'au lieu qu'ils pouvoient esperer de moy toute sorte de gratifications, comme ils les ont receues par le passé, à l'advenir ils me trouveront tel qu'il leur en demeurera un perpetuel regret et desplaisir de leur procedé et de n'avoir plus tost deferé à un conseil qu'à leurs passions, comme je le feray cognoistre à leurs deputez, en vostre presence ; ce que je vous ordonne de leur faire entendre de ma part, et de ne faire faulte de me venir trouver au commencement de vostre quartier, ainsy que je vous l'ay commandé par mon autre lettre : et celle-cy n'estant à aultre fin, je prieray Dieu, Monsr de la Force, qu'il vous ayt en sa saincte et digne garde. A Monceaux, ce xxvij^e juillet 1606.

HENRY.

DE LOMENIE.

1606. — 29 JUILLET.

Imprimé. — *Ambassade de M. de la Boderie en Angleterre*, t. I, p. 214.

[A M. DE LA BODERIE.]

Monsr de la Boderie, Vous avés bien faict de m'envoyer ce porteur exprés pour me rendre compte de ceste derniere entreprise que le roy mon bon frere a descouverte aussy heureusement que les precedentes que l'on avoit brassées contre sa vie et celle du comte de Salisbury; car il est necessaire pour mon service et contentement que je sois adverty particulierement de semblables rencontres quand elles se presentent. Je loue Dieu de tout mon cœur de la grace qu'il a faicte au roy mon dict frere de l'avoir encore preservé de l'effect de ceste conspiration, et ne fauldrés de vous en rejouir en mon nom avec luy, luy baillant la lettre de ma main que je vous envoye et de laquelle vous aurés icy le double, en l'asseurant que je desire sa conservation et sa prosperité comme la mienne propre, que je tiendray tousjours ses ennemys pour les miens, les traicteray comme tels, et feray tousjours mon propre faict de ce qui le concernera; que j'ay souvent et en diverses sortes d'occasions esprouvé la mauvaise foy des Espagnols, comme ont faict tous ceux qui s'y sont confiez, estant leur naturel de preferer ce qui peut servir à leurs passions et ambitieux desseins à toute autre consideration, couvrant leurs malefices et abusant leurs voisins du pretexte de pieté et d'amitié, avec tant d'hypocrisie et de dissimulation, qu'il est difficile de se garantir et sauver de leurs ruses; car la premiere chose qu'ils font est d'acquerir, voire acheter à prix d'argent, des partisans, au lieu où ils resident et ont entrée, desquels ils s'aident aprés, les trompant souvent les premiers pour parvenir à leurs fins. C'est pourquoy leur amitié et accointance est plus dangereuse que leurs armes. Ils ne font difficulté ny conscience de s'accorder avec tous et d'entrer en leur alliance et amitié, et de plus promettre et donner que souvent l'on ne desire d'eux, jusqu'à ce qu'ils ayent gagné assez de creance et de pouvoir pour dresser leurs pratiques et les conduire à bon port, ayant si peu de honte d'estre soupçonnez et descouverts en cas semblables, que quand ils sont mesmes surpris sur le faict, ils sont plus deplaisans d'avoir failly leur entreprise qu'ils ne le sont de leur conviction.

C'est chose estrange, que j'ay experimentée; et tant s'en fault qu'ils changent de propos et quittent telles façons de faire, que quand l'on use de douceur et d'humanité envers eux, pour le respect de leur roy ou pour quelqu'autre consideration, ils en deviennent seulement plus hardis, et s'estudient à mieux deguiser et redresser, aprés, leurs mesmes desseins; desquels s'il advient que l'on se plaigne à leur roy et à ses principaux ministres, ils nous payent d'un desadveu et d'une negative entiere, sans qu'il s'en ensuive, je ne diray une seule punition, mais une seule reprehension et correction convenable. Auroient-ils refusé au dict roy mon bon frere Owen et Baldouin, ses subjects convaincus de ceste detestable conspiration, s'ils estoient aussy sinceres en leurs amitiez qu'ils sont artificieux pour le faire croire? Quand je fis la paix avec eux, me deffiant jà de leur foy pour moy, esprouvée auparavant, je pris resolution d'entretenir avec les Estats des Provinces-Unies des Pays-Bas l'intelligence à laquelle la condition et necessité de leurs affaires nous avoient auparavant engagez; pour, si le roy d'Espagne manquoit à sa foy et promesse, me prevaloir d'icelle; en quoy je recognus, devant que l'année de nostre traicté fust passée, que j'avois pris bon conseil. Car, comme malicieusement ils n'avoient voulu decider la question du marquisat de Saluces, en me faisant raison, par le dict traicté, de l'usurpation manifeste que le duc de Savoye en avoit faicte sur le feu Roy, auquel le pere du dict duc, et luy, avoient une tres grande et speciale obligation, comme vous sçavés, ils ne me donnerent que trop d'occasions de croire qu'ils avoient expressement reservé ce subject pour me tailler sous cape quelque nouvelle besogne, comme il parut bien tost aprés, par le refus que fit le dict duc de Savoye d'accomplir et observer l'accord simulé qu'il fit avec moy quand il me vint trouver exprés pour me tromper ; ce qui a esté cause que j'ay toujours vescu en deffiance de la foy des dicts Espagnols, et que j'ay tendu la main aux dicts Estats, prevoyant, si je les laissois perdre, ou accorder avec eux sans moy, qu'ils auroient moyen aprés d'executer contre moy et mon Royaume, et contre mes bons voisins et alliez, leurs vengeances et les autres passions qui leur servent de guide et de raison en leur conduite. Tellement que, quoy qu'ils ayent peu ou voulu depuis me faire dire, proposer et promettre, pour me faire departir de la susdicte intelligence et conjonction avec les dicts Estats, j'ay jugé ne le devoir faire ; ce qui a peu servir de quelque sorte de pretexte aux dicts Espagnols d'entreprendre et d'attenter depuis, si souvent qu'ils ont faict, contre ma personne et mon Royaume, par les moyens qui ont esté averez et notoires à tout le monde, si l'on peut justifier ou excuser en quelque façon telles especes d'entreprises ou trahisons brassées sous couleur d'amitié et de bonne foy, mesmes contre la vie des roys et princes souverains. Comment peuvent-ils pallier, ou couvrir autrement que d'un pur desadveu et effrontée negative, ce qu'ils font et attentent tous les jours contre le roy mon frere, lequel avec ses serviteurs, depuis son advenement aux couronnes d'Angleterre et d'Irlande, leur a faict paroistre tant de bonne volonté et les a en tant de manieres obligez à conserver son amitié et se revancher, en procurant et desirant sa prosperité, des faveurs extraordinaires qu'ils ont receues et reçoivent encore journellement de sa debonnaireté et cordialité ? Veritablement tel procedé doibt servir à confirmer ceux qui, à bon droict, se deffient de leur foy, à augmenter de vigilance et de mefiance de leurs actions et à advertir les autres de s'y joindre, affin de ne tomber dedans leurs pieges, lesquels ils masquent et couvrent de pieté.

C'est ce que j'ay estimé faire dire au dict roy mon frere, sur l'occasion de ceste derniere conspiration, non pour l'animer contre ceste nation, et moins pour l'induire à rompre la paix qu'il a faicte avec le roy d'Espagne et l'archiduc (car je remets le tout à sa prudence), ny aussy pour me mesler de luy donner conseil, n'en ayant besoin, et ne me le demandant, mais seulement pour m'acquitter envers luy de la parfaicte amitié que je luy ay vouée, en luy representant ingenuement ce que je recognois, ressens et augure de tels malheureux attentats, qui deviennent trop frequens et vulgaires, par la malice des hommes et par l'indulgence et bonté trop grande de ceux auxquels ils sont adressez, du nombre desquels j'advoue estre comme les autres et courir en cela une mesme carriere avec le dict roy mon frere; nourry de la mesme esperance de la continuation de la protection de Dieu, de laquelle il s'entretient et avons quasy egalement senty les effects jusques à present, et soutenu de l'entiere et ferme resolution de n'obmettre cependant à faire ce qui se doibt pour retrancher et diminuer les moyens, aux auteurs de semblables machinations, de les executer; à quoy, comme je le recognois, la perseverance et mesme l'accroissement de nostre amitié et bonne intelligence peuvent valoir et servir grandement. Vous l'asseurerés que j'en seray plus diligent et curieux observateur que jamais, me promettant le semblable de sa part.

Et affin que le dict roy mon frere sçache que les dicts Espagnols et leur roy ne laissent tomber de leurs mains aucune occasion avec laquelle ils puissent nourrir et exciter toutes sortes de troubles et dissentions en la Chrestienté, vous luy ferés voir la copie de la lettre que le dict roy d'Espagne a voulu escrire et faire presenter ces jours passez au Pape par son ambassadeur, sur le subject du differend qu'il a contre les Venitiens, par laquelle, en la luy delivrant, il prioit Sa Saincteté de trois choses : la premiere, de commander qu'à Rome et par tout l'Estat ecclesiastique il fust faict des feux de joie de la dicte lettre; la seconde, qu'elle fust lue en plein consistoire et registrée pour memoire, à la posterité, de la devotion de son roy envers le Sainct Siege ; et la troisiesme, que Sa Saincteté n'eust plus à escouter les propositions qui luy seroient faictes en mon nom, par mes serviteurs et ministres, pour l'accorder avec les dicts Venitiens. A quoy Sa

Saincteté a eu si peu d'esgard, qu'il semble que le desir que Sa dicte Saincteté monstroit de parvenir par mon entremise au dict accord luy en est redoublé. De sorte que j'ay deliberé de poursuivre, plus vivement que devant, ceste louable et honorable entreprise, qui est egalement desirée des parties et leur est tres necessaire, et du succés et progrés de laquelle vous serés adverty pour en informer le roy mon frere ; auquel vous n'avés plus rien à dire sur ce qui s'est passé pour le regard du baptesme, sinon que j'en demeure tres satisfaict, et que j'ay deliberé, à cause de la peste qui s'est descouverte à Paris, de celebrer les dicts baptesmes à Fontainebleau et d'en retrancher les combats et magnificences que j'avois projetées, affin d'obvier à tous accidens et renvoyer plus tost la duchesse de Mantoue, qui est de present icy avec nous. C'est pourquoy j'ay desiré que le Pape employast en ceste occasion pour legat le cardinal de Joyeuse, et non autre, ainsy qu'il a faict, luy ayant depuis deux jours envoyé les commissions et pouvoirs necessaires.

Comme j'achevois la presente, nous avons receu la vostre du xxIII^e de ce mois, par laquelle j'ay sceu, plus particulierement que je n'avois faict par vostre secretaire, les particularitez de la dicte conspiration, comme de ce que vous prevoyés et jugés en devoir succeder, de quoy vous continuerés à me donner advis avec vostre diligence accoustumée, comme vous ferés de toutes autres occurences, et mesmes du traictement que l'on continuera à faire au comte de Northumberland et autres prisonniers. Ce pendant je prie Dieu, Monsr de la Boderie, qu'il vous ayt en sa saincte garde. Escript à Monceaux, le xxixe juillet 1606.

HENRY.

DE NEUFVILLE.

1606. — 30 JUILLET. — Ire.

Cop. — Archives de M. de Couhé-Lusignan. Envoi de la Société des Antiquaires de l'Ouest.

[A LA SEIGNEURIE DE VENISE.]

Tres chers et grands amys, alliez et confederez, Nous n'attendions rien moins de vostre affection envers nostre personne et le bien de cest Estat, que le tesmoignage que vous nous avés rendu, par vos lettres du xie du passé, du contentement que vous avés receu, entendant la grace que Dieu nous a faicte et à la Royne nostre espouse, d'avoir eschappé le peril où nous nous trouvasmes dernierement sur la riviere de Seine; de quoy vostre ambassadeur residant pres de nous ayant eu charge de se conjouir de vostre part avec nous, il s'est acquitté de cest office avec sa prudence et dexterité accoustumée; vous en ayant bien voulu remercier par ceste lettre et vous dire que comme vous nous faictes paroistre en toute occasion la continuation d'une parfaicte amitié, en voulant participer aux bons et mauvais succés qui nous arrivent, nous vous prions croire que nous aurons tousjours une entiere volonté d'y correspondre, par tous bons et sinceres effects, ainsy que le s^r de Fresne vous fera plus amplement entendre : priant Dieu, Tres chers et grands amys, alliez et confederez, qu'il vous ayt en sa saincte et digne garde. Du xxxe juillet 1606, à Monceaux.

HENRY.

[1606.] — 30 JUILLET. — IIme.

Orig. autographe. — A Londres, *State paper office, antient royal letters*, t. XXII, lettre 249. Copie transmise par M. l'ambassadeur de France.

A MONSIEUR MON FRERE LE ROY DE LA GRANDE BRETAGNE.

Monsieur mon bon frere, Je ne cesseray jamais de me resjouir avec vous des graces que Dieu vous despart journellement, tant est grande l'affection que je vous porte, et mon amitié est conjoincte à la vostre; mais je vous confesse que je desirerois que ce fust pour subjects qui nous fussent plus agreables que je n'estime estre celuy duquel mon ambassadeur m'a donné advis par son secretaire, porteur de la presente; car encore qu'il ayt faict beaucoup pour vous de vous avoir descouvert derechef, si heureusement qu'il a faict, ceste derniere conspiration, neantmoins jugeant de vostre naturel par le mien, je ne doubte point que tels manquemens de foy et de gratitude ne vous deplaisent, soit qu'ils procedent de vos subjects ou d'autres, lesquels vous avés, par vostre bonté et sincerité, obligé de se comporter tout autrement en vostre endroict. Toutesfois, Monsieur mon bon frere, comme cecy est une continuation des signes manifestes du soin que Sa Majesté divine a de vous, j'ay commandé à mon dict ambassadeur de s'en congratuler avec vous, en vous renouvellant sur ceste occasion les vœux de l'ancienne et indissoluble amitié de

Vostre tres affectionné frere, cousin et allié,

HENRY.

1606. — 4 août.

Cop. — Archives de M. de Couhé-Lusignan. Copie transmise par la Société des Antiquaires de l'Ouest.

[A LA SEIGNEURIE DE VENISE.]

Tres chers et grands amys, alliez et confederez, Affectionnant la prosperité de vostre honorable Republique à l'egal de celle de nostre florissant Royaume, comme vostre singulier et parfaict amy, nous n'avons esté moins desplaisans que vous-mesmes des differends auxquels vous estes tombez et vous trouvés engagez avec Nostre Sainct Pere le Pape, considerans et apprehendans, comme nous devons, les divers inconveniens qui peuvent succeder au public et aux particuliers, de la continuation d'iceux; ce qui nous a meus à rechercher les moyens d'en arrester le cours, tant envers Sa Saincteté qu'envers vous, au premier advis que nous avons receu de ce trouble, sans attendre d'y estre conviez ny appellez de part ny d'aultre, ayant jugé que nostre observance envers le Sainct Siege et l'amitié que nous vous portons, avec le lieu que nous tenons en la Chrestienté, nous obligeoient à ce devoir charitable, dont nous estimons que nous serons dignement et suffisamment remunerez, si Dieu nous faict la grace d'y estre utiles. Mais comme c'est chose à laquelle nous ne pouvons atteindre, si vous ne nous aidés vous-mesmes et ne nous assistés des moyens qui despendront de vous, nous avons commandé au s^r de Fresnes, nostre conseiller et ambassadeur, vous delivrant la presente, vous exhorter et prier en nostre nom de vous tesmoigner la continuation de nostre affection et prudence en ceste occasion, tant importante à la gloire et à l'eglise de Dieu, à toute la Chrestienté, et en particulier à vostre dicte Republique; et vous cognoistrés par le soin que nous aurons de faire valoir vos bonnes intentions, que les nostres ne tendent qu'à procurer et vous aider à conserver l'auctorité et liberté d'icelle, comme vous exposera plus au long nostre dict ambassadeur, auquel nous vous prions adjouster foy comme à nous-mesmes : priant Dieu, Tres chers et grands amys, alliez et confederez, qu'il vous ayt en sa tres saincte et digne garde. Escript à Paris, le iiij^e aoust 1606.

HENRY.

DE NEUFVILLE.

1606. — 11 AOÛT.

Orig. — B. N. Fonds Béthune, Ms. 9090, fol. 18.
Cop. — Suppl. fr. Ms. 1009-2.

A MON COUSIN LE DUC DE MONTMORENCY,

PAIR ET CONNESTABLE DE FRANCE, GOUVERNEUR ET MON LIEUCTENANT GENERAL EN LANGUEDOC.

Mon Cousin, J'ay receu vostre lettre du xxe du passé, où j'ay esté bien ayse de voir vostre arrivée en bonne disposition en Languedoc, et que vous ayés desjà commencé à prendre les eaux de Meynes, dont je desire que l'usage vous soit si heureux et prospere, que ce vous soit une provision de santé pour bien long temps. Je y ay veu aussy avec plaisir la bonne reception qui vous a esté faicte en Avignon, par les vice-legat et general du Pape, lesquels ont bien eu occasion de ce faire, car je les ay tous deux fort favorisez à Rome, pour leur faire donner les charges qu'ils ont. Il sera bien à propos aussy qu'ils reçoivent tout bon traictement de mes provinces voisines de cest estat, à quoy je vous prie de donner ordre, pendant que vous estes sur les lieux.

J'ay depuis peu de jours receu advis, par le s^r de Verdun, premier president de Thoulouse, de ce qui s'estoit passé par delà, sur la resignation faicte par Varennes, de la cappitainerie du chasteau de Lombaiz, au comte de Montgommery[1], et comme il y en avoit bien de la rumeur au pays. Je ne l'ay pas aussy voulu approuver, quoique le dict comte de Montgommery m'en eust escript : non que je ne tienne fort seurement tout ce qui sera en ses mains, mais pour ne faire chose qui alterast le repos de la province. Il s'y est trouvé aussy en mesme temps une opposition de la part de la dame de Panat, qui pretend, soubs pretexte qu'elle jouit, par engagement, du domaine du dict lieu, que la disposition de la dicte cappitainerie luy appartient; et sur ce il a esté advisé qu'il falloit faire droict sur la dicte opposition, auparavant que d'en passer oultre. Et parce que cela ne se pourra faire si tost, j'ay pris resolution de faire, ce pendant, mettre le dict chasteau entre les mains d'un exempt de mes gardes, jusques à ce qu'il ayt esté jugé à qui la disposition en appartiendra. Je vous depescheray dans peu de jours le dict exempt pour le faire installer en la dicte place et jouir de la commission que je luy en feray expedier, faisant com-

---

[1] Jacques, comte de Montgommery, seigneur de Lorge, gouverneur de Castres, était le fils aîné du fameux capitaine de la garde écossaise qui eut le malheur de tuer Henri II, et d'Élisabeth de la Touche. Sa terre de Lorge passa, avec ses autres biens, dans la maison de Durfort, par le mariage de sa fille unique avec le marquis de Duras. Mais le comté de Montgommery fut racheté à ce dernier, en 1611, par Gabriel de Montgommery, frère de Jacques.

prendre aux uns et aux aultres que ce que j'ay faict, ce n'est qu'à bonne intention, et pour conserver le bien et repos du pays.

Au reste, mon Cousin, vous nous aviés icy laissez, à vostre partement, en opinion de faire des tournois et combats au baptesme de mon fils le Dauphin, à quoy chacun s'estoit preparé, et y avoit desjà de bons commencemens ; mais par malheur la maladie de la contagion estant fort augmentée en ceste ville, il a esté advisé qu'il ne seroit point à propos d'exposer à ce peril si bonne compaignie, mesmes la personne de mon dict fils, lequel estant nourry dans ce bon air de St-Germain, seroit plus susceptible du mal que non pas un aultre. Pour ceste occasion j'ay esté contrainct de rompre tous nos premiers desseins et me resouldre d'aller faire le dict baptesme à Fontainebleau, sans aultre ceremonie que celle qui despendra de la mesme action. Cependant je suis venu faire un tour icy pour y accompaigner la duchesse de Mantoue, ma sœur, qui ne s'en pouvoit pas retourner, ny sa compaignie contente, sans avoir veu ceste ville. Je ne me rendray pas plus tost au dict Fontainebleau que vers la fin du mois, pour, au premier jour du prochain, y faire le dict baptesme.

Nous n'avons icy aultres nouvelles, sinon celles qui viennent d'Italie, où ils s'aigrissent tousjours de plus en plus en paroles ; je ne sçay s'ils en feront de mesme aux effects. Vous avés sceu la declaration aperte que le roy d'Espagne a faicte en faveur du Pape, et m'a par ce moyen laissé à moy seul la place de mediateur du differend, que j'embrasseray bien volontiers si les uns et les autres sont capables de se laisser bien conseiller. J'ay eu advis de l'arrivée du roy de Danemark en Angleterre, où ils font force triomphes et despenses. Ceux de Flandres ne donnent point encores de subject de discourir de leurs affaires, et puisque le temps est desjà si advancé, je croy qu'ils n'en donneront gueres davantage pour le reste de ceste année. Ce sont toutes les nouvelles que je vous puis dire pour ceste fois. Sur ce, je prie Dieu, mon Cousin, vous avoir en sa saincte garde. Escript à Paris, ce xj^e jour d'aoust 1606.

HENRY.

FORGET.

1606. — 13 AOÛT.

Orig. — B. N. Fonds Béthune, Ms. 9090, fol. 31.
Cop. — Suppl. fr. Ms. 1009-2.

A MON COUSIN LE DUC DE MONTMORENCY,
PAIR ET CONNESTABLE DE FRANCE, GOUVERNEUR ET MON LIEUCTENANT GENERAL
EN LANGUEDOC.

Mon Cousin, Je vous feis une depesche, il y a douze jours, que j'ay faict mettre à la poste; de laquelle, en tout evenement, vous aurés icy le duplicata. Depuis, j'ay receu la vostre du xxviie du passé, que le prevost Auger a envoyée de Lyon, craignant de ne pouvoir arriver si tost. Ce que j'ay recogneu en vostre dicte derniere sur le faict du chasteau de Lombaiz m'a encores confirmé davantage en la resolution que vous verrés en ma precedente que je y avois prise. Suivant cela, je fais presentement partir le s^r de Brissac, exempt en l'une des compagnies de mes gardes, pour vous aller trouver et vous presenter la commission que je luy ay faict expedier, pour demeurer dans le dict chasteau, auquel je vous prie de le faire installer le plus tost qu'il sera possible, et luy faire administrer par le pays ce que vous ordonnerés luy estre necessaire pour la garde d'icelluy. Je ne doubte point que vous ne receviés sur ce des plainctes, tant de la part du comte de Montgommery, que de ceux de la Religion pretendue refformée de ces quartiers-là; mais vous leur respondrés à tous que la dame de Panat s'estant pourveue en mon conseil, et y ayant esté pris cognoissance du faict, il y a esté advisé qu'au moyen de son opposition, qu'il n'y pouvoit estre passé oultre qu'elle ne feust vuidée, et qu'en cela je n'ay eu aultre consideration qu'à l'ordre de la justice, sans y avoir consideré les qualitez des personnes. Ce que si j'eusse faict, y aurois plus tost apporté faveur qu'autrement, mesmement pour le dict comte de Montgommery, que vous sçavés que j'estime et aime particulierement, pour estre de mes antiens serviteurs et de ceux de qui j'ay occasion de me confier le plus. Ce porteur vous dira de l'estat de ma santé, qui est, graces à Dieu, tres bonne, estant en opinion de m'aller entretenir aux environs de ces quartiers jusques à la fin de ce mois, que je me rendray à Fontainebleau, n'y voulant point arriver plus tost, de peur que la presse qui y sera n'y apportast quelque mauvais air. Si vous eussiés esté à Chantilly, je l'eusse faict voir à ma sœur la duchesse de Mantoue; mais encores que la maison soit tousjours tres belle, sy est-ce que vostre presence en est tousjours le plus bel ornement. Il ne nous est rien survenu de nouveau depuis ma dicte derniere, qui sera cause que je ne vous feray pas ceste-cy plus longue : priant Dieu, mon Cousin, vous avoir en sa saincte garde. Escript à Paris, le xiij^e jour d'aoust 1606.

HENRY.

FORGET.

1606. — 17 AOÛT.

Orig. — Archives des Médicis, légation française. Copie transmise par M. le ministre de France à Florence.

A MON ONCLE LE GRAND DUC DE TOSCANE.

Mon Oncle, J'ay receu les lettres du xxive du passé, que vous m'avés escriptes en faveur de mon cousin le prince d'Anhalt, lequel j'ay veu bien volontiers, tant pour sa qualité et l'affection que luy et ses freres ont tousjours monstrée au bien de ceste Couronne, que pour la recommandation que vous m'en avés faicte; et me promettant de son jugement que par le bon traitement qu'il a receu de moy il cognoistra combien je defere à vostre dicte recommandation et à son merite, comme en toutes autres occasions j'auray à plaisir de faire chose qui vous soit agreable, ainsy que vous esprouverés par effect : priant Dieu, mon Oncle, qu'il vous ayt en sa tres saincte et digne garde. Escript à Paris, le xvij^e jour d'aoust 1606.

HENRY.

DE NEUFVILLE.

[1606.] — 29 AOÛT.

Imprimé. — *OEconomies royales*, édit. orig. t. III, chap. 64.

[AU DUC DE SULLY.]

[1]Mon amy, Ayant sceu par des vostres que vous estes demeuré malade à Brie-Comte-Robert, je vous fais ce mot par ce laquais exprés pour vous prier de me mander des nouvelles de vostre santé, affin de m'oster de peine : et sur ce, je prie Dieu vous avoir en sa garde. Ce xxixe aoust, à Fontainebleau.

HENRY.

1606. — 5 SEPTEMBRE.

Orig. — Biblioth. de Clermont-Ferrand. Copie transmise par M. Gonod, bibliothécaire de la ville.

A MONS^R DE FLEURAT,

SENESCHAL DE MON BAS PAYS D'AUVERGNE.

Monsr de Fleurat, J'ay entendu de Baumevielle, et veu par ses memoires, le subject pour lequel il m'est venu trouver avec vostre lettre du iie de ce mois. Vous et le s^r de la Rochette, vostre nepveu, ne pouviés vous gouverner en ceste affaire mieux que vous avés faict; mais comme vous avés bien commencé, il faut conduire l'œuvre à sa perfection, suivant ce que le s^r de Baumevielle vous dira estre de ma volonté, de laquelle il est bien informé. A quoy estant asseuré que vous employerés avec vostre prudence et affection accoustumée, je ne vous feray plus longue lettre : et prie Dieu, Monsr de Fleurat, qu'il vous ayt en sa garde. Escript à Fontainebleau, le ve jour de septembre 1606.

HENRY.

Baumevielle vous dira les raisons qui ont empesché que je n'aye faict depescher l'ordonnance au thresorier de mon espargne pour le

---

[1] Ce billet était de la main du Roi.

payement du voyage du sr de la Rochette; mais vous vous pouvés asseurer et luy aussy que, son voyage faict, il sera entierement payé des frais qu'il aura faicts.

HENRY.

POTIER.

1606. — 15 SEPTEMBRE.

Orig. autographe. — B. N. Fonds Béthune, Ms. 9090, fol. 42.
Cop. — Suppl. fr. Ms. 1009-2.

A MON COUSIN LE DUC DE MONTMORENCY,
PAIR ET CONNESTABLE DE FRANCE, GOUVERNEUR ET MON LIEUCTENANT GENERAL
EN LANGUEDOC.

Mon Cousin, C'est veritablement une preuve signalée de la continuation de vostre affection et vigilance, en ce qui concerne le bien de mon service, que la descouverte que vous avés faicte du voyage d'Yverné en Espagne, et de l'arrest de sa personne, qui s'en est ensuivy. En quoy je recognois que j'ay esté pareillement tres fidellement servy par la damoiselle de Baray, qui a preferé la consideration de mon service à toutes avances, pour executer vos commandemens en ceste occasion, dont je vous prie croire que je demeure tres content, et vous sçay le gré que merite le service que j'en ay receu, comme je fais à la dicte damoiselle, à laquelle, pour ceste consideration, j'ay accordé la grace que son fils, porteur de la presente, m'a demandée de sa part, pour le regard du gouvernement de la place qu'elle a en charge. Mais, mon Cousin, vous devés sçavoir que le dict Yverné a entrepris ce voyage à mon sceu et pour mon service, m'ayant faict advertir d'iceluy par son frere, devant que de s'y engager, ainsy qu'il vous a declaré par sa deposition, et avoir esté convié par iceluy auquel il a parlé à Perpignan, de s'aboucher avec luy; ce que j'ay voulu qu'il fist pour, par son moyen, descouvrir ses pratiques et intelligences, comme j'avois deliberé vous mander par la Rochette, qui a esté convié par le mesme homme à mesme abouchement, et auquel j'avois aussy accordé la mesme permission, comme je vous escrivois par luy-mesme en le vous adressant, ainsy que j'eusse faict le dict Yverné, s'il n'eust esté contrainct de s'advancer devant que recevoir mes commandemens, pour les raisons qu'il vous a dictes. Au moyen de quoy, mon Cousin, je vous prie de faire mettre en liberté le dict Yverné, et luy commander qu'il me vienne trouver, sans luy donner autre garde et escorte que sa foy, mais faire cela si dextrement et avec telle couleur, qu'il ne perde, s'il est possible, la creance et confiance que j'ay desiré qu'il acquist en ce voyage, avec celuy qu'il a veu; et si le dict la Rochette va par delà avec mes lettres, l'assister aussy en ce qu'il aura besoin pour mesme effect. Au demeurant, je vous prie ne vous mettre en peine de veriffier l'imposture et malice du personnage qui a voulu parler de ce qui s'est passé du temps de feu mon cousin le duc de Montmorency, vostre frere, car je suis trop bien informé de la verité de toutes choses, et ne recognois pas moins la malignité et les ruses de telles sortes de gens.

Je suis bien ayse que l'exempt de mes gardes ayt esté, par vostre auctorité, receu dans le chasteau de Lombez, suivant mon commandement; et d'autant que je vous ay escript mon intention sur le differend meu par le vice-legat d'Avignon, par mes dernieres (que je vous ay envoyées par la poste), je me contenteray de vous repeter que je seray tres ayse, pour le respect et l'affection que je porte au Pape, que les choses se composent et accommodent par douceur le plus tost que faire se pourra, sans prejudice toutesfois de mes droicts, desquels je m'attends estre esclaircy plus particulierement par les pieces et tiltres que je vous ay prié, par ma susdicte depesche, de recouvrer et m'envoyer, affin de les opposer à celles que le dict vice-legat a envoyées par deçà, par lesquelles il demonstre et veriffie que la rupture du pont de la dicte ville estant advenue autresfois, l'imposition mise pour le passage de la riviere avoit esté assignée du commun advis et consentement des officiers de Sa Saincteté et des miens; ce qui auroit encores esté practiqué et renouvellé à la rupture premiere, advenue du temps que le cardinal Conty estoit vice-legat.

Au reste, mon Cousin, vous sçaurés comme nous solemnisasmes hier les baptesmes de mes enfans tres heureusement, et à mon contentement. Nous avons donné le nom de Loys à mon fils le Dauphin, pour renouveller la memoire du Roy St Loys, duquel nostre maison est yssue. Ma fille a receu le nom d'Elizabeth, qui est celuy de sa marraine, et la petite, celui de Christienne, que mon frere le duc de Lorraine et sa fille luy ont donné, et tous sont, graces à Dieu, en bonne santé. Mais la peste a commencé à nous assaillir icy, car les garçons de mon apoticaire s'en trouvent saisis : tellement que j'ay deliberé de separer la compagnie dedans deux jours, que la duchesse de Mantoue partira pour s'en retourner en Italie, prenant le chemin de Lyon et de Marseille, où mes galleres la doibvent servir, et je renvoyeray mes enfans à St-Germain, puis je changeray souvent de place, affin de mieux eviter ce peril, pour moy et pour ma suite, dont je prie Dieu nous preserver, en vous conservant aussy, mon Cousin, en sa saincte et digne garde. Escript à Fontainebleau, le xve jour de septembre 1606.

HENRY.

DE NEUFVILLE.

FIN DU SIXIÈME VOLUME.

TABLE

DE PLUSIEURS LETTRES DE HENRI IV,

ÉCRITES ENTRE LE 1ᵉʳ JANVIER 1603 ET LE 15 SEPTEMBRE 1606,

QUI N'ONT POINT PARU DEVOIR ÊTRE IMPRIMÉES DANS CE VOLUME.

DATES.	LIEUX DE LA DATE.	ADRESSES DES LETTRES.	SUJETS DES LETTRES ET SOURCES.
1603. 24 janvier.	Paris.	A maître Lemeneust, sénéchal de Rennes.	Pour qu'il tienne la main au démantèlement des portes et portaux de la ville de Rennes, dont S. M. a chargé particulièrement le maréchal de Brissac. (Voir la lettre du 16 mai 1602.) *Orig.* — Archives municipales de Rennes.
Idem.	Ibidem.	A la ville de Rennes.	Notification de la mesure expliquée dans la lettre précédente. *Ibid.*
Idem.	Ibidem.	A la même ville.	Sur les trois candidats élus par la ville et présentés au choix du Roi pour la charge de procureur-syndic, S. M. choisit le sieur des Nouettes-Chauvel, en félicitant les habitants de leur honorable élection. *Ibid.*
31 janvier.	Ibidem.	Au baron du Tour, ambassadeur en Écosse.	Lettre presque entièrement chiffrée, excepté à la fin, où le Roi se félicite de l'inutilité des efforts du duc de Bouillon pour soulever les protestants du Midi. S. M. a pardonné au prince de Joinville. Quant à M. du Tour, le Roi ne prise pas moins les services qu'il lui rend comme ambassadeur que tous ceux qu'il pourrait lui rendre en temps de guerre auprès de sa personne. *Orig.* — Arch. de M. d'Avesnes des Meloises.
13 février.	Ibidem.	Au grand-duc de Toscane.	Recommandation en faveur du sʳ d'Ondrado, Portugais, qui va demeurer en Toscane. *Orig.* — Arch. des Médicis, lég. franç. liasse 3.
20 février.	Ibidem.	Aux trésoriers de France à Lyon.	Pour faire hâter le complément de la somme de 80,000 écus, dont le Roi a fait remettre une assignation sur les deniers de la généralité de Lyonnais, à Claude Debugnons, trésorier des Suisses et Grisons. *Orig.* — Collection d'autogr. de la Biblioth. impér. de Vienne.
24 février.	Monceaux.	Au Parlement de Normandie.	Ordre réitéré (après lettre close et lettres de jussion) d'enregistrer l'édit portant exemption à un ou deux habitants, dans chaque paroisse, des charges communes. Arch. de la cour d'appel de Rouen. Reg. secr. orig. du parlement de Normandie, vol. de 1602 à 1605, p. 822.

TABLE DE PLUSIEURS LETTRES

DATES.	LIEUX DE LA DATE.	ADRESSES DES LETTRES.	SUJETS DES LETTRES ET SOURCES.
1603. 27 février.	Monceaux.	Au prévôt des marchands et aux échevins de Lyon.	Pour terminer la querelle élevée à Lyon au sujet des droits à l'échevinage, le Roi rend une déclaration par laquelle les habitants de Lyon d'origine étrangère à la ville (*forains*) sont rendus capables d'exercer cette charge, en réservant celle de prévôt des marchands aux seuls habitants natifs de la ville. Cette déclaration terminant la contestation, les habitants peuvent procéder à l'élection des échevins, à laquelle il leur avait été ordonné de surseoir. Orig. — Anciennes archives de Lyon.
1er mars.	Dormans-sur-Marne.	A la ville de Lectoure.	Pour faire cesser tous les différends qu'on cherche à entretenir dans la ville de Lectoure, au sujet de l'élection consulaire, après qu'ils avaient été terminés par l'autorité du Roi. Cop. — Reg. des délibérations de la ville de Lectoure, de 1599 à 1631, fol. 72 verso.
21 mars.	Metz.	A M. de Fresnes-Canaye, ambassadeur à Venise.	La dame de Villaines se rend à Venise pour voir son mari, résidant de France à Raguse, auquel le Roi a permis de venir passer un mois à Venise. S. M. les recommande à l'ambassadeur. Orig. — Arch. de M. de Couhé-Lusignan.
31 mars.	Ibidem.	Au même.	Instructions très-détaillées sur des négociations indirectes avec le duc de Savoie, par l'intermédiaire du comte et de la comtesse Martinengue, sur les relations de la Savoie avec l'Espagne et la France et sur le mariage de la sœur du duc. Le voyage du Roi à Metz a eu pour motif de remplacer MM. de Sobole, commandant en l'absence du duc d'Épernon, gouverneur, par MM. de Montigny et d'Arquien. Les princes de la maison de Lorraine promettent à S. M. de faire renoncer l'archiduc Léopold à la coadjutorerie de l'évêché de Strasbourg. *Ibid.*
11 avril.	Vitry.	Au même.	Plaintes des ruses et menées du duc de Savoie. L'ambassadeur ne doit point lui cacher la protection que le Roi accorde à Genève et le mécontentement de S. M. Le duc n'envoie toujours personne pour s'expliquer à ce sujet, comme il ne cesse de l'annoncer. Quant à son manifeste, le Roi le méprise, et s'il y répondait, ce serait à coups de canon. La conduite du comte Martinengue offre aussi de l'équivoque : *ce ne sont que artifices de toutes parts.* — Réception splendide faite à Madrid au sieur de Barrault, ambassadeur de France. On lui promet que le comte de Fuentès sera rappelé du Milanais pour y être remplacé par don Pierre de Tolède. — Maladie de la reine d'Angleterre; manque de nouvelles à ce sujet, inquiétude du Roi. Complication que pourrait amener la succession au

NON IMPRIMÉES DANS CE VOLUME.   667

DATES.	LIEUX DE LA DATE.	ADRESSES DES LETTRES.	SUJETS DES LETTRES ET SOURCES.
1603. 14 avril.	....	A M. de Beaumont, ambassadeur en Angleterre.	trône. — Trêve conclue, par les soins du Roi, entre le cardinal de Lorraine et l'administrateur de Strasbourg. Orig. — Arch. de M. de Couhé-Lusignan. Remercîments de l'exactitude que l'ambassadeur a mise à envoyer les nouvelles de la maladie et de la mort de la reine Élisabeth. Regrets du Roi. Éloge d'Élisabeth. Le Roi recommande à son ambassadeur de prendre le deuil; il le prendra lui-même dès que le nouveau roi lui aura fait part de la mort de la reine. Recommandation de féliciter les grands d'Angleterre sur la conduite qu'ils ont tenue en cette occasion, et particulièrement sur le sage parti qu'ils ont pris en proclamant le roi d'Écosse roi d'Angleterre. Le vicomte de Sagar, envoyé par la cour de France en Écosse, accompagnera Jacques Ier jusqu'à Londres, où M. de Beaumont attendra ce prince pour le saluer comme ambassadeur de France. Envoi des lettres de créance à cet effet. M. de Beaumont informera exactement S. M. de tout ce qui se passera en Angleterre et en Écosse. Le Roi tient principalement à deux choses : la première, c'est que le roi d'Angleterre donne quelque assistance aux États des Pays-Bas ; la seconde, c'est qu'il améliore la condition des catholiques de son royaume. Précautions que doit prendre l'ambassadeur en faisant cette demande, afin que Jacques Ier ne croie pas que le roi de France veut se faire un parti en Angleterre. Solliciter le nouveau roi de secourir Ostende. Ce prince a fait au baron du Tour une ouverture de mariage entre son fils aîné et la fille de Henri IV. Cop. — B. N. Fonds Brienne, Ms. 39, fol. 21 recto.
17 avril.	Fontainebleau.	A M. de Brèves, ambassadeur en Levant.	Dépêche entièrement chiffrée. Orig. — B. N. Fonds Béthune, Ms. 9021, fol. 66.
Idem.	Ibidem.	A M. de Fresnes-Canaye.	Le duc de Savoie continue à inventer mille prétextes pour se dispenser d'envoyer vers le Roi au sujet de son entreprise sur Genève. Il va certainement s'autoriser encore de la prise toute récente que les Genevois viennent de faire de son château de St Genis d'Oste [sic], proche des frontières de Dauphiné, avec des soldats français à leur solde et en passant sur les terres de France. Cependant, non-seulement le Roi a ignoré cette expédition, mais il la blâme comme intempestive et inutile aux Genevois, qui ne pourront garder cette conquête. Faux bruits que fait courir le duc de Savoie. Tant qu'il agira ainsi, le Roi s'opposera au voyage du comte de Sommerive. — Le duc de Lerme a confirmé à M. de Barrault, ambassadeur, le remplacement du comte

84.

DATES.	LIEUX DE LA DATE.	ADRESSES DES LETTRES.	SUJETS DES LETTRES ET SOURCES.
1603. 1er mai.	Fontainebleau.	A M. de Fresnes-Canaye.	de Fuentès, à Milan, par don Pierre de Tolède. — Envoi d'une lettre de Henri IV à la seigneurie de Venise, en faveur de la république de Raguse. — Mort de la reine Élisabeth et avénement du roi d'Écosse au trône d'Angleterre. Orig. — Arch. de M. de Couhé-Lusignan. Première audience donnée au comte de Visque, envoyé par le duc de Savoie, au lieu du comte de Gattinara, qui a fait le malade pour éluder cette mission. Le comte de Visque a donné à S. M. des explications détaillées sur l'envoi des enfants du duc à la cour d'Espagne, et il a entrepris de justifier l'entreprise sur Genève et les procédés de son maître envers le Roi à cet égard. S. M. a répondu amplement à tous les points traités par l'ambassadeur, puis elle s'est plainte de ce que le duc ne paye point au comte de Soissons ce que le traité de Lyon l'oblige à lui payer. Explication de l'intervention du Roi pour la paix entre l'Empire et la Porte. Réponse à divers points de détail des lettres de l'ambassadeur. Ibid.
Idem.	Ibidem.	A M. de Brèves.	Plaisir qu'a eu le Roi d'apprendre le succès du bassa en Hongrie. S. M. ne se soucie point d'intervenir pour une paix entre le Sultan et l'Empereur, à moins que ces deux princes ne réclament son intervention. D'ailleurs, l'Empereur paraît fort peu disposé à la paix, et il s'apprête pour une nouvelle campagne. Le Sultan n'a donc rien de mieux à faire qu'à se disposer à la guerre, d'autant que le roi d'Espagne se prépare pour retourner à Alger. Si l'Empereur fait à la lettre du comte Isolano une réponse qui renferme quelque chose d'important, le Roi le mandera à son ambassadeur. Orig. — B. N. Fonds Béthune, Ms. 9021, fol. 69. (En chiffres.) — Et Cop. Ms. de M. Monmerqué.
8 mai.	Ibidem.	A M. de Beaumont.	Bonne volonté du Roi à l'égard du roi d'Angleterre; non-seulement il ne s'est pas opposé à ce qu'il succédât à la reine Élisabeth, mais encore il a secondé de tous ses efforts son avénement à la couronne. Conduite tout opposé du roi d'Espagne, qui a osé prétendre à la couronne d'Angleterre. Le Roi s'étonne de ce que la cour d'Angleterre ne lui tient pas compte de ses bonnes intentions; il se plaint de n'avoir encore reçu de Jacques Ier aucune lettre qui lui annonce son avénement au trône, tandis que l'archiduc de Flandre se flatte d'avoir été traité plus favorablement. Le Roi se propose d'envoyer en Angleterre M. de Rosny, mais il désire qu'auparavant le nouveau roi lui fasse part, selon l'u-

NON IMPRIMÉES DANS CE VOLUME. 669

DATES.	LIEUX DE LA DATE.	ADRESSES DES LETTRES.	SUJETS DES LETTRES ET SOURCES.
1603. 10 mai.	Fontainebleau.	Au duc de Savoie.	sage, de la mort de la reine Élisabeth et de son avénement. On espère généralement, surtout à Rome, que la nouvelle reine d'Angleterre favorisera les catholiques, et qu'elle aura beaucoup d'empire sur l'esprit du roi son mari. Cop. — B. N. Fonds Brienne, Ms. 39, fol. 57. Le maître Roux, qui a un procès à Turin contre un nommé Virlé, ne peut s'y rendre, étant obligé de rester encore quelque temps auprès du Roi. Et pour que cette absence ne lui soit point préjudiciable, S. M., en considération des services qu'elle reçoit de lui, le recommande au duc de Savoie.
12 mai.	. . . .	A M. de Beaumont.	Envoi d'un courrier en Angleterre pour faire revenir immédiatement le baron du Tour, sans attendre que le nouveau roi soit arrivé à Londres. Il est nécessaire d'avoir certains renseignements de la bouche même de M. du Tour, avant d'envoyer M. de Rosny en ambassade extraordinaire. Recommandation faite à M. de Beaumont de se conduire de manière à persuader Jacques Ier de l'amitié du Roi de France. Avis d'une proposition de mariage entre le fils aîné du roi d'Angleterre et la fille du duc de Savoie, faite par Jacques lorsqu'il n'était encore que roi d'Écosse. M. de Beaumont aura à s'informer avec précaution de tout ce qui concerne ce projet, afin d'en faire part à M. de Rosny à son arrivée en Angleterre. Cop. — B. N. Fonds Brienne, Ms. 39, fol. 73 verso.
Idem.	Fontainebleau.	Au Connétable.	Délégation pour donner le collier de Saint-Michel au sieur de Cusson, lieutenant en la capitainerie et commandement des ville, château et citadelle de Dieppe, élu en l'assemblée des chevaliers de cet ordre. Orig. — B. N. Fonds Béthune, Ms. 9088, fol. 32.
Idem.	Ibidem.	Au sieur Parry, ambassadeur d'Angleterre.	Avis du prochain départ du marquis de Rosny pour l'Angleterre. Il sera chargé de la réponse à la lettre de Jacques Ier, remise au Roi par l'ambassadeur, et à celle qui lui avait été apportée auparavant par le maître des requêtes Belenden, ainsi que S. M. l'écrit au baron du Tour. Orig. — A Londres, State paper office, vol. de mélanges.
13 mai.	Ibidem.	A M. de Brèves.	Bien que l'Empereur ne soit guère prêt pour la guerre, cependant il paraît peu disposé à la paix avec le Sultan. Celui-ci doit faire ses préparatifs et commencer d'abord par réduire les révoltés d'Asie. Le Roi désire que les Français qui sont au service du Grand Seigneur s'en retirent peu à peu, parce qu'il n'est pas convenable qu'ils continuent à servir les Turcs contre des princes chrétiens; la nécessité seule a pu les rendre

DATES.	LIEUX DE LA DATE.	ADRESSES DES LETTRES.	SUJETS DES LETTRES ET SOURCES.
1603. 14 mai.	Fontainebleau.	Au canton de Zurich.	excusables jusqu'à ce moment. Toutefois l'ambassadeur les en avertira comme de lui-même, sans mêler à cela le nom du Roi, et de manière à ne pas offenser la Porte. Orig. (En chiffres.) — B. N. Fonds Béthune, Ms. 9021, fol. 72. — Cop. Ms. de M. Monmerqué. La recommandation du canton en faveur du fils du feu colonel Hartman est prise en considération toute particulière, tant pour le canton qui le recommande, qu'en mémoire des services rendus par le colonel à S. M. S'il ne peut être présentement nommé à la charge de son père, rien ne sera négligé pour son avancement. Orig. — Arch. du canton de Zurich.
16 mai.	Ibidem.	A MM. le comte de Solmes et de Plessen.	Même objet que la lettre du 18 mars à l'électeur palatin. Cop. — Mss. de la biblioth. Ste-Geneviève.
17 mai.	Ibidem.	Au Parlement de Normandie.	Avis de la réunion de la lieutenance générale du bailliage de Caux, vacante par la mort du commandeur de Chattes, avec les mêmes fonctions exercées par le maréchal de Fervaques dans les bailliages de Rouen, Caen, Gisors et Évreux. Ordre d'admettre le maréchal en cette nouvelle qualité. Cop. — Arch. de la cour d'appel de Rouen. Registres secrets du parlement de Normandie, vol. de 1602 à 1605, p. 338.
17 juin.	Saint-Germain.	Au prévôt des marchands et aux échevins de Paris.	Ordre de faire abattre le boulevard et remplir le fossé qui est devant la porte Saint-Honoré, aplanir et faire paver le chemin qui va droit de la rue au faubourg de ce nom. Cop. — Arch. nat. Sect. admin. Reg. auth. de l'hôtel de ville de Paris Série H, 1793, fol. 163 verso.
Idem.	. . . .	A M. de Beaumont.	Remerciment des renseignements de sa dernière lettre. Le Roi espère, d'après cela, que le voyage de M. de Rosny à Londres aura de bons résultats. Nouvelles satisfaisantes de la santé du Roi, qui s'est améliorée depuis le départ de M. de Rosny. Cop. — B. N. Fonds Brienne, Ms. 39, fol. 150.
22 juin.	Paris.	A M. de Brèves.	L'Empereur a reçu, par les mains du résident de France, la lettre du comte Isolano [Italien prisonnier des Turcs, qui travaillait à négocier la paix], mais il n'a rien répondu. Il est le seul prince de la chrétienté qui profite de cette guerre. Les princes d'Allemagne viennent de lui fournir des subsides plus considérables qu'à aucun de ses prédécesseurs. Mais le Pape et les souverains d'Italie sont las d'une guerre qui ne peut avoir de succès, conduite comme elle l'est. Ils n'osent pourtant proposer l'accord qu'ils désirent, de crainte de paraître abandonner les intérêts de la chrétienté. De son côté le roi d'Espagne lève une armée puissante pour une nouvelle descente

DATES.	LIEUX DE LA DATE.	ADRESSES DES LETTRES.	SUJETS DES LETTRES ET SOURCES.
1603. 22 juin.	Paris.	A M. de Fresnes-Canaye.	à Alger. Le Roi a appris, par une lettre de l'ambassadeur, la soumission de l'*Écrivain* [principal chef des révoltés d'Asie]. Le Sultan doit achever de réduire les rebelles, pour avoir toutes ses forces disponibles. S. M. ne peut parler de paix à l'Empereur, qui ne veut que la guerre, mais qui changerait d'intentions, si la Porte faisait quelque entreprise considérable. L'avénement du nouveau roi d'Angleterre fait espérer la cessation des pirateries des Anglais, leur prince l'a déjà promis ; on en saura davantage au retour de M. de Rosny. Le Roi ne laissera pas de commander aux négociants de Marseille et de Bretagne d'armer en guerre quelques navires contre les pirates anglais. — Nouvelles des Pays-Bas. Orig. (En chiffres.) — B. N. Fonds Béthune, Ms. 9021, fol. 75. — Cop. Ms. de M. Monmerqué. Réponse détaillée à divers points de plusieurs lettres de l'ambassadeur. Il ne doit rien changer à ses relations avec le comte Martinengue, bien que le duc de Savoie paraisse se moquer de lui ; mais il doit le dissuader d'accepter une mission en France. Plaintes des ruses et intrigues continuelles du duc de Savoie. — Le Roi a fait remercier l'ambassadeur de Venise de l'humanité bienveillante de la Seigneurie envers des Marseillais qui avaient été capturés par les pirates anglais. Nouvelles fort circonstanciées de la guerre les Pays-Bas. Orig. — Arch. de M. de Couhé-Lusignan.
25 juin.	Monceaux.	Au duc Jean, comte palatin du Rhin.	Approbation de la proposition du duc de Lorraine, de mettre en séquestre entre les mains de particuliers solvables (au lieu des princes nommés d'abord) les fruits de la récolte des terres de l'évêché de Strasbourg. Désir de voir s'arranger l'interminable différend sur la possession de cet évêché. Orig. — Arch. municipales de Strasbourg.
29 juin.	Ibidem.	Au Parlement de Paris.	Ordre réitéré de vérifier l'édit concernant les mines et minières du Royaume, comme chose mûrement délibérée en conseil. Cop. — Arch. nationales. Sect. judic. Reg. du Parlem. de Paris ; Conseil. vol. 329, fol. 428, verso.
4 juillet.	Ibidem.	Au prévôt des marchands et aux échevins et quartiniers de la ville de Paris.	Pour qu'aux prochaines élections d'échevins, à la mi-août, ils aient à élire le sieur Léon Dolet, avocat au parlement, le Roi l'ayant toujours reconnu très-affectionné à son service. Cop. — Arch. nationales. Sect. administr. Série H, 1793, fol. 174. Reg. authent. de l'hôtel de ville de Paris.
7 juillet.	Ibidem.	A l'Électeur palatin.	Par le retour du comte de Solmes et du sieur de Plessen, envoyés de l'Électeur, le Roi lui expose de nouveau les torts graves du

DATES.	LIEUX DE LA DATE.	ADRESSES DES LETTRES.	SUJETS DES LETTRES ET SOURCES.
1603. 19 juillet.	....	A M. de Beaumont.	duc de Bouillon, tout ce que S. M. a fait inutilement pour le ramener au devoir, et le refus que fait ce duc de se soumettre et de se justifier comme le doit un sujet. (Voir les lettres du 18 mars et du 16 mai.) Cop. — Ms. de la biblioth. Sainte-Geneviève; — et Musée britannique, biblioth. Cottonienne, Caligula, E.
			Avis du retour de M. de Rosny. Le Roi se félicite du succès de ses négociations. Il annonce à M. de Beaumont une lettre de sa main pour le roi d'Angleterre et pour lui de pleins pouvoirs à l'effet de dresser par écrit les articles convenus avec M. de Rosny, en attendant que l'on renouvelle publiquement les traités d'alliance. — Presser l'envoi des troupes que Jacques Ier a promis d'envoyer aux Pays-Bas. Le Roi a donné ordre de compter aux Provinces-Unies l'argent qu'il s'est engagé à leur fournir. Cop. — B. N. Fonds Brienne, Ms. 39, fol. 165.
22 juillet.	Nanteuil.	A M. de Brèves.	La guerre de Hongrie se fait peu activement; celle de Transylvanie est favorable au Sultan; Moïse Sicule a chassé Georges Baste. Le Roi se félicite de n'être pas intervenu pour la paix. — Le roi d'Espagne paraît abandonner son entreprise sur Alger. — Traité fait avec le roi d'Angleterre, qui déclare désapprouver les pirateries de ses sujets. Orig. (En chiffres.) B. N. Fonds Béthune, Ms. 9021, fol. 78. — Cop. Ms. de M. Monmerqué.
31 juillet.	....	A M. de Beaumont.	Des bruits circulent, que le roi d'Angleterre a le projet de se déclarer chef de toutes les églises protestantes de la chrétienté. M. de Beaumont tâchera de s'assurer de la vérité à cet égard. — Le Pape fait proposer de marier le Dauphin à l'infante d'Espagne. La cour de Rome est d'avis de terminer la guerre des Pays-Bas en faisant des Provinces-Unies un royaume indépendant, dont le souverain serait choisi parmi les princes espagnols. Voir ce que Jacques Ier pense de ce projet. — Le Roi est dans l'intention de donner des pensions à quelques personnages de la cour d'Angleterre. — Plaintes touchant les pirateries que les Anglais continuent à exercer sur les marchands français. Cop. — B. N. Fonds Brienne, Ms. 39, fol. 184.
1er août.	....	Au même.	Ouverture de la négociation touchant le commerce entre la France et l'Espagne. Le Roi félicite M. de Beaumont de la manière dont il a entamé l'affaire, et le prévient de ne pas se laisser entraîner à traiter d'autres intérêts que ceux du commerce. Il approuve la conduite que son ambassadeur a tenue avec l'agent du roi d'Espagne. Le seul traité convenable est que les relations com-

NON IMPRIMÉES DANS CE VOLUME. 673

DATES.	LIEUX DE LA DATE.	ADRESSES DES LETTRES.	SUJETS DES LETTRES ET SOURCES.
			merciales soient rétablies sur le pied où elles étaient avant les mesures prises par l'Espagne au préjudice des marchands français. Cop. — B. N. Fonds Brienne, n° 40, fol. 275.
1603. 6 août.	Saint-Germain.	A M. de Brèves.	Bruits d'un traité de paix entre l'Empereur et le Sultan. Il est peu probable que ce traité s'accomplisse. Si l'entremise du Roi eût été acceptée, S. M. aurait pu obtenir le consentement du Pape; mais, puisqu'on s'y est refusé, l'ambassadeur traversera les négociations autant qu'il pourra le faire honnêtement. Cette guerre est d'ailleurs plus utile à la France que ne le serait la paix. Moïse Siculo continue à prospérer en Transylvanie. Quant aux rebelles d'Asie, le Roi en attend des nouvelles par les premières lettres de M. de Brèves. — Il jugera s'il a quelque démonstration à faire, de la part de S. M. auprès du Sultan, à l'occasion du supplice de son fils, qui paraît du reste fort étrange sur un simple soupçon. — Le Sigal ferait fort à propos une descente à Alger, que le roi d'Espagne, allié d'autres Barbaresques, menace encore. Remerciment du soin qu'a mis M. de Brèves à retirer du service de la Porte un certain nombre de Français; S. M. désirerait que tous en fissent autant. Ordre a été donné aux Marseillais de bien traiter le chiaoux qui les ramène. — Le duc de Nevers n'ira point en Hongrie. Le prince de Joinville y est allé pour expier ses fautes contre le service du Roi. Orig. — B. N. Fonds Béthune, Ms. 9021, fol. 81. — Cop. Ms. de M. Monmerqué.
Idem.	Ibidem.	A M. de Fresnes-Canaye.	Ludovic Vimercato, envoyé par le comte Martinengue pour faire au Roi, de la part du duc de Savoie, des ouvertures sur un projet de quitter l'alliance intime de l'Espagne pour celle de la France. Il est répondu qu'on ne demande point au duc de Savoie une pareille détermination, mais seulement l'exacte observation de la neutralité entre les deux couronnes, et que la première chose à faire pour cela est de renvoyer Albigny et les autres mauvais Français qui ne poussent qu'à la discorde. Ordres réitérés donnés par le Roi pour seconder un traité que prépare la seigneurie de Venise avec les Grisons. Manière réservée dont l'ambassadeur doit accueillir les propositions d'un Provençal qui prétend découvrir un endroit par lequel les ennemis pourraient entrer en Provence sans aucun obstacle, malgré toute la surveillance. — Réponses à divers points de détail des dépêches de l'ambassadeur. — Avis donné au Roi de la continuation du comte de Fuentès dans le gouvernement du Milanais.

DATES.	LIEUX DE LA DATE.	ADRESSES DES LETTRES.	SUJETS DES LETTRES ET SOURCES.
1603. 8 août.	Saint-Germain.	Au prévôt des marchands, aux échevins et quartiniers de la ville de Paris.	Nouvelle injonction, à la prière de la Reine, de nommer pour échevins aux prochaines élections de la mi-août, le sieur Léon Dolet (déjà recommandé par la lettre du 4 juillet). Cop. — Arch. nationales. Sect. administrat, Série H, 1793, fol. 190 verso. Reg. authent. de l'hôtel de ville de Paris.
14 août.	Ibidem.	A M. de Fresnes-Canaye.	Pour assister, en tout ce qui dépendra de lui, le cardinal de Joyeuse, porteur de cette lettre, qui, s'en retournant à Rome, est chargé par le Roi de saluer, en passant, la seigneurie de Venise. Orig. — Arch. de M. de Couhé-Lusignan.
Idem.	Ibidem.	Au connétable.	Ordre de se rendre à Rennes le 13 octobre prochain, pour y assister, comme baron de Châteaubriant, à la tenue des États de Bretagne. Orig. — Fonds Béthune, Ms. 9088, fol. 62.
Idem.	. . . .	A M. de Beaumont.	M. de Vitry va être envoyé en Angleterre pour féliciter le roi Jacques de la découverte d'une conspiration et pour lui faire connaître la manière de chasser usitée en France. Il importe que ce prince sévisse contre les vrais coupables et non contre les catholiques, qu'on cherche à lui rendre suspects. C'est justice autant que bonne politique. Ainsi Henri IV ne voulut user de rigueur contre les Jésuites. Au lieu de les désespérer, il les a ralliés à ses intérêts, tout en mettant des bornes à leur puissance. — La confession de foi du roi Jacques, injurieuse pour le Pape et pour les catholiques, a été traduite en différentes langues et répandues dans toute la chrétienté. — Vif désir que les articles convenus avec M. de Rosny soient signés par le roi d'Angleterre. Cop. — B. N. Fonds Brienne, Ms. 39, fol. 202 verso.
18 août.	Gaillon.	A M. de Fresnes.	Peu de compte qu'on doit faire des promesses du duc de Savoie. Ne répondre que d'une manière générale aux nouvelles offres d'amitié qu'il vient de faire faire à M. de Fresnes par le secrétaire du comte Martinengue. — Satisfaction de l'accueil cordial fait par la seigneurie de Venise aux assurances de l'inaltérable amitié du Roi. — Une conspiration suscitée contre le roi d'Angleterre, par les ministres d'Espagne, vient d'être déjouée. L'ambassadeur d'Espagne va cependant passer en Angleterre. — Nouvelles de la guerre des Pays-Bas. — Demande de nouvelles sur la guerre entre l'Empire et la Porte. Orig. — Arch. de M. de Couhé-Lusignan.
26 août.	. . . .	Au même.	Avis du départ de M. de Vitry pour l'Angleterre. Le Roi désire que l'on croie qu'il est *depesché par delà plustost pour parler de la chasse que pour traicter affaires.* Cepen-

NON IMPRIMÉES DANS CE VOLUME. 675

DATES.	LIEUX DE LA DATE.	ADRESSES DES LETTRES.	SUJETS DES LETTRES ET SOURCES.
1603. 2 septembre.	Rouen.		dant il remerciera le roi Jacques d'avoir signé les articles convenus avec M. de Rosny, l'assurant qu'ils seront observés par les roi de France. M. de Vitry doit également presser l'envoi aux Pays-Bas des secours promis. Prudence dont M. de Beaumont doit user envers les agents du roi d'Espagne qui sont en Angleterre. Projet qu'ont les Espagnols de mettre un droit de trente pour cent sur toutes les marchandises étrangères transportées dans les Pays-Bas. Le Roi pense qu'ils proposeront aux Anglais de les exempter de ce droit, afin de les séparer des intérêts de la France. M. de Beaumont devra s'opposer ouvertement à un pareil traité. B. N. Fonds Brienne, Ms. 39, fol. 216 verso.
		Aux sieurs États généraux des Provinces-Unies des Pays-Bas.	Retour de M. Arssens, député des Provinces-Unies, qui s'est parfaitement acquitté de sa charge, comme S. M. aime à le reconnaître. Cop. — Arch. du royaume des Pays-Bas. Reg. des Dépêches françaises 1602-1607.
Idem.	Ibidem.	A M. de Fresnes-Canaye.	Accueil assez maigre fait en Espagne aux enfants du duc de Savoie. — La force de la peste a obligé le roi d'Angleterre et son conseil de quitter Londres. Prochaine arrivée de l'ambassadeur d'Espagne en Angleterre. — Suite des succès des États des Pays-Bas contre les archiducs. — Le comte de Fuentès s'est emparé d'un espion français. Il traverse le projet d'alliance entre Venise et les Grisons. — Réponse à divers détails des dépêches de l'ambassadeur. — Le Roi part le lendemain de Rouen pour visiter le reste de la province. Puis, au mois d'octobre, il ira en Provence. Orig. — Arch. de M. de Couhé-Lusignan.
Idem.	Ibidem.	Au même.	Nouvelle recommandation en faveur du sieur Antonio Doti, auquel s'intéresse la Reine, et qui sollicite un passe-port et un sauf-conduit de la seigneurie de Venise. Ibidem.
Idem.	Ibidem.	A la ville de Toul.	Pour recevoir et loger la compagnie du marquis de Verneuil, fils du Roi, envoyée en garnison dans la ville de Toul, où elle se conduira de manière à n'exciter aucune plainte. Orig. — Arch. municipales de Toul.
Idem.	....	A M. de Beaumont.	Pour recommander à M. de Beaumont le comte de Montecuculi, envoyé par le grand-duc de Toscane au roi d'Angleterre. Avis d'un projet qu'ont les réformés de Languedoc de demander à ce prince de prendre sous sa protection les églises dissidentes de France, et d'accorder les calvinistes et les luthériens. — Intention du Roi d'établir de bonnes relations entre le Pape et le

85.

TABLE DE PLUSIEURS LETTRES

DATES.	LIEUX DE LA DATE.	ADRESSES DES LETTRES.	SUJETS DES LETTRES ET SOURCES.
1603. 13 septembre.	Dives.	A M. Miron.	roi d'Angleterre. Malheureusement la conduite du roi Jacques n'est guère favorable à cette intention. Cop. — B. N. Fonds Brienne, Ms. 39, fol. 228 verso. Ordre de faire arrêter Robert Basset, qui complote contre le roi d'Angleterre. (Lettre interrompue par de fréquentes lacunes.) Cop. — Musée britannique, biblioth. Cottonienne, Caligula E, t. 10, fol. 294.
15 septembre.	Caen.	A M. de Brèves.	L'Empereur paraît disposé à faire la paix avec le Sultan ; mais, comme il a précédemment refusé la médiation du Roi, celui-ci ne juge pas à propos de s'y employer de nouveau, d'autant que, s'il montrait de l'empressement, l'Empereur pourrait l'attribuer à des inspirations provenant du Sultan, qui se défierait de ses propres forces. Les impériaux ont repris la Transylvanie. Le roi d'Espagne a fait passer une armée en Barbarie. Si le Sultan ne veut pas faire une paix honteuse, il doit exécuter quelque entreprise importante. Le chiaoux envoyé par le Grand Seigneur est arrivé à Marseille ; le Roi a donné ordre qu'il y fût entretenu jusqu'au voyage de S. M. en Provence, qui doit avoir lieu prochainement. La guerre des Pays-Bas empêche la maison d'Autriche de réunir ses forces contre les Turcs, et ceux-ci n'ont point remporté d'avantage considérable. Le roi d'Espagne recherche l'alliance du roi d'Angleterre ; mais, quoi qu'il fasse, il ne pourra faire déposer les armes aux Pays-Bas. Les pirateries des Anglais ne peuvent être réprimées que par la force ; le Roi y pourvoira pendant son séjour à Marseille. Le Grand Seigneur ne doit pas dédaigner l'avis qui lui est donné du passage des troupes espagnoles en Barbarie ; si le Sigal paraît sur ces côtes avec ses galères, les Espagnols se retireront. Orig. (En chiffres.) — B. N. Fonds Béthune, Ms. 9021, fol. 84. — Cop. Ms. de M. Monmerqué.
17 septembre.	*Ibidem.*	A M. de Fresnes-Canaye.	Précautions à prendre avec le duc de Savoie et le comte Martinengue. On n'a pas encore avis que le duc de Savoie ait fait remettre au grand écuyer et au président Jeannin le misérable qui avait offert d'assassiner le Roi. (Voir les lettres du 24 et du 25 août.) Ses dépositions ne sont que des impostures, car il nomme comme complices des personnages imaginaires. — Réponse détaillée à divers points des lettres de l'ambassadeur : sur un traité des Vénitiens avec les Grisons ; — sur un Anglais envoyé à Venise par le roi d'Angleterre ; sur les intrigues du père Personius ; — sur la mort et le remplacement de l'évêque de Vicence ; — sur les différends de la répu-

DATES.	LIEUX DE LA DATE.	ADRESSES DES LETTRES.	SUJETS DES LETTRES ET SOURCES.
1603. 17 septembre.	Caen.	A la ville de Saint-Quentin.	blique de Venise avec l'évêque de Trente; — sur le mariage de la fille du duc de Modène, etc. Orig. — Arch. de M. de Couhé-Lusignan. Pour rassurer la ville sur le maintien de ses priviléges, le sieur du Terrail, lieutenant de la compagnie du Dauphin, en garnison à Saint-Quentin, a pu donner le mot du guet, sans que la chose tirât à conséquence, vu le rang hors ligne de cette compagnie. Quant aux fournitures, tout sera payé aux habitants le prix coûtant. (Voyez, sur le même sujet, la lettre du même jour au vicomte d'Auchy.) Orig. — Arch. municipales de Saint-Quentin.
27 septembre.	....	A M. de Beaumont.	L'ambassadeur d'Espagne ne doit pas tarder à se rendre auprès du roi d'Angleterre afin de traiter avec lui au nom de son maître. M. de Beaumont fera tout ce qu'il pourra pour faire échouer ces négociations; ou, pour le moins, il empêchera qu'il entre rien dans le traité qui puisse préjudicier aux intérêts de la France. Toutefois le Roi ne voudrait pas qu'il parût que ses efforts tendent à empêcher la réconciliation entre l'Espagne et l'Angleterre, tant pour ne pas compromettre sa réputation que parce qu'il n'en faudrait pas davantage pour augmenter le désir que les deux rois ont de traiter ensemble. La proposition du traité à renouveler entre la France et l'Angleterre doit être retardée jusqu'à ce que les négociations de l'Espagne avec Jacques Ier soient terminées. Cop. — B. N. Fonds Brienne, Ms. 39, fol. 237.
6 octobre.	Paris.	A M. de Fresnes-Canaye.	Pour recommander à l'ambassadeur le marquis de Bonnivet, chargé de cette lettre et d'une autre adressée à la seigneurie de Venise. Orig. — Arch. de M. de Couhé-Lusignan.
7 octobre.	Ibidem.	Au même.	Même recommandation en faveur du comte de Laval, qui voyage pour son instruction. (Voir la lettre du même jour au duc de Savoie.) Ibid.
9 octobre.	Ibidem.	Au duc de Savoie.	Nouvelle et pressante recommandation en faveur du maître Roux pour la libre jouissance de ses biens et la restitution de ce qui lui a été pris durant la guerre. Plaintes de ce que les ministres du duc n'ont pas eu égard aux recommandations précédentes. (Voyez la lettre du 10 mai au même prince.) Orig. — Collection de M. le docteur Gonelli, à Florence.
12 octobre.	Fontainebleau.	Au connétable.	Envoi de l'état de la dépense qui sera faite, l'année suivante, dans les places et villes du gouvernement de Languedoc. Orig. — Fonds Béthune, Ms. 9088. et Suppl. fr. Ms. 1009-2.

DATES.	LIEUX DE LA DATE.	ADRESSES DES LETTRES.	SUJETS DES LETTRES ET SOURCES.
1603. 15 octobre.	Fontainebleau.	A M. de Brèves.	Le Roi ne pouvant aller cette année en Provence, comme il avait compté, mande le chiaoux arrivé à Marseille, bien qu'il n'ait pas grande confiance dans l'efficacité des défenses qu'il apporte de la part du Grand Seigneur au roi d'Alger. S. M. prendra des mesures plus efficaces contre les pirateries des Barbaresques et des Anglais, en faisant armer en guerre des vaisseaux de Marseille. Quant au projet de paix entre l'Empire et la Porte, toujours même éloignement de l'entremise du Roi et mêmes dispositions à la guerre de la part de l'Empereur. Le roi d'Espagne, avant d'exécuter son entreprise contre Alger, veut avoir contracté avec l'Angleterre la paix qui se négocie en ce moment. Le duc de Nevers et le prince de Joinville, qui sont passés en Hongrie, n'ont conduit avec eux que cinq ou six personnes, en sorte que la Porte ne peut se plaindre qu'ils aient fortifié l'armée chrétienne. Orig. (Chiffré à moitié.) — B. N. Fonds Béthune, Ms. 8021, fol. 901. — Cop. Ms. de M. Monmerqué.
24 octobre.	....	A M. de Beaumont.	Retour de M. de Vitry. Envoi de chiens et de chevaux au roi d'Angleterre. Portrait de Marie de Médicis envoyé à la reine d'Angleterre. Si la paix se fait avec l'Espagne, la maison d'Autriche deviendra trop puissante, surtout si les Pays-Bas sont abandonnés. Ces provinces, dans l'état d'épuisement où elles se trouvent, craignent même que l'Angleterre ne fasse avec l'Espagne une trêve suffisante pour les accabler. Cop. — B. N. Fonds Brienne, Ms. 39, fol. 275 recto.
30 octobre.	....	Au même.	Commencement des conférences de l'ambassadeur d'Espagne et des ministres du roi d'Angleterre. La paix, pour celui-ci, sera plus funeste que la guerre. L'Espagne en profitera pour corrompre les sujets anglais, comme elle n'a cessé de corrompre les sujets français depuis la paix avec la France. Les Pays-Bas ne pourront résister seuls à toutes les forces des Espagnols, et avec eux tombera le dernier boulevard opposé aux envahissements de la maison d'Autriche. Le connétable de Castille, se rendant en Angleterre pour conclure le traité, doit passer par la France, et chercher à bien disposer le Roi pour l'objet de sa mission. Il faut se défier des démonstrations des Anglais, car ils ont toujours quelque arrière-pensée; *c'est pour cela qu'on les peint avec une queue derrière.* Les Écossais sont plus francs, mais il y en a moins dans le conseil de Jacques. Cop. — B. N. Fonds Brienne, Ms. 39, fol. 287 verso.
9 novembre.	Fontainebleau.	A M. de Brèves.	Réception des commandements du Sultan sur la piraterie exercée dans le Levant par les Tunisiens, les Algériens et les Anglais. Le Roi en remercie M. de Brèves; mais il

NON IMPRIMÉES DANS CE VOLUME. 679

DATES.	LIEUX DE LA DATE.	ADRESSES DES LETTRES.	SUJETS DES LETTRES ET SOURCES.
			suivra le conseil de faire armer en guerre les vaisseaux marchands. Car le roi d'Angleterre n'a pas plus d'autorité réelle que le Sultan contre la piraterie. Il en est venu à prier Henri IV de faire faire la chasse aux pirates anglais pour les châtier comme des voleurs. Sur le projet de paix entre l'Espagne et la Porte, toujours mêmes considérations que dans les lettres précédentes à M. de Brèves. — Un baron autrichien, fait prisonnier dans Albe-Royale avec le comte Isolano, sous prétexte de traiter de leur rançon, vient d'arriver de Constantinople en Hongrie avec une lettre du grand visir, pour entamer les négociations dans quelque ville frontière. Mais il n'en résultera rien. Orig. — (En chiffres.) B. N. Fonds Béthune, Ms. 9021, fol. 87. — Cop. Ms. de M. Monmerqué.
1603. 7 décembre.	....	A M. de Beaumont.	L'Espagne feint d'être en désaccord avec l'Autriche au sujet de la conduite à tenir avec les Pays-Bas, mais ce n'est qu'afin de tromper l'Angleterre. Droits d'entrée dont le roi d'Espagne se propose de décharger exclusivement les marchands anglais; c'est un moyen perfide pour amener une rupture entre l'Angleterre et la France; la position qui serait faite à ces deux puissances peut nécessiter une guerre entre elles, ce qui faciliterait à la maison d'Autriche cette domination universelle en Europe qu'elle ambitionne depuis Charles-Quint. Il faut tenir cette menace de guerre suspendue sur la tête du roi Jacques, afin de la détourner des propositions faites par l'Espagne. Nouvelle tentative du duc de Savoie contre Genève. Le comte de Fuentès a interdit le commerce des Grisons avec le Milanais. Plaintes des Turcs contre les pirateries des Anglais dans le Levant. Lettre adressée par le duc de Bouillon au synode national assemblé à Gap, pour se disculper des crimes qui lui sont imputés. Cop. — B. N. Fonds Brienne, Ms. 39, fol. 327.
8 décembre.	Paris.	A M. de Fresnes-Canaye.	Pour intercéder auprès de la seigneurie de Venise en faveur de Camille Ravagnino et Pierre Bonaie, bannis de la république; ce que le Roi veut bien faire en considération de leur oncle Christophe Salé, mais toutefois à la condition que l'ambassadeur jugera cette requête de nature à être accueillie. Orig. Arch. de M. de Couhé-Lusignan.
10 décembre.	*Ibidem.*	Au maire et aux échevins de Poitiers.	Informé de l'agitation qu'excite dans la province la querelle du comte de Crissé et du sieur de Saint-Georges, le Roi leur écrit de s'en remettre au sieur de Parabère, lieutenant général au gouvernement de Poitou. Et, pour qu'ils ne puissent feindre n'avoir pas reçu ces lettres, le Roi charge le maire

DATES.	LIEUX DE LA DATE.	ADRESSES DES LETTRES.	SUJETS DES LETTRES ET SOURCES.
1603. 19 décembre.	....	A M. de Beaumont.	et les échevins de Poitiers de les faire porter par un d'eux, qui les leur remettra en mains propres, et d'en envoyer à S. M. un récépissé. Cop. — Arch. municipales de Poitiers. Entrevue du Roi avec le connétable de Castille; elle s'est passée en compliments de part et d'autre. Le connétable est parti pour les Pays-Bas; de là il se rendra sans doute en Angleterre, étant muni de pleins pouvoirs pour traiter avec Jacques Ier. Plaintes adressées au Roi par l'ambassadeur d'Angleterre sur différents griefs des Anglais touchant leur commerce et le rétablissement des Jésuites en France. Cet ambassadeur est trop partisan des puritains anglais et trop favorable aux huguenots français, qui ne cherchent que des prétextes de révolte. Ceux-ci ont tort de se plaindre de la conduite du Roi à leur égard; il se comporte envers eux avec la plus grande bienveillance et sa maison est pleine d'officiers appartenant à la religion réformée. Cop. — B. N. Fonds Brienne, Ms. 39, fol. 347 verso.
23 décembre.	Paris.	A M. de Brèves.	Le Roi a appris avec peine certain changement survenu à la Porte. S. M. craint qu'il ne soit favorable à la maison d'Autriche. Elle charge son ambassadeur de la tenir très-exactement au courant là-dessus. Orig. — B. N. Fonds Béthune, Ms. 9021, fol. 90. — Cop. Ms. de M. Monmerqué.
28 décembre.	Ibidem.	Au landgrave de Hesse.	Explications au sujet du rétablissement des Jésuites. Sincérité des promesses faites à ceux de la religion prétendue réformée. Passage du connétable de Castille par la France; il se rend aux Pays-Bas. Le roi d'Angleterre promet de ne pas traiter avec l'Espagne sans communiquer le traité à la France. Attente de la réponse du duc de Suède à la proposition du roi de Pologne (de prendre Henri IV pour arbitre de leurs différends). — Le Roi atteint de quelques attaques de goutte. Orig. — Arch. grand-ducales de Hesse-Cassel. — Imprimé. *Correspondance de Henri IV avec Maurice le Savant*, publié par M. DE ROMMEL, p. 148.
... décembre.	Ibidem.	A l'évêque d'Angers.	Envoi de lettres-patentes pour l'établissement des Récollets au couvent de la Flèche. L'évêque d'Angers est chargé de les y installer, en s'entendant avec le père provincial des cordeliers de Touraine et de Poitou. Orig. — Arch. de la préfecture de la Sarthe.
1604. 3 janvier.	....	A M. de Beaumont.	En apprenant que Jacques Ier a fait grâce à plusieurs de ses sujets qui avaient conspiré contre lui, le Roi craint que ce ne soit à l'intercession des Espagnols. — M. de Beaumont a donné avis que le connétable de

NON IMPRIMÉES DANS CE VOLUME.

DATES.	LIEUX DE LA DATE.	ADRESSES DES LETTRES.	SUJETS DES LETTRES ET SOURCES.
1604. 20 janvier.	Paris.	A M. de Brèves.	Castille a tâché de corrompre plusieurs sujets du Roi ; il cherchera d'une manière plus précise la vérité à cet égard. S. M. approuve fort le projet qu'a lord Cecil de traiter directement avec le Pape, sur la conduite à tenir avec les catholiques anglais. Continuation des négociations relatives au mariage du prince de Galles avec la fille aînée de Henri IV. Désir de rétablir la compagnie de gens d'armes écossais servant en France, avec le duc de Lenox pour lieutenant commandant. *Cop.* — B. N. Fonds Brienne, Ms. 89, fol. 382 verso.
			Les changements survenus à la Porte continuent à inquiéter le Roi. Si le Sultan fait la paix avec l'Empereur, elle ne peut que lui être défavorable et le faire mépriser de ses peuples ; ce que M. de Brèves devra lui faire entrevoir, sans s'opposer directement à cette paix. Le Roi fera son voyage en Provence au printemps, pour veiller à la conservation du pays et prendre quelque parti sur le projet qu'a le roi d'Espagne d'exécuter, l'année prochaine, sa descente à Alger : ce qui lui fait poursuivre ses négociations avec le roi d'Angleterre et avec les États des Pays-Bas, pour pouvoir concentrer toutes ses forces contre le Grand Seigneur. *Cop.* — Ms. de M. Monmerqué.
8 février.	*Ibidem.*	Au maître-échevin et aux officiers de la ville de Metz.	Annonce de deux compagnies du régiment des gardes, qui, sous la charge des capitaines Bonouvrier et Pastelgelou, vont tenir garnison à Metz. Le Roi les fait accompagner par le sieur de la Coste, pour donner l'ordre aux magistrats de les recevoir et de les loger, avec assurance qu'ils ne donneraient aucun sujet de plainte. *Orig.* — Arch. municipales de Metz.
14 février.	*Ibidem.*	Au landgrave de Hesse.	Assurance réitérée de la ferme résolution où est le Roi de protéger ceux de ses sujets qui professent la religion P. R., mais aussi de réprimer les factieux. Bruit du dessein qu'ont le roi d'Espagne et l'Empereur de réclamer les villes de Metz, Toul et Verdun, en faisant du refus un cas de guerre. Négociations du connétable de Castille avec l'Angleterre. Désir d'une nouvelle démarche auprès du duc Charles de Suède, pour savoir s'il accepte la médiation de S. M. entre lui et le roi de Pologne. *Orig.* — Arch. grand-ducales de Hesse-Cassel. — *Imprimé.* — *Correspondance de Henri IV avec Maurice le Savant*, p. 161.
16 février.	....	A M. de Beaumont.	Le Roi vient d'interdire à ses sujets le commerce avec l'Espagne et la Flandre. — Recommandation de continuer à surveiller les menées des Espagnols, de se méfier des conseillers anglais, principalement de lord Cecil, qui se propose de conduire si secrè-

LETTRES DE HENRI IV. — VI.

DATES.	LIEUX DE LA DATE.	ADRESSES DES LETTRES.	SUJETS DES LETTRES ET SOURCES.
1604. 17 février.	Paris.	A M. de Brèves.	tement les négociations, qu'on n'en puisse pas avoir connaissance en France avant la conclusion du traité. S'il y survient quelque difficulté, M. de Beaumont devra en profiter avec soin. Si on lui fait quelque ouverture pour resserrer les liens avec la France, il devra s'y montrer bien disposé, sans s'engager en rien avant d'avoir pris les ordres du Roi. Le connétable de Castille voulait persuader à l'archiduc Albert de quitter les Pays-Bas et de se retirer en Espagne; mais celui-ci s'y est refusé. L'arrestation de Standen, émissaire secret du Pape en Angleterre, affligera Sa Sainteté. Recommandation de ne pas se mêler de cette affaire. Approbation du choix que le roi d'Angleterre a fait du duc d'Albanie, son fils, pour commander la compagnie de gens d'armes écossais servant en France; mais S. M. désire que la formation en soit retardée le plus possible, parce qu'elle prévoit, que leur solde étant insuffisante, ils seront à charge au pays où ils tiendront garnison. — L'ambassadeur aura à faire savoir comment sera reçue au parlement anglais la résolution de Jacques 1er touchant la religion. S. M. la soumettra aux théologiens français. Cop. — B. N. Fonds Brienne, Ms. 40, fol. 3. Les négociations sont ouvertes pour la paix entre le Sultan et l'Empereur. Quelques-uns pensent que ces négociations n'aboutiront qu'à une trêve de cinq ans, pendant laquelle les deux partis conserveront la position qu'ils ont. — On prétend que le Sultan aurait écrit à l'Empereur une lettre très-honteuse pour obtenir la paix. Les négociations se poursuivent aussi entre l'Espagne et l'Angleterre; celle-ci veut conserver ses avantages. Les Pays-Bas ne paraissent aucunement disposés à mettre bas les armes; malgré cela le roi d'Espagne n'abandonne pas le projet de faire une descente à Alger l'année suivante. Cop. — Ms. de M. Monmerqué.
21 mars.	....	A M. de Beaumont.	Le baron de Sagard, porteur de cette lettre, se rend en Écosse, suivant le désir de son souverain, pour assister au parlement convoqué au sujet de la réunion de l'Écosse avec l'Angleterre. Il s'est offert de faire connaître aux principaux Écossais la bonne volonté de Henri IV à l'égard de l'Écosse, alliée inséparable de la France, quelles que puissent être nos relations avec l'Angleterre. Il faut user avec précaution des bonnes dispositions de ce baron, pour ne pas le compromettre et ne point paraître se méfier de lui. — Dans les négociations de l'Angleterre avec l'Espagne, on doit craindre que le roi Jacques ne se laisse emporter au torrent de la haine extraordinaire que les Anglais nous portent, dont le cours ne peut estre retenu que par le non

NON IMPRIMÉES DANS CE VOLUME.

DATES.	LIEUX DE LA DATE.	ADRESSES DES LETTRES.	SUJETS DES LETTRES ET SOURCES.
			pouvoir de cette nation. Mais il semble qu'il ne puisse se refuser à secourir les états des Pays-Bas. — Puisque le roi d'Angleterre a tant différé d'envoyer un ambassadeur extraordinaire, il peut retarder encore, à cause du voyage en Provence que S. M. compte faire après Pâques. Quant au choix du duc de Lenox, il serait très-agréable à Henri IV. Cop. — B. N. Fonds Brienne, Ms. 40, fol. 52.
1604. 28 mars.	Paris.	M. de Fresnes-Canaye.	Recommandation en faveur du sieur Esperiel Dandrade, habitant de Lyon, bien affectionné au service du Roi. Orig. — Arch. de M. de Couhé-Lusignan.
3 avril.	Ibidem.	Au landgrave de Hesse.	Mauvais état des affaires du Sultan, qui paraît désirer terminer la guerre avec l'Empereur. Négociations entre l'Espagne et l'Angleterre. — ..... Progrès du siége d'Ostende..... Nouvelles de l'archevêque de Mayence, récemment élu, et du duc Charles de Suède. (Lettre presque entièrement chiffrée.) Orig. — Archives du grand-duché de Hesse-Cassel. — Imprimé. — *Correspondance de Henri IV avec Maurice le Savant*, p. 168.
6 avril.	Ibidem.	Au canton de Berne.	Prière de faire délivrer à la duchesse de Mercœur les anciens titres de vente des terres de Viney et de la Tour-de-Paix, sises au territoire de la seigneurie de Berne. Cop. — Arch. du canton de Berne.
15 avril.	Ibidem.	A M. de Brèves.	Les négociations pour la paix entre l'Empereur et le Sultan sont définitivement rompues; les députés de l'Empereur se sont retirés. Nouvelle de la mort d'un roi barbaresque allié du roi d'Espagne contre le Grand Seigneur. Cette mort pourrait bien être cause que les Espagnols n'effectueraient point leur entreprise contre Alger. Le Roi n'est point d'avis que le Sultan essaye de profiter de la mort de l'empereur de Fez pour s'emparer de ses états, parce que cette tentative lui attirerait une guerre qui ferait une diversion fâcheuse à celle qu'il a sur les bras. Le roi d'Espagne presse les négociations de la paix avec l'Angleterre; il pousse vivement le siége d'Ostende, et paraît être sur le point de s'emparer de cette place. Malgré cette perte, les Pays-Bas seront encore en état de se défendre longtemps. Cop. — Ms. de M. Monmerqué.
1ᵉʳ mai.	Fontainebleau.	Au cardinal de Givry.	Envoi des lettres du Roi, que le cardinal, partant pour Rome, doit remettre directement au Pape, à ses neveux et aux autres cardinaux, en leur donnant des nouvelles de la bonne santé de S. M. et de sa famille. Les points sur lesquels il doit attirer l'attention du Pape sont : le dévouement du Roi au Saint-Siége, ses efforts pour ramener

DATES.	LIEUX DE LA DATE.	ADRESSES DES LETTRES.	SUJETS DES LETTRES ET SOURCES.
			les hérétiques, pour remplir les évêchés de sujets pieux et capables, et rendre tous les bénéfices aux catholiques ; le rétablissement des Jésuites, dont les villes demandent à l'envi d'avoir des colléges ; le chagrin que ce retour cause aux ennemis de la religion ; du reste la concorde à l'intérieur obtenue ainsi que la paix avec l'étranger. Mais l'impôt de 30 p. 0/0 prélevé par l'Espagne sur toutes les transactions du commerce français est une exaction intolérable, et qui a obligé à interdire absolument le trafic avec les Espagnols. Leurs mauvais procédés vis-à-vis des ligues grises ont aussi forcé à soutenir celles-ci contre le gouverneur de Milan. Ces deux causes de désunion, et les tentatives continuelles de corruption sur les sujets français, peuvent, d'un instant à l'autre, ramener la guerre. Le Roi fait le Pape juge d'une telle conduite, qui compromet le repos de la chrétienté. Le cardinal de Givry s'entendra avec l'ambassadeur pour représenter ces choses au Pape et pour ce qu'ils auront à dire aux principaux cardinaux. Cop. — Biblioth. de Metz.
1604. 1er mai.	Fontainebleau.	A M. de Rosny.	Le bail de la ferme du sel pour les pays de Bresse, Bugey, Valromey et Gex étant à renouveler pour huit ans, les entrepreneurs des manufactures de Paris, qui offrent les mêmes conditions que le dernier fermier, Jean Houpil, devront lui être préférés, ainsi qu'à Paulet et Longuet, à moins d'offres supérieures faites par ceux-ci ou autres, qui seraient tenus de payer en huit ans aux entrepreneurs des manufactures la somme de 60,000 écus, que le Roi leur a promise en ce cas. Imprimé. — Œconomies royales, t. II, ch. 40.
10 mai.	Ibidem.	Au Parlement de Normandie.	Envoi de lettres-patentes portées par un huissier au conseil, pour la conservation des droits du Roi sur l'office de Jean de Cassaignes, conseiller-clerc au parlement de Normandie, décédé avant l'expiration des quarante jours de la date des lettres de provision qu'il avait obtenues pour la résignation de sa charge. Orig. — Inséré aux regist. secr. orig. du parlement de Normandie, vol. du 12 novembre 1603 au 3 septembre 1604.—Arch. de la cour d'appel de Rouen.
11 mai.	Ibidem.	A M. de Brèves.	Recommandation de ne point cesser les remontrances auprès du Sultan et de ses ministres. Ce prince a renoncé à se rendre en personne dans la Hongrie ; le Roi a peu de confiance dans la manière dont il conduira ses affaires. Tous ses voisins, et particulièrement les Vénitiens, se tiennent prêts pour profiter de la ruine de son empire. Le connétable de Castille est sur le point de passer en Angleterre. Ostende continue à se défendre contre les Espagnols ; le

NON IMPRIMÉES DANS CE VOLUME. 685

DATES.	LIEUX DE LA DATE.	ADRESSES DES LETTRES.	SUJETS DES LETTRES ET SOURCES.
1604. 17 mai.	Fontainebleau.	A la ville de Metz.	prince Maurice est en campagne pour secourir cette ville. Cop. — Biblioth. de M. Monmerqué. Pour les exhorter à terminer le différend qui existe entre eux et le duc de Lorraine. Orig. — Arch. municipales de Metz.
18 mai.	Ibidem.	Au Parlement de Paris.	Pour qu'il procède immédiatement à l'enregistrement des lettres patentes portant création de commissaires pour la conduite des prisonniers : offices dont la finance doit être appliquée à des dépenses pressées. Cop. — Arch. nat. Sect. judiciaire. Reg. du Parlem. Conseil, vol. 337, fol. 425 verso.
23 mai.	....	A M. de Beaumont.	L'Angleterre doit se prévaloir, pour obtenir une paix avantageuse, de l'extrême désir que les Espagnols ont de traiter avec elle. Le roi d'Angleterre agit sagement en méprisant la vanité des Espagnols, qui emploient toutes sortes de subterfuges pour masquer la nécessité où ils sont de faire la paix. Le but de tous leurs efforts est de recouvrer les provinces des Pays-Bas, et ils ont recours à tous les artifices pour porter le roi d'Angleterre à les abandonner. S'il en était ainsi, la France ne pourrait faire autrement que de prendre leur défense, ce qui amènerait la guerre, sur laquelle les Espagnols comptent pour arriver à la domination de toute l'Europe. Pour le moment, ils sont réduits aux dernières nécessités à cause de tous les sacrifices qu'ils ont été obligés de faire pour soutenir une aussi longue guerre ; mais ils espèrent se relever au moyen d'une trêve ; l'Angleterre doit se garder de la faire, et exiger un traité définitif qui règle d'une façon convenable les intérêts des Provinces-Unies. Quant aux avantages commerciaux que les Espagnols font aux Anglais, il faut faire entrevoir au roi d'Angleterre que la France serait obligée d'élever les droits pour toutes les importations anglaises, afin de ne pas favoriser les marchés espagnols, et que, par ce moyen, le commerce entre l'Angleterre et la France deviendrait impossible. Si la paix se fait, il est probable que l'Espagne réclamera la prééminence de son ambassadeur sur celui de France ; mais le Roi est bien décidé à ne pas céder sur ce point. Cop. — B. N. Fonds Brienne, Ms. 40, fol. 136.
27 mai.	Fontainebleau.	A M. de Brèves.	Le bruit s'est répandu qu'un Anglais a brûlé la flotte turque destinée à faire voile pour Alger. Si cette nouvelle est fondée, le Sultan gardera moins de ménagement avec les corsaires anglais qui pillent les navires français, et peut-être obligera-t-il les vaisseaux anglais à se remettre, comme autrefois, sous la bannière de la France, ce dont le Roi serait fort aise. Les Vénitiens

DATES.	LIEUX DE LA DATE.	ADRESSES DES LETTRES.	SUJETS DES LETTRES ET SOURCES.
1604. 28 mai.	Fontainebleau.	Au landgrave de Hesse.	se préparent à profiter des changements qu'amènerait à la Porte la mort du Sultan. Le roi d'Espagne veut faire une descente en Albanie, avec les galères du royaume de Naples. Il est probable qu'il sera obligé de renoncer à son expédition d'Alger, à cause des revers qu'il vient d'éprouver en Flandre. Cop. — Ms. de M. Monmerqué. Retard apporté au voyage projeté par le Roi en Provence et en Nivernais. Suite de la négociation des Espagnols avec l'Angleterre. Guerre soutenue avec les Pays-Bas. Maladie du Sultan ; désir qu'il aurait de finir la guerre avec l'Empereur. Intercession de l'électeur palatin en faveur du duc de Bouillon. Recommandation du Roi en faveur du comte d'Ostfrise. Interruption du commerce avec les Espagnols parce qu'ils ont assujetti les Français à payer 30 p. 0/0 sur les *marchandises exportées dans les pays de leur domination.* Orig. — Arch. grand-ducales de Hesse-Cassel. — Imprimé. *Correspondance de Henri IV avec Maurice le Savant,* p. 181.
9 juin.	. . . .	A M. de Beaumont.	Le roi d'Angleterre se trompe s'il se figure qu'il pourra servir les intérêts des Provinces-Unies tout en traitant avec l'Espagne. S'il était possible que les Espagnols fissent un traité contraire aux espérances qu'ils ont conçues sur ces provinces, ce traité ne serait point exécuté par eux. Ordre à M. de Beaumont de ne rien négliger pour faire échouer la négociation ou, du moins, pour empêcher tout ce qui serait préjudiciable à la France. Le Roi désire que le roi d'Angleterre continue à secourir les États de l'argent qui lui est dû par la France, qu'il soit permis aux Provinces-Unies de lever des troupes en Angleterre, et enfin que le roi d'Angleterre ne compose, à leur préjudice, des villes otagères et du commerce. A ces conditions, le traité projeté avec l'Espagne serait tolérable. Du reste il vaut mieux que le roi d'Angleterre fasse ce traité plus tôt que plus tard et au moment où les États ont le dessus, parce qu'ils sentiront moins les désavantages qui en résulteront. Le Roi est d'avis que les États envoient une députation au roi d'Angleterre, pour lui représenter combien il leur serait préjudiciable d'être abandonnés de lui. — S. M. a fait arrêter un Anglais nommé Thomas Morgan, qui faisait des menées préjudiciables à la France. — Jacques Ier a fait renvoyer au nonce, à Paris, sans permettre qu'elle fût ouverte ni fouillée, une caisse contenant des présents de dévotion, apportée d'Italie pour être offerte à la Reine par Standen. Cop. — B. N. Fonds Brienne, Ms. 40, fol. 275 verso.

DATES.	LIEUX DE LA DATE.	ADRESSES DES LETTRES.	SUJETS DES LETTRES ET SOURCES.
1604. 13 juin.	Saint-Germain.	Au Parlement de Paris.	Injonction de vérifier l'édit sur le rétablissement des quatre offices de commissaire au Châtelet. Après avoir entendu les remontrances du Parlement, S. M. va lui envoyer, par M. de Maisse, ses lettres de jussion à cet effet. Cop. — Arch. nationales. Reg. auth. du Parlement de Paris, Conseil, vol. 337, fol. 276.
27 juin.	....	A M. de Beaumont.	Le Roi pense, comme M. de Beaumont, que le traité entre l'Espagne et l'Angleterre ne doit pas tarder à être conclu; qu'il doit s'attendre au pis, en prendre son parti et préparer tout en conséquence, particulièrement pour ce qui est du commerce, si les Espagnols font aux Anglais les avantages qu'ils ont promis de leur faire. Le roi d'Angleterre paraît avoir été fâché de ce que les États des Pays-Bas ont retiré les gens d'armes anglais qui occupaient les places de la Zélande, afin de s'en servir au siége de l'Écluse ; il semble penser qu'on a voulu enlever la disposition de ces places aux Anglais. Il faut ménager les Écossais et se faire des partisans parmi les Anglais qui se montrent contraires aux intérêts de l'Espagne ; on pourra tirer parti de ces intelligences après la conclusion du traité, pour profiter des occasions qui se présenteront et que ne manqueront pas de faire naître l'insolence et la mauvaise foi des Espagnols.... (Nous avons imprimé la fin de cette lettre, page 561.) Cop. — B. N. fonds Brienne, n° 40, fol. 215 verso.
3 juillet.	....	Au même.	Le mois ne se passera sans doute pas sans que le traité avec l'Espagne et l'Angleterre ne soit conclu. Le connétable de Castille va se rendre à Londres pour terminer les négociations. Il ne manquera pas d'exciter Jacques Ier contre la France, en lui promettant surtout de favoriser le commerce anglais dans les Pays-Bas. Par suite de l'impôt espagnol de 30 p. 0/0 et de la défense faite aussitôt aux sujets français de trafiquer dans les Pays-Bas, le Pape a commencé à s'entremettre entre les rois de France et d'Espagne, à la demande de l'un et de l'autre. S. M. ne peut donc rechercher une autre médiation. Mais si le roi d'Angleterre se montre disposé, de lui-même, à offrir la sienne, il faudra l'accueillir, tout en prenant garde que ce ne lui soit un moyen de nuire à la France. Le Roi ne demande, en fait de règlement de commerce, qu'une entière réciprocité. — Les Hollandais viennent de lui donner avis que, s'il consentait à s'unir à l'Angleterre pour envahir les Pays-Bas et se les partager, le traité avec l'Espagne serait rompu. Mais S. M. a trop mauvaise opinion du courage du roi Jacques et de la foi de ses conseillers pour entendre à une telle proposition. Il faut laisser venir les Anglais, et

DATES.	LIEUX DE LA DATE.	ADRESSES DES LETTRES.	SUJETS DES LETTRES ET SOURCES.
1604. 3 juillet.	....	A M. de Beaumont.	voir si leur ambassadeur fera directement cette ouverture. Sur quoi M. de Beaumont aura à sonder adroitement l'intention de Jacques.—Le complot de l'Anglais Morgan a été formé à l'instigation et avec l'or des Espagnols. Sa culpabilité, comme complice des crimes de lèse-majesté du comte d'Auvergne et du comte d'Entragues, est déjà assez reconnue pour que l'ambassadeur d'Angleterre, qui avait voulu le prendre sous sa protection, l'ait abandonné. Le Roi a fait remettre entre les mains de cet ambassadeur un Anglais qui traversait la France pour se rendre en Espagne, avec des lettres d'autres Anglais demeurant en Flandre, ennemis de leur souverain. Cop. B. N. Fonds Brienne, Ms. 40, fol. 217. Le Roi est satisfait du traité de l'Angleterre avec l'Espagne qui lui a été communiqué; mais ce traité est trop défavorable à l'Espagne pour qu'il puisse durer longtemps. Quant au différend entre la France et l'Espagne, puisque c'est Jacques Ier qui offre de lui-même sa médiation, le Roi l'accepte, mais non pour un accord qui serait préjudiciable aux états des Pays-Bas. Sur le reste, plus les Espagnols feront de difficultés pour entrer en accommodement, plus l'ambassadeur devra se montrer facile, afin de prouver clairement au roi d'Angleterre leur peu de bonne foi. Cela devra être traité par les conseillers anglais, M. de Beaumont devant éviter de se trouver avec les commissaires espagnols, pour ne point s'exposer à faire contester le droit de prééminence de la France. Cop. — B. N. Fonds Brienne, Ms. 40, fol 224 verso.
19 juillet.	Monceaux.	A M. de Brèves.	On prétend généralement que le Sultan va faire la paix avec l'Empereur. Alarme des Vénitiens à cet égard; ils craignent que ce dernier prince, débarrassé des Turcs, ne cherche à les inquiéter au sujet des limites de leurs pays. Le baron de Salignac est prêt à partir pour Constantinople. Indignation du Roi à propos de l'insulte faite à la France par l'attaque du bastion français construit à Alger; ce bastion a été dévasté et démoli en partie. S. M. demande à le faire relever, à être indemnisée par la Porte pour les dégâts qui y ont été commis et pour tous les objets qui ont été volés. Cop. — Ms. de M. Monmerqué.
22 juillet.	Ibidem.	Aux treize cantons.	Par le retour des trois députés que les cantons avaient envoyés au Roi, S. M. leur promet de donner de l'avancement aux capitaines et colonels qui ont servi la France dans les dernières guerres. Orig. — Arch. du canton de Zurich.
24 juillet.	....	A M. de Beaumont.	La nouvelle de la conclusion du traité entre l'Angleterre et l'Espagne est arrivée en

NON IMPRIMÉES DANS CE VOLUME. 689

DATES.	LIEUX DE LA DATE.	ADRESSES DES LETTRES.	SUJETS DES LETTRES ET SOURCES.
			même temps que celle du renouvellement des édits de la reine Élisabeth contre les catholiques. Malgré toutes les assurances du roi Jacques, il faut peu compter sur lui. Telles circonstances pourraient se présenter où il abandonnerait la cause des États, pour embrasser entièrement celle des Espagnols. M. de Beaumont aura soin de gagner des Écossais et d'entretenir les bonnes dispositions de lord Cecil. Envoi de pleins pouvoirs pour un traité de commerce, en partant de la suppression des 30 p. 0/0 d'une part, et de la levée de l'interdiction, de l'autre. Si les Espagnols profitaient de cette occasion pour aborder la question de l'abandon des États des Provinces-Unies, M. de Beaumont se refuserait à toute ouverture sur ce sujet, en renvoyant le négociateur directement au Roi. Les intérêts des archiducs devront être séparés de ceux de l'Espagne dans ce traité. B. N. — Fonds Brienne, Ms. 40, fol. 257.
1604. 4 août.	Fontainebleau.	A M. de Brèves.	Remercîment du renouvellement des capitulations, particulièrement sur ce qui concerne la sûreté du saint sépulcre et le désaveu des corsaires d'Alger. Le projet qu'a M. de Brèves de visiter les saints lieux, à son retour en France, reçoit l'approbation de S. M. Nouvelles plaintes au sujet du bastion français à Alger (dont il est déjà question dans la lettre du 19 juillet). L'ambassadeur devra déclarer au sultan l'intention du Roi d'obtenir une réparation complète par tous les moyens possibles. Le baron de Salignac, qui doit prochainement partir pour Constantinople, sera porteur d'instructions très-pressantes à ce sujet et sur l'exécution des récentes capitulations. Le roi d'Espagne cherche à se débarrasser de tous ses démêlés avec les princes chrétiens pour tourner toutes ses forces contre les Turcs; mais la puissance de la France l'en empêche, comme le démontrera l'ambassadeur. Les Hollandais continuent avec succès leur guerre contre l'Espagne. Cop. — Ms. de M. Monmerqué.
6 août.	....	A M. de Beaumont.	Grands remercîments à adresser au roi d'Angleterre et à lord Cecil, pour avoir donné communication au Roi et à M. de Beaumont du traité avec l'Espagne, et pour sa fidélité à ne pas se séparer de la France sur la question des Pays-Bas. Félicitations du bien que cette paix doit apporter à tous. Désir de cimenter de plus en plus cette bonne intelligence. Toutefois il ne faut pas oublier que c'est pour arriver à soumettre les Provinces-Unies que les Espagnols ont d'abord fait la paix avec la France, puis avec l'Angleterre. S'ils ne réussissent pas plus avec celle-ci qu'avec celle-là, ils y fomenteront les mêmes troubles. La situation des États devient de plus en plus cri-

DATES.	LIEUX DE LA DATE.	ADRESSES DES LETTRES.	SUJETS DES LETTRES ET SOURCES.
1604. 10 août.	Fontainebleau	Au landgrave de Hesse.	tique. Il est nécessaire que le roi d'Angleterre prévoie le cas où son alliance avec l'Espagne entraînerait la chute des Provinces-Unies. Henri IV, plus âgé que Jacques Ier, se croit en position d'appeler son attention sur ces dangers, non par désir de la guerre, mais pour bien s'entendre ensemble sur les moyens de maintenir une paix honorable, où leurs alliés les plus naturels ne soient point sacrifiés. Il eût été plus convenable que le roi d'Angleterre ne conclût le traité avec l'Espagne qu'après avoir été le médiateur entre cette puissance et la France au sujet du commerce. Le Roi est toujours disposé aux mêmes concessions pour mettre fin à ce différend. La mauvaise récolte faite en Espagne contraindra les Espagnols à venir s'approvisionner de blé dans les ports français. Départ du connétable de Castille pour l'Angleterre; il se vante de rendre par ce voyage un signalé service au catholicisme. Cop. — B. N. Fonds Brienne, Ms. 40, fol. 286. Le Roi ne veut pas que sa recommandation en faveur du comte d'Ost-Frise détermine le landgrave à le traiter autrement qu'il ne mérite. Paix conclue entre l'Espagne et l'Angleterre. S. M. ne pense pas qu'elle tourne au profit de Jacques Ier. Impossibilité de céder à l'intercession du landgrave en faveur du duc de Bouillon. Orig. — Arch. grand-ducales de Hesse-Cassel. — Imprimé. — Correspondance de Henri IV avec Maurice le Savant, p. 192.
13 août.	Ibidem.	A M. de Rosny.	Ordre de fournir des fonds pour remplacer des non-valeurs qui existent dans les assignations destinées au payement des Suisses. Imprimé. — OEconomies royales, t. II, ch. 44.
17 août.	Ibidem.	Au grand-duc de Toscane.	Pour accréditer Malavielle, chargé d'une mission confidentielle auprès du grand-duc, à qui il remettra cette lettre. Orig. — Arch. des Médicis, à Florence. Légation française, liasse 3.
18 août.	Ibidem.	Au prévôt des marchands et aux échevins de la ville de Paris.	Le prévôt des marchands et les échevins nouvellement élus viennent de prêter serment au Roi, qui approuve fort cette élection et en félicite le prévôt et les échevins encore en charge. Cop. — Arch. nat. Sect. administ. Série H, 1793, fol. 472 verso. Transcription authent. des registres de l'hôtel de ville de Paris.
19 août.	Ibidem.	A M. de Beaumont.	Instruction sur le projet d'un traité de commerce avec l'Espagne. Le Roi s'engagera à réprimer les abus qu'on reproche à ses sujets dans le commerce avec les Pays-Bas. Les Hollandais et les Zélandais ne devront point être admis au bénéfice de ce traité. Par quelles raisons. Mais il ne sera point interdit aux marchands français de trafiquer avec la Hollande et la Zélande, comme il ne doit pas leur être enjoint de

NON IMPRIMÉES DANS CE VOLUME. 691

DATES.	LIEUX DE LA DATE.	ADRESSES DES LETTRES.	SUJETS DES LETTRES ET SOURCES.
1604. 19 août.	Fontainebleau.	A M. de Rosny.	porter leurs marchandises dans les ports qui sont sous l'obéissance des archiducs. — Divers détails d'exécution. Cop. — B. N. Fonds Brienne, Ms. 40, fol. 113. Pour le prier d'accorder, comme grand voyer de France, sa lieutenance en Guienne à M. de Biçose, qu'il connaît et que le Roi lui recommande, le parlement ayant vérifié la déclaration de S. M. qui donne à M. de Rosny le pouvoir de déléguer des lieutenants dans cette charge. Imprimé. — Œconomies royales, t. II, ch. 44.
23 août.	Ibidem.	Au même.	La Varenne chargé d'aller trouver Rosny, pour prendre ses ordres sur les affaires du duc de Nemours. Ibid.
Idem.	Ibidem.	A M. de la Forteresse.	Ses bons et fidèles services bien connus du Roi, qui charge le président de Saint-Julien de lui en exprimer toute sa satisfaction. Orig. — Arch. de Mme la marquise de la Porte, née de Maralen.
27 août.	Ibidem.	A M. de Rosny.	Le Roi a fait expédier des lettres de commission à MM. d'Aubigny et de la Grange Courtin, pour informer des malversations commises en Normandie au fait des finances. Ordre à Rosny de veiller à ce que *les gens des comptes* de Rouen leur communiquent les comptes et papiers dont ils auront besoin, et ne mettent aucun empêchement à l'accomplissement de leur mission. Imprimé. — Œconomies royales, t. II, ch. 44.
29 août.	Ibidem.	Au même	Pour savoir si S. M. peut, sans inconvénient, faire don à la Reine de quelques sommes indûment levées en Quercy et en Rouergue. Ibid.
Idem.	Ibidem.	Au même.	Pour faire payer au courrier Baptiste Manchin 900 écus qui lui sont dus pour ses voyages à Rome, notamment lorsqu'il apporta au Roi la nouvelle de son absolution. Ibid. chap. 32.
11 septembre.	Ibidem.	Au connétable.	Délégation pour remettre le collier de Saint-Michel à M. de Montmartin, récemment élu en l'assemblée de l'ordre. Orig. — B. N. Fonds Béthune, Ms. 9073, fol. 59.
23 septembre.	....	A M. de Beaumont.	Le connétable de Castille a rompu *avec autant d'indiscrétion que de malice* les négociations relatives au traité de commerce. Recommandation de ne plus faire de proposition à ce sujet sans quelque nouvelle ouverture de l'ambassadeur d'Espagne. Le Roi n'accuse pas M. de Beaumont du mauvais succès de ces négociations, mais la malice des Espagnols et la froideur que les conseillers anglais ont mise à le seconder. Cela contraindra S. M. à faire des règlements très-rigoureux pour protéger le commerce de ses sujets. Du reste la rédac-

87.

DATES.	LIEUX DE LA DATE.	ADRESSES DES LETTRES.	SUJETS DES LETTRES ET SOURCES.
1604. 26 septembre.	....	A M. de Beaumont.	tion de ce traité, telle que l'avait dressée M. de Beaumont, est approuvée par le Roi, sauf un article sur Calais, où il accordait aux Espagnols plus qu'ils n'avaient demandé. Autres détails à ce sujet. — Il est possible que le connétable de Castille, repassant en France, veuille négocier l'affaire avec le Roi lui-même; mais S. M. préférerait que le traité fût conclu en Angleterre, à cause de la participation qu'y a eue jusqu'ici Jacques Ier. Bruits répandus à Rome sur une prétendue renonciation des Anglais au commerce des Indes et sur leur promesse d'accorder aux catholiques la liberté de conscience, moyennant une somme payée par l'Espagne. Cop. — B. N. Fonds Brienne, Ms. 40, fol. 351. Approbation des modifications apportées par M. de Beaumont à la rédaction du traité de commerce, qu'il a commencé par traduire mot à mot du texte latin rapporté par l'ambassadeur d'Espagne. Sur quelques formalités provenant de ces modifications, dont ils font encore des difficultés, les Espagnols proposent l'intermédiaire du cardinal Bufalo, nonce à Paris. Le Roi a répondu que le traité étant entre les mains des conseillers du roi d'Angleterre, il ne pourrait le retirer sans blesser Jacques Ier. Toutefois il faut en finir : si l'on s'obstine à ne pas vouloir conclure en Angleterre, M. de Beaumont fera agréer aux conseillers du roi Jacques qu'il soit terminé en France. Cop. — B. N. Fonds Brienne, Ms. 40, fol. 857.
30 septembre.	Paris.	A M. de Fresnes-Canaye.	Mécontentement du Roi pour la manière dont le gouvernement de Venise se comporte à son égard. Les Espagnols, se confiant dans le traité qu'ils ont fait avec le roi d'Angleterre, espèrent que ce roi abandonnera les Provinces-Unies, mais leur confiance est mal fondée à cet égard : leurs menaces et leurs vanteries resteront sans résultat. Il faut ajouter peu de foi à ce qu'a dit le résident de Toscane à Venise; le cardinal Aldobrandin n'est pas si espagnol que ce résident veut bien le dire; celui-ci n'a d'autre but que de dissimuler la timidité de la conduite de son maître à l'égard de l'Espagne. Avis du traité de commerce conclu avec le roi d'Espagne et les archiducs. Orig. — Arch. de M. de Conhé-Lusignan.
Idem.	Ibidem.	A M. de Brèves.	Le Roi savait déjà, par la Hongrie, la mort d'Ali-Bassa et la nomination de Méhémet pour le remplacer. Les circonstances de ce choix en font mal augurer. Le baron de Salignac, parti déjà pour Constantinople, y arrivera à peu près en même temps que cette lettre. Annonce de la paix entre l'Espagne et l'Angleterre. Reddition d'Ostende après un siége de trois ans et trois mois, soutenu contre toutes les forces d'Espagne et de Flandre, sans secours étrangers. C'est après trois mois de siége que les Pro-

DATES.	LIEUX DE LA DATE.	ADRESSES DES LETTRES.	SUJETS DES LETTRES ET SOURCES.
1604. 17 octobre.	Fontainebleau.	A M. de Rosny.	vinces-Unies s'étaient emparées du fort de l'Écluse. Nouvelles du traité de commerce auquel on travaille en Angleterre. Cop. — Ms. de M. Monmerqué. Même sujet et presque dans les mêmes termes que la lettre du même jour, imprimée ci-dessus, p. 408. Imprimé. — *Œconomies royales*, t. II, ch. 46.
24 octobre.	....	A M. de Beaumont.	Les Espagnols ayant proposé la médiation du cardinal Bufalo, nonce du Pape, pour terminer le traité relatif au commerce, et ce cardinal étant sur le point de retourner à Rome, le Roi a craint de manquer l'occasion de terminer cette affaire, et, malgré les raisons qu'il avait pour que le traité fût passé en Angleterre, il a jugé nécessaire de le conclure en France. Ce traité a été fait d'après le projet déposé par M. de Beaumont entre les mains des conseillers anglais. Il n'a été ajouté qu'un seul article, qui fait mention en termes généraux des daces de Calais. Les préliminaires du traité en font honneur au roi Jacques, qui en a été le principal moteur; celui-ci ne devra point trouver mauvais que la conclusion de ce traité ait eu lieu en France; la nécessité a contraint de prendre ce parti; c'est ce que M. de Beaumont fera entendre au roi d'Angleterre, à ses conseillers et particulièrement à lord Cecil. Il devra tâcher de pénétrer les intentions de Jacques Iᵉʳ sur la conduite qu'il a le projet de tenir avec les États, et si son but n'est point de leur faire faire la paix avec l'Espagne. Son traité avec cette puissance ne le dispense point de les assister, ainsi qu'il avait été convenu par les articles arrêtés avec M. de Rosny. Les Espagnols répandent le bruit que Jacques Iᵉʳ est dans l'intention de déclarer la guerre aux Provinces-Unies. Celles-ci doivent lui envoyer des députés. M. d'Aubigny, gouverneur de Maillezais, est passé en Angleterre, à l'instigation des protestants français, pour tramer quelque chose contre le Roi. Recommandation faite à M. de Beaumont de surveiller ses menées et d'en donner avis. Est-il vrai que le roi d'Angleterre ait renforcé la garnison de Flessingue? Cop. — B. N. Fonds Béthune, Ms. 40, fol. 368.
9 novembre.	*Ibidem*.	A la ville de Metz.	Le Roi est disposé à protéger les petits-fils du sieur de Longues, qui lui sont recommandés par le corps de ville. Mais les titres qu'ils ont produits ne paraissant pas suffisants, il faut rechercher ceux qui constatent la juridiction de l'état messin sur ce domaine. Le sieur Joly, procureur du Roi à Metz, est chargé de cette recherche. Orig. — Arch. municipales de Metz.
11 novembre.	*Ibidem*.	A la ville de Corbeil.	Le maréchal de Brissac a l'ordre de remettre M. de Villeroy et M. d'Alincourt en possession de leur gouvernement de Corbeil. (Cette ville était restée dix ans au pouvoir

DATES.	LIEUX DE LA DATE.	ADRESSES DES LETTRES.	SUJETS DES LETTRES ET SOURCES.
1604. 13 novembre.	....	A M. de Beaumont.	de Brissac, à qui le Roi y avait accordé un péage dont la perception privait M. de Villeroy et son fils de leur gouvernement.) Orig. — Arch. municipales de Corbeil. Comme il est peu probable que Jacques Ier seconde le Roi dans son dessein de secourir les États des Provinces-Unies, S. M. est bien résolue à ne s'en reposer pour cela que sur elle-même. Tentatives du connétable de Castille pour l'en dissuader, en lui montrant la perspective du mariage du Dauphin avec l'Infante, apportant les Pays-Bas en dot. C'est une amorce employée déjà en Angleterre. Le Roi ne s'y est point laissé prendre. Complications des intérêts de chaque puissance. Situation des Provinces-Unies; retard dans l'envoi de leur députation en Angleterre. M. de Beaumont cherchera à les en excuser. Instruction très-développée sur tous ces points. L'ambassadeur ménagera beaucoup lord Cecil. Il cherchera à gagner des Écossais, sans pourtant prétendre à lutter avec les Espagnols en magnificence de libéralités. — Avis du prochain envoi de l'argent nécessaire à la solde de la compagnie des gendarmes écossais. Chercher à s'informer quels sont ceux des protestants français qui ont conféré avec l'ambassadeur d'Angleterre touchant la restitution de leurs places de sûreté, conférence dont le roi Jacques a été informé; et surveiller les manœuvres qui peuvent se faire au nom du duc de Bouillon. Avis de l'arrestation du comte d'Auvergne. Cop. — N. B. Fonds Brienne, Ms. 40, fol. 413 verso.
5 décembre.	....	Au même.	Plaintes de la préséance donnée à l'ambassadeur espagnol sur l'ambassadeur français à Londres. Crédit dont les Espagnols se vantent à la cour d'Angleterre. Projet de Jacques Ier de réunir l'Écosse à l'Angleterre. Si ce projet s'exécute, il est utile que les Écossais ne se laissent point dépouiller des priviléges qui leur ont été accordés par les rois de France. M. de Beaumont enverra au Roi une liste des Écossais qui méritent le mieux une gratification. Si les Écossais renonçaient à l'alliance de la France et aux priviléges qu'elle leur a accordés, le Roi ne conserverait pas la compagnie de gens d'armes écossais, non plus que la garde écossaise qui sert auprès de sa personne. Cop. — D. N. Fonds Brienne, M. 41, fol. 25 verso.
8 décembre.	Paris.	A M. de Fresnes-Canaye.	Besoin qu'ont les Grisons de l'assistance des Vénitiens, des Suisses et des Français pour pouvoir résister au comte de Fuentès, gouverneur de Milan. Si la seigneurie de Venise contribue aux frais nécessaires pour soutenir les Grisons, le Roi sera très-satisfait de les soutenir de son côté, sinon, il se retirera et laissera les Grisons se démêler avec l'Espagne comme ils pourront. M. de Fresnes pressera la seigneurie de ne pas les abandonner. Le Roi a un très-grand intérêt

NON IMPRIMÉES DANS CE VOLUME. 695

DATES.	LIEUX DE LA DATE.	ADRESSES DES LETTRES.	SUJETS DES LETTRES ET SOURCES.
1604. 19 décembre.	Paris.	Aux treize cantons.	à leur conservation, prévoyant qu'il ne pourra pas éviter longtemps la guerre avec l'Espagne, pour ne pas laisser succomber les Provinces-Unies. Cependant M. de Fresnes rassurera à cet égard l'ambassadeur espagnol à Venise. Nouvelles tracasseries du duc de Savoie, qui soumet à des exactions les vaisseaux français passant près de Villefranche. Orig. — Arch. de M. de Couhé-Lusignan. M. de Caumartin, envoyé ambassadeur en Suisse, porte aux cantons la réponse du Roi à leur dernière lettre, avec l'assurance de sa bonne volonté. Orig. — Arch. de la ville de Zurich.
20 décembre.	Ibidem.	Au canton de Berne.	M. de Caumartin, ambassadeur en Suisse, chargé d'assurer le canton de la continuation de l'amitié du Roi, et d'entretenir les bonnes relations entre eux. Orig. — Arch. du canton de Berne.
Idem.	Ibidem.	Au canton de Zurich.	Même sujet. Orig. — Arch. du canton de Zurich.
22 décembre.	....	A M. de Beaumont.	Continuation des instances à faire auprès du roi d'Angleterre pour qu'il n'abandonne pas les Provinces-Unies. Considérations analogues à celles des lettres précédentes au même ambassadeur. On instruit le procès du comte d'Auvergne et de M. d'Entragues. M. de Beaumont est chargé de prendre à ce sujet quelques informations en Angleterre. — Armement considérable du roi de Danemarck, à ce qu'on croit, contre la Suède. L'ambassadeur cherchera à s'en éclaircir. Cop. — B. N. Fonds Béthune, Ms. 41, fol. 44.
Idem.	Paris.	A M. de Fresnes-Canaye.	Instructions, en termes convenus, sur les missions de quelques agents secrets. Continuation des desseins et des actes hostiles du duc de Savoie. Le Roi lui fera payer cher ses exactions contre les marchands français qui, passant au large sans toucher à Villefranche, n'ont rien à lui payer pour les droits qu'il prétend percevoir dans ce port. — Le roi d'Angleterre permettant à l'ambassadeur de Venise à Londres de faire dire la messe dans son hôtel, le gouvernement vénitien doit la réciproque à l'ambassadeur anglais à Venise. — L'Écossais Lindatre, pensionnaire d'Espagne, va à Rome. Il pourrait bien avoir reçu quelques instructions de la reine d'Angleterre pour des relations avec le Pape. — Le duc Charles de Suède vient de prendre le titre de roi; ce qui rendra sans effet la médiation que le roi de Pologne avait demandée à Henri IV pour son différend avec ce prince. Orig. — Arch. de M. de Couhé-Lusignan.
27 décembre.	Ibidem.	Au landgrave de Hesse.	Conseil de terminer à l'amiable la succession de Hesse-Marbourg. Le Roi insiste pour qu'on s'entende sur celle de Clèves et de Juliers, avant qu'elle vienne à s'ouvrir.

DATES.	LIEUX DE LA DATE.	ADRESSES DES LETTRES.	SUJETS DES LETTRES ET SOURCES.
1605. 9 janvier.	Paris.	A M. de Fresnes-Canaye.	Projet d'une ambassade aux princes d'Allemagne. Le Roi se défend d'avoir voulu attenter contre la ville de Sedan ou contre la personne du duc de Bouillon, comme celui-ci en fait courir le bruit, etc. (Lettre chiffrée en très-grande partie.) Orig. — Arch. grand-ducales de Hesse-Cassel. — Imprimé. — *Correspondance de Henri IV avec Maurice le Savant*, p. 209.
			Entretien du Roi avec l'ambassadeur de Venise sur la forteresse que le comte de Fuentès vient de commencer à construire dans le duché de Milan, et sur la nécessité de s'entendre pour s'opposer énergiquement à l'ambition des Espagnols. Les Vénitiens ne doivent pas attendre. La France peut les seconder maintenant; mais si Henri IV venait à mourir, personne ne serait assez puissant pour résister aux Espagnols, et ils feraient la loi à tout le monde. Orig. — Arch. de M. de Coubé-Lusignan.
13 janvier.	*Ibidem*.	Au même.	Recommandation en faveur de Francisco Veletto di Torino, avec prière de l'admettre dans la milice vénitienne. *Ibidem*.
15 janvier.	*Ibidem*.	Au même.	L'ambassadeur fera tenir au sieur Charles de Rossi une dépêche sur le projet de mariage du duc de Bar avec la princesse de Mantoue, et donnera une autre explication au voyage du porteur de ce paquet. Instances de l'ambassadeur vénitien auprès du Roi, pour que S. M. se plaigne au Pape de la conduite du comte de Fuentès en Italie. Instructions aux agents secrets qu'emploie M. de Fresnes. Arrivée à Paris du duc de Lenox, ambassadeur extraordinaire de Jacques Ier. Plaintes de ce que ce prince recherche plus l'amitié des Espagnols que celle de Henri IV, malgré toutes les protestations contraires. M. de Fresnes devra surveiller de près l'ambassadeur anglais à Venise : il est mal disposé pour la France, et fait croire à son maître que les agents français le desservent auprès du Pape. *Ibidem*.
16 janvier.	....	A M. de Beaumont.	Le roi d'Angleterre, tout en protestant de ses bonnes intentions en faveur des Provinces-Unies, refusant de se conformer aux articles convenus avec M. de Rosny en leur faveur, M. de Beaumont ne devra entendre à aucune proposition d'un nouveau traité. Il faut attendre que l'engouement des Anglais pour l'Espagne soit diminué, en se tenant à leur engagement de ne pas presser le remboursement de ce que leur doit la France tant qu'elle secourra ces provinces, et au consentement qu'ils donnent à ce que le Roi accepte quelques places de sûreté pour les sommes qu'il fournit aux États. Maintenir ces dispositions, qui suffiront seules à rendre les Anglais suspects aux Espagnols. — Prochain retour du duc de Lenox. Cop. — B. N. Fonds Brienne, Ms. 41, fol. 86 verso.

NON IMPRIMÉES DANS CE VOLUME. 697

DATES.	LIEUX DE LA DATE.	ADRESSES DES LETTRES.	SUJETS DES LETTRES ET SOURCES.
1605. 19 janvier.	....	A M. de Beaumont.	En considération du duc de Lenox, le Roi a fait surseoir au prononcé du jugement que le parlement était sur le point de rendre contre le comte d'Auvergne, le sieur d'Entragues, Morgan et la marquise de Verneuil. — Les États des Provinces-Unies, informés du bon accord du roi d'Angleterre avec l'Espagne, ont différé leur députation. Lorsqu'elle arrivera à Londres, M. de Beaumont s'abstiendra de toute intervention ostensible; mais il les assistera, sous main, de son mieux. Que les États renoncent à obtenir pour leur envoyé le titre d'ambassadeur. Cela, suffisamment constaté, en satisfaisant la vanité espagnole, permet à Jacques Ier d'aider en secret les États d'une manière plus efficace. — Projets du roi de Danemarck contre la Suède. Ce n'est pas le moment de dissuader le roi d'Angleterre de soutenir ce prince (son beau-frère), même dans ses prétentions à l'empire. L'ambassadeur doit, au contraire, exciter ces prétentions en laissant craindre la rivalité de Henri IV lui-même, comme pouvant être favorisée par le mécontentement qu'inspire en Allemagne la maison d'Autriche. Elle peut ainsi être ébranlée par les efforts des Anglais joints aux Danois, qui ne sauraient réussir dans cette entreprise. — Le duc de Lenox a confirmé au Roi le mauvais vouloir de la reine d'Angleterre envers M. de Beaumont. Celui-ci pourra attribuer à cette animosité particulière certains manques d'égards, comme de n'avoir pas été invité à un ballet. Il faut viser à des résultats plus solides. — Persister donc à encourager Jacques Ier dans la protection secrète qu'il continue à accorder aux États, comme le Roi l'a su par Arsens. S. M. permet à M. de Beaumont de revenir la servir en France, mais son retour ne devra s'effectuer qu'à l'automne. Cop. — B. N. Fonds Brienne, Ms. 41, fol. 112.
21 janvier.	Paris.	A M. Miron.	Ordre d'envoyer à M. de Rosny tous les comptes des rentes constituées sur l'hôtel de ville de Paris, qui y ont été relevés pardevant le prévôt des marchands et les échevins, depuis le 1er janvier 1595 jusqu'à 1605. Cop. — Arch. nationales, sect. administr. Série H 1793, fol. 541 verso. (Transcription auth. des reg. de l'hôtel de ville de Paris.)
24 janvier.	Ibidem.	Au grand-duc de Toscane.	Le Roi, retenant auprès de lui Marc-Antoine Blanc, consul de France à Livourne, a fait remplir la charge, en son absence, par son fils François Blanc, que S. M. prie le grand-duc de faire reconnaître en cette qualité. Orig. — Arch. des Médicis, légation franç. liasse 3.
25 janvier.	Ibidem.	Au cardinal de Joyeuse, protecteur des affaires de France en cour de Rome.	S'assurer des dispositions du cardinal d'Est. S'il tarde à se prononcer, s'adresser ailleurs pour dresser le parti français. Conduite

LETTRES DE HENRI IV. — VI.

DATES.	LIEUX DE LA DATE.	ADRESSES DES LETTRES.	SUJETS DES LETTRES ET SOURCES.
1605. 23 février.	Paris.	Au cardinal de Joyeuse.	indigne et honteuse du cardinal de Sourdis; s'il ne se rend pas aux remontrances du cardinal de Joyeuse, l'assurer que non-seulement ses pensions lui seront retirées, mais que le Roi le fera enlever de Rome et mettre en lieu de sûreté. — Le Pape n'a pas sujet de se plaindre de la médiation du roi d'Angleterre entre la France et l'Espagne. On s'était adressé d'abord à Sa Sainteté comme on l'a fait encore, pour la conclusion, au cardinal Bufalo, qui a heureusement conclu. D'ailleurs, en d'autres occasions, le Pape n'a pas eu le pouvoir d'empêcher des entreprises hostiles à la France. — Ménagements à prendre au sujet du cardinal Montalto. Plaintes de ce que ceux qui écrivent les bulles des bénéfices qui sont à la nomination du Roi ont substitué la formule *prætextu concordatorum* à celle de *vigore concordatorum*, qui était en usage sous Charles IX et ses prédécesseurs. Le cardinal devra s'employer à faire rétablir l'ancienne formule avant que les parlements ne s'émeuvent de cette innovation. — L'évêque de Verdun, épris de Mlle de Vatan, l'a épousée avec un grand scandale, et l'on dit qu'il va se retirer à la Rochelle avec sa femme, pour y embrasser la R. P. R. Supplier le Pape de ne pas disposer de l'évêché de Verdun et des autres bénéfices de ce prince sans l'intervention du Roi. Orig. — Ms. de M. l'abbé Carou, à Versailles. Quelle est la détermination du cardinal d'Est? L'arrivée des cardinaux français doit avoir influé sur la direction des affaires de Rome. Renforcer le parti français de tous les cardinaux qu'on pourra y rattacher. Le Roi a dit au nonce l'inquiétude qu'il a du voyage que le général des Jésuites doit faire en Espagne; le cardinal de Joyeuse s'entendra avec l'ambassadeur de S. M. pour obtenir du Pape qu'il empêche ce voyage. Différend relatif à l'abbaye du Jar, terminé à la satisfaction de Sa Sainteté. *Ibidem.*
26 février.	*Ibidem.*	Au landgrave de Hesse.	Le Roi d'Angleterre se contente de faire entendre aux États des Pays-Bas qu'il désire les accorder avec l'archiduc. Les Espagnols comptent que leurs navires de guerre destinés contre les États seront reçus dans les ports d'Angleterre. S'il en est ainsi, c'en est fait de la réputation du roi Jacques. — Conseil de s'accorder en Allemagne sur la succession de Clèves avant la mort du duc. — Sur le comte d'Auvergne et ses complices, mêmes nouvelles que dans la lettre à M. de Beaumont. L'Espagne a pris beaucoup de part à cette conjuration. — Le duc de Bouillon ne cherche pas à rentrer en grâce auprès du Roi. Orig. — Arch. grand-ducales de Hesse-Cassel. — Imprimé. *Correspondance de Henri IV avec Maurice le Savant*, p. 219.
6 mars.	. . . .	A M. de Beaumont.	Grâce accordée à M. d'Entragues en faveur du

NON IMPRIMÉES DANS CE VOLUME.

DATES.	LIEUX DE LA DATE.	ADRESSES DES LETTRES.	SUJETS DES LETTRES ET SOURCES.
1605. 8 mars.	Paris.	A la ville de Metz.	duc de Lenox, son neveu. — Mainlevée de la saisie des draps anglais à Rouen, détails à ce sujet (voir la lettre du 8 au roi d'Angleterre). Éloge du duc de Lenox; plaintes sur l'ambassadeur Parruy. Intention de persister dans l'amitié du roi d'Angleterre, malgré toutes les imprudences de ceux qui le servent maintenant. Résolution de fournir de nouveaux secours aux États, afin d'empêcher leur ruine. — Le Pape compte envoyer quelqu'un en Angleterre pour instruire Jacques Ier. Le Roi veut rester étranger à cela. Cop. — B. N. Fonds Brienne, Ms. 41, fol. 140. Assurance qu'un bref du Pape qu'ils avaient envoyé au Roi dans la crainte d'y voir une entreprise contre leurs priviléges n'y portera aucune atteinte. Orig. — Arch. municip. de Metz.
20 mars.	....	A M. de Beaumont.	Nouveaux détails très-développés sur les draps anglais saisis à Rouen. Le Roi a bien voulu, par égard pour le duc de Lénox et pour son souverain, non-seulement ordonner la mainlevée de la saisie, mais permettre le débit, malgré la mauvaise qualité de cette marchandise. M. de Beaumont présentera au roi d'Angleterre une nouvelle lettre de S. M. à ce sujet (voyez ci-dessus, p. 381). La mort du Pape a changé les relations avec Rome. — Détail des intrigues et des menées corruptrices des Espagnols. — Mise en liberté de la marquise de Verneuil. Son père obtiendra la même grâce. B. N. — Fonds Brienne, Ms. 41, fol. 178 verso.
6 avril.	....	Au même.	Échange de grandes civilités avec le roi d'Angleterre. Lui rappeler sa promesse d'envoyer un pouvoir à son ambassadeur pour arrêter, avec le conseil de S. M., au règlement qui remédie dorénavant aux abus du commerce anglais dans la fabrication et la vente de draps de mauvaise qualité. Le cardinal de Florence, porté par le parti français, vient d'être élu Pape malgré les efforts de l'Espagne. Vive satisfaction du Roi à cette nouvelle, dont M. de Beaumont fera part au roi d'Angleterre. Suite des intrigues de Linesay à Rome et en Espagne. Ibid. fol. 207.
26 avril.	Fontainebleau.	Au canton de Berne.	Lettre pareille à celle du même jour au canton de Zurich. Orig. — Arch. du canton de Berne.
14 mai.	Ibidem.	Au roi de Danemarck.	Pour recommander le sieur de Sainte-Catherine, porteur de cette réponse à une lettre que S. M. avait reçue du roi de Danemarck. Orig. — Arch. royales de Danemarck.
26 mai.	Ibidem.	A l'archevêque d'Aix (ou à son grand vicaire).	Avis de l'élection du Pape Paul V; ordre au prélat de faire chanter en sa présence le Te Deum dans la cathédrale d'Aix, comme le Roi vient de le faire, en apprenant

88.

DATES.	LIEUX DE LA DATE.	ADRESSES DES LETTRES.	SUJETS DES LETTRES ET SOURCES.
1605. 28 mai.	Fontainebleau.	Au landgrave de Hesse.	cette grande nouvelle. (Caractère d'une lettre circulaire.) Orig. — A M. de Contencin. Le Roi ne peut se rendre aux sollicitations des princes et des villes d'Allemagne en faveur du duc de Bouillon, sujet révolté, créature ingrate. Dangers que l'alliance entre les révoltés de Hongrie et les Turcs fait courir à la chrétienté. Grands préparatifs du marquis Spinola dans les Pays-Bas. Ambassade envoyée par le roi d'Angleterre en Flandre pour la confirmation de la paix. (Lettre chiffrée en partie.) Orig. — Arch. grand-ducales de Hesse-Cassel. — Imprimé. Correspondance de Henri IV avec Maurice le Savant, p. 227.
10 juin.	Saint-Germain.	A M. de Fresnes-Canaye.	Le comte de Cardé et le secrétaire Guénégaud réclament les arrérages d'une rente de 1,250 ducats qui leur est due par la seigneurie de Venise, comme héritiers, et représentant un héritier de Manfred, marquis de Saluces, qui, en 1370, prêta à ce taux 53,000 ducats à la république. L'ambassadeur chargé par le Roi d'appuyer cette réclamation auprès du sénat. Orig. — Arch. de M. de Couhé-Lusignan.
10 juin.	Ibidem.	A la ville de Montreuil-sur-Mer.	Lettre pareille à celle du même jour qui est adressée à la ville de Boulogne. Orig. — Arch. municipales de Montreuil-sur-Mer.
Idem.	Ibidem.	A la ville d'Abbeville.	Idem. Orig. — Arch. municipales d'Abbeville.
Idem.	Ibidem.	A la ville d'Amiens.	Idem. Orig. — Collection de M. le Maréchal, à Beauvais.
Idem.	....	A M. de Beaumont.	Plaintes d'une levée de gens de guerre faite en Angleterre par les archiducs. Nouvelles diverses de la guerre des Pays-Bas. Projet des princes protestants d'Allemagne de s'unir contre l'Empereur et contre toute la maison d'Autriche, en couvrant leurs desseins du prétexte d'une coalition contre les attaques des Turcs. Nouvelles de la guerre de Hongrie. Démarches du Roi auprès du nouveau Pape pour qu'il use de modération envers le roi d'Angleterre. Assurer ce prince que les Jésuites n'exercent aucune influence sur les affaires de l'État. Le Roi sait bien que le contraire est mandé à Jacques Ier par son ambassadeur Parrey, très-affectionné à la religion puritaine. Il pousse si loin son zèle puritain, qu'il s'est obstinément refusé non-seulement à tendre des tapisseries sur les murs de son hôtel le jour de la procession du Saint-Sacrement, mais à permettre que les officiers de la ville de Paris y envoyassent tendre. Le Roi, par égard pour le souverain qu'il représente, a défendu d'insister et a fait planter, à six pieds de

NON IMPRIMÉES DANS CE VOLUME.

DATES.	LIEUX DE LA DATE.	ADRESSES DES LETTRES.	SUJETS DES LETTRES ET SOURCES.
1605. 7 juillet.	Paris.	A M. de Fresnes-Canaye.	distance, des poteaux pour soutenir les tapisseries. Cop. — B. N. Fonds Brienne, Ms. 41, fol. 275. Le Roi, loin de pousser les Grisons à la guerre, comme le croient les Vénitiens, les a peut-être seul empêchés de se précipiter en Italie contre les Espagnols. Approbation de la lettre écrite à ce sujet par M. de Brèves au cardinal de Joyeuse, qui pourra décider le Pape à intervenir utilement auprès du comte de Fuentès, dont l'agression rallierait tous les cantons suisses et les ligues grises, de l'une et l'autre religion, pour défendre leur liberté. Intrigues ourdies contre la France par l'Espagne et la Savoie. Pas de nouvelles de Lorraine sur le mariage du duc de Bar. Orig. — Arch. de M. de Couhé-Lusignan.
11 août.	....	A M. de Beaumont.	Satisfaction des explications données par Jacques Ier sur le voyage de son amiral en Espagne. Les Espagnols ont essayé inutilement en France les séductions qu'ils dirigent maintenant sur l'Angleterre. Mais il serait bon que le roi d'Angleterre détrompât les princes qui peuvent avoir conçu des craintes. Cop. — B. N. Fonds Brienne, Ms. 41, fol. 387 verso.
15 août.	Saint-Germain.	A M. de Fresnes-Canaye.	Envoi d'une lettre de recommandation adressée à la seigneurie de Venise en faveur du comte Louis de Piovenne, banni pour avoir tué Jean-Baptiste de Piovenne. L'ambassadeur sollicitera son rappel. Orig. — Arch. de M. de Couhé-Lusignan.
21 août.	Paris.	Au duc de Savoie.	Recommandation en faveur du sieur Charles de Cappo, porteur de la lettre. Orig. — Archives royales de Sardaigne.
30 août.	Ibidem.	Aux États des Pays-Bas.	Nouvelle recommandation en faveur de Pierre Lyntges pour le seconder dans son entreprise de navigation aux Indes orientales. (Voyez la lettre du 13 mai 1605.) Orig. — Arch. du royaume des Pays-Bas, dépêches françaises, 1602-1607.
28 septembre.	Blois.	A M. de Fresnes-Canaye.	Suite de la neutralité observée entre les Grisons et le comte de Fuentès. Meilleurs procédés du duc de Savoie, qui a fait remettre au Roi un homme qui avait offert de livrer Lyon. Détail de menues intrigues entrecroisées en divers sens. Ordre donné par le duc de Bouillon de remettre au Roi les places du Limousin tenues par ses partisans révoltés. Orig. — Arch. de M. de Couhé-Lusignan.
17 octobre.	Limoges.	Au canton de Berne.	Pour recommander un procès de la marquise de Villars devant le bailli d'Yverdun, au sujet des terres de Champvay et La Mothe, en demandant qu'elle jouisse du fruit de la coutume du pays de Vaud. Orig. — Arch. de la ville de Berne.

DATES.	LIEUX DE LA DATE.	ADRESSES DES LETTRES.	SUJETS DES LETTRES ET SOURCES.
1605. 1er novembre.	Blois.	Au grand-duc de Toscane.	Prière de faire exécuter les sentences obtenues par les sieurs Vertema, habitants de Lyon, contre les sieurs Jagioni, sujets toscans. Orig. — Arch. des Médicis, légation franç. liasse 3.
22 décembre.	Paris.	A l'archiduc Albert.	Permission donnée au sieur d'Ayala, agent de l'archiduc auprès du Roi, de faire un voyage en Flandre. Satisfaction de sa mission. Orig. — Arch. de Belgique.
Idem.	Ibidem.	Au landgrave de Hesse.	Avis de la conspiration des Luquisses, de celle de Meyrargues, etc. (Lettre presque entièrement chiffrée.) Orig. — Arch. grand-ducales de Hesse-Cassel. — Imprimé. Correspondance de Henri IV avec Maurice le Savant, p. 268.
Idem.	Ibidem.	A M. Viart, président en la justice de Metz.	Accorder un sursis aux députés de la ville de Metz, qui sont en cour, dans un procès qu'ils ont avec la dame de Feuquières, au sujet de sommes dont ils ont répondu pour le service du Roi durant les troubles. Orig. — B. N. Fonds Béthune, Ms. 8891, fol. 48.
1606. 18 janvier.	Ibidem.	Aux trésoriers généraux de France à Bourges.	Envoi des lettres-patentes nécessaires pour faire lever la somme de 10,000 livres, en forme de subvention, sur les villes franches et abonnées de la généralité de Berry : contribution arriérée de 1605, qui sera perçue en même temps que celle de pareille somme exigible en 1606. Cop. — Arch. municipales de Bourges.
31 janvier.	Ibidem.	Au landgrave de Hesse.	Aux propositions de soumission du duc de Bouillon, le Roi fait réponse qu'il ne veut le recevoir en grâce que s'il remet entre ses mains Sedan. — Les Turcs paraissent fort disposés à la paix avec l'empereur. — Le duc Charles de Suède refuse la médiation de Henri IV dans le différend avec le roi de Pologne, son neveu. Le roi de Danemarck s'est rendu en personne au siége de Brunswick. Orig. — Arch. grand-ducales de Hesse-Cassel. — Imprimé. Correspondance de Henri IV avec Maurice le Savant, p. 282.
3 mars.	Ibidem.	Aux états généraux des Pays-Bas.	Même objet que les lettres des 13 et 17 mai 1605. Orig. — Arch. des Pays-Bas, dépêches françaises de 1602 à 1607.
13 mars.	Ibidem	A l'archiduc Albert.	Recommandation en faveur du sieur de Dommois, qui a besoin de la permission de l'archiduc pour vendre quelques terres qu'il possède aux Pays-Bas. Orig. — B. N. Fonds Béthune, Ms. 8891, fol. 48.

NON IMPRIMÉES DANS CE VOLUME.

DATES.	LIEUX DE LA DATE.	ADRESSES DES LETTRES.	SUJETS DES LETTRES ET SOURCES.
1606. 7 avril.	Sedan.	A la ville d'Abbeville.	Ordre de recevoir en garnison la compagnie des chevau-légers ordinaires des gardes, qui sera conduite à Abbeville par le sieur de Lacurne, lieutenant de S. M. *Cop.* — Arch. municip. d'Abbeville.
20 mai.	Fontainebleau.	Au landgrave de Hesse.	Satisfaction de la conduite du duc de Bouillon, depuis sa soumission. Affaires de Hongrie. Desseins du roi d'Espagne sur les Pays-Bas. Dispositions du roi d'Angleterre à l'égard de l'Espagne. Médiation du Roi entre le Pape et les Vénitiens, etc. (Lettre presque entièrement chiffrée.) *Orig.* — Arch. grand-ducales de Hesse-Cassel. — *Imprimé. Correspondance de Henri IV avec Maurice le Savant*, p. 306.
14 juillet.	Monceaux.	Au duc de Savoie.	Recommandation en faveur du sieur Cavalasse, un des capitaines entretenus du Roi, qui va en Piémont pour ses affaires particulières. *Orig.* — Arch. royales de Sardaigne.
4 août.	Paris.	A M. de Fresnes-Canaye.	Le nonce n'a pas donné au Roi les éclaircissements que désirait S. M. sur le point où en est le différend d'entre le Pape et les Vénitiens. La réponse du doge à M. de Fresnes n'est pas non plus satisfaisante. Conversation du Roi avec l'ambassadeur de Venise pour engager la république à suivre ses conseils pacifiques, dictés par l'amitié. Le lendemain, M. de Villeroy est revenu à la charge en allant trouver l'ambassadeur, qui est toujours resté dans des termes généraux. S. M. avertit confidentiellement M. de Fresnes que des ouvertures ont été faites par le Pape à l'ambassadeur de France à Rome, et le charge d'agir en conséquence avec la seigneurie. Nouvelle audience donnée à l'ambassadeur de Venise. S. M. lui a demandé si, au cas où elle s'engagerait à obtenir la levée de l'interdit, la république consentirait à remettre entre ses mains les deux ecclésiastiques emprisonnés. L'ambassadeur ne croit pas que cette proposition soit acceptée. Quel est l'avis de M. de Fresnes? Examen de toutes les difficultés des deux parts. Cette dépêche est une des plus étendues de toute la correspondance. *Orig.* — Arch. de M. de Coulé-Lusignan.
11 août.	*Ibidem.*	Aux trésoriers généraux de France à Caen.	Ordre de veiller à ce que les officiers fiscaux ne se permettent pas de favoriser les paroisses sur lesquelles ils ont leur résidence ou leurs biens, au détriment des autres lieux de leur élection. *Cop.* — Arch. de la préfecture du Calvados.
12 août.	*Ibidem.*	Au connétable, gouverneur de Languedoc.	Envoi des lettres adressées aux gens des trois états de Languedoc pour leur convocation à la prochaine assemblée. Le connétable fera connaître les sommes que le Roi leur demande. *Orig.* — B. N. Fonds Béthune, Ms. 9090, fol. 24.

DATES.	LIEUX DE LA DATE.	ADRESSES DES LETTRES.	SUJETS DES LETTRES ET SOURCES.
1606. 16 août.	Paris.	Aux trésoriers de France à Caen.	Envoi du brevet des tailles de l'année, avec regret de ne pouvoir le rendre moindre que l'année précédente, en continuant à diminuer, comme au commencement du règne, la corvée extraordinaire. Ordre de répartir ces tailles avec équité sur les différentes élections composant la généralité, *balançant la pauvreté des uns avec la commodité des autres.* Cop. — Arch. de la préfecture du Calvados.
Idem.	Ibidem.	A M. de Fresnes-Canaye.	M. de Fresnes, en n'attendant pas la dernière lettre du Roi et faisant de lui-même, à la seigneurie de Venise, les propositions que cette lettre lui ordonnait de faire de la part de S. M., a affaibli cette démarche. Plaintes des dispositions hostiles du doge. Le Pape se dédit maintenant de ses avances. Il est à craindre que toutes les complications de cette affaire ne finissent par ôter à S. M. le mérite de cette négociation, que l'Espagne traverse par tous les moyens possibles. Le Roi doit donc garder pied à Venise comme à Rome pour arriver à surmonter tous ces obstacles. Orig. — Arch. de M. de Coubé-Lusignan.
29 août.	Ibidem.	Au même.	Le Pape est bien décidé à ne rien changer à ses premières déterminations, si la république n'accueille pas les ouvertures que le Roi a fait faire au sénat de la part de Sa Sainteté. L'ambassadeur d'Espagne réclame à présent, pour son maître, une part dans la négociation. Puisque le doge est si irrité contre les Jésuites, on peut les laisser de côté dans l'accommodement qui sera proposé; mais il faut presser plus que jamais la seigneurie de se prêter à cet accommodement, en lui exposant toute la responsabilité qu'elle assumerait en cas de refus. *Ibidem.*

LISTE ALPHABÉTIQUE

DES PERSONNES

À QUI SONT ADRESSÉES LES LETTRES RASSEMBLÉES DANS CE VOLUME

Aix (Le baron d'), p. 563.
Albert, archiduc d'Autriche, gouverneur des Pays-Bas, p. 204, 301, 460, 578, *ibid.* 621.
Aldobrandin (Le cardinal), p. 202, 310, 405.
Angleterre (La reine d'). *Voyez* Élisabeth et Anne.
Angleterre (Le roi d'). *Voyez* Jacques Ier.
Anne de Danemarck, reine d'Angleterre, p. 98, 100, 161.
Aquaviva (d'), général des Jésuites, p. 178.
Auchy (Le vicomte d'), p. 165, 494.
Auvergne (Le comte d'), p. 285, 295.
Avignon (Les consuls et les habitants de la ville d'), p. 218.
Bâle (Le canton de), p. 432.
Beaulieu (de), p. 276.
Beaumont (de), ambassadeur en Angleterre, p. 9, 15, 60, 67, 72, 79, 100, 167, 175, 181, 185, 191, 200, 212, 247, 252, 255, 261, 296, 357, 380, 392, 419, 423, 439, 457, 471, 481, 519, 530, 539.
Bellegarde (Le duc de), p. 154.
Bellièvre (de), chancelier de France, p. 36, 55, 58, 71, 96, 102, 130, 131, 133, *ibid.* 199, 274, 280, 480, 485, 487, *ibid.* 488, 523, 605.
Berengleville (de), p. 147.
Berne (Canton de), p. 83, 148, 394, 413.
Berny (de), p. 459.
Boderie (de la), p. 619, 630, 641, 649.
Boisdauphin (de), p. 607.
Bonneveau (de), p. 223.

Bordeaux (Le maire et les jurats de la ville de), p. 555.
Boulogne (Le mayeur, les échevins, manants et habitants de la ville de), p. 454.
Bourdeilles (de), p. 23, 78.
Breves (de), ambassadeur à Constantinople, p. 3, 31, 63, 76, 207, 216, 240, 259, 271, 287, 313.
Brissac (Le maréchal de), p. 151.
Brissac (de) et de la Rochepot, p. 151, 155.
Buzenval (de), ambassadeur en Hollande, p. 416, 419, 634.
Cesarere (Le cardinal). *Voyez* Saint-Cesaire.
Chabrignac (de), p. 522.
Charles-Emmanuel, duc de Savoie, p. 92, 117, 126, 152, 158, 170, 210, 211, 215, 314, 400, 538, 562, 609, 611, 616.
Clément VIII, pape, p. 14, 146, 201, 263, 289, 334.
Connétable (Le). *Voyez* Montmorency.
Conseil du Roi (Messieurs du), p. 275.
Élisabeth, reine d'Angleterre, p. 22.
Épernon (Le duc d'), p. 21, 26, 32, 260, 266, 269, 291, 352, 427, 432, 434, 447, 448, 462, 502.
Espagne (Le roi d'). *Voyez* Philippe III.
Espagne (La princesse d'). *Voyez* Isabelle.
Ferdinand de Médicis, grand-duc de Toscane, p. 203, 304, 348, 351, 415, 453, 486, 494, 577, 613, 622, 639, 647, 652, 660.
Fleurat (de), p. 511, 661.
Force (de la), p. 33, 95, 102, 107, 115, 136, 145, 156, 157, 159, 219, 227, 234,

245, 265, 273, 277, 290, 356, 414, 426, 427, 450, 451, 456, 464, 479, 492, 498, 499, 509, 512, 522, 528, 601, 622, 630, 640, 648.

FORGET, président au parlement. *Voyez* Réponses.

FRÉDÉRIC IV, comte palatin du Rhin, électeur de l'Empire, p. 53, 345, 626.

FRESNES-CANAYE (DE), ambassadeur à Venise, p. 4, 17, 24, 28, 42, 45, 92, 109, 127, 141, 173, 251, 272, 274, 310, 325, 635.

GALLES (Le prince DE), p. 349, 617.

GENÈVE (La ville de), p. 8, 524.

GÊNES (La république de), p. 174, 449.

GIVRY (Le cardinal DE), p. 225, 376, 400, 408, 415, 421, 443, 449, 465, 489, 507, 519, 574, 575, 600, 614, 623, 624, 638, 646.

GUICHE (DE LA), p. 598.

HARANGUE prononcée à Paris, p. 204.

HESSE (Le landgrave de). *Voyez* Maurice.

ISABELLE-CLAIRE-EUGÉNIE, infante d'Espagne, archiduchesse d'Autriche et gouvernante des Pays-Bas, p. 537.

JACQUES I*er*, roi d'Angleterre, p. 73, 97, 99, 141, 160, 180, 217, 221, 298, 362, 366, 369, 381, 392, 529, 606, 629, 633, 646, 654.

JÉSUITES (Le général des). *Voyez* Aquaviva.

JOYEUSE (Le cardinal DE), p. 249, 302, 326, 335, 339, 342, 363, 375, 397, 401, 406, 407, 422, 433, 443, 609.

JOYEUSE, DE GIVRY, DE SOURDIS, Séraphin et DU PERRON (Les cardinaux DE), p. 315, 320.

LENOX (Le duc DE), p. 299.

LIGUES SUISSES (Les treize cantons des), p. 576.

LOUIS, duc de Würtemberg, p. 109, 305.

LYON (Le prévôt des marchands et les échevins de la ville de), p. 300, 435, 628.

LYON (Le doyen et les comtes de l'église de), p. 209.

MARIE DE MÉDICIS, reine de France, p. 545, 551, *ibid.* 553, *ibid.* 554, *ibid.* 556, 557, *ibid.* 558, *ibid.* 559, 573, 574.

MARYON, p. 370.

MATIGNON (DE), p. 86.

MAURICE, prince d'Orange, p. 417

MAURICE LE SAVANT, landgrave de Hesse, p. 1, 12, 20, 50, 66, 88, 111, 137, 166, 170, 187, 281, 324, 475, 546, 560, 566, 581, 586, 592, 602.

METZ (Le maître échevin, les treize et le conseil de), p. 294, 322, 525, 646.

MONGLAT (Madame DE), p. 55, 135, 164, 467, 564, 573, 582, 617.

MONTMORENCY (Le connétable DE), p. 49, 74, 75, 87, 92, 132, 147, 162, 163, 179, 190, 224, 270, 349, 461, 506, 511, 534, 538, 552, 555, 591, 595, 599, 604, 605, 614, 632, 648, 651, 656, 659, 662.

MONTPENSIER (Le duc DE), p. 399.

MORNAY. *Voyez* Du Plessis.

ORANGE (La princesse D'), p. 596.

ORNANO (Le maréchal D'), p. 134, 330, 583.

PALATIN (L'électeur). *Voyez* Frédéric IV.

PAPE (Le). *Voyez* Clément VIII et Paul V.

PARIS (Le prévôt des marchands et les échevins de la ville de), p. 597, 608, 627.

PARLEMENT DE ROUEN, p. 284.

PAUL V, pape, p. 460, 624.

PAYS-BAS (Les États des Provinces-Unies des), p. 337, 430, 431.

PEUCHARNAUT (DE), p. 408.

PHILIPPE III, roi d'Espagne, p. 197.

PLESSIS-MORNAY (DU), p. 338, 503, 536, 561.

POITIERS (Le maire, les échevins et les habitants de), p. 366, 463.

RÉPONSES ORALES : à la harangue du président Forget, p. 27; à celle du premier président de Harlay, p. 182; à celle de l'archevêque de Vienne, orateur du clergé, p. 565.

ROSNY (DE), p. 34, 35, 37, 39, 40, 46, 47, 48, 56, 57, 58, 59, 60, 63, 65, 69, 70, 86, 87, 93, 94, *ibid.* 95, 105, 107, 114, 118, 125, 130, 131, 140, 146, 163, 190, 197, 199, 224, 227, 228, 229, 230, 231, *ibid.* 232, 233, 235, 238, 240, 242, 244, 245, 251, 253, *ibid.* 254, *ibid.* 262, 264, 267, 270, 277, 279, *ibid.* 280, 281, *ibid.* 283, 284, 285, 286, *ibid.* 290, 293, *ibid.* 296, 303, 305, 306, 307, 308, *ibid.* 309, 323, 331, 332, *ibid.* 333, 334, 338, 341, 346, *ibid.* 347, 351, 352, 354, 356, 370, 371, *ibid.* 373, *ibid.* 374, 375, 377, 378,

379, *ibid.* 383, 384, 385, 386, *ibid.* 387, 389, 395, *ibid.* 396, 397, 398, 409, 410, 412, 413, 430, 435, 436, 437, *ibid.* 438, 441, 442, 455, 462, 464, 466, 467, 468, 489, 493, 495, 496, 504, 506, 508, 514, 518, 526, 527, 529, 535, 552, 572. *Voyez* la suite des lettres écrites au même personnage, au mot Sully.

SAINT-CESAIRE (Le cardinal DE), p. 226.

SAINT-PAUL (Le comte DE), p. 149, 150.

SAINT-QUENTIN (Le mayeur, les échevins et les habitants de la ville de), p. 507.

SAINTE-MARIE DU MONT (DE), p. 354.

SAINTE-PÉRINE (L'abbesse de), p. 71.

SAVOIE (Le duc de). *Voyez* Charles-Emmanuel.

SOISSONS (Le comte DE), p. 157.

STROZZI (Léon), p. 571, 583.

SULLY (Le duc DE), p. 582, 585, 588, 589, 590, 594, 596, 608, 610, 612, 634, 635, 636, 637, 643, 644, 645, 661. *Voyez* Rosny.

TOSCANE (Le grand-duc de). *Voyez* Ferdinand de Médicis.

TOSCANE (La grande-duchesse de), p. 453, 618.

TOULON (Les consuls et les habitants de la ville de), p. 404.

TOUR (DU), ambassadeur en Écosse, p. 83.

VENISE (La seigneurie de), p. 76, 221, 350, 452, 576, 579, 580, 646, 647, 654, 655.

VERNEUIL (La marquise DE), p. 229, 340.

VIART ou VYART, président en la justice de Metz, p. 26, 104, 124, 510, 571, 580.

VILLARS (Pierre DE), archevêque de Vienne. *Voyez* Réponses.

VILLEROY (DE), p. 601.

WURTEMBERG (Le duc de). *Voyez* Louis.

WURTEMBERG (Le prince de), p. 411.

ZURICH (Le canton de), p. 93, 411.

INDICATION

DES

NOTES SUR LES NOMS PROPRES.

Quel que soit l'endroit du texte où se trouve un nom déjà annoté, cette table et celles des volumes précédents permettront de recourir à la note dont ce nom est l'objet.

Abain (Ferdinand Chasteigner, abbé d'), p. 263.
Ahmed Ier, sultan des Turcs, p. 207.
Angleterre (La reine d'). *Voyez* Anne de Danemarck.
Anne de Danemarck, reine d'Angleterre et d'Écosse, p. 98.
Aquaviva d'Aragon (Claude d'), général des Jésuites, p. 178.
Arigoni (Pompée), cardinal, p. 319.
Ascoli (Jérôme Bernieri, évêque d'), cardinal, p. 317.
Auberville (d'), p. 355.
Badefol (Jacqueline de Béthune, dame de), p. 224.
Bellegarde (Anne de Bueil, duchesse de), p. 523.
Bellièvre (Le chancelier de), p. 605.
Belsunce (Jean de), vicomte de Macaie, p. 293.
Bianchetti (Laurent), cardinal, p. 317.
Boderie (Antoine Le Fèvre, seigneur de la), p. 606.
Boinville (Oudard Hennequin, seigneur de), p. 46.
Borromée (Frédéric), cardinal diacre du titre de Saint-Cosme, p. 316.
Boves (Philippe de Mornay, seigneur de), p. 561.
Bueil (Louis de), seigneur de Racan, p. 524. *Voyez aussi* Vendosmois.
Bufalo ou Bubalo (Innocent), cardinal, évêque de Camerino, légat en France, p. 318.
Bullion (Claude de), p. 504.
Camerino (L'évêque de). *Voyez* Bufalo.
Candalle (Françoise de Foix, dite madame de), p. 147.
Chabrignac (François de Lubersac, seigneur de), p. 522.
Chapelle-Biron (Jean-Charles de Carbonnières, seigneur de la), p. 515.
Chartres (Philippe Hurault, évêque de), p. 575.
Châteauvilain (Jean d'Avaugour, comte de), p. 325.
Chefboutonne (Armand de Gontaut, baron de), p. 480.
Cœuvres (François-Annibal d'Estrées, marquis de), p. 371.
Cosenza (Jean l'Évangéliste Paleotti, archevêque de), cardinal, p. 317.
Cotton (Le père), confesseur du Roi, p. 542.
Delfin (Jean), cardinal, p. 364.
Donato (Léonard), doge de Venise, p. 579.
Galles (Le prince de), p. 549.
Ginnasio (Dominique), cardinal, p. 319.

Giversac (Marc de Cugnac, seigneur de), p. 515.
Gonzague (Marguerite de), duchesse de Bar, p. 517.
Grimani (Mario), doge de Venise, p. 576.
Hayes (Le sieur de), gentilhomme écossais, p. 222.
Laurens (André du), p. 244.
Lerme (François de Roxas de Sandoval, duc de), p. 472.
L'Hoste (Nicolas), p. 235.
Liancourt (Charles du Plessis, seigneur de), p. 292.
Listenois (Antoine de Bauffremont, seigneur de), p. 563.
Lodève (Charles de Lévis, évêque de), p. 557.
Lucquise ou Lucquisse, p. 500.
Lugagnac (Vezins de Charry, seigneur de), p. 312.
Lussan (Pierre-Jacques d'Esparbès, seigneur de), p. 268.
Mantica (François), cardinal, p. 318.
Marc (Godet, seigneur de Renneville et de), p. 538.
Masgezir (Jacques de Caumont, seigneur de), p. 451.
Meirargues (Louis de Halagonia, seigneur de), p. 571.
Meritein (De), p. 498.
Moïse Sicule. *Voyez* Sicule.
Montelparo (Grégoire Petrochi, cardinal, surnommé de), p. 317.
Montgommery (Jacques, comte de), p. 657.
Moret (Jacqueline de Bueil, comtesse de), p. 341.
Mornay. *Voyez* Boves.
Nargonne (Charles de), p. 383.
Orléans (Antoinette d'), marquise de Belle-Isle, puis religieuse feuillantine, p. 201.
Panjas (Jeanne du Monceau de Tignonville, comtesse de), p. 233.
Passavant (Jean Daussy, seigneur de), p. 510.
Peucharnaut (de la Ramière de), p. 408.
Pinelli (Dominique), cardinal, p. 318.
Racan (Honorat de Bueil, seigneur de la Roche-), p. 523.

Ragny (François de la Madeleine, marquis de), p. 347.
Renassé ou Renazé, p. 96.
Richard de la Voulte, p. 155.
Rignac (Pierre de), p. 78.
Rivière (Roch le Bailly de la), p. 244.
Rohan (Henri, duc de), p. 372.
Russy (Élie de la Place, seigneur de), p. 198.
Saint-Aignan (Honorat de Beauvilliers, comte de), p. 585.
Saint-Blancard (Jean de Gontaut, baron de), baron de Biron, p. 36.
Saint-Cesaire (Sylvestre Aldobrandini, cardinal de), p. 226.
Saint-Clément (François de Saint-Georges de Blandrate, cardinal de), p. 319.
Saint-Cosme (Flaminio Plati, cardinal de), p. 316.
Saint-Estève, p. 451.
Saint-Geniès (Jacqueline de Gontaut de), baronne de Saint-Blancard, p. 37.
Saint-Géran (Jean-François de la Guiche, seigneur de), p. 28.
Saint-Germain (Jean d'Apchon, baron de), p. 208.
Saint-Marcel (Paul-Émile Zachia, cardinal de), p. 319.
Salignac (François de), baron de la Mothe-Fénelon, p. 271.
Sauli (Antoine), cardinal, p. 317.
Sénez (Jacques Martin, évêque de), p. 611.
Sicule (Moïse Lzekeli de Zekle, prince des Sicules), p. 113.
Simonetti (Jérôme), cardinal, p. 318.
Soissons (Louis de Bourbon, comte de), p. 246.
Spinelli (Philippe), cardinal, p. 317.
Strozzi (Leone), p. 571.
Tarugi ou Taurusio (François-Marie), cardinal, p. 318.
Terrail (Jean de Combourcier, seigneur du), p. 165.
Thorigny (Le comte de), p. 544.
Tusco (Dominique), cardinal, p. 319.
Vendosmois (Marguerite de), femme de Louis de Bueil, seigneur de Racan, p. 526.

Verdun (Henri de Lorraine, évêque de), p. 559.

Vérone (Augustin Valerio, cardinal, archevêque de), p. 317.

Vieuville (Robert, marquis de la), p. 590.

Villars (Georges de Brancas, marquis de), p. 374.

Visconti (Alphonse), cardinal, p. 319.

Wûrtemberg (Jean Frédéric de), p. 411.

TABLE DES MATIÈRES.

	Pages.
Sommaire historique．．．．．．．．．．．．．．．．．	v

RECUEIL DES LETTRES MISSIVES DE HENRI IV.
SECONDE PÉRIODE.
APRÈS L'AVÉNEMENT AU TRÔNE DE FRANCE.

1589 — 1610. Correspondance de Henri IV.

Année 1603．．．．．．．．．．．．．．．．．．．．．	1
Année 1604．．．．．．．．．．．．．．．．．．．．．	190
Année 1605．．．．．．．．．．．．．．．．．．．．．	341
Année 1606．．．．．．．．．．．．．．．．．．．．．	573
Table de plusieurs lettres écrites entre le 1ᵉʳ janvier 1603 et le 15 septembre 1606 qui n'ont point paru devoir être imprimées dans ce volume.	665
Liste alphabétique des personnes à qui sont adressées les lettres rassemblées dans ce volume．．．．．．．．．．．．．．．．．．．	705
Indication des notes sur les noms propres．．．．．．．．．．．．．．．	709

RECTIFICATIONS ET ADDITIONS.

Page 9, ligne 18, *ajoutez* : Et Béthune, Ms. 8990, fol. 89, v°.

Page 15, ligne 8, *ajoutez* : Et Béthune, Ms. 8990, fol. 106.

Page 21, dernière ligne de la note : 31 mai, *lisez* : 13 mai.

Page 34, ligne 19 : parlement, *lisez* : partement.

Page 37, ligne 1, *aux mots* vostre lettre du 11° de ce mois, *renvoyez à cette note* :

Cette lettre est imprimée au livre III des Ambassades de M. de Fresne-Canaye, t. II, p. 37.

Page 60, ligne 23, *ajoutez* : Et Béthune, Ms. 8990, fol. 218 v°.

Page 63, après la ligne 6, *ajoutez* : Imprimé. — *Œconomies royales*, t. II, ch. 50 [1].

Et renvoyez, là, à une note ainsi conçue :

[1] Les secrétaires de Sully placent cette lettre à l'année 1605, erreur que rend évidente la date de Metz.

Page 67, ligne 2 : Béthune, *lisez* : Brienne, *et ajoutez à la suite de cette ligne* : Et Fonds Béthune, Ms. 8990, fol. 241.

Page 72, ligne 5 : *ajoutez* : Et Béthune, Ms. 8990, fol. 257.

Page 79, ligne 14 : *ajoutez* : Et Béthune, Ms. 8990, fol. 293.

Page 86, ligne 3 : *au mot* Matignon, *renvoyez à cette note* :

[1] C'est Charles de Goyon, second fils du maréchal de Matignon. Son frère aîné, mort sans enfants avant leur père (Voyez ci-dessus, t. I, p. 689), l'avait laissé héritier de leur maison. On le désignait aussi, comme son frère, sous le nom de comte de Thorigny. Il joignit à ce titre ceux de sire de Matignon et de l'Esparre, baron de Saint-Lô et de la Rochetesson, prince de Mortagne, etc. chevalier des ordres du Roi, conseiller d'état, capitaine de cent hommes d'armes des ordonnances, gouverneur de Saint-Lô et de Cherbourg, capitaine de Granville, lieutenant de S. M. aux bailliages de Cotentin, d'Évreux et d'Alençon, puis lieutenant général au gouvernement de Normandie. Il avait épousé Éléonore d'Orléans, fille du duc de Longueville et de Marie de Bourbon. Il mourut en 1648, à quatre-vingt-quatre ans.

Saint-Foix, par une de ces confusions qu'il est si difficile de toujours éviter, s'est embrouillé dans cette partie de la généalogie de Goyon, en disant de ce second comte de Thorigny, que Henri IV avait aimé son père et son grand-père (*Histoire de l'ordre du Saint-Esprit*, t. II, p. 358). Il a pris les deux frères pour le père et le fils.

Page 97, ligne 3, *après les mots* : Bréquigny, Ms. 100, *ajoutez* : Béthune, Ms. 8990, fol. 89 v°.

Page 98, ligne 16, *intercalez entre la mention du Ms. de Brienne et celle du Ms. du Supplément français* : Béthune, Ms. 8991, fol. 91.

Page 99, ligne 17, *intercalez de même* : Béthune, Ms. 8991, fol. 91 v°.

Page 100, ligne 7, *ajoutez* : Béthune, Ms. 8991, fol. 92.

Ibid. ligne 20, *ajoutez* : Béthune, Ms. 8991, fol. 85 v°, *et renvoyez à cette note* : Dans le Ms. de Béthune, fol. 99 v°, cette lettre est suivie d'une autre par laquelle la mission du marquis de Rosny est officiellement notifiée à l'ambassadeur ordinaire, M. de Beaumont.

Page 147, ligne 6, *au mot* Berengleville, *renvoyez à cette note* :

Ce nom, altéré ici, devrait être écrit *Berengueville* ou *Berengeville*. En effet, Joachim de Berengueville, seigneur de Neuville, Bomicourt, Mezy, Gambin, conseiller d'état, grand prévôt de l'hôtel, était gouverneur d'Ardres et de Meulan. Il avait été nommé chevalier des deux ordres du Roi, mais il ne fut pas reçu de celui du Saint-Esprit, son nom ne se trouvant dans aucune des promotions.

Page 158, 2ᵉ colonne de la note, ligne 10 : deux ans, *lisez* : quatre ans.

Page 160, ligne 20, *ajoutez* : Et Béthune, Ms. 8992, fol. 31.

Page 161, ligne 19, *ajoutez* : Et Béthune, Ms. 8992, fol. 61.

Page 167, ligne 13, *renvoyez à cette note* :
  [1] Le Ms. de Béthune 8992, fol. 54 v°, donne à cette lettre la date du 18 septembre.

Page 174, ligne 2, *ajoutez* : Et Béthune, Ms. 8993, fol. 1.

Page 181, ligne 2, *ajoutez* : Et Béthune, Ms. 8993, fol. 650.

Page 185, ligne 5, *ajoutez* : Et Béthune, Ms. 8993, fol. 88.

Page 191, ligne 2, *ajoutez* : Et Béthune, Ms. 9994, fol. 141.

Page 210, ligne 17 : *aux mots* la comtesse de Saint-Trivier, *renvoyez à cette note* :
  [1] Anne de la Baume, fille de François de la Baume et de Françoise de la Baume, avait épousé Charles-Maximilien de Grillet, comte de Saint-Trivier, premier chambellan du duc de Savoie.

Page 218, ligne 21, *ajoutez, après cette ligne, au-dessus de la signature* :
  Vostre bon frere, cousin et ancien allié,

Page 261, ligne 16, *ajoutez* : Et Béthune, Ms. 8996, fol. 132.

Page 296, ligne 13, *ajoutez* : Et Béthune, Ms. 8998, fol. 60.

Page 309, note 2, 1ʳᵉ colonne, ligne 7 : ci-dessus, t. II, p. 217, *lisez* : ci-dessus, t. II, p. 219.

Ibid. ligne 9 : septembre, *lisez* : octobre.

Page 311, ligne 16, *aux mots* : Par vostre lettre du vᵉ de ce mois, *renvoyez à cette note* :
  [1] La lettre où M. de Fresne-Canaye parle des griefs des ducs de Savoie et de Mantoue contre le comte de Fuentès est donnée, dans ses Ambassades, comme du 6 octobre, et elle se trouve au tome II, p. 613.

Page 218, 2ᵉ colonne de la note, ligne 5 : en 1685, *lisez* : en 1585.

Page 218, 2ᵉ colonne de la note, ligne 36 : en 1454, *lisez* : en 1554.

Page 326, ligne 12 : 5 novembre, *lisez* : 4 novembre.

Page 349, *après la ligne 25, ajoutez, sur la gauche de la page* : x febvrier, à Paris.

Page 435, ligne 9, *au mot* Canisy, *renvoyez à cette note* :

Hervé de Carbonnel, seigneur de Canisy, Cambernon, Mauloué, du Homet, etc. est le même qu'on trouve encore cité de la manière la plus honorable dans les lettres d'août 1586 et du 5 avril 1590 (t. II, p. 238, et t. III, p. 187), et dont la brillante valeur égalait le dévouement et l'antique noblesse. Son père était Philippe de Carbonnel, sa mère, Guillemette de Cambernon, et sa femme, Anne de Goyon, fille du maréchal de Matignon. Il était gentilhomme de la chambre du Roi, capitaine de cinquante hommes d'armes de ses ordonnances et lieutenant de S. M. au gouvernement de la Basse-Normandie, province où il exerçait une puissante influence avec ses deux beaux-frères, qui furent successivement comtes de Thorigny. Nommé par Henri IV chevalier du Saint-Esprit, en 1604, il ne put être reçu, la première tenue du chapitre de l'ordre n'ayant eu lieu qu'après sa mort, la dixième année du règne de Louis XIII.

C'est par erreur que, dans une note succincte sur ce personnage (t. I, p. 689), nous l'avons désigné sous le nom de René de Carbonnel, en le confondant avec son fils, qui fut le premier marquis de Canisy. Louis XIII érigea en effet pour celui-ci la terre de Canisy, possédée par sa famille depuis le XIIIᵉ siècle, en un marquisat des plus considérables de France. Formé par la réunion de Canisy avec deux autres terres, ce marquisat avait la suzeraineté de quatre-vingt-trois fiefs nobles. Il est à remarquer que la date de cette érection répond d'une manière précise à l'époque où Hervé de Carbonnel aurait reçu le collier du Saint-Esprit, dans l'assemblée générale du chapitre de l'ordre (décembre 1619).

Page 470, 1ᵣᵉ colonne de la note, lignes 21 et 22 : *et ne pouvons croire qu'il se puisse*, lisez : *et ne pouvions croire qu'il se veult.*

Page 471, 2ᵉ colonne de la note, après la ligne 6, *ajoutez* : D'Artenay, ce   juillet 1605.

Comme cette lettre de la reine Marguerite, dont nous joignons un fac-simile au présent volume, offre des habitudes d'écriture un peu différentes de l'écriture de Henri IV, sans s'astreindre davantage à l'orthographe, nous ajouterons ici, pour en faciliter la lecture, une transcription d'une fidélité minutieuse :

Au Roy

Monsegneur et frere

Monsegneur iai fait parler a mʳ de roni le iantilloƀe qui mavoit donne lauis qui estoit si precipite disant que le mal an deuoit esclater dans le mois daut que ieuse este indigne de tant dhonneur et de bien que ie resois de u̅r̅e̅ maᵗᵉ si promtement ie ne lui euse fait entendre il vouloit le dire a u̅r̅e̅ maᵗᵉ an ma presance pour obtenir delle par mon moien queses parans qui neut voulu mestre en paine nan patise laiant considere mʳ de roni mʳ de lavarene et moi nous croions que la promesse que cet ingrat leur fait de ce randre dans le mois daut an sa maison pour esfectuer leur antreprise nest que pour anbarquer les plus fous et ne pouuions croire quil se ueult iames hasarder a tel retour toutefois u̅r̅e̅ maᵗᵉ an iugera trop mieux mon deuoir ne permestoit que ie le lui peuse tere ie uoix auec la permition de u̅r̅e̅ maᵗᵉ an ma maison de boulongne pour ifaire ma demeure an lobeissance de ses commandemans et lors quil plaira a sa maᵗᵉ ie presentere a mʳ le dofin ce que ie lui ai desdie ainsi que plus particulieremant ie lai discouru a mʳ de roni iai laise u̅r̅e̅ chatau duson an sure garde antre les mains dun uieux iantilloƀe mon mestre dotel de toux mes suises et soldas qui mi ont servie le tans quil apleu a dieu que gi aie este et iai ausi laise madame de uermont pour les tenir toux solisites de leur deuoir cest une plase dinporlanse iai pris asuranse deux de

ni laiser antrer personne qui ne veist hoƀe de la part de u̅r̅e̅ maᵗᵉ aconpagne de l̅r̅e̅s̅ celees de son seau il seroit nesesaire que u̅r̅e̅ maᵗᵉ iprouuet prontemant de quelque personne qui lui soit fidelle ie lai eu de u̅r̅e̅ maᵗᵉ ie le lui rans cet une plase qui ruineroit tout le peis si elle estoit en mauuesse main ie suplie donc treshumblemant u̅r̅e̅ maᵗᵉ di prouoir prontemant et de croire que mes ambisions apres lhonneur des bonnes grases de vos maᵗᵉˢ sont bornees a boulongne labitude que iai faite daimer le repos an un sejour de disenuf ans ne me permestant aiant trouvé une demeure an bel aer come boulongue de desirer autre changemant tres heureuse quelle soit anlieu ou mes actions puisèt estre reconnues qui ne tenderont iames qua honorer et servir u̅r̅e̅ maᵗᵉ come la plus obligee et fidelle de ses creatures qui apres lui avoir tres humblemant base les mains prie Dieu

Monsegneur lui donner tres heureuse et tres longue uie dartene ce   iuillet-1605

V̅r̅e̅ tres humble et tres obeisante servante seur et sugete

Marguerite

Page 501, ligne 1, *au mot* Saint-Bonnet, *renvoyez à cette note :*

[1] Léonard d'Escars, seigneur de Saint-Bonnet, Saint-Ybard, etc. fils de Léonard d'Escars et de Catherine de Joignac.

Page 515, ligne 10 : Lugagnac, *lisez* : Laubagnac.

(N. B. C'est dans la note, que le nom de *Lugagnac* est proposé comme devant être préféré à *Laubagnac*, texte des *OEconomies royales*.)

Pages 635, ligne 28, *aux mots* : J'ay voulu faire entendre aux Peres Jesuistes de deçà ce que vous m'aviés escript par vostre lettre du xxviiiᵉ du mois passé.... *Renvoyez à cette note :*

[1] Cette lettre se trouve au livre V des Ambassades de M. de Fresne-Canaye, t. III, p. 85, où on lit : « M'estant enquis des principaux du Senat, et du Prince mesme, des motifs de ce decret (*le bannissement des Jésuites à perpétuité*), je trouve que ce n'a point

tant esté les injures preschées ou escriptes depuis peu par lesdits Jesuites contre la Republique, comme les escripts trouvez ez maisons de Bergame et Padoue (d'où lesdits Jesuites furent congediez si chaudement qu'ils n'eurent loisir de les brusler ou destourner comme en ceste ville), par lesquels il a esté averé qu'ils employoient la pluspart de leurs confessions à s'enquerir des facultez d'un chacun et de l'humeur et maniere de vivre des principaux de toutes les villes où ils habitent; et en tenoient registre si particulier, qu'ils sçavoient exactement les forces, les moyens, la disposition de tout cet Estat en general, et de toutes les familles en particulier; ce qui a non seulement esté jugé indigne de personnes religieuses, mais aussi donné indice qu'ils doivent avoir quelque grand dessein à l'execution duquel ils ayent besoin d'une si grande et penible curiosité. Et ayant respondu à ceux qui m'en parloient en ces termes, que cela me sembloit dificile à croire, parce que je connoissois quelques peres de ladite compagnie, desquels ayant veu les actions depuis trois et quatre ans, j'estois fort asseuré qu'ils ne se mesloient d'autre chose que de leur estude et de l'exercice de la pieté, il m'a esté repliqué que cela estoit vray, mais qu'en chasque maison il n'y en a qu'un ou deux auxquels le pere General commet les affaires d'Estat, et auxquels non seulement tous les autres sont obligez de se confesser, mais aussi de leur rapporter tout ce qu'ils apprennent par les confessions de tous ceux qui vont à confesse, sur lequel rapport se font les registres, lesquels sont retirez de six en six mois par les Visiteurs et portez audit General. »

RECTIFICATIONS ET ADDITIONS POUR LE Ve VOLUME.

Titre du volume, ligne 10 : 1599-1602, *lisez :* 1598-1602.

Page 522, ligne 19 : l'Eberstein, *lisez :* l'Esçrivain, *et remplacez la note qui se rapporte à cet endroit par celle-ci :* C'est ainsi qu'on désignait le chef des révoltés d'Asie, dont il est plusieurs fois question dans cette correspondance et dans les historiens du temps.

Pages 443, 490, 500, 510, 524, 611, 689 et 706, *substituez le nom du* DUC D'ESPERNON *à celui de* ROSNY, *dans la suscription de huit lettres, données comme écrites à ce dernier.*

www.ingramcontent.com/pod-product-compliance
Lightning Source LLC
Chambersburg PA
CBHW071705300426
44115CB00010B/1311